图书馆、情报与
文献学研究的新视野(8)

中国社会科学情报学会、中国科学技术情报学会
2014/2015 年学术年会论文集

New Horizons in Library & Information Science Research No. 8

中国社会科学情报学会 中国科学技术情报学会 / 编

中国书籍出版社
China Book Press

成都年会上的致辞（代序）

石定环（中国科学技术情报学会理事长）

根据中国科技情报学会和中国社会科学情报学会两会领导达成的共识，决定今年的年会由两会合作召开。碰巧的是，今年两个学会都是召开的第八次会员代表大会，而且合作年会的第二个阶段都要进行学会新老领导的交替。

合作召开年会的建议完全符合我们的学科特征。就学科分类而言，图书馆学情报学是既具有社会科学属性、又具有自然科学属性的学科，当我们强调其社会科学和人文学科属性时，显然它更靠近社会科学，而当我们强调其技术属性特别是网络和数字环境下的当代图书馆学情报学技术层面的各种问题时，它又靠近自然科学。它是自然科学领域的学者和社会科学领域的学者都在进行研究，其课题既能获得社科基金资助又能获得自科基金资助的极少几个学科之一。两个学会的年会的合作召开，为自科情报领域的学者和社科情报领域的学者提供了一个难得的跨界交流平台，可以促进学者和相关管理者的相互学习、取长补短、形成互补。

综合化研究是 20 世纪末以来国际学术界的主要发展趋势；图情学科本身就是一个跨学科研究领域，这是国内外学术界早就具有的共识。借这个机会，我还是想再强调一下，我们应该大力提倡和鼓励跨界研究，也就是我们通常所说的跨学科研究，先进的信息通信技术、互联网技术、数字技术，以及晚近时期的大数据、云计算等为这一发展进程提供了助推器。我们应该持续性地关注大数据、云环境、移动互联网等新的成长领域对本学科的影响。我国南方一位金融方面的大学校长提出：未来互联网金融人才必须兼备互联网技术、物联网技术、大数据技术、云计算技术。我们培养的人才应该是战略构建型人才、资源整合型人才、技术复合型人才等。我想，这几个方面的要求在很大程度上也适用于图书馆学情报学领域的从业人员。虽然我并不赞同我们学科的建构应走技术化路线，但从国内外图情学科发展的实践看，互联网技术和移动互联网技术、大数据技术等已经深深地渗透进我们的学科，引起了研究方法、研究内容和学科疆界的变化，我们不能熟视无睹，否则就会陷入被动。

这次社科和科技两个国家一级学会的合作年会是一个值得尝试的形式，如果成功，以后可以采取有分有合的方式，形成常态。这次合作年会还安排了学者的专题报告和征文获奖者的发言，通过学术报告和大会发言，我们可以了解科技情报领域和社科情报领域的专家彼此都在做些什么，是怎么做的，从而起到加深相互理解、促进相互借鉴的作用。希望通过我们共同的努力，能够推动中国图情学科的健康、快速发展。

借此机会，请允许我代表中国社会科学情报学会向为合作年会提供无私帮助的四川省科技厅和省科技信息研究所的领导及工作人员表示衷心的感谢，向为筹办这次合作年会付出辛劳的两学会工作人员表示衷心感谢。

预祝大会取得圆满成功！
谢谢大家！

在"大数据环境下的情报服务与 创新学术研讨会"的讲话（代序）

石定环

自党的十八大明确提出"实施创新驱动发展战略"以来，"深化科技体制改革""创新驱动发展"已成为社会各界的共识，并且成为"立足全局、面向未来的重大战略"。而为科技创新提供重要支撑作用的情报事业，也被提升到了前所未有的地位。2014年国务院在《关于加快科技服务业发展的若干意见》中即明确提出要"积极应用大数据、云计算、移动互联网等现代信息技术，创新服务模式，开展网络化、集成化的科技咨询和知识服务，要支持发展竞争情报分析、科技查新和文献检索等科技信息服务"。这是对新时期科技信息与情报服务的新要求。为推动现有信息服务向情报服务升级，满足用户更深层次的需求，需要我们不断地探索如何在大数据环境下创新发展情报服务的业态模式，以更好地促进情报事业的长远发展。可以说，中国科学技术情报学会和中国社会科学情报学会共同组织召开"大数据环境下的情报服务务与创新学术研讨会"研讨会恰逢其时。

在过去的半个多世纪里，科技情报行业在体制改革和业务发展方面，积累了大量经验，取得了重要进步。最近几年，在各级科技主管部门的领导和支持下，全国各级科技情报机构在为知识创新主体研究机构与大学、技术创新主体企业和制度创新主体政府提供科技文献信息服务与决策支持服务方面取得了重大进展，不断拓展和延伸业务领域和服务领域，为推进我国自主创新、建设创新型国家发挥了重要的支撑作用。

同时，我们也应该看到，情报问题不单纯是技术问题，情报的经济效果有时要比技术效果更为重要，只有从经济社会角度对情报进行综合研究，才能保证情报作用的发挥。这就要求我们注重自然科学与社会科学的互相渗透、互相融合。未来，让科技情报工作更好地适应国民经济的发展，并和经济社会的发展协调起来，这是每一位科技情报工作者应当追求的目标。科技情报工作者和社科情报工作者只有携起手来，走协作和共同前进的道路，才能使我们的情报工作质量提到更高的水平，才能满足未来国家发展对情报工作的新要求。

中国科学技术情报学会、中国社会科学情报学会共同举办"大数据环境下的情报服务与创新学术研讨会"，目的就是要深入贯彻创新驱动发展战略，紧密围绕"情报工作的创新发展"这一主题，全面分析当前情报界面临的新形势与新任务，总结经验、互通有无、共商大计、协同发展，让我国的情报事业为国家建设做出更大的贡献。

在这次大会上，我们安排了多位情报界的资深专家做学术报告，相信他们的报告将对情报事业发展的一系列前沿及关键问题有着精准的阐述。我也希望在会议中，大家能够充分研讨和交流，产生一些新想法、新思路、新理念。

最后，预祝大会圆满成功！谢谢大家。

目　录

第四部分　图书馆服务

第五部分　大数据与媒资管理

第六部分　信息安全与人才建设

第一部分

理论研究

大数据环境下的情报方法研究

化柏林（北京大学信息管理系，北京 100871）

摘　要：大数据给情报工作带来了新的机遇与挑战，如何构建一个适用于大数据环境下情报工作过程的情报方法体系，是当前情报研究适应新环境的关键所在。本文首先剖析典型的大数据情报分析案例，然后充分探讨情报分析的过程与方法，在此基础上提出大数据环境下的情报方法体系。

关键词：大数据；情报研究；情报方法；信息分析

1　引言

如果说信息技术改变了人们工作与生活的方式，那么可以说数据技术将改变人们思维与决策的方式，这就是当前比较火热的大数据。大数据在数据要素上表现为四个突出特点，在分析处理上有三个理念的转变。大数据分析理念的转变主要包括：在数据基础上倾向于全体数据而不是抽样数据，在分析方法上更注重相关分析而不是因果分析，在分析效果上更追究效率而不是绝对精确[1]。在这种环境下，情报分析的理念也需要做出相应的调整与转变。例如，过去经常使用的调查问卷等抽样方法在情报研究中的比重会被降低，取而代之的是围绕情报用户与市场全面数据的全样本分析。大数据时代如何快速准确地收集与获取信息、分析与处理信息，从中挖掘中有价值的情报，是情报分析面临的重要问题与关键任务。

自 2013 年 6 月斯诺登曝光了美国棱镜计划项目，引起了大家的广泛关注，对于棱镜计划大家关注的焦点似乎集中在个人隐私与保护上[2-5]，然而这显然不是棱镜计划的目标。棱镜计划的真正目标是如何运用大数据提升科学决策与发展战略。

与此同时，大数据研究计划主动公开。2012 年美国奥巴马政府发布了"大数据研究和发展倡议"，正式启动"大数据发展计划"。该计划将提升美国利用收集的庞大而复杂的数字资料提炼真知灼见的能力，推进和改善联邦政府部门的数据收集、组织和分析工具及技术，以提高从大量、复杂的数据集中获取知识和洞见的能力，强化美国国家安全，协助加速科学、工程领域创新步伐，转变学习和教育模式[6]。

把这两件事情关联在一起让我们不禁想到，如何针对大数据进行有效的分析与处理，更好地挖掘出有价值的情报，为国家的战略规划与制定提供必要的情报支撑，可能这才是从情报视角看棱镜计划的重点。鉴于此，本文首先深入剖析棱镜计划的数据基础、分析过程与方法、实施目标，从情报分析的视角全面展示棱镜计划，进而对大数据时代下的情报分析进行探讨，旨在构建一套适用于大数据环境的情报方法体系。

2　相关研究综述

2.1　传统情报方法体系

我国情报界关于情报学方法论体系的讨论，有层次划分法、属性划分法、适用对象划分法以及过程划分法。层次划分法包括"两层次说""三层次说"等。包昌火、邹志仁等学者提出的"两层次说"[7, 8]，王崇德、卢泰宏等学者提出的"三层次说"，包含哲学方法、一般方法和专门方法[9, 10]。卢太宏提出了结合相关分析、预测和评估，由定量方法、定性方法和拟定量方法交叉实现的情报分析方法框架[11]。文献[12]与文献[13]将众多情报研究方法聚类为基于数据、文献、知识、人、组织和认知的方法等六类方法，为情报学方法论构建了一个框架体系。文献[14]按情报研究的时间特征分为回归型、分析型和预测型三大类，并主张构建一套研究方法体系。文献[15]认为情报研究过程由情报收集、情报加工、科学预测、决策研究四部分组成，以此构建情报研究方法体系。

2.2　大数据环境下的情报研究

大数据除了理念与技术之外，更重要的是分析，如何有效地利用好大数据，从中分析出有决策价值的情报，值得我们关注。图书情报界也对大数据环境下的情报研究展开了讨论。李广建等认为大数据时代下的情报研究应从单一领域情报研究转向全领域情报研究、综合利用多种数据源、注重新型信息资源的分析、强调情报研究的严谨性和情报研究的智能化五个方面[16]。贺德方结合 WorldCat、CALIS、NSTL 大数据案例，给出了情报工作在发展方向上的思考[17]。张志强认为科技文献情报机构需要构建适应数据密集型科学范式需求的新型范式，着力开展专业型、计算型、战略型、政策型和方法型"五型融合"的科技情报研究新范式[18]。黄晓斌等提出大数据时代的企业竞争情报研究，应重视关注新的数据类型的挖掘分析、探索大数据新的分析技术和工具的应用等[19]。这些文献论述了大数据时代下的情报分析，并指明了发展方向。

通过上述分析可以看出，对情报方法进行了较好的归类与总结，对情报方法体系的研究有重要推动作用，但也存在一些不足之处，上述研究主要从方法的学科来源、认知层面、适用对象等视角展开研究，但原有的方法体系难以满足现代数据环境的需求，新的数据环境需要开发与设计新的方法。针对上述问题，本文通过大数据环境下的典型情报案例分析，从而构建一套大数据环境下的情报方法体系。

3　情报案例分析

曾供职于美国中央情报局（CIA）的技术分析员爱德华·斯诺登（Edward Snowden）于 2013 年 6 月将美国国家安全局关于 PRISM 监听项目的秘密文档披露给了《卫报》和《华盛顿邮报》[20]，引起了大家的广泛关注。围绕美国情报监视的相关讨论、分析和评论可谓铺天盖地，指责美国家安全局侵犯公民隐私、非法窃取外国情报的批评声音成为关注与讨论的焦点。然而，作为情报研究人员，我们不禁要想，如果我们拥有这些大规模数据，是否能够完成相应的情报分析？面对这些大数据与情报任务，该如何开展工作，经过哪些步骤，需要运用哪些方法？这些问题更值得我们深思。

3.1　棱镜计划中的数据基础

"棱镜"项目监视范围很广，2007—2012 年先后参加 PRISM 计划的公司有近 10 家，包括微软、雅虎、Google、Facebook、Paltalk、YouTube、Skype、美国在线以及苹果公司[20]。这些公司都是典型的大数据公司，通过不同的方式掌握着海量用户的信息。"棱镜"监控的信息主要有 10 类：电邮、即时消息、视频、照片、存储数据、语音聊天、文件传输、视频会议、登录时间和社交网络资料的细节。棱镜计划的每个数据源，其数据规模都是巨大的，是典型的大数据。Facebook 有 10 亿节点和千亿连边，YouTube 月独立访问人数超过 8 亿，Google 每天都会收到来自全球超过 30 亿条的搜索指令，每个月处理的数据量超过 400PB。Yahoo! 数据中心的 Hadoop 云计算平台有 34 个集群，总存储容量超过 100PB。棱镜计划中较好地体现了大数据，而大数据存在、产生并应用于很多领域。

3.2　棱镜计划的战略目标

棱镜计划的目标不是关注某个普通民众的个人隐私，这对国家战略没有实质的意义。大数据其中一个特点就是价值密度低，普通民众的个人隐私信息对于国家的宏观治理并没有太大的价值，真正有价值的是某类群体特征或个别关键人物的活动信息。棱镜计划的主要战略目标可能包括以下几个方面：恐怖主义人物与活动的监测、预测犯罪行为模式与频率、部分国家领导人活动与政策动态、国际合作谈判所需的数据与情报支撑、新的战略新兴产业与机会发现、某些国家的不安全因素挖掘等等，这些都是国家战略。

3.3　棱镜计划的情报分析

数据具有累积性和关联性，单个地点或单一来源的信息可能不会暴露用户的隐私，但是如果有办法将某个人的很多行为从不同的独立地点聚集在一起时，他的隐私就很可能会暴露，因为有关他的信息已经足够多，这就是棱镜计划中大数据的原理。例如，通过关键词筛选、用户联系频率与地点与恐怖袭击可能存在的联系、不正常现金流向的分析，也许能从中找出"恐怖袭击"的蛛丝马迹，并进行有效的预测与预防打击。通过 Google 的检索日志可以获取用户关注信息的兴趣点以及关注热点的变化，通过 Facebook、paltalk 等社交网站可以了解用户的人际网络与活动动态，通过微软、yahoo 可以掌握人们联机工作的时间、方式以及内容等。而把这些信息融合到一起，可以较为全面地认识并掌握某个用户或某类群体的信息行为特征。棱镜计划的数据基础、分析方法与战略目标如图 1 所示。

4　大数据环境的情报方法体系

传统的情报分析流程包括计划与指示、收集、分析与处理、报告撰写、研究传递等过程。大数据环境下的情报分析流程除了原有的过程之外，更加强调信息收集与分析处理，具体包括：需求定义与计划制定、信息检索与数据采集、多源信息融合与清洗、信息分析与内容挖掘、结果解读与情报提炼、报告撰写与情报传递等一系列过程，如图 2 所示。

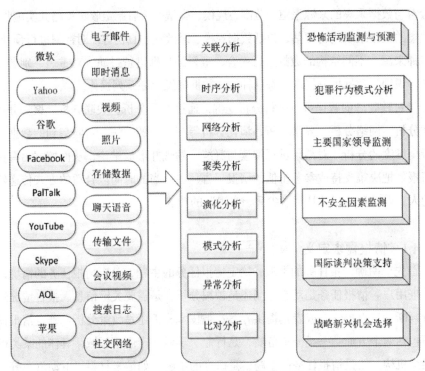

图 1　棱镜计划中的情报分析框架

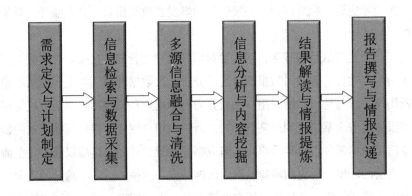

图 2　大数据时代下的情报分析流程

　　首先要明确情报任务的类型,确定情报任务的主题,分析情报任务的情境,捕捉情报用户的特点,然后把情报需要转化成情报需求,并明确地给予定义。在明确了情报需求以后,根据需求确定情报流程、构建指标体系、计划情报时间、组建情报队伍、选择合适的研究方法、选配相应的技术与工具。根据情报任务计划确定信息检索与数据采集的来源渠道、范围、规模、类型，然后制定收集策略并实施收集，对收集的数据结果进行评估，包括数据规模、时效性、真伪等。对数据进行预处理，把多种来源、不同结构的数据进行融合，重复的数据进行过滤、对重名、别名等问题进行识别、数据拆分提取、查漏补缺、数据降维等一系列操作。

经过预处理的数据可以进行分析挖掘，通过计量分析、关联分析、聚类分析、异常分析、网络分析、异常分析、演化分析等一系列的方法，对收集到的数据信息进行全维度的分析，对结果进行解读与凝练，发现并形成结论，从而挖掘出有价值的情报。把决策支持或参考价值的情报报告，在恰当的时间以合适的方式传递给正确的人，以实现情报"耳目、尖兵、参谋"的功能。

4.1 情报需求定义

首先要明确情报任务的类型，确定情报任务的主题，分析情报任务的情境，分析情报用户。情报任务是动态监测还是领域分析，是需要关键信息、报告情况还是分析判断、观点提炼，或者是提供方案？是技术分析还是政策分析？确定情报任务主题包括两个方面：一是分析范畴，是行业、学科、产业、领域，具体的某类机构或某个机构。二是情报任务的主题，是研究的主题，如纳米材料、电动汽车等。情报任务情境包括两个层面：一是大的时代环境，如入世以后、金融危机；二是关键事件，如领导更迭、领导讲话、突发事件的爆发、政策出台、企业兼并、竞争对手上市等。

为了出色地完成情报任务，还需要对情报用户进行分析建模。在过去，更多地倾向于使用定性分析方法对情报用户进行分析，大数据环境下会更多地采取定量方法分析用户需求与特点。情报用户一般分为机构用户和领导用户两类。机构用户是指情报服务对象为某个机构或某类机构，而领导用户则是指提出情报需求的领导或者拟专门报送的领导。机构用户在实施战略、政策、计划、措施以前需要全面客观地掌握当前的环境、历史的经验教训、国内外成功的做法、未来趋势的走向等，这样做出的决策才科学。分析机构用户的需求，过去常用调查问卷或开座谈会的方式进行调研。这种直接接触情报用户的方法有时也很有效，但有时难以得到情报用户的支持，存在调查问卷随便应付填写、座谈会派下属参加等现象，情报需求掌握的效果大打折扣。在大数据时代，可以分析机构的发展历史、工作任务、最近所出的报告、到访的领导、机构领导陪同上一级领导出访调研情况、机构的年报、招聘信息等。根据这些信息也能够分析出机构的重大任务、核心竞争力、突出问题、重要决策需求情报需求，从而掌握该机构的情报需求。

4.2　信息检索与数据采集

根据情报任务计划确定信息检索与数据采集的来源渠道、范围、规模、类型，然后制定收集策略并实施收集，对收集的数据结果进行评估。

信息采集与获取是情报工作的基础。按照信息运动过程可以把信息采集与获取分为查找信息、下载信息、提取信息三个过程，即"知其有，得其物，取其用"。信息检索可以帮助确定哪里有需要的信息，找到了信息之后通过信息下载把需要的信息复制或下载下来，然后从相关信息中提取所需内容。大数据环境下除了人工检索之外，经常使用情报采集系统对新的信息与情报实话自动采集。情报采集系统可以在运行时不断地观察信息源的变化和更新，把新的或更新过的信息采集下来，并进行分类、标引等分析，主要涉及爬行范围的确定、爬行周期的选择、页面解析与内容过滤、信息标引与组织、信息推送与检索等过程。爬行范围包括竞争对手网站、行业机构与协会网站、政府官网、专门的统计网站、新闻媒体网站等。情报采集系统除了有确定的 URL 列表外，还有专门的词表，每个词都有同义词、相关词等，构成一个词系。

收集到的数据需要评估，包括数据规模、时效性、相关度、真伪性、权威性等。首先要对数据的规模是否满足情报需求进行评估，对信息是否新颖有效、客观真实，信息类型是否全面多样，信息与情报主题是否密切相关、信息来源的权威性等进行评估，以确保信息能够满足情报需求。

4.3　多源数据融合方法

多源数据融合是大数据时代情报分析的一个突出特点。把不同渠道、利用多种采集方式获取的具有不同数据结构的信息汇聚到一起，形成具有统一格式、可以面向多种应用的数据集合，这一过程称为多源数据融合。如何加工、协同利用多源信息，并使不同形式的信息相互补充，以获得对同一事物或目标的更客观、更本质的认识，是多源数据融合要解决的问题。一方面，描述同一主题的数据由不同的用户、不同的网站、不同的来源渠道产生。另一方面，数据有多种不同的呈现形式，如音频、视频、图片、文本等，有结构化的，也有半结构化，还有非结构化的，这导致现在的数据格式呈现明显的异构性。这些数据从不同视角反映人物、事件或活动的相关信息，把这些数据融合汇聚在一起进行相关分析，可以更全面地揭示事物联系，挖掘新的模式与关系，从而为市场的开拓、商业模式的制定、竞争机会的选择提供有力的数据支撑与决策参考。

同一种类型的信息可能分布在不同的站点，由不同的数据商提供。例如，论文数据的来源包括万方数据、重庆维普、中国知网等。一项情报任务或前沿领域的研究，仅仅使用一种类型的数据是不全面的，如果把期刊论文、学位论文、图书、专利、项目、会议等信息收集起来，融合到一起，这样更能说明某项研究的整体情况。另外，行业分析报告、竞争对手分析报告需要关注论坛、微博、领导讲话、招聘信息等各类信息，以全面掌控行业数据、产品信息、研发动态、市场前景等[17]。通过搜索引擎的检索日志可以获取用户关注信息的兴趣点、通过亚马逊、淘宝网可以获取用户的电子交易记录，通过 Facebook、QQ 等社交网站可以了解用户的人际网络与活动动态，而把这些信息融合到一起，可以较为全面地认识并掌握某个用户信息行为特征。可以这么说，多源数据融合是大数据分析的固有特征。

多源数据融合主要涉及数据更新与同步、数据交换与共享、数据清洗与比对、数据记录滤重、字段映射与互补、数据记录互补、元数据统一描述、异构数据加权等多个方面，每个方面都涉及具体的技术细节与处理方法。多源数据之间具有互补性，不同来源的数据从字段上或记录上具有互补性，以保证分析数据的完整性与覆盖面。当然，在多源数据融合的基础上可以有一系列的专门分析方法，包括数据源的交叉印证、数据源时效分析的利用。

4.4　数据清洗与处理方法

多源数据在融合汇聚时会经常遇到数据不一致、数据遗漏等情况，为解决这些问题，需要配合数据管理人员建立完善的数据质量分析机制，对综合数据不断地进行数据校验、比对，完成不规范数据的清洗和过滤。无论用海量数据还是大数据来表征这个时代，数据规模庞大、增长迅速、类型繁多、结构各异都已成为无法回避的现实问题。如何把繁杂的大数据构建一个干净、完备的数据，这一过程变得尤为重要。而数据清洗作为数据处理的基础一环，值得我们去关注。试想，棱镜计划中如果不对恐怖分子与普通民众进行重名区分的话，分析结果将是非常可怕的。

数据清洗包括数据滤重、去除噪声、查漏补缺、重名区分、别名识别、数据降维等过程。不同渠道的数据汇集到一起就会有些数据是重复的，那么在信息分析之前需要过滤掉重复的数据。有些重复记录完全一样，而有些重复记录由于数据字段的多少或者表示格式的不同并不完全一样。归一化处理主要指术语名称的归一化处理和语种的归一化处理。要对信息进行分析，需要把对同一数据的不同描述进行归一，包括全称与缩写，同义词的转换，缩略语与全称的转化，机构的改名、合并，公司的重组与兼并等。如把"北大"与"北京大学"统一为"北京大学"，"网络蜘蛛""爬虫""爬行器""抓取器"等归一为"爬行器"。建设问题数据查询统计功能，提供相应的数据质量分析报告，通过技术手段促进数据质量的提升。

对于多值同字段要进行拆分，如作者、机构、关键词、分类号等，一篇文章有多个作者、多个关键词、多个分类号等，拆分之后方可统计分析。对于多值异字段要进行提取，如有的机构信息包括作者所在单位、地名、邮编等，期刊信息包括期刊名称、年、卷、期、起止页码等，需要进行拆分提取。另外，数据清洗还包括：从大规模数据中识别出噪声数据并进行去除，对于缺失的字段能够补齐，对于重名的数据能够加以区分，对于同一数据的不同描述进行归一，如同义词、缩略语等，而降低数据的维度以便有效地分析与处理，也是数据清洗的重要环节。

4.5　信息分析与挖掘

数据融合清洗以后就可以进行统计分析。信息分析方法包括计量分析方法、关联分析方法、网络分析方法、演化分析方法、共现分析方法、异常分析方法等。例如，通过模式分析可以识别某种罪犯的犯罪模式，通过关联分析可以分析恐怖分子的活动网络，通过聚类分析可以聚类某一类用户并分析该类用户的特征，根据爆发词分析可以分析关注热点甚至预测流感爆发的时间与地点。

4.5.1　计量分析方法

计量分析的对象主要包括论文、专利、科研项目、学术会议甚至科研活动本身的信息，计量分析的方法包括统计排序法、数量分布统计、增长分析、老化分析、生命周期分析等。统计排序法如核心作者、核心期刊的遴选等；数量分布统计如区域分布、国别分布；增长分析如年度载文量变化、老化分析如半衰期分析方法等；生命周期分析如 S 曲线、Perl 模型等。计量分析的功能包括关键人物发现、核心期刊遴选、重要机构识别、国家实力对比、前沿热点监测等，根据这些结果可以判断科学技术发展各要素及总体的现状与趋势，并进一步分析出机遇和威胁，从而把信息变成情报。

4.5.2　关联分析方法

相关性原理作为情报学的基本原理，为情报关联分析提供了扎实的理论基础，在此基础之上，产生了很多关联分析方法，如关联规则挖掘方法、链接分析方法、非相关文献知识发现方法等。在实际的情报分析中，相关性分析应用非常广泛。不同文献类型之间的关联分析也是常用分析方法之一，例如论文与专利之间存在一定的时间滞，根据论文的热点预测专利的热点。不同机构之间的关联分析，例如根据论文的合著分析企业、研究所、高校之间的合作关系等。根据企业的上下游企业或供销存关系来分析产业链、识别竞争对手。相关性既要考虑相关度的问题，也要考虑相关关系的问题。

4.5.3　网络分析方法

当今，不仅互联网给人们生活与工作带来了较大变化，人类的大多数社会活动都日益处于某种网络中，如社交网络、合作网络、引文网络、共词网络、知识网络、链接网络、人际竞争情报网络，等等。信息检索与推荐需要关注链接网络与共词网络等；计量分析需要关注作者合作网络、期刊引文网络等；竞争情报需要关注机构合作网络、人际网络等；还有，专利分析需要关注技术合作网络、同族专利网络等；信息传播与知识扩散研究需要关注社会关系网络、知识转移网络等。可以说，网络分析已成为情报学的重要分析方法之一。

网络的几何性质，网络的形成机制，网络演化的统计规律，网络上的模型性质，以及网络的结构稳定性、网络的演化动力学机制等问题，都是网络分析研究的重要内容。网络的特征指标包括网络分布密度、网络群聚系数、网络直径等静态属性以及网络关系变迁、演化特征等动态属性。利用静态属性可以寻找网络中的重要节点、主要关系，发现网络规律；利用动态属性可以预测新兴产业与热点主题，捕获潜在机会与有利战机。这都是情报活动的重要内容。

4.5.4　演化分析方法

演化思想同样渗透到了情报学领域，前沿热点的演化、网络舆情的演化、合作关系的演化、Web 用户查询行为的演化等关于动态环境下的演化分析研究已经成为情报学的重要研究内容。通过演化分析，不仅可以看出一个企业、一个行业、一个国家的技术演进方案，还可以分析其战略部署，把握主要趋势与次要趋势，厘清长期战略与近期目标，从而实现趋势判断、动向感知、前瞻预测、前景研判等，把情报功能从战略支撑扩展到战略引领。是否能够发现动态环境下的事物演化规律，并利用演化规律对未来的发展趋势进行前瞻预测，是衡量情报水平的重要标志之一。

演化分析是以时间为轴的。从时间节点来看，演化分析关注三个阶段：对过去的发展变化进行梳理总结，对当前的最新动态进行跟踪监测，对未来的发展趋势进行前瞻预测。梳理总结过去的情况需要借助时序分析、生命周期分析、老化分析等方法，例如通过引文时序分析挖掘学科结构及发展变化的规律，通过生命周期分析探测某一产品或领域的发展轨迹。监测当前动态需要借助突增分析、渐变分析等方法，例如通过爆发词分析来监测研究热点，通过"领头羊"分析来监测网络舆情变化等。预测未来发展需要借助趋势外推、场景预测等方法，例如用 Backcasting 方法来判断，不同的未来场景对于今天的决策意味着什么。利用专利数据进行演化分析已形成一些较为成熟的方法，在企业核心技术剖析、战略新兴产业选择、技术机会分析、合作关系变迁预测等方面皆有着广泛的应用。

与演化分析相关的方法还包括技术路线图方法、空白点分析方法、未来技术机会分析方法、关键节点分析法。通过路径的分析研究，厘清技术发展脉络、识别关键技术，捕获重要机会，发现有价值的情报。

4.5.5　聚类分析方法

聚类分析方法按照聚类的步骤分为分层聚类法、迭代聚类法等，按照聚类元素的关系分为核聚类、密度聚类等，按照聚类的体系分为内容聚类、结构聚类、特征聚类，按照聚类思想分为层次聚类法、迭代聚类法、核聚类法、密度聚类法。这些方法常用于文献聚类、主题聚类、作者聚类、用户聚类等。通过聚类找出类内元素之间的共性，利用共性进行用户分群、领域细分等研究。

有些科技情报机构在实际情报工作中非常注重科技报告的使用，他们特别关注国外科技报告，尤其是美国的 NASA 报告、AD 报告等。从单篇科技报告可以看出某个问题的技术方案，但把同一问题或同一领域的所有报告聚类在一起，或许可以看出技术方案的演化、技术参数的变化，从中便可探寻演化规律，通过规律对未来的发展进行前瞻预测。

4.6　情报凝炼与发现

经过信息分析以后，要对结果进行解释与解读，发现规律、监测异常，并充分地利用这些信息，把信息转化为情报。结果解读方法包括假设验证、规律总结与发现、异常监测与识别、错误证实与修正。善于发现异常并充分利用异常信息是反映情报人员信息敏感度的能力之一。离群分析、信号强弱突变分析、不同方法的结果进行对比分析等。

对结果进行归纳总结，揭示结果所表征的现象，找出现象背后的原因，例如某主题在某时间段出现快速增长，是受哪些方面因素的影响，接下来的发展趋势如何，趋势受未来影响因素的变化如何，对未来的场景进行模拟，通过参数调整预测未来的变化。例如，假设当我国 GDP 降到 5% 以下时，RD 投入会有何变化，当 RD 投入大幅下降时，会给科技变化带来哪些影响。

4.7　情报报告撰写与传递

在大数据时代，情报人员需要围绕情报任务与需求，广泛搜集各类相关信息、运用多种工具与方法进行内容分析，监测其中的新现象、新情况、新异常，并根据蛛丝马迹发现其中的规律、本质、战略意图等，并将这些内容"填充"到情报分析结果的模式中，或按预定的模式组织所发现的内容，形成情报分析报告。这样的情报对于企业来讲可以服务于产品研发、市场开拓、技术合作、人才争夺等活动，对于政府机构可以服务于规划制定、项目管理、政策调研等，实现"耳目、尖兵、参谋"的情报功能。

情报报告的内容包括：为决策者及时掌握重要的情报信息，就决策者关注的重要问题提供系统、深入和客观的分析、评价与判断；基于情报分析研究的结果，为决策者的决策提供可能备选的参考方案[21]。根据情报任务与分析结果撰写报告，明确报告类型、设计报告结构、撰写报告内容、突出报告结论、控制报告篇幅、体现报告文风。报告从类型上包括动态快报、深度分析报告、决策参考等。报告的层次包括浅入浅出、浅入深出、深入深出以及深入浅出四个层次。研究系统深入，表述简洁清楚是撰写报告的最高层次。

情报传递要把准确的情报在恰当的时间以合适的方式传递给正确的人。情报传递包括选择传递方式、抓住情报时效、情报价值反馈、情报失察分析等过程。

5　结论

大数据时代数据来源广泛、结构类型复杂、数据规模庞大，如何有效地获取、融合并进行关联分析、聚类分析、孤立点分析、模式分析、网络分析、演化分析等一系列分析，从中发掘出有价值的情报，为战略决策提供全面准确、客观有力的支撑与参考服务，是大数据时代情报分析的重点，也是情报从业人员的关键能力所在。

构建一个适用于大数据环境下情报工作过程的情报方法体系，不仅有利于提高情报工作效率，提高情报产品质量，而且有利于推动学科发展，挖掘情报学科核心竞争力，促进情报理论与实践的结合，有效地架起情报理论与情报实践之间的桥梁。

但是，限于时间与水平等原因，本文构建的方法体系还存在以下问题或不足：方法是否全面，有待于检验；方法之间的逻辑关系是否严谨，需要进一步论证。这些问题与不足将在下一步的研究中继续探讨。

参考文献：

[1] 维克托·迈尔-舍恩伯格，肯尼思·库克耶. 大数据时代——生活、工作与思维的大变革 [M]. 盛杨燕，周涛译. 杭州：浙江人民出版社，2013

[2] 汤镕昊. 从"棱镜门"事件看美国的情报监督机制 [J]. 情报杂志，2013（9）：6-10，22.

[3] 方兴东，张笑容，胡怀亮．棱镜门事件与全球网络空间安全战略研究 [J]．现代传播（中国传媒大学学报），2014（1）：115–122.

[4] 储昭根．浅议"棱镜门"背后的网络信息安全 [J]．国际观察，2014（2）：56–67.

[5] 李娜．"棱镜门"暴露大数据时代隐私危机 [J]．科技导报，2013（18）：9.

[6]Big Data Across the Federal Government［EB/OL］．［2012–10–22］．http://www.whitehouse.gov/sites/default/files/microsites/ostp/big_data_fact_sheet_final .pdf

[7] 包昌火．情报研究方法论 [M]．北京：科学技术文献出版社，1990.

[8] 邹志仁．情报学基础 [M]．南京：南京大学出版社，1987.

[9] 王崇德．图书情报学方法论 [M]．北京：科学技术文献出版社，1988.

[10] 卢泰宏．信息分析 [M]．广州：中山大学出版社，1998.

[11] 卢太宏．情报分析方法的结构框架 [J]．情报学报，1992，1：43–51.

[12] 钱军，杨欣，杨娟．情报研究方法的聚类分析 [J]．情报科学，2006，10：1561–1567.

[13] 冷伏海，冯璐．情报研究方法发展现状与趋势 [J]．图书情报工作，2009，2：29–33.

[14] 刘东维．情报研究方法论纲 [J]．情报学报，1988，3：186–192.

[15] 王慧．试论情报研究方法体系 [J]．情报理论与实践，1988，2：21，49.

[16] 李广建，杨林．大数据视角下的情报研究与情报研究技术 [J]．图书与情报，2012（6）：1–8

[17] 贺德方．基于大数据、云服务的科技情报工作思考 [J]．数字图书馆论坛，2013（6）：2–9.

[18] 张志强．论科技情报研究新范式 [J]．情报学报，2012，31（8）：788–797.

[19] 黄晓斌，钟辉新．大数据时代企业竞争情报研究的创新与发展 [J]．图书与情报，2012（6）：9–14

[20] 维基百科［EB/OL］．［2012–10–22］.http://zh.wikipedia.org/wiki/US–984XN.

[21] 徐峰，张旭．面向决策的情报研究与服务探析 [J]．情报学报，2012，31（11）：1124–1130.

大数据环境下情报学研究热点与趋势分析

薛成州（解放军南京政治学院上海校区 18 队，上海 200433）

摘　要: 自 2011 年 10 月麦肯锡提出"大数据"的概念以来，世界上关于"大数据"的研究应用迅猛地发展，国内更是如此。将"大数据"应用于情报研究工作是对情报工作的极大创新，本文通过研究大数据和情报学研究存在的问题，对其可能的研究趋势进行了分析，并以此对大数据环境下的情报研究趋势进行了分析预测。

关键词: 大数据；情报工作；趋势

情报是国家制定战略和政策的前提，是进行军事斗争的依据，是国家安全的保障，是发展经济的动力，所以我们必须要抓好情报研究工作。随着"大数据"理论与技术的不断发展，情报研究也不断向前推进，而准确把握其趋势是研究工作的重要立足点。本文通过研究"大数据"环境下情报工作存在的问题，对情报研究趋势进行了分析和预测。

1　关于大数据的简述

1.1　大数据的含义

所谓大数据，是指海量数据，通常被认为是大量半结构化或非结构化的数据集，其有以下四个特点：信息量大、信息主体多元、更新速度快和价值密度低。业界将其归纳为四个"V"，即 volume（体量）、variety（种类）、value（价值）、velocity（速度）。第一个"V"是指数据的量巨大，其总量通常达 1PB（1PB=1024TB）级的数据规模。第二个"V"是指数据类型非常多，数据集是来自很多种数据源，具有多结构多类型的特点。第三个"V"是指数据的价值密度低。第四个"V"是指处理数据速度要求快，否则数据就会失去意义。

1.2　大数据的意义

虽然"大数据"是建立在海量的数据基础上的，但是大数据强调的不单单是数据量多少的问题，在其背后还隐藏着更为复杂、深刻和全新的理念，这些理念主要包括：①特别看重数据与信息分析的地位——迫使我们放弃寻找事物之间的因果关系这一传统偏好，开始注重挖掘内在的相关关系的好处；②整合和融合利用多种数据——大数据分析的不是单一来源的数据；③新技术和适用技术得到更加广泛的应用——主要是数据挖掘与数据分析技术的广泛应用。

1.3　大数据的地位与作用

大数据作为一门新兴的学科，带来了公共卫生的变革、商业的变革……特别是人的思维的变革，可以说是开启了重大的时代转型。由此看来，大数据与情报结合必将产生巨大的生命力，因为情报是一项重要的国力，是国家发展的制胜力，是科技创新的倍增力。而且现代情报研究发展呈现出的高端化、专业化、特色化、融合化的趋势与大数据的发展趋势是不谋而合，特别是海量的数据本身就包含着大量的情报，所以，大数据与情报研究结合，必然会极大地促进情报研究工作的发展。

2　大数据技术在情报工作中的应用与问题

2.1　大数据的特点与技术

大数据具有以下几个特点：一是数据类型多样化（variety），即所处理的对象既有结构化数据，也包括半结构化数据和非结构化数据。二是数据处理高速化（velocity），即各类数据流、信息流以高速产生、传输以及被处理。三是数据规模海量化（volume），即所需要收集、存储、分发、处理的数据规模远远超过传统信息管理技术的管理能力范围。四是数据的价值密度低（value），即大数据中的价值密度很低，因此也增加了价值挖掘的难度，这也向信息挖掘技术提出了挑战。

由于大数据中既包括结构化数据，也包括非结构化数据和半结构化数据，因此，对数据进行分布式计算和对文件进行分布式管理即成为"大数据"策略的核心。特别是与数据分析相关的工具与技术，将起着越来越重要的作用。这些技术主要包括如下几类：一是新兴的如云计算、MapReduce、复杂事件处理（CEP）等等；二是不是新兴但非常适用于大数据分析的，如预测分析、数据可视化等等；三是已有且比较成熟的，如手工编码的 SQL、统计分析等等。

2.2　大数据下用于情报分析的技术

对数据进行分布式计算和对文件进行分布式管理即成为"大数据"策略的核心。特别是与数据分析相关的工具与技术，将起着越来越重要的作用。比如日益成熟的信息可视化技术和不断提升效率的云计算等新技术，特别是关注大数据本身和分析技术本身的BDA。具体来说，可用于BDA的分析技术就包括了预测分析、数据挖掘、统计分析、复杂结构化查询语言（SQL）等关键技术，以及数据可视化、人工智能、事实聚类、文本法分析、自然语言处理、数据库等等可以支持大数据分析的相关技术。由此可见，大多数BDA技术其实均可归入"发掘"或"分析"技术范畴，因为BDA的主要目标就是发掘大数据的潜在价值。

但是BDA相关理论、技术、工具其实并非全新，在情报工作中的应用仍有很多具体的理论、技术层面问题尚未解决，比如在电子战领域如何利用BDA实现无源与有源情报的融合与分类等。此外，随BDA而来的就是移动情报、云情报、社会情报、大数据情报等等诸多新类型情报，也需要进一步进行侧重研究。但这些问题并不能阻止BDA的快速发展，其应用前景必然是如日中天、势不可当、非常广阔。

2.3　大数据面临的主要问题

虽然大数据技术在情报领域的应用得到了极大的发展，但是我们还应该看到大数据技术在情报领域的应用还存在如下主要的困难：

一是大数据建设及运营成本高昂。大数据的一个核心问题就是数据的存储，因为其数据总量通常达1PB（1PB=1024TB）级的数据规模，而且其数据集是来自很多种数据源，数据类型非常多，具有多结构、多类型的特点，一般的存储介质很难满足其存储的要求。在现在的条件下就是建设大量的存储媒介，这必然是一个极大的资金投入。

二是大数据主要利用的是自身存储的信息，在现在的技术条件下，很难利用外部数据和非结构化数据。

三是大数据发展的历史非常短，从2011年10月麦肯锡提出"大数据"的概念以来，才不到三年时间，而信息人才的培养是个长期的过程，所以大数据人才是不能满足我们目前的需求的。同时由于情报人才的培养也是个艰巨的过程，所以既懂得大数据技术、又懂得情报获取技术的人才更是凤毛麟角，人才短缺严重地制约着大数据的发展。

3 大数据下情报研究趋势分析

3.1 数据未来的发展趋势

鉴于大数据的发展面临着建设及运营成本高昂、很难利用外部数据和非结构化数据以及人才匮乏的特点，所以未来几年，大数据非常有可能从以下几个方面进行创新发展：

一是国家通过强有力的政策和资金的扶持，促进信息技术企业进行大数据的存储和资源开发服务。

二是极个别实力雄厚的信息技术公司利用自己的资金技术优势建立自己的大数据存储中心，并利用自己的信息技术优势为特定的用户提供特定的情报或者数据分析服务。

三是具有技术优势的大型信息技术公司开发具有大数据挖掘功能的专业搜索引擎，并为用户提供互联网搜索服务，以方便用户搜索自己所需要的情报。

四是各个大型专业化的公司加强彼此的合作，各自利用自己的技术与数据优势为对方提供其所需要的数据材料或者服务。

五是各国或者各个信息技术公司利用自己的专业技术优势加大力度培养自己的大数据人才，以保持在大数据领域的人才与技术优势。

3.2 情报工作未来的发展趋势

鉴于情报是国家制定战略和政策的前提、是进行军事斗争的依据、是国家安全的保障、是发展经济的动力，其地位作用无比重要，而且特色化的情报服务需求广阔，所以任何国家对于情报工作都是极其的重视，主要表现在以下几个方面：

一是国家层面的顶层设计正在不断完善布局、以取得情报工作的整体优势。各个国家都会根据战略情况的发展变化，及时调整整合自己的情报力量，以适应形势的发展变化带来的挑战。

二是在研究领域专业化的情报研究平台日趋完善、以取得情报工作的研究力量优势。各个国家或者大型的企业集团都会根据自己的需要建立起一定数量和规模的专业化的情报研究机构，希望通过他们的研究来提高决策的科学化水平，提升自己的竞争力。

三是在研究工作上，情报研究的技术方法在不断地创新、以取得情报工作的方法优势，主要表现在以下几点：

（1）各个领域的情报研究注重从视角、方法上相互借鉴并不断深化，与此同时是分析内容的扩展，共同带来情报研究从单一领域情报研究转向全领域情报研究。

（2）鉴于情报研究问题的复杂性、各种信息源的各自不同的特性以及情报分析结果的重要性，情报研究开始注重综合利用多种数据源。

（3）随着各种新的技术不断应用于信息获取领域，情报研究开始注重新型信息资源的分析。

四是在情报研究上呈现高端化、融合化发展趋势、以取得情报竞争的优势。这里主要表现在随着计算机技术和现代软件技术的不断发展，各种智能化的计算机软件不断被研发出来，以及可视化分析技术、数据挖掘技术和语义处理等技术的不断发展，情报研究开始逐步走向智能化。

五是随着计算机网络技术的不断发展，情报的重心逐渐转向网络，要求情报人才既懂得计算机网络技术、又懂得情报技术；既懂得静态情报、又懂得动态情报；既要进行情报工作、又要反情报工作，情报人才的素质要求越来越高，所以带来的就是情报人才的培养越来越受到重视，各个国家必然会加大情报人才的培养力度。

3.3　大数据环境下情报研究工作的发展趋势

综合分析大数据和情报的发展趋势，归结起来，迫切需要解决三个核心问题：数据的存储、数据的分析和人才的培养。按照目前的发展趋势，存在以下几种可能：

一是关于大数据的存储。

（1）在国家层面设立信息主管部门，由国家投资建立若干个不同类型的大数据信息中心。

（2）大型信息技术集团公司根据自己的需要建立自己的大数据信息中心，为用户提供数据存储服务，并充实自己的数据中心。

（3）个别信息技术实力雄厚的公司开发具有普遍适用性的搜索软件，为用户提供互联网搜索服务，发掘互联网这个公开的存储平台的信息资源。

二是关于大数据的数据分析。

（1）一些大型信息技术公司或者组织机构依靠自己雄厚的信息技术实力独立开发适合自己特色需求的大数据挖掘系统，并依托自己的大数据中心为用户提供特定的信息或者情报需求服务。

（2）一般的信息技术公司通过单位内部技术开发部门组织开发满足特定需要的小型的大数据挖掘系统，主要针对如内容可定义的、数量可动态增减的专业博客、技术论坛等特定资源进行知识挖掘。

（3）普通用户对于大数据的利用，主要是充分利用实力雄厚的互联网技术公司开发的针对大众的具有大数据挖掘功能的专业搜索引擎。

三是关于大数据情报人才的培养。

（1）技术实力雄厚的大专院校和科研院所在国家的统一规划下进行系统的教育培养，以满足国家的整体需求。

（2）大型信息技术公司利用自己的技术力量进行培养，以满足本集团公司对于人才的需求。

（3）专业化的机构立足自身技术条件培养满足自身某项需要的大数据分析人才。

（4）院校、科研机构、信息技术公司之间通过人才培养协议进行人才的联合培养。

但是，我们应该看到的是大数据的存储、使用和人才的培养一个全面的系统的工程，绝对不能孤立地看待其中任何一个工作，必须统筹协调各项工作：

（1）国家的立法机关要顺应时代的发展，及时地制定保障大数据和情报工作发展所需要的法律或者法规，以保障大数据和情报工作发展有法可依。

（2）由国家主要职责部门（工业和信息化部）牵头并负总责，与相关部门加强合作，抓好国家层面的顶层设计，进行立足国家现实需要和长远发展的整体布局，以促进大数据和情报工作的发展，并引导它们融合式发展。

（3）国家职责部门通过强有力的行政手段和资金投入，围绕若干前沿关键大数据技术问题，通过和科研院所以及大型的专业化信息技术公司合作，启动信息专项研究计划，以确保我们在这个领域内赶超世界先进水平。

（4）人才培养向复合型方向发展：情报机构通过和专业的信息技术培养院校或者机构加强合作，培养一批既懂大数据技术、又懂情报工作的复合型人才。

（5）情报专业机构通过和专业化的信息技术公司将加强合作，通过技术合作共同开发所需要的公开资料情报。

参考文献：

[1] 顾涛. 基于大数据的竞争情报协作分析研究 [J]. 情报科学，2013（12）.

[2] 黄斌. 现代情报服务与技术发展趋势 [J]. 现代情报，2013（12）.

[3] 李广建，杨林，大数据视角下的情报研究与情报研究技术 [J]. 图书与情报，2012（6）.

[4] 刘高勇，汪会玲，吴金红. 大数据时代的竞争情报发展动向探析 [J]. 图书情报知识，2013（2）.

[5] 张春磊，杨小牛. 大数据分析（BDA）及其在情报领域的应用 [J]. 中国电子科学研究院学报，2013（1）.

[6] 张允壮，刘戟锋. 大数据时代信息安全的机遇与挑战：以公开信息情报为例 [J]. 国防科技，2013（2）.

[7] 谢志航，冷洪霞，杨晶晶. 大数据背景下社会化媒体数据的情报价值探讨 [J]. 情报探索，2013（10）.

情报语言学的环境趋势分析及其发展对策思考

傅　亮（国防大学图书馆，北京 100091）

　　摘　要：对环境要素，包括文献信息资源、标引、检索系统、情报需求等要素，进行了趋势分析，并针对性地提出了情报语言学发展的应对之策：一是提出要在情报语言学中增加"用户使用经验信息"的一种新微观结构，与现有的微观结构结合起来，构建新型的情报检索语言；二是提出将"用户"要素强势介入情报检索全过程，以帮助情报检索突破现有困境。

　　关键词：情报语言学；情报检索语言；用户使用经验信息；用户要素

　　情报语言学是研究情报检索中语言保证问题的一门学科，是情报检索理论的核心部分。其主要研究对象是情报检索语言，同时也研究自然语言在情报检索中的应用问题。其研究目的是为了掌握情报检索中语言工具影响检索效率的规律，以便从改进和正确使用语言工具的途径来提高检索效率，这个语言工具是情报检索系统诸要素中与检索效率关系最密切的一个要素。当然，构成情报检索全过程的诸要素就构成了情报语言学的直接外部环境。自情报检索语言产生以来，随着以计算机网络技术为代表的信息技术的飞速发展，尤其是近几年来，其外部环境演化之快远远超出了大多数人的预料。情报语言学也面临着前所未有的困境，比如学科检索与事物检索的融合、规范性和非规范性的选择、人工标引和自动标引的博弈、简单易用与功能丰富的运筹、低成本与高效益的矛盾等等。寻求这些困境的解决之策，不仅要加强对情报语言学自身的研究，更需要我们跳出来，从学科环境的视角加以系统地审视和剖析。

1 情报语言学的环境趋势分析

情报检索的全过程包括情报的存贮和检索两个方面。图1是对标准情报检索全过程的完整描述：

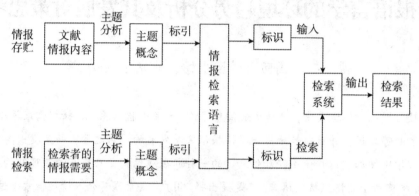

图1 标准情报检索的全过程

基于自然语言的检索系统则不一定会具备以上标准情报检索的全过程，其主要的区别是实施标引过程的完整性。但无论如何，图1已经给出了情报语言学外部直接环境的最主要的要素，即文献信息资源、标引、检索系统、情报需求。

1.1 文献信息资源

情报检索系统管理的文献信息资源经历一些变化，呈现以下趋势。一是载体形态的电子化，即从纸质、缩微逐渐扩展到了电子文献信息资源。二是分布状态的分散化，即从最初的游离于民间，逐渐过渡到集中收集存放管理，然后发展到局域网、广域网和互联网。没有任何组织机构可以收集齐全，也没有任何搜索引擎能够囊括全部信息。三是信息管理单元的片段化，具体体现为：①运用多种手段从文献资源中挖掘出知识；②网络中随机发布的微信息（博客、微博、微信、微视、微拍、维基等等）。四是信息发布的大众化，即从原先文献信息资源只是来自于少数知识分子的思维创造，扩展到来自于普通大众的集体贡献。五是信息资源的集群化，即从原先孤立的图书、期刊、论文、图片，过渡到了各种各样的数据库，情报检索系统面对的管理对象不仅仅是一本本独立的书刊资料，而首先是数据库群。六是信息资源的海量化和增长速度的急剧化，美国加州大学伯克利分校的瓦里安（Hal Varian）和莱曼（Peter Lyman）甚至认为，我们创造信息的能力已远远超过了去寻找、组织和报道它们的能力。

1.2 标引

标引是依据文献内容的价值赋予文献检索标识的过程。[1] 标引的质量对文献的检索效果有直接的决定性影响。[2] 伴随着文献信息资源的发展趋势，标引工作也在发生着巨大的变化，呈现以下趋势。一是标引趋向不规范化。规范标引是主题分析和用词表达两个步骤的结合，非规范标引在这两步骤的实现程度和标准上是存在较大欠缺的。一方面在图书、期刊论文、学位论文等学术性文献资料的管理上，专业机构和人员还在极力地保证标引的规范性，但因为文献资源数量和标引力量的原因，关键词标引的使用还是比比皆是；另一方面海量网络信息资源得不到专业人员的规范标引，于是人工自由标引、人工辅助下的计算机抽词、自动标引、自动分类、大众分类标引、标签等等非规范标引的形式应运而生。二是无标引方式大量运用。从早期的单汉字检索，到现在主流的全文检索、搜索引擎等等，这些方式的运用是完全放弃了主题分析和用词表达的工作，试图利用计算机的自动运算能力替代人脑的思考，其结果是将对庞大检索结果集合的筛选重任又交还给了人类自己，还可能因程式化的自动运算致使部分有效文献信息资源的错误屏蔽。三是标引的大众化。正是因为海量信息资源与绝对不足的专业标引力量的强烈反差，以及人们对于现有检索效果的不满足，标引行动已经逐步进入了普通网络用户行为之中。很多网站提供了自定义分类（大众分类法）技术、标签技术、评价技术、推荐技术，普通用户可以根据喜好和需要对网络信息资源进行标签标注、评价和推荐，对自己发布的信息进行分类和标注。

1.3 检索系统

情报检索系统是利用一定设备和方法从某种载体上的文献、事实或数值记录集合中查找所需情报的系统。[3] 随着技术的进步，情报检索系统发生了巨大的变化，呈现以下趋势。一是多样化。从最初的手工情报检索系统，逐渐过渡到机械情报检索系统、计算机情报检索系统、联机情报检索系统、网络情报检索系统、智能情报检索系统。为了适应不同的用户需要、文献信息资源特点、物理分布情况、技术平台环境，各具特色的情报检索系统层出不穷。二是遍在化。这是一种崭新的趋势，其目标是让任何人在任何地点、任何时间可以获取任何所需信息的情报检索方式。目前典型的遍在化情报检索系统的案例就是"移动图书馆"。用户利用手机、平板电脑等移动终端，可随时随地地使用图书馆所提供的情报检索服务。三是智能化。即将现代人工智能的技术和方法引入到情报检索系统，使其能够在一定程度上模仿人类的智力活动，更加方便、快捷、高效地满足用户的情报检索需求。其核心技术包括自然语言处理技术和智能代理技术。[4] 四是异构化。情报检索系统的多样化带来了异构化的特点。主要表现在各种情报检索系统物理结构的异构化、通信协议的异构化、数据库系统的异构化、操作系统的异构化以及数据结构的异构化等等方面。而异构资源可以存在于异构数据库中，也可以游离于数据库之外，比如网页、被连接的文件等等。这是情报检索系统必须直面和解决的重要问题。五是可视化。即将抽象信息转化为视觉形式，便于利用人类视觉快速识别的思维能力去进行观测、浏览、理解、辨别和选择信息。情报检索系统的可视化是把信息资源、用户提问、信息组织、信息检索以及检索结果都用可视化图形空间的方式展现出来，更好地将人（用户和信息管理专业人员）的脑力和计算机的处理能力协调起来，联合运用。[5] 六是交互性。这种交互性的具体体现是用户作为一种非常重要的因素强势地介入情报检索系统中。越来越多的情报检索系统在软件设计中为普通大众留出了位置，提供了平台，允许用户可以向系统输入文献信息资源（比如论文提交、博客发布、论坛发言、百科贡献、文库上传等等），允许用户参与对资源的组织和评价（比如添加标签、点击评价、发表评论、推荐阅读），允许用户输入个人信息和个人喜好，允许用户与系统维护人员以及其他用户进行交流互动，允许对用户访问情报检索系统的行为进行收集、保存、分析和反馈，等等。总之，情报检索系统愈发重视用户的主动参与。

1.4 情报需求

用户检索的情报需求和需求表达（需求主题标引）是广义情报检索的检索过程中的重要环节。社会的情报需要是多种多样、千变万化的。典型检索需求可以概括为五种类型：①检索某一事物的某一方面文献；②检索某一事物的全部有关文献；③检索许多事物的同一方面文献；④检索一类事物的全部有关文献；⑤浏览一个学科或专业范围的文献。[6] 这五种类型的检索信息需求是从主题内容的角度分析得来的。随着情报检索的发展，还有一种重要信息需求浮出水面，进入视野，那就是对其他用户使用经验信息的需求。这类信息包括文献信息资源的点击率、下载率、引用率、推荐率以及用户的点评信息等等，其数量与日俱增，大有和文献信息资源抗衡之势，甚至可能超越。人类社会一直用"二八定律"来解释大众传播的生产和经营，即 20% 的内容创造出了 80% 的价值。可在 Amazon 书店的销售中，80% 的利润并非来自于 20% 的重点产品，而是来自于书本后那条巨大的长尾巴——大量的、市场难求的产品信息和用户的多重评价。长尾是过去 80% 不值得一卖的东西，经过聚合后，却成了巨大利润的源泉。由此，《连线》杂志主编 Chris Anderson 提出了著名的长尾理论，确定了长尾作为最重要的信息价值源泉的地位。换句话说，微内容成为网络信息的一支新生力量。它从原来微不足道的、没有话语权和决定权的草根阶层发展成为能够影响和改变世界发展方向和格局的重要力量。[7] 可以预见普通用户在情报检索系统中所发布的"长尾"信息（用户使用经验信息）在今后必将成为用户情报检索的一种重要需求，并对其他检索需求产生重要影响。

2　情报语言学发展对策思考

作为构成情报检索全过程的五个要素，文献信息资源、标引、检索系统、情报需求以及情报语言工具，它们是各司其职，又环环相扣、紧密相连的。任何环节的重大变化，都会对情报检索效率产生重大影响。文献信息资源、标引、检索系统、情报需求这四个环节，作为构成情报语言学外部环境的最直接的四个要素，所发生的各种趋势性重大变化，也必然会对情报语言学产生最为直接的影响。关于前文总结之种种变化，有些需要在情报语言学的发展中找到对策，有些需要在情报语言学科之外寻求答案。

2.1　对情报语言学的内在研究

对于情报语言学的主要研究方向，张琪玉教授提出了十个方面：①学科检索与事物检索的更密切结合；②人工语言和自然语言的融合；③线性显示和网站显示的结合；④族性检索与特性检索的灵活调节；⑤简单易用与功能丰富能兼备；⑥低成本与高效益能兼备；⑦自动化和网络化；⑧既能不断改进，又能回避重新标引；⑨适应性、兼容性、民族性和国际化；⑩与术语学密切结合。[8] 并在《寻找更佳结合模式是情报检索语言创新的主流》中进行了详细的论述。[9] 前文所提的 1.1 三、1.2 一、1.2 二、1.3 一、1.3 三、1.3 四、1.3 五等变化都可以在上述 10 项中找到相应的研究方向。

本文需要着重提出的是在前文中提到的"长尾"信息，即用户使用经验信息。这类信息不同于普通的文献信息资源，它们依附于文献信息资源，表达着与文献信息资源的丰富关系；同时它们还是用户与文献信息资源之间关于使用感受的显性表达。这类特殊信息具有很强的利用价值和较强的可检索性。由于"情报检索语言的检索效率由其各种检索功能决定，而情报检索语言的各种检索功能则由其结构产生，产生检索功能的是情报检索语言的微观结构"[10]，因而有必要将用户使用经验信息（诸如文献信息资源的点击率、下载率、引用率、推荐率以及用户的点评信息等等）作为情报检索语言的一种新的微观结构加以研究，与现有的某些方法结合起来，构建出新的情报检索语言类型，进一步发展情报检索语言，提升情报检索效率。

2.2　用户要素介入情报检索全过程

情报检索的目标是为用户提供所需的知识。在实现这个目标的过程中，文献信息资源、人和设备技术方法是相互配合的整体。情报语言在这过程中起到的是语言保证的作用。换句话说，解决情报检索中的困难，并不全是情报语言学的责任，即便情报语言学要担负很大部分重任。让情报检索语言在 2.1 中所提到的十一个主要方向都得到长足的进步是完美的理想，但事实上，作为情报检索的语言工具，情报语言学不是万能的。我们需要在情报检索中积极地引入一种新的要素，以解决那些靠语言工具解决不了的问题，如前文中提到的 1.1 二、1.1 三、1.1 四、1.1 五、1.1 六、1.2 二、1.2 三、1.3 二、1.3 三、1.3 六等等。这个要素就是"用户"。以往用户也在参与情报检索，但作用主要局限在对现有情报检索系统的使用上，不作为要素。这里提出的是将"用户"作为和文献信息资源、标引、检索系统、情报需求、情报检索语言并列的重要要素，构建进情报检索中。与其他五要素不同之处在于，用户要素需要贯穿情报检索的全过程。

用户要素介入情报检索在 Web 2.0 的网络环境下是完全可以实现的。因为 Web 2.0 构建了主体参与式架构体系，即以人为中心的设计，人作为组件嵌入系统的功能设计或作为算子参与系统的计算，系统完整功能的实现离不开主体参与的系统架构。系统所有的功能都围绕着人进行设计、人的参与是系统功能实现必不可少的组成部分，系统和人是相互促进发展的。[11] 基于这一架构设计理念，Web 2.0 提供了一个面向用户的、开放的参与平台，降低了用户参与学术活动的门槛，用户在网络上可以自由地表达自己的思想和个性、创造并分享内容、建立联系、促进互动和交流。在 Web 2.0 环境中，情报检索更加注重"信息与人的关系"，即谁来提供信息，为谁提供信息，谁来组织信息，谁来评价信息？

用户介入情报检索主要表现在三个方面：

一是用户成为信息的创造者和提供者。Web 2.0 环境下，用户不仅仅只是信息的获取和使用者，还是信息的创造者和提供者，即信源。用户通过各种信息发布平台，随时随地地提供或是原创的、或是散落在网络中的信息资源。用户向社会提供信息的门槛大大降低，信息的发布和传播也不再是大型权威机构的专属权利，信息来源越来越趋向草根化。

二是用户成为信息的组织者。用户将具有信息提供者、组织者和获取者的三重身份，积极参与到信息知识流的全过程。在这个过程中，情报检索强烈需要也强烈要求用户的主动参与。信息资源的海量化、增长速度的急剧化与专业标引人员的绝对不足形成的巨大反差，造成了标引的不规范化以及无标引方式的大量使用。从自然语言和人工智能领域发展现状来看，"自然语言检索目前仅在关键词检索的层次上已经实现（但还不是非常成熟，不是无可指摘）。至于自动甄别、自动标引和自动分类，严格地说都还没有走出实验室进入广泛应用。"[12] 因此，积极倡导并引导用户进行标引和标注，即大众标引，将是一种成本低、效率较高的信息组织方式。这种方式能很好地解决无标引的问题，同时也最大限度地开发和借用了广大用户的智力。再加上遍在化检索系统的应用，更使得用户标引力量在时间和空间的双重维度上得到了不间断的扩展。在情报检索的道路上真正意义地做到了"人人为我，我为人人"。当然，大众标引还存在着规范性差等弱点，需要深入研究。

　　三是用户介入检索系统构建、调整以及检索匹配。这是笔者的一种大胆推测。随着用户数据库的建立、积累和丰满，用户个人信息以及用户的信息行为也会成为情报检索的一种重要组成部分。用户和文献信息资源之间、用户与情报检索系统之间、用户与信息管理人员之间以及用户与用户之间的互动将会极为频繁，成为常态。现在的个人数字图书馆也许就是个雏形。除了一、二中提到的"用户成为信息的创造者和提供者""用户成为信息的组织者"之外，将来用户要素极有可能介入检索系统的构建、调整以及检索匹配。检索系统的构建、调整以及检索匹配将不再由信息管理专业人员和系统开发人员完全做主，今后的情报检索系统会成为面向大众的开放系统，用户也有机会和方式将自己的合理性需求自主地加入到检索系统的构建、调整以及检索匹配过程中去。

参考文献：

[1] 张琪玉.文献标引是需要智慧的近乎艺术创造的处理过程.图书馆杂志，2004（3）：24.

[2] 中国大百科全书总编辑委员会《本卷》编辑委员会.中国大百科全书 图书馆学 情报学 档案学.北京：中国大百科全书出版社，1993：16.

[3] 中国大百科全书总编辑委员会《本卷》编辑委员会.中国大百科全书图书馆学情报学档案学.北京：中国大百科全书出版社，1993：329.

[4] 龙沕鳕.我国智能情报检索系统分析.图书馆学研究，2006（7）：51.

[5] 于代军，李莉，傅亮.军事信息资源分类组织研究.北京：国防大学出版社，2012：251-252.

[6] 张琪玉.情报语言学基础.武汉：武汉大学出版社，1997：10.

[7] 傅亮. 试论web2.0环境下的分类自组织. 图书馆、情报与文献学研究的新视野（6）——中国社会科学情报学会2012年学术年会论文集. 北京：中国书籍出版社，2013：402.

[8] 张琪玉. 情报语言学的若干研究心得和收获——张琪玉学术思想自述. 图书情报工作，2009（20）：7.

[9] 张琪玉. 寻找更佳结合模式是情报检索语言创新的主流. 图书馆杂志，2005（2）：17–18.

[10] 张琪玉. 情报语言学的若干研究心得和收获——张琪玉学术思想自述. 图书情报工作，2009（20）：6.

[11] 徐佳宁. 基于web2.0的网络信息自组织机制研究. 情报杂志，2009（6）：140.

[12] 张琪玉. 情报语言学的若干研究心得和收获——张琪玉学术思想自述. 图书情报工作，2009（20）：8.

基于共词聚类的图书馆学研究探析

——2013 年图书馆学研究热点新探

赵润旗（北京联合大学图书馆，北京 100101）

摘　要：一个领域，在一定时段内大量学术研究成果关键词的集合，可以揭示本领域当前研究内容的总体特征、发展脉络和发展方向。本文通过对 2009 年和 2012—2013 年——三年两个时间段《图书情报工作》所载论文的关键词进行统计、分析，以断代对比的方法，揭示图书馆学 2013 年的研究现状，进而探讨图书馆事业未来的发展趋势。

关键词：核心期刊；关键词；图书馆事业；情报学；研究现状

关键词是用于表达文献主题内容及概念的自然语言词汇。本人前文《从刊文关键词统计谈图书馆学研究现状》[1]，通过对 2009—2012 年 6 月图书馆学核心期刊《图书情报工作》发文关键词的统计，探讨了此间图书馆学研究的热点并分析了其未来的发展趋势。此文以前文为依据，通过对 10 种图书馆学核心期刊近两年发文量进行重新统计，确定研究对象，并以此为基础，对 2012—2013 年和 2009 年核心期刊发文关键词，做一跨年度断代比较，从而探讨 2013 年图书馆学的研究热点，分析其结果并和前文的研究进行对比分析，以了解当前云环境下的图书馆学发展脉络。

1　图书馆核心期刊选择

核心期刊是期刊中学术水平较高的刊物，代表着本学科领域学术研究的最高水平 [2]。本文还是以前文挑选的十种核心期刊为依据，通过中国知网（CNKI）对其进行发文量统计，最终选择其中一种发文量最大的期刊作为此文的研究对象。统计结果如表 1。

表 1   图书情报核心期刊年发文统计表

期刊名	2012 年	2013 年	总计	百分比
图书情报工作	990	938	1928	28.57%
图书馆理论与实践	475	470	945	14.00%
图书馆建设	390	352	742	10.99%
图书馆工作与研究	424	426	850	12.60%
图书馆论坛	245	228	473	7.01%
图书馆杂志	330	288	618	9.16%
现代图书情报技术	247	237	484	7.17%
大学图书馆学报	130	155	285	4.23%
图书情报知识	117	108	225	3.34%
中国图书馆学报	88	111	199	2.95%
总计	3436	3313	6749	

由表 1 统计知，两年中十种核心期刊共发文 6749 篇，其中《图书情报工作》发文 1928 篇，占十种期刊两年发文量总和的 28.57%，其次为《图书馆理论与实践》为 14.00%，两年中发文量最少的为《中国图书馆学报》，仅占全部发文量的 2.95%。通过上表统计，我们还是选择有代表性的发文量最高的《图书情报工作》作为研究对象进行发文关键词统计。

2   图书馆核心期刊年发文关键词统计

以《图书情报工作》为研究对象，以年为单位通过 CNKI 对其所发文章进行关键词统计。统计方法为，以前文 2009 年刊文关键词的统计数据为依据，对 2012—2013 年核心期刊刊文关键词以年为单位进行新的统计，按历年文章中出现的关键词及词频数量进行排序，并对前 60 个关键词和词频数进行统计制表。其结果如表 2。

表 2　关键词年度聚类统计表

	2009 年		2012 年		2013 年	
	关键词	数量	关键词	数量	关键词	数量
1	资源共享	9	资源共享	6	资源共享	11
2	知识管理	26	知识管理	11	知识管理	6
3	知识服务	10	知识服务	20	知识服务	15
4	影响因素	11	影响因素	10	影响因素	7
5	学科馆员	6	学科馆员	26	学科馆员	10
6	信息资源	9	信息资源	6	信息资源	5
7	信息素养	7	信息素养	6	信息素养	7
8	信息检索	7	信息检索	9	信息检索	8
9	信息服务	18	信息服务	13	信息服务	9
10	数字图书馆	34	数字图书馆	31	数字图书馆	16
11	图书馆学	12	图书馆学	7	图书馆学	9
12	图书馆服务	8	图书馆服务	5	图书馆服务	10
13	图书馆	67	图书馆	66	图书馆	77
14	情报学	12	情报学	13	情报学	5
15	竞争情报	31	竞争情报	16	竞争情报	5
16	公共图书馆	21	公共图书馆	33	公共图书馆	25
17	高校图书馆	36	高校图书馆	52	高校图书馆	57
18	本体	12	本体	11	本体	15
19	中国	10	中国	6	资源建设	7
20	知识共享	7	知识共享	8	知识组织	8
21	信息公平	5	信息公开	6	信息管理	6
22	危机管理	9	危机管理	6	移动阅读	5
23	评价	7	评价	5	用户	8
24	竞争情报系统	5	竞争情报系统	5	开放出版	5
25	读者服务	7	读者服务	7	关联数据	12
26	电子政务	8	电子政务	8	电子资源	9
27	电子商务	8	电子商务	9	合作信息查寻与检索	5
28	用户研究	5	学科化服务	8	学科化服务	5
29	学术期刊	5	学科服务	14	学科服务	18
30	现状	6	图书情报学	5	图书情报学	5
31	情报分析	5	社会网络分析	10	社会网络分析	7

（续表）

	2009 年		2012 年		2013 年	
	关键词	数量	关键词	数量	关键词	数量
32	期刊评价	7	美国	8	美国	6
33	领域本体	5	开放获取	6	开放获取	17
34	绩效评估	6	科技查新	8	科技查新	5
35	个性化服务	5	高校	7	高校	7
36	共建共享	5	服务模式	7	服务模式	10
37	读者	5	服务	9	服务	13
38	比较研究	7	h 指数	5	h 指数	6
39	引文分析	9	调查分析	5	引文分析	7
40	模型	5	馆藏建设	5	模式	6
41	开放存取	7	聚类分析	5	开放存取	7
42	对策	7	创新	6	对策	5
43	知识创新	6	知识地图	6	知识图谱	7
44	知识产权	6	元数据	5	知识发现	5
45	指标体系	7	云计算	8	云服务	5
46	研究进展	7	影响因子	6	叙词表	5
47	政府信息资源	5	隐性知识	7	阅读推广	6
48	政府信息公开	9	研究热点	5	语义网	5
49	信息生态系统	5	信息安全	8	信息生态	4
50	总分馆制	5	文献计量	9	专业图书馆	4
51	专业图书馆	6	文本挖掘	8	专利分析	5
52	数据库	7	数据挖掘	9	推荐系统	5
53	网络	7	图书馆员	9	图书馆联盟	7
54	特色数据库	8	微博聚类	21	微博	5
55	实证研究	6	统计分析	6	移动图书馆	16
56	社会网络分析	9	术语服务	7	移动服务	7
57	企业	8	社会网络	8	应用	5
58	绩效评价	6	基层图书馆	5	科学数据	5
59	机构知识库	8	关联数据	6	免费开放	4
60	Web2.0	6	ESI	5	RFID	5

　　通过表 2 统计知，三年中在《图书情报工作》期刊的发文中，除去重复，共

检出独立的关键词 120 个。其中 18 个关键词是三年共有的，占全部统计关键词的 15%。2009—2012 年含共有关键词的文献有 9 篇，占全部统计关键词的 7.5%。2012—2013 年含共有关键词的文献有 11 篇，占全部的 9.2%。2009—2013 年含共有关键词的文献有 4 篇，占全部的 3.3%。三年中独立的关键词为 78 个，占全部统计关键词的 65%。从统计结果看，三年中共有关键词文章出现的数量较前文少了很多，比前文 38.3% 少了 23.3%。两年中共有关键词文章占 19.3%。显然，近三年关于图书馆学研究拥有独立关键词方面的研究文章占的比例还是非常大，其中，新兴关键词占的比例较前文更加突出，如 2013 年新出现的"知识图谱""云服务""语义网""推荐系统""微博""移动服务"等等。

3　关键词聚类分析

3.1　三年中共有关键词分析

　　由表 2 统计得知，三年中历年发文中共有关键词的文章有 962 篇，包含 18 个关键词，占三年发文总量的 14.25%。其中 2009 年共有关键词的文章有 324 篇，占共有关键词文章的 33.68%；2012 年共有关键词的文章有 341 篇，占共有关键词文章的 35.45%；2013 年共有关键词的文章有 297 篇，占共有关键词文章的 30.87%。从其统计分析知，三年中拥有共同关键词的文章历年发文总体较平均。但从表中看，每个关键词历年发文总体差异较大，研究热点有升有降，图 1 是以表 2 为依据，三年期间历年发文共有关键词文章折线图。

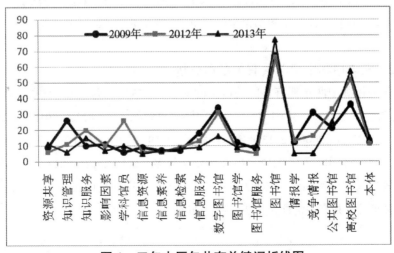

图 1　三年中历年共有关键词折线图

从图 1 看，三年中关于图书馆学综合性方面的研究如关键词为"知识管理""学科馆员""信息素养""数字图书馆""竞争情报"及"资源共享"等方面的文章一直是图书馆界研究的话题，虽然历年包含此类关键词文献出版的数量不同，但还是说明，图书馆学关于此类内容的研究仍然是当前热点问题。这和上文的研究基本相同。

从折线图看，关键词为"数字图书馆""图书馆""高校图书馆"方面的文章历年占的比例都非常大，如，关于关键词为"图书馆"方面的文章 2009 年有 67 篇，2012 年有 66 篇，到了 2013 年关于这方面的文章又发表了 77 篇，其三年发文量的总和占三年全部发文关键词总量的 11.35%，可见，图书馆界关于"数字图书馆""高校图书馆"等图书馆方面的研究是其永恒话题且长久不衰。

关于近两年远远高于 2009 年的文章，有关键词为"知识服务""学科馆员""图书馆服务"等，说明近年图书馆界研究的热点在向关于读者文献信息服务方面靠拢。关于历年研究下降文章的关键词为"知识管理""信息资源""信息服务""数字图书馆"及"竞争情报"等，如关于"知识管理"方面的文章 2009 年有 26 篇，2012 年下降到 11 篇，到了 2013 年关于这方面的文章只发表了 6 篇，而"竞争情报"方面的文章 2009 年有 31 篇，2016 年下降到 11 篇，到了 2013 年关于这方面的文章只发表了 5 篇，说明，此类内容方面的研究热点逐渐降低。

显然"服务"还是图书馆的核心内容[3]，但已向知识服务、学科馆员服务方面靠拢。良好的服务必须有优良的软、硬条件来支持，所以近两年的统计同上文的统计如出一辙，如常向阳的《基于数字阅读的图书馆服务》[4]，苑桂萍等的《基于云计算图书馆面临的挑战与服务创新》[5]及黄宗炎的《美国高校图书馆的社区拓展服务》[6]等等，这些都诠释了图书馆学研究重"服务"的理念。

3.2　三年中其中两年共有关键词分析

三年中，其中两年拥有共同关键词的文章有 365 篇，包含 24 个关键词，占三年发文总量的 5.41%。其中 2009—2012 年有 126 篇，占 1.87%；2012—2013 年有 186 篇，占 2.76%；2009—2013 年有 53 篇，占 0.79%。从其统计知，三年中其中两年拥有共同关键词的文章 2012—2013 年发文较多。说明 2012—2013 年图书馆学热点研究较平稳，但和 2009 年的热点已有质的不同。图 2 是以表 2 为依据，三年间其中每两年发文共有关键词文章折线图。如图 2 所示。

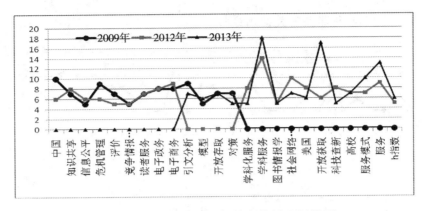

图 2　三年中其中每两年共有关键词折线图

从图 2 看，"中国""危机管理""评价"等关键词方面的文章，2009—2012年虽还在出现，但已逐步降低，甚至 2013 年为零，说明这些内容方面的研究已逐步趋于平淡。而"知识共享""信息公平""电子商务"等关键词方面的文献 2009年到 2012 年每年都出现，且微有增加，但 2013 年关于这些方面的文章却为零，这说明这些方面的研究还是热点，但新技术的出现已对其研究产生了制约。另外，一些关键词方面的文献 2009 年和 2013 年都有出现，但 2012 年关于这些方面的研究内容却为零，如关键词为"引文分析""开放存取""对策"等，这可能是热点转移引起的自然现象，没有普遍性。而一些关键词 2012—2013 年大量出现，2009 年却一篇没有，如"学科化服务""社会网络分析""科技查新"等等方面的研究。还有一些关键词方面的研究不光大量出现，还快速增加，如关键词为"学科服务"2012年有 14 篇，2013 年达到了 18 篇，"开放获取"2012 年有 6 篇，2013 年达到了 17 篇，而"服务"方面的研究 2012 年有 9 篇，2013 年达到了 13 篇，这些内容方面的研究近年快速升温，说明其已成为图书馆界最热点研究领域。如孙博阳、王琼的《开放获取的发展态势及大学图书馆的作用》[7]、顾立平等的《开放获取期刊的评价与遴选：质量水平、开放程度和服务能力》[8] 等文。这些文章在学科服务、科技查新、开放获取等方面的研究都有新的突破。

3.3　三年中非共有关键词分析

三年中非共有关键词有 78 个包含 511 篇文章，占三年全部发文的 7.57%。其中2009 年非共有关键词有 29 个包含 182 篇文章，占三年全部发文的 2.70%。2012 年非共有关键词有 22 个包含 159 篇文章，占三年全部发文的 2.36%。2013 年非共有关键词有 27 个包含 170 篇文章，占三年全部发文的 2.52%。

3.3.1　2009 年非共有关键词分析

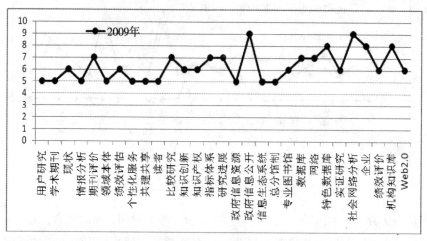

图 3　2009 年非共有关键词折线图

从图 3 看，2009 年图书馆学关于网络、信息资源、共建共享等方面是这时的研究特色，而关键词为"机构知识库""社会网络分析""特色数据库"等内容是此时的热点所在。如苏娜、张志强的《社会网络分析在学科研究趋势分析中的实证研究》[9]、史宇清、王美珍的《图书馆特色数据库系统的实现》[10] 等等。而 2012年热点又向微博、数据挖掘等方面转化。

3.3.2　2012 年非共有关键词分析

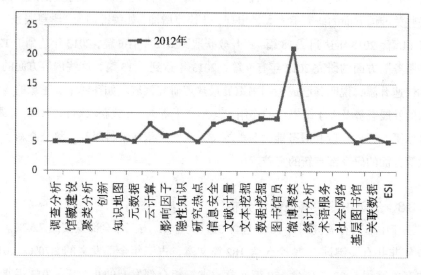

图 4　2012 年非共有关键词折线图

　　从图 4 看，关键词为"微博聚类""文献计量""数据挖掘"等内容是这时的研究特色，这些方面有唐晓波；王洪艳的《基于潜在语义分析的微博主题挖掘模型研究》[11]、徐江的《图书馆知识服务研究》[12]。这些文章通过论述学科知识服务平台的构建，针对图书馆知识服务提出建议，并进行微博主题挖掘，从而使用户更好地理解主题及其结构。总之，这时的图书馆学研究特点有向网络虚拟服务纵深发展之趋势。

3.3.3　2013 年非共有关键词分析

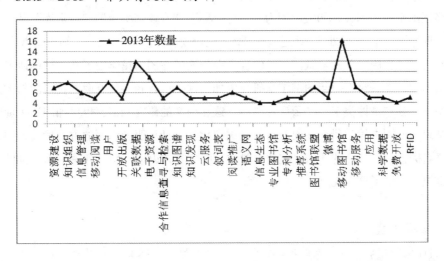

图 5　2013 年非共有关键词折线图

　　从图 5 看，关键词为"关联数据""电子资源""移动图书馆""知识组织"等等内容是这时的研究特色，这方面的研究有房小可的《基于关联数据的高校图书馆科学数据组织研究》[13]、贺令辉的《基于关联数据的高校图书馆知识服务探讨》[14]等。再如"移动图书馆"和"移动服务"方面有尹雪聪、关芳的《图书馆移动服务的开展及应用对策研究》[15]，此文介绍了图书馆移动服务包含的内容，并结合实际指出图书馆移动服务开展的模式及对策。显然，这时的图书馆学研究特点已有明显的"云"时代特征。

　　从三年非共有关键词看，图书馆学研究有明显的时代特征，2009 年由于计算机网络技术的发展较成熟，当时图书馆界关于信息资源、共建共享等方面的研究是其热点所在，而到了 2012 年和 2013 年，此时计算机云技术已日趋成熟，图书馆学研究显然更趋向于如微博聚类、关联数据、移动图书馆等有云技术的主动读者服务方面。尤其是 2013 年移动数字信息主动读者服务是研究趋势，如 REID、语义网、知识图谱等语词的出现。显然，未来图书馆学研究将向移动信息云及一体化主动读者信息服务方面更深入地发展。

4　总结

通过近两年和 2009 年发文关键词聚类统计分析及断代对比，新技术——互联网和智能硬件的发展推动了图书馆学的发展。图书馆学方面，一些研究随着时间的推移逐渐平淡或消失，如关键词为"总分馆制""专业图书馆""数据库"及"特色数据库"等内容。另外，一些适应新技术、适合读者阅读特点的，如"知识图谱""知识发现""云服务"及"微博"等内容方面的文献在图书馆学发展新领域的研究中大量出现，尤其是近一年图书馆学研究更加出现了适合新一代互联网技术的新的发展特征，如"微博类聚""云计算"等。这和前文的研究相似，也更加印证了前文的结果——图书馆学研究在向着有信息虚拟化、云计算服务纵深的方向发展，向着有读者阅读个性特点的、信息主动索取的云服务方式迈进，2013 年一些新语词的出现也更加印证了这一观点。

参考文献：

[1] 赵润旗. 从刊文关键词统计谈图书馆学研究现状 [A]. 中国社会科学情报学会. 图书馆、情报与文献学研究的新视野（7）[C]. 北京：中国书籍出版社，2014.

[2] 顾英. 从图书馆学情报学核心期刊发文看当前图书馆学研究热点问题 [J]. 图书馆建设，2004（2）：17–21.

[3] 白云. 当前信息环境下地方社科院图书馆的发展障碍与对策 [J]. 情报资料工作，2012（2）：98–101.

[4] 常向阳. 基于数字阅读的图书馆服务 [J]. 图书馆学刊，2013（2）：83–85.

[5] 苑桂萍，等. 基于云计算图书馆面临的挑战与服务创新 [C]. 图书馆联盟建设与发展，2012：330–336.

[6] 黄宗炎. 美国高校图书馆的社区拓展服务 [J]. 公共图书馆，2012（3）：69–73.

[7] 孙博阳，王琼. 开放获取的发展态势及大学图书馆的作用 [J]. 图书情报工作，2013（10）：5–11.

[8] 顾立平，等. 开放获取期刊的评价与遴选：质量水平、开放程度和服务能力 [J]. 图书情报工作 2013（1）：49–53.

[9] 苏娜，张志强. 社会网络分析在学科研究趋势分析中的实证研究 [J]. 情报理

论与实践，2009（9）：79-83.

[10] 史宇清，王美珍 . 图书馆特色数据库系统的实现 [J]. 图书情报工作，2009（2）：64-66.

[11] 王洪艳 . 基于潜在语义分析的微博主题挖掘模型研究 [J]. 图书情报工作，2012（24）：114-119.

[12] 徐江 . 图书馆知识服务研究 [J]. 图书情报工作，2012（1）：36-38.

[13] 房小可 . 基于关联数据的高校图书馆科学数据组织研究 [J]. 图书馆建设，2013（10）：31-34.

[14] 贺令辉 . 基于关联数据的高校图书馆知识服务探讨 [J]. 图书馆研究，2013（1）：95-97.

[15] 尹雪聪，关芳 . 图书馆移动服务的开展及应用对策研究 [J]. 农业图书情报学刊，2013（2）：75-78.

近 20 年来国内竞争情报研究的
结构特征与热点透视

——基于 CNKI 的文献计量及可视化分析

王　晴（武汉大学信息管理学院，湖北武汉 430072）

摘　要： 从 1994 年中国科技情报学会竞争情报专业委员会的诞生算起，竞争情报在国内的发展历程已有 20 年，产生了一系列内容丰富的研究成果，形成了较为稳定的研究队伍。以 CNKI 收录的近 20 年国内竞争情报研究论文为来源，从文献数量、载文期刊、发文机构和核心作者等四个维度分析其结构特征，以知识图谱形式展示研究热点的主题领域。

关键词： 知识图谱；竞争情报；可视化；文献计量

1　引言

竞争情报的概念出现在 20 世纪 50 年代，兴起于 80 年代，1994 年 1 月中国科技情报学会竞争情报专业委员会的成立标志着我国竞争情报的研究和应用迈向新起点，深入开展理论研究和实践探索对促进我国科技情报工作的转型和发展有着重要意义。[1]通过检索 CNKI（中国知网）数据库发现，近 20 年来学者对竞争情报文献的计量分析文章稳定在 3 篇 / 年（仅限核心期刊），可视化展示类文章则呈现出先增后减的态势。邱均平、苏金燕（2008）[2]以 CNKI 收录的 959 篇竞争情报文献（2002—2006）为来源，综合运用内容分析和统计分析的方法，从论文数量、高产作者及其合作度、研究连续性、基金项目、期刊分布五个方面分析其研究特点。肖明、李国俊（2011）[3]运用引文耦合分析和关键词分析方法，以 CSSCI 数据库收录的 605 篇文献（1998—2008）对国内竞争情报的研究前沿进行可视化分析。郝屹（2012）[4]对 CNKI 收录的 2022 篇（2007—2012）竞争情报论文进行了文献计量分析，缺点是未对初次检索到的文献进行数据清洗且分析得比较粗糙。何嘉凌（2012）[5] 以 CSSCI 数据库 2006—2010 年间收录的 642 篇竞争情报文献为来源，运用知识图谱分析方法对国内竞争情报的研究热点和特征进行可视化分析。本文以 1994—2013 年间 CNKI 收录的核心期刊论文为来源，更加系统地梳理了 20 年来国内竞争情报研究的结构特征，并对研究热点以知识图谱展示，在研究中发现了新变化，例如文献数量年度分布在 2008—2013 年间出现了波动，而不再是 2008 年之前的持续增长趋势。

2　数据来源与研究方法

中国学术期刊网络出版总库（简称 CAJD）出版的内容涵盖了大部分学科门类，收录了约 96% 的核心期刊，是国内最大的连续动态更新的知识资源检索数据库。为了更加科学地展示近 20 年来国内竞争情报研究的特征分布和热点，本次选用 CNKI 所属的 CAJD 总库进行主题检索，检索条件设定为：主题＝"竞争情报"，时间从 1994 年至 2013 年，期刊来源类别设定为"核心期刊"和"CSSCI（含扩展版）"，其他检索条件为默认选项。由此得到 2047 条结果，通过对检索结果的题名进行简要分析发现，初次检索到的结果中夹杂着垃圾信息，需要进行数据清洗，将"期刊目录""征稿（文）通知""广告简介""会议通知"等非学术论文，重复发表、明显无关的文献剔除后，获得 1834 条有效题录，其中包括两条同题名不同内容的题录信息。需要说明两点，其一，本次文献统计的数据仅来源于 CNKI，漏掉了部分知网没有收录的极少数期刊，所以统计所得的文献数据并不能代表该年份发表论文的实际最高值；其二，由于数据清洗带有一定的主观性，可能漏掉个别有价值文献，本次研究对象的数据量不大且主题集中，因而统计分析符合文献计量规范。

本文的研究方法主要是信息计量和图谱展示，信息计量采取的措施是：将从 CNKI 采集到的有效题录全部导入 Excel 中进行分类统计，从文献数量、载文期刊、发文机构和核心作者四个角度分析近 20 年来国内竞争情报研究的结构特征。图谱展示选用的软件是 VOSviewer，该软件是荷兰莱顿大学（Leiden University）科学技术研究中心的 Van Eck 和 Waltman 博士基于 Java 编程语言开发的多功能图谱分析工具，在聚类（Cluster）技术和图谱（Mapping）展示方面具有独特优势，能够提供 4 类耦合（Bibliography Coupling）和 3 类共被引（Co-citation）分析，并以标签视图（Label View）、密度视图（Density View）、散点视图（Scatter View）和聚类密度视图（Cluster Density View）四种图谱形式展现，其中，标签视图中字体的大小直接反映出节点的权重，节点间的连线数量可以从 0 调至 ∞，且能显示节点之间的共现频次，（聚类）密度视图以不同颜色来展示网络中的主题区域，相同颜色表示属于同一聚类簇，散点视图则有助于宏观上把握网络节点的分布情况。[6]

3　国内竞争情报研究的结构特征

3.1　文献数量年度分布

某一学科内文献年度分布情况在一定程度上能够反映出该领域研究的发展水平，将清洗后的全部文献题录导入 Excel 并按时间序列排序，得到如图 1 所示的年度数量分布图。

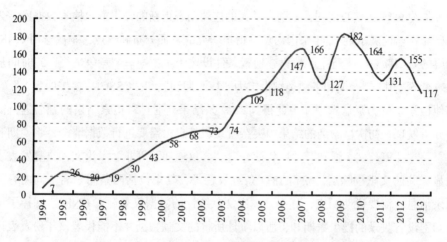

图 1　1994—2013 年国内竞争情报研究的文献年度分布

从文献数量年度分布图可知，国内竞争情报研究发展脉络主要分为三个时期，1994 年至 2002 年是第一个增长期（Z1），2003 年至 2007 年是第二个增长期（Z2），2008 年至 2013 年是一个波动期（B1）。从全阶段的发展趋势来看，年度文献数量在 2009 年达到峰值为 182 篇，从周期文献增长的曲线斜率可知，两个年度平均增速情况为 Z2 > Z1。在 Z1 期内，文献数量在 1995 年有一个小的峰值，但相对于后几年的数量而言，这种"凸现"特征并不明显，经过 7 年的低速增长后进入高速增长的 Z2 期，Z2 期末的数量（166 篇）是 Z1 期初（7 篇）的 23 倍多。从 2004 年开始，国内学者每年发表的竞争情报文献数量均保持在 100 篇以上，虽然期刊入库存在时滞和统计时点等原因，但检索时点是 2014 年 5 月，经查，涉及本文主题期刊的 2013 年最后一期均已上线，因此，2013 年的文献量为实数。国内竞争情报的研究热度从 2008 年开始便出现了波动，随着时间的推进，峰值和谷值都在减小，2013 年的文献数量为近 5 年来波动期内的最低值。

3.2　载文期刊统计分析

将 1834 条有效题录中的期刊信息导入 Excel 中统计其频次，共得到 133 个载文期刊，其中载文量仅为 1 篇的期刊（75 个）和 2 篇的期刊（21 个）占期刊总数的 72.18%，载文数量排名前 20 名的期刊信息如表 1 所示。

表 1　1994—2013 年国内竞争情报研究载文期刊分布统计表（Top20）

序号	期刊	频次	序号	期刊	频次
1	情报杂志	322	11	图书馆理论与实践	28
2	图书情报工作	280	12	图书馆工作与研究	18
3	情报理论与实践	273	13	图书馆杂志	18
4	情报科学	233	14	现代图书情报技术	18
5	现代情报	117	15	商场现代化	17
6	情报资料工作	80	16	科技管理研究	17
7	图书情报知识	47	17	图书馆论坛	17
8	图书馆学研究	46	18	中国图书馆学报	16
9	图书与情报	33	19	中国信息导报	15
10	情报学报	32	20	图书馆	9

注：《情报学报》自 2002 年第 6 期开始已不再收录于中国知网，《中国信息导报》已经停刊并发展成为《中国科技资源导刊》且从创刊之日起也不再收录于 CNKI。

从表 1 可知，载文量 Top20 的期刊中图书情报类占 85%，且 Top10 均为图书情报类期刊，说明近 20 年来国内竞争情报研究成果的期刊分布高度集中。Top20 期刊载文量之和（1636 篇）占所有文献量（1834 篇）的 89.2%，但需要说明的是，近 5 年的纯图书馆学类期刊（如《中国图书馆学报》从 2009 年起已不再刊登竞争情报类文章）刊登竞争情报相关文章的数量急剧下降，这与期刊的发展定位有关。所有期刊中刊文数量最大的是《情报杂志》，从 CNKI 检索结果获知，该杂志从 2004 年至今每年刊发竞争情报文章的数量均在 20 篇以上，并且每年刊文数量波动较小，而排名第二的《图书情报工作》情况则不同，该杂志刊发竞争情报类文章高峰期是 2009 年和 2010 年（均在 60 篇以上），但 2013 年刊发频次则骤降至 12 篇，具有同样特征的期刊还有《现代情报》。《情报理论与实践》近 5 年每年刊发竞争情报类文章的数量也在 20 篇左右，类似情况的还有《情报科学》。《商场现代化》虽然也刊发了 17 篇文章，但是该杂志是旬刊，每期发文数量较多且质量较低，没有发表过图书情报领域专家的文章，《科技管理研究》是半月刊，载文基本特点如前刊。

3.3　发文机构统计分析

由于作者署名单位的名称存在不一致等问题，并且有的院系（所）变更过名称，在统计机构发文数量之前需要对机构名称进行标准化处理，具体操作包括：①机构名称保留至院系这一级别，即"××大学××学院（系、中心、所、馆）"，若名称中同时含有院和系，则仅保留系这一级别，若机构名称中仅有校一级，则添加相应的二级单位（复杂的除外）；②原来的校、院（系）更过名的，统一记入为新的单位，如图书情报学院更名为信息管理学院，统一记入信息管理学院；③同一机构所属的不同二级单位分别计算，不做归并处理以反映其科研力量对比状态。经过标准化处理后的机构发文数量统计结果如表 2 所示。

表 2　1994—2013 年国内竞争情报研究机构发文数量排名（Top20）

序号	机构	频次	序号	机构	频次
1	南开大学信息资源管理系	126	11	上海商学院	34
2	南京大学信息管理学院	108	12	华南师范大学经济与管理学院	29
3	中国科学技术信息研究所	90	13	上海图书馆·上海科学技术情报研究所	28
4	北京大学信息管理系	73	14	天津师范大学管理学院	26
5	武汉大学信息管理学院	73	15	武汉大学信息资源研究中心	25
6	中国科学院	51	16	安徽大学管理学院	25
7	云南省科学技术情报研究所	50	17	昆明理工大学经济管理学院	25
8	上海大学图书情报档案系	38	18	上海理工大学管理学院	24
9	中山大学资讯管理学院	36	19	华东师范大学信息学系	22
10	吉林大学管理学院	34	20	郑州航空工业管理学院信息科学学院	19

注："中国科技信息研究所"与"中国科学技术信息研究所"，"上海科技情报研究所"与"上海科学技术情报研究所"均为同一单位的不同名称，已做归并处理，类似情况不再列举。

从表 2 可知，发文量最大的院（系）为南开大学信息资源管理系，南京大学信息管理学院紧追其后，名列第二，中国科学技术情报研究所（以下简称"中信所"）以 90 篇位居第三，北京大学信息管理系和武汉大学信息管理学院以 73 篇并列第四。中国科学院仅作为一级机构进行统计，因为所属二级机构过多，不便全部列出。云南省科学技术情报研究所（以下简称"云信所"）以 50 篇位居第六名。上海大学竞争情报研究机构具有多样化的特征，有国际工商与管理学院（已更名）、信息管理系（已更名）、信息资源研究中心、情报研究所、图书情报档案系，笔者根据学科关联性质将所发论文统一记入图书情报档案系。

　　若借用普赖斯定律确定核心作者的思维来确定核心机构，核心机构中发文量最少应为 $J = 0.749 \sqrt{126}$，即为 8.41 篇，则上述所列机构均为核心机构，Top20 机构发文量之和为 911 篇，占全部机构发文总数的 48.13%。发文量排名前五名机构和第九、十名机构是国内仅有的 8 所具有情报学博士学位授予权单位，这正好印证了教育水平与科研产出的高度关联性。南开大学以王知津发文量最大，南京大学是邵波，中信所是陈峰，北京大学是秦铁辉，武汉大学是张玉峰，中国科学院是张立超，云信所是彭靖里，中山大学是黄晓斌，吉林大学是郑荣，上海商学院是吴晓伟，具体情况请见本文 2.4 部分。

3.4　核心作者统计分析

　　将有效题录中的作者信息导入 Excel 并按降序排列，共获得 1893 个作者，发表论文数量前三名的作者分别是彭靖里（50）、王知津（46）和陈峰（41），括号内为发表论文数，下同，这里不再列出详细的统计表。发表两篇论文的作者数为 222 人，占总数的 11.73%，仅发表 1 篇文章的作者有 1444 人，占总数的 76.28%，根据普赖斯定律确定核心作者发文数量的方法，核心作者中发文数量最少应为 $N = 0.749 \sqrt{50}$，即 5.3 篇，符合条件的作者共有 75 位，全部包括在 Top98 的作者之中，亦即 96.04% 的作者均为边缘作者。

　　对原始数据进行预处理，提取作者字段并统计频次，选取 Top98（频次 ≥ 5）的高频作者和 SATI 内嵌的 Co-Occurrence Matrix（Valued）算法生成共词矩阵[7]，然后通过 Ucinet 软件将该共词矩阵转换成 VOSviewer 软件可识别的格式，将文件导入 VOSviewer 软件，设置好参数后运行软件，截取的作者共现网络如图 2 所示。值得一提的是，聚类密度视图（cluster density view）能够将同一聚类（cluster）的项目（items）用相同的颜色展示出来并与其他类形成颜色上的感观对比，在显示器上可以清晰地辨别研究热点的主题聚类，但对于印刷品质的要求较高，因而一般的纸质材料效果不明显，虽然可以用标签视图（label view）来代替聚类密度视图，但视觉效果要稍逊色于后者。

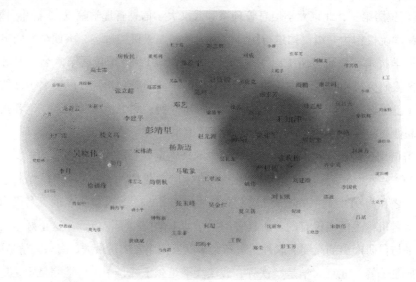

图 2　1994—2013 年国内竞争情报研究作者共现聚类密度视图

利用软件自带的聚类分组功能可知，Top98 的作者共形成了 45 个聚类簇，其中成员≥3 个的簇共有 8 个，成员为 2 个的簇共有 11 个，单个作者则形成了 26 个小簇。限于篇幅，下面仅分析成员≥3 的簇特征。第一大簇（C1）是以南开大学王知津为中心的研究团队，成员包括陈婧（19）、严贝妮（17）、陈维军（13）、刘冰（13）、张收棉（10）、徐芳（9）、周贺来（6）、张素芳，吴礼龙（5），与 C1 密切相连的两个簇分别是以刘玉照（20）、刘建准（15）与姚伟（9）为中心的第七簇和以韩正彪（8）和周鹏（10）为成员的第十簇；第二大簇是以上海商学院吴晓伟（37）为中心的科研小组，其他 8 位成员包括徐福缘（12）、李丹（11）、楼文高（9）、宋新平（8）、曹如中（6）、王广雷，周丹，龙青云（5）；第三大簇是以兵工集团第 210 研究所包昌火（16）和北京林业大学李艳（14）中核心的团队，其他 6 位作者分别为秦铁辉（18）[①]、谢新洲（10）、刘细文（8）、缪其浩（6）、齐中英，赵新力（5）；第四簇是以云南省科技情报研究所彭靖里（50）为中心的科研团队，该簇成员还包括杨斯迈（17）、邓艺（13）、李建平（9）、赵光洲，马敏象（7）、宋林清（6）、尚朝秋（5）；第五簇由中国科学技术信息研究所赵筱媛（18）、郑

---

① 这里需要解释的是，秦铁辉发文数量在第三大簇中最多，但是与其他作者的合作频次小于包昌火和李艳，且仅与李艳存在合作关系，而该软件是以作者中心性（度）来展示共现网络关系的。

彦宁（17）、陈峰（41）①、刘志辉（10）、梁战平（9）等组成；第六簇则由武汉大学张玉峰（27）、吴金红（8）、何超（7）、王翠波（6）等组成，第八簇由张立超（9）、房俊民、高士雷（5）三人组成，以上是由作者中心性排序所得的簇类。周九常（22）、黄晓斌，邵波（17）、盛小平（13）、邱均平（12）、樊松林，郑荣（11）、曾忠禄（10）、梁战平，司虎克（9）等也是高产作者。

4　国内竞争情报研究的热点透视

文章中标示的关键词是作者对该文内容的高度概括和提炼描述，同时，文献之间的相互引用是知识发散的重要形式，因此，常用高频关键词来分析某学科领域中的研究热点。利用软件内嵌的自动聚类功能，95 个高频关键词可以归为 11 个聚类簇，其中簇内关键词 ≥ 10 个的簇有 5 个，最大的簇所含关键词为 21 个。VOSviewer 可以将不同的分类簇用不同的颜色标示出来，图 3 展示的是标签视图，相应的聚类密度视图可以向作者索取。

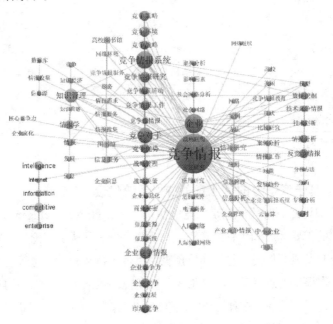

图 3　1994–2013 年国内竞争情报研究的关键词标签视图

① 与第三簇情况类似的是，陈峰在第五簇中发表论文数量最多，但是赵筱媛和郑彦宁的合作关系更加紧密，所以在图谱中的节点显得更大一些，在 CNKI 再次检索发现，陈峰独著较多，独立从事科研能力更强。

　　为了更加简洁明了地展示共词关系，需要对某些参数进行调整，如设置连线数量为 200，截取的关键词（Top95）共词网络图谱如图 3 所示，节点和标签的大小与节点关键词的研究热度成正比关系，其中频次＞20 的 33 个高频关键词如表 3 所示。限于篇幅，下面仅以 Top5 簇来探析近 20 年来国内竞争情报的研究热点，这里提及一下：第 6 簇是以产业竞争情报为中心的信息分析方法、案例及应用研究，第 7 簇是以竞争情报与知识管理关系为研究对象而展开的探讨两者协同发展的主题领域。

表 3　频次＞20（Top33）的高频关键词

关键词	频次	关键词	频次	关键词	频次
竞争情报	1149	intelligence	37	情报	26
企业（enterprise）	183	情报研究	37	专利分析	26
竞争情报系统	155	中小企业	35	高校图书馆	25
知识管理	87	竞争优势	34	产业竞争情报	25
企业竞争情报	80	数据挖掘	32	图书馆	23
竞争对手	65	竞争情报研究	31	人际网络	23
情报学	62	情报分析	31	信息服务	23
competitive	52	竞争情报工作	30	竞争战略	23
反竞争情报	45	企业竞争	27	竞争策略	23
技术竞争情报	41	information	27	战略管理	22

注：表中已对同义词"enterprise"和"企业"进行合并处理。

4.1　基于竞争力的企业竞争情报系统建设

　　随着知识经济时代的到来，竞争情报（competitive intelligence，CI）已成为企业竞争力的重要标志和生存之道。包昌火（1998）[8] 从系统论的角度阐释了竞争情报对于企业发展的作用，包括环境预警、决策支持和经营参考等，并就加强企业竞争情报工作提出三点意见：一是加大战略研究的投入力度，二是构建面向决策的竞争情报系统，三是综合多种分析方法开展实践探索。CI 是企业获得持续发展动力的有效工具，竞争情报的获取、研判和应用是通过竞争情报系统（CIS）来实现的，CIS 能够帮助企业洞悉外部环境的变化、明晰企业的发展定位，引导企业抓住竞争机遇并获取相对优势。刘玉照、曹君祥（1998）[9] 认为 CIS 的基本结构由竞争数据管理系统和竞争信息分析系统等两大功能模块组成。谢新洲、包昌火等（2001）[10]

在总结已有经验的基础上，构建了一个具有三大网络（组织、信息和人际）、三个系统（收集、分析和服务）和一个中心（竞争情报中心，CIC）的 CIS，它的功能包括环境监视、市场预警、技术跟踪、对手分析、策略制定和信息安全六个方面，同时指出企业 CIS 具有网络化、智能化、集成化和决策化等发展趋势，他们（2002）[11] 认为企业 CIS 主要以分散式、集中式、重点式和独立式四类模式运行，至于采取何种机制则应视企业的具体情况而定。彭靖里、杨斯迈等（2004）[12] 认为将企业资源计划（ERP）和 CIS 有机结合能够弥补 ERP 的局限性，提高系统对情报资源的快速反应能力，但具体到 CIS 的完整定义和标准问题，业内还没有统一的解决方案，现有的 CIS 定义主要有"周期流程""计算机系统"和"人机系统"三种说法。曾忠禄（2007）[13] 基于系统论重新审视 CIS 定义，他认为一个完整的 CIS 由结构（资源）、方法（流程）和功能等因素组成并随外部环境的变化而动态发展，该定义更具适应性、有效性和可拓展性。

4.2　面向新环境的企业竞争情报系统优化

云计算和大数据时代的到来深刻影响着行业变革和企业运营，云计算技术和理念的渗入形成了全新的信息生态环境，在云环境下企业情报工作也发生着深刻变化，主要表现为企业 CI 工作具有低成本化、专业化、透明化和更具合作性等特征。赵需要（2010）[14] 从技术和策略两个层面分析云时代企业竞争情报的发展动向，并呼吁学者应积极研究云计算带来的 CI 法律和伦理问题以纾解竞争风险。吴金红、张飞等（2013）[15] 从提升大数据的情报意识、加强技术培训与业务辅导和完善情报安全制度建设三个方面提出了应对策略。黄晓斌、钟辉新（2012）[16] 构建的云环境下中小企业 CIS 模型由竞争情报安全、搜集、分析和服务四个子系统组成，应当结合企业 CI 实际需求，充分考虑竞争战略和信息安全才能得以顺利实施和有效运行。竞争数据已然成为企业重要的战略资产，微软、谷歌、IBM 等行业巨头纷纷投入大量资源以挖掘出大数据所蕴含的商业价值，从而获得高效率的竞争优势，黄晓斌、钟辉新（2013）[17] 基于大数据构建的企业 CIS 模型由情报数据的采集、策管（curation）、分析、服务和调控五个子系统组成，从两类 CIS 模型可以看出相同特征，即是在新环境下更加强调系统的动态适应能力和安全性能。新环境下数据结构更加多样化且数据人才匮乏，跨越组织边界的协作共享方式成为未来的发展趋势，顾涛（2013）[18] 构建的基于大数据的企业 CIS 协作分析模式包括自主协作、中心协作和分级协作三类，在协商一致的原则指导下可以满足不同层次的情报分析需求。陈强、吴金红等（2013）[19] 分析了在此环境下引入众包模式给企业竞争情报带来的价值优势，并从系统角度探讨企业竞争情报众包平台运行中的激励机制以优化资源配置和增进系统的可拓展性。

4.3　人际网络在竞争情报中的应用及发展

人际情报网络（human intelligence network，HIN）是 20 世纪 90 年代兴起的研究课题，现已成为竞争情报工作的重要组成部分，HIN 是人际网络的表现形态之一，是人际网络理论应用于情报学领域的阶段性产物，人际网络又称为社会网络（social network），由节点（node）和关系（tie）两部分构成，是个人或组织间进行信息交流与共享的动态系统。包昌火、李艳等（2006）[20] 在比较分析构成论、资源论和平台论的基础上，对构建 HIN 的目的、程序、拓展途径和实施技术进行详细论述。彭靖里、谭海霞（2006）[21] 基于社会资本（social capital）理论、结构空洞（structural hole）理论和关系强度理论构建了不同的人际情报网络模型，分析了它们的典型结构和状态，认为企业人际情报网络的完善和优化可以采取联合（bonding）、联结（bridging）和嵌入（embedded）三种基本策略。吴晓伟、李丹（2007）[22] 从自适应复杂演化性和参与主体的多源性两个方面分析了人际竞争情报网络的复杂性特征，具体表现在创建过程中的动态不稳定性、运营过程中的角色可选择性和维护过程中的技术可拓展性等方面。吴晓伟（2008）[23] 将视角从情报搜集转向情报价值链，研究了社会资本（人际关系）和行为科学等两大理论在人际竞争情报中的拓展应用，实现三者在实施过程中的有机融合。王馨、秦铁辉（2009）[24] 认为在竞争情报活动中存在着"竞争情报活动→人际情报网络→竞争情报制度文化"（箭头表示嵌入方向）的双层嵌入关系，基于此关系框架，他们构建了包含竞争情报活动、制度、文化以及系统／工具在内的人际竞争情报网络影响因素模型。王知津、王文爽等（2010）[25] 认为竞争情报人际网络的影响因素主要有思想观念、企业文化、组织结构、人力资源、激励机制以及分析软件与工具六个方面，并基于数据库关系概念的构建了相应的理论模型。

4.4　图书馆在竞争情报服务中的价值体现

信息网络的普及和竞争情报的崛起拓宽了情报机构的服务领域，深化了情报机构的服务内容。张智松（2001）[26] 认为信息网络环境下的图情人员可以利用自身优势向企业提供竞争情报服务，这是图书馆员在网络环境下的五大中介角色之一。范沈姗（2001）[27] 认为图书馆开展竞争情报工作具有资源、技术、人才、信息用户等优势，可以提供专题剪报、广告预测、调研报告、技能培训以及参与 CIS 构建等服务形式。杨云芳（2005）[28] 分析了图书馆参与竞争情报必要性和可行性以及步骤和方法，认为这是图书馆信息咨询服务的新课题。魏丽敏（2005）[29] 从竞争情报对高校图书馆的影响入手，探讨了图书馆员角色转变和定位，为高校管理层提供教育竞争情报服务以提高决策的有效性和针对性，为毕业生提供就业竞争情报服务以增强他们的就业竞争力，为教学科研人员提供课题（项目）情报服务以抢占先机，图书馆员还可以发挥产学研合作中的桥梁作用以扩大科研成果的转化效率。周玉芝、刘钟（2012）[30] 将竞争情报的指导思想引入图书馆管理中，辩证地分析了竞争情报实施与图书馆核心竞争力的内在关系，实施 CI 的作用主要包括：①形成并升华图书馆危机意识；②培育并提升图书馆创新能力；③提高决策能力和管理效率；④提升学习能力以支撑核心竞争力的可持续发展。陈峰（2012）[31] 通过研读国外竞争情报最佳实践案例文献，反思近 20 年来国内竞争情报实践的成败得失，结合自身的研究推介和实际体会，归纳出图书馆面向企业开展竞争情报工作的五大成功因素，包括清晰定位以赢得员工支持、建立适宜的工作机制以获取持久动力，组建人才队伍以优化团队管理，设计合理的业务体系以增强服务针对性，图书馆与企业结成战略联盟以形成良性的协同互动氛围。

4.5　面向科技创新的企业竞争情报分析方法

随着科技的不断进步和技术的创新发展，专利技术成为企业竞争力的核心要素之一，专利情报也成为企业掌握行业动态、获知竞争对手的科技创新水平的重要资源。李映洲、邓春燕（2005）[32] 将专利情报分析方法归纳为定量分析（又称为统计分析）和定性分析（又称为技术分析）两类，对其主要指标体系做了概述，同时指出了两类方法的缺陷、不足以及在实际应用中应当注意的问题。邵波（2006）[33] 从外表特征和内容特征两个层面对专利竞争情报进行分析和研究，主要包括专利申请数量、质量、类别（门类）及其时间分布和专利引文等内容，而反竞争情报的专利分析策略则包括保护专利权、监视对手的专利活动、分散申请专利、设置障碍、交叉许可和建立预警系统等。梁莹、徐福缘（2010）[34] 从专利、市场、法律和人力等四个维度构建专利预警指标体系，企业应采取因时制宜的专利情报分析措施和高效协作的专利管理队伍和专利竞争情报系统以应对不断变化的外部竞争环境。齐伟（2003）[35] 认为企业采取反竞争情报的专利策略包括申请专利的必要性及时机、反数据收集、专利数量和专利说明书五个方面。彭爱东（2004）[36] 归纳出专利引文分析在竞争对手分析中的应用功能包括：①促进企业进行专利许可贸易；②评估竞争对手的技术实力；③了解竞争对手的技术策略和技术循环周期（technology cycle time），同时应注意专利数据来源的可靠性和可用性，软件工具的匹配性等问题。谢学军、周贺来等（2009）[37] 将技术预见理论与方法引入竞争情报分析中，从管理和技术两个层面对分析方法进行归纳总结，其中，管理层面包括专利趋势分析和引证分析，技术层面包括专利生命周期图、专利技术 / 功效矩阵、专利技术路线图以及技术发展阶段测量法。

5　结论

本文以 CNKI 收录的近 20 年国内竞争情报文献为研究对象，通过 Excel、SATI、Ucinet 以及 VOSviewer 等统计工具和可视化软件，以知识图谱形式展示了国内竞争情报研究的文献数量、载文期刊、发文机构与核心作者的结构特征，并对研究热点进行聚类分析，结论如下：①经过 1996 年的短暂滑落之后，1997 年至 2007 年间论文数量呈现出稳步增长的态势，2008 年第一次回落后 2009 年反弹至历史最高值，而后又在 2011 年出现第二次回落，2013 年的论文数量则是近 9 年来的最低值，2014 年度出现大幅度反弹的可能性较小；②从载文期刊的统计分析可知，无论从发文数量还是内容质量上看，图书情报类杂志均占据重要位置，但随着期刊定位的调整，部分纯图书馆学类杂志刊登竞争情报文章的频次在减少；③结合发文机构和核心作者的统计分析发现，具有情报学博士学位授权点的机构均在前十名之内，再次检索 CNKI 可知，这些高产作者所发文章大多挂有基金项目；④除去"竞争情报"主题词外，"企业（enterprise）"和"竞争情报系统"是频次最高的两个关键词，反映了国内 CI 研究重心，云计算大数据背景下的 CI 研究、人际网络理论在 CI 中的应用研究、图情机构在 CI 的价值功能以及 CI 分析方法研究等主题构成了热点领域。

参考文献：

[1] 缪其浩 . 竞争情报——国外的发展动向及其对我国的影响 [J]，情报理论与实践，1995（1）：2-10.

[2] 邱均平，苏金燕 . 我国竞争情报研究文献计量分析 [J]，情报科学，2008，26（12）：1761-1765.

[3] 肖明，李国俊 . 国内竞争情报可视化研究：以引文耦合和关键词分析为方法 [J]，情报理论与实践，2011，34（1）：100-102，125.

[4] 郝屹 . 近五年竞争情报研究的文献计量分析 [J]，情报科学，2012，30（12）：1907-1910.

[5] 何嘉凌. 国内竞争情报研究的可视化分析 [J], 情报杂志, 2012, 31（4）: 38-42.

[6]Nees Jan van Eck and Ludo Waltman.Software Survey: VOSviewer, A Computer Program for Bibliometric Mapping.Scientometrics[J], 2010, 84（2）: 523-538.

[7] 刘启元, 叶鹰. 文献题录信息挖掘技术方法及其软件 SATI 的实现——以中外图书情报学为例 [J], 信息资源管理学报, 2012（1）: 50-58.

[8] 包昌火. 加强竞争情报工作, 提高我国企业竞争能力 [J], 中国信息导报, 1998（11）: 33-36.

[9] 刘玉照, 曹君祥. 竞争情报和战略管理 [J], 情报学报, 1998, 17（4）: 301-305.

[10] 谢新洲, 包昌火, 张燕. 论企业竞争情报系统的建设 [J], 北京大学学报（哲学社会科学版）, 2001, 38（6）: 55-68.

[11] 谢新洲, 包昌火, 张燕. 企业竞争情报系统的主要模式 [J], 图书情报工作, 2002（11）: 21-26.

[12] 彭靖里, 杨斯迈, 宋林清. 论企业资源计划与竞争情报系统建设 [J], 情报杂志, 2004（2）: 7-9.

[13] 曾忠禄. 企业竞争情报系统再定义 [J], 图书情报工作, 2007, 51（11）: 10-13, 24.

[14] 赵需要. 云时代竞争情报的发展动向 [J], 情报理论与实践, 2010, 33（6）: 18, 23-26.

[15] 吴金红, 张飞, 鞠秀芳. 大数据: 企业竞争情报的机遇、挑战及对策研究 [J], 情报杂志, 2013, 32（1）: 5-9, 49.

[16] 黄晓斌, 钟辉新. 云环境下中小企业竞争情报系统构建 [J], 情报资料工作, 2012（2）: 39-43.

[17] 黄晓斌, 钟辉新. 基于大数据的企业竞争情报系统模型构建 [J], 情报杂志, 2013, 32（3）: 37-43.

[18] 顾涛. 基于大数据的竞争情报协作分析研究 [J], 情报科学, 2013, 31（12）: 114-118, 135.

[19] 陈强, 吴金红, 张玉峰. 大数据时代基于众包的竞争情报运行机制研究 [J], 情报杂志, 2013, 32（8）: 15-18, 26.

[20] 包昌火, 李艳, 王秀玲, 等. 人际情报网络 [J], 情报理论与实践, 2006, 29（2）: 129-141.

[21] 彭靖里，谭海霞.竞争情报中人际网络构建的理论研究——基于社会网络的分析观点 [J]，图书情报工作，2006，50（4）：38-42.

[22] 吴晓伟，李丹.企业人际竞争情报网络复杂性研究 [J]，图书情报工作，2007，51（9）：75-78.

[23] 吴晓伟.人际竞争情报一般理论研究 [J]，图书情报工作，2008，52（5）：74-77.

[24] 王馨，秦铁辉.基于嵌入理论的人际情报网络影响因素模型研究 [J]，情报理论与实践，2009，32（10）：13-16，20.

[25] 王知津，王文爽，金鑫.竞争情报人际网络关系模型的构建及实现 [J]，情报理论与实践，2010，33（6）：5-10.

[26] 张智松.网络环境下图书馆员的新角色 [J]，图书馆论坛，2001，21（5）：25-27.

[27] 范沈姗.企业竞争情报——图书馆信息服务的新热点 [J]，图书馆理论与实践，2001（1）：24-26，34.

[28] 杨云芳.图书馆参与竞争情报问题的探讨 [J]，情报科学，2005，23（1）：34-37，42.

[29] 魏丽敏.竞争情报崛起对高校图书馆服务的影响 [J]，情报杂志，2005（6）：131-133.

[30] 周玉芝，刘钟，任凤英.高校图书馆竞争情报实施与核心竞争力 [J]，情报科学，2012，30（3）：357-359.

[31] 陈峰.图书馆开展企业竞争情报服务的关键成功因素 [J]，图书情报工作，2012，56（2）：87-90.

[32] 李映洲，邓春燕.竞争对手情报研究中的专利情报分析法 [J]，情报理论与实践，2005，28（1）：44-47.

[33] 邵波.企业竞争与反竞争情报中的专利分析 [J]，情报科学，2006，24（3）：361-364，372.

[34] 梁莹，徐福缘.企业竞争情报中的专利策略研究 [J]，情报理论与实践，2010，33（3）：83-86.

[35] 齐伟.从反竞争情报的角度看企业的专利申请战略 [J]，情报理论与实践，2003，26（1）：49-52.

[36] 彭爱东.专利引文分析在企业竞争情报中的应用 [J]，情报理论与实践，2004，27（3）：276-278.

[37] 谢学军，周贺来，陈婧.面向技术预见的专利情报分析方法研究 [J]，情报科学，2009，27（1）：132-136，160.

网络社会危机信息传播理论构建 *

任福兵　李媛媛（华东理工大学科技信息研究所，上海 200237）

摘　要：网络危机传播研究是集情报学、管理学、传播学于一体的综合性交叉科学。在充分认识网络危机传播发展需求的基础上，沿着"基础—过程—治理"的路线，提出了网络危机传播的基本理论框架，阐述了网络危机传播理论的三大组成部分：基础理论、演化理论和治理理论，并对这些理论进行了多层次、全方位的深入分析，构成了网络危机传播的理论体系。

关键词：网络危机；传播理论；构建

1　前言

当今社会是危机社会，这种危机体现为现实社会危机和网络社会危机。国内学界关于网络危机的研究开始于 20 世纪末，网络危机传播研究已经积累了较为丰富的案例分析和实证分析，该领域研究的深度方面有待继续深化。目前，网络危机传播理论的系统化研究显得十分必要，论文将对这一理论进行体系化构建，从网络危机传播的基础理论、演化理论和治理理论三个方面分析和总结，建立网络危机信息传播理论体系。

2　网络危机传播基础理论

网络危机信息传播理论作为一个理论系统，首先应当确定网络危机信息传播的研究对象、研究范畴、基本知识、基本概念等，分析基本结构、揭示逻辑关系和阐

* 本文系上海市社科基金"网络社会危机传播理论研究"的研究成果（项目编号：2013JG014–BTQ702）和中央高校基本科研业务费专项资金项目"基于融合理论的超网络信息集群传播机制"研究成果。

述其基本作用和功能。总体而言，网络危机信息传播的基础理论包括其学科属性、研究对象与结构、学科内涵及其研究方法理论。

2.1   学科属性梳理

就学科属性而言，网络危机信息传播理论是一门交叉学科，涉及情报学、传播学、管理学、信息学等。当前的传播学和情报学都将网络危机传播作为自身的主要研究对象，可见，该理论具有综合性特征。随着新媒体的快速发展，学界对网络危机信息传播的研究呈现为爆发态势。因此，有必要加强对网络社会危机信息传播的理论研究，以便于更好地分析网络危机传播的环境、影响因素、动力机制、演化规律及其治理，为认识和解决网络危机、降低危机的社会影响、缩短危机事件过程、降低危机的社会成本和经济成本、维护社会稳定提供理论指导。

2.2   研究对象体系

网络危机信息传播作为综合性交叉学科，受到很多领域的共同关注。其研究对象可从横向、纵向、下向、边向四个维度来分析，横向研究包括元理论、基础理论和研究方法三个部分；纵向研究包括信息过程（涵盖危机信息的产生、传播与老化，即危机信息的起点到终点）、信息链（信息传播和扩散的推进逻辑关系）和信息传播要素，下向研究包括其价值就在于满足社会需求，运用和服务于社会实践，体现出研究的应用性；边向分析是指在信息社会背景下的网络危机信息传播不断与其他学科交叉融合。

2.3   研究内容结构

按照网络危机信息传播的对象等级分类，可分为宏观危机信息、中观危机信息和微观危机信息。其中宏观层面包括国际网络危机信息传播、国家网络危机信息传播、政府网络危机信息传播、中观层面包括行业网络危机信息传播、企业网络危机信息传播；微观层面包括群体网络危机信息传播、个人网络危机信息传播等。从网络危机信息传播性质来看，包括了政治危机信息传播、经济危机信息传播、社会危机信息传播、生态危机信息传播、文化危机信息传播等；从信息危机驱动源来看，主要包括内源驱动危机传播、外源驱动危机传播、内外源合力驱动危机传播；从信息危机传播速度来看，潜伏型危机信息传播、突发型危机信息传播、诱发型危机信息传播、曲折型危机信息传播；从信息危机影响来看，包括浅层型危机信息传播和深层型危机信息传播。

2.4　哲学基础及价值理论

网络危机传播哲学是以情报学哲学和传播学哲学为基础。网络危机信息作为物质世界的一种普遍化存在形式，即危机事件的信息化。信息传播就是信息运动，运动是信息传播的本质和基本特征。该哲学是以网络社会领域和网络社会形态为研究背景，以网络技术存在为前提，以网络基础设施为危机信息发展流变的物理载体，以网络化关系和活动的新现象和新问题为研究对象，关注网络时代人的信息生存状态。

在现代危机高发时期，网络危机传播成为影响危机事件发展进程的关键变量。危机事件的突发性、复杂性以及高速传播、传播生态环境、公众心理等诸多因素，使得网络传播效果更加不可预期和难以控制。可见，网络危机传播研究是人类社会面临的一项重大课题，这正是其本身价值所在。

2.5　研究方法论体系

方法论是研究认识事物和改造事物实践的手段和工具，它包括规律性知识（揭示影响事物发展各变量之间固有的、内在的、与实际相符合、逻辑严谨的知识）和有效知识（具有现实针对性、简洁明了的解释框架和思维模板）。

作为一个跨学科的研究领域，网络危机信息传播的方法论体系涉及哲学、情报学、管理学、传播学、社会学、数学、计算机等诸学科研究方法，其中哲学方法涵盖分析归纳法、反馈法、比较法、选择法、阐释法和系统法等；情报学的专有方法包括信息计量法、内容分析法、层次分析法、知识发现法等；数理方法包括统计法、测量法、信息获取方法、矩阵思考法、模糊数学方法、博弈法等；社会学方法包括社会网络分析方法、人际交往方法、社会调查法、观察法、试验法等；管理学方法包括假设—推理法、实证研究法、案例研究法、情境分析法等；传播学方法包括实证主义方法和人文主义方法。网络危机传播综合运用上述学科的研究方法，构成网络危机传播的研究方法体系。

3　网络危机传播演化理论

网络危机传播是在网络环境下参与者在系统动力的推动下采用一定的方式进行传播，这种传播具有明显的阶段性特征，体现出较强的传播规律。网络危机传播理论体系的构建重点是演化理论，它包括传播生态理论、传播角色与行为理论、传播动力理论、传播方式理论、传播阶段理论、传播规律理论等（见图1）。

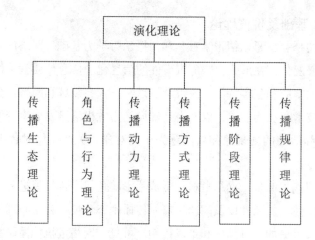

图1　网络危机传播治理理论结构

3.1　传播生态理论

3.1.1　危机传播生态构成

作为人类生存的第二空间，网络世界改变了人类的生存方式。由网络和信息构成的虚拟环境形成的民主开放、自由共享的网络世界，成为人们相互交流、共同旅行的生存空间，也被称为"网络生态"。网络危机传播生态泛指一切与人类活动相关的网络信息及其状态，包括影响网络传播运行的所有物质网络、生物网络、经济网络和社会网络，具有传播层次性、时空动态性、系统脆弱性、抗击扰动性、信息协同性等特征[1]。这一生态成为网络信息危机传播的环境。

3.1.2　危机传播生态危机

由于人们对网络的滥用和误用，致使网络产生信息污染、安全危机、信息膨胀与信息短缺、网络信息侵犯、网络信息分布不均等，网络环境严重污染，导致网络危机传播生态恶化和失调，导致传播生态危机。网络传播生态危机产生的原因主要包括网络崇拜的负效应、网络空间观念淡漠、网络虚拟性滥用等，由此滋长网络问题的灰色区域空间，导致了网络伦理普及严重滞后于网络技术发展，恶化了网络危机传播环境，严重影响网络的运行。

3.1.3　危机传播生态恢复力

生态恢复力是指网络系统的自身能力能够实现运行状态稳定、抗击外来干扰的自我修复能力和以最少的外界支持来维持其自身管理。网络危机传播生态恢复力是指危机信息传播过程中，传播系统在复杂的网络环境中能够应对内外压力，基本遵循网络伦理和网络相关法律，保持正常的传播危机信息的功能。即使在短时间受到多因素干扰，也能够实现自我系统重建的能力。网络危机传播生态恢复力很大程度上决定于网络信息生态赖以生存的环境，网络主体因素对网络生态系统的恢复力起主导作用[2]。

3.2　传播角色与行为理论

3.2.1　危机传播角色

危机传播是指在危机全过程中，政府、组织、媒体、公众内部和彼此进行的信息交流。不同的组织和个人在各种危机传播中所承担的角色是不同的，即使在同一危机事件中，同一个组织和个体也可能承担不同的角色。同时他们的角色决定了他们在危机传播中发挥不同的作用和功能。根据危机信息传播的流程，危机传播角色可以分为危机信息的制造者、传播者、受众、监控者、受害者、受益者。其中，危机信息的制造者是原始信息生产或制作的的机构或个人，危机信息的揭示或发掘机构、媒体或个人；传播者包括一级传播者、二级传播者，或为意见领袖、网络推手、网络水军，或个体传播者、组织传播者，或真实信息传播者和虚假信息传播者；受众包括普通网民或信息链低端个人；监控者包括政府、主管机构；受害者包括同行机构、相关组织、利益相关者、产品或信息的消费者；受益者包括同行机构、竞争对手、利益相关者。

3.2.2　危机传播行为

危机传播的场所包括论坛、社区、微博等，这些场所因为具有交互性、隐匿性和集聚性等特点而成为网络公共领域。目前，网络传播在大众传播中的作用日益加大，并持续改变着政府、机构、企业和个人面临的传播生态。其中，政府掌握舆论主导权和引导权，是集政治、权威、公关为一体的天然传播主体，具有保障公众的知情权和传播权，尊重与保障各类媒体采访权的责任。当前，政府正在经历从传统的刚性控制者向柔性沟通协调者转型。大众媒介扮演着多方信息沟通的桥梁和纽带，并成为危机传播的组织者。意见领袖是网络中具有独到见解、具有网络组织力和影响力的一些网民，他们能够影响消费者和公众对危机的认知和判断、立场观点，将网络舆情向某一个设定的方向发展。公众通过网络表达观点和立场、抒发情绪，充当着大众麦克风的自媒体角色，彰显平民网络话语权，部分公众在意见领袖的组织和作用下会演化为极化群体，以至于会产生网络暴力，成为网络打手。

3.3　传播动力理论

网络危机传播由传播主体、传播客体和传播信道组成[3]，但实现传播需要传播动力。危机传播动力分为博弈驱动（利益驱动、避害驱动）、责任驱动（职责驱动、道德驱动、服务驱动）、权力驱动（话语权驱动、知情权驱动）、关注驱动（兴趣驱动、专业驱动）、合力驱动（双重驱动、多层驱动）等，这些动力因素构成了网络危机传播的动力体系。

不同网络危机传播的动力因素各不相同，各种动力因素在不同的危机传播中占据的地位和发挥的作用也各不相同。

3.3.1　博弈驱动

博弈驱动包括正、反两个方面，分别是利益驱动和避害驱动。参与网络危机传播博弈的主体主要包括机构、组织、媒体或个人，他们都是危机事件的利益相关者。出于利害关系，各传播者会两利取其重、两害取其轻。通过权衡利弊，推动或阻碍危机信息传播。

3.3.2　责任驱动

责任驱动包括职责驱动、道德驱动和服务驱动。危机事件本质是自然或社会矛盾的反映，公众期望政府能做到公开、高效、透明、准确地报道危机信息。面对网络危机，政府有责任营造一个良好的网络危机传播生态，倾听公众的意见和建议。政府通过技术过滤和阻断信息、议题设置引导、信息制度化公开等手段，加强网络监管，参与到传播中去。危机事件往往带有道德因素，如政治道德、社会公德、职业道德和个人道德，如果危机制造的主体触及了基本的道德底线，这会导致有基本道德良知的各方参与传播活动，批评和指责肇事者，以维护社会道德。服务职责是媒体的基本职责，对公众普遍关心的、触动现实利益的、迫切需要解决的危机进行报道，向公众传播相关信息和提供相关信息服务。

3.3.3　权力驱动

权力驱动包括话语权驱动、知情权驱动。话语权是公众表达利益诉求的重要工具。网络的信息获取成本低，交叉传播便捷，网络公众话语权意识开始觉醒，同时兼具信息接收和传播双重身份，他们争相传播危机信息，并以人数众多占据传播主动地位，从而实现利益诉求。

知情权是公众对国家重大决策、政府重要事务以及事关公民利益的重大事件应享有的了解和知悉的权利。网络危机直接或间接地降低或减少公众的切身利益，公民关心自己的知情权就是对自身权利的关注。在信息公开不充分的情况下，网民更愿意从人际传播渠道这一非正式渠道中获得信息，而这些信息往往和政府的信息是相左，甚至对抗的，这就削弱政府的权威地位，为网民话语权的构建开辟道路。

3.3.4　关注驱动

公众对信息的需求除了利益、道德和权力外，还有兴趣和专业的推动。对于公众普遍关心的、触动其现实利益的、迫切需要解决的网络危机，公众有着迫切的信息需求，这种底线就是危机知情权，这种知情权会产生强大的推动力，极大促进网络信息的传播活动。同时对于危机事件相关领域的研究人员，他们对危机研究促使他们会连续关注事件的发展和变化，用专业的方法和技术提出专业、精辟和深入的观点。

3.3.5 合力驱动

危机传播动力通常不是单一动力驱动，而是多种力量多层驱动的结果，多层驱动的合力包括了政府的职责驱动、媒体的服务驱动、各阶层的话语驱动、利益相关者的博弈驱动、公民的道德驱动、公众的关注驱动、网民的权力驱动。各种危机事件的传播中，各驱动力所拥有的地位和发挥的作用各不相同，即使同一种驱动力在传播的不同阶段发挥的作用也不一样，各种驱动力的力度不同，其组合千变万化，其作用力模型也相去甚远。

3.4 传播方式理论

1948 年，美国学者 Harold Lasswell 提出的"五 W 传播模式"奠定了传播方式研究的基础，体现为以信息传播者为中心的线性传播。但是这一传播模式缺少信息反馈环节，传播者和受众之间缺乏互动等 [4]。不同于传统传播，网络危机传播的特点是传播速度快、主客体互动、多传播主体、多信道扩散、系统复杂、现场性强，这与它的传播方式密切相关。网络危机传播方式包括非线性传播（过程）、病毒式传播（速度）、融合式传播（主客体）、协同式传播（效率）、复杂化传播（系统）、议程设置式传播（干预）等。

3.4.1 病毒式传播

从传播速度看，网络危机传播呈现为病毒式网络传播，其传播特点与传统传播有本质的差异，路径不再是线性传播，而是以交互传播方式为主。这种方式不仅提高了传播速度和传播效率，而且在传播过程中不断发生变异，一如病毒复制一样。

3.4.2 融合式传播

从传播主客体看，网络技术对危机传播的主客体进行了彻底重构，个体传播、群体传播、组织传播和大众传播都参与危机传播，他们彼此的共同传播构成了网络时代的多重传播主体的图景。在这一时代，传播主体复杂化、话语权垄断消失、传者和受者的平等局面已经形成。

3.4.3 协同式传播

从传播效率看，网络危机传播的多种媒体呈现为竞争型传播态势，包括网络媒体和传统媒体间的相互竞争，报道信息的相互作用，信息反馈的持续增加，通过相互间竞争传播来实现协同合作，结果提高了信息传播的频率，推动危机真相的揭示和向公众的传播，确保信息传播的及时性与保真性。

3.4.4　复杂化传播

从传播系统看，危机传播的主客体呈多元、传播路径多变、传播边界不定。首先，个体传播、群体传播、组织传播和大众传播都参与到危机传播，其身份很多情况下是身兼传受的双重身份。其次，主客体的多元化必然导致传播路径的复杂化。再次，互为传者和受众，他们间的联系除了竞争性关系外，也可能是利益相关者，传播边界也变得模糊化，传播表现为更加复杂性特征。

3.4.5　议程设置式传播

从传播干预看，任何期望干预传播的主体，其有效的手段就是进行议题设置。从网络危机事件的发展过程来看，干预式危机传播已经形成"议程设置"模式，即网络人提出议题——媒介关注——全社会参与——政府行为的模式 [5]。

3.5　传播阶段理论

Kathleen Feam Banks 定义危机传播为 "在危机事件发生之前之中及之后，介于组织及公众之间的传播" [6]。危机传播过程都是危机事件发展的全程映射。通常网络危机事件发生发展过程被分为四个阶段或五个阶段。四个阶段包括潜伏期、发生期、发展期、结束期，五个阶段则加上总结期。因而，危机信息传播也具有过程性。

3.5.1　过程传播阶段论

网络危机传播分为潜在期、突发期、蔓延期和解决期，其反映在危机的舆情民意方面则对应为：舆情开始萌发期（危机问题处于潜伏状态，问题已经存在且尚未被发现，危机事件发生）——舆情形成期（危机问题已经从隐性走向显性，并已经在一定范围内反映出来，危机事件开始聚焦）——舆情多元发散期（问题已经为公众所知晓，其危害范围和影响力度不断扩大，危机发展）——舆情群体极化期（危机问题已经达到最高潮，影响也已经最大化，即危机高潮）—— 舆情归一消亡期（危机问题在各方的协调下已经得到有效的控制，或是暂时性的，或是永久性，危机结束）[7]。

3.5.2　信息传播阶段论

1986 年，Stephen Fink 提出危机传播四段论 [8]，Sturges 则根据信息传播阶段论，提出对应的四阶段危机传播论 [9]：在危机爆发前或危机发生的早期，危机信息的则是"内化性信息"，这些信息告知公众"组织在危机中处在何种位置"；当危机进入快速蔓延和爆发阶段，信息转变为"指导性信息"，信息告知公众"如何应对危机"；当危机步入减退，传播的信息则表现为"调整性信息"，信息帮助公众心理恢复正常。危机平息阶段，危机信息将回归"内化性信息"。危机信息传播与这一传播论相对应，分别表现为潜伏性危机信息（隐性状态）、受限性危机信息（局域状态）、扩散性危机信息（失控状态）、引导性危机信息（受控状态）。此后的信息则静态性危机信息（无害状态）。

3.6　传播规律理论

网络危机传播规律影响着传播方式，也影响到传播结果。其主要规律有：传播路线转移理论、传播内容演化规律、传播主体博弈理论、传播结果效应理论、传播信息价值理论。

3.6.1　传播路线转移理论

第一，信息传播分众与合众理论。危机发生引发多方传播者对危机进行各自解读，"分众传播"加速危机扩散，引发社会大规模热议。个人、群体、组织和大众四大类媒体对危机争相报道，最终形成传播合力，揭开事实真相，并推动危机事件的解决。第二，信息食物链理论。网络危机传播是由危机事件为信息源，并由各级传播媒体或个人对危机进行二级传播或者多级传播，传播链上的传播者传播、分析、甄别和再传播，如此反复，形成了危机信息食物链。第三，信息梯度转移理论。网络危机信息传播的本质是危机信息运动和迁移。信息传播形成了能量场，其中能量场存在梯度，各梯度能量的不均衡导致信息流，它带动了信息的集聚和扩散，传播表现出层次性和顺序性，这就是危机信息梯度转移规律[10]。第四，信息传播选择理论。网络危机信息传播过程是传播主体认知选择的结果。危机信息传播是一种主动行为，传者根据需要选择传播的信息，受者在接受过程中也根据理解和需求选择信息。这样的选择机制影响着传播过程、传播效率和传播结果。同时，选择过程还受到利益和道德等因素的支配。

3.6.2　传播内容演化规律

第一，危机传播映射理论。网络危机信息是危机事件的反映，网络危机信息的传播和发酵均源于危机事件的发展变化，现实危机事件映射到网络危机信息中。同时，网络危机信息的极化效应、雪崩效应也同样会推动现实中危机事件的持续发展。网络媒体和现实媒体、危机事件和网络危机信息相互映射，推动了网络危机的传播和扩散。第二，危机传播接近理论。接近理论体现为主客体接近、传播信息和事实真相接近、各种传播者的立场接近。网络危机信息传播过程直接表现为传受主体之间的信息共享、交流与接近，经过信息网络传播，危机事实真相被揭露，导致最后网络信息和危机事件相符，对于网络事件的观点和立场，所有的网络传播者最终基本达成一致。第三，危机信息替代理论。危机事件发展初期，各种信息，包括谣言、虚假信息等，一时间泛滥成灾，以至于公众难以辨别。随着各种媒体对信息源的接近以及对信息认识的深化，原来各种不实信息逐渐被真实信息所替代，流言不攻自破，随着人们对真相的认识，其他传播信息最终同化归一。这也被称为网络危机信息同化规律。

3.6.3　传播主体博弈理论

这一理论包括"沉默的螺旋"理论和群体极化理论。第一，"沉默的螺旋"理论。德国学者诺依曼提出，危机传播的受众存在社会化心理过程，在网络群体中，当发现自己的意见属于多数或具有优势地位时，他们会倾向于积极表达自己的观点；反之，就会屈于网络传播环境压力而转向沉默。即使少数网民表达出了自己的小众观点，也可能会受到多数意见的群起反对，结果是强势观点逐渐成为主流意见，这就是"沉默的螺旋"理论。第二，群体极化理论。在危机事件传播过程中，非理性情绪极易扩散、发酵，在网民互动和交流中，容易产生从众效应，传播受众极易受感染，最终导致"群体极化"，使网络舆论快速走向极端。

3.6.4　传播结果效应理论

网络危机传播中，受众对图片、动画等多媒体信息更感兴趣，此类网络信息获取具有优先效应；一些能刺激眼球的信息被有意放大，不实信息持续出现，加之利益相关者开始介入，放大效应愈加明显；网络意见领袖以他们灵通的信息和精辟见解吸引大批追随者，形成羊群效应，并对网络舆论发挥一定的导向作用；危机信息经过无限链接扩散，不断复制、滚动、循环传播，各层面危机信息出现井喷效应和雪球效应持续发展；网络危机在小范围开始，并通过各类信息传播工具在广度和深度进行拓展，导致了网络信息不断发生情境迁移，引发其他领域或更大范围危机的涟漪效应开始出现[11]。

3.6.5　传播信息价值理论

网络危机传播的信息反映了危机信息传播的价值所在。对信息传递者，他们传递的信息是有价值的。随着危机信息传播扩散，危机信息的价值在传播中实现，即网络信息传播的过程也是实现危机信息价值的过程。随着危机事件的结束，危机信息不断老化，其价值也呈现为持续衰耗。网络信息价值的变化也反映了网络危机传播的生命周期。

4　网络危机传播治理理论

网络危机传播治理理论是针对危机传播治理而言的。网络危机传播治理必须以传播评价为基础和依据，针对传播中存在的生态、法律、道德等普遍存在的问题，提出了相应的治理理论。

4.1　传播评价理论

4.1.1　有效传播理论

网络危机有效传播的评价指标包括完整度、真伪度、失真度、时效度、关注度、广知度等指标[12]。危机中信息完整度反映了信息本身的完整程度；真伪度反映了信息源产生信息的真假程度；失真度反映了传播过程中由于信道和认知差异而造成信息脱离原貌的程度，上述三指标为传播内容；时效性（传播速度）是即时性指标，反映了信息有效性的时间尺度；关注度（传播效果）反映了信息表达内容受公众关心与注意的程度；广知度（传播广度）是规模性指标，反映了信息传播范围的大小程度。上述各类指标的综合分析可以判断危机传播的有效性。

4.1.2　精准传播理论

传播媒体越来越多，传播内容越来越碎片化，危机信息多信源多主体导致了信息传播扩散化。提高传播效率，就必须向传播精准化方向发展，提高危机信息传播活动的针对性。在危机传播的同时，加强对各类数据的精准报道和精准分析，包括信源精准、渠道精准、受众精准、去噪精准、数据精准、互动精准，其中数据精准包括即时数据、社交数据、行为数据、受众数据的精准，进而提出对策，提高传播的精准性。

4.1.3　平衡传播理论

网络危机传播必须依靠各种传播媒体，这就要求不同媒介共生共荣、相互博弈、彼此制约，以防止任何媒体独大而打破传播平衡，在制约和博弈中实现动态平衡，形成一个良好的媒体平衡生态。媒介生态平衡必须遵循传播规律，促进媒体内容的协调、信息流向的平衡、话语权的合理分配，追求多元声音、协调各方权益，避免人为地非客观地发布危机信息，依据自己的利益误读危机、编译危机。

4.2　生态净化理论

网络危机传播生态是由多种要素组成，主要包括网络主体、网络信息、网络技术、网络设施、网络法规和网络文化等方面。相对于人类第一生存空间，网络空间缺少法律制度、社会风俗等约束，具有隐匿性、开放性、自由性特征，因而这一生态更容易被破坏，出现信息污染、资源失衡、安全危机等多种表征[13]。失衡的生态需要净化，网络危机传播生态进化理论包括"自净—他净""形式—实质""激励—惩罚"等进化理论。

4.2.1　"自净—他净"净化理论

网络传播生态净化必须依靠网络主体行为的净化。从网民个体行为看，他必须遵行现实生活中的伦理规范、法律规制，自我培养成为网络公民；从网络社会看，建设网络公民社会，其运行必须遵行现实世界的伦理和法律规定。相对而言，伦理规范对于个人行为净化更有效，而法律对于社会运行和群体行为的规制，其社会成本更低。通过个体层面和社会层面的行为净化，以道德标杆和法律规定来托底，促进网络生态净化，进而推动网络危机传播生态的净化。

4.2.2　"形式—实质"净化理论

网络传播生态净化主要包括形式净化和实质净化。形式净化主要是指通过网络社会的硬性规定，包括网民注册登记、入网程序、硬件基础设施等技术控制和规定来保证这一生态程序净化，即形式净化。实质净化乃是网络传播内容符合相关法律规定，排除其中的虚假信息、有偿信息等污染信息，实现网络传播内容的净化。形式净化是网络传播生态净化的基础和前提，而实质净化是网络传播生态净化的目标和根本。

4.2.3　"激励—惩罚"净化理论

网络社会的危机信息传播过程，应当与现实社会一样必须惩恶扬善。实现这一目标的路径就是"激励—惩罚"机制。网络激励可以通过网络社会的一些有效激励方法，包括网络物质激励和精神激励，而网络惩罚可以通过惩戒网民的不端行为、违法行为等，并与现实社会惩戒方法相结合。尤为重要的是，建立网络社会信用体系和网络社会网民信用档案，将激励和惩罚整合运用，达到净化网络传播生态的目的。

4.3　法律治理理论

法律是解决各种纠纷、维持社会秩序的重要工具，以法律为代表的制度约束是现代社会管理的主要手段。

4.3.1　网络危机传播边界理论

信息传播权是信息自由的核心。信息通过自由传播到达接受者，才能保证信息被知晓，公民的知情权、监督权等一系列权利才能够实现。在人人即媒体的时代，公民信息传播权的空前扩大，因而必须为网络危机传播确定边界。网络危机传播的边界，包括硬性边界和弹性边界。硬性边界主要是法律确定的，主要包括：首先是对于虚假信息传播的禁止，其次国家安全信息的受限传播，第三是对个人隐私信息和未成年人信息的保护性传播；弹性边界主要是网络道德的管理边界。因此，必须明确相关信息传播的底线和边界，以避免出现网络侵权泛滥和网络传播混乱。

4.3.2　网络危机传播权利理论

网络技术为信息传播权的实现，创造了物质基础条件。网络信息传播高速度和现场感对社会生活产生了前所未有的影响。因此，必须明确界定网络危机传播权力和义务，包括限制和保护。

在限制层面，充分自由的传播权包括传播主体的传播信息、采集信息、控制信息的行为空间无限扩大，对社会利益产生显著冲击。如果这种权利空间不受限制，他人的权利空间必然被挤压，行为空间受到侵占，网络公民的权利被侵犯，导致社会利益格局再调整和重布局，对社会秩序和基本权利产生强烈冲击。因而网络法律秩序就成为网络危机传播生态平衡的必要选择。可见，网络危机传播权必须适当限制。

在保护层面，网络危机传播权利包括信息获取权、发布权和交流权等，它表示传播者享有信息获得和发布的空间权利。网络危机传播权重点是保障媒体传播权和个人传播权。只有使媒体和公众获得自由参与信息传播的制度保障，才能促进、补充和监督危机传播。从制度和法律层面为媒体和公众参与危机信息传播提供制度保障和法律保障，保证传播者的传播行为有法可依，也可有效防止无序传播行为。

4.3.3　网络危机传播的法律调适

网络技术的飞速发展，与网络危机传播相关的法律在体系建设和制定实施方面都处于滞后状态，存在立法主体多、层次低，缺乏权威性、系统性和协调性等问题。从法律顶层设计来看，法律调适包括法律的健全和梳理。首先，必须梳理网络危机信息传播的相关法律法规，改变立法缺失现状，对空白和缺漏之处加以补充增设，建立健全网络传播的法律规范体系，以避免部分网民滥用网络暴力。其次，立法过于分散，相关规定较为模糊和衔接配套缺乏，彼此在适用性方面存在冲突，造成网络信息传播管理法律体系缺乏系统性和协调性。消除立法分散，提高法律管理监督效率，必须对现有法律进行修改，提高法律的权威性和系统性；制定新的网络监督法规，通过单独立法打击和惩处利用互联网信息传播进行违法犯罪活动。实现依法治网，改变网络危机传播中媒体和公众信息传播的无序状态。

4.4　伦理治理理论

网络技术虚拟性和隐匿性导致道德语境的虚无感、"身体缺场"的交流方式导致道德主体的虚拟化、传受角色的变换导致道德界限的模糊、把关力量的削弱导致道德权威的消解。现实伦理规范对网络世界的控制力削弱、对网络社会的制约力降低、对网络个体的约束力减弱，导致网络危机中传播伦理失范现象越来越多。这就需要现实社会伦理规范在网络社会的易地重建，建设网络危机传播伦理秩序就显得尤为迫切。

4.4.1　普世价值伦理理论

在网络世界的危机传播中，网民虽然摆脱了身份、职业等制约，但作为网络行为主体，他们仍应遵守现实社会的普世伦理规范，重视普世伦理的基本价值，以保障个人传播福利和社会传播福利。危机传播伦理核心价值是及时性、真实性、平衡性和人文关怀等，危机传播的伦理建设应当重视人类社会的普世伦理及其价值，并将现实社会的普世伦理网络化和普适化，即普世伦理通过适当的转型，适应网络世界的伦理发展需求，以普世伦理为核心价值，对各类网络传播主体予以伦理规范。

4.4.2　技术—文化伦理理论

在网络危机传播中，加强网络伦理治理可以沿着技术伦理和文化伦理两个维度来展开。技术传播伦理是通过网络技术对危机传播进行一些技术性规范和要求，以限制不合伦理的危机传播，这是一种刚性的伦理规制；文化传播伦理是从传播内容来进行伦理规范，所有不合文化伦理的传播内容将被视为不道德传播。可见，技术传播伦理是直接约束，即技术约束，它强调的是程序伦理；而文化传播伦理是间接约束，即文化约束，它是一种内化伦理。

4.4.3　政府—媒体—个体伦理理论

建设网络危机传播伦理，可以沿政府—媒体—个体路径来治理。网络传播的解构性表现在对传播者个人身份的匿名和消解，以及使社会文化多元化、去中心、非理性、价值颠覆等特征。因此，从政府层面来看，必须加强法律和制度建设，实现对网络社会的伦理监管，体现出伦理对网络社会的伦理强制力；从媒体层面看，在网络危机传播中，通过议程设置，将伦理规范不断植入网络空间，担当网络伦理的引导职责；从个体层面来讲，由于匿名和身份缺失，网络社会变成了无身份社会，网络个体处于一种"有我—无我"状态，加强网络伦理建设，必须寻找迷失的自我，实现真实身份的自我回归，推进网络世界伦理规控个体的网络言行。因此，从三个伦理维度共建网络伦理，确立网络道德的实在性，以"话语共识协商法"建构网络道德新范式，以责任伦理规避网络危机传播中的非伦理言行，进而实现传统社会价值体系的网络重构。

4.5　融合治理理论

网络危机传播是以媒体为中介进行的危机信息传播。媒体包括传统媒体和网络媒体，传统媒体为大众传播，网络媒体包括微媒体、群媒体、组织媒体。媒体融合集合了传统媒体的内容优势、网络的传播优势和接收媒体的移动性优势，在危机传播中以网状传播模式消解了传受关系和传播中心，通过媒介融合实现互交传播取代单一传播。

4.5.1　媒体植入理论

媒体植入理论是在网络媒体进行竞争性传播的背景下，政府媒体介入到微媒体、组织媒体等媒体群中进行对话，组织媒体介入到微媒体等媒体群中进行对话，将危机的真实信息、权威资料和全面分析进行传播，达到对由不实报道、片面信息和网络谣言导致的持续恶化的网络危机信息进行控制的目的。媒体植入理论的这种传播方式被称为介入式传播或对话式传播。

4.5.2　传播话语对等理论

比较网络媒体，传统媒体在快捷海量、自由互动、议程设置等方面确有局限，但在方向性、可靠性、深刻性等方面有其优势。网络传播也有其弱点，如信息碎片化、把关弱化等。同时，主流媒体发出的是国家话语，社会公信力高，对突发事件有率先定义权，能够引领社会的主流舆论与价值判断。因此，建构网络危机信息新秩序，新媒体是对传统媒体的补充、升级、整合、叠加，而非取而代之。

网络时代，人人都是媒体，政府媒体和其他媒体都是媒体一员，传统媒体和网络媒体都是平等的，他们都有资格争夺传播话语权。在网络危机传播中，这种对等表现为关于危机传播的平等态度、平等交流和尊重对方。各媒体争夺传播话语权应当基于平等的地位，做到真实、全面、即时的传播，这样才能促进媒体生态的均衡发展。而传播话语权的最终获得取决于信息的真实、全面和即时，即实现话语领导权，必须通过权威的信息、全面的传播、深入的分析、精确的数据，尽可能接近信息源，实现准确传播，还原事实真相。这种基于媒体平等性的传播，可被称为并行式传播或互促式传播。

4.5.3　传播信用叠加理论

在信息碎片化的今天，所有媒体是通过努力，媒体跨界联播，整合多维度的传播渠道，渐进式地反映事实真相，还原危机事实本身。危机传播是各种媒体介入突发事件，逐渐形成了庞大的参与式传媒，彼此间相互竞争和相互合作，各类媒体以自身的传播信用和其他媒体的传播信用相互叠加，整合形成危机信息的拼图。从还原信息的角度看，多种媒体间必须相互合作，进行友好传播的姿态。这种传播原理又称为合作式（友好式）传播。

5 结论

网络时代，信息技术飞速发展，网络危机和现实危机都会通过网络传播和反映。如何构建网络危机传播理论体系是当代重要的理论问题，也是迫切需要解决的现实问题。研究认为，网络危机传播理论体系是由基础理论、演化理论和治理理论三部分构成，这三个部分前后相继、相互支撑，形成了较为完整的理论体系。同时，研究只是提供了一个构建的思路，不是理论体系的全部。该体系应当是一个多元、开放的理论体系，随着信息技术的进步和传播模式的发展，这一理论系统需要适应时代发展，与网络危机传播实践相结合，进行持续不断的研究和探索。

参考文献：

[1] 徐国虎. 网络生态平衡理论探讨 [J]. 情报理论与实践，2006（2）：168-171.

[2][3] 李杨，姚娜，杜子平. 网络信息生态系统恢复力研究 [J]. 图书馆学研究，2011（8）：11-16.

[4] 朱伟珠. 数字化时代危机信息传播模式的时段性特征及管理对策 [J]. 现代情报，2009（2）：60-67.

[5] 谢耘耕. "议程设置"模式下的危机传播与应对 [J]. 新闻与写作，2010（11）：25-27.

[6] Werner. J. Severn, James W Tankard. 传播理论：起源、方法与应用 [M]. 郭镇之，等译. 北京：华夏出版社，2000：246-251.

[7] 刘惠芬. 从汶川地震的媒体报道看网络时代的危机传播过程 [J]. 南京邮电大学学报：社会科学版，2009（3）：36-40.

[8] Steven Fink.Crisis management [M]. American Management Association，1986.

[9] 王志永. 阶段理论视角下的网络危机传播 [J]. 传媒观察，2012（4）：27-28.

[10] 蒋永福，李集. 信息运动十大规律 [J]. 情报资料工作，1998（5）：18-21.

[11] 任福兵. 微时代浅阅读对网络信息危机生成的影响机制 [J]. 情报理论与实践，2013（4）：53-58.

[12] 夏立新. 网络环境下竞争情报多主体模糊综合评价方法研究 [J]. 情报科学，2008（6）：860-865.

[13] 张庆锋. 网络生态论 [J]. 情报资料工作，2004（4）：3-5.

大数据生态系统的伦理原则

蒋　洁（1.南京信息工程大学公共管理学院；

2.南京信息工程大学中意网络侵权研究所，江苏南京 210044）

摘　要： 大数据生态系统在推动生产力发展、降低公益成本、提升教育科研水平的同时，暴露出过度隐私披露侵害匿名自由、再识别商业秘密破坏公平竞争、无知之幕冲撞知情同意、巨量资讯牟利博弈收益权能、信息垄断阻碍数据共享、决策固化影响自主创新等道德背反风险，亟待构筑以尊重原则、无害原则、责任原则等为核心的伦理规约体系，实现各参与方利益均衡的良性循环。

关键词： 大数据；生态系统；伦理风险；伦理原则

1　引言

立足多类型巨量存储与高效信息提纯的大数据生态系统构筑了精准数据分析与可信实时预测的最优平台，"导致生产力、技术实力及社交结构的全新突破"[1]。一方面，大数据营销与客户关系管理系统通过整合物理监控体系与在线定位追踪等，逐步实现多渠道的广域信息流转与关联决策，提高金融业、制造业、零售业、广告科技业、医疗保健业等的运营效率并形成完善的欺诈甄别解决方案。例如，美国快捷药方公司通过解构包括数亿医疗处方的复杂模型检测虚假药品[2]；又如，默克集团通过对 550 万疫苗生产数据的 150 亿次计算，探寻出能够大幅度减少废物量的最佳发酵条件[3]；再如，卡瓦洛夫基于海量电影数据的蒙特卡洛模型分析，投拍了炙手可热的恶搞大片《电影 43》[4]。另一方面，具有高量级、高速率与多样性的大数据挖掘开拓了信息社会中科研、教育及社交领域识别和利用高价值机会的前瞻性途径。例如，科研院所通过挖掘巨量问卷数据和零散关联资讯，披露受试者的掩饰倾向，大幅提升调研结果的真实性[5]。又如，追踪每个学生阅读内容、次数及是否做笔记等具体情况的海量教育资讯挖掘系统揭示个性需求和微观态度，真正实现因材施

教 [6]。再如，奥巴马连任的关键助力是以大数据建模分析为驱动力的数字化竞选 [7]。

信息爆炸时代的海量数据"已经变成生产原材料，是巨大的经济与社会价值的新来源" [8]，在通过智能分析改变传统商业模式、促成科学研究从假设推动到数据推动的全新转变 [9] 以及最优化应对自然灾害的同时，暴露出商业机构唯利化、采挖个体情绪化、数据权人认知水平与管控能力低下、公权机关及其他恶意第三人滥用关联分析技术等严重问题。亟待构建以公正、效率、互利、责任等价值理念为核心的大数据伦理规约体系，积极破除资讯过度货币化、用户隐私趋零化、行为选择程式化等阻却大数据产业健康发展的不良因素。

2 大数据生态系统的伦理风险

数据海啸背景下的大数据应用已从简单的健康统计拓展到商业决策直至政治竞争领域 [10]。各参与主体相互影响、彼此制约的大数据生态系统暗藏过度披露个人隐私与商业秘密、悄然利用数据产权牟取价值增幅或降低鉴识成本、全方位垄断巨量信息资源并干预各类决策等严重影响各方利益动态平衡的道德背反问题。

2.1 隐私披露侵害匿名自由

匿名制造与传播信息是互联网络取得巨大成功的关键 [11]。虽然社会个体通过网络使用假名参与公共生活可能产生判断失真和群体暴力等不良后果，却始终是自由意志真实表达的重要方式。数据累积与隐私保障之间呈现负相关效应，敏感元数据越多，越容易在关联分析中暴私揭密。大数据技术具有从海量结构化与非结构化数据中分离识别真实资料与意图的强大能力，通过揭穿权利人自我保护的"假面"（如个人性取向、工作意愿和健康状况等）重构"聚光灯下的言论自由"，减损互联网络作为观点自由市场、社会公共良心与创造力之源的重要价值。

2.2 商密识别破坏公平竞争

大数据环境中连续监控与复杂分析多重敏感数据的再识别技术增加了传统商业秘密的保护难度 [12]。"在大数据时代，泄密的通常不是关键性的保密数据而是普通的日常信息" [13]，掌握技术与资源优势的挖掘方交叉聚探新闻组、电子公告板或公开传输文件中海量零散数据有可能暴露商业机构极力隐藏的产品配方、模型设计、客户列表等，破坏了公平竞争的传统商业伦理。

2.3　无知之幕冲撞知情同意

大数据时代终端信息储流管理普遍交托远程服务器[14]且往往在动态分配前自动分割。单方掌控减少处理时间并降低流转难度之分割技术的服务商不仅不会主动向权利人通报数据存储设备的物理位置、安保状况及运作详情[15]，还利用权利人对己方的信赖与技术劣势以及不健全的"避风港规则"等在格式合同中降低己方数据责任。事实上，广域探查零散数据间潜藏关系的聚合技术使得挖掘主体可以借助各种强大的分析工具（如 Tableau、BigQuery 等）秘密追踪数据流并在未通知权利人的情况下肆意挖掘。大数据生态系统中拉起的无知之幕严重侵害了数据权人的知情同意权。

2.4　资讯牟利博弈收益权能

众多大型网络公司（如亚马逊、百度、腾讯等）积极投身大数据实践不仅导致海量信息加速增长与数据价值大幅提升，亦进一步推高市场对大数据预测客户需求、开发优质产品或服务的信赖。例如，谷歌公司不仅通过数据分析定位目标广告[16]，还利用数据积累几近零成本地不断改进翻译系统。"大数据意味着高利润"[17]，包括 Tableau 和 Marketo 等在内的大数据企业持续追踪访问数据并分析用户喜好与意图，通过出售相应结果模型释放盈利潜能[18]。同时，挖掘主体立足海量数据分析结果优化经营方案，大幅度地降低成本。例如，年年亏损的天弘基金通过对 1 亿多"用户特征、年龄、客单量、地域、使用习惯、交易频率、交易时间等真实信息"[19]的样本分析，不断改进"余额宝"的运作模式，"只用一年时间就从金子塔的底层冲上全国第一的位置"[20]。又如，各级各地政府机构长期基于居民数据记录的分析结果编制经济预算并削减司法支出[21]。各类采挖主体均不向数据权人通报价值增值并分享利润，严重阻却了数据产权中收益权能的实现。

2.5　信息垄断阻碍数据共享

广域的深层次数据共享是信息社会的魅力所在，亦是大数据技术长足发展的重要基石。

挖掘活动的顺利开展必须依托巨量元数据，多元化的大型企业却借口安全需要和隐私保障等，长期独占使用所辖平台的海量数据，个人用户、其他商业机构、甚至连教育科研机构也无法免费获取。例如，脸谱公司秘密掌控着日均数十亿次点击数据与千万用户上传的数百万张照片。大量缺少元数据供应的中小型企业由于技术水平有限且缺少雄厚资金链，无力构筑与维护跨平台基础设施、难以构建海量数据储流与挖掘的综合处理机制、不可能妥善完成广告优化与营销应用，只得陆续退出竞争。例如，谷歌公司的巨量数据源自搜索引擎、安卓系统、Chrome 浏览器、Gmail、Youtube、谷歌地图、谷歌 PLUS、谷歌分析、谷歌 Apps 等众多服务子项，绝非其他数据分析企业能够复制。整个社会日渐形成少量大型企业（如 IBM、谷歌、亚马逊和国内的 BAT 三巨头）把持大数据市场、排除与限制竞争的垄断局面，严重阻碍大数据产业的健康发展。

2.6　决策固化影响自主创新

立足海量元数据与高效相关关系挖掘技术的大数据预测通过上百万次假设验证控制错误率，改进分析发现与决策流程。各种基于数据分析的决策行为在产生一定经济效益和社会效益的同时，影响了科技创新、公平竞争与个人自由发展。基于大数据技术对产品与服务价值周期预测的科研或投资选择往往是低风险项目与高实力企业，无形中剥夺了一些创新课题和后发企业的发展机会。每个人都有实现梦想、改变现状的权利，在通往成功的道路上亦有可能遭遇很多数据分析无法预期的机遇和困难。大数据预测在个人决策领域的广泛应用（从餐厅选择、工作展望到保健服务等[22]）使得个人奋斗异化为固化计算程式，在一定程度上剥夺了社会主体自由发展的机会。

3　大数据生态系统的伦理原则体系

大数据产业推进企业生产力与竞争力的有序增长[23]，降低公共事业成本并增加边缘收益。相关调整规则的缺失是造成利益失衡与秩序紊乱、影响大数据应用精确部署与健康发展的主要原因，亟待构建完备的规制体系。虽然斯诺登事件加速全球数据立法进程并强化维权力度（如新修的《欧盟数据保护指令》对于严格保障网络隐私权具有里程碑意义），但固有的确定性、强制性与滞后性等特征使得法律规范仅调整危害明显的重要信息利益关系。各国自成体系的数据保护规范与零空间界域的大数据处理之间的矛盾冲突亦给执法与司法活动带来巨大风险，迫切需要补构科学合理的伦理原则体系。通过明确大数据运作的基本价值目标，平衡各方利益冲突，寻找大数据企业发展需求与整个社会大数据应用道德期许的最优衡平点，实现大数据生态系统的良性循环，维持政治稳定，促进经济增长，实现社会和谐。

3.1　尊重原则

3.1.1　尊重知情权

随着个人数据财产化的认知逐步获得各方赞同，数据处理活动日益要求对象缩小化与特定化。传统数据挖掘从窄域资源池提取堆积数据，易于判断与规制。"超出传统的获取、存储、管理与分析数据集成"[24]的大数据挖掘从海量元数据中提炼未知的有用信息，改变了零散分离数据的收集模式，加剧挖掘方与数据权人的不平等，使得权利人无从知晓敏感数据保留与使用的具体状况。"阳光是最好的杀菌剂"，挖掘方的技术实力与资源掌控远胜其他参与者，有必要增加大数据运作的透明度，以通俗易懂的方式向权利人通报大数据运作目的、方法、过程、风险及收益等并切实提高数据权人的基本管控能力，避免其他参与主体不道德地违规使用。

3.1.2　尊重自由选择权

数据权人应当享有不受外力干扰、按照自身意愿决定是否分享以及如何分享敏感数据的基本权利。大数据环境中权利人却不再具备确保合适技术和管理方式被用于保护数据的能力。大数据企业应当采取各种措施在复合聚化信息的全部环节保障数据隐私，尤其是安全隐秘地存储出生证明、结婚证书、护照签证、工资收入等重要的个人资讯，真正将信息披露的自由交还数据权人。同时，尊重自由选择权的重要举措是确保数据权人自愿进退，即权利人不仅享有参与数据生活的权利，亦享有随时转移或清除敏感数据的权利。例如，虽然"流转意味着财富"，任何服务商不得为用户迁移数据设置显性或隐性障碍（如规定过高的数据备份费用）。另外，虽然目的限制与数据缩小等优质数据原则不利于运用大数据分析技术寻找相关关系，削弱相应的经济效益与社会效益。但对于自由选择权的尊重是文明社会可持续发展的必要条件，除非获得权利人明示同意，大数据生态系统的运作对象不得超出必需的最低量。

3.1.3　尊重被遗忘权

大数据技术的快速发展大幅降低了数字化存储成本并实现数字记忆的全球化无障碍访问，整个社会自此迈进永久记忆的新纪元。大数据挖掘通过交叉访问海量匿名数据库的零散数据，再识别大量个人信息（如诚信等级、婚姻家庭状况、工作轨迹等），在一定程度上剥夺了某些"知错拟改"的社会主体重新出发的机会。任何人应当享有在特定条件下抛弃过往的权利，大数据生态系统必须有效确保数据权人能够随时彻底移除敏感数据并限制相关分析结果的无序披露。

3.2 无害原则

无害原则包括积极无害与消极无害两方面。积极无害原则意指大数据运作应当有利于权利人利益最大化；消极无害原则意指大数据参与主体的行为至少不应减损他人现有利益。在数据资源自由流动与处理过程零冲突的理想情境中，几乎零成本的大数据运作将给所有参与者带来收益。现实中的大数据企业却往往为了己方利益最大化，肆意侵害他人基本权益。大数据生态系统的所有参与主体必须认识到数据权人的生命安全、自由需求与隐私利益等不可侵犯，数据采集必须源于明确特定的合法理由且不得用于其他用途，数据处理发生前必须明确通知权利人且不得侵害其基本权益。

3.3 责任原则

大数据企业、公权机关及其他参与者应当自觉承担维护大数据生态系统良性运转的重要责任，避免话语权不平等导致的弱势偏见和不公平待遇。例如，服务商应当通过不断完善身份验证、增加追踪障碍并拓展密钥技术等建立有效阻止未经授权之再识别的安全屏障，确保大数据挖掘的透明化、公平化与有序化。又如，公权机关既不得为了节约涉法费用加入侵害数据权益的采挖行列，亦必须切实履行惩治违规与激励维权等多元责任。再如，其他参与主体在巨量数据运作过程中不得侵害他人权益。

大数据轮动中伦理原则体系的完善还需要在行业自律的绩效测量与评价体系中增加相应道德行为指标并健全激励机制，通过相关伦理规约培训向参与者清晰传达各项原则并提高其自觉遵循的能力，同时设置履行监督职责的伦理调查专员并建立匿名检举制度以避免不当行为进一步蔓延。

4 结语

大数据生态系统提供了前所未有的驾驭信息资讯的全新空间，数据规模、流转活性及分析状况等逐渐成为衡量一国综合国力的重要指标。科学高效的大数据战略不仅应当重视巨量数据分析带来的全新经济增长点，更要通过完善大数据开发、传播、管理和利用过程中的伦理规约达致各参与方的利益均衡，构建由不间断的海量元数据、安全的流转资源池、高效且不影响创新力的分析与预测应用等组成的数字世界。

参考文献：

[1]Jordan Robertson.The Health-CareIndustry Turns to Big Data[EB/OL].[2014-07-13].http：//www.businessweek.com/printer/articles/26016-the-health-care-industry-turns-to-big-data.

[2] 张宇鑫.13 个大数据应用案例，告诉你最真实的大数据故事 [EB/OL].[2014-07-13].http：//www.thebigdata.cn/YingYongAnLi/10905.html.

[3] 大数据正在改变每一个行业，所有行业都正在享受收集和分析数据带来的优势 [EB/OL].[2014-07-13].http：//www.36dsj.com/archives/9737.

[4] 电影界"大数据"狂热中算出拍什么，算出怎么拍，算出谁来看 [EB/OL].[2014-07-13].http：//www.36dsj.com/archives/9731.

[5] 张韬 . 大数据改变教育 [J]. 内蒙古教育，2013（9）：26.

[6]CourseSmart：可以监控学生的教科书 [EB/OL].[2014-07-13].http：//www.bkpcn.com/Web/ArticleShow.aspx？ artid=113288&cateid=A1802.

[7] 奥巴马连任背后：政界大数据时代即将到来 [EB/OL].[2014-07-13].http：//tech.qq.com/a/20121108/000182.htm.

[8]Omer Tene，Jules Polonetsky.Privacy in the Age of Big Data：A Time for Big Decisions[EB/OL].[2014-07-13].http：//www.stanfordlawreview.org/online/privacy-paradox/big-data.

[9]Chris Anderson.The End of Theory：The Data Deluge Makes the Scientific Method Obsolete[EB/OL].[2014-07-13].http：//www.wired.com/science/discoveries/magazine/16-07/pb_theory.

[10]Thomas Edsall.Let the Nanotargeting Begin[EB/OL].[2014-07-13].http：//campaignstops.blogs.nytimes.com/2012/04/15/let-the-nanotargeting-begin/.

[11]Karthick Ramachandran，Thomas Margon，Mark Perry.Clarifying Privacy in the Clouds[EB/OL].[2014-07-13].http：//www.ivir.nl/publications/margoni/PSICTLAES_2011.pdf.

[12]Paul Ohm.Broken Promises of Privacy：Responding to the SurprisingFailure of Anonymization[J].UCLA Law Review，2010（57）：1701.

[13] 央视曝苹果搜集用户位置信息，90% 用户不知情 [EB/OL].[2014-07-13].http：//tech.sina.com.cn/t/apple/2014-07-11/13119488633.shtml.

[14] Arvind Narayanan.A CriticalLook at Decentralized Personal Data Architectures[EB/OL].[2014-07-13].http：//arxiv.org/abs/1202.4503.accessed 17 December 2012.

[15] Aleksandar Hudic.Data Confidentiality using Fragmentation in Cloud Computing [J].International Journal for Communication Networks and Distributed Systems，2012（1）：2.

[16]John Markoff.How Many Computers to Identify a Cat？ [N].New York Times，2012-06-26：B1.

[17]Ben Rooney.Big Data's Big Problem：Little Talent [EB/OL].[2014-07-13].http：//blogs.wsj.com/tech-europe/2012/04/26/big-datas-big-problem-little-talent/ ？ mod=google_news_blog.

[18]Rebecca Greenfield.Facebook Now Knows What You're Buying at Drug Stores [EB/OL].[2014-07-13].http：//www.theatlanticwire.com/technology/2012/09/facebook-tracking-you-drug-store-now-too/57183.

[19] 钱包里的中国：余额宝周岁大数据揭秘 [EB/OL].[2014-07-13].http：//finance.sina.com.cn/money/fund/20140710/173319667837.shtml.

[20] 张晓华．余额宝从 0 到 6000 亿的蜕变：或成未来网上银行 [EB/OL].[2014-07-13].http：//tech.sina.com.cn/i/2014-07-14/15329492821.shtml.

[21]Amanda Conley，Anupam Datta.Sustaining Privacy and Open Justice in the Transition to Online Court Records：A Multidisciplinary Inquiry[J].Maryland Law Review，2012（71）：772.

[22]Steven Overly.Mobile Health Apps Prompt Questions about Privacy.[EB/OL].[2014-07-13].http：//www.washingtonpost.com/business/capitalbusiness/mobile-health-apps-prompt-questions-about-privacy/2012/04/27/gIQAk17FqT_story.html.

[23]Erik Brynjolfsson.Strength in Numbers：How Does Data-DrivenDecisionmaking Affect Firm Performance？ [EB/OL].[2014-07-13].http：//ssrn.com/abstract=1819486. accessed 17 December 2012.

[24]James Manyika，Michael Chui，Brad Brown.Big Data：The Next Frontier for Innovation，Competition，and Productivity[EB/OL].[2014-07-13].http：//www.mckinsey.com/insights/business_technology/big_data_the_next_frontier_for_innovation.

大数据时代企业竞争情报的创新与发展探析

凡庆涛　肖　雯（北京市科学技术情报研究所，北京 100080）

摘　要：本文介绍了大数据的内涵、特征及其多元化价值，探讨了企业竞争情报工作的特点和重要性。在此基础上，深入剖析了大数据给企业竞争情报带来的影响，包括大数据对企业竞争情报的创新发展带来的机遇，以及对企业竞争情报形成的冲击和挑战，如竞争情报的数据获取、存储、数据分析处理和人才储备等。最后，分析了企业未来的竞争情报的发展趋势，并从法律法规、情报意识、组织模式和人才队伍等方面探讨了大数据时代企业竞争情报创新发展的策略。

关键词：大数据；企业竞争情报；发展；策略

引言

物联网、移动互联网的快速发展使企业数据成几何级数增长，到 2020 年，全球以电子形式存储的数据量将达到 35ZB[1]。大数据时代的到来必将使数据获取和处理分析方式发生根本性改变，这对企业竞争情报也将产生深刻影响。将大数据充分融入到企业竞争情报研究，将改变竞争情报的获取方式、信息类型和分析方法，对于企业新产品研发、战略制定以及竞争力的提升有着重要的意义。

1　大数据的内涵及特征分析

2011 年 5 月，全球著名的信息存储设备公司 EMC 首次提出"大数据"概念。2012 年 3 月，奥巴马政府发布了《大数据研究和发展倡议》，标志着大数据成为重要的时代特征[2]。随后，越来越多的国家开始制定适应未来需求的大数据战略，一些企业和科研机构也积极开展了对大数据的研究工作，大数据时代已悄然而至。

1.1 大数据的内涵及特征

目前，大数据还没有具体明确的定义，一般认为大数据是一种数据量很大、数据形式多样化的半结构化和非结构化数据总和，简单一点也可以理解为超出传统数据管理工具处理能力的大规模、复杂的数据集合[3]。

大数据集合了数据库、数字图书馆、海量储存、云计算、移动互联网等多种信息技术的发展成果，具有多样性、大容量、高速度、时交性的特点[4], [5]。以 IDC 为代表的业界将其归纳为具有 "4V" 特征—海量（volume）、多样性（variety）、高速（velocity）和易变性（variability）[6]。第一，体量巨大。一般包含 10TB 规模以上的数据量。第二，数据类型多，包含大量的网络日志、微博、视频、图片、邮件等大量的半结构化与非结构化数据[7]。第三，价值密度低，大数据中只有一些有用的信息隐含其中。第四，处理速度快，大数据里面很多是实时数据，如微博、社会网络、SNS 等。

1.2 大数据的价值分析

大数据在发展过程中，其多元化的价值也不断被发现和应用。互联网用户创造的海量数据往往反映了网络舆情和民意诉求，为政府处理社会公共问题提供参考依据，也有助于行政资源的优化配置；科研价值巨大，受到了许多国家政府的高度关注，一些企业、研究机构也纷纷开展了对大数据的研究，如美国公布 "大数据研发计划"，欧盟也有类似的战略举措，中国自然科学基金委员会《项目指南》有关大数据的研究计划占很大比例[8]；大数据具有实时性、动态性和多样性的特点，蕴藏着巨大的情报价值，可以帮助企业优化管理，指导企业商业决策，提高企业的创新能力，从某种意义上讲，大数据已经成为企业的无形资产。

2 大数据环境下的企业竞争情报特点和重要性

企业竞争情报是指可以给企业自身的竞争力带来重大影响的科技发展、威胁及机会等方面的信息[5]，企业竞争情报可以从两个层次来理解，一个层次认为竞争情报是一种产品，是通过对大量数据进行采集和分析加工后得到，能够为企业战略和战术决策提供参考作用；另一个层次认为竞争情报是关于竞争过程的情报。通常情况下，我们按第一层次，也就是将竞争情报作为一种产品来理解，其主要来源如图 1 所示：

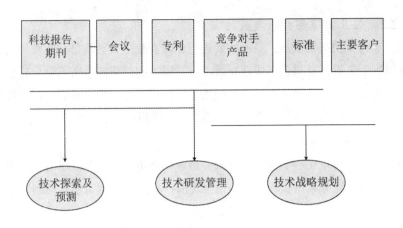

图 1　企业竞争情报的主要来源

2.1　大数据时代企业竞争情报的特点

在大数据环境下，传统的竞争情报工作已经无法很好地满足企业对于竞争情报的要求，理性分析企业竞争情报需求是企业进行竞争情报活动的前提和基础。

大数据时代下，企业竞争情报的特点主要可以概括为以下几点：

从需求上看，传统的科技情报工作无法更好地获取相关数据和信息，尤其是针对一些半结构化和非结构化数据的收集和分析。企业竞争情报工作者需要通过大数据分析相关技术获取信息，并对其中半结构化和非结构化的数据进行分析处理，使竞争情报更加全面、真实，以更好地预测市场趋势，提高自身竞争力[6]。

从来源上看，网络日志、博客、微信等技术的出现，每天会产生大量半结构和非结构性的数据，这种非结构性的数据甚至远远大于结构性的数据，改变了以往竞争情报以结构性数据为主的特点，使竞争情报的来源多元化[8]。

从信息化程度上看，云计算、移动互联网的飞速发展，为大数据的收集、分析和处理提供了技术支持，在企业竞争情报工作中也将发挥重要的作用。

2.2　大数据时代企业开展竞争情报的重要性

大数据背景下，企业必须借助于大数据分析技术，以获得更有价值的竞争情报信息，才能在激烈的市场竞争中处于有利地位，开展竞争情报工作对于企业的发展至关重要。

2.2.1　企业制定竞争战略的需要

企业要在激烈的市场竞争中保持优势，就必须要对市场变化做出明确的判断，及时调整竞争策略，以期在激烈的市场环境中保持优势，这就要求企业必须重视竞争情报工作，并根据市场环境制定相应的竞争战略。

2.2.2　企业实现创新与发展的需要

企业想得到更好的发展，就必须要进行创新和变革，创新是企业发展的不竭动力。从国际上来看，苹果公司快速发展，与其强大的创新能力密不可分。企业对于新技术的应用、新产品的开发都离不开竞争情报的支持。通过对竞争对手情报的收集和分析，企业可以找出其与竞争对手的差异，找到创新的突破点。

2.2.3　开拓市场的需要

市场是企业得以生存和发展的基础，企业在制定市场开拓策略时，应当结合自身产品的情况，充分利用获取的竞争情报理清产品定位，为市场开拓制定相应的决策，而这些决策离不开相应的竞争情报支持。

2.2.4　企业寻求合作发展的需要

经济全球化形势下，企业之间合作交流日益频繁。企业在开展合作发展前应当制定相应的合作策略，如合作对象的选择、合作方式、预期目标等，而相应的竞争情报收集和分析则是企业开展合作的首要工作，这对于合作双方实现共赢发展起着关键性作用。

总之，在经济全球化的背景下，企业要想取得更好的发展，就必须认清竞争环境，在新形势下实现企业的快速发展，因此，企业必须了解环境及对手的变化并迅速做出反应，竞争情报的重要性不言而喻。

3　大数据对企业竞争情报的影响

大数据因其自身的独特性，对企业的诸多领域都产生巨大的影响，一方面，大数据代表了数据挖掘和分析技术的前沿科技，尤其对各种半结构化和非结构化数据的处理和分析，这是以往竞争情报很少涉及的，这对企业竞争情报的发展来说无疑是一个难得的机遇。另一方面，大数据使竞争情报的获取方式和内容发生变化，某些分析技术已经不适应大数据时代竞争情报发展的需要，使传统的企业竞争情报面临着巨大的冲击和挑战。

3.1　大数据是企业竞争情报的发展的重要机遇

大数据具有"4V"的特征，同时，多样化的分析技术为企业竞争情报的开展提供了广阔的空间，为企业竞争情报带来了巨大的发展机遇。

（1）大数据具有数据全面的特点，有利于提高竞争情报的全面性和真实性。

大数据主要包括交易数据、交互数据和感知数据三种数据，这些不同来源的数据反映了企业竞争对手、竞争环境以及企业自身的发展状况，为企业分析竞争环境、竞争对手的动向等提供了全面的情报资源。

（2）大数据具有社会化的特点，有利于提高竞争情报的准确性[7]。

移动互联网、网络日志、微信、微博等新型社交工具所产生的社会化数据，增强了竞争情报的实时性和精准性。通过分析这些社会化数据，了解非结构化数据内容所表达的趋势和观点，使竞争情报工作者能够迅速捕捉用户情绪变化和市场走向，从而使企业能够更好地制定市场营销战略。

（3）大数据具有动态、实时性的特点，有利于提高企业竞争情报的实时性和有效性。企业可以动态实时的获取相关竞争情报，尤其通过 3G、4G 等方式实现手机上网已经成为人们工作和生活的一种习惯，企业的产品信息更新、人事变动等重要新闻也可以快捷地得到。

（4）大数据使竞争情报的价值得到提升，将会受到企业的重视。大数据的应用将成为企业未来竞争和增长的基础，竞争情报在企业发展中的潜在价值巨大，这势必引起企业对竞争情报工作的高度重视[9]。

（5）企业竞争情报分析能力增强。随着大数据的不断发展和应用，其分析技术和工具也不断完善和成熟，在信息采集方面、数据存储、数据分析等方面都出现了新的技术和系统，如 topsy、storm 等实时搜索引擎，hadoop、hbase 等分布式存储技术等，这些都会使企业竞争情报分析能力得到质的提升[9]。

3.2　大数据使企业竞争情报面临严峻的挑战

大数据的广泛应用使企业竞争情报发展迎来了新的机遇，但同时也使企业竞争情报面临新的问题和挑战，主要集中在以下几个方面：

（1）对大数据的认知程度低。移动互联网、网络日志、微博等提供了大量富有价值的信息，而企业竞争情报者往往会忽略这样的信息，认为大数据是亚马逊、阿里巴巴、京东商城等企业才关心的。对大数据认知程度不够，使企业竞争情报工作在大数据时代更加被动。

（2）竞争情报的数据存储瓶颈。大数据时代的企业竞争情报不仅包含了传统的数据信息，同时还包含大量的基于社交网络、移动互联网等大量半结构性和非结构性的数据，未来竞争情报系统将会面对 TB 级的数据集，庞大的数据量对于企业竞争情报系统的硬件和软件的存储能力来说是一个巨大的挑战。

（3）竞争情报的数据处理问题。大数据时代下企业竞争情报数据结构发生了变化，既有结构化的数据，也有非结构化和半结构化的数据，而传统的数据分析方法和技术对于半结构化和非结构化的数据无法直接进行处理，需要转换成结构化数据之后再进行处理，大大影响了企业情报分析的准确性。

（4）信息安全风险加大。大数据时代信息获取的方式繁多，网络日志、微信、微博等移动媒体都能比较迅捷地将各种动态信息发布到世界各地，有些信息对于企业来说可能是核心信息，这些信息一旦泄露出去，会给企业造成不好的影响，甚至造成毁灭性的打击。

（5）大数据分析人才匮乏。大数据自提出以来，时间不长，其专业性分析人才短缺，特别是能够使用大数据平台（如 Hadoop、NoSQL）来处理和分析大数据的专业人才，还不能满足市场需求[10]。

4 大数据时代企业竞争情报的发展趋势及对策分析

4.1 企业竞争情报未来发展趋势

伴随着移动互联网、云计算的发展，尤其是大数据对企业竞争情报的影响，企业的外部竞争环境发生着巨大的变化，企业竞争情报在也呈现出适应新环境的发展趋势。

4.1.1 竞争情报的重心向移动互联网转移

截至 2013 年 6 月底，我国网民规模达 5.91 亿，其中手机网民规模达 4.64 亿，网民中使用手机上网的人群占比提升至 78.5%[11]。Twiter、微博、微信等移动互联网应用使得网民和消费者的界限正在变得模糊，随时在线的网络交流，互动频繁的社交网络，让企业有机会及时获得第一手信息[9]。

4.1.2 更加重视动态竞争情报

在大数据时代，企业对竞争情报的时效性要求更加突出，动态竞争情报是企业竞争情报系统中与竞争关联最密切的情报组成部分。目前，越来越多的企业通过官方微博第一时间发布自己的产品信息、人事变动、重要计划等信息，用户可以通过网络对特定的事件或对象发表自己的见解，这些动态变化的信息是竞争情报部门不可忽视的重要情报来源[12]。

4.1.3 对消费者的关注更加密切

随着市场竞争的全面加剧，企业必须从关注消费者发展为全面关注竞争对手、关注包括消费者在内的整个竞争环境。但是，由于在国内很多企业，竞争分析相对消费者研究来说是非常明显的短板，很容易忽视消费者研究，未来企业竞争情报对消费者的关注将更加密切[13]。

4.2 大数据时代企业竞争情报创新发展的策略

企业竞争情报工作者需要面对大数据的挑战，必须将大数据充分地应用到企业竞争情报中来，充分发挥大数据的优势，挖掘大数据的价值，为提高企业在市场竞争中竞争力提供智力支持。

4.2.1 树立大数据的情报意识

虽然大数据及相关技术得到了快速的发展，但仍有很多人对大数据及其存在的价值认识不够清楚。企业竞争情报人员应该学习和接受新鲜事物，掌握大数据相关分析技术，以便更好地开展竞争情报工作，使企业能够及时快捷地了解市场行情和竞争动态。

4.2.2 加强企业信息安全保护

大数据已经成为企业的无形资产，应该加以妥善保护，企业的某些核心信息如果被泄露，可能会给企业带来经济上的巨大损失，因此，企业在竞争情报工作中，不仅要在技术层面上对信息安全加以保护，而且在信息安全的管理上也要加以保护，减少企业核心商业信息被泄露的风险[7]。

4.2.3 健全完善相关的法律法规

大数据获取、分析和应用，涉及社会的各个层面，然而，我国在数据的收集、使用上还存在法律空白，为保证大数据健康发展，应制定相应的法律法规，妥善处理政府、企业信息公开与公民隐私权利保护之间的矛盾，更好地推动大数据的应用。

4.2.4 构建基于大数据的竞争情报体系组织模式

在大数据时代，企业需要对现有竞争情报系统的构架、组织体系、资源配置进行重组，让基于大数据管理与分析的竞争情报职能部门处于主导位置，并组织设计竞争情报系统构架，构建基于大数据的竞争情报体系，实现对大数据的整体把握，为企业提供动态、实时、有效的科技情报。

4.2.5 加强大数据分析的专业人才队伍建设

将大数据转化为具体的竞争情报，是大数据环境下企业竞争情报的关键，而这离不开大数据分析人才，不仅需要大数据分析人员，也需要相关专业人员。只有这些大数据转化为实际有效的竞争情报，才能激活大数据的价值，而大数据分析人才是实现大数据价值的关键[14]。

5 结语

大数据时代的来临已经无法阻挡，企业必须认识到大数据是一把"双刃剑"，它不仅为企业竞争情报工作的发展带来了重要机遇，也使企业竞争情报面临着严峻的挑战。如何在大数据环境下抓住各种机遇，突破各种困境，需要企业提高情报意识，充分利用大数据的资源优势，提高企业竞争情报的含金量。

参考文献：

[1]F.Gantz and D.Reinsel.The 201lDigitalUniverseStudy：ExtractingValue fromChaos[EB/OL].[2012—08—18].www.emc.com/collateral/demos/microsites/emc-digitaluniverse 一 2011/index. htm.

[2] 王忠.美国推动大数据技术发展的战略价值及启示.中国发展观察，2012（6）：44 ~ 45.

[3] 韩翠峰.大数据带给图书馆的影响与挑战.图书与情报，2012（5）：37 ~ 40.

[4] 黄晓斌，钟辉新.大数据时代企业竞争情报研究的创新与发展.图书与情报，2012（6）：9 ~ 14.

[5] 黄晓斌，钟辉新.基于大数据的企业竞争情报系统模型构建.情报杂志，201332（3）：37 ~ 43.

[6] 赵洁，黄欠，张汇楠.战略性新兴企业的竞争情报需求剖析.现代商贸工业，2011（13）：21 ~ 22.

[7] 吴金红，张飞，鞠秀芳.大数据：企业竞争情报的机遇、挑战及对策研究.情报杂志，2013，32（1）：5 ~ 9.

[8] 王晴.大数据时代企业竞争情报的机遇、挑战及对策研究.天津商务职业学院学报，2013（4）：83 ~ 87.

[9] 刘高勇，汪会玲，吴金红.大数据时代的竞争情报发展动向探析.图书情报知识，2013（2）：105 ~ 111.

[10] 大数据时代人才需求，你能符合要求吗？ [EB/ OL].[2012-08-15] http：／／tech.hexun.com/2012-01-16/137296418.Html.

[11]http：//tech.sina.com.cn/i/2013-07-17/14088548488.shtml.

[12] 马鸣.大数据时代企业竞争情报研究的创新与发展.中国科技投资，2013（26）：432.

[13] 宋杰.企业竞争情报工作的发展趋势.广东通信技术，2008，28（5）：14-17.

[14] 刘剑强.大数据为产业竞争情报服务带来的新机会.中国集体经济，2014（6）：3 ~ 4.

大数据时代开展企业竞争情报的探索与实践

李兴胜（山西省太原生产力促进中心，山西太原 030009）

摘　要： "大数据"时代的来临，给各行各业带来了数据使用方式的根本性变革。本文介绍了大数据的含义与特征，介绍了太原生产力促进中心企业竞争情报工作的开展情况，分析了大数据时代企业竞争情报面临的挑战，并据此提出大数据时代企业竞争情报的应对策略。

关键词： 大数据；企业；情报

1　引言

随着云计算、社交网络、电子商务和物联网的飞速发展，世界已经逐步迈入大数据时代，中国互联网数据中心的报告显示：2010年，全球数据量已达1.2ZB，2011年，全球被创建和复制的数据总量为1.8ZB ，预计到2020年将达35ZB。而在如此庞大的数据中，只有10%的数据是存储在数据库中的结构化数据，其余的则是由邮件、视频、微博、页面点击等产生的大量半结构化和非结构化数据。随着消费者、企业、各个经济领域不断挖掘大数据的潜力，我们正处在一个巨大浪潮的尖峰，这个浪潮就是大数据驱动的技术创新、生产率提高、经济增长以及新的竞争形势和新价值的产生。近年来，大数据技术研究和应用迅速发展，许多国家已经意识到了大数据的重要性，并作为战略性技术大力推动其发展，我国无论是从网民数量、发展速度，还是网络规模和应用方式，都已经进入信息化大国和网络大国的行列。

这场变革必然对企业竞争情报理论与实践产生深刻影响，对于竞争情报研究人员而言，如何从实时更新的动态数据中挖掘出商业价值和情报，是竞争情报研究的现实课题。本文介绍了大数据的含义与特征，分析了大数据给竞争情报工作带来的机遇和挑战，以期推动该领域的深入研究。

2 大数据的含义与特征

大数据是一个相对抽象的概念，其字面意义表示数据规模庞大。然而仅仅是数量上的庞大显然很难准确表述大数据和以往的"超大规模数据""海量数据"等概念之间的区别。许多权威机构和企业对大数据给予了不同的定义。麦肯锡认为，"大数据所涉及的数据集规模已经超过了传统数据库软件获取、存储、管理和分析的能力。"IBM 公司认为，可以用 3 个特征相结合来定义大数据：数量（volume）种类（variety）和速度（velocity），即庞大容量、极快速度和种类丰富的数据。IDC 认为，"大数据不是一个事物，而是一个跨多个信息技术领域的活动。大数据技术描述了新一代的技术和架构，其被设计用于通过使用高速（velocity）的采集、发现或分析，从超大容量（volume）的多样（variety）数据中经济地提取价值（value）。"维基百科关于大数据的定义是：它是指无法在一定时间内用常规工具对其内容进行抓取、管理和处理的数据集合。综合众家之言，大数据描述的是随着数据量和数据类型激增而出现的一种大规模、多样化的数据集，及其对数据集高速采集、分析、处理以提取知识价值的技术架构与过程。

大数据的"大"不是单纯的数量大小问题，概括当前业界的普遍看法，从数据的角度看，大数据的特征主要有以下几个方面：①数据规模总量巨大。目前不同类型的数据在快速递增，每天互联网络、社会网络、传感器网络、通讯网络、地理信息系统、数字图书馆、电子商务、网络日志等产生巨量的数据。数据量从 TB 级跃升至 PB 级甚至 ZB 级，传统的集中存储与计算已经无法有效处理与解决它们的激增问题。②数据增长的速度迅猛。很多领域的数据持续呈指数级别速度增长，而且动态性强，要求分析处理快速响应，否则这些数据结果就会很快过时。③数据来源和类型多样。目前大数据的类型不仅包括文本、照片、动画、音频与视频等信息数据，还包括网络日志、位置信息、链接信息等新型数据。同时，伴随着云计算、物联网、车联网、社交网、传感网、移动互联网等新技术发展与应用，大数据的类型将不断增加，许多数据是非结构化或半结构化的，其数据结构是不固定、不完全或不规则的，很难有统一的描述模型。④数据的价值巨大。通过对海量的由结构化、半结构化和非结构化数据组成的"大数据"的挖掘、处理、整合分析，可以发现新知识，创造新价值，提升企业的竞争力，为许多行业的发展带来新的商机和发展机遇。

大数据在结构类型上也有其特点：大多数的大数据都是半结构化或非结构化的。半结构化的数据是指具有一定的结构性并可被解析或者通过使用工具可以使之格式化的数据，如包含不一致的数据格式的员工薪酬数据。非结构化的数据是指没有固定结构，通常无法直接知道其内容，保存为不同类型文件的数据，如各种图像、视频文件。根据目前大数据的发展状况，未来数据增长的绝大部分将是半结构化或非结构化的数据。

3　大数据环境下企业竞争情报工作的开展

当前，竞争情报在企业发展中的作用越加明显，很多大型企业都建立起相对完善的竞争情报系统，并在具体应用过程中取得了显著成效。而中小企业往往限于其资金、人力等条件所限，仅依靠自身力量很难开展高效的竞争情报工作，也难以全面满足自身的竞争情报需求。因此，如何帮助中小企业获得竞争情报，面向中小企业开展合理的竞争情报服务与供给已逐渐成为政府管理部门、学术界和企业界广泛关注的问题。

太原生产力促进中心是太原市科技局直属事业单位，是全国首批确定的10个试点生产力促进中心之一，近年来，中心紧扣太原地区产业发展需求，围绕两服务行动，以服务科技创新为重点，以科技资源整合、优化配置为主线，运用现代信息技术，搭建了具有公益性、基础性、战略性的太原地区大型科学仪器设备协作网、科技文献库、科技数据库以及专业化平台的科技服务平台，初步形成了功能比较完整的服务体系，实现了科技资源社会共享和利用最大化。中心围绕太原市重点优势产业，开展了区域技术发展预测研究，为太原地区的科技创新活动提供了高效、优质的服务，已成为政府、企业经济发展决策的重要部门。

3.1　免费为太原市的中小企业提供竞争情报推送服务

从2012年开始，太原生产力促进中心围绕太原市机械装备，冶金、镁合金、新材料，农业、医药、食品、化工、轻工，节能环保、建材，电子信息六大领域，为太原市的中小企业免费提供竞争情报推送服务，每月为每家企业制作1期信息分析报告，主要包括宏观经济政策与环境、产业环境、技术创新、竞争企业等多方面的内容，中心还聘请英语方面的专家翻译最新的国际动态加入信息分析报告中。中心在开展企业竞争情报服务的同时，针对服务的企业，通过编写企业回访调查表、网上调查和上门访谈等的形式，对企业开展访谈调研，征求企业的意见建议，不断提高信息分析报告的质量。2012年全年，中心制作科技情报服务10期，为300余家企业提供了1413份科技情报服务。

太原生产力促进中心组织竞争情报撰写人员，从现有的应用中学习借鉴成熟技术，构建大数据环境下的企业竞争情报系统，如大数据分析（big data analytics，BDA）技术，包括数据挖掘、统计分析和预测等核心模块，以及聚类分析、文本分析和信息可视化等呈现技术，基于大数据的"4V"特征，BDA 可利用阿帕奇 Hadoop 技术实现从数据到情报的功能转换，BDA 注重数据与技术的有机融合，提取有价值的情报以支持决策，BDA 也可利用 Objectivity 公司开发的 InfiniteGraph（IG）分布式图数据库进行关系分析，用于竞争情报的获取、感知、分发和融合（构建竞争情报系统）等诸多处理环节。

3.2　为太原市的重点企业提供竞争情报专题服务

太原生产力促进中心在每月推送信息情报的基础上，依托相关领域科技拔尖人才、省城科技顾问，对太原市 30 家重点企业进行针对性的竞争情报专题服务。中心与太原科技大学、山西大学、太原理工大学、中电二所、山西省政府发展研究中心、山西财经大学、太原市委办公厅等专家签订合作协议，对太原通泽重工、山西新天地静脉产业园、山西华元医药集团有限公司、太原罗克佳华工业有限公司、山西华顿实业有限公司、晋龙东捷挂车制造有限公司等 30 家企业开展竞争情报专题服务。

3.3　探索开展产业竞争情报服务

产业竞争情报是以提升一个国家或地区某特定产业整体竞争优势为目的，关于产业竞争环境的动态性、应对性情报。从供给关系上来看，产业竞争情报并不能完全取代企业竞争情报，它是作为企业竞争情报的一种有益补充。太原生产力促进中心针对太原市的特色产业，对太原市煤机装备产业、镁及镁合金产业、光伏产业、重型装备制造产业、动漫产业、物流产业、钕铁硼 7 个产业开展产业竞争情报专题服务。中心希望产业竞争情报所提供的服务，不仅能对产业中的群体企业产生积极作用，帮助相关政策制定者做出科学有效的决策，其他相关行为主体也可以通过这些服务对自身活动产生积极的支持作用。

太原生产力促进中心与湖南省科学技术信息研究所就竞争情报服务开展合作，学习湖南省科学技术信息研究所开展企业竞争情报和产业竞争情报的经验，与湖南省科学技术信息研究所一起对太原重型机械集团有限公司进行竞争情报专题研究。太原重型机械集团有限公司是新中国自行设计建造的第一座重型机械制造企业，是中国最大 500 家工业企业之一，中国机械行业最大 50 家工业企业之一。该企业目前正处于快速发展阶段，面对激烈的市场竞争需要强有力竞争情报提供支持和保障，但其内部却没有系统、完善的情报体系，信息采集渠道零乱，且没有建立信息共享平台，企业的竞争情报需求难以得到满足。

　　湖南省科学技术信息研究所从产业共性需求出发，为该企业提供具有共性特征的产业情报资源，内容包括国内外最新行业动态、国内外政策环境对行业的影响、最新市场动态及行情分析等，提供各类经过整合的专业化信息产品，同时给予太原重型机械集团有限公司的智力支持，提高决策者对竞争情报的重视程度，强化该公司决策者的竞争情报意识。通过这一系列措施，使太原重型机械集团有限公司开展竞争情报活动时，在信息和情报、资金、人力资源和技术方面节约了大量成本，经过半年运行，太原重型机械集团有限公司的竞争情报工作取得了显著成效。

4　大数据时代企业竞争情报面临的挑战

　　在大数据时代，数据逐渐成为企业最重要的资产之一，决策行为将日益基于数据分析做出，而不是像过去更多凭借经验和直觉。企业竞争情报数据处理面临的新问题如何确保规模庞大、异构和动态的数据实用可靠，为企业竞争情报研究不断地提供高质量的"原材料"，是大数据时代企业竞争情报面临的挑战。大数据为企业竞争情报工作提出了一些新的问题。

4.1　管理的数据量庞大

　　在大数据时代，企业的竞争情报研究需要大量异构的数据支持，而收集、存储和维护这样庞大的数据对于一般的企业来说是一种很大的负担。

4.2　收集范围广泛

　　为了使企业竞争情报分析更加精准、可靠，支持企业全方位决策，企业不但要持续不断地收集内部业务流程中各个环节的数据，还要收集顾客行为、竞争对手、供应链、宏观经济等数据，这种数据收集需要投入大量的人力、物力。面对不断产生的庞大数据，企业需要持续增加存储空间，这也是一笔不菲的投入。

4.3　数据安全风险增大

　　有关企业大量的数据趋向集中，一旦泄密或者被竞争对手利用，后果不堪设想；大数据量使企业可能采用云服务的模式，委托第三方进行数据存储和管理，这样接触企业数据的人员就会增加，风险无形增大。

4.4   数据质量难于控制

在大数据时代，数据经过层层的萃取转化为决策的情报，数据的质量也变得愈加重要。高质量的数据必须保证数据的客观、可用和完整。数据的质量问题涉及数据收集、使用、传递等所有过程，而数据在发布阶段经常会被扭曲。在大数据时代，数据的质量是情报价值体现的生命线，不管分析的方法如何先进，但如果输入时是垃圾数据，最终获得的还是垃圾结果，对企业不但无益反而有害。

4.5   数据难于动态集成

目前竞争情报收集子系统对整个企业范围内的数据集成大多采用静态整合策略，当数据源中的数据发生变化时，这些变化就不能立即反映给决策者，导致决策使用的是过时的数据，而大数据对实时响应要求很高，因此，竞争情报系统对分布式的数据如何进行动态集成也是一个很大挑战。

5   加强竞争情报服务工作的思考

5.1   加强人才建设，实现产学研合作的竞争情报服务模式

科技情报机构的一项重要工作就是情报加工，然而简单借助文本编辑工具的拷贝和粘贴不能保证情报的真实和有效，而且制作效率低。竞争情报工作是一个复杂的系统工程，在其包括的规划、信息收集、情报分析和传递应用的四个步骤中，每一个环节单靠科技情报机构或企业都是很难完成的。产学研结合是开展产业竞争情报、企业竞争情报重要和有效的途径，是科技情报机构应该好好研究和利用的竞争情报服务模式。

5.2   加强评估反馈，改进服务方式

情报工作的最大特点就是文字服务，信誉也是第一位的，质量决定情报研究机构的前途，然而质量评价必须建立评估反馈机制，只有实时地把握住决策者的需求，才可能开展有针对性的情报工作。情报所的功能就是提供服务，为一切需要情报的政府机关、企事业单位等提供服务。情报产品的发送周期更需要时效性，为服务对象提供及时的焦点信息是非常必要的。不要寻找最好的，要注重最适合的。

5.3   重心转向基于移动互联的动态竞争情报

时效性是大数据和竞争情报的共性，因此，面对大数据环境，竞争情报的动态

实时获知能力成为关键，应树立动态竞争情报观，与知名搜索引擎公司合作设立网络数据监测点，将实时数据迅速传回企业竞争情报系统。无处不在的移动互联网络和手机在线支付给用户搜索、购买和评价商品带来了便利，吸引着更多的传统消费者将消费习惯转移到电子商务平台，与此同时，用户也在网络留下许多痕迹，正如，打开某知名购物网站消费后，在类似的网站会"自动"推荐同类产品，这就是数据的力量，因此，越来越多的专业咨询公司开始利用社会网络来获取信息，通过微博等网络社交平台获取"非正式"信息的企业呈上升趋势。

企业竞争情报可以帮助企业洞察竞争环境，发现新的竞争对手、判断竞争的发展性动向，及时做出相关的反应，从而获得较大的竞争优势。大数据提供了一个全新的信息生态环境，给企业竞争情报研究带来了深刻的影响，促使其不断地创新和变革，以适应企业在大数据时代获取核心竞争力的需求。大数据时代的企业竞争情报研究将走传统情报分析方法与大数据技术相结合的发展道路。目前基于大数据的企业竞争情报研究刚刚起步，企业应综合利用各种大数据分析技术，增强竞争情报工作的严谨性和智慧化，实现竞争情报工作的可持续性健康发展。

参考文献：

[1] 黄晓斌，钟辉新. 大数据时代企业竞争情报研究的创新与发展 [J]. 图书与情报，2012（6）：9-14.

[2] 刘高勇，汪会玲，吴金红. 大数据时代的竞争情报发展动向探析 [J]. 图书情报知识，2013（2）：105-111.

[3] 李广建，杨林. 大数据视角下的情报研究与情报研究技术 [J]. 图书与情报，2012（06）：1-8.

[4] 吴金红，张飞，鞠秀芳. 大数据：企业竞争情报的机遇、挑战及对策研究 [J]. 情报杂志，2013（1）：7.

[5] 郑彦宁，赵筱媛，陈峰. 产业竞争情报的解析 [J]. 情报学报，2009，28（6）：917-922.

[6] 史敏，肖雪葵. 湖南省竞争情报中心工作方法研究 [J]. 图书情报工作，2009，53（2）：91-95.

网络环境下图书情报工作创新的路径选择

刁乃莉 （黑龙江省社会科学院，黑龙江哈尔滨 150018）

摘　要：文章旨在探讨社会科学院系统图书情报部门进一步推进图书情报一体化问题。文章认为，专业图书情报部门面对网络环境对工作的挑战应该强化自身部门的情报基本职能。为此，要对自身部门准确定位，创新工作思路，通过加强社会科学情报需求研究，开展多样化有针对性的情报加工服务，同时，加强图书情报一体化的保障系统建设。

关键词：图书情报；网络环境；工作创新；情报职能；一体化

20 世纪 90 年代，图书情报一体化曾是图书情报界讨论的热点问题。20 多年过去了，今天重谈这一问题仍具有现实意义和理论意义。本文旨在探讨社会科学系统图书情报部门进一步推进图书情报一体化问题，特别是在工作面对网络环境挑战的困惑中如何作出科学合理的选择问题。

1　加强专业图书情报部门情报职能的必然性

1.1　图书馆的自身发展分为古代、近代和现代几个阶段，这里说的发展主要指图书馆职能的发展变化

从古代藏书楼这种最早图书馆形式产生之日起，图书馆就是为收藏人类文化科学知识典籍的，收藏自然是图书馆最首要的基本职能。但收藏图书文献的最终目的还是为了利用，因此传播人类文化科学知识就成了图书馆第二个基本职能。只是由于生产力低下，古代藏书楼不可能直接面向社会，而是通过有机会进出藏书楼的达官显贵、官府要人间接地把文化科学知识传播于社会。此外，藏书楼管理和研究图书文献的学者通过把自己研究成果公布于世，实现了藏书楼传播文化知识的职能。[1]到了近代，由于资本主义的发展，生产力水平的提高，各种科学知识增多和教育的

普及以及图书文献大量增加，古代藏书楼逐步过渡到面向整个社会的公共图书馆。辛亥革命以后，我国各种公共图书馆大量出现，而且向社会传播文化科学知识的规模前所未有，已明显具有社会教育职能。进入现代社会以后，伴随着科学技术的飞速发展和"知识爆炸"，图书馆的情报职能也日益凸显出来。需要指出的是，收藏和利用是图书馆的基本职能，而社会教育和情报职能是对图书馆的更高要求。目前我国图书馆种类繁多，有文化部系统的省、市、县公共图书馆，有高校系统的各类高校图书馆，有科学院和社会科学院系统的图书馆。此外，如政府系统、工会系统、军事系统、大型厂矿系统以及中小学系统等，都有自己系统的图书馆。这些图书馆在收藏和利用基本职能方面是共同的，但在社会教育职能和情报职能方面却差别巨大。这要归因于这些图书馆分布的地域不同、类型不同和层次不同。但是，作为国家级、省级、地市级以及各大系统中的图书馆，突出和强化其社会教育职能和情报职能却是图书馆现代化的标志，是图书馆自身发展的必然趋势。

1.2　强化情报职能是图书情报一体化的专业图书情报部门的必然要求

据考察，20世纪50年代，随着科学技术的发展，我国图书馆的情报传递作用逐步明显，甚至导致图书馆中的情报业务从图书馆工作中分化出来，成立专门情报机构。到了80年代，图书馆工作和情报工作又趋于一体化，机构重新合而为一。其实，我国图书情报一体化过程在不同地域和不同领域情况各不相同。就我国社会科学院系统而言，在20世纪70年代末和80年代初，为适应国家改革开放的需要，全国省市自治区地方社会科学院先后成立了情报研究所。十多年后，这些地方社会科学院内的情报研究机构几乎全同本院图书馆合并为图书情报一体化机构文献信息中心。客观上讲，这是一次图书馆工作和情报研究所工作的整合，有利于图书馆情报人、才、物资源的更合理配置，也有利于图书、情报两种业务工作的紧密结合。这种整合使情报工作的文献情报源基础更加雄厚，也会使图书馆工作在情报工作的引领下，比原有图书文献工作更富有主动性、科学性和高效性。这种图书情报一体化，不是强化一方、弱化一方，而是彼此协调、相得益彰。但在实际工作中，陈旧的图书馆观念的束缚和情报意识的欠缺，让一些人对这种图书情报工作的整合产生了某种程度的认识误区，没有理解这种整合的真正意义，不同程度地弱化了这种图书情报一体化的专业图书情报部门的情报职能，从而背离了图书情报一体化的初衷。实践告诉我们，要切实推进图书情报一体化，就要充分认识到，图书情报一体化的专业图书情报部门强化情报职能是自身现代化发展的必然要求。

1.3　强化情报职能是图书情报一体化专业图书情报部门面对网络环境挑战的必然选择

网络环境给科研人员的科研活动带来了极大的方便，与此同时，期刊的利用率却明显下降，图书借阅也大不如从前。这种情况不能简单归结为科研人员不再依赖图书情报部门，而只是表明，在网络环境下我们的图书情报工作还不能适应科研人员的情报需求。积极面对网络环境的挑战，紧紧围绕强化情报职能这一中心，走图书情报工作创新之路，这是图书情报一体化专业图书情报部门的必然选择。

2　图书情报工作创新的路径选择

2.1　准确定位，创新思路

全国社会科学院系统的图书情报部门多称为文献信息中心，是当年省级社会科学院内部情报研究所和图书馆合并而成。这种机构如何定位，直接影响现实工作的开展，也决定着机构未来的发展。从历史和现实考察，省级社会科学院的图书馆是专业图书馆，主要是为社会科学院的社会科学研究服务。原情报研究所是省社会科学院内部一个专业社会科学情报研究机构，主要是为社会科学院以及省委省政府上级相关部门服务的。两者的合并是社会科学院系统图书情报一体化的产物，其准确定位应该是省社会科学院下设的图书情报一体化机构，是专门从事图书情报工作的。其基本职能包括图书馆收藏与利用两个基本职能加上情报基本职能。同省级公共图书馆比较，省图书馆除具有收藏和利用两个基本职能外，社会教育职能也是其基本职能。同高校图书馆比较，高校图书馆除具有收藏和利用两个基本职能外，学校教育职能也是其基本职能。从以上对比看，省公共图书馆、省高校图书馆和省社会科学院文献信息中心在图书、期刊收藏和利用方面的基本职能是共同的，是共性。而在社会教育、学校教育和情报三方面的基本职能是有差异的，各自表现为个性。作为省级社会科学院的图书情报部门正是由于其情报职能这一个性，才有别于省级公共图书馆和高校图书馆。只有对省社会科学院图书情报一体化的文献信息中心有准确的定位，才会有清晰的图书情报一体化进程的创新思路。既要保证现实的图书情报部门发挥好三个基本职能，又要保证该部门的未来发展不偏离正确方向。为此，一是要处理好业务工作共性和个性的关系，以图书馆收藏和利用两个基本职能为基础，以情报职能为引领，通过整合图书情报部门的人、才、物资源，从实际出发，全面拓宽图书情报业务。二是积极探索图书情报工作内在规律，面对网络环境的挑战，努力在图书情报工作的各个环节上有所突破、有所创新，同时加强保障系统建设，确保图书情报一体化持续健康推进。三是重在突出地方特色，发挥本身优势，努力打造地方社科情报品牌。

2.2　加强地方社会科学情报需求研究，为开展有针对性的社科情报服务创造条件

作为专业社科图书情报部门，其社会科学情报服务对象主要是社会科学研究人员和主管社会科学研究的部门。科学研究要以前人和他人的研究为基础，社会科学研究也要参考前人和他人的研究成果。社会科学情报工作关注的是社会科学研究的新理论观点、新资料以及新方法，而这些全部都存在于社会科学情报源诸如期刊论文和报纸文章等文献中。因此，重视期刊论文和报纸文章的社科情报加工产品正是社会科学情报需求的一个特点。同科学技术研究相比，社会科学研究不仅同样重视新情报资料的获取，而且也对历史文献资料很重视。列宁指出："为了解决社会科学问题，为了真正获得正确处理这个问题的本领而不致纠缠在许多细节或各种争执意见上面，为了用科学眼光观察这个问题，最可靠、最必要、最重要的就是不要忘记基本的联系，要看某种现象在历史上怎样产生，在发展中经过了哪些主要阶段，并根据它的这种发展去考察它现在是怎样的。"[2]正是社会科学研究普遍采用的历史研究法，决定了社会科学研究人员对回溯性社会科学情报产品情有独钟，这可以说是社会科学情报需求的第二个特点。期刊论文在反映最新研究成果方面有独特的作用和优势，这一点同科技论文是一样的，但作为社会科学研究成果的专著，通常理论观点更加成熟。因此，社会科学研究人员也特别关注对专著进行加工的情报产品，这是社会科学情报需求的又一个特点。从以上社会科学情报需求的特点看，图书情报一体化使情报加工的对象如期刊和专著等情报源更加丰富了，也为针对不同社会科学情报需求开展多样化的情报加工服务创造了有利条件。

2.3　针对不同情报需求，开展形式多样的情报加工服务

我国社科情报工作起步于 20 世纪 70 年代，但我国科技情报工作在 20 世纪 50 年代就起步了。科技情报和社科情报虽各有特点，但在基本理论和工作实践方面却绝大部分是共通的，而且在长期的理论探索和工作实践中积累了丰富的经验。鉴于社科情报产品种类繁多，而且分类标准尚不统一，现只把最常用、最实用的几种具有代表性的情报加工样式概述如下：

（1）题录。题录是指对文献标题的著录。按照我国 1985 年制定的国家标准《检索期刊编辑总则》的界定，"仅描述文献外部特征的条目称题录"。所谓外部特征，

是指文献题目、作者姓名、出处、篇幅等。题录是一种检索工具，它为用户广泛查找社会科学文献创造了条件。题录利用率高，编制题录是情报加工的基础性工作。

（2）文摘。有学者称，文摘"是在一次文献的基本上，经过有目的的选择，对单元文献重点内容简洁而客观的摘述"。[3]另有学者提出，"文摘，是指用一定的方法对原文献的内容所做的简略、准确的摘录。它是对文献内容的加工、浓缩，但并不包含有对原文的补充、解释或评论。"[4]对于文摘的定义和描述虽有很多，但上述两种界定足以说明了文摘的特点，文摘是对期刊单篇论文情报加工的产品样式，简要、快捷，备受欢迎。

（3）提要。我国国家标准文献著录总则指出："提要项对文献内容进行简介或评述。"我国图书馆情报界认为，提要是提供读者关于所著录的书籍的内容概要和评价的知识。提要与文摘最大的区别是可以有评述，通常以"著作提要"情报加工产品样式出现，很方便快速了解一部著作的概况。

（4）综述。综述是我国社会科情报研究工作最普遍和最重要的情报加工产品。"综述是针对某一课题，将一定时期的国内外有关文献资料进行归纳、整理、分析而编写成的综合报告。"[5]综述这种情报加工样品样式因其情报含量大而很受科研人员青睐。

（5）述评。社会科学情报产品样式述评是指对某一学科、某一专题或某一研究成果作比较全面的介绍和评论。它要求作者对加工对象有准确、全面系统的认识，把握加工对象的最新成就并能提出改进意见。述评的特点是既有"述"，又有"评"，"述"是为了"评"，重点在于"评"。这是较高层次的情报加工产品样式，在社科情报加工中占有重要位置。

（6）专题情报研究报告。这是一种高级情报研究产品，其特点是重在综合分析研究"已知"，与探索"未知"的专业研究报告不同。从情报加工的角度看，它重在分析研究加工对象的情报价值。

以上概述的是最常用的几类情报加工产品的代表性产品，此外，还有许多样式，如索引、简介、书评、文集、手册、年鉴、译文、译丛、摘译、编译等。这些既可以是图书馆业务工作的一部分，也可以是情报加工产品样式。同时，上述六种常用类型的情报加工产品也可以形成汇集型情报成果，如按学科、按专题等形成文摘集、著作提要集、综述集等。只要在特定情报需求的具体限定下，都可以选择最合适的情报产品样式进行情报加工，从而呈现丰富多彩的情报加工局面。

2.4 探索多渠道、多方式、多载体的情报传递模式

一是坚持单向主动传递。这主要是报送上级党政机关决策部门和相关部门的情

报加工产品，通常采用纸质载体。二是坚持多向主动传递。这主要是对院内各科研部门传递的情报加工产品，通常采用纸质载体和网上传递形式。三是在院内结合图书馆新书展等业务活动定期、不定期举办情报信息交流会，一方面为传递相关情报产品，一方面可通过交流了解院内外社会科学研究信息。四是对适合公开的社会科学情报加工产品通过院网站向社会多向传递。鉴于社会科学情报加工产品有其相对独立性，这种面向社会多向传递有助于起到社会教育和普及社会科学知识的作用。

3　加强图书情报一体化保障系统建设

在网络环境下推进图书情报一体化的任何创新举措，都是需要有一定基础和前提条件的，更需要健全的保障系统。为此，应该做好以下几方面的工作：

（1）增强规划观念，制定图书情报一体化中长期发展规划。推进图书情报一体化不能没有规划"推着干"，要从实际出发，认真探讨并把握社会科学图书情报工作的规律，在做好当前专业图书情报部门工作的同时，制定好本部门未来发展的蓝图。只有认真做好规划，才能防止工作的随意性，领导和群众才能劲儿往一处使，共同为明确的任务、清晰的目标而努力工作和奋斗，推进图书情报一体化也才会取得实效。

（2）利用事业单位改革的机遇，调整好内部结构和整合内部人力资源。内部结构如何设置，取决于机构的整体功能。社会科学院系统图书情报一体化专业图书情报部门的基本功能是指收藏职能、利用职能和情报职能。内部结构调整要以机构基本职能为依据，一切为了有利于这三个基本职能的有效发挥。定岗定编要做到科学合理，应该从图书馆业务工作和情报业务工作两方面思考问题，确定机构内部岗位和人员配备。既要看到图书和情报业务工作上的不同点，又要看到两者业务工作的共同点，既要分工明确，又要便于协作，使岗位设置和人员配备更符合图书情报一体化工作的实际，努力避免图书情报两者业务工作的实际上的分割，使图书情报一体化名存实亡。

（3）加强队伍建设，培养适用型人才。图书情报一体化专业图书情报部门的专业人员的素质直接影响到图书情报业务工作的水平和质量。把图书情报工作推向更高水平靠的是高素质的专业人才。要按照图书情报一体化的现代化要求培训具有情报意识和现代化理念的高素质人才。一是通过培训，图书情报人员务必具备用熟练的现代技术手段处理图书情报业务工作的能力。二是通过培训，原来具有社会科学某专业学科知识的人员，要具备和掌握图书情报知识。三是通过培训，原来具有图书情报业务知识人员，需具备和掌握社会科学某专业学科知识。总之，现代的社会科学图书情报业务工作需要的是具有社会科学相关专业知识、熟悉图书情报业务、能够熟练运用现代科学技术手段处理图书情报业务的人，只有这些专业人员才能够保证图书文献工作和情报加工的高水平和高质量。

　　（4）加强制度建设，坚持制度化管理。图书情报一体化专业图书情报部门的领导与群众应该充分认识制度建设与部门健康发展的密切关系，自觉坚持制度化管理理念，上下一致，齐心为图书情报部门的发展努力工作。一是科学制定岗位责任制度。要把图书情报部门长远发展目标和各阶段的任务分解落实到各个岗位上，责任落实到人，并作为制度固定下来。这是切实推进图书情报一体化，促进专业图书情报部门取得持续健康发展的保证。二是科学制定考核制度。要从图书情报工作实际出发，研究图书情报工作规律，考核评估标准要以人为本，要以充分保护和调动人的工作积极性、主动性和创造性为出发点和落脚点。三是科学制定人才培训制度。人才是事业发展的保证。要从图书情报部门当前和今后实际工作需要有计划地培训适用型人才，并用制度确定下来，保证各岗位人员素质不断提高和后继有人。四是科学制定激励制度。要探索精神和物质结合的激励办法、奖惩办法，并形成合理可行的制度。鼓励奖励先进，帮助转化后进，最终实现共同进步，为图书情报总体奋斗目标共同努力工作。

参考文献：

[1] 桑健.图书馆学概论 [M].沈阳：辽宁人民出版社，1985：212-214.

[2] 列宁全集（第 29 卷）[M].北京：人民出版社 .1956：430.

[3] 莫作钦.社会科学情报产品的几种模式 [A].李正平.社会科学情报理论与方法初探 [C].郑州：河南大学出版社，1988：179.

[4] 邹志仁，姜希强.情报学基础 [M].南京：南京大学出版社，1987：228.

[5] 赵惠丰，王红元，赵汉桂，梁林德.社会科学情报工作概论 [M].北京：档案出版社，1985：248.

区域科技创新战略的新突破

——区域竞争情报体系建设新思路

黄晓莉　曹　严（辽宁省科学技术情报研究所，辽宁沈阳 110168）

摘　要：通过竞争情报对区域科技创新推动作用机理分析，提出全面提升区域创新主体的竞争情报意识和能力，剖析区域竞争情报体系运行机理，从而改善科技创新环境，提高区域科技创新能力。

关键词：竞争情报；竞争情报体系；区域科技创新

在互联网信息时代的引领下，经济和社会高速发展，区域科技创新能力达到一个新的高度。随着信息数据总量的不断加大，电子科技水平的不断提升，"大数据"时代翩然而至。在这样的背景下，区域科技创新面临外部不断加剧的竞争以及内部的产业结构调整、资源环境可持续发展等多方面压力，如何进一步推动区域科技创新，提升区域竞争力，实现区域经济可持续发展，成为区域创新的重大问题。

1　科技创新与竞争情报

区域创新能力的提高，必须要充分认识到区域科技资源的稀缺性，通过科学的手段利用和挖掘科技资源的多样性，同时通过市场的合理调配，整合或重组区域内科技创新资源，不断地去完善具有特色的区域创新体系，使其成为引领区域快速发展的原动力。

如今，"大数据"时代背景下的科技创新面临着巨大的机遇和挑战。大数据之"大"，其侧重点并不在于其表象的"大容量"，而在于其潜在的"大价值"。未来谁掌握了数据，谁就可以领先。但是，从茫茫数据中分析出有用的东西并不十分容易。而能够快速获取上述优势信息，进而形成对领导层提供决策依据的手段就是建立区域性竞争情报体系。

竞争情报是指情报主体为保持竞争优势而开展的一切有关于竞争环境、竞争对手和竞争策略的情报研究。它既是一个过程，又是一种产品。竞争情报是社会竞争激化和社会信息化高度发展的产物。目前已成为各国政府增强全球竞争力的重要手段。正确的竞争情报支撑有利于形成以自主科技创新为动力的经济增长结构，以科技创新型产业为主导的产业结构，和以自主创新型企业为核心的企业结构，从而提升区域创新体系的整体实力和水平。因此，区域竞争情报体系的建立，对提高区域竞争实力，实施正确的科技决策至关重要。

2　竞争情报提升区域科技创新的作用机理

区域科技创新是区域实现可持续发展的基础和源泉。区域科技创新主体从国内外的研究来看主要依赖于官、产、学、研等多种形式。政府通过其相关方针政策来指导区域科技创新的发展；产业更是想通过科技创新来提高自身的竞争力；而以大学为主体的科研机构是区域科技创新的原动力。但在区域内部的信息沟通不畅的情况下，政府无法及时掌握产业的现实需求，科研机构的科研能力也得不到充分的利用。产业在技术升级的时候对新技术、新工艺的需求相当旺盛，但是没有相关渠道让其了解所需的技术成果，更加不知道应该找谁来进行研发，从而延误产业技术升级最佳时机，最终导致竞争失利。而大学等科研机构在进行科学研究时如果不了解本地区产业的实际情况也可能导致研究成果无法得到有效的转化而搁置。区域竞争情报体系的建设其情报共享功能就能够提升区域内的官、产、学、研的信息沟通。在区域内的产业信息流动增加以后，区域创新体系各要素在合作创新、共同发展方面将会配合得更加默契，从而使得区域创新体系能够向更有效率的层面演化。

3　全面提升区域科技创新主体的竞争情报意识和能力

目前在我国的竞争情报系统依旧采用人机结合的情报收集方式和以人为主导的信息筛选、分析、整理，计算机技术为辅的情报分析手段。因此，竞争情报系统若想充分发挥它最大的作用，不单单是依赖强劲的计算机硬件设备、快速的服务网络和强大的数据分析软件，还要更加注意的是区域创新主体的竞争情报意识和能力的建设。缺乏竞争情报意识必将无法识别有价值的情报，从而错过获得竞争优势的契机。管理人员对竞争情报工作认识不足，必然导致具体的工作中在人力、物力等方面投入较少，导致机构的竞争情报工作处于较低水平运作，使得机构的情报部门处于收集情报、管理情报的被动局面，竞争情报的分析和处理的能力不高。

作为竞争情报工作人员不仅要具备很强的情报意识和触觉，其情报需求机构也必须拥有较高的情报敏感度，供需双方的认识都能够达到一定的高度，竞争情报才能够发挥其巨大的潜力和作用。所以说，竞争情报意识和能力的培养不单纯限于竞争情报的从业人员，更应当广泛深入到区域创新主体中。所谓竞争情报意识，是指人们对竞争情报产品和服务的了解、重视、接受等一系列心理状态和观念的统称。竞争情报意识和能力的培养主要包含：①加强竞争情报及竞争情报工作的宣传力度；②培养人员竞争情报素质；③做好竞争情报的示范工作。

4　区域竞争情报体系运行机理机制

竞争情报意识和能力的提高还不足以让区域企业达到充分利用竞争情报提升竞争力的目的，必须建立起真正的竞争情报系统，规范竞争情报的收集、分析和服务，实现竞争情报系统的环境监视、市场预警、技术跟踪、对手分析、策略制定等功能，才能真正发挥竞争情报的作用。

区域政府执政力的直接体现即为区域竞争力的提高，而区域竞争力的提高依赖于区域科技创新能力的发展。区域创新能力的提升依托的是区域重点产业及企业竞争力，政府对产业的决策力在推动产业和企业科技发展中起到尤为重要的作用，其决策水平直接影响到资源的利用以及相对竞争优势的提高。如何才能提高区域政府的决策水平，仅仅依靠决策主体的个人以及集体智慧是不够的，科学的决策是建立在可靠的信息基础上的。而区域竞争情报系统在其功能上满足了区域政府的决策信息需求。

高质量的竞争情报工作既需要每一个环节高质量的工作，又需要各环节之间相互联系、相互协调、密切配合，构成完整的、良性的循环。只有完成这个过程，才能显出价值。因此，我们将区域竞争情报体系的工作流程分为情报收集、情报识别、情报分析、情报服务四个环节，如图1所示。所有的情报服务均是以政府和产业（企业）的需求出发，同时对政府和产业（企业）的政策制定予以监测，形成一个完整的良性循环。

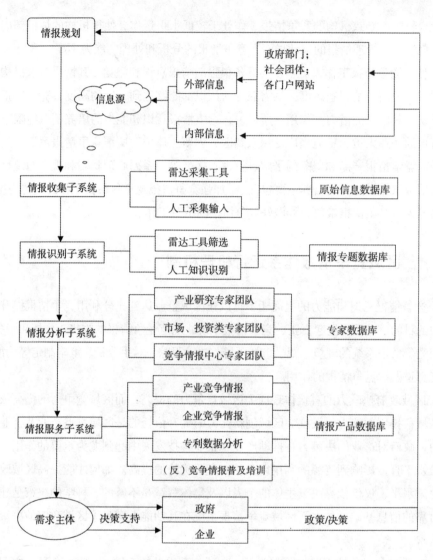

图1 区域竞争情报体系的运行机制

5 结语

区域经济中的各企业首先是竞争的关系，然后才是合作的关系，这就是所谓的竞合关系。竞合关系有利于区域经济及科技的稳定和发展，也是区域创新所大力倡导的，是区域科技及经济发展中企业与企业之间最理想的一种关系。从竞争发展到共同合作，能避免不必要的恶意竞争，稳定市场环境，激发科研潜力，在合作中孕育新技术、新成果，从而实现互利双赢、共同发展的目的。而这种有关竞争与合作的理念正是我们竞争情报工作者所研究和引导的，竞争情报体系构建的最终目的是要给竞争引入一种良性的机制，避免两败俱伤的过激竞争行为。在区域创新中引入竞争情报体系，推动竞争情报对区域创新主体关键要素以及关键要素间的相互作用，全面提升竞争情报对区域科技创新的促进作用。

参考文献：

[1] 高振峰，等. 优化配置科技资源提高区域创新能力 [J]. 决策咨询通讯 .2005.

[2] 刘小琳. 竞争情报提升区域创新软环境的作用研究 [J]. 现代情报 .2006（8）：40-42.

[3] 李广建，等. 大数据视角下的情报研究与情报研究技术 [J]. 图书与情报 .2012（6）：1-8.

[4] 王洋，等. 湖南省竞争情报中心及其对我国竞争情报发展的启示 [J]. 情报探索 .2010.

大数据时代公开情报研究的创新与发展

周爱武（解放军南京政治学院上海校区军事信息管理系，上海 200433）

摘　要：文章概述了大数据的内涵和特征，分析了大数据对公开情报研究带来的机遇与挑战，提出了大数据时代公开情报研究的发展方向。

关键词：大数据；公开情报；数据挖掘

随着信息技术的不断发展，互联网的普及及利用，各种传感器设备、移动终端接入到网络，开启了以几何级数增长的数据闸门，不断地以更快、更多、更大的规模奔驰而来，既带来史无前例的巨量信息，同时也使人类陷入大数据的汪洋大海包围之中，几乎是在一眨眼之间，推动或改变着一切，大数据驱动技术创新、生产率的提高、经济增长以及新的竞争形势和新价值的产生，因此，发达国家政府和先进企业纷纷将"大数据"上升为国家战略和企业战略，希望通过挖掘数据资产的价值有效增强自身的竞争优势。

1　大数据概述

大数据是指在业务过程中产生的数据集合，是结构化数据、半结构化数据和非结构化数据的总和。关于大数据，维基百科的定义是："大数据又称为巨量资料或海量资料，指的是所涉及的资料规模巨大到无法通过目前主流软件工具，在合理时间内达到撷取、管理、处理并整理成为企业经营决策具有较高参考价值的咨询。"[1]从微观而言，数据规模达到亿条数据以上，存储空间超过TB的都可以称之为大数据。

1.1　大数据的特点

业界普遍认为，大数据具有四个关键特征，一是数据体量巨大。根据 IDC 的"数字宇宙"项目的统计预测，全球可统计的数据存储量在 2011 年约为 1.8ZB，2015 年将超过 8ZB（1ZB=1000EB=100000PB=10 亿个 TB）。数据容量增长的速度大大超过了硬件、软件技术的发展速度。二是数据类型繁多。海量数据的危机并不单纯是数据量的爆炸性增长，它还涉及数据类型的不断增多。已往传统的数据以结构化数据为主（可以用二维表存储在关系数据库中，如常用的 Excel 软件所处理的数据），但是，现在更多互联网多媒体应用的出现，使诸如图片、声音、视频和地理位置信息等非结构化数据占到了很大比重，从而造成了半结构化和非结构化数据类型与数量的井喷。三是大数据的处理速度快。这是大数据不同于传统数据挖掘的最显著特点。传统数据的分析挖掘，主要是实现对过往发展的总结，而通过大数据的分析，我们将能够快速地、准确地预测业务发展的趋势和方向，实时地调整业务重心，从而实现对未来市场的可预判性。四是数据价值密度低。大数据的价值虽然巨大，但价值密度却很低，往往需要对海量的数据进行挖掘分析，才能得到真正有用的信息，从而形成用户价值。大数据价值密度低的特性给大数据的分析处理带来挑战。

1.2　大数据和云计算

从目标看，大数据主要解决数据存储和分析问题，尤其是强调后者，大数据最终目的是从数据中挖掘出价值。云计算致力于将计算能力作为服务提供，这种能力体现在基础设施层是主机和存储服务提供，体现在平台层是开发环境托管，体现在应用层是各种云化的应用。从服务模式看，大数据可以采用云化的理念去提供服务；从技术实现看，大数据也可以使用特定的基础设施去完成数据分析的任务，因此，从所致力解决的问题看，大数据与云计算没有太多交集。但从实际实现方式看，大数据往往会使用云计算的一些技术和资源作为底层基础。从概念发展的先后看，云计算要先于大数据出现，并且更加体系化，但云计算中一种提供超级计算能力的技术天然成为大数据领域的一个基石，这部分云计算的元素成为大数据与云计算概念交叠的区域。

1.3　大数据的应用

理论上，任何行业在足够大的范围内都能产生大数据问题，有些需要覆盖范围足够大，有些需要时间范围足够长。典型的需要大数据技术的行业有金融、医疗、交通、互联网、通信等。如交通信息服务需要提供全面的路况信息，并且构成多维、立体的交通综合检测网络，从而实现对城市道路交通状况、交通流信息、交通违法行为等的全面检测，特别是在交通高峰期，需要采集、处理及分析大量的实时检测数据。鉴于交通系统的复杂、数据量大的特征，可以通过大数据技术为交通系统构建优化的交通方案、制定最佳的出行方案和及时处理突发交通事故。

2   大数据对公开情报研究的机遇与挑战

情报研究是利用数据和信息提炼出有价值的情报，为决策提供有关方案，也就是对数据进行分析处理，以揭示其潜在的知识，转化为可利用的情报。公开情报研究是指对公开半公开途径获得的资料信息加以综合分析研究，是情报研究的重要组成部分。公开情报研究由于其全面性、系统性，研究的价值往往超过秘密情报研究，公开情报研究日益受到各国的普遍重视。因此，大数据分析在对象、运用方法和目标等方面都与公开情报研究有许多交集，大数据的兴起必然对公开情报研究产生深刻的影响。

2.1   大数据对公开情报研究带来的机遇

大数据给公开情报研究带来诸多的机遇，这里我们主要从数据本身出发，分析大数据给公开情报研究带来的影响，主要包括：

一是全面的数据，有利于提供公开情报的真实性。如企业对竞争对手的公开情报研究，从数据来源上看，大数据主要包括交易数据、交互数据和感知数据等三种。其中，交易数据是以关系型数据库来存储的结构化数据，来源于竞争对手的电子商务网站；交互数据主要来源于社交媒体，如微博、微信、点击流数据等，一般为非结构化数据。感知数据主要来源于物联网，如传感器、RFID、GPS 芯片，是对周围物理世界的感应，这些不同来源的数据从不同角度反映着企业竞争对手的方方面面，为企业洞察行业的竞争态势、竞争对手的动向提供足够的情报资源。更为重要的是，用以分析的数据越全面，分析的结构就越接近真实。

二是社会化的数据，有利于提供公开情报的精准性。长期以来，企业与客户之间总存在着无形的隔阂，使得企业难以真正了解客户，而大数据时代的一个重要趋势是数据的社会化，从论坛到游戏社区再到微博、微信，从互联网到移动互联网再到物联网，到处都可以发现客户各类网络活动所产生的公开的相关数据记录，数据的社会化使得企业更加贴近客户，这让企业公开情报研究人员有机会收集客户的第一手资讯，近距离地观察客户，为企业提供精准的和预判性的客户公开情报。

三是即时传播的数据，有利于提高公开情报的实时性。当前，互联网的重心逐步向移动互联转移，如今，通过智能手机、平板电脑甚至具有网络功能的照相机、摄像机等泛互联网设备所产生的信息占互联网信息总量的三分之一以上。这些即时传播的数据，如能利用好，将极大提高公开情报研究的时效性。

2.2　大数据给公开情报研究带来的挑战

如何确保规模庞大、异构和动态的数据实用可靠，为公开情报研究不断提供高质量的"原材料"，是大数据时代公开情报研究发展面临新的问题和挑战。大数据为公开情报研究提出了一些新的问题，主要集中在以下几个方面：

一是情报存储问题。为了使公开情报分析更加精准、可靠，支持全方位决策，要了解物联网、社交网络、移动网络等用户公开活动，这些活动产生难以估量的社会化数据。如此庞大的数据量考验着公开情报系统的硬件和软件能力。首先在存储上就是一个非常严重的问题，传统的数据库部署不能处理 TB 级别的数据，也不能很好的支持高级别的情报分析。急速膨胀的数据量即将超越传统数据库的管理能力。[2]

二是情报分析问题。大数据时代公开情报来源的结构发生了变化，非结构化数据日益膨胀，这种变化给公开情报分析带来了困难。传统的数据挖掘算法大多基于结构化数据，对于半结构化和非结构化数据无能为力，传统的做法是将半结构化、非结构化数据转换为结构化数据后再进行数据挖掘和分析。这种方法一方面降低了数据分析的效率，影响了公开情报的时效性；另一方面由于结构化数据处理过程中丢失了非结构化数据隐含的关系，使得分析的结果具有较大的不确定性和不准确性。实际上，这些关系很可能隐含了非常重要的情报。[2]

三是数据质量问题。在大数据时代，数据层层的萃取转化为决策的情报，数据的质量也变得愈加重要。高质量的数据必须保证数据的客观、可用和完整。数据的质量问题涉及数据收集、使用、传递等所有过程，而数据在发布阶段经常会被扭曲。在大数据时代，数据的质量决定情报价值，不管分析方法如何先进，但如果输入的是垃圾数据，最终获得的情报也将是垃圾。

四是人才紧缺问题。大数据蕴含着巨大的价值，但需要专业的人才使用新兴的大数据平台来处理和分析大数据，帮助组织在大量数据中挖掘有价值的信息，目前大数据从业人员面临巨大的缺口。研究表明，单单在美国，对拥有深厚的海量数据分析（包括机器学习和高级统计分析）技能人才的需求，到 2018 年，需要新增多达 14 万—19 万名专家。此外，还需要 150 万名熟悉如何应用海量数据的管理者和分析员。庞大的数据和短缺的人才，造成了一个巨大的鸿沟，阻碍着公开情报分析和利用的效能。

3　大数据时代公开情报研究的发展方向

大数据时代数据已经成为重要的资产改变了决策的模式，公开情报研究者需要面对这一变化的挑战，转变思想运用一切可能的方法充分挖掘大数据的价值，为国家和企业打造可持续发展提供智力支持。

3.1　加强数据和信息的集成

数据集成是通过各种手段和工具将已有的数据集合起来，按照一定的逻辑关系对这些数据进行统一的规划和组织，如建立虚拟数据库或数据仓库，实现数据资源的有效共享。随着分布式系统和网络环境日益普及，大量的异构数据源被分散在各个网络节点中，而它们之间往往是相互独立的。为了使这些孤立的数据能够更好地联系起来，迫切需要建立一个公共的集成环境，提供一个统一的、透明的访问界面。因此，数据集成所要解决的问题是把位于不同的异构信息源上的数据合并起来，以便提供这些数据的统一查询、检索和利用。

3.2　注重数据的清洗与过滤

大数据时代，公开情报处理的数据巨大，但数据的质量往往参差不齐，有些数据不一致或不准确、数据陈旧以及人为造成的错误等，往往被称之为"垃圾数据"。由于数据挖掘是数据驱动，因而数据质量显得非常重要。"垃圾数据"往往导致分析结果的不正确，进而影响决策的准确性。因此在数据万巨额分析时，首先要进行数据预处理，也就是对数据进行清洗和过滤，删除一些无关的数据。通过对数据质量的控制和管理，提高数据分析的准确性，进一步提高公开情报研究的效益。

3.3　关注新数据类型的分析方法

大数据时代，新的数据类型不断产生，针对新数据类型的分析方法值得关注。

一是实时数据。如微博、微信等大量的动态数据流，是十分重要的公开情报源。数据流挖掘是对数据进行单遍扫描、快速处理数据，提供实时近似结果的技术。如窗口技术采用将流数据按照特定的需求分配到不同窗口，进入窗口的数据才会被处理，以减少分析处理的数据量；而概要数据结构技术将数据流进行概括统计的数据结构代替原始数据，而不是保留数据流中的全部数据，从而减少处理的数据量。大数据时代，公开情报分析的数据许多是连续、快速、随时间变化的，对如此巨大的数据流，企图存储或扫描所有的数据都是不现实的，只有采取动态的数据流挖掘分析技术才能有效地解决数据的冲击，获得近似的结果。

二是动态数据。大数据时代，各种数据源源不断的产生，从中必然会呈现时间上的规律性，可以通过数据时间序列分析了解产品销售的旺季和淡季，制定针对性的营销策略，减少生产和销售的波动性，从而获得最大的利润。数据的时间分析是指从大量不同时间重复测到的数据中发现前后数据相似或者有规律的模式、趋势和突变的方法，主要技术是相似模式发现，包括相似模式聚类和相似模式搜索时间序列，采用的主要挖掘方法是小波变换和经验模态分解法。

三是关联数据。关联数据发现技术是分析数据之间的联系，将孤立的、离散的数据点结合产生数据链或数据图，随后从多个数据源中查出匹配给定关联模式的实例，最后对匹配的实例进行评估。关联发现技术特别适合于动态的数据发现未知的模式。而大数据中隐含了大量未知、潜在的关系，新模式的发现有利于采取"蓝海"战略，抢占先机，从而获得情报优势。

四是社会网络数据。社会网络分析也叫链接挖掘，是通过网络中关系分析探讨网络的结构及属性特征，其挖掘重要任务是基于链接的节点排序。在大数据时代，大量相关的数据聚合在一起，相互支撑解释和印证，形成了复杂的数据网络，数据之间的关系具有十分重要的价值。如通过消费者行为的链接数据挖掘能发现传销顾客的网络，从而制定找出利润最大化的顾客群。

3.4 促进数据分析的可视化

数据可视化技术指运用计算机图形学和图像处理技术，将数据转换为图形或图像显示出来，并进行交互处理的方法和技术，其本质是从抽象数据到可视化结构的映射。在大数据时代，数据只是原材料，其真正的价值需要通过知识和情报来实现。公开情报分析的结果必须是可理解的，才能较为容易地转化为生产力。可视化反映数据的语义关系，较快数据的处理速度，使庞大的数据得到充分有效利用；可以在人与数据间实现交互，帮助人们观察到数据中隐含的问题，为发现和理解有关规律提供有力工具。

3.5 探索大数据新的分析技术和工具的应用

大数据时代公开情报研究面临的数据量无法比拟的，对一些实时性要求较高的决策，分析方法的速度和效率显得尤为重要。传统的公开情报分析方法显然难于处理不断增长的、庞大的、异构的数据，只有借助新的处理技术才能实现数据提取和清洗、分析和利用。幕墙大数据相关技术研究已经取得一定的进展。如"MapReduce"是一种简洁的并行计算模型，它在系统层面解决了扩展性、容错性等问题，通过接受用户编写的函数，自动地在可伸缩的大规模集群上并行执行，从而可以处置和分析大规模的数据。应用实时性技术和分布并行算法技术是提高数据挖掘方法效率和实用化的有效途径。

4 结语

公开情报研究有助于掌握重大战略动向，为决策服务。大数据提供了一个全新的信息生态环境，给公开情报研究带来了深刻的影响，促使其不断创新和发展。大数据时代的公开情报研究将走传统的情报分析方法与大数据技术相结合的发展道路。目前基于大数据的公开情报研究还刚刚起步，许多问题仍然需要进一步讨论。

参考文献：

[1] 丁圣勇，等. 解惑大数据 [M]. 人民邮电出版社，2013.

[2] 吴金红，等. 大数据：企业竞争情报的机遇、挑战及对策研究. 情报杂志，2013，32（1）：5-9.

[3] 黄晓斌，等. 大数据时代企业竞争情报研究的创新与发展. 图书与情报，2012（2）：9-14.

[4] 樊合成，等. 试论公开情报研究. 科技信息，2004（1）：52-54.

从数据挖掘视角看大数据时代
情报分析挑战与机遇

王　翔[1, 2]　侯　威[1]　陈　洁[1]

（1 安徽省科学技术情报研究所，安徽合肥 230011；

2 合肥工业大学计算机与信息学院，安徽合肥 230009）

摘　要：针对大数据环境下的情报分析这一当前情报分析领域热点研究问题，本文对大数据环境下的情报搜集、情报来源融合、数据存储、数据挖掘算法以及分析结果可视化等问题进行了研究，从数据挖掘视角分析大数据时代情报分析领域存在的挑战与机遇，并提出了一种适用大数据环境的采用数据挖掘技术的情报分析模型，为情报分析探索新的理论模型及方法。

关键词：数据挖掘；情报分析；大数据；多数据源融合；可视化

1　引言

大数据给情报分析研究即带来了新的挑战更带来了发展的机遇，应用大数据及相关技术以支持情报分析成为当前学术研究的热点方向。Bonnie Hohhof[4]认为分析从社交网站及其他内部网络收集来的大数据会对竞争情报分析产生巨大挑战；贺德方[1]分析了大数据给传统情报学带来的挑战与机遇，认为情报学研究应积极与大数据研究和发展结合；黄晓斌[2][6]等人分析了大数据时代企业竞争情报研究的创新与发展，并提出了基于大数据的企业竞争情报系统模型；吴金红[3][7]等人分析"大数据冶环境将如何影响技术竞争情报分析服务理念、模式与方法，并针对其影响探讨应对策略；王晓佳[5]等从情报分析实践出发，详细阐述了大数据时代下的情报分析与挖掘技术结合的建模机理，并予以验证；张玉峰[8]等构建了基于数据挖掘的企业竞争情报分析模型，实现了语义智能挖掘与分析，在数据挖掘与情报分析结合方面做出了有益尝试。

　　大数据是对技术创新的一种驱动，对传统的情报分析方法提出了挑战，情报分析需要收集的数据不仅数量巨大，数据来源与类型更是多种多样，数据变化极快，传统的情报分析方法在处理大数据时代的问题时受到很大制约，往往不能有效、系统的处理大数据，甚至无法正常开展工作。本文从数据挖掘视角，尝试分析大数据时代情报分析领域存在的挑战与机遇，为大数据时代情报分析发展提出新的思路，从大数据环境下的情报搜集、情报来源融合、数据存储、数据挖掘算法以及分析结果可视化等方面，提出一种基于数据挖掘算法的适用于大数据环境的情报分析模型，通过运用云计算海量存储能力及超级计算能力，提高竞争情报源数据预处理能力，节约软、硬件资源消耗；通过运用数据挖掘算法提升竞争情报分析及结果可视化展现的时间性能，降低竞争情报分析误差。

2　大数据环境下情报分析方法的挑战与机遇

　　传统的情报分析方法较多基于人的智力加工，为了提高情报分析的真实性及精准性，往往要求情报分析人员收集全面的数据或信息，进而从信息中整理、提取、加工成有价值的情报，在这一过程中，也会使用统计学工具来处理结构化数据，减少工作量。随着大数据时代的到来，传统的情报分析方法在应对这些数据量庞大、变化快、类型多样且价值非常稀疏的数据时，往往无法有效收集、存储、分析大数据，在挖掘与辅助决策方面也存在较多问题。

　　数据挖掘研究的内容就是如何从大量的、不完全的、有噪声的、模糊的、随机的数据中提取隐含在其中的、事先不知道的，但又是潜在有用的信息和知识，应用好数据挖掘技术，就可以解决传统分析方法无法深入挖掘隐含在各种信息背后的知识这一难题，进一步提升情报分析的效率与深度。从数据挖掘的视角看，大数据环境下的情报分析方法面临挑战的同时，也存在较好的发展机遇。

2.1　大数据环境下情报分析的挑战

2.1.1　大数据存储问题

　　大数据时代，为了提高情报分析真实性，提升情报分析精准度，需要收集和处理大量详实的情报资源，其数据量远远超过传统科技情报数据存储规模，甚至无法用传统的数据库去管理（如视频、非结构化事实性数据等）。而收集、存储和维护这样庞大的数据对于一般的单位或部门来说也是很大的负担，如何有效存储信息资源成为大数据环境下情报分析需要解决的首要难题。

2.1.2　数据统一表示与数据源融合

情报分析数据收集的完备程度直接影响了情报分析的结果，能否将不同来源的数据通过不同主题进行划分，建立数据仓库，为决策分析之用，成为判定情报分析系统优劣的关键因素之一。

传统的情报分析方法多局限于文本数据源，如文献资源、Web 信息、广告、专利资源、或纸质期刊等，而现实中竞争情报来源还有如查新报告、科技报告、科技计划项目立项书、政府公文等非结构化文档即事实性数据，其中较多的是 PDF 文档、Word 文档、Excel 文档，甚至是图片、视频等文件，必须建立统一的数据表示模型，即采用统一的模型融合多个异构数据源中的数据，这是大数据时代情报分析的重要环节之一，如果不整合则发挥不出大数据的大价值，而要做到这一点，需要通过包括数学、经济学、社会学、计算机科学和管理科学在内的多学科交叉来研究和讨论。给定一种半结构化或非结构化数据，比如图像，如何把它转化成多维数据表、面向对象的数据模型或者直接基于图像的数据模型。同时，由于大数据的存储量多达 TB 甚至是 PB 级别，必须设计算法从上述情报资源中抽取所需的有效信息、避免无用的信息从而提高抽取信息的效率与质量。

因此，数据统一表示与多数据源融合成为大数据环境下情报分析的一个重要研究内容。

2.1.3　适应大数据的情报分析数据挖掘算法

大数据应用中，情报分析方法必须满足几个要求：确保时效性；处理增量式数据、处理流数据、处理分布式数据，在将数据挖掘方法与情报分析结合时，更要注意满足以上要求。

传统的数据挖掘算法（如分类算法、关联规则等）把挖掘结果精确度放在第一位，在大数据时代，对分析结果的准确度要求往往弱于对于时效性的要求，对于大多数情报分析领域来说，一个可以在 10 分钟内获得的准确度 90% 的结果往往比在 1 天内获得的准确度 95% 的结果有用。

传统的情报分析方法或数据挖掘算法多采取集中式处理情报资源的方式，而在大数据时代，情报分析需要处理螺旋式爆炸增长的数据，很难采用传统的情报分析或数据挖掘模式去处理问题，采用数据挖掘与情报分析结合的方法，必须能处理增量式数据。

动态数据流是大数据的主要特征之一，有了分布式的文件系统支持之后，也必须有进行数据流处理功能才能发挥其效用，但是目前情报分析工具基本不具备分布式流处理的功能，对许多实时数据的处理无能为力，采用数据挖掘思想的情报分析方法能对流数据进行抓取、分析和挖掘，由于单一节点很难完成大量情报资源的分析工作，必须保证分析方法可移植到分布式环境或并行计算环境。

2.1.4　脏数据与丢失信息处理

首先，传统的情报分析方法多局限于较为"纯净"的情报资源，通过人工分析进行情报资源的清洗，随着大数据时代的来临，传统的人工清洗数据方式很难在大规模数据中发现可能存在的"脏"数据（竞争对手有意设置的），而这些脏数据的存在可能影响到最终分析结果的真实性，必须在进行情报分析之初就对"脏数据"进行清洗。

其次，由于传统情报分析方法将半结构化数据或非结构化数据转化为结构化数据再进行处理，这一过程可能导致丢失非结构化数据中隐含的关系，进而导致分析结果的不确定性。

最后，由于情报分析面对的往往是价值稀疏且存在较多冗余的数据，需要在情报分析之前，对数据进行预处理，去除冗余数据同时，通过特征属性提取等方法，在高维稀疏的数据中，抽取对分析目标最重要的数据特征，从而减少数据挖掘工作量，提高情报分析效率。

2.1.5　高级数据可视化需求日益迫切

大数据时代，情报分析的结果需要最终汇总整合并达到用户可以理解的程度，简单的统计分析表格或关联分析规则等初级可视化工具已不能满足用户需求，这就必须充分考虑情报分析结果整合和结果如何呈现给客户的问题，因为高级可视化分析能够直观的呈现大数据背景下情报分析特点，同时能够非常容易被读者所接受。

2.1.6　安全问题日益突出

随着信息和网络技术的发展，特别是云计算技术的不断应用，大量信息可以被任意获取，信息安全问题也应运而生，特别是一些涉及国家保密数据、个人隐私数据、商业机密数据也不断增长，国家安全、个人信息、商业机密、知识产权等等都面临着前所未有的安全挑战，情报安全问题日益突出。

2.2　大数据环境下情报分析的机遇

从数据挖掘的视角看，数据规模庞大、数据类型复杂、数据源的多样引起的情报分析难题都可以通过数据挖掘技术手段的发展去解决，而在此过程中，情报分析与数据挖掘结合后将可能产生极好的社会价值，对情报分析发展而言无疑是很好的机遇。

2.2.1　全面而社会化的数据对情报分析具有极大促进作用

占有足够多的数据是保证数据挖掘结果有效性的重要保证，对于情报分析而言，分析人员用以分析的数据越全面，最终得出的分析结果可能越接近真实。大数据时代的一个重要趋势是数据的社会化，从 Web、社交网络（微博、微信、博客、Facebook 等）、各类论坛等网络活动场所（包括移动互联），借助数据挖掘技术，随处可以收集到用于情报分析的资料，情报分析人员比以往任何时候都便捷的获取分析对象的第一手资讯，极大提升情报分析的真实性与精准性。

2.2.2　专业化情报分析研究地位将极大提升

随着大数据概念不断深入人心，人们将逐渐改变以往依赖独立的内部信息和对外部世界的简单直觉作为依据的决策方式，将逐渐接受依据事实而获得的可执行的情报，专业化的情报分析研究将有能力整合、分析和开发结构性数据和非结构性数据，帮助各行业的领导者改善决策，极大提升人们对专业化情报分析的认知度，实现从信息时代至分析力时代的转变。在这一过程中，理解业务需求、熟悉相关数据挖掘和情报分析技术方法、了解数据资源的情报人员也将扮演越来越重要的角色[1]。

2.2.3　情报分析实时性要求更高，分析能力进一步增强

而随着数据存储技术及数据挖掘技术的进步，情报分析的难点将不再是能否分析大数据，更多的是考虑如何提升分析的效率，人们对情报分析的实时性要求将更高。同时，随着数据挖掘技术的引入，发现隐藏在数据背后的知识的可能性极大提升，同时，数据挖掘技术有可能将最终提交人类进行决策分析的情报数目控制在可接受的范围内，进一步提升情报分析的实用性。

2.2.4　政府开放数据共享

政府主导开发的电子政务信息系统，其中的数据具有较高的社会价值，但由于缺乏相应的放开机制，有相当一部分逐渐变成"信息孤岛"，随着政府对大数据的不断重视，不断开放数据库，大量的相关信息以数据的形式生成、处理和存储，情报分析人员用这些数据就能创造价值，可能创造新的服务行业。

2.2.5　数据可视化当道

对于大多数人而言，很难掌握深厚的数据挖掘技术，如果没有能帮助人们理解大数据的工具，许多信息背后的知识可能很难为人所知晓，而数据可视化正是这种能让人们真正领略大数据影响力的工具。包括 Visual.ly、Tableau、Vizify、D3.js 和 R 语言在内的很多可视化工具可以帮助人们更容易、更快速的从越来越大的各种数据集中发现新的东西。如果能很好的应用数据可视化工具，许多非技术专业人士也可能从大数据角度提出见解和进行理解。

3　基于数据挖掘的情报分析模型

将数据挖掘方法引入情报分析已有较多研究，但这些研究较多关注于将传统的竞争情报挖掘方法移植到云计算环境，如采用 Map Reduce 方法将各种已有的文本挖掘算法（聚类、分类、序列分析、关联规则等）应用于 Hadoop 平台架构[13]，或将传统的数据采集方法移植到云计算环境下，再采用传统的竞争情报挖掘算法进行分析。

在现实中的情报分析除了要搜集 web 信息、微博、微信等半结构化的信息，还需要搜集如文献资源、专利资源、查新报告、政府公文等非结构化的文档，在构建情报分析挖掘模型阶段，必须在研究情报分析挖掘算法的同时，统一考虑如何利用云计算的海量存储能力将各类情报分析数据源融合，拓宽情报分析数据来源，这样才能充分适应大数据环境下的情报分析需求，得到的情报分析结果才能更及时、更准确。另外，情报分析的最终目标是满足用户需求，如何将各个节点分析的结果融合并将机器分析的结果可视的展现给用户也是必须要包含在的内容。

因此上述研究的基础上，本文提出了一种适用于大数据环境的采用数据挖掘算法的情报分析模型，如图 1 所示。该模型主要由以下几部分组成。

3.1　基于 Hadoop/Map Reduce 的大数据存储与计算

考虑到该模型需要处理的资源异常庞大，且为了保证一定的资源存储能力，采取基于大规模云服务应用的 Hadoop 底层架构，底层是 HDFS，用以存储海量和多类型的数据，使用 Hbase 统一管理各类数据，借助 Map Reduce 的计算能力，分解计算任务并重组结果，由数据可视化模块或情报分析模块统一展示给用户。

该底层架构普遍应用于大规模用户群体和大数据处理平台上，该架构是一种能够对大量数据进行分布式处理的云计算软件框架，能解决许多要求极大伸缩性的问题，可以广泛运用在分析处理 TB 级的数据文件上，大大提高处理效率。

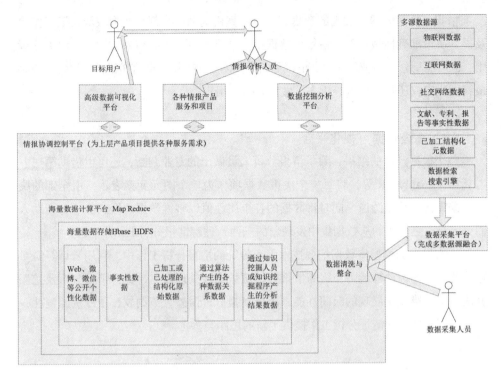

图 1　适用于大数据环境的情报分析模型

3.2　多数据源融合与清洗平台

来自物联网、互联网、SNS 社交网络、专利及文献等事实性数据、已加工的结构化元数据以及来自人工搜索整理的数据，最终都由数据采集平台收集整理做初步加工（去除重复与冗余数据）后，交由数据清洗去完成最终的数据入库过程，洗去其中的"脏数据"，必要的时候还需要有人工干预这一过程，避免出现遗漏重要数据等。

3.3　数据挖掘分析平台

传统竞争情报分析方法不下 100 种，能直接用计算机描述并适合云计算环境的算法却寥寥无几，情报分析与挖掘算法的实现是情报挖掘的关键难题。数据挖掘分析平台中的数据挖掘与情报分析算法将计算向存储迁移，在存储节点完成各项任务，既保证每个分治节点能协作完成情报挖掘与分析工作，也能独立完成个性化信息分析工作。

　　情报分析是人智力加工的产物，所有计算机辅助产物都是在为减低人工工作量及提升决策准确性做帮助，最终由数据挖掘分析平台产出的结果可能是一组关联规则，也可能是分类的辅助信息，情报分析人员对这些决策辅助信息做出解释与判断，最终的决定权还是由情报分析人员做出并提交用户。

3.4　高级数据可视化平台

　　整个模型产出的结果，除了情报分析人员做出的专业判断，还可以借助第三方工具如 Visual.ly、R 等，将每一个决策数据项作为单个图元元素表示，由全部的决策数据集构成数据图像，同时将数据的各个属性值以多维数据的形式表示，帮助人们更容易、更快速的从数据集中发现新的东西，理解情报分析的结果。

　　本文提出的模型将数据挖掘技术引入传统的情报分析工作中，利用云计算海量存储能力及超级计算能力，提高情报分析源数据预处理能力，提升情报分析及挖掘算法及结果可视化展现的时间性能，降低情报分析误差，节约软、硬件资源消耗，为大数据环境下的情报分析工作提供了新的思路与参考。

4　总结

　　大数据是寻求搜集新技术、新思想的一种强大的发现工具，情报分析是借助这一工具开展知识发现的实践，数据挖掘则是这一实践的有益补充。本文从数据挖掘角度分析大数据环境下情报分析的机遇与挑战，并提出的一个适用于大数据背景的基于数据挖掘的情报分析模型，是拓展大数据战略背景下情报分析研究思路的一次有益尝试，如何将模型付诸情报分析实践，在真实大数据环境中得到实际应用，还有待进一步研究。

参考文献：

[1] 贺德方. 大数据环境下的情报学 [J]. 数字图书馆论坛，2012（11）：2-5.

[2] 黄晓斌, 钟辉新. 大数据时代企业竞争情报研究的创新与发展 [J]. 图书与情报，2012，06：9-14.

[3] 吴金红, 张飞, 鞠秀芳. 大数据：企业竞争情报的机遇、挑战及对策研究 [J]. 情报杂志.2013，32（01）：5-9.

[4]Bonnie Hohhof.Big Data and Competitive Intelligence[J].Competitive intelligence magazine，2012，15（03）：5-6.

[5] 王晓佳，杨善林，陈志强．大数据时代下的情报分析与挖掘技术研究—电信客户流失情况分析 [J]．情报学报，2013，32（06）：564-574.

[6] 黄晓斌，钟辉新．基于大数据的企业竞争情报系统模型构建 [J]．情报杂志，2013，32（03）：37-43.

[7] 王翠波，吴金红．大数据环境下技术竞争情报分析的挑战及其应对策略 [J]．情报杂志，2014，33（03）：6-10.

[8] 张玉峰，何超．基于数据挖掘的企业竞争情报分析研究 [J]．情报学报，2012，31（01）：65-71.

[9]Kunpeng Zhang.Big Social Media Data Mining for Marketing Intelligence[D]. Northwestern University，2013，June.

[10]Anonymous（missing），The Big Data Refinery：Distilling Intelligence From Big Data[J].Database and Network Journal.2012，42（04）：8-12.

[11] Tom Sawyer.Mining Big Data for Managing Business Intelligence[J].Engineering news-record.2014，272（5）：459-468.

[12] 王飞跃．知识产生方式和科技决策支撑的重大变革—面向大数据和开源信息的科技态势解析与决策服务．中国科学院院刊，2012，27（05）：527-537.

[13] 李军华．云计算及若干数据挖掘算法的 Map Reduce 化研究 [D]．电子科技大学，2010.

[14] 黄晓斌．网络环境下的竞争情报 [M]．北京：经济管理出版社，2006.

质量大数据的研究展望

贾　佳（上海市质量和标准化研究院，上海 200031）

摘　要：随着质量和信息技术的不断发展，质量和大数据的融合在质量管理尤其是宏观质量管理中将发挥着越来越重要的作用。本文从当前大数据的概念、分析方法等相关理论研究成果入手，结合企业质量和大质量的内容，讨论了质量大数据的来源和分析方法，同时对大数据在未来宏观质量管理的几方面应用做了展望，希望借助未来大数据技术的发展，提升质量管理工作。

关键词：质量；大数据

1　大数据概念

大数据是一个抽象的概念，目前为止还没有统一的定义，通常是指在一定时间内无法用常规工具对其内容进行抓取、管理和处理的数据集合。维基百科中关于大数据的定义是：大数据是利用常用软件工具来获取、管理和处理数据所消耗时间超过可容忍时间的数据集。但是"常用软件"和"可容忍时间"没有确切性描述，因此这个定义也存在一定的局限性[4]。

一般来说大数据公认具有 4V 特点，分别是数据量巨大（volume）、数据处理速度快（velocity）、数据多样性（variety）和数据价值密度小（veracity）[8]，这些特性使得大数据与传统意义数据有着巨大的差异，因此大数据在采集获取、分析处理以及实践应用都有别于传统数据。

2　质量大数据

随着经济和社会的不断发展，"大质量"逐步进入了人们视野，工程质量、环境质量、经济运行质量、教育质量等质量范畴不断提出[1-3]。大质量是相对于传统质量而言的，不仅包含固有特性，还包括了人们赋予的特性[11]，内容和外延都有了极大的丰富，党的十八大报告中也多处强调了"质量"，亦指的大质量。

质量大数据是指具有能够反映质量特性的各类数据，质量包含狭义质量（企业）和广义质量（大质量），质量大数据是在目前质量数据的基础上拓展到大数据范畴，范围涵盖了企业质量、大质量以及其他与质量相关的领域，因此质量大数据的研究和应用也就包含了企业质量管理和宏观质量管理两方面。

传统质量管理泛指政府运用经济调节、市场监管、社会管理、公共服务职能对产品质量及其延伸的服务质量进行规划、引导、管理，并对产品质量进行管制的活动。而当前质量管理已全面进入宏观质量管理时期，质量行政监管正在向聚焦系统性安全管控和防范方面转变，抽查监测、风险预警、诚信管理等新老监管手段的有效性都越来越依赖于对质量大数据的收集、整理和分析的科学性，凭借质量大数据来实现科学管理将是未来趋势，这就需要通过大数据在消费者、企业、市场、政府之间建立连接的桥梁，采集大数据、分析大数据和应用大数据，进而提升质量管理水平。

3 质量大数据的来源和获取

3.1 质量大数据的来源

根据大数据的概念和特点，在未来大质量的发展背景下，质量大数据的来源将不仅限于质量管理领域，而应该是在质量管理的基础上，拓宽到更加广泛的领域，如经济领域、环境领域、教育领域等，更好地体现大数据与大质量的结合。

同时，大数据的形式也应该是以非结构化的数据为主流，非结构化数据是伴随着社交网络、移动计算和传感器技术的运用而生成的，具体包括文本、文档、图片、视频等多种格式，蕴含了大量丰富的知识。有别于传统的机构化数据，非结构化数据将包含着更多更丰富的信息，是大数据分析和应用的关键。

3.2 质量大数据的获取

根据目前质量工作的内容和形式，笔者认为质量大数据可以从政府、市场和消费者三个领域获取。

3.2.1 政府

在目前政府质量监管的基础上，质量大数据来源可以包括：①标准数据，目前标准信息主要是国际、国家、行业、地方等标准信息的集合，尽管涵盖了企业标准等其他类型，但是内容不够丰富。未来大数据可以涵盖不同标准的技术指标、执行数据、反馈数据，尤其是服务标准将是未来大数据采集的主要渠道之一。②监管数据，目前政府质量监管数据主要是产品质量监督抽查、工业生产许可证及证后监管、质量申诉投诉、消费者投诉、商标以及食药品监管部门、建设交通系统、卫生系统、环保、市容环卫等部门的监管信息，未来大数据可以在此基础上进一步深入，但是需要在数据形式和采集技术上有所创新。

3.2.2　市场

市场将是未来质量管理的重要角色。市场中大数据的来源可以分为：①企业行为数据，企业是产品／服务的提供者，是质量的主体，企业行为数据是指企业各种生产经营活动数据，质量和非质量活动都可包含其中，如企业规模、管理体系、技术水平等企业信息，产品包装、规格、质量、市场渠道、物流、检测认证等产品信息，但在企业质量大数据收集过程中，应注重数据采集与企业私有秘密之间的界线，在不侵犯企业利益的前提下开展质量大数据采集工作。②经济数据，目前传统理论分析中对于质量和经济的关系无法做出准确性的描述，主要是由于质量的非客观性评价的限制，而大数据时代可以收集全面的、庞大的质量和经济数据，如行业发展、标准体系建设、质量水平等行业信息以及宏观经济数据，采用"第四范式"等处理方法挖掘大数据中的信息，更好地将宏观质量管理和经济宏观调控相结合，提升经济运行质量。

3.2.3　消费者

随着各种传感器、互联网尤其是社交网络的信息获取、传播技术的发展，数据的产生、发布越来越快，越来越多。因此消费者将是大数据时代数据产生的主流群体之一。消费者大数据来源可以分为：①互联网。互联网中消费者数据将是质量大数据的主要来源，比如社交网络、电子商务网站等产生的大量消费者数据，用户的每一次点击、每一次评论都将是数据的重要获取对象。②社会服务机构。各种社会服务承担机构也是消费者质量大数据的主要来源。超市、医院、社区服务机构等服务行为发生地将产生大量的产品和服务大数据，如消费者对产品的抱怨情况，服务领域的质量测评数据，市民对产品、服务、工程、人居质量的评价数据等。而且这些数据的产生具有一定的指向性，具有更高的质量数据内涵，分析结果也具有更高的应用针对性。

随着未来互联网以及其他技术的不断发展，质量大数据的来源和采集渠道将会更加多样化，也可能会产生全新的数据模式和采集技术，这些对于未来质量管理也将是一个全新的挑战。

4   质量大数据的分析

国内外对于大数据的研究分析十分重视。2012 年美国政府宣布投资 2 亿美元启动"大数据大研究和发展计划",大力推动大数据的收集、储存、分析和应用海量数据的技术研究,提升国家科研水平。英国政府 2013 年建立了 Open Data Institute(ODI),这也是全世界第一个大数据研究机构。中国近几年也先后成立了"中关村大数据产业联盟"和"大数据共享联盟"等机构,目的在于建立大数据的共享和研究平台,更好地推动国内大数据的研究和应用[8-9]。

但大数据不同于传统数据,有着其特殊的属性和采集方式,结合现阶段信息技术的发展状况及信息资源的利用需求,如何正视大数据给当前质量管理各个方面带来的冲击及挑战,也是理解什么是"大数据"所必须掌握的内容。

4.1   大数据分析面临的挑战

根据前述的大数据特点,大数据的分析也就面临了不少挑战:①数据量大。区别于传统的取样、调查获取数据的方式,大数据中描述同一事物的数据量猛增,人们获取的数据和信息越来越接近于原始事物的本身。②数据类型杂。随着互联网与传感技术的发展,非结构化数据大量涌现,这些数据难以用传统的数据结构来描述,不光在处理方面,同时在数据的存储方面也带来了不小挑战。③无效数据多。大数据为了获取更好、更原始的数据,直接获取了全体数据,由于没有采样和抽象,数据呈现出了全面的信息,但也包含了很多无需进行分析和处理的数据,增加了存储、分析和处理的难度。④处理要求高。大数据的积累速度是相当快的,也是实时变化的。如何及时、充分、快速地从大量数据中获取有用数据,甚至于存储和处理同步进行,实时获取数据、分析数据、呈现结果,将是大数据未来面临的主要挑战。

4.2   质量大数据的分析

现阶段大数据的应用和分析研究主要是在互联网领域,也出现了不少的分析方法,但是还未有针对质量大数据的分析研究。

伴随着数据分析技术的发展,出现了一些针对大数据的分析技术,如"第四范式""云计算""物联网"等[12],如谷歌公司用于大数据处理的三大云计算关键技术:分布式文件系统 GFS、Map Reduce 和 Big table,这些技术的发展将为大数据的分析研究提供一定的方法支撑。另外,"批处理"和"流处理"也是大数据处理的有效工具。"批处理"是先储存后处理,"批处理"具有典型性的模式是谷歌提出的"Map Reduce"编程模型。"流处理"则是直接处理，当新数据到来时立即处理并返回所需结果，这就要求"流处理"必须采用分布式处理方式，除了要考虑分布式系统的一致性问题，还将涉及分布式系统网络延时的影响。

5　质量大数据的应用展望

现有质量数据分析应用主要围绕产品和服务质量以及行政监管信息，而大数据时代则需要全面采集和有效利用广泛的社会、企业以及消费者数据。

5.1 企业质量大数据的应用展望

传统企业质量数据主要包括合格率、返修率、投诉率等数据，使用统计分析的方法完成。而未来大数据时代，消费者行为研究将是企业质量大数据的主要应用对象，目前一些大型企业（尤其是互联网企业）已经开始着手研究用户大数据。

在制造业可以针对科学评价生产系统规划、降低产品缺陷率等需求，建立制造业大数据系统。整合已有的物理工厂、质量体系、工序数据、成本核算等建模数据，建立仿真工厂，对已有的生产实绩数据进行生产仿真，模拟工厂运行，为工厂实际生产提供决策依据[13]。另外，企业还可以从营销需求的挖掘和分析以及品牌影响力角度开展大数据研究[6]，通过收集公共机构和中介组织的数据分析整合，对数据进行其他目的的二次利用，将不同数据集整合成新的数据集引入质量管理中[7]。

企业大数据的研究已经开始蓬勃发展起来了，未来也必将在企业质量管理领域呈现出更多更广的应用。

5.2　宏观质量大数据的几点应用展望

目前，大数据的应用主要是针对企业，对于宏观大数据尤其是宏观质量管理则鲜有研究。下面，笔者根据宏观质量管理和大数据的内容，对未来质量大数据的宏观应用提出几点展望。

5.2.1　服务质量评价

现阶段服务质量评价主要是运用顾客满意度测评的方法，如美国顾客满意度指数（ACSI）对行业、地区和国家的顾客满意情况统计、测评和分析。顾客满意度测评是一项基于主观角度的用来发现和解决质量问题的质量管理工具，不能全面反映包括服务组织的提供过程和提供能力在内的客观全面的服务质量水平。

未来，可以在大数据收集技术的支撑下，全面收集顾客对于服务水平的评价数据，这种评价数据区别于现行的顾客满意度的统计调查数据，而应该是接近总体样本量的服务评价数据，能够全面反映顾客对于服务的主观评价。同时，在主观评价基础上，基于服务提供组织的技术、人员、设施设备等服务提供能力和服务保障能力客观数据的采集，将两者有机结合形成服务质量评价方法，将原先单纯通过主观评价的方式拓展到主客观评价相结合的方法，而且通过大数据的手段可以更好地解决统计调查中存在的精度和系统性误差问题，真实全面地反映服务质量水平。

5.2.2 产品伤害监测

目前，部分国家已经建立了产品伤害监测体系，如美国的国家电子伤害监测系统（NEISS），由专业伤害采集人员在样本医院急诊室采集非致命产品伤害信息，并通过网络系统直接报送美国消费品安全管理委员会。我国目前的产品伤害监测试点已经扩展到了全国 11 个地区 32 家样本医院，为建立我国的产品伤害监测系统奠定了工作基础。

未来大数据时代，产品伤害监测系统的数据来源更为广泛，在目前样本医院的基础上涵盖所有医院，将数据采集渠道扩展到社区等公共服务场所，另外也可以通过网络媒体渠道拓宽产品伤害数据采集，力求全方位收集产品伤害信息，同时在产品伤害数据采集基础上，扩大服务过程中伤害数据的采集，为产品技术指标和服务水平的改进和提高提供依据。

5.2.3 产品召回

现阶段产品召回中数据分析的主要应用是汽车等主要消费品，例如欧盟通过产品质量安全与缺陷召回法律法规及管理体系建立了完善的产品召回制度；美国国家公路安全管理局建立的国家汽车样本系统、特殊碰撞调查系统等数据系统，通过统计数据分析和把握公路安全状况。

从目前产品召回的现状来看，国内外产品召回主要是通过法律法规和样本分析，数据应用具有一定的局限性。未来，产品召回的数据采集和分析对象可以扩大产品范围，对人身安全和财产权益造成伤害的产品数据全面监测和采集，例如政府产品监管数据、企业生产和销售数据、市场消费者数据等，还可以结合产品伤害监测系统联合采集数据，共同收集产品缺陷数据，为不同的应用提供数据支撑。

5.2.4 质量数据平台

《上海推进大数据研究与发展三年行动计划（2013—2015 年）》提出了建设医疗卫生、食品安全等 5 个公共服务平台及推进金融证券、互联网等 6 个重点行业大数据应用的工作任务。无论是大数据还是质量大数据的宏观应用，前提条件都是要建立数据平台完成数据的采集、分析、共享、发布和应用。因此，建立质量数据平台也就成了质量大数据应用的关键要素。

质量大数据平台可以由数据采集系统、数据分析系统、信息发布系统组成。如图 1 所示，数据采集系统主要是跟踪和抓取质量相关数据，这些数据的格式不再局限于传统的文本、图片等结构化数据，还可以包含半结构化和非结构化数据。数据采集是后续进行分析和应用的基础，对整个质量大数据的研究和应用发挥着关键作用。数据分析系统是基于大数据分析技术和方法对采集的数据进行分析的系统，采用"第四范式""分布式系统"（未来出现的方法）等方法对数据进行分析，挖掘数据信息。数据应用系统是对数据分析呈现出的信息，经过辨别、确认以用于企业质量或者宏观质量管理，同时根据反馈结果不断改进采集和分析方法。

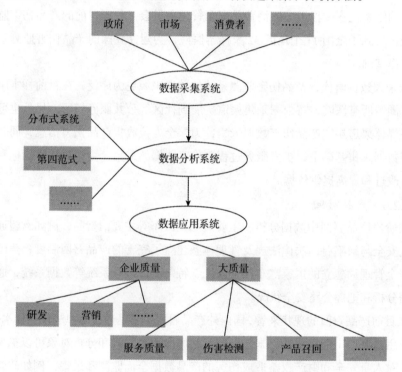

图1   质量大数据的采集、分析和应用系统结构

质量大数据的应用核心是通过数学方法处理巨量数据资源，将分析结果应用于企业或者公共服务和管理部门的决策过程中，提高决策可靠性。开展质量大数据的收集、分析和处理，目的在于更好地提升企业质量管理水平，进一步在"大质量"概念下推动我国宏观质量管理工作。

参考文献：

[1] 王泽洪. 黄国庆，周德文. 宏观质量管理概论 [M]. 北京：中国质检出版社，中国标准出版社，2013年.

[2] 程虹. 宏观质量管理 [M]. 武汉：湖北人民出版社，2009.

[3] 钱仲裘. 刘刚. 关于宏观质量管理的几点思考 [J]. 质量与标准化，2012.

[4] 马建光. 姜巍. 大数据的概念、特征及其应用 [J]. 国防科技，Vol.34，No.2，2013.4：10−16.

[5] 王秀磊. 刘鹏. 大数据关键技术. 中兴通信技术 [J]，VOL.19，NO.4，2013.8：17−21.

[6] 黄升民. 刘珊. "大数据" 背景下营销体系的解构与重构 [J]. 现代传播，NO.196，2012（11）：13−20.

[7] 刘舒. 掌握大数据的组织将超越对手——论质量专业人士在大数据时代的生存之道 [J]. 上海质量，2014（4）：34−38.

[8] 孟小峰. 慈祥. 大数据管理：概念、技术与挑战 [J]. 计算及研究与发展，50(1)：146−169，2013.

[9] 何非. 何克清. 大数据及其科学问题与方法的探讨 [J]. 武汉大学学报（理学版），VOL.60，NO.1，2014：1−12.

[10] 胡雄伟. 张宝林，李抵飞. 大数据研究与应用综述（上）[J]. 标准科学，NO.9，2013：29−34.

[11] 郎志正. 大质量概念、发展质量与品牌 [J]. 交通企业管理，VOL.284，2012（4）：18−19.

[12]Hey T, Tansley S, Tolle K.The Fourth Paradigm：Data-Intensive Scientific Discovery [M/OL].Microsoft Research.Redmond.Washington.（2009）http：//research. Microsoft.com/en−us/collaboration/fourth paradigm.

[13]《上海推进大数据研究与发展三年行动计划（2013—2015 年）》，上海市科学技术委员会，2013年.

大数据环境下网络学术论坛的科研服务

陈红蕾　曾文婷　姜　爽　何　梅

（国防科技大学图书馆，湖南长沙 410073）

摘　要：网络学术论坛倡导学术交流、自由讨论、资源共享，参与者广泛，互动性强，是科研工作者进行文献互助、科研交流、汇聚学术思想的重要场所。本文以大数据环境为背景，介绍了网络学术论坛利用文献互助、科研讨论及学术交流等提供主流科研服务，并通过探讨挖掘用户数据、优化论坛搜索功能、建立论坛学术资源库、开发论坛手机客户端等方式拓展网络学术论坛科研服务，增加用户满意度，为用户量身打造个性化的学术科研。对图书馆来讲，网络学术论坛的资源及其独具特色的学科设置及专业交流可在一定程度上延伸图书馆服务，既可弥补馆藏资源的不足，又可为图书馆开展学科导航服务提供较大的参考价值。

关键词：大数据；网络学术论坛；个性化；科研服务

大多数网络学术论坛由科研爱好者、志愿者创建或由学术机构和学术组织创建，具有学术性、非赢利性和免费的特点，并依托强大的网络技术支持，倡导学术交流、自由讨论、学术资源共享，参与者广泛，互动性强。网络学术论坛的主要参与者是科研用户，主要来自国内各大院校、科研院所的博硕士研究生，企业研发人员，用户大多具有较高学历，主要从事科学研究、科学方面的教学研究、技术研发以及各种涉及科技创新等方面的工作[1]。这些用户每天在论坛活动产生的大量数据，正在诠释"大量化（volume）、多样化（variety）和快速化（velocity）"[2]的大数据特点，数据量越大，正反馈也越强，对用户的研究也可以精细到个人。

因此，在真正的大数据时代，网络学术论坛利用"大数据"的预见能力，以其独有的优势，为用户提供个性化竞争力的 AaaS（analytics-as-a-service，分析即服务），成为科研工作者进行文献互助、科研交流及汇聚学术思想的重要场所。

1　主流科研服务

1.1　文献互助服务

文献互助，是网络学术论坛以实现文献信息共享为目的，为用户提供文献信息交流平台的一种互助式服务，也是论坛中用户最受欢迎的服务板块。服务主要流程为：用户在论坛注册成功后，将自己（或称为"求助者"）所需文献以发帖的形式发到文献互助板块，其他用户（或称为"应助者"）看到帖子内容后为求助者提供所需文献。尽管这种文献共享并不产生费用，但论坛会通过一种虚拟参数如金币、积分等奖惩制度，对求助和应助有明确的规定，调动了用户参与论坛活动的积极性。如小木虫学术论坛和诺贝尔学术资源网的"金币"、丁香园医学论坛的"丁当"、人大经济论坛的"论坛币"、博研联盟的"盟币"、北大中文论坛的"积分"等，均是为吸引用户参与论坛活动及增加用户活跃性的筹码。

1.2　科研讨论及学术交流

论坛设立的科研讨论及学术交流区板块，内容涉及学术新闻、学术讲座、学术会议与征稿、论文写作和投稿交流、期刊点评、基金申报与开题、论文翻译、出国留学、考试交流等。有的学术论坛还根据不同学科、专业设立专门的讨论区，如小木虫学术论坛除开设了"学术交流区"外，还根据不同学科设立了如"化学化工区""材料区""计算模拟区""生物医药区""专业学科区"等板块，每个板块下再细分到诸如高分子、石油化工、催化、电化学、环境、有机、生物材料、晶体、无极非金属、复合材料、微米和纳米、量子化学、程序语言、机械、物理、航空航天、数学、土木建筑、食品、数学等专门学科。网络学术论坛相当于学术资源库，容纳各种学术思想。论坛把相关学科领域的话题集中在一起，通过群体的参与使用户挖掘有效信息的时间成本得到控制，打破了信息的隔离与片面，促进了学术思想的整合与创新，易于研究者及时把握某一学科领域的发展动态[3]。此外，用户在交流和辩论中更容易激发灵感，发现观点冲突、理论暇疵、证据缺陷、逻辑矛盾、新的现象等等，这些都可能成为需要深入研究的问题，是科研人员发现选题目标、确定科研选题的很好途径[4]。

2　拓展个性化科研服务

目前网络学术论坛数量庞大、精品较少、同质化竞争严重等问题比较突出[5]，基于论坛用户的行为分析及论坛数据挖掘不深入，限制了网络学术论坛提供科研服务的广度和深度。当今大数据环境下，网络学术论坛可利用用户参与论坛活动产生的庞大的数据信息进行挖掘、整理、归类和分析，记录用户浏览行为、搜索行为、话题参与等信息，不断改进、创新，构建论坛自身特色，打造和积累论坛的优势资源，为用户拓展更具吸引力和竞争力的个性化科研服务。

2.1　挖掘用户数据，为科研人员推送个性化资源

每天都有大量的用户注册成为网络学术论坛会员，在论坛进行发帖、回帖、搜索、浏览、参与话题讨论以及和其他会员进行个人交流等操作。通过采集用户注册信息（含所在地、专业、研究方向、职业、年龄、爱好、受教育程度、邮箱等）对用户身份进行细分，将用户划分成不同类型群体，在用户注册成功后，筛选出与用户学历、专业、研究方向、爱好等相关的论坛板块、讨论的话题及同行在论坛近期关注的热点等内容，以邮件方式定期向用户推送。

用户在论坛的浏览行为受一般因素的影响，如用户的需求内容、年龄、职业、知识、经验、受教育程度、区域上的差异、查询信息的能力、信心与期望、需求动机、兴趣、好奇心等[6]，因此，论坛可通过挖掘用户发帖、回帖、搜索、浏览、参与话题讨论、和其他会员进行个人交流等活动的数据，进行用户浏览偏好分析、主题分析、关键词分析、话题相关性分析、引用现象分析、页面停留时间统计等分析，根据用户个体特征差异，预测用户潜在的信息需求，及时提供精确、唯一、个性化和具有较高匹配度的查询结果，将最佳浏览网页呈给用户参考，在节省用户时间的同时，让用户享受高质量服务。

2.2　优化论坛搜索功能，实现用户定制搜索

据统计，科研人员大约会花费全部工作时间的 50% 来查阅文献，其次是实验研究和计划思考的时间约为 40%，真正写报告的时间仅为 10%，如果没有科学的检索方法，用来查阅文献的时间可能会更长。可见，掌握一定的文献检索技巧，对科研工作者来说非常重要。网络学术论坛一般提供了站内简单搜索，即在检索框内输入检索词，点击搜索即可。这种搜索方式简单易用，也容易被科研用户接受。但对于同时检索多种逻辑关系的关键词、提高查准率、查看之前的检索历史时，简单搜索就力不从心了。因此，论坛可以通过增加一些检索功能模块，来满足科研用户各类检索需求。

2.2.1 增加"高级检索"功能

高级搜索的界面，可包括以下字段：

（1）关键词：用户需要搜索的帖子中的一个字、一个词或一段话。

（2）作者或论坛用户名：主要是论坛帖子的作者或用户名。

（3）搜索范围：选择从论坛的哪个板块进行搜索，如不同专业板块、不同主题板块等，可缩小检索范围。

（4）搜索时间：选择需要检索的时间范围，如1天、2天、1周、1个月、3个月、6个月、1年等。

（5）结果排序：搜索结果按照一定要求进行排序，如按照"回复时间""发布时间""回复数量""浏览次数"等进行结果排序。

2.2.2 增加"检索历史与定制提醒"功能

国内外大部分数据库如CNKI、万方、SCI-E、ScienceDirect、Ebsco等都会提供检索历史保存和定制提醒服务，用户可以查阅在简单检索和高级检索方式下执行过的检索策略，包括检索式、检索编号、检索结果数量以及对检索式进行组合检索等[7]，用户通过定制这些检索策略提醒，选择提醒频率，系统会自动执行这个检索策略，定时发送最新的检索结果到用户填写电子邮箱。网络学术论坛可借鉴数据库的"检索历史与定制提醒"功能，同时智能记忆用户搜索的主题或关键词，优化用户的检索策略，为用户提供定制化的检索及提醒服务。

2.2.3 增加"热词推荐"及"热列表"

热词，这里仅指用户在网络学术论坛中搜索、讨论、引用频率较高、在论坛迅速传播与盛行的热门词语。"热列表"则是将论坛近期讨论热烈或比较流行的话题以列表形式显示。它们反映了论坛用户关注的焦点，是观察论坛每个时段"集成"影像的窗口。Catledge和Pitkow通过非受控成人检索者检索日志分析，发现绝大多数用户过分依赖超级链接来定位文献，不从热列表中选择文献[8]，他们用大量时间滚动、阅读，等待网页装载。论坛可通过增加"热词推荐"和"热列表"方式，使用户尤其是科研工作者快速锁定热门学术关键词及话题，有效利用上网时间，提高阅读效率，促进科研交流和讨论。

2.2.4 增加"检索技巧"

科研用户从网络学术论坛的海量数据中检索到所需信息的过程，具有一定的主观性和随机性，且在进行信息检索时，每位用户的检索经验、检索知识以及熟练程度有很大的差别。为提高科研用户的检索效率，找到所需帖子或文献，论坛可通过增加"检索技巧"模块，用户就像查字典一样，在检索遇到问题时，可通过"检索技巧"模块获得解答，使用户快速锁定所需文献信息。"检索技巧"可包括以下内容：

（1）论坛各板块检索功能的使用说明。

（2）中外数据库检索方法，如各个数据库介绍及使用指南的 PPT 文档。

（3）常用检索技巧，如布尔逻辑检索、截词检索、字段限制检索、二次检索、相似检索、精确检索等检索技巧。

2.3　建立论坛学术资源库，汇集各类科研学术思想

为长期保存论坛学术信息、促进学术交流，提升论坛学术氛围和论坛学术水平，网络学术论坛可通过建立论坛学术资源库，汇集科研用户在论坛发表的各种学术思想和学术资源于一个专门的板块，及时维护更新涉及的各类资源，为科研用户提供各学科领域的最新信息和研究成果，方便科研用户提取利用。学术资源库可包含以下内容：

（1）挖掘论坛中的热点话题及热门研究，汇总和话题相关的各类讨论与交流，按照不同学科专业分类编辑。

（2）挖掘论坛用户提供的高质量文献，在不涉及版权问题的情况下，将这些高质量文献按照不同学科专业分类存放。

（3）根据论坛设置的各学科专业板块，增加各学科常用学术链接、博客链接、知名学者等信息。

（4）增加不同的学科领域专业核心期刊信息及投稿指南，尤其是对 SCI（科学引文索引）、SSCI（社会科学引文索引）、EI（工程索引）、CSCD（中国科学引文数据库）及 CSSCI（中文社会科学引文索引）等数据库收录的期刊，进行分类汇总，为用户积累科研论文写作经验，提高用户稿件录用概率。

2.4　开发论坛手机客户端，凸显科研移动服务

据 CNNIC 2014 年 1 月发布的第 33 次《中国互联网络发展状况统计报告》，截至 2013 年 12 月，我国手机网民规模达 5 亿，网民中使用手机上网的人群占比为 81.0%，远高于其他设备上网的网民比例[9]，手机已成中国网民第一上网终端。网络学术论坛可通过开发论坛手机客户端，用户将论坛客户端安装在手机上，利用无线 Wi-Fi 或 3G 网络，随时随地查看论坛最新内容，参与互动讨论。目前小木虫、丁香园等网络学术论坛用户可通过相应的论坛客户端及时查看论坛信息。

Web 2.0 时代，博客、微博、SNS 等不断改变着人们的交流方式[10]。时下备受网民追捧的微信，正以其全新的互动方式，为用户提供最真实的体验度。据统计，

截至 2013 年 11 月底，微信用户已经突破 6 亿。因此，网络学术论坛还可通过为用户开通微信服务，支持用户进行随意阅读和即时互动，给用户全新的信息交流体验，为用户提供个性化信息推送服务，使用户感觉"我的科研互动就在我的手机当中"，凸显用户的科研移动服务。

3　结语

大数据时代是新技术发展的必然，通过对个人隐私数据的采集、分析和判定，从中挖掘出有价值的用户个体特征、社会关系和未来行为预测信息[11]。网络学术论坛在大数据浪潮中犹如春风沐雨，在利用大数据服务为论坛用户量身打造个性化科研服务的同时，应积极采取措施保护用户隐私，不让用户隐私"裸奔"，降低个人信息安全存在的潜在威胁。此外，论坛在建立学术资源库时应充分考虑各类文献的可靠性及版权问题，在提高学术资源质量的同时，避免引起版权纠纷。

对图书馆来讲，网络学术论坛的资源尤其是灰色文献及论坛独具特色的学科设置及专业交流可在一定程度上延伸图书馆服务，既可弥补馆藏资源的不足，又可为图书馆开展学科导航服务提供较大的参考价值。

参考文献：

[1] 屈宝强.网络学术论坛中的科研合作行为及其反思——以"小木虫"学术论坛为例 [J].科技管理研究，2010（10）：215-218.

[2] 姜奇平.大数据时代到来 [J].《互联网特刊》2012（2）：6-7.

[3] 赵玉冬.基于网络学术论坛的学术信息交流研究 [J].图书馆学研究,2010(19).40-43.

[4] 陶媛.利用网络获取科研选题的方法研究 [J].河南图书馆学刊，2011（2）：95-96.

[6] 王庆稳,邓小昭.网络用户信息浏览行为研究 [J].图书馆理论与实践 2009(2).55-57.

[7] 谭永钦.EBSCOhost 全文数据库的个性化服务 [J].农业图书情报学刊，2005（9）：101-103.

[8]Catledge，L.D.，Pitkow，J.E..Characterizing browsing strategies in the World Wide Web[J].Computer Network and ISDN Systems，1995，27（6）：1065-1073.

[9] 中国互联网络信息中心（CNNIC）.中国互联网络发展状况统计报告（2014

年1月）[R/OL] .[2014-03-05].http：//www.cnnic.net.cn/hlwfzyj/hlwxzbg/hlwtjbg/201403/t 20140305_46240.htm.

　　[10] 张骏毅，杨九龙，邓 媛 . "211工程"高校图书馆微信应用现状分析与对策研究 [J]. 图书馆学研，2014（6）：29-34.

　　[11] 陈 臣 . 一种大数据时代基于读者体验视角的数字图书馆个性化搜索引擎 [J]. 四川图书馆学报，2013（6）：27-30.

大数据环境下传统科技情报业发展
面临问题及对策研究

刘志芳　　陈安琪

（北京市科学技术情报研究所，北京 100048；北京市科学技术研究院
竞争情报与创新评估重点实验室，北京 100048）

摘　要： "大数据"理念悄然兴起，大数据正在催生社会和经济的变革，同时也对传统科技情报造成了一定影响。在大数据环境下，传统科技情报行业在其发展过程中不可避免地出现了一些问题。本文在梳理大数据对传统科技情报业发展所产生的影响的基础上，详细分析了大数据环境下传统科技情报工作存在的问题：即专业大数据缺失、时效性缺失、全领域覆盖能力不足、情报生产速度不足。针对这两大缺失和两大不足，文章提出了相应的对策建议。

关键词： 大数据；传统科技情报；对策

1　"大数据"的到来

随着云时代的来临，大数据（Big Data）也吸引了越来越多的关注。2011 年 5 月，在主题为"云计算相遇大数据"的 EMC World 2011 大会上，以数据管理技术见长的 EMC 公司除了一直倡导的云计算外，还抛出了"大数据"的概念[1]。2011 年 6 月，由 EMC 赞助、IDC 编制的年度数字宇宙研究报告《从混沌中提取价值》（Extracting Value from Chaos）发布，文中提到三点重要论断：即根据 IDC 过去五年的研究发现，全球数据量大约每两年翻一番；2010 年，全球数据量跨入 ZB 时代，预计 2011 年全球数据量将达到 1.8ZB；未来全球数据增速将会维持，预计到 2020 年，全球数据量将达到 35ZB。2011 年 6 月底，IBM、麦肯锡等众多国外机构也纷纷发布了相关研究报告，对"大数据"予以积极跟进。

　　从时间上来看，虽然 EMC 对于"大数据"拥有首倡之功，但 IDC 才是真正引爆"大数据"的奠基者，因为它给整个世界提供了理论的土壤和想象的空间。

　　关于什么是"大数据"，现在还没有标准的定义。维基百科上有人对大数据作了如下描述：数据增长如此之快，以至于难以使用现有的数据库管理工具来驾驭，困难存在于数据的获取、存储、搜索、共享、分析和可视化等方面。目前，最常见的是以 IBM 公司为代表给出的大数据的三大特征：大量化（volume）、快速化（velocity）、多样化（variety）。大量化意味着数据的规模特别庞大，未来企业将不可避免地面临数据浪潮的冲击。快速化强调的是时效性，企业只有把握好对数据流的掌控应用，才能最大化地挖掘利用大数据所潜藏的商业价值。多样化是指大数据的内涵超越了结构化数据的概念，其实质包括各类非结构化的数据：文本、音频、视频、点击流量、记录文件等。IDC 则认为大数据具有四个特征：海量的数据规模（volume）、快速的数据流转和动态的数据体系（velocity）、多样的数据类型（variety）和巨大的数据价值（value）[2]。

2　大数据对传统科技情报产生的影响

　　大数据时代的到来使得"大数据"理念悄然兴起，哈佛大学量化社会科学学院（Institute for Quantitative Social Science）院长加里 - 金（Gary King）称："这是一种革命，我们确实正在进行这场革命，庞大的新数据来源所带来的量化转变将在学术界、企业界和政界中迅速蔓延开来，没有哪个领域不会受到影响。"大数据在催生社会、技术、科学和经济变革的同时，也给传统情报服务的理念、方法和技术带来了新的影响。

2.1　大数据理念发展催生情报需求新变化

　　"大数据"以人为核心，以人的关系为基础进行信息生产，通过人际关系完成信息传播，进而产生庞大的数据体量。因此，其数据来源广泛，数据类型多样。鉴于此，给情报需求带来了新的变化：传统数据获取技术已无法满足广泛数据来源的要求，为满足大数据环境下的情报需求，必须要加强对数据获取关键技术的研发，从而获取更为广泛的数据；同时，目前对大数据环境下新增数据类型的数据收集仅限于现阶段，只有以加强数据资源库建设为基础，积累更多新增数据类型的历史数据，才能真正满足大数据环境下的情报需求。

　　此外，面对广泛、多样的大数据，传统海量数据分析架构中的磁盘读取（以毫秒计算）技术存在很大"瓶颈"，从而对情报需求提出了新要求：应加强对内存读取（以纳秒计算）技术的研发，用以应对数据分析和应用的挑战。

2.2　大数据"4V"特征促进情报技术新变革

虽然大数据与海量数据都反映出数据快速增长的趋势，但海量数据主要是从存储的角度考虑问题，而大数据除了包括数据存储，还包括商务智能和数据分析。如何把握大数据的 4V 特征，不断研发情报服务新技术，对于情报研究是一个巨大的挑战。

（1）数据体量巨大（volume）。大数据时代的到来，使得数据从 TB 级别跃升到 ZB 级别，对于基于海量数据的挖掘技术提出了新的挑战。

（2）数据类型繁多（variety）。诸如网络日志、视频、图片、地理位置、气候变化、人为影响均会产生不同类型的数据，在情报服务中，必须不断提升对异构数据的整合技术。

（3）数据价值密度低（value）。以视频为例，在连续不间断监控过程中，可能有用的数据仅仅是一两秒，这对情报服务过程中数据的甄别及筛选技术提出了更高的要求。

（4）处理速度需求快（velocity）。随着社交网络、移动计算和传感器等新渠道和新技术的不断涌现，常规技术已经难以应对数据的处理需求，因此，大数据时代情报服务还必须借助云计算平台，通过研发、改进数据集成与数据自动采集技术，来适应大数据处理的"1 秒钟定律"。

2.3　大数据多次开发凝练情报服务新目标

关于数据蕴含的巨大价值，人们已达成共识。专家认为，数据分析的价值从来没有像现在这么突出，越来越多的企业开始设法从海量数据中挖掘二次和三次商业机会。在大数据环境下，只有能够很好地运用这些新数据形态的企业，才能打造可持续的竞争优势。

虽然企业的决策者已经意识到"大数据"中蕴含的价值，但对于大多数企业来说，真正实现其中的价值还很难做到。所以，如何从海量数据中挖掘高价值信息，并且通过分析获取其背后更大的价值，从而为领导决策提供更有力的支撑，成为大数据环境下政府、组织机构、企业甚至是个人思考的关键问题，也是情报服务机构情报服务的新目标。

3　大数据环境下传统科技情报行业发展过程中存在的问题

大数据环境下，传统科技情报工作存在着两大缺失和两大不足：即专业大数据缺失、时效性缺失、全领域覆盖能力不足、情报生产速度不足。

3.1　情报资源分散，专业大数据缺失

数据源（data source）指的是提供某种所需数据的器件或原始媒体。大数据的来源多种多样，按类型不同可分为三种：一是结构化数据，即可用二维表结构表示的数据，通常存储在数据库里；二是半结构化数据，这类数据基于内容，可以被搜索，如电子邮件、办公处理文档，及许多存储在 Web 上的信息；三是非结构化数据，这类数据通常是可以被感知的信息，如图像、音频、视频。在所有数据源中，微博、Facebook、Twitter 和 Youtube 等社交媒体解决方案是最新的新数据源，娱乐、媒体、医疗保健和视频监控等非结构化数据已成为新数据源中增长最为明显的数据源。

大量新数据源的出现，一方面导致情报资源也散落在各种来源中，增加了情报的采集难度；另一方面，长期依靠结构化数据资源开展情报工作的情报研究机构面对非结构化数据资源显得手足无措，导致情报工作还停留在对传统结构化数据分析的层面上，缺乏非结构化数据，专业大数据缺失。

3.2　信息渠道有限，时效性缺失

对数据的实时收集与处理是大数据时代对传统科技情报工作提出的新要求。但目前，各地传统科技情报机构提供的信息收集与情报服务的信息渠道比较有限，普遍集中在网络结构化信息源上，包括：科技图书、科技期刊、科技报告、会议文献、专利文献、标准文献、学位论文、产品资料、技术档案、科技报纸等传统十大情报源以及这些资源的网络版 [3]；相关机构组织、企业、行业和个人特色站点等网站、大型数据库、出版平台，以及门户网站、搜索引擎、导航网站等。而对图像、音频、视频等非结构化信息源，以及来自于人际关系网络、社会调查等渠道的信息利用率不高。此外，这里提到的数据库大多为国内的公开结构化数据库，这些结构化数据库只能提供一年零三个月以前的数据，使很多的情报工作不得不建立在"历史数据"的基础上。

3.3　研究环境限制，全领域覆盖能力不足

过去，我国的情报研究工作是针对特定领域或主题，收集、积累相关文献、数

据，并加以整理、分析和研究，最终根据用户的需要提出分析研究结果或报告的全过程[4]。在传统文献信息环境下，我国的情报研究工作主要在图书馆或其他文献机构中。在这种环境的限制下，一个情报研究人员或机构一般只对某一个或某几个主题领域进行研究。但随着学科领域的细化，知识的创新与重组，各种学科之间相互交叉渗透、会聚融合的程度增加，联系增强，学科领域高度综合。与此同时，数据体量也越来越大，数据价值密度越来越低。美国学者杰克·特劳特和史蒂夫曾指出：信息越多，混乱越多[5]。因此，传统的一个情报研究人员专注于某个或某几个领域的工作方式已不能满足大数据环境下情报工作的要求[6]。

3.4   信息储量有限，情报生产速度不足

过去社会发展的节奏慢，半年甚至一年完成一份情报报告就能满足用户需要。但随着市场经济的发展和信息技术的广泛应用，用户对传统科技情报研究工作提出了更高的要求，即如今的节奏是领导要求情报部门必须在两周或一个月就提交一份详尽的情报报告。但由于过去情报部门并未做到主动出击，随时捕捉信息、储藏信息、积累信息，信息储量的不足严重影响甚至阻碍了情报的生产，由此进一步导致情报工作人员即使在时间上分秒必争，实际的情报生产速度也很难得到保证[7]。

4   解决大数据环境下传统科技情报发展问题的对策建议

如前所述，大数据环境下，传统科技情报工作存在着专业大数据缺失、时效性缺失、全领域覆盖能力不足、情报生产速度不足等问题。针对这两大缺失和两大不足，本文提出了如下对策建议。

4.1   强化异构数据处理能力，并做好数据维护

非结构化数据很难处理，但是它已经存在。为更好应对大数据中非结构化数据的多样性带来新的挑战，挖掘非结构化数据背后蕴含的高价值信息，需要从抓取、整合、存储、维护这四方面入手。

（1）非结构化数据的抓取。目前的信息抓取技术已经能够实现对非结构化数据的抓取，如网络自动抓取就是将非结构化的信息从大量网页中抽取出来并保存到结构化数据库的自动化过程，但是抓取的全面性及精准度有待进一步提高。建议传统科技情报工作者可以通过对语义引擎技术的研发，来进一步实现对异构数据的有效抓取。

（2）非结构化数据的整合。完成了对非结构化数据的抓取后，需将非结构化或半结构化的信息改造为结构化信息，为进一步的数据分析提供数据资源。非结构化数据整合可以通过以下两个步骤完成：第一，数据集成，即将所有原始信息有机集成，建立信息查询索引，为数据挖掘奠定基础；第二，数据清理，可分为三步执行：①除虚假信息，自动识别网络推手和错误信息；②过滤噪声信息，剔除正文信息之外的广告、导航等无用信息；③对信息进行结构化处理，进行统一识别编译，按照研究主题的评价体系要求，将其转化为同构的结构化信息。

（3）非结构化数据的存储。"数据仓库之父"比尔·恩门（Bill Inmon）认为，只有实现非结构化数据到数据仓库的抽取，搜索引擎才会释放出非结构化数据的真正价值[8]。通过存储，可以实现对非结构化数据的归档和留存，长期坚持下米，还可以实现数据积累。

（4）非结构化数据的维护。数据维护在整个数据资源价值发挥过程中起着举足轻重的作用。为从非结构化数据中获取更多情报，建议情报部门投入一定精力，常年对获取的数据资源进行维护。此外，也可考虑维持一支专业团队，从不同领域提供数据支撑。

4.2　研发动态跟踪系统，对网络数据实时监测，获取及时性数据

（1）当今世界上最大的数据库就是存在于互联网的数据，也是最新的甚至可以称为即时性的数据[9]。然而，网络自动抓取和语义引擎完成的是面向互联网数据的静态数据获取，对于情报服务来说，动态跟踪能够通过对网络数据的实时监测，获取即时性数据，展现情报研究对象的活动轨迹，这对于情报分析具有更加重要的价值。

（2）因此，情报部门可以对动态跟踪系统进行研发，并利用本体库、各领域学科词表中的词汇距离、SVM 分类算法、聚类算法等技术，将整理出的高品质数据导入动态情报跟踪系统，在动态情报跟踪系统中完成数据抽取，并将网页中的事件主体、时间、地点、行为、数据以及预先设定的主体一并写入基础数据库，进而对一个事件主体正在为某个目的进行的所有活动实现全过程的记录描述。

4.3　建立专用搜索引擎和专用词表，实现对任何领域情报的生产

互联网是情报服务的主要数据来源之一，搜索引擎技术的发展为互联网数据的获取提供了便捷、高效的工具。但由于算法本身的局限性，传统的普通搜索引擎搜不到对用户隐藏的"深度网络"信息[10]，研究表明它们仅能采集到 28% ~ 50% 的内

容 [11], [12], [13]，只能完成对情报大概情况的收集，而不能满足情报检索中查全的要求，对于查准率也只能满足部分要求。这种现状对于情报服务来说，是对互联网信息资源的浪费。

在云计算平台的支持下，通过专用传统科技情报搜索引擎和专用词表的建立，能够实现对网络信息的重点、互动、专业垂直搜索，也具备同时处理几十个甚至几百个领域情报的能力，很好地解决全领域覆盖能力不足的问题。

4.4 改善情报生产流程各环节，提高情报生产速度

情报生产流程大致可以分为情报信息收集、情报信息加工、情报信息存储、情报信息分析、情报解读、情报报告编写六个步骤。异构数据的处理，动态跟踪系统、专用搜索引擎以及专用词表的建立，可以很好解决情报信息搜集、加工、存储的问题，因此可以大大提高情报生产的速度。而且通过情报分析，可以将最有价值的信息从海量信息中分离，从而使领域专家很快通读核心信息，这样专家解读情报也就容易了很多。最后，编写情报报告的关键任务转化为根据专家解读对核心情报的摘录，因此所需时间将会大大缩短。整个情报生产流程环节的改善，能使情报部门的情报生产速度大大提高。

参考文献：

[1] Las Vegas.Cloud Meets Big Data at EMC 2011.May 9–12.[EB/OL].[2011–09–12].http://www.emc.com/microsites/emcworld_2011/emc_world_2011_invite.pdf .

[2] 岳明 .IDC 定义大数据四大特征：中国已成为全球最重要市场 [EB/OL].[2012–07–24]. http：//www.c114.net/news/212/a705382.html.

[3] 赵枫 . 网络信息资源在高校教学和科研中的作用 [J]. 农业图书情报学刊，2006（10）：25–27.

[4] 李宏 . 知识管理与知识挖掘在情报研究工作中的实现 [J]. 情报理论与实践，2003，26（3）.

[5] 董诚 . 科技资源共享中的价值研究 [J]. 科技管理研究，2009，29（1）.

[6] 郑彦宁，宋振峰 . 我国科技情报行业现状与发展对策分析 [J]. 情报学报，2007，26（5）：790–795.

[7] 徐敏，朱东华 . 新形势下科技情报工作模式的研究 [J]. 北京理工大学学报（社会科学版），2005，7（1）.

[8] IT168，胡磊编译 ."数据仓库之父"谈如何处理非结构化数据 [EB/OL].

[2013-08-28].http：//tech.it168.com/db/2008-03-27/200803271605057.shtml，2008-03-28/.检索日期：2013-08-28.

[9] 赵洁. 基于 Web 网站的竞争对手情报获取 [J]. 情报学报，2009，28（6）：909-916.

[10] Ghanem，T.M.and Aref，W.G.Databases deepen the Web[J].*IEEE Computer*，2004，116-117.

[11] Kevin Chen-Chuan Chang，Bin He，Chenkai Li，Mitesh Patel，and Zhen Zhang.Structured databases on the Web：Observations and Implications[C].SIGMOD Record，2004，33（3）：61-70.

[12] Fetterly D，Manasse M，Najork M，Wiener J L.A large-scale study of the evolution of Web pages.Proceedings of the 12th International World Wide Web Conference[C].Budapest，2003，669-678.

[13] Alexandros Ntoulas，Petros Zerfos，and Junghoo Cho.Downloading textual hidden web content through keyword queries[C].In JCDL'05：Proceedings of the 5th ACM/IEEE-CS joint conference on Digital libraries，New York，NY，USA，2005，100-109.

大数据视角下科技政策评估方法研究

王俊峰　秦　亮（江苏省科技评估中心，江苏南京 210042）

摘　要： 针对大数据在各行各业的快速应用和第四科学研究范式对社会科学研究方式、决策方式的影响，提出了大数据视角下基于"数据驱动"的科技政策评估框架模型，借助大数据平台、云计算等智能工具和自组织学习等智能解析方法，实现对科技政策评估（监测、分析、预警等）的创新决策支持，最后提出促进大数据与应用管理科学相结合发展的建议。

关键词： 大数据；政策评估；框架模型

1　引言

随着物联网和云计算等先进技术的广泛应用，数据生成速度加快，数据量越来越大，人类已步入大数据时代。2007 年，诺贝尔奖获得者 James Gray 就准确预言了大数据时代的到来 [1]，他指出：数据密集型科学正在从计算科学中分离出来，成为与实验科学、理论推演、计算机仿真三种科研范式相平行的科学研究第四范式；就像经典力学、量子力学和计算科学一样，数据密集型科学必将影响到社会科学研究方式；科研范式的转变最终会反馈到人们思维模式和决策模式的转变。

麦肯锡全球研究院将"大数据"定义为"无法在一定时间内使用传统数据库软件工具对其内容进行采集、管理和处理的数据集合"[2]。通过分析，就能从大数据"4V+ 1C"的特征 [3]——数据量大（volume）、数据类型繁多（variety）、价值密度低（value）、处理速度快（velocity）、复杂性（complexity）中发现稀疏但有高价值的知识和规律，而这可以为预测和决策提供相关支持。显然，构筑在数据情报分析基础之上的科技政策评估模式，也将面临全新的发展机遇和挑战。

2　研究背景

自 1951 年美国学者 Harold D. Lasswell 提出"政策科学"（policy science）概念以来，各国学界、政界对政策研究的重视程度与日俱增，政策研究的范畴也从决策前的政策分析扩展到政策制定、执行、评估等各个方面。20 世纪 60 年代后，政策评估逐渐成为促进政策实施、提高政策成效、促进学习沟通、支撑未来决策等的重要工具。

在大数据背景下，国内已经有其在应用管理科学方面的研究：王飞跃（2012）简述了面向大数据和开源信息的科技态势解析与决策服务的理念、概念及基本的系统框架和技术体系[4]；朱东华等（2013）整合传统"目标驱动决策"与大数据环境下"数据驱动决策"的理念及方法，构建了"评估与预测"和"监测与预警"的技术创新管理双向决策模型[5]；张军（2013）从大数据引发的思维变革、商业变革和管理变革入手，分析大数据对我国社会产生的深远影响，为大数据时代国家创新系统的构建提供理论支持和政策建议[6]；李文莲等（2013）提出"大数据"对商业模式创新驱动的三维视角，在商业模式创新的企业层面、"大数据"产业链层面和行业层面揭示了"大数据"的创新趋势及运用，并为企业在"大数据"时代探寻商业模式创新切入点提供了一个系统化的分析框架[7]；李善青等（2014）提出基于大数据挖掘和多源信息整合的项目查重方法，利用多源信息整合方法构建科技项目的相似度判别模型，并采用 Hadoop 框架实现海量数据的快速挖掘[8]；何亮等（2014）阐述了大数据在我国科技资源领域应用的现实需求，提出我国在科技资源领域应抓住大数据带来的机遇，形成特色化的科技资源大数据技术解决方案[9]；钟辉新等（2014）提出了在大数据背景下企业竞争情报动态的 MDD 运行模式，探讨了面向大数据的企业竞争情报的监控、发现和决策机制[10]。上述学者研究分析了大数据在各自领域的应用，具有十分重要的价值，然而，尚未发现大数据在科技政策评估方面的实践研究，这也正是本文的切入点。

3　大数据视角下科技政策评估框架模型

目前国际评估界通常采用的是以基于公共政策评估理论方法为代表的逻辑框架法评估模型（logical frame approach，LFA），它是由美国国际开发署（USAID）于 20 世纪 70 年代开发的一种分析工具，用于公共项目的规划、实施、监督和评估，目前有三分之二的国际组织把它作为项目的计划、管理和评价方法[11]。它从评估目标的确定、评估标准的拟定及相应保证措施的实施来评估整个活动，通过基于数据情报挖掘方式的定量与定性相结合的评估方法与技术分析项目的关键要素间的因果关系与逻辑关系，从而达到对评估结果进行清晰描述，形成支撑决策的目的。"大数据"时代的来临，使开源科技数据情报呈现出动态性、海量性和多源异构性等特征，从而对传统情报挖掘与分析方法形成极大的挑战。在这样的背景下，传统的"科技政策评估"方法也面临着巨大的挑战，传统的情报挖掘分析方法与工具无法实现对如此量级情报的实时处理与分析，从而丧失辅助决策的情报分析方案与能力。因此，从我国科技政策评估工作的实际需求出发，如何有效把握"大数据"环境下的机遇与挑战，应对"大数据"给传统科技政策评估工作所带来的技术方法的变革，应对大数据环境下更为多元复杂的需求，实现我国科技政策评估工作的创新，是本文的主题所在。

那么，如何应对"大数据"时代所带来的挑战与机遇？美国"大数据研究与开发计划"（Big Data Research and Development Initiative）项目提供了一条行之有效的新思路[12]，即转变决策驱动根源，由传统的"目标驱动决策"向"数据驱动决策"转化；加之大数据借助无处不在的计算和传感器网络，能够解析存在于现实世界、虚拟世界以及虚实融合世界的复杂网络关系，并适时做出判断和决策，其所具有的在区域之间、行业之间和企业部门之间的穿透性，正在颠覆传统的、线性的、自上而下的目标驱动决策模式，转变为面向不确定性的、非线性的、自下而上的数据驱动决策模式[6]。

本文在整合政策评估现有理论方法的基础上，充分考虑大数据环境带来的挑战与机遇，研究面向大数据的科技政策评估与决策支持框架模型，实行以开源信息为主，汇集海量数据，通过定量的方式来描述、追踪、监测、评估、预测与预警科技政策发展的态势，从而更好地服务于科技政策决策。于是，本文提出大数据视角下科技政策评估框架模型（见图1）。该模型围绕大数据环境下的复杂数据特征与环境，采用当前情报挖掘领域应用于大数据处理的新方法、新思路，形成以自组织动态实时监测为核心，能够有效预警并积极处理突发事件的科技政策评估（包含态势分析、监测与预警）模型。

本模型的数据源均围绕"大数据"和云计算展开。一方面，将经济社会情报（主要涵盖经济运行报告、行业周期分析报告、社会发展动态等）和科学技术情报（主要涵盖科技文献、技术研究报告、统计数据等）作为开源大数据的重要组成部分；另一方面，本模型将网络情报（主要涵盖网络媒体披露的关键舆情信息等）和其他情报（主要涵盖政府政策、市场动态、金融交易等）纳入开源"大数据"环境，将它们作为实现实时监测并预警的数据基础。同时，作为大数据环境中不可或缺的重要元素——"云计算"也被纳入到本模型中，作为提取潜在信息、展开技术竞争情报分析的重要技术方法之一。这种借助云存储与云计算及大数据的优势在于三个方面[13]：一是能够聚焦于政府的微观层面，在一定程度上实现了政策微观层面的响应与宏观层面的感应实质性连接，将原来模糊的政策效果通过数据逐步清晰地描述出来，这样有利于描述政策问题；二是可以使政策反馈过程更迅速，甚至达到实时与即时性，使政策评估机构能够实时得到反馈信息，及时优化改进政策的进一步实施，以大数据的容易比较、交流、转化为物质的基础的决策科学概念，符合当下信息流动的时代特点；三是大数据的预测与预警视野，大数据的时代正在提示着今天所谓宏观控制的精髓不再是力度问题，而是视野问题；大数据是超越个体与局部的相对静态视野，更容易发现问题所在、可能的弱点和盲区的动态宏观视野。

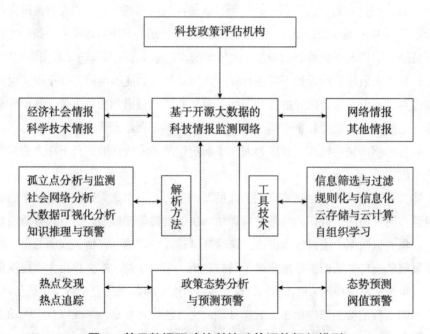

图 1　基于数据驱动的科技政策评估框架模型

　　大数据环境下，蕴含着丰富潜在信息的大量涌现，任何一种可能改变经济社会环境或现有政策状态的新因素或者任何一个可能影响评估对象环境的新标准、新变化、新诉求都可能存在并以某种形式表征在大数据中。在科技政策评估工作中，如何掌控政策效果的潜在发展动态，挖掘可能影响政策效果转向的新因素和新门槛，监测可能影响科技政策评估的其他政策环境的最新进展，并针对这一切可能情况做出及时有效的反应，正是政策与预警模型所希望达到的最终目的。

有别于传统的、基于目标驱动的科技政策评估模型（如逻辑框架模型）需要事先制定"目标"，依"目标"的需求进行相应的数据挖掘工作，基于数据驱动的科技政策评估框架模型更侧重于机器的自组织与自学习能力，通过对小规模数据的训练与学习，形成反映并处理相应大数据的人工智能。这种自组织自学习的动态实时检测系统在传统数据挖掘方法的基础上，融入能够响应动态数据变化的动态数据挖掘理念，有效地运用相应的技术方法，能发现大数据中的"容疑点"，并深入挖掘与分析"容疑点"中的有效信息，从而达到最终形成"分析、监测与预警"的目标。有别于传统的基于目标驱动的科技政策评估模型中的传统数据挖掘技术，基于数据驱动的科技政策评估框架模型中以数据为驱动，首先就表现在"自组织动态实时监测"模块的构建。通过规则的建立与基于机器学习的算法训练，形成专注于"数据"本身的实时监测模型。在剔除垃圾数据，实现数据向信息的有效转化之后，一方面，监测数据分析结果中的"孤立点"，及时发现异常数据并分析推演其背后原因；另一方面，基于有效的大数据可视化以及社会网络分析，聚焦并解决决策目标的具体问题。

4　结论与展望

如同众多媒体及研究人员将 2013 年称为"大数据元年"一样，经过长期的积淀与迅速的发酵，"大数据环境"已经在短短一年的时间里扩展到经济社会的各个层面。本文正是以此为契入点，针对如何让我国科技政策评估工作迅速适应大数据环境，并有效利用大数据环境产生的空前机遇与挑战，提出了大数据环境基于数据驱动的科技政策评估框架模型，整合大数据环境下的"数据驱动决策"理念及方法，从"科技政策解析、监测与预警"等方面构建了适用于我国科技政策评估的新方案，旨在提升我国科技政策评估创新工作，有效并快速提升提取知识的能力。

此外，为更好地提升我国政策评估（不仅仅是科技政策评估）水平和能力，还应做好以下工作：

（1）在国家层面建立与政策评估相关的大型数据库，由国家发起、地方和行业支持、第三方机构承担、向特定用户开放。从而在基础上解决大数据的通用、共享问题，为大数据的分析、监测和预警打好基础。

（2）在国家层面建立保护大数据市场与隐私保护机制。应建立一个数据隐私保护机制，使得数据使用机构更着重于为其行为承担责任，这样，使用数据的机构就需要基于对信息披露造成的影响、对涉及信息再利用的行为进行评估。

（3）亟须突破一批"大数据"资源领域关键技术。"大数据"资源跨学科、跨专业、跨领域，挖掘其关联价值以形成知识产品，不仅要对某一类科技资源进行垂直业务整合，还需对横向相关领域进行水平业务整合，这就需要采集和分析其间的规律行为，形成普适性的分析经验。因此，以数据分析为核心，加强人工智能、机器学习等领域的理论研究和技术研发，加快非结构化数据处理、非关系型数据库管理和可视化技术等基础技术研发，推动与云计算、物联网、移动互联网等技术的融合，都是"大数据"在与应用管理科学结合领域急需突破的关键问题。

参考文献

[1]Tony H, Stewart T, Kirstin T.The fourth paradigm: data-intensive scientific discovery [M].Redmond, WA: Microsoft Research, 2009.

[2]Manyika J, Chui M, Brown J, eta1. Big Data: The Next Frontier for Innovation, Competition and Productivity[R].McKinsey Global Institute, 2011.

[3] 大数据时代的特点 [EB/OL].[2012-11-18].http://www.5lian.cn/html/2012/xueshu_0417/ 32237.html.

[4] 王飞跃.知识产生方式和科技决策支撑的重大变革——面向大数据和开源信息的科技态势解析与决策服务 [J].中国科学院院刊，2012（5）：527-537.

[5] 朱东华，张嶷等.大数据环境下技术创新管理方法研究 [J].科学学与科学技术管理，2013（4）：172-180.

[6] 张军，姚飞.大数据时代的国家创新系统构建问题研究 [J].中国科技论坛，2013（12）：5-11.

[7] 李文莲，夏健明.基于"大数据"的商业模式创新 [J].中国工业经济，2013（5）：83-95.

[8] 李善青，赵辉，宋立荣.基于大数据挖掘的科技项目查重模型研究 [J].图书馆论坛，2014（2）：78-83.

[9] 何亮，周琼琼.大数据时代我国科技资源领域发展探析 [J].科技进步与对策，2014（2）：21-24.

[10] 钟辉新，张兴旺，黄晓斌.面向大数据的企业竞争情报动态运行模式MDD：监控、发现、决策的互动 [J].情报理论与实践，2014（3）：6-12.

[11]World Bank.The Log Frame Handbook: The Logical Framework Approach to Project Cycle Management.Washington, DC.http://www1.worldbank.org/education/

adultoutreach/designing.logframe.asp.

[12]Weiss R，Zgorski L. Obama Administration Unveils "Big Data" Initiative：Announces $200 Million In New R&D Investments [R/OL]. [2012-03-29]. Washington：Office of Science and Technology Policy，Executive Office of the President，White House，http：//www. white house. Gove/sites/default/files/microsites/ostp/big_data_press_release final 2.pdf.

[13] 陈霜叶，孟浏今，张海燕. 大数据时代的教育政策证据：以证据为本理念对中国教育治理现代化与决策科学化的启示 [J]. 全球教育展望，2014（2）：121-128.

大数据时代视野下的
中国人文社科学术评价机制

袁宝龙（中国社会科学院研究生院图书馆，北京 102488）

摘　要：毋庸置疑，人类社会接受大数据时代的洗礼，在这样独具特色的时代视野下，中国人文社会科学学术评价机制也面临着时代变革带来的挑战与机遇。如何实现二者的无痕化链接，在大数据时代完成人文社科学术评价机制的自我超越，无疑是中国学术界无可回避的时代之思。实际上，大数据时代对于数据的极致追求，是希望借此反映世界的真实，这也与学术评价机制的精神理念殊途同归，并无二致。由此可知，大数据时代的数据捕获以及分析整理皆是手段，而非目的，科学公允的人文社科学术评价机制应以大数据的量化分析为基础，辅以必要的定性评议，唯其如此，始能实现学术评价的终极设想。

关键词：大数据时代；人文社会科学；学校评价

1　引论

2009 年，大数据（big bata）的概念开始风靡于全球互联网领域。两年后，麦肯锡全球研究院（McKinsey Global Institute）发布了名为《大数据：创新、竞争和生产率的下一个新领域》（*Big data：The Next Frontier for Innovation，Competiton，and Productivity*）的专题研究报告，这份报告对包括美国医疗保健、美国零售业、欧洲公共机构、全球制造业以及全球私人数据存储五个领域进行了详尽细密的调查研究，以求深入剖析大数据的价值创造力。报告称：大数据具有极高的商业价值，且在本报告涉及的领域内展现出了巨大潜力。[1] 可以说，这份报告的问世标志着大数据时代的正式来临，从此以后，大数据的概念开始遍布于生活的每一个角落，有关大数据时代的种种设想以及大数据给社会生活带来的诸多改变，成为学术界关注的热点话题。

与大数据时代迅速风靡于世的发展势头相比，有关人文社会科学学术评价体系的理念构建，则是一个由来已久却迄无定论的长期争议话题。20 世纪 80 年代晚期，在西方学术界备受推崇的 SCI（科学引文索引）、SSCI（社会科学引文索引）、A&HC（艺术和人文学科引文索引）等索引工具陆续被引入到中国学术界，以此为标尺的中国现代学术评价机制思想亦于此发轫。对西方先进经验的引介移植，表明了当时的中国学术界试图与国际接轨的强烈意愿，同时也在昭示中国学术评价体系即将告别古老的旧传统，迎来一个伟大的全新纪元。

与此同时，基于文献计量学的中国本土学术量化评价体系，也在悄然兴起。1992 年北京大学推出了《中文核心期刊要目总览》第一版；1996 年，中国社会科学院文献信息中心创建了"社会科学论文统计分析数据库"，并于 2004 年正式推出了《中国人文社会科学核心期刊要览》；南京大学于 1997 年提出研制"中文社会科学引文索引"的长期规划，3 年后专门负责这一课题的研究机构：中国社会科学研究评价中心正式成立，并于同年出版了首期光盘。

以上三大学术期刊评价体系，基本代表了中国当前人文社科类学术期刊考评的最高水准，三家机构均以科学公允的学术评价作为唯一意趣，在过去 20 年间不断地进行着精度提升和自我完善。尽管如此，但有关人文社科学术评价机制的种种指摘与非议，从未中断，一般认为，单纯的定性或定量皆有其弊端，最为理想的方式是将二者有机结合起来。[2] 而无论舆论环境如何变迁，更科学与更合理的学术评价体系始终是当代中国学术界一以贯之的不懈追求。

而在大数据的时代视野下，一直在不断求索的中国人文社科学术评价机制又该如何借助时代给予的机遇完成自身超越？大数据时代与学术评价的交融碰撞又会产生如何绚烂夺目的耀眼火花？以上，便是本文的意旨所在。

2　大数据时代的时代特征

大数据时代，顾名思义，体现了人类对于数据规模和精度的极致追求。不过除此之外，更重要的理念其实是通过技术手段对海量数据进行详尽的整理、分析，在世人面前呈现出精细微妙的历史规律分布图，进而据此制定更长远的发展规划。根据目前最流行的 3V 说，大数据时代的时代特征可以基本概括如下：

2.1　容量大（volume）

从过去的经验看，IT 领域多以 5 年作为硬件存储设备更新的最短循环周期，每一个周期结束后企业的存储容量将会自动增加一倍。不过大数据时代的到来，却强硬地颠覆了这种传统认知，节奏密集、更易频繁将成为未来硬件升级的两大特征。设备更新周期的缩短，时代变易的快速化，使常规的设备更新升级面临着巨大压力，硬件设施的滞后甚至可能成为限制企业发展的最大"瓶颈"。为了适应大数据时代调整发展的需要，同时尽可能降低可预期周期内硬件的换代成本，人们对于大容量存储设备的升级须具备一种战略眼光，为未来发展留下足够的提升扩展空间。大容量的存储需求与当下实际的存储能力之间的矛盾，无疑是大数据时代首先需要解决的基本矛盾。

2.2　速度快（velocity）

如前文所述，存储设备的更新频率大幅度提高，体现了大数据时代对于高速度的一种极致追求。实际上，真正的需求远不止于此。在大数据时代，对速度的追求，几乎与容量的无限扩容一样永无止境。大数据研究就是对高速增长、规模庞大、多样性的数据进行快速的挖掘分析，以发现其中隐含的规律知识，并以持续应变的方式提供有效的服务。[3] 在感知、获取、分析、解决这样一个庞大的线性数据处理循环体系中，任何一个环节都要保证把时间成本降至最低，以免造成信息的时效性价值大幅缩水的后果。如何应付未来社会对于高速度的要求，甚至在大数据时代的高速运转中游刃有余，这都是当代学人必须解决的时代使命。

2.3　多样性（variety）

大数据时代最核心的特征是数据的多样性，通过大容量存储和高速处理，所有的数据将会根据其自身属性被不断细化区分，在高精度的区分细则下会出现差别各异的多样性数据，而这种数据的多样性又会进一步激发对于容量和速度的需求，从而在大数据时代的三个特征之间形成一个巡回往复的循环体系。数据的多样性体现在对原有数据形态和处理手段的不断超越，大数据时代到来之前的数据以结构化数据为主，而在当今及未来，来自多信息源的海量数据中将存在大量的异构数据。我们认为，数据的这种多样性变化是大数据时代最显著的特点，同时也是推动技术和理论层面不断前行的最大动力，在变化多元的大数据时代，多样性的自身特征与前两个特征表现为一种互为因果、相辅相成的依存关系。

3　现行学术评价机制的问题

现行的三大学术评价机制，尽管参考的数据标准各有不同，但大都以量化征引指数为基准，尽可能地排除主观倾向，试图通过客观、详尽的量化指数，创建一套完备精准的考评体系，借此反映学术期刊的真实影响力。这种建构思路自然有其合理之处，不过在实施执行层面依然存有一定的不足。

3.1　标准不一，影响了评价机制的权威性

前文已述，现行由中国社会科学院、北京大学、南京大学分别推出的三大学术评价体系，代表了目前中国人文社会科学学术期刊考评的最高水准，不过值得注意的是以上三种学术期刊的评价体系的构想、创建过程，系由三家教育科研机构独立完成，在体系建构的过程中，其对于学术期刊的界定、文献源的选取、征引指标数据及其权重的取舍等方面均存在较大差异，这就导致了三种体系遴选出的核心期刊相互之间重复率较低。而重复比例越低，表明评价体系采用的评判标准差距越大，由此产生的核心期刊自然要面临着公信力与权威性缺失的尴尬，这也导致了社会舆论对评价体系的问责与置疑。[4]

中国人文社科研究自身具备的独特属性，以及由于此种特殊属性给评价体系构建造成的巨大困惑，成为人文社科期刊学术评价体系最难以克服的顽疾。不过，这并不意味着，对于此话题的探索可以就此而止。问题的关键在于不能因标准各异而导致结果不一，进而使核心之名丧失其应有的权威性。

3.2　评价标准重于定量，而轻于定性

关于学术评价，目前国际上的主流做法是定量的引文分析与定性的专家评议二者相结合，具体来说，定量分析可以客观地显示研究课题的关注热度和引用频率，而专家的定性评议则可以最大程度上补充数据无法体现的学术意义与价值，也就是说，定量与定性相结合是国际学术评价体系必备的两大基本要素。但是国内现行的三种评价体系，由于受到 SCI 等欧美自然科学评价体系的影响，所以均不同程度地存在定量的比重过高，而定性比重不足的现象。这种积习，如果不在理念上及时予以校正，极有可能会形成足以影响整个体系公正客观属性的制度缺陷。而目前量化方式在国内学术评价机制中占据统治地位，则反映了当前技术主义工程化、定量化以及急功近利的价值取向在学术界的泛滥。[5]

实际上，三种评价体系在遴选期刊的过程中，都有专家评议的环节，我们认为

其轻于定性的具体表现是，与定量分析中各项指标权重分派有序相比，专家评议的定性过程显得太过随意草率，未能作为一种长效机制进而形成制度化。

3.3　评价主体单一化

如前文所述，重定量而轻定性是现行学术评价机制的最大弊病之一。而在定性流程上，评价主体的单一化又进一步加剧了评价结果偏离真实的结局。故现行学术评价机制的专家评议之弊，非独在于流于形式，同时在于未对参与者的范围有明确界定，以知名学者为唯一对象的评议群体在身份特征上太过单一。实际上，在学术期刊庞大的写作、阅读对象群体中，知名学者不仅数量稀少，而且拥有相对强势的话语权，享有与学术期刊平等对话的特权，故在此视角下，许多学术期刊之积弊必然被掩盖于表象之下，由此产生的评议结果也难言公允。资料显示，美国的人文社会科学研究成果评价主体主要分为三类：联邦政府、人文社会科学研究者（学术同行）、普通民众。[6] 这种多元化的评价主体反映了一种更为合理的定性评议机制建设方向，亦应成为中国人文社科类期刊评价体系的发展目标。

4　大数据时代学术评价体系的未来发展方向

中国人文社科学术评价体系的建构是一个远景目标，非朝夕可成，大数据时代的横空出世，成为这一机制自我完善和自我超越的历史机遇，如何在这样的时代视野下，找寻到最科学、合理的学术考评机制，无疑是一个无法回避的时代命题。

4.1　更全面地捕获数据

大数据时代强调的是通过对海量数据的存储、整理及剖析，实现对领域内现状的判断乃至未来发展趋势的精准预测，而这一切工作都以齐备完善的数据作为基础，因此数据的搜集捕获工作成为决定整个流程成败的关键性因素。

为了最准确地反映出人文社科类学术期刊的学术品质，大数据时代的学术评价机制必须保证对于历史数据和新生信息最强大的捕获能力。研究表明，文献计量方法可以提供学科领域组织性、结构性较强的描述数据，弥补定性评价在内容上的局限。[7] 而除了征引频次、转载数量等相对单一的统计资料，评价机制的建构者还要充分地发挥主观能动性，主动在信息海洋中找寻用户留下的体验记录与评价取向。除了用户主动以纸质问卷、在线问答等形式参与外，还应进一步搜寻读者对学术资源的使用习惯及其使用痕迹，并对所有有形和无形的痕迹从数据化的视角予以整理分析，简而言之，唯有实现数据来源渠道的多元化，数据的参考意义始能最大化，而基于此建构的学术评价体系始有可能接近理想的上限。

4.2　注重不同学科的差别化

中国人文社会科学不仅历史悠久，而且领域范围极其宽广，从广义角度来说，人文科学与社会科学均有其各自的鲜明特点，如果进一步细化区分，每个独立学科之间的差异更是不一而足。前文已述，现行的三大学术期刊评价体系，其意旨与方法各有千秋，不过其核心原则是用统一的标准来量化考评人文社科领域内的所有独立学科。这样统一的标准无法实现与所有学科的无缝匹配，也就无法保证对不同学科的考量精度。研究表明，同一学术评价标准施用于不同学科，极有可能产生不尽公平的结果。[8]

而且，这种粗放的规则制定思路，也有悖于追求极致的大数据精神。为此，学术评价机制在构建之际，应该注重对不同学科的差别化考评，根据不同学科的内在特点和外部特征，制定有针对性的定制式评价机制，由此形成一套由多种大同小异的定制式单学科评价机制组成的庞大的人文社科学术评价体系，这将是大数据时代的学术评价机制发展的必然趋势。

4.3　实现定量与定性的有机结合

前文已述，目前国内现行的三大学术评价体系在创建理念上借鉴了 SCI 索引工具等源自西方的相关经验，试图以客观的定量分析反映实现学术评价的目的。但是由于中国人文社科学科自身固有的特殊性，如果一味地移植西方学术界的量化考评经验，反而可能会导致评价结果有失公允。正如研究表明：量化评价指标体系的随意性、加权方式的人为性，更是难以准确而有说服力，价值序列的合理性也受到种种批评，其中"核心期刊"的名分最为引人争议。[9] 大数据时代所不懈追求的理念是通过数据反映世界的真实，故为了避免陷入纯数据化的沉重泥淖之中，在学术评价过程中适当地增加人为的定性模块显然是大势所趋。问题的关键在于，如何实现定量方式与定性手段的有机结合，使二者相辅相成，支撑起中国人文社会科学学术评价机制的强硬骨骼，进而在中国学术走向世界的漫长道路上发挥积极作用。

5　结论

关于人文社科学术评价机制的种种期望与争议由来已久，向无定论。而放眼当今世界范围内，不同领域的学术评价都在呈现着新的发展趋势，如评价主体的多元化和社会化、评价类型的多样化和综合化、评价标准专业化、评价方法和指标综合化系统化、评价需求多样化、评价的规范化和法制化等。[10] 在这样的时代背景下，中国学术评价体系在整体上正向着更科学公允的方向缓慢行进，这也与世界大趋势保持一致。大数据时代的到来，无疑使学术评价机制同时面临着动力与压力的双重考验，能否在这个伟大时代的风浪波涛中，完成历史性的自我超越，不仅决定着中国人文社科学术评价体系的科学与否，更在全球视野内，决定着中国学术能否突破现有的高度，在更广阔的范围内散发自身的独特魅力，成为中华民族伟大复兴的文化基石。

参考文献：

[1] Manyika James, Michael Chui, Etc.Big data: The next frontier for innovation, competiton, and productivity[EB/OL].[2012-12-09].http：//www.mckinsey.com/Features/Big_Data.

[2] 叶继元，朱强.论文评价与期刊评价——兼及核心期刊的概念 [J].学术界，2001（03）：72-80.

[3] 黄晓斌，钟辉新.大数据时代企业竞争情报研究的创新与发展[J].图书与情报，2012（06）：9-14.

[4] 袁宝龙.中国人文社科类学术期刊评价体系的科学构建[J].图书馆理论与实践，2014（05）：54-58.

[5] 刘明.科学计量学与当前的学术评价量化问题[J].浙江学刊，2004（05）：180-184.

[6] 邱均平，任全娥.国内外人文社会科学科研成果评价比较研究[J].国外社会科学，2007（03）：58-66.

[7] 叶继元.人文社会科学评价体系探讨[J].南京大学学报（哲学·人文科学·社会科学版），2010（01）：97-110.

[8] 马景娣，缪家鼎，张向荣.中文核心期刊要目总览和中国科学引文数据库期刊数据按学科类目的比较分析[J].图书情报工作，2006（04）：132-134.

[9] 刘大椿.人文社会科学评价的限制与超越[J].中国人民大学学报，2007（02）：149-156.

[10] 文庭孝，侯经川.国内科学评价研究进展[J].图书情报工作，2005（10）：55-59.

互联网时代图书馆的生存之道

张光迎（国防大学图书馆，北京 100091）

摘 要：本文首先陈述了互联网时代图书馆面临着用户流失、馆藏建设难度增加、自身发展困难的现状，然后从人类社会形态改变、互联网影响两个方面进行了根源分析，从三个方面提出了图书馆应对生存危机的做法。

关键词：互联网时代；图书馆；危机

始于 1969 年的国际互联网经过 45 年发展，形成了一个全球性的网络，成为了世界上最大的公用信息载体。我国 1994 年接入国际互联网后，国内的互联网发展猛速，2014 年 1 月 16 日 CNNIC 发布的第 33 次《中国互联网络发展状况统计报告》显示，截至 2013 年 12 月，我国互联网用户人数达到 6.18 亿，其中手机上网人数 5.0 亿，我国的互联网普及率达到 45.8%。国务院新闻办公室 2010 年发布的《中国互联网状况》白皮书显示，80% 以上的中国网民主要依靠互联网获取新闻信息，我国已经进入互联网时代。

1 互联网时代图书馆面临严重生存危机

1.1 图书馆用户流失现象逐渐显现

随着互联网时代的到来，图书馆在信息和知识渠道中的地位不再显赫。互联网所具有的"网络即传媒""网页即出版物"的功能特点，分流了大量图书馆用户。我国高校图书馆在近几年都不同程度出现了纸本图书流通量下降的问题，在发达国家的公共图书馆也面临着相同的问题。据统计，在过去的 10 年里，英国图书馆的图书借阅量已经下降 34%。2006 年 4 月，OCLC（联机计算机图书馆中心）调查大学生查找信息方式，结果显示，大学生更喜欢便捷利用互联网络：89% 的大学生利用搜索引擎开始他们的信息搜寻，只有 2% 的大学生通过图书馆主页开始他们的信息搜寻。笔者所在的图书馆虽然纸本图书馆藏量每年都保持一定幅度的增长，但自2007年以来，纸本图书流通量年均减少10%。此外，图书馆的信息参考咨询量在各个图书馆也有大幅下降的趋势。这些都表明了用户对图书馆依赖度降低。

1.2　图书馆馆藏建设难度增加

互联网时代文献信息的数字化增加了馆藏建设的难度。以数字出版为代表的新型出版物的逐渐流行给图书馆的馆藏建设带来了很大的困扰。数字出版往往以互联网为媒介，以提供数字使用权限为主要形式，这种无实体的数字文献对于图书馆馆藏建设是一个很大的挑战。此外，互联网时代信息和知识产生加速，信息呈现几何级数增长，IDC统计显示，2010年全球数据量进入了ZB时代，2020年全球数据将达到35ZB，这种情况下图书馆馆藏资源的遴选已经变得很困难，图书馆建设"大而全"的目标更不可能实现。电子图书、电子期刊、论文等数字资源提供商的垄断地位形成使得各图书馆在数字馆藏上出现了大量同质和雷同，图书馆的特色馆藏因比重降低而逐渐丧失特色。

1.3　图书馆自身发展遇到"瓶颈"

随着图书馆地位作用下降，图书馆自身发展也遇到了"瓶颈"。图书馆界出现了压缩调整图书馆馆员编制的趋势。藏书最多的图书馆——大英图书馆已经进行了结构调整与压缩，哈佛图书馆也在2012年进行了大规模裁员。图书馆馆员队伍的缩小将进一步制约图书馆的发展，有些图书馆甚至被迫关闭，在英国，仅2011年一年就关闭了40家图书馆。

2　图书馆遭遇生存危机根源分析

2.1　人类社会形态改变的影响

从图书馆的发展兴起历史来看，图书馆发端于农业社会，兴盛于工业社会，图书馆的兴衰与人类社会形态有密切关系。在不同的社会形态中，人类知识总量大小不同，人们对知识需求强弱不同，知识传播保存成本也有很大的差别。在渔猎社会中，因知识载体缺乏没有形成图书馆；在农业社会中，人类对大自然的认知程度低，人们之间相互沟通交流少，人类的知识总量较低，记录知识的载体如竹简、羊皮等相对稀缺，价格昂贵，知识的传播保存成本较高，因此农业社会图书馆数量少，馆藏也是少而精，能够利用图书馆的人更是有限；工业社会中，社会化大分工使人类知识产生速度加快，而产业工人的兴起大大增加了社会对知识的需求，这个时期知识的载体主要是纸张，工业化印刷使得知识传播保存价格降低，图书馆得以蓬勃发展；互联网时代人类逐渐进入了信息社会，随着信息社会的到来，人类的知识和信息总量呈现出指数增长，知识更新的速度加快，人们对信息全面获取难以实现，信息需求相对专业化的趋势明显，同时信息获取的时效性要求提高，互联网以其低成本、高效率获取了人们的青睐，图书馆逐渐遭受冷落，其发展也走到了拐点。

2.2　互联网的影响

2.2.1　互联网的颠覆性

互联网作为一种沟通交流系统，随着其普及率不断提高，其颠覆性的本性逐渐显现。互联网出现前，人们之间的社会关系是有序而可控的树型结构，沟通交流范围有限。互联网打破了这种结构，六度理论的出现说明人与人的社会关系已经变成复杂的网状关系。这种社会关系的转变消除了原有社会结构中的控制节点的影响，原有渠道地位已被打破。目前，零售业、通信业甚至金融业都受到了互联网严重挑战，许多产业面临着被颠覆的危险，不久的将来，经济、政治、文化等领域还将受到互联网更大的冲击，在这种情况下图书馆遭遇生存危机不足为怪。

2.2.2　互联网的创新性

互联网从产生到现在不过 45 年的时间，在这样短的时间里其能发展到今天这样庞大规模的系统与其创新性强有很大的关系。互联网经历了从 Web 1.0 大型门户网站建设到 Web 2.0 人人参与建设互联网的转变，同时互联网还正在实现向移动互联网扩展，其流行技术也正在从搜索引擎技术转移到社交网络技术。互联网的创新性在很大程度上推动着信息技术进步，使其发展日新月异，同时，这些技术也催生了许多在线电子资源服务商，使得互联网上的信息资源日益丰富，总量超越了图书馆传统馆藏总量。

2.2.3　互联网的开放性

互联网的开放性使用户随时随地访问互联网成为可能，相对去图书馆获取服务，用户使用互联网时更加自由、更加灵活。互联网的开放性也能促进互联网服务商充分竞争，使他们不断改进用户体验，增加用户黏性。互联网用户的无门槛和良好体验造成了部分图书馆用户转向了互联网。

3　图书馆如何应对生存挑战

3.1　加强图书馆基础理论研究

图书馆的发展离不开图书馆基础理论的指导，尤其是在当前阶段，图书馆基础理论研究成果将成为图书馆生存与发展的有力支撑，在图书馆理论研究中要侧重研究如下三个方面。

3.1.1　重新认识"图书馆"这一独特的社会现象

在上古时期，图书馆是文化的标志，这从巴比伦、埃及、希腊、罗马的图书馆的介绍中可以发现。由于各方力量的消长，图书馆所藏图书被争来夺去，文化的中心也随之不停地转移。在近现代，图书馆逐渐成为教育和教化的基地，这以大学图书馆和公共图书馆迅速发展，以及图书馆馆藏丰富和对公众开放为标志。在互联网时代，社会形态进一步改变，图书馆面临的环境又一次发生重大变化，图书馆也因此应该被重新认识和界定，这是互联网时代图书馆生存无法回避的首要任务。互联网时代由于具有充分的竞争，每个事物的生存发展都需要寻找到自身独特的价值、目标和核心竞争力，否则很快将被淘汰。虽然图书馆界重新认识图书馆的过程一直没有中断，很多文章对图书馆的文化功能、教育功能进行了深刻的研讨，并对图书馆服务功能寄予厚望，提出了许多创新性观点，但互联网时代的强烈竞争需要不断对图书馆的价值、目标和核心竞争力进行理论研究，以找到图书馆的出路。

3.1.2　积极研究互联网时代图书馆用户的变化

互联网对人类社会生活的影响是深入而持久的，这种影响也深刻地作用在图书馆用户上。在互联网时代，图书馆用户群体对图书馆服务需求产生了变化，在对图书馆传统借阅服务需求降低的同时，增加了对图书馆网上数字资源的检索、咨询服务要求。互联网时代图书馆还应处理好服务的广度与服务深度的问题，要研究在有限资源下如何在这两者之间实现平衡。图书馆用户需求也有了转变，如用户对图书馆需求由特定信息需求转变为知识需求，希望图书馆提供知识服务，同时用户更加注重服务感受，对服务质量和时效要求也更高。Web 2.0 的深化使用户与图书馆的关系也发生了微妙的变化。在 Web 2.0 网络环境中，信息的提供与使用之间的截然界限已经变得模糊，每个用户都既是信息的使用者又同时是信息提供者，用户在使用信息的过程中也产生新的信息。这种互联网时代的新变化需要图书馆在理论研究中进一步加强，使图书馆的服务策略日趋合理，服务更加有效、更具有针对性。

3.1.3　深入探寻知识管理与知识服务的规律

我国图书馆学基础理论发展到今天，形成了许多流派[1]，如"知识集合说""知识资源说"　"知识管理说"等，这些理论的一个共同点就是将社会、图书馆、用户共同作为主体，而将客观知识、广义知识、知识资源等作为客体，以知识服务和知识管理为中介进行研究。图书馆界已经开展了这个方面的研究，国外近十年关于"图书馆知识管理"研究内容发生了三次重心转移，即理论构建—实践总结—知识组织、知识服务、知识共享等[2]。只有深入研究知识管理和知识服务的规律，才能解决图书馆评价自身面对读者服务价值时存在的"自说自话"的盲目，提升图书馆服务质量。

3.2　秉持开放态度建设图书馆

"祸兮福所倚，福兮祸所伏"，互联网在给图书馆带来生存危机的同时，也为图书馆的发展带来了许多理念上的启迪和工具上的进步。图书馆需要以开放的态度接纳互联网，主动吸收借鉴互联网经验，适应这种变革。

3.2.1　借鉴互联网的理念

互联网能够取得巨大的成功来源于其理念符合社会发展规律。互联网的开放特性是其得以迅速扩大的关键，图书馆要保持生存也要走开放与联合的路子。虽然单个图书馆馆藏数量少、人力资源不足、服务能力有限、力量很薄弱，但是通过图书馆间的联合，形成一个大图书馆系统后，抱团取暖，可增强图书馆系统的生存能力。目前，高校图书馆和公共图书馆都在进一步扩大开放的广度与深度。互联网 Web 1.0 时代，网络上信息有着明确的流动方向，大型门户网站有专门的维护人员上传信息，普通用户上网浏览信息。Web 2.0 改变了这种状况，增加了用户互动功能，这种改变是一次理念上的变革。图书馆界需要认识到这个理念上的巨大转变，积极推进 Lib 2.0，改变图书馆仅仅由馆员建设的局面。例如在数字图书馆平台中提供读者关注排行、展示读者反馈信息、从用户角度揭示原有信息资源。图书馆还可借鉴互联网的流量即价值的理念，发挥图书馆的平台作用，将图书馆用户作为图书馆新的资源，纳入到图书馆体系中，并积极探索发挥这种新资源的途径。比较简单的方式有图书馆聘请特定用户作为兼职馆员、组织读者荐书、组织读者参与信息资源评价调查活动等。随着互联网不断发展，其优秀理念还很多，需要图书馆持开放态度不断接纳和学习。

3.2.2　吸收信息技术成果

互联网时代在信息技术领域产生了大量优秀成果，图书馆的发展进步与信息技术密不可分。中国图书馆学会在 2008 年发布的《图书馆服务宣言》中指出：图书馆充分利用现代信息技术，提高数字资源提供能力和使用效率，以服务创新应对信息时代的挑战。互联网时代图书馆要注重加强数字图书馆建设，拓展服务手段。数字图书馆建设领域相关的技术如数字化技术、存储技术、检索技术、通信技术等等都应成为图书馆关注的重点，此外，图书馆还应关注信息的获取和处理、信息的描述和组织、信息的展示和服务、信息支撑技术的交叉应用等，例如大数据、云计算、网格计算、语义网等。

3.3　提升图书馆服务

互联网时代图书馆服务是图书馆工作的出发点和落脚点，这种服务不应再局限于传统的文献服务和咨询服务，而要进一步深化提升为知识服务、精准服务、一站式服务。图书馆还要进一步发挥自身的潜力与影响，发挥图书馆的知识管理职能、文化建设职能、平台与社交职能等。

3.3.1　培育图书馆的人文精神

图书馆的人文精神是以人为本的精神，包括对读者、馆员的存在尊重和价值尊重，尊重他们的生存权利、知识权利和个人发展的机会，给予最充分的人文关怀。图书馆作为一个公共社会机构，其终极关怀在于帮助人们享有可能的知识和文化生活，促进每一个人的全面发展。互联网时代很多领域都存在人文精神缺失的问题。图书馆人文精神的欠缺应当是图书馆一个大的遗憾。互联网时代培育图书馆的人文精神将大大提升图书馆的价值，这种人文精神同时也能给图书馆自身发展带来强大动力，并将直接改善用户对图书馆服务的体验。

3.3.2　改变图书馆服务方式

互联网时代一般信息的获取如"查找某一特定文献"变得非常容易，一般用户完全可以自助实现，用户不再需要到图书馆寻求服务；与此同时，用户知识服务需求增多，如教学、科研中专业知识需求逐步增大。如何掌握快速、精准、全面、系统地获取大量专业文献分析提炼出科研课题的发展方向、研究价值、最新成果、研究热度等已经进入到知识管理和知识服务的范畴，这就需要图书馆更新服务理念，转变服务方式。

3.3.3　创新服务手段

图书馆的用户服务创新工作越来越成为图书馆发展战略中的重中之重，服务创新能力已经成为图书馆核心竞争力的重要组成部分。图书馆要充分利用互联网环境带来的技术优势，不断创新服务手段。如将图书馆服务拓展到手机上，在移动互联网上提供移动图书馆服务；图书馆利用网络开展个性化服务、信息推送服务；加大图书馆情报服务力度，情报服务是图书馆的重要价值体现，拓展原有情报服务工作，如开通新书通报、新书推荐、文献综述服务、二次文献服务、科技查新服务等。

4 结束语

互联网时代的图书馆面临着严重的生存挑战，这种生存危机有着深刻的社会环境根源。图书馆需要随着环境变化不断调整自身，加强图书馆基础理论研究，重新认识自身的地位作用，不断吸收借鉴互联网优秀理念，保持开放态度建馆，不断吸收信息技术成果，提升图书馆服务，扩展自身的生存空间。

参考文献：

[1] 熊伟 . 当代图书馆学基础理论的客观知识本体论转向 [J]. 图书馆杂志，2011（12）：5.

[2] 马恒通，高丽平 . 图书馆学发展规律论纲 [J]. 图书馆工作与研究，2013(3)：4.

图书馆如何掌控大数据

王　岚（中共安徽省委党校图书馆，安徽合肥 230022）

摘　要：介绍大数据的商业价值进而揭示大数据为图书馆带来的收益，尝试提出图书馆掌控大数据的主要策略：一是从理念、技术和服务三个层面构建数据驱动服务模式；二是开展基于关联数据的信息资源服务，包括信息资源的发布、发现、检索、异构融合等。

关键词：大数据；图书馆；策略

1　引言

2011 年 5 月，著名咨询公司麦肯锡发布的题为"大数据：创新、竞争和生产力的下一个前沿领域"的报告中最早提出了"大数据"的概念，随后《华尔街日报》《纽约时报》开设专栏就这一话题展开了激烈讨论。在 IT 行业，IBM、VMWare、Microsoft、Oracle、Facebook 、Yahoo！等也纷纷加入该领域，开始了对大数据相关软硬件技术的研究并取得了一定成果。当前，大数据作为盛行的新兴信息技术已经渗透到社会生活的方方面面，各个行业都在被大数据日新月异地改变着。

在图书馆情报领域，大数据对提升服务效率、改进服务方式极具现实意义。数据分析和挖掘技术在图书情报业的应用在世界范围内备受关注，图书馆事业因其迎来了发展拐点，也面临着新的挑战。大数据时代图书馆的核心竞争力不再取决于所占有信息资源的数量，而是由信息数据的分析、组织程度、信息资源产品及服务价值最大化程度决定，图书馆必须调整服务策略，以对海量复杂数据的搜集、整理、组织、分析、挖掘为基础，通过数据驱动管理及关联数据的运用，开展针对性和操作性的服务项目，改变服务方式及途径，提升读者满意度。

2 大数据的价值

大数据是一个新兴概念，国内外尚未对大数据给出统一定义，维基百科对大数据的定义是："无法在规定时间并使用常规软件工具实现内容抓取、处理、管理的数据集合。"大数据并非海量知识数据的集合。IBM 公司总结了大数据应具备的 4个特点：volume（大量）、variety（多样）、velocity（高速）、veracity（真实）。大数据时代的一个独特现象是数据资源如同固定资产、人力资源一样成为构成企业生产力的要素之一[1]。数据更加易于共享，使用次数的增加能够促进对数据不同角度的深度分析，产生新的知识及信息资源，实现数据增值。研究大数据的关键在于从已有数据资源中获得可能发生的事物及其潜在联系，并对其进行预测和利用。《纽约时报》报道称：大数据时代已经到来，在经济、商业等领域，数据与数据分析将取代经验和直觉，成为决策的重要依据。根据麦肯锡公司的研究，目前大数据的商业价值主要在于四个方面：细分目标客户，采取针对性行动；通过大数据进行现实模拟，发现新需求；大数据深度分享，提高产业链投入回报；实现商业模式、产品及服务创新[2]。例如，金融服务行业根据银行发卡数量、具体业务的用户数据分析能够有效调整客户信用额度并针对性地采取宣传和营销策略。互联网行业通过实时分析接入设备、B2C 业务、广告等实现快速准确营销和保证客户体验，从而达到和垂直行业的深度融合，推动电子商务和社会化媒体的迅速发展。能源行业通过对类型众多的勘探开发数据的分析处理获得信息以得出地质的真实情况。可见，基数大、种类多的海量大数据蕴藏着巨大的价值，大数据的真正价值不在于"海量"，而在于经过深度处理，从海量信息挖掘、分析出有效信息。

图书馆是信息资源服务中心，具有拥有海量数据的可能并且读者众多，具备了大数据的信息来源和服务对象，因此通过数据挖掘、数据分析等实现信息资源及服务增值已经成为新的趋势。大数据为图书馆带来的价值具体体现在以下几个方面：通过大数据分析、预测及辅助决策能够建立兼具科学性和个性化的业务建设和知识服务的风险评估模型，包括图书馆采购风险评估模型、知识产权风险评估模型、信息安全风险评估模型等；利用大数据建立图书馆新型知识服务引擎，包括资源与服务推荐引擎、资源与学术搜索引擎、多维度信息资源获取分析与决策引擎、用户信息需求预测引擎、知识服务实体行为智能分析引擎等；大数据为图书馆带来更智能和灵活的网络化信息资源组合方式，图书馆能够从现有的结构化和非结构化数据资源中抓取关系、模式作为新的服务方式；大数据可以帮助图书馆分析用户的意愿、行为、业务需求、知识服务需求、知识应用能力等，预测科研用户的科研过程，应对图书馆可能面临的生存风险；图书馆所处的自然环境、人文环境、技术环境等多维度大数据能够辅助决策，实现对图书馆管理与发展的监管、优化和预测。

3　图书馆掌控大数据的策略

大数据背景下，图书馆信息资源数字化建设应将大数据视为一项系统工程，突破仅是将纸质文献资源转化为数字化资源的简单层面，从数据的收集、存储、处理、分析、应用等方面加以深度考量，推进数据驱动管理及关联数据应用于服务，由此构建图书馆信息资源数字化的大数据框架。

3.1　建立数据驱动服务模式

大数据背景下构建数据驱动的服务模式是图书馆发展新的生长点，图书馆服务内容已经开始向为建立以多存取模式为基础的数据驱动服务模式，实现信息资源数据最大化的长期获取与共享转变。图书馆应展开对数据驱动服务相关管理的研究，分析已有信息资源数据库的现状及问题，探寻数据存储和共享的特点与需求，逐步建立起完善的数据驱动服务模式。

理念层面看，文献信息资源的传递是传统图书馆的基本服务，互联网技术的发展则推动了图书馆文献信息资源的数字化。而进入大数据时代，数据成为图书馆信息资源的核心构成和图书馆实现信息资源服务职能的基础。因此突破传统服务理念向数据驱动的服务理念转化是图书馆生存和发展的关键。图书馆应充分重视大数据，树立数据驱动服务理念，拓展自身的数据收集、存储、挖掘和发现能力。尤其是专业图书馆，更需要深入认识到科研人员对海量数据的获取、处理及利用需求，把握科研发展趋势，为其提供最优的信息服务和技术支持，融入科研用户工作数据流的数据生命周期管理。例如，通过一段时期图书借阅的读者构成及类目排名分析读者的自然特征及阅读喜好，进而为文献信息资源建设提供参考，针对性地开展专题讲座等服务活动甚至相关商业活动。

技术层面看，图书馆应在数字资源平台上构建数据共享的管理和服务平台，整合现有科学数据知识库、机构知识库、其他数据库、数据门户等，首先为数据存储和共享需求较大的学科如生物学建立学科数据库的分类导航，逐步向其他学科推广，提高科研人员对专业学科数据库信息资源的使用效率。此外在数据资源共享方面，图书馆可以通过跨库检索为用户提供一站式服务，建立依托图书馆优势的数据仓储网络获取平台及图书馆个性化服务的支持平台。

特色服务层面看，图书馆应通过了解用户工作数据流及其生命周期，把握数据服务的类型和时间，摸索新的服务切入点，以此构建面向用户的数据驱动服务模式。图书馆科研数据管理服务的重点不是用户检索或是获得科研数据的数量，而是在于帮助用户发现、管理、利用科研数据，促进科研数据的全面开放存取，推进科研进步。数据驱动模式的信息资源服务模式是一个长期复杂的工程，图书馆在动态搜集、评价数据资源的同时要最大限度保存好数据资源，实现服务与科研工作流程的融合。科研项目中工作人员数据的获取、存储、共享的全过程都存在着研究工作数据流的生命周期。科研工作起步于数据收集和发现，经过数据分析和处理，最后是原始数据和所获得的新数据的存档与共享，周而复始形成科研数据生命周期[3]。科研项目的数据搜集和发现阶段数据需求量大，是图书馆帮助用户建立数据管理计划的最佳时间。科研项目在数据存档时期产生了大量数据，同样是图书馆介入提供数据管理服务最佳时机。

3.2　构建基于数据关联的信息资源服务

关联数据是互联网发布数据的一种方式，它利用资源描述框架（RDF）数据模型通过统一的资源标示符（URI）命名数据实体并发布于网络，再通过 HTTP 协议揭示这些数据以供用户发现、描述、关联、再利用[4]。关联数据的功能主要在于两方面：一是数据发现与挖掘，关联数据通过对关系的形式化描述形成关系地图，由此机器能够在理解和处理数据的过程中发现与挖掘新数据；二是数据整合，关联数据能够实现各种数据源的无缝关联，形成广域分布的数据库。关联数据的重要价值体现在资源描述框架数据模型能够把互联网上使用不同标准的结构化数据和非结构化数据转化为标准统一的结构化数据，便于机器理解。关联数据使图书馆能够在互联网发布结构化数据，运用资源描述框架（RDF）数据模型链接不同数据源，实现不同类型的网络信息资源的发现和共享，也为资源整合提供了可能。图书馆主要可以从以下四方面构建基于关联数据的信息资源服务：

（1）信息资源的发布。

以关联数据形式发布信息资源将是大数据时代图书馆主要服务形式之一。目前虽然 CADAL、CALIS、共享工程等项目在实现文献信息资源共享工作上做出了诸多努力，但仍无法实现全部图书馆文献信息资源的完全共享[5]。如果以关联数据形式发布图书馆信息资源，用户通过统一资源标示符能够查找全世界所有图书馆信息资源，从而实现真正意义上的信息资源开放共享。另外，图书馆可以将任何机构和个人的有价值数据以关联数据形式发布，最大限度实现信息资源价值。以关联数据形式发布信息资源，能够为图书馆在大数据时代的信息资源传递与服务开拓更大空间[6]。

（2）信息资源的发现。

用户通过关联数据方式的发现服务不仅可以获得自己所需信息资源，同时还能获得更多有价值的关联信息资源。传统主题检索等方式提供的图书馆信息资源发现服务拓展了书目、目录的检索功能，但往往局限于传统的 MARC 数据、书目等，如读者评价链接、封面图片等，揭示深度不足。而关联数据能够提供给用户更大程度的数据关联、描述和再利用，这使图书馆不受资源自身信息的局限，实现更广泛的信息资源关联、描述和发布。

（3）信息资源的检索。

关联数据的智能检索能够打破图书馆现有检索系统服务功能上的局限。传统图书馆检索系统如 OPAC 等只能为读者提供题名、作者、主题等检索条件，无法提供相关链接，以实现关联的知识检索及知识发现服务。而关联数据的关联特性使读者能够利用关联数据提供的关联知识或是关联关系进一步分析相关知识的网络关系，如学科知识组织和服务网络等。

（4）信息资源的异构融合。

大数据时代随着信息技术的快速发展和存储载体的不断更新，图书馆的异构信息资源在数量和质量上都呈迅猛增长趋势，图书馆处于数据交换、融合、再利用不断增长的环境中，面临着异构信息资源的整合和利用问题[7]。利用关联数据的统一标示和描述能够较好地实现异构资源的识别、交换和再利用，同时促进图书馆与数据存储组织、信息机构等的密切合作，更大程度提升图书馆社会价值。

（5）信息资源的推荐。

在实现信息资源异构融合的基础上，图书馆能够利用关联数据将最近的信息资源推荐给读者，如新书推荐、最新学术动态报道等。信息资源经过提炼与开发能够形成推荐信息资源数据库，同时通过数据挖掘和关联规则形成关联规则知识库，图书馆通过 Web 服务器即可实现对用户的关联学术资源推荐服务[8]。

4　结语

近百年来，图书馆随着信息资源形态的变化，为实现其社会职能，一直在进行不断调整和突破。数字技术使知识资源打破了的载体局限，更加细粒度化、网络化，向大数据转变的同时向"全网域"发展，这更加体现出图书馆的优势与价值，也对图书馆的服务提出了更高的要求。对数据进行有效管理已经成为图书馆行业的新疆域，也是大数据时代图书馆面临的新挑战。图书馆信息资源数据量巨大、增长速度快、非结构化等特点使得知识发现颇为不易，图书馆只有向数据驱动服务模式转化，同时运用数据关联技术提升服务品质，既具备传统数字图书馆的各种检索、管理、处理等服务功能，又具备数据转换、数据挖掘、数据可视化等新型功能，才能更好地实现其社会价值。

参考文献：

[1] 张红丽，吴新年. e-Science 环境下面向用户科研过程的知识服务研究. 情报资料工作，2009（3）：80-84.

[2] 郑彦宁，化柏林. 数据、信息、知识与情报转化关系的探讨 [J]. 情报理论与实践，2011（7）：1-4.

[3] 姜山，王刚. 大数据对图书馆的启示 [J]. 图书馆工作与研究，2013（4）：52-54，79.

[4] 夏翠娟，刘炜，赵亮，等. 关联数据的发布技术及其实现——以 Drupal 为例 [J]. 中国图书馆学报，2012，38（1）：49-57.

[5] 张春景，刘炜，夏翠娟等. 关联数据开放应用协议 [J]. 中国图书馆学报，2012，38（1）：43-48.

[6] 王薇，欧石燕. 关联数据在图书馆领域的应用研究 [J]. 新世纪图书馆，2012（9）：25-28.

[7] 郑燃，唐义，戴艳清. 基于关联数据的图书馆、档案馆和博物馆数字资源整合研究 [J]. 图书与情报，2012（1）：71-76.

[8] 朱大丽. 关联数据与未来图书馆服务 [J]. 新世纪图书馆，2012（5）：52-54.

第二部分

资源建设与组织

大数据环境下科技文献数据资源建设方法研究

曾　文　徐红姣（中国科学技术信息研究所，北京 100038）

摘　要：随着信息技术的发展，需要存储和传播的信息量越来越大，信息的种类和形式越来越丰富，其中科技文献数据由于其蕴含的科技信息价值最高，规模和使用需求与日俱增，由于科技文献数据资源具有规模大、多源性（即多分类）、多语言和技术性强等特点，大数据环境下科技文献数据资源的建设面临极大的挑战。本文分析和阐述大数据环境下科技文献数据资源建设的难点和关键性技术问题，介绍我们在科技文献数据资源再处理技术、科技文献数据资源组织工具方面的研究工作和研究思路，希望我们的研究工作能够为创新与优化科技文献数据资源的未来服务奠定新的技术基础。

关键词：大数据；科技文献；数据资源建设

1　引言

2012 年美国高德纳咨询公司认为：大数据是大量、高速、多变、真实的信息资产，它需要新型的处理方式去促成更强的决策能力、洞察力与优化处理。2012 年 3 月美国政府公布"大数据研发计划"，其目标是使人们有从海量和复杂的数据中获取知识的能力，从而加速在科学与工程领域发明的步伐，增强国家安全，转变人们现有的工作、学习和生活方式。在大数据环境下，科技数据信息来源分布广泛，数据信息质量良莠不齐、数据信息内容深度千差万别。以国家科技数字图书馆为例，科技文献数据资源的规模截至 2014 年 2 月，已拥有西文期刊 21215307 条，外文会议 6477409 条，外文学位论文 343266 条，国外科技报告 1264440 条，英文专利 3899542 条，国外标准 113960 条，中文期刊 46657150 条，中文会议 1746867 条，中文学位论文 2456211 条，中国专利 4617220 条，中国标准 30631 条。截至 2013 年 12 月 31 日，年度累计点击次数为 141724789 次，本年度累计提供检索服务 3634861 次，本年度累计完成全文服务 365899 篇。如此庞大的数据规模，以及日益递增的用户对数字化科技文献数据资源的服务需求，都要求科技文献的服务质量和原文传递服务模式进行相应的改变，提高服务质量，开发和探索多元服务模式和技术思路。

科技文献数据内容最具技术性，数据资源蕴含的科技信息价值最高，其用户群体也是相对固定的。对科技文献数据蕴含的技术信息挖掘和呈现是科学研究人员、工程技术开发人员、教师和学生等用户最需要科技数字图书馆支持和提供的内容。因此，国家和政府对科技文献数据资源的建设非常重视，2012 年 1 月 30 日，刘延东同志视察中国科学技术信息研究所时强调，加快科技信息事业发展，既是应对日益激烈的国际竞争、实现创新驱动的迫切要求，也是提高我国科技改革发展的基础水平和创新能力的客观需要。

2　大数据环境下科技文献数据资源建设存在的主要问题和挑战

2.1　存在的主要问题

科技文献数据资源具有多源性和多语言性的特点，即科技文献数据资源包括中外文期刊文献、中外文专利文献、中外文行业技术标准、中外文科技报告等等。对这些科技文献数据进行智能分析的前提是拥有良好质量的数字化科技文献数据资源作为基础。因此，科技文献数据资源的建设，即构建高质量的数字化科技文献数据资源成为关键问题之一。

科技文献数据资源具有规模庞大、数据信息存储和组织方式不一致的特点，即由于国内外科技文献数据信息采集和存储方式不同，特别是目前国外机构提供的科技文献数据库采用本国的信息存储和组织标准，与国内采用的标准存在差异，同时数据信息组织工具如叙词表内容也存在语言上的差异。因此，如何本地化国外科技文献数据资源和有效组织中外科技文献数据资源为我所用，是提高国家科技数字图书馆的服务质量和提供最大化科技信息服务的又一关键问题。

2.2　技术挑战

科技数字图书馆的科技文献数据资源确定了其是一种面向特定应用的图书馆服务地位，它既具有自身的技术价值和服务特征，又具有普通数字图书馆存在的共性问题，因此给科技文献数据资源建设带来了新的挑战：①科技文献数据资源的数字化加工和获取方式不尽相同。例如：国家科技数字图书馆的国内科技文献数字化加工是由各成员单位负责，各单位对过去的纸质文献和现有的电子版文献进行数字化加工可以采用不同的方式，这就使得现有的科技文献数据资源存在数据结构和描述不统一，文献题录数据错误等实际问题。外文纸质科技文献的数字化处理同样存在相似的问题，而对于购买的外文科技文献数据库，无论是外方提供的光盘数据，还是提供直接链接访问外文数据库网站方式得到的文献数据，都无法直接用于数据的信息组织和分析。因此，如何对现有不理想的加工数据、对外文科技文献数据，进行数据资源再处理以用于数据信息的组织、数据内容的挖掘和分析是一个挑战性的难题；②科技文献数据资源的数量是逐月逐年、海量递增的，数据资源存储量日益庞大，快速有效提供数据的基础是科技文献数据资源的有效组织。而目前国内数字图书馆针对国内外科技文献数据资源的集成组织工作尚未进行实质性的开展，用户对于科技文献数据的需求依然是通过科技数字图书馆提供的二次文献数据或提供国外数据库站点链接的模式来支持用户检索和获取。已有和新兴科学技术领域的数据文献中涌现了大批的新术语，可是图书馆使用的数据信息组织工具——叙词表中未有出现，这无疑对叙词表的适用性提出了严峻的挑战，因此，更新和改造叙词表使之适用于科技文献数据资源的组织，保证海量科技文献数据的有效利用，是一个难点。

3　国内外发展状况、水平及存在的问题

目前，涉及数据资源问题的研究工作主要针对文本数据内容的挖掘和分析，鲜有针对科技文献数据资源建设的问题的具体研究工作，特别是针对多源的、多语言科技文献数据资源的再处理、组织和分析还未见报道。

3.1　科技文献数据资源再处理技术研究

如何挖掘海量科技文献数据背后隐含的知识和技术信息、文献之间关联信息，以及学科技术研究趋势分析和预测等，均是当前图书情报学研究领域开展研究的技术热点。但是开展这些研究面临的首要问题都是科技文献数据资源问题，即良好的科技文献数据资源是开展研究工作的基础。

数据加工技术是构建良好的数据资源的保证。国内已有的数字化文献数据加工方式并不能满足这一需求。目前国内图书馆基本上是采用本地加工和外包加工方式，使用 TPI、TBS、TRS、DIPS 等数字资源加工系统，这些系统实现已有和现有纸质文献的基本加工过程，将文献资源制作成为数字化文献数据资源，再进行人工操作实现分类存储和管理，人工录入题录信息、二次文献信息等。而对于加工后的结构

化数据，由于存储格式不一，特殊字符等导致的数据加工错误，如果未经发现则会将错误的数据排序和内容全部存储于数据库中，这些诸如操作过程出现的人为错误和文献内容本身字符问题带来的误存储错误，随着数据累积的增多，带来的问题显而易见。尽管国内外很多研究人员正从事对文本数据挖掘和分析的研究工作，并取得相应的研究成果，但这些研究成果基本是建立在数据规整、数量规模有限的文本数据实验基础之上的。通过我们对科技数字图书馆现有数据资源进行的实际调研可以发现，已加工的数据资源，其质量和规范程度距离现有在文本实验数据基础上取得的技术成果真正实现实用化还有很大的差距。因此，对这些已加工的数据进行再处理是非常必要的。然而，国内图书馆对于科技文献数据资源再处理技术研究的重视程度远远不够，并没有形成技术研究的规模。国外数字图书馆研究和应用开展得比较早，数字化数据的质量相对较高，但是由于存在数据存储标准和语言的差异使得数据，特别是数据内容（文字）的检测技术手段存在本质的不同，所以国外再处理技术不能适用于国内数据的再处理。如何处理已有和未来的科技文献数据资源使之符合技术研究的应用需求，是目前科技数字图书馆以及情报学研究人员在实际工作中面临和需要解决的主要问题之一。

总体上来看，科技文献数据资源已有的加工方法目前仅实现文档扫描、条目著录、文本化、标引、挂接等一系列基本操作过程，来支持网络化基本检索和阅读等服务，并未实现对科技文献数据资源在内容质量上进行智能化的数据再处理，有待于进一步研究。主要存在以下几方面的问题：

现有科技文献数据的存储内容存在加工或录入的错误，这些错误的存在对于海量的大数据集来说，要进行人工识别和解决都是相当困难的，智能化的再处理技术是必需的。

国内不同的加工单位由于采用数字化加工方式不同，导致数据存储的结构、描述等不尽相同，科技文献数据需要进行结构映射和结构描述的归一化处理。

对于购买的国外数据库数据，我们分析时需要从光盘或网站数据库中导出相应的数据，这些导出后的数据格式同样存在需要二次格式转换和数据结构再处理的问题。

对于科技文献数据内容的深层次信息挖掘和分析需要涉及更多数据内容的细节，不单单是目前已加工的文章标题、关键词、摘要信息等二次文献数据，还要涉及如：中文作者姓名消歧、外文作者姓名要区分作者的姓与名的信息、作者单位消歧、引文、正文等数据信息。对于这些特殊数据，现有的数字资源数据库基本并未提供直接可用的数据内容及文本格式，所以需要对已有数据进行智能化的再处理，人工再处理是不现实的。

3.2 科技文献数据资源组织工具研究

叙词表是图书文献情报学研究领域重要的数据资源组织工具，但是，现有的叙词表已经无法满足图书馆工作人员对不同分类、不同语言的科技文献数据信息进行有效组织的需求，客观上需要对叙词表进行更新和改造，更好地实现对科技文献数据的标引和组织；此外，科技文献数据资源也需要开展针对不同类别、不同语言的词表互操作技术研究工作，来解决目前科技数字图书馆面临的如何有效组织多源（多分类）多语言科技文献数据、如何提供高质量的数据信息服务等现实问题。

国外发达国家正在积极开展对多源多语言数据资源有效组织和利用的研究工作，特别是叙词表方面的研究尤为突出。例如，欧洲共同体已经集成构建名为 Eurovoc 的叙词表（Euro vocabulary thesaurus），它可以支持欧盟 22 种官方语言。美国 DIALOG 的 DIALINDEX、BRS 的 CROSS、SDC 的 Database Index 以及 ESA 的 Quest Index 等是词表集成的典型应用。多语言标题表、多语言叙词表的互操作问题在欧洲很受重视，相关的研究项目有：MACS、HEREIN、AGROVOC、GRMET、Merimee、LIMBER 等。欧洲四国国家图书馆主办及赞助的 MACS 项目（Multilingual Access to Subject，多语言存取主题）是多语言标题表互操作的典型项目。国外研究学者 Robert M.Losee，Dagobert Soergel 等在文章和专著中均指出：叙词表有利于自动标引，其研究应向多语言叙词表互操作技术的方向发展，并应用于跨语言文献数据的组织工作。国际标准化组织——信息与文献标准化技术委员会（ISO/TC46）在 1985 年颁布《多语言叙词表编制指南》（ISO5964）国际标准，目前正在研制开发包括互操作技术内容的 ISO25964 系列国际标准。国际图书馆及馆员联合会（IFLA）于 2005 年 4 月、2009 年初先后更新和颁布了多语言叙词表分类和标引指南，在这些标准和指南中有关互操作的内容一直在更新和完善。在推进叙词表互操作技术的研究与应用过程中，国外研究人员 Reinhard Rappl 和 Jessica Ramirez 等先后开展了面向法语、英语、德语和俄语，以及以英语为核心语言的英语、日语和西班牙语的叙词表构建及互操作技术的研究工作。

我国借鉴国外的研究经验相继开展了一些研究工作，主要有中国医科院医学信息研究所研制的"医学分类主题一体化系统建设"和"统一的中国医学语言系统"、中国中医研究院中医药信息研究所研制的"中医药一体化语言系统"等，但自动化水平和应用性差。我国在 1994 年制定了多语言叙词表编制规则（GB/T 15417-94），但对于互操作技术研究内容涉及甚少。与国外研究现状相比，我国对于词表集成构建、多语言叙词表互操作技术的研究尚未有实质性涉及和深入的研究工作。例如，我国在 2005 年完成的国际合作项目——联合国粮农组织（FAO）的农业多语言叙词表是以英语为源语言，汉语为目标语言的人工中文翻译和维护工作。

总体上看，目前的数据资源组织工具——词表的研究还存在以下问题：

国内在词表集成构建方面的研究工作起步较晚，存在自动化水平低、资源共享性差、实践成果不多、缺乏方法的深入探讨等问题。

国外已有的多语言叙词表研究工作是针对隶属于同一语系，特别是非汉藏语系（如：英语）之间的多语言叙词表构建及互操作技术研究为主，而对于非同一语系之间（特别是与汉语之间）的叙词表构建及互操作技术研究涉及甚少。

国内研究工作严重滞后，与国外相比，我国的词表互操作技术标准与规范还不成熟，缺乏相关的理论研究，具有影响的词表互操作技术研究成果还未见报道。

4 相关研究工作

4.1 科技文献数据资源再处理技术研究

数字化科技文献再处理涉及的主要关键技术问题是数据的加工和存储技术。其中加工技术包括：①数据元素的识别，即自动识别数据资源中说明和携带的数字化文献数据资源的信息。②数据内容的清洗，由于数字化文献资源的数据质量良莠不齐，因此在数据资源存储之前，首先需要对数据资源进行必要的自动"清洗"处理，去除不规范的字符和符号等，否则导入数据库的过程中会出现不必要的数据导入错误，而且影响日后数据整合和分析质量。存储技术包括：①建立数据库，用于存储处理后的数据。②将自动识别的数据资源内容与存储的数据库中的字段实现自动匹配，并自动存储在相应的数据库字段内。为此，我们设计了如图 1 所示的数字化科技文献数据资源再处理的基本流程。

基于图 1 所示的再处理流程，我们开发了相应的技术实现工具，并处理 557 个 xml 格式的科技文献数据文件，数据大小为 11.2GB，通过我们开发的再处理工具的自动处理，成功完成加工和存储处理过程，并且按用户需求存放在数据库的不同类别数据表的字段内，最终处理结果是每个表的记录数均为 2781881 条。我们希望研究和开发更具有技术性的数据检测方法和工具，提高科技文献数据资源的质量。

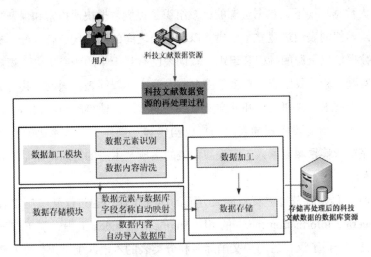

图 1　科技文献数据资源再处理的基本流程

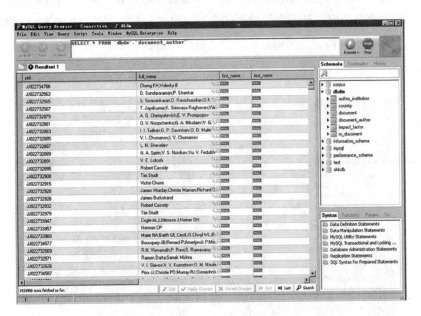

图 2　处理后数据库存储状态示例

4.2　科技文献数据资源组织方法研究

　　科技文献数据资源的技术性确定了其是一种面向特定应用的服务地位，实现高效的科技信息服务的基础是实现对科技文献数据的有效组织，词表作为代表文献资源内容特征的、最能说明问题的、起关键作用的词集，是实现对文献资源有效、快速检索的基础。

在大数据环境下，数据资源的有效组织是提供数据快速检索和保证数据分析的重要手段。叙词表通过建立术语集，以及术语之间的用、代、属、分、参等关系，实现对数据信息资源的标引和组织。叙词表已有几十年的研究历史，积累了丰富的理论和实践经验。我国有一百多部综合或专业中文叙词表，国内外共有一千多部叙词表。由于技术的快速发展和外文文献数据的增加，使得国内的叙词表在内容上、领域上、语言上需要实现词表间的集成构建和互操作，以及术语的更新和维护。同样，完全依赖领域专家人工实现叙词表的集成及术语的更新构建是不符合现实需要和技术潮流的。

目前我们尝试做过中英叙词表方面的研究工作，通过汉化美国工程信息公司（Engineering Information Inc.）的 EI（Engineering Index 工程索引）叙词表得到英汉叙词表，分析了汉化后与中文国际专利分类表的术语匹配结果，并基于汉化后的EI 叙词表和中英国际专利分类表，开发了多语言主题词表（英汉）查询系统，参见图 3。我们希望构建多种语言的主题词表，提供多分类、多语言的科技文献数据资源的组织和查询接口，目前重点研究方向是多语言词表术语结构和语义的映射技术研究。

图 3　多语言主题词表查询系统

5　结语

大数据环境下科技文献数据资源的建设是实现数据分析的基础和依据，脱离实际的数据环境进行科技文献数据资源的再处理技术和组织的研究不具应用价值，必须针对实际的科学数据资源开展再处理和科技文献数据资源组织工具的研究工作。如前文所述，现有的数据资源质量和规范程度，距离已有研究成果的实用化实现还有很大的差距，但如果仍依赖人工检测、处理需要耗费大量的人力、财力和时间；同样，完全依赖领域专家人工实现不同语言、不同类型词表之间的集成是不符合技术进步的发展趋势的。所以，在大数据环境下，海量的科技文献数据资源建设需要智能化的技术辅助。如前文所述，我们现有的研究工作仅仅是起步阶段，需要我们开展更加深入和具体的科研工作。

参考文献：

[1] 曹艳红.论图书馆开展数字化加工工作的必要性及对策 [J].科技情报开发与经济，2010，20（28）：111-113.

[2]Robert M.Losee.Decisions in Thesaurus Construction and Use[J].Information Processing &Management，2007（4）：958-968.

[3]Dagobert Soergel.Organizing Information：Principles of Data Base and Retrieval Systems（Library and Information Science）[M].LONDON：ACADEMIC PRESS，1985.

[4]ISO5964：Guidelines for the establishment and development of multilingual thesauri [S/ OL].（2009-09）[2011-9-5].http：//www.iso.org/iso/catalogue_detail. htm？ csnumber- 12159.

[5]Classification and Indexing Section，International Federation of Library Associations.IFLA guidelines for multilingual thesauri[EB/OL].（2005-4）[2009-4-29]. http：//www.ifla.org/VII/ s29/index.htm.

[6]Reinhard Rapp1.The automatic generation of thesauri of related words for English，French，German，and Russian[J].International Journal of Speech Technology，2009（11）：147-156.

[7]Jessica Ramirez，Masayuki，and Yuji Matsumoto.Japanese-Spanish Thesaurus Construction Using English as a Pivot[J/OL].[2013-2-24].http：//www.nstl.gov.cn/ index.html.

[8] 文献——多语种叙词表编制规则 GB/T 15417-94[S]. 北京：中国标准出版社，1995.

[9]Technical Committee ISO/TC46.ISO CD 25964-1Information and Documentation Thesauri and Interoperability with other Vocabularies-part1Thesauri for Information Retrieval [EB/OL].[2013-2-24].http：//www.iso.org/iso/iso_catalogue/catalogue_ics/catalogue_detail_ic-s.htm ？ ics1=01&Ics2=140&ics3=20&csnumber=53657.

[10]Wu.Y.Oard，W.Bilingual Topic Aspect Classification with A Few Training Examples.Proceedings of the 31st annual international ACM SIGIR conference on Research and development in information retrieval，2008：203-210.

[11]NASA Thesaurus：Volume 1 - Hierarchical Listing With Definitions[EB/OL].[2010-5-5].http：// www.sti.nasa.gov/98Thesaurus/vol1.pdf.

[12]AGRIS：A strategy for an international network for information in agricultural sciences and technology within theWAICENTFramework[EB/OL].[2011-6-5].http：//www.fao.org/agris/Magazine/ Factsheets/AGRIS_StratE.htm ？ Language=EN&Content=FS& Menu_1ID=FS&Menu_2ID=FS1.

基于替代计量学的 e-Science 环境
科学交流机制构建

余厚强[1]　邱均平[2]

（1. 武汉大学信息管理学院，湖北武汉 430072；

2. 武汉大学中国科学评价研究中心，湖北武汉 430072）

摘　要： 本文分析了我国科学家科学交流在科学文献管理、领域知识追踪和学术影响力观念三个方面的落后状态，阐述了替代计量学的生态体系，据此构建了在线科学交流机制，详细论述其传递机制和过滤机制，以及新型出版模式和大数据技术等相关主题发展为在线科学交流带来的机遇。最后讨论该在线科学交流体系面临的科学交流主体不适应、既有评价体系的制约和新技术体系不成熟的干扰因素。

关键词： 科学交流；替代计量学；开放科学；在线科学交流；科研评价

米哈依洛夫早就指出，科学交流是"人类社会中提供、传递和获取科学情报的种种过程是科学赖以存在和发展的基本机制"[1]。科学交流是科学研究中不可分割的一部分，是科学赖以存在和发展的基本机制[2]。书籍、论文等纸质版印刷物是传统科学交流方式的主要载体，但是交流周期长、速度慢，逐渐难以适应现代科学研究的需要[3]。针对开放存取[4]、e-Science[5]、科学交流系统[6]等的研究表明在线科学交流是未来科学交流的必然趋势，互联网技术的普及，为科学交流的变革提供了契机[7]，随着开放科学运动的深入，在线科学交流方式的繁荣，替代计量学（Altmetrics）得以兴起，为全面测度学者学术影响力提供了渠道[8]。基于替代计量学的相关理念和成果，构建在线科学交流机制，对促进在线科学交流[9]，进而提高科学研究的效率有着重要意义。本文首先分析了当前科学家知识交流的落后状态，然后阐明替代计量学的生态体系，据此，构建在线科学交流机制，最后梳理在线科学交流机制面临的问题和机遇。

1　我国科学家科学交流的落后状态

1.1　科学文献管理的落后

科学文献管理是科学交流的重要组成部分，在相应科学文献管理工具得以开发前，科学家像手工整理纸质文献那样，在计算机上分门别类地设置不同文件夹，对下载的文献进行管理。随着文献积累，类目开始变得繁多，操作更加困难，往往寻找到自己之前保存的特定文献需要花费不必要的额外时间。然而，由于对现代信息技术掌握的缺乏，这种"原始"方式仍然被我国数量相当可观的科学家使用。文献题录软件的诞生，极大地方便了大量文献的本地管理，国外的 Endnote、国内的 NoteExpress 都是优秀的文献题录管理软件，CNKI Elearning 正逐渐在国内占据主导地位，其本地文献管理功能堪与 Endnote 相媲美，但是我国在线文献题录管理仍然处于空白状态。在线题录管理，也可以称为云端管理，能让研究者在任意联通网络的情况下，获取自己收藏和储存的文献题录信息，能够有效管理海量文献，是未来文献管理趋势。在线管理题录和文献，构成了在线科研交流的基础，我国科学家如果继续延用原始的科学文献管理方式，对科学交流的进一步发展是不利的。

1.2　领域知识追踪的落后

除了文献管理方式落后，我国大多数科学家追踪领域知识方式也较落后，仍然停留在追踪阅读所处领域少数几本期刊的基础上。由于纸质版期刊从排版到图书馆订购，最后上架供读者阅读，需要漫长的周期，信息的及时性远不及期刊的优先出版论文或者预印本论文，所以为了达到及时追踪领域知识的目的，在线查看期刊或出版商网站上的论文要更加迅速和有效。然而即使是优先出版论文甚至是预印本论文，从作者完稿到投稿，再到相应系统完成审稿放到网站上，仍然需要可观的周期。随着在线科研的盛行，越来越多的学者拥有自己的论文发布平台，或者是个人主页，或者是科学社交网站，都能在论文完成的第一时间分享给读者阅览，甚至在社会群组中得到推荐，这无疑将论文的出版周期降到最短，让基于学者社会网络的领域知识追踪成为一种趋势。它能最大限度地将科研成果传递给最相关的目标科学家，我国已经出现"科学网"这样的平台，为实现上述领域知识追踪提供了基础，但是科学家的知识追踪习惯仍然起着决定性作用。

1.3　学术影响力观念的落后

最初的科学影响力来自同行评议的定性评价，随着科学规模增大，纯粹出于兴趣的研究逐渐被机构资助的科研取代，同行评议开始滋生学术腐败，学术资源被束缚在少数既得利益的权威科学家手中，受到不公平的分配。基于文献计量学等知识的定量评价，在一定程度上缓解了这种压力，但是也产生了负面影响，例如依据期刊的影响因子来判断单篇论文的质量，削弱了学者的科研鉴赏力，直接导致若干不良后果：其一是助长了学术不端行为；其二是学者不重视研究数据的重用；其三是阻碍了科学交流。替代计量学的兴起，呼吁同行评议基于论文内容的评价，而用民主评议、集合大众智慧，来避免少数同行人为评价产生的弊端，所用到的指标包括论文的被分享量、推荐数、下载量等。这种新型评价理念对应着一种全新的学术影响力观念，即在线科学交流环境下，传统许多类型的科研成果的影响力得以体现，例如学者的演说可以形成视频供其他科学家观看，扩大了受众面。每个评价阶段背后对应了科学家对学术影响力的观念，从著书立说到撰写论文、申请专利，科研成果的表达方式得到了丰富，然而不足以表达在线科研时代的科研成果。替代计量学的兴起，满足了学者对多样化科研成果的全面影响力的诉求。

2　在线科学交流机制构建

我国科学交流的落后呼吁科学交流体制的改革乃至重构，文献管理方式、领域追踪方式和学术影响力观念的变化和发展方向，都说明在线科学交流模式是大势所趋。而基于替代计量来构建这种科学交流机制，能够迅速、有效地形成实用的科学交流系统。

2.1　替代计量学的生态体系

替代计量学是在线科研成为主流科学交流方式时的产物，与传统文献计量学、科学计量学等有相同的目标，即促进科学家交流并提高其交流效率，过滤出对学者重要的文献，用于提高文献检索效率，以及评价学者学术影响力。替代计量概念的深入人心，以及替代计量指标日益广泛的运用，反过来又能进一步促进在线科研的采用。

图 1 展示了替代计量学生态体系，由 A 到 F 的六个主体以及它们之间的互动关系构成。每个主体各自已经形成了丰富的内涵。主体 A 利益相关者，包括科研人员、科研机构、科研部门、基金组织、出版商、高校甚至大众群体等；主体 B 科研成果形式，包括期刊论文、会议论文、演讲视频、博客、软件、代码、幻灯片甚至培养的研究生等；主体 C 替代计量数据源，包括 Drynd、Figshare、GitHub、PLoS ALMs、SlideShare、Facebook、Google+、LinkedIn、Reddit、Twitter、PubMed、

Scopus、Science Seeker、Wikipedia、Mendeley、Zotero、CiteULike 等；主体 D 多种类型平台，包括传统数据库、社交网络、科研数据存储库、博客、社会标签工具等；主体 E 影响力表现形式，包括使用、捕获、分享、提及、引用、扩散等；主体 F 替代计量数据集成平台，包括 Altmetric.com、ImpactStory、Plum Analytics 等。

这六个主体间的互动关系是：利益相关者生产、传播和评价不同形式的科研成果，这些科研成果分布在各种类型的平台上，同时在不同替代计量数据源上积累数据，根据平台类型将学术影响力划分为不同的影响力表现形式，这些影响力形式又反映到替代计量数据源上，最后由替代计量数据集成平台收集并构成统一指标，再提供服务给利益相关者，作为决策参考。在这个体系中，利益相关者是数据的发起者，也是最终的服务接受者，反映了利益相关者的需求是推动整个替代计量体系的源动力。其中多种类型平台是替代计量体系架构的基础，既是不同科研成果形式的载体，又是数据积累的场所，也是体现学者影响力的所在，因而需要重点建设，替代计量数据集成平台在纷杂的原始数据和目标用户的需求之间架起了一座桥梁。

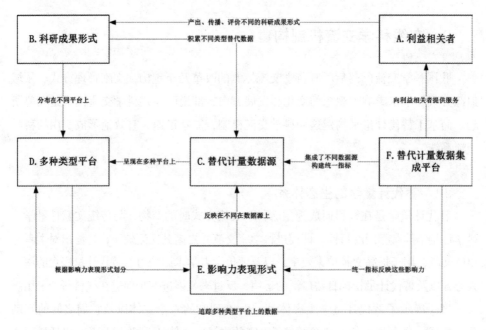

图 1　替代计量学生态体系图

2.2　在线科学交流机制的内涵

基于替代计量生态体系的在线科学交流，由传递机制和过滤机制构成，传递机制保证了科研成果能顺利到达目标科学家，而过滤机制保证了科学家能获得与自己研究最相关的科研成果，如图 2 所示。

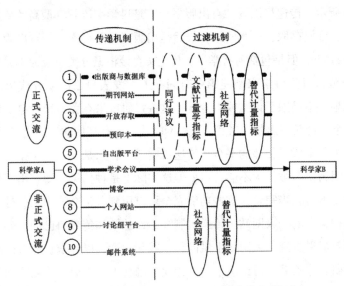

图 2　互联网时代的科学交流机制（单向描述）

由图 2 看到，互联网时代的科学交流方式十分丰富。图中线条的粗细与该传递方式的主流程度呈正相关，虚线表示现在呈主流，但是随着互联网时代其他科学交流方式的发展，逐渐转化为次要地位的交流方式。科学家 A 有 10 种主要传递机制，经过过滤机制，让科学信息顺利传达到科学家 B，其中传递机制①～⑤是正式交流，⑥～⑩偏非正式交流。

迄今为止，传递机制①"出版商与数据库"是科学交流的主流传递机制，科学家将研究成果撰写成论文或者专著，由出版商出版，变成全文数据库或者纸质版，经图书馆订购，提供给目标科学家使用。其主要过滤机制是同行评议和文献计量学指标的定量评价，分别表现在论文评审和论文检索阶段。传递机制②"期刊网站"，是期刊自身为了适应网络化时代，而采取的论文正式纸质出版前，优先在期刊网站上公布的策略。其交流效率比纸质版快，比预印本慢。传递机制③"开放存取"是打破传统出版垄断的有益方式，让科学家贡献的知识能真正被科学家共享，而不用受制于本属于服务从属地位的出版商，虽然开放存取也有新兴的纯电子版期刊，但还是以传统期刊的电子版为主。传递机制④"预印本"是妥协于传统期刊的自出版方式，在预印本系统如 ArXiv 上发表的论文，最终会投到一定的期刊上并发表。传递机制⑥学术会议作为科学交流的有效方式，即使在互联网时代也会长期存在，因为科学家之间的直接交流，也称零次信息交流，具有生动、即时、丰富的特点，是不可替代的。

　　如图 3 所示，传递机制⑤"自出版平台"是科学交流效率最高的传递机制，其次是预印本、开放存取、期刊网站，最后是出版商与数据库。"自出版平台"指的是形式类似 arXiv，但是包括所有学科，其论文直接根据分类系统而不是期刊划分，参照一定规范，每位科学家都能第一时间在上面发表自己的研究成果。科学家生产的科研成果，不局限于论文或者专著，这些科研成果在免费获得电子资源标识符后，通过这个平台获得出版。当然，互联网时代，还有其他非正式交流的传递机制。博客也能作为科学成果传播的平台（传递机制⑦），只是现在科学家的这种意识还较为淡薄，因为博客被认为不够严肃，但这实际上是种偏见，博客用于分享和交流的功能已经发展得相当完善，这些功能完全可以用到科学交流中来。越来越多的学者建立并维护自己的个人网站（传递机制⑧），总结和传播自己的研究成果，他们将个人的最新成果放到个人网站上供同行下载和阅读，以寻求扩大自己的学术影响力和建立科研合作关系。讨论组平台（传递机制⑨）并不局限于互联网发展初期的BBS 等，虚拟网络会议、主题群组等都属于这个范畴。将自己的研究成果，通过自行建立的邮件系统（传递机制⑩），发送给科学家认为对该研究最感兴趣的学者，也逐渐成为通行做法，往往能使自己的成果能得到最及时的引用和利用。总结来说，不论是自出版，还是各种互联网时代的非正式交流传递机制，都能让每位科学家的科研成果，有均等的机会被其他科学家利用。然而，科学家的精力是有限的，这些科研成果需要过滤才能被有效利用。

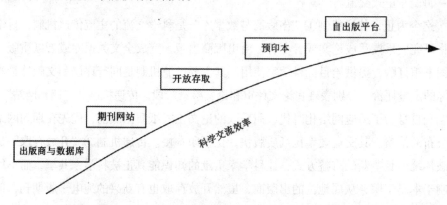

图 3　不同正式传递机制科学交流效率比较

　　在传统科学交流环境下，基于同行评议定性评价和文献计量定量评价的过滤机制占据主导，目前，基于社会网络和替代计量指标的过滤机制并存，在未来，两种过滤机制的地位可能发生逆转。在线科学交流机制的构建，正是基于互联网时代的这些新型传递机制（传递机制②～⑤和⑦～⑩），和更加先进的过滤机制（社会网络和替代计量指标）。替代计量学作为过滤机制的作用是显然的[10]，它对新型传递机制的广泛采用也具有强大的内在推动作用。其根本逻辑是，更多的数据能够带来更加正确的决策，这一点上又契合了大数据的时代背景。科研成果的传播分为两个方面，一是全文，二是题录，题录在这里指的是科研成果的元数据和摘要，内容较短，能在更广泛的科学社交媒体中传播，起到链接和导向的作用，同时能分离全文平台和评论平台，以免造成单个平台的超负荷或者一家平台独大的情况。据此，在线科学交流可以概括为以下四个阶段：①科研工作者将各种类型的科研成果，按照一定标准，在自出版平台上获得发表，例如 Slideshare，并且以博客、个人网站、邮件等非正式形式作为辅助传播。②科研成果的相应题录数据，在科学社会网络上获得传播，科学社会网络有多种类型，例如文献题录网站 Mendeley、CiteULike 和 Zotero，社交网站 Twitter、Facebook、LinkedIn、Reddit、Google+，社会标签工具 Delicious，其中包括评论和标签等评价机制的网络，例如 PLoS One、Faculty 1000、ScienceSeeker 等，积累可观的替代计量指标数据。③替代计量指标数据得到收集，例如 Altmetric.com、ImpactStory、Plum Analytics 等，并反馈给自出版平台，用于科学文献的检索和导航，实现科研成果过滤。④科研成果的实体，在平台的数据库中得到长期保存，例如科研数据存储库 Dryad、Figshare 等。上述构建的在线科学交流机制，充分利用了互联网的优势，能将科学交流效率最大化，节省科学家的交流成本和社会的经济投入。

2.3　在线科学交流机制的机遇

在线科学交流机制并不是孤立的，许多相关主题的蓬勃发展，以不同的方式支撑和促进着在线科学交流，这里笔者择重介绍两点：①语义出版的促进作用。语义出版[11]，是指基于语义技术及其他相关信息技术，通过语义标记丰富期刊文章表现形式及显性内容，提高文章信息可操作性和交互性，增强文章关联度，改进出版流程，从而实现智能化出版的方式。语义出版大量使用语义技术和网络开放服务协议，强化了自出版平台直接深入分析电子文献的功能，将出版对象从论文扩展到原始数据，适应了"数据密集型科学研究"信息共享的现实需要，同时将科学出版与知识组织单位由"文献"细化到"知识单元"，丰富了科学交流系统中的资源类型。这种出版模式能切实提高学者对文献的获取效率，从而促进学者对在线科学交流模式的采纳。②大数据实现智能服务。在线科学交流，将使科学家的所有正式和非正式交流数据和轨迹得以保存，经过收集和整理，能追踪到交流的每个环节和内容，所有科学家的科学交流的数据构成了数据驱动的交流模式，充分利用既有的大数据技术和方法，能实现科学交流的智能服务，这是利用传统科学交流机制无法达到的高度。具体来说，这种影响体现在三个方面：第一，科学交流的全面捕捉。互联网是没有隐私的时代，这对科学交流反而成了一种优势，因为科学交流和其他行为模式最大的不同在于，它是共享人类知识的行为，越多的人关注和利用，作者在科学界乃至社会上所具备的影响力越大。在线科学交流提高了科学家交流速率和效率的同时，也留下了交流的所有痕迹，这些痕迹通过技术手段获取后，能提供某主题的发展全过程，更加形象生动；第二，科研成果的智能推荐。通过对科学交流数据的挖掘，能够获得科学家的行为习惯、专业特点和文献偏好，据此实现智能推荐。此外，在线科学交流构成的社会网络，能让科学家形成交流网络，相互分享最相关的学术研究成果，同时替代计量指标为文献的过滤提供了新的参考标准，构成了智能推荐的另一个维度；第三，评价机制的自我修正。一位科学家的科研成果通过在线科学交流获得的影响力，经不同的指标体现出来，可能存在偏差，但是海量的科学家的影响力数据，能提供评价的基准和发现异常的影响力指标，这在一定程度上解决了学科差异和数据操控问题。值得注意的是，上述在线科学交流机制，是在较为理想的状态下的流程，在实际操作中，存在许多干扰因素，需要一定的保障机制。

3　在线科学交流机制的干扰因素

在线科学交流众多的干扰因素之中，以下三点是主要的干扰因素，它们有些是随着时间自然淡化，有些则是需要通过努力去消除。

3.1　科学交流主体不适应

这方面的困难主要源于两点。第一点是科学家对信息技术的掌握程度不足，在线科学交流，需要科学家娴熟地掌握基本的电脑操作和相关科学交流工具使用方法，一些专业的工具对电脑知识要求挺高，这对老一辈科学家构成了显著的障碍。但是，随着年轻一代学者的崛起，情况会有所改善，年轻学者出生在信息时代，对互联网技术的掌握都非常娴熟。第二点是科学家对固有科学交流模式的惯性式依赖。习惯了定期阅读纸质期刊，将论文打印出来阅读，把论文发表当作研究的终结，没有后期对自己研究的宣传和传播，也鲜少对别人的论文做出评论。这种方式随着数字出版、网络交流的盛行，将发生转变，首先因为年轻学者阅读方式倾向于电子阅读，交流方式习惯于在线交流；其次由于在线交流带来的高效率与广泛的学术影响力，切实为学者带来优势和利益，将吸引更多的学者采用在线科学交流。

3.2　既有评价体系的制约

评价体系具有导向作用，既定的评价体系是基于同行评议和文献计量学指标的，学者面临绩效考核时，会优先选择满足评价条件的科研成果形式与途径。事实上，既有的评价机制，已经严重影响了学者进行科学交流的积极性[1]，他们以科研成果发表为终点，相互合作因署名问题有所顾忌，将同行评议的审稿看作一次性的考核，不在意论文本身的质量，而注重论文发表的期刊。为了回归科学交流的本来面目，建立以科研为核心的研究价值观，就要重塑旧的评价体系，纳入激励新的交流方式的替代计量评价指标，来从根本上解决旧的评价体系与新型交流方式的冲突。

3.3　新技术体系不够成熟

在线科学交流体系技术体系的不成熟表现在两个方面：①互联网交流支撑技术。互联网技术的广泛应用还不到半个世纪，现在还无法独立承担科学交流任务，因为科学交流的方法和手段要有很强的稳健性，网站的动态性、数据的长期保存、科学交流的信息安全等问题，需要妥善处理，以保证在线科学交流的安全及可持续性。对此，自出版平台及所有与科学交流相关的在线实体，都要积极借鉴数据安全的研究成果。②数据操纵问题。一旦替代计量指标被纳入评价体系，与实际利益挂钩，就存在数据反操纵问题。这属于数据安全的大范畴，但存在其特殊性。数据操纵有多种途径，既有技术上的，也有社会关系上的，其中社会关系手段的数据操纵尤其难以防范，例如科学家不是针对论文进行客观评价，而是出于奉承和互利等原因，在线对论文进行分享和推荐。对此，要从业已成功的社交网站那里取经，典型的例如豆瓣平台，其影评和书评被作为购买和阅读前的参考，有相当高的公信度。

4　总结和展望

科学交流是科学活动的核心环节，提高科学交流效率一直是包括情报学在内的相关学科努力的方向。互联网虽然最初出现正是为了科学交流的目的，但是现在用于科学交流的实践要远远落后于教育、商业等其他领域。究其原因，互联网兴起初期，广大的普通科学家并没有足够的资本去使用电脑，后期精力主要放在纸质资源的电子化上，一些初步的举措，例如期刊建立网站、出版商发展完善电子数据库等，在一定程度上提高了科学交流效率，满足了大部分科学家对科学交流速率的需求。这些小幅度的进步，却让科学界思考完全建立在互联网上的科学交流晚了将近 10 年之久。如果将这种延迟视作科学交流发展的必然过程，那么现在正是时机日渐成熟的时候了。

替代计量学提出之时，是为了全面测度学者学术影响力，让科学界关注科研成果本身，而不是外化的其他因素，各界对替代计量学的积极响应程度显然超出了 Jason 本人的预计，因为它让学者开始思考整个科学交流体系的重构。大部分科学家在科学文献管理、领域知识追踪和学术影响力观念方面都呈现落后状态，笔者基于替代计量学的生态体系，构建了在线科学交流机制，阐述其传递机制和过滤机制，并进一步分析了科学主体不适应、既有评价体系的制约、新技术体系不够成熟等干扰因素，是推动在线科研交流体系形成的尝试和努力，针对该机制中各个组成部分的深入研究是后期的探讨方向。

参考文献：

[1] 米哈依洛夫 . 科学交流与情报学 [M]. 北京：科学技术文献出版社，1980.

[2] 李国红 . 科学交流的障碍与对策 [J]. 情报资料工作，2004（2）：9-13.

[3]Katrin Weller, Cornelius Puschmann.Twitter for Scientific Communication: How Can Citations/references Be Identified and Measured ？ [C].Proceedings of the Poster Session；Web Science Conference, Koblenz, Germany.2011：1-4.

[4] 王细荣 .OA 式科学交流系统的建构与社会功能——基于社会—技术互动网络的观点 [J]. 情报理论与实践，2010（3）：29-33，36.

[5]Tony Hey，Anne E Trefethen.Cyberinfrastructure for E-science[J].Science，2005，308（5723）：817-821.

[6] 徐丽芳 . 科学交流系统的要素、结构、功能及其演进 [J]. 图书情报知识，2008（6）：114-117.

[7]Kristian H Nielsen.Scientific Communication and the Nature of Science[J].Science & Education，2013，22（9）：2067-2086.

[8] 邱均平，余厚强 . 替代计量学的提出过程与研究进展 [J]. 图书情报工作，2013（19）：5-12.

[9]Daniel Torres，Álvaro Cabezas，Evaristo Jim é nez.Altmetrics：New Indicators for Scientific Communication in Web 2.0.[J].Comunicar，2013，21（41）．

[10] 由庆斌，汤珊红．补充计量学及应用前景 [J].情报理论与实践，2013（12）：6-10.

[11] 王晓光，陈孝禹．语义出版：数字时代科学交流系统新模型 [J].出版科学，2012（4）：81-86.

数字资源长期保存的政策和制度框架

王春燕　周　扬（山东中医药大学，山东济南 250355）

摘　要：数字时代背景下，数字资源的长期保存，对科技、教育乃至经济和社会的全面发展至关重要。我国数字资源长期保存工作紧急追赶信息发达国家步伐，取得了一定成绩，但总体来讲，研究还不够深入，政策制度推进的力度还不大，数字资源长期保存面临的政策"瓶颈"还未引起足够的重视。本文拟从数字资源长期保存各类利益主体的权利主张入手，着力探讨数字资源长期保存的制度保障和政策推进措施。

关键词：数字资源；信息技术；保存

1　概述

　　数字资源的保存在一开始未受重视，有过"黑暗岁月"。1964 年麻省理工学院及卡内基美农大学的第一封电子邮件，因系统的改变并未保存下来。在科技文献史上，这成为难以弥补的历史遗憾。迄今为止可查的最早研究数字资源保存的文献是 1945 年 7 月 Bush 发表在《大西洋月刊》的"As we may think"。数字资源的长期保存开始得到了国际上的广泛关注和研究，是在 20 世纪 90 年代。早在 1996 年，RLG 和 CLIR 等机构颁布"保存数字信息：最终报告与建议"，在理论和政策呼吁方面提出了建设性的意见 [1]。同年，澳大利亚国家图书馆启动了 PANDORA 项目，旨在建立一个澳大利亚电子资源保存系统，为电子资源的长期保存和使用提供相应的政策和策略。之后，美国、英国等信息发达国家也陆续设立了类似的保存计划，促进了数字资源长期保存技术、策略和方法的研究以及保存标准体系的建设。如美国的 NDIIPP 项目，英国的 CEDARS 项目，德国的 NESTOR 项目，荷兰等 7 国图书馆的 NEDLIB 项目等 [2]。

　　在我国，数字资源长期保存的研究及应用自始便紧跟信息发达国家的步伐。从 20 世纪 90 年代末，经过 10 余年的发展，取得了一定的成绩，相继启动了国家图书馆的 WICP 项目和中国 Web 信息博物馆项目，自 2004 起，主办和参与了每年一届的数字资源长期保存国际会议（IPRES，加强了我国与国外的交流，推动了国内数字资源长期保存的进程。但与国际上信息发达国家相比，仍处于小步慢跑、跟随其后的阶段和状态，研究基本上还是以跟踪、吸收、消化国外研究成果为主[3]。具体到法律政策方面，虽有一些管理策略和著作权问题的论述，但对数字资源长期保存的整体政策框架设计较少，个别法律问题如合理使用、例外原则等虽有些深度，但针对性和实用性又不强，缺乏大胆魄力的制度设计和小心谨慎的论证，知识产权制度、成本效益分析、组织资源配置、政策框架搭建等社会问题需要面对。

2　人和权利

"人是万物的尺度。"任何事业的动力源泉都在于具有权利意识和形态的人。有悲观主义观点认为，我们处于一个"数字的黑暗岁月"，需要寻找数字时代的"修道士"对我们这个时代的数字遗产进行保存和传承。这个概念作为理想和信念吸引一批有志青年进行事业追求自然没有问题，但这份沉重却反过来制约着事业的发展，窄化了数字资源的长期保存。不回避权利、利益，而是建立一整套权利确权和保障的法律制度以及政策激励机制，从而丰富和扩大数字资源长期保存的动力资源，不断挖掘与数字资源长期保存相关的各个主体的组织参与能力，完善主体间法律关系和合作机制，更是做好数字资源长期保存工作的有效途径。实现数字资源长期保存的最大挑战不是技术性的，而是经济性和政治性的。

与数字资源长期保存相关的主体主要有以下几类：

（1）作者。"用心灵去创作作品之人，方系作者"。在著作法中，作者便是创作作品的人，是著作权的享有者。著作法的制度设计主要目的就在于保护作者权利，促进知识创新。按照我国著作权法相关制度设计，作者的著作权主要有发表权、署名权、修改权、保护作品完整权等人身权利和复制权、发行权、出租权、展览权、表演权、放映权、广播权、信息网络传播权、摄制权、改编权、翻译权、汇编权、追续权以及应当由著作权人享有的其他财产权利。其中，部分财产权经常由作者转让给出版发行等传播机构行使。在作者权益中，最重要的是要确保作品是"我的"这一属性。

（2）出版社等传播机构。出版社是著作权法中的出版者，本身并不享有著作权。著作权自作品创作完成之日产生，由作者享有，而不论出版与否，出版社作为出版作者作品的出版者，其享有的是邻接权，即著作权法中所称的"与著作权有关的权利"。我们常在光盘、图书中见到的"版权所有，侵权必究"，指的主要就是这方面的权利。图书出版者对著作权人交付出版的作品，按照合同约定享有的专有出版权受法律保护，他人不得出版该作品。其主要目的是保护财产方面的收益，从而保障传播机构的商业利润，维护市场发育从而扩大文化传播和影响。在数字资源长期保存中，作者和传播机构共同构成了数字资源的提供方。

（3）图书馆等馆藏机构。保存人类文化遗产是图书馆和档案馆等馆藏机构最古老的职能，人类社会每前进一步所留下的文化遗产，都应作为其保存对象。图书馆、档案馆等馆藏机构是数字资源长期保存最主要的保存主体，对长期保存应负有法定义务。这既是公益性的权利，又是公益的义务。没有也不应该有一丁点的商业利润混杂其中。这份沉甸甸的保存权，主要内容有存档权，即对相关数字资源完整及时地进行摄入和保存的权利，可源于法定权利、购买合同、合作委托等；数据处理权，因长期保存需要对存档数据进行检验、转换、提取元数据、封装、迁移等处理的权利；服务权，在一定条件下利用所保存的资源向用户提供服务的权利。在数字资源长期保存中，最复杂最关键的就是处理好馆藏机构和出版社等传播机构二者之间的法律关系！

（4）读者。读者是相对于作者而言的，是享受作品智慧和精神财富的人。"有一千个读者，就有一千个哈姆雷特"，在另外一个方面，读者的阅读也在繁荣着文化，促进着知识。保护读者对知识的追求权，对真理的探索权同样重要。在数字资源概念体系里，读者常被称为"用户"，读者的权利常被概括为"获取权"。

书贵为用（Books are for use），图书馆馆藏最大的目的是能真切符合读者需要，供其利用。数字资源长期保存，其目的就是要保证未来用户可以检索、获取、解读、浏览、理解、解释各种数据和记录。

（5）技术服务者。数字时代里，无论何时、无论何地都不能遗忘或看轻技术服务者这一重要的主体。没有技术服务者关键性的技术支撑，"数字"无从谈起。而且从计算机软件著作权登记的角度，技术服务者也常常是作品知识产权体系中重要的主体之一。数字资源长期保存中，技术服务者的权利体现同时会在提供者和保存者双方存在。

3　政策和制度

表面上看，数字资源长期保存涉及主体间权利义务关系比较清晰，很多权利义务一一对应，工作运转起来应该协调有序。但细细梳理起来，各种权利的界限并不好把握，许多权利的内容交叉重叠，有些权利之间相互冲突，构成一对矛盾综合体。如：著作权人复制权与保存机构保存权的冲突，著作权法上有"合理使用"的制度，协调知识产权和文化传承权利之间的关系，但所谓"合理使用"并没有明确的指向和操作规程，合理性是个难以解释的问题。在数字资源时代，随着新的作品形式和传播手段不断更新，复制和传播变得简单快捷，同时不易控制，合理使用的界限问题更加突出。

在现代社会，随着社会交往的日益频繁，这种权利冲突的现象其实十分普遍。科斯将之称为"权利的相互性"，"火车烧柴和煤溅出火星，可能引燃农田造成农民较大损失。每一方都可采取防备措施以减少火灾的损失。农民可以停止在铁轨边种植和堆积农作物，而铁路部门可装置防火星设施或减少火车出车次数"。[4] 在面对权利相互性这一难题时，仅仅一般的在法律文本上承认主体有权利远远不够，重要的是如何恰当地配置权利，并因此给予恰当的救济。也就是说，在权利冲突面前，有一个权利位阶和通约衡平的权利配置制度。

在数字资源长期保存的工作中，权利配置面临的问题远比传统纸本资源复杂得多。数字资源长期保存涉及的权利主体、数字资源类型、保存方式以及主体间权限存在相当大的复杂性，权益主体之间法律关系受到多种因素的变化。

数字资源长期保存是一个动态过程，OAIS 开放档案信息系统参考模型为整个过程提供了基本框架，分为摄取、保存和获取三个环节，不同环节涉及的知识产权等权利义务问题重点不一样。另外，数字资源的存档权与数字资源的生产方式、获得方式和资源体系制度安排密切相关。如自建数字资源、外采数字资源、网络开放资源、缴存数字资源，不同来源的数字资源，权利保护和配置内容就不完全一样。保存过程中，我们需要还对数字资源进行拷贝、提取元数据、数据整理，很多时候还可能使用刷新 Refresh、迁移 Migration、仿真 Emulation 等技术。整个过程可以采取多种技术策略，例如拷贝数据方式、保存技术方法、保存内容深度（仅保存内容数据还是保存元数据、支撑运行系统）等，它们从不同侧面涉及不同的权利问题。因此，在数字资源长期保存中，有必要针对具体情况分析具体的权利归属。

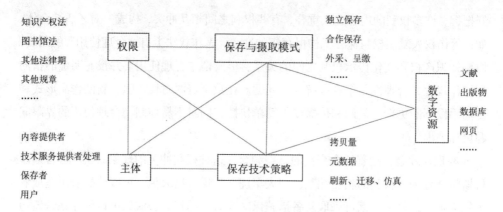

图1　影响因素分析框架图

　　宏观方面应当有法定的成套的制度安排。原则性的权利配置制度安排，比较成熟的可见《澳大利亚数字对象长期保存原则声明》（*Statement of Principles for the Preservation of and Long-Term Access to Australian Digital Objects*，以下简称《声明》）。《声明》阐述了在电子环境中，要确保资源可以持续地被取用，必须遵循以下政策原则：合作、信息建立者的角色、分散式的模式、评估、权利、策略、政府的角色，并据此提出了15点建议。这七个原则具体含义为：

　　（1）合作：持续存取数字资源有赖于信息建立者、信息系统设计者、厂商、出版者/经销者及信息管理者与提供者的合作。

　　（2）信息建立者的角色：数字资源的建立者必须主动地促使数字资源可以被典藏及取用。

　　（3）分散式的模式：数字资源的选择、编目、维护及典藏应以经过协调的分散模式进行。

　　（4）评估：只有经过评估，确定有永久保存价值及重要的数字资源，才要典藏。

　　（5）权利：创作者、拥有者、提供者、使用者的权利必须平衡并受到保护，典藏的数字资源的主题也应平衡。

　　（6）策略：数字资源的典藏须考虑整合性及功能性，采用标准的元数据，以确保资讯的存取，留意目前的实际情况并进行持续性的研究。

　　（7）政府的角色：联邦及州政府应制定相关之法规和政策。

　　总体上分析，设计数字资源长期保存制度体系应重点把握四个范畴的关系：

　　（1）作者、读者和服务者。作者的著作权是本源，知识的生产和传播，源头在于作者。读者是知识传播的动力，没有读者就无所谓知识，也就谈不上作者权利。包括保存机构在内的服务者是沟通作者和读者的参与机制，有市场的力量，也有公益的责任。虽然著作权法的部分设计目的是保护作者，但是著作权所提供的保护并非绝对的，而需要"把公共目的和作者利益两者都牢记在心"，它就像一个"半空的水杯"，应仅以提供创作人必要的创作诱因为限，鼓励大家将水加入[5]。

（2）公益和商业。应当由市场调节的交给市场调节，商业机构为赢取利润积极参与知识生产、传播或保存，但也要承担基本的社会公益责任，如缴存制度。知识传播和保存同时具有公益性质，让公益的事情按公益的办法做，政府应当设立专门的馆藏机构承担必要的公益责任。

（3）政府责任和合作机构。政府承担必要的公共责任，尤其是在数字资源保存中。但政府责任应当是宏观的、财政的、行政的、法律政策层面的。数字资源长期保存是项浩大的工程，离不开各相关方的合作，离不开保存能力和可支配资源的强大支撑，决不可能是国家图书馆或某个馆藏机构一家能力所及。

（4）技术和知识。知识生产和传播是使命，包括保存技术在内的数字技术是载体。技术应当服务于知识的生产和传播，而不能成为知识传播的桎梏。

结合我国当前在数字资源长期保存实务中制度建设的现状，提供政策建议如下：

（1）根据目前的紧迫形势和需要，抓紧制定出台国家政府层面的宏观指导性文件，加强顶层设计，明确政府责任和部门职责，确定推进数字资源长期保存工作目标、原则和任务分工，搭建长期保存涉及组织、技术、法律、知识产权、商业合作、国际合作、人力资源、财政审计、质量控制与评估等方方面面基本的政策框架。如《国务院关于促进数字资源长期保存的意见》、国务院《数字资源长期保存中长期规划》等。制定文件政策既要充分尊重国情和实际情况以及专家意见、专业标准，又要不断吸收借鉴西方发达国家的成熟做法，如美国 NDIIPP 计划、澳大利亚《数字对象长期保存原则声明》、联合国教科文组织《数字文化遗产保存宪章》等。

（2）协调实施一批重大数字资源保存项目。在数字资源长期保存战略规划的框架支撑下，协调有关部门实施一批国家和省级的重大数字资源长期保存项目，以项目促联合，以项目带队伍，以项目干事业。

（3）建立国家图书馆在数字资源长期保存工作中的主导地位和配套的数字资源采集制度。图书馆是人类智慧的集合，是专门的采集、整理、保存各种纸质和非纸质资料，方便读者阅读利用的专业性机构。IFIA/IPA 在其联合声明中指出，"出版者应该担负短期保存的责任，长期保存的责任由图书馆承担"。国家图书馆是中央政府设立的征集、整理及馆藏全国图书信息，保存文化、弘扬学术，研究、推动及指导全国各类图书馆发展的大图书馆，在图书保存中理所应当具有主导地位。为完整的保存国家图书文献，国家图书馆是全国出版物法定的缴存机构。这就是出版物呈缴制度。在数字资源领域，应当借鉴国外有关法律，将与缴存本有关的法律规定扩展到数字资源领域，承认图书馆的法定保存地位和公共职责，同时保护缴存单位的合法权益。另外，在数字出版物之外，还存在广泛的大量的有用的数字资源，如网页。对这些开放的面向社会大众的数字资源，应当借鉴澳大利亚的做法，将数字文献和数字出版物区分开来，采用主动收割制，即负有保存数字资源职责的图书馆或者类似机构依据法律的授权或者依其职能主动收割和保存数字文献资料。主动收割制要加以限制条款，要自动地向被收割的每一个服务器提供一项通知，如接到对方停止网页收割行为的请求时即刻停止该行为。

（4）完善著作权法和图书馆法法律体系，明晰权利边界。作者享有复制（包括以数字形式复制）、传播（包括通过网站和P2P等网络传输方式）、发表、公开表演和改编等专有权利。通常情况下如授权，擅自使用其版权作品的行为将构成侵权。但为平衡版权人与公众在作品使用上的利益矛盾、便于知识的传播利用，著作权法又规定了若干例外情形，以免除使用人在特定情形下的侵权责任。这就是刚才说的合理使用。这个制度主要从既能有利于资源保存、保障广大公众的利益，又能兼顾到保障知识产权所有人的利益出发，力争找到整体利益、长远利益和个体的、局部的利益之间的平衡点。对合理使用如何操作，只能具体案情具体分析。在原则指导上，应当与国际版权公约接轨，采用"三步测试法"：第一步：限制和例外应该限于"特定的特殊情形"；第二步：不与作品的正常使用相冲突；第三步："没有不合理地损害权利人的正当利益"[6]。

（5）建立广泛的不同层次的合作机制和规范的许可授权制度。数字资源长期保存任务繁重，超越了任何一个单独机构能够承担的能力。在传统印刷品的制造者和保存者一般分工明确。而数字时代，资源的提供者、保存者、使用者形成了利益共同体，三方权利和责任相互依存又相互制约，既需要法律安排，更需要充分合作。应建立一个结合图书馆界、档案界、出版机构、数据库商、商业检索机构等多方利益体的合作机制，完善知识产权授权许可的合同制度，以紧密的联系创造共同的利益。另外，要加强国内同行业机构之间的交流，如建立图书馆数字资源长期保存联盟，在国家图书馆的主导下，统筹利用省级以下公共图书馆、高校图书馆等资源，以项目分解或授权合作的方式共同做好数字资源长期保存。条件成熟的还可以扩大国际合作与交流，争取更多的资源和技术支持。

参考文献：

[1] RLG；CLIR Digital Information Preservation — the LandmarkStudy，http：//www.oclc.org/programs/ourwork/past/digpresstudy/final—report.pdf，2008.

[2] 袁晓明.国内外数字资源长期保存项目研究现状 [J].情报探索，2013：67-68.

[3] 张靖，邵波.国内数字资源长期保存研究定量分析 [J].新世纪图书馆，2011：37.

[4] 罗纳德·哈里·科斯.社会成本问题的注释 [J].盛洪，陈郁译校.企业、市场与法律，2009.

[5] 参见 Lawrence Lessig 网络自由与法律 [M].刘静怡译.北京：商务出版社，2002.

[6] 参见伯尔尼公约第9条、与贸易有关的知识产权协定第13条、世界知识产权组织版权条约第9条.

大数据环境下党校图书馆特色数据库
信息资源共建共享机制探析

杜小荣　姜钦芳　褚纪红（中共陕西省委党校图书馆，陕西西安 710061）

摘　要： 大数据环境下，党校图书馆本着"联合、开放、共享"的理念进行联合开发，避免重复建设。根据党校图书馆一体化、信息化建设和新形势下党校干部教育培训需求，融合各地方党校图书馆数据库信息资源及成熟的服务系统，建立适用党校系统的管理制度，统一技术规范，完善共建共享机制。从党校图书馆信息资源共建共享的现状入手，分析目前存在的问题，提出资源共建共享模式，阐述了党校图书馆信息资源共建共享建设发展的措施。

关键词： 党校；图书馆；特色数据库；共建共享；信息资源

　　"联合、开放、共享"是当前国内外数字图书馆建设发展的共同理念和愿景。大数据环境下，信息资源的共建共享研究日益受到重视。2010 年 12 月，中央党校办公厅向全国党校系统下发了《全国党校数字图书馆建设规划（2011—2015 年）的通知》，提出了"十二五"期间全国党校图书馆建设的指导思想和总体目标。即"以多功能、综合性、数字化、现代化为目标，以中国共产党历史文库、马克思主义理论文库、中国国情与地方志文库等'三大文库'建设为中心，进一步加强党校系统图书馆数字资源建设，建立资源共建共享机制"。随着社会经济的快速发展，党校图书馆数字化建设得到了突飞猛进的发展。实现党校图书馆特色数据库信息资源共建共享，已是当今各地党校图书馆发展的必然趋势。党校图书馆承担着为培训党政领导干部的教学与科研提供文献资源保障和信息服务的重任，要随着信息技术的发展以及人才培养需求的变化，创建新一代党校图书馆文献信息联合保障系统。

1　党校图书馆特色数据库信息资源建设现状与存在的问题

全国党校系统的数字图书馆建设起步于 2000 年在海南召开的"全国党校图书馆工作暨数字图书馆建设会议"；2001 年，中央党校图书馆出台《全国党校系统数字图书馆工程资源建设项目指南（试行方案）》；2002 年的新疆会议以数字资源建设为主题；2005 年的湖南会议进一步明确数字资源建设发展规划。据统计，目前，全国党校图书馆已经建成特色数据库 169 个，拟新建约 40 个。在各地党校图书馆已经建成的特色数据库中，上海的"中国社科参考信息数据库""上海市干部教育系列数据库 7 个子库"；北京的"党史党建数据库""北京市情数据手册"；河北的"非公有制经济专题数据库"；江苏的"江苏省情数据库"；福建的"福建省情库"；山东的"山东省情全文数据库"；陕西的"党中央在延安十三年"；重庆的"党史多媒体数据库""执政能力教学案例库"等已经初具规模，并有一定的访问量。这些对实现信息资源的共建共享起到了积极的作用，在党校教学科研中也发挥了一定作用。但从具体实践来看，仍存在着很多问题：

1.1　长远目标盲目，统筹规划欠缺

建立党校图书馆间相互补充、互相协作的新型关系。有效地将馆藏资源和网络资源融合在一起，实现跨越的信息服务，便捷准确地满足用户全方位的信息需求，无疑是图书馆持续发展的长远目标，也是 21 世纪信息社会所面临的一个迫在眉睫的、亟待解决的现实问题。但党校图书馆之间缺乏协作与协调，各自为政，只从自己的需要出发。在资源建设上追求"小而全""自产自用"，对资源共享不太积极，也不太热心，受本位主义思想的影响，只愿共享，不愿共建。这种长期分割中形成的封闭意识，阻碍着文献资源共享建设，以致缺乏应有的全局观念、开放思想和长远目标，自然也便缺乏统一规划和具体措施。

1.2　建设平台不统一，共享程度推进缓慢

党校图书馆数字化建设初期，由于各馆隶属于不同行政部门管辖，数字资源购置的软件厂商、型号不统一，导致图书馆的数字资源管理系统和格式不统一，标准与规范不统一，标引字段不统一，没有通用的接口供访问。又由于数据存储的格式与加工方式的差异，导致数据加密保护与身份验证方式也存在差异；自建特色数据库也是各自为战，即使使用同一系统其版本也各有差别，致使系统运行环境、工具开发、软件架构、数据格式都存在较大差异，数据连接不畅，为实际共建共享带来

很大的困难，共享程度推进缓慢。

1.3　数据资源重复建设，馆际协调性差

党校图书馆文献资源和特色数据库建设普遍存在分散作业、各自为政的低水平重复建设，没有形成大数据环境下的大范围数据库信息资源共享的大局。同一篇文献、同一种数据库在很多馆都有收藏，特别是一些价格昂贵的电子类文献，家家收藏、重复建设，馆藏同化的现象十分突出，缺少特色、缺乏亮点、缺欠精品。在自建特色数据库方面，党校图书馆之间的馆藏利用率、流通率低，造成了数据的重复录入和重复操作，共享数据由于网络不通、馆际协调不畅等原因，难以互访，使其成为信息孤岛。这些对党校图书馆的长远发展都是掣肘。

1.4　未形成管理机制，合作深度不够

目前，党校数据库建设未形成统一管理机制。硬件投资大，软件投资小，网络利用率低，许多资源不能及时整合；只重视数字图书馆建设的系统管理功能，缺乏必要的信息服务意识，馆际文献复制传递手段相对落后。虽然中央党校图书馆也与一些省级党校图书馆有不同规模的文献信息资源的合作项目，但这种合作和共享还只是局部的、单向的，只停留在表面层次和个别项目，并没有形成深层体系和规模。

1.5　文献资源建设的规章制度不够健全

尚未制定出专门促进特色数据库信息资源发展的相关法律、法规，也未出台有关激励和保护其发展的优惠政策。特色数据库信息服务政策体系不健全，政策体系、法规建设滞后，使信息服务业的发展难以得到有力的政策支持和保障。

2　党校图书馆特色数据库信息资源共建共享模式探析

大数据环境下，党校图书馆必须适应党校发展与读者需求的改变，开放大数据，共享微服务。重视思考党校图书馆的使命，以服务内容知识化，服务方式集成化，服务手段智能化，服务空间虚拟化，构建大数据化信息资源共享的效益与功能的组织模式，从而实现党校图书馆与特色数据库信息资源共享可持续发展的目标。

2.1　制订规划

各省市党校图书馆应认真研究国内外数字资源建设发展的典型事例，学习和借

鉴国内外数字资源建设中的经验、教训，广泛征求地方区县党校意见，根据各馆的具体情况，由中央党校牵头，制订全面、长远的整体发展规划，确定分工协作及资源共享的管理办法。考虑全盘，避免盲目构建、自制自用、标准化程度低、低水平重复等问题；完善发展共享平台的评估体系，建立监督、监管机制，严格贯彻实施；加强各省市图书馆合作，协同作战，根据各馆现有信息资源优势，互联互通，优势互补，进行合理配置和集藏，统一数字化，整合上网，实现真正意义上的共建共享。

2.2　模式构建

党校图书馆特色数据库信息资源以党政领导干部培训为对象，地方资源为本体，中心集藏为平台，集成管理为保障，集成服务为动力，网络技术为依托，协同动作为方法，构建全国党校信息资源集成服务体系为目标，把各馆资源诸要素有机地链接成一个动态的整体，实现其特色数据库信息资源诸要素的全方位、整体优化，激发单项优势之间裂变放大作用。并综合运用不同的方法、手段，促进各项要素、功能和优势之间的互补与匹配，创新附加值，产生特色数据库服务的新态势和多元化的系统机制。值得一提的是：日本东京大学文献情报中心 NACSIS 在收集各大学图书馆书目数据之前，一方面以日本国会图书馆、美国国会图书馆、大英图书馆等主要国家具有权威性的书目数据为基础构筑出各种书目数据库以供参照使用；另一方面，公开其编目协议 CATP 以供遵循，各大学图书馆在引进自动化系统及进行程序开发时，皆以此为标准构筑内置式联机编目软件的模块，而已经实施自动化的少数几家大学图书馆，也可借此实现书目数据的标准化。

2.3　保障体系

只有科学地构建党校特色数据库资源保障体系，才能为党校培训党政领导干部教育提供持续的精神动力和智力支持。借助网络检索工具，在一体化的书目管理平台上取得特色数据库信息资源集中管理的效果。从理论上，这是解决党校图书馆特色数据库信息资源集中管理与利用的有效途径，从实践上就是建立统一的资源网络保障体系。以层次结构科学、空间布局合理的资源网络为物质基础，以党校特色数据库信息资源共享为实现目标，以纵向和横向联合为组织形式，以计算机、通信网络为技术手段，以最大限度满足党校培训党政领导干部需求为最终目的，进行有效的信息资源整合，使各馆藏和虚拟资源形成一个相互关联的整体，以确保党校图书馆特色数据库信息资源提供的系统性、全面性和及时性。

2.4　标准规范

为实现党校图书馆特色数据库信息资源的可获得性（accessibility）、可互操作性（interoperability）和可持续性（sustainability），实现不同软硬件系统的兼容性，便于数字信息资源的建立与使用、整合与检索，需要制定数字资源建设所涉及的各个方面的标准。对党校数字图书馆的可持续发展有效建设，实现资源共建共享，避免各行其是至关重要。目前，发达国家由于政府重视，投入力大，有关数字资源标准与规范的研究成果较多，其中具有代表性的国际性项目有：OCLC 领头的"都柏林核心（Dublin Core）元数据"项目；W3C 资助、OCLC 牵头的"资源描述框架（RDF）"和"联合联机资源编目（CORC）项目"等。2003 年，国际标准化组织 ISO 采用了"都柏林核心元数据元素集"。进一步推动标准规范的研究与实践，国外的一些发达国家开始进入实际操作阶段，并初步形成较为系统和完善的标准规范体系。近几年，数字资源的标准制定工作也引起我国政府相关部门的重视，有些标准正在研究和制定过程中。其中国家重点课题"数字资源建设与应用服务标准体系的研究"已有阶段性成果：2004 年 6 月科技部重点项目"数字图书馆标准与规范建设"发布了子项目成果《基本元数据应用规范与著录规则》；2004 年 12 月北京高校图书馆研究基金项目发布成果《教育资源元数据标准应用方案研究》；国家图书馆也于 2005 年 3 月发表《数字图书馆标准规范研究报告》。我们可参考利用这些成果。湖南会议提出党校各图书馆自建数据库"要遵循通用的、开放的技术标准和规范"。目前我们应尽量向国际、国内已认可并被广泛使用的相关标准靠近，以便和国际接轨。同时，还要根据党校系统的实际情况，做出更具体的规定，使之更实用、更完善。

2.5　共建共享

在党校系统图书馆特色数据库的建设中，共建共享是避免重复建设的最为经济有效的方式。各馆特色数据库的建设模型，信息资源的集合及特征描述，信息资源的挖掘和服务利用、建设的规模和技术平台应是相通的，基础技术平台应该是协调一致的。虽然数字技术为各馆特色数据库的整合利用提供了基础应用平台，但需要考虑现代化技术、异构系统的无缝链接等规范问题，并要格外重视数字描述对客观实体移植、复制和虚拟再现的功能，保证异型资料集中处理。其共建必须是基于数字化描述的实现途径上，对文本、图形、图像、音频和视频资料进行数字化的集中表现。由于党校系统的特殊性，在党校图书馆内部进行联合共建具有得天独厚的优势。各馆联合起来，协调数字资源，共享对方资源，弥补各自馆藏资源的不足。在这方面已经有很多例子，如华东地区党校图书馆已签署资源共建共享意向书，西北地区党校图书馆也有类似的计划，陕西省委党校已实施了覆盖全省县以上党校系统数据库资源共享成果效能，上海、广东、浙江、江苏、湖南、山西等已在本地区探索和试行资源共采、共建、共享模式。中央党校图书馆应挖掘各省级党校的综合优势和力量，采用共建共享的模式建设特色数据库，实现特色数据库建设的跨越式发展。

2.6　完善机制

充分利用全国党校理事会相关专家资源优势，组建咨询及意见综合专家组，培养并建设一支掌握现代信息技术、善于跟踪科技发展动态和水平、具备大数据环境下特色数据库信息资源建设、整合、检索、研究、管理、服务等高水平的复合型人才队伍，提供有力的专业技术支持力量，并在原有专职咨询人员配伍的基础上，外聘跨行业兼职人员进行咨询工作，如聘请科研院所资深专家、学员代表、高校院所教授学者等，并按学科和共享两层平台，交流合作，跨界发展，不走进社会，共享就会成为死结。

多提一点的是，要完善合理补偿机制。就全国党校系统来说，东西部的合作意向是不对称的，因规模、人员、资源等众多因素，中央党校或东部发达地区党校作为主力信息提供者，就需要完善补偿机制来协调管理，使西部地区规模较弱的党校能够依托中央党校或东部发达地区党校的资源、技术来提升其服务层次，同时形成良好的合作意向。在平衡各合作方利益的前提下，合理补偿机制是必要的。同时，也需制订向西部欠发达地区党校的政策倾斜，用来保证全国党校图书馆特色数据库共建共享的平衡发展。

3　继续重视党校图书馆特色数据库信息资源整合的研究与实践

随着全国党校图书馆特色数据库信息资源数量的迅速增长，也因其内容组织化程度不高，数字资源间交叉关联程度较低，学员需要掌握不同数字资源系统的使用方法，这样就影响了数字资源的有效利用。尤其是短期班学员，等掌握了使用方法也将面临毕业。通过数字资源整合，各种信息资源无缝地链接在一起，让学员感觉是在一个资源体系中操作。目前，数字资源整合仍是图书情报界一个较新的研究课题，它是随着数字资源的剧增和在用户对数字资源的利用提出新要求的环境下提出来的。全国党校系统发展较快的东部地区图书馆多已面临数字资源整合问题，应积极探讨数字资源整合的主要技术与系统的开发方法，探索效能更好、效率更高的新的数字资源体系，形成一个科学、合理、规范的党校系统特色数据库共建共享系统流程。

4　结束语

党校图书馆是我国社科图书馆五大系统之一，加紧全国党校图书馆特色数据库的建设，意义重大。作为党校图书馆，其宣传、教育、决策功能作用十分突出，在培养干部、普及马列知识、推进社会主义精神文明建设等方面，肩负着其他部门不可替代的责任，坚持根据党校工作的实际需要建立数据库，突出党校特色、党建特色、干部教育特色和思想理论特色，为党校的教学科研服务、为网上干部教育和党员教育服务、为领导决策服务、为建立网上马克思主义舆论阵地服务，实现党校图书馆特色数据库建设的可持续发展。

参考文献：

[1] 周 慧 . 党校图书馆数字资源建设的思考 [EB].http://www.studytimes.com.cn，2014（5）.

[2] 梁转琴 . 对建立区域地方文献信息资源共建共享机制的思考 [M]. 陕西省社科学会年会成果集，2013（11）.

[3] 韩锡铎 . 协调协作 实现文献资源共建共享 [J]. 图书馆学刊，2000（6）.

[4] 祝晓云，李虹，阿不道列提 . 党校图书馆特色数据库资源共建共享 [J]. 实事求是，2011（5）.

[5] 陈枝清，李艳丽 . 日本大学图书馆资源共建共享方式介绍 [J]. 图书馆建设，2009（6）.

[6] 薛玲 . 网络环境下军校图书馆信息资源共建共享研究 [M]. 陕西省社科学会年会成果集，2013（11）.

[7] 周立秋，杨阳，高尧，李苗苗 . 构建多元化的文献资源建设发展支撑体系研究——以陕西省为例 . 陕西省社科学会年会成果集，2013（11）.

基于大数据视角下的党校数字资源建设

贺洪明（中共贵州省委党校图书馆，贵阳 550028）

摘　要：在大数据视角下，党校图书馆正处在由传统图书馆向现代图书馆转型和发展时期，只有加大党校数字资源建设工作力度，把党校图书馆建成马克思主义理论和哲学社会科学等多种知识的数字资源储备库，才能更好地为党校读者提供知识保障和智力支撑，这是提高党的领导干部理论知识水平和人文素养、培养治国理政各方面高端人才和不断加强党的执政能力提高的需要，更是保证执政党始终走在时代前列引领中国发展进步的前提条件。

关键词：大数据；党校图书馆；数字资源

最早提出"大数据"时代到来的是全球知名咨询公司麦肯锡，它将"大数据"定义为："大数据是指大小超出了传统数据库软件工具的抓取、存储、管理和分析能力的数据群。"[1]大数据不仅仅是数据量的体量巨大，而且它具有数据量大、数据类型繁多、价值密度低和速度快时效高等特点。因此，大数据是随着信息通信技术的发展和积累，以云计算为代表的计算机技术的不断进步，它将日益基于数据分析来改变过去更多凭借经验和直觉做出的决策行为，为我们看待世界提供了一种全新的方法，采用强大的计算能力来围绕个人以及组织的行为构建起了一个与物质世界相平行的数字世界。大数据的开发与知识管理的路径是通过对各类数据源的定位和连接，实现数据的采集、传输和汇集；通过对汇集的加工整理，提高数据的价值密度；再通过对加工数据的深度分析，实现知识提取和利用，即提供知识服务。至于如何顺应大数据视角下加大党校数字资源建设工作力度是本文研究的重点。

1　对加大党校数字资源建设工作力度的重要性认识

大数据给图书馆的服务带来新的变革，从传统图书馆借阅服务为主转向大数据时代追求个性化服务为主。在大数据时代，每个人所接受到的信息都是个性化的，依赖于数据分析让图书馆更好地掌握用户的各种动态信息需求，以便使每一位用户享受到个性化的全方位优质服务。然而，在大数据视角下党校图书馆的读者不同于高校馆和公共馆的读者，有它的独特性，进党校学习的都是各级领导干部，我们在提供知识信息服务时要结合他们这几个特点来开展好工作："一是实践经验丰富，而马克思主义理论水平大多有待于提高；二是党校学员，人生阅历丰富、实际知识广博、视野十分开阔，但仍需要充实治国方略的知识；三是学历层次较高，但知识需要更新，知识结构尚待完善；四是担负重要领导职责，需要真正'管用、能用、好用'的知识。"[2] 这就需要具备和体现具有党校特色的数字资源优势，才能满足党校学员的阅读需求，才能保证执政党能力建设的提高，来始终走在时代前列引领中国的发展和进步。党中央把建设学习型政党作为重大战略任务提上了重要日程，要求党校必须承担起推动全党学习的重大责任和营造崇尚学习的浓厚氛围，在建设马克思主义学习型政党中发挥重要作用。

因此，在大数据视角下党校图书馆正处在由传统图书馆向现代图书馆转型和发展时期，要"大力加强数字资源建设，深度开发特色资源、区域资源，整合优质资源，紧密围绕'三大文库'（中国共产党历史文库、马克思主义理论文库、中国国情与地方志文库）建设，以中央党校数字图书馆建设为契机，搭建全国党校系统图书馆数字资源共建共享网络平台，力争在五年内建成具有相当规模的、能基本满足党校教育和干部学习的特色数字资源库群"[3]。只有把党校图书馆建成"马克思主义理论和哲学社会科学等多种知识的数字资源储备库，才能更好地为党校读者提供知识保障和智力支撑"[4]。这是提高党的领导干部理论知识水平和人文素养、培养治国理政各方面高端人才和不断加强党的执政能力提高的需要，更是执政党始终走在时代前列引领中国发展进步重要保证的前提条件。

2　党校数字资源建设现状分析

随着大数据时代的到来，人们的阅读和学习习惯也随之改变，只有把海量的知识和信息通过电脑、手机等各种移动终端在网络上随时随地获取，才能最大限度满足用户需求。自 2010 年全国党校系统图书馆工作暨数字资源建设会议在西安召开以来，中央党校下发了《关于进一步加强和改进党校图书馆工作的若干意见》和《全国党校数字图书馆资源建设规划（2011—2015）》等文件，明确了全国党校系统图书馆要紧密围绕"三大文库"建设这一中心工作，逐步搭建一个涵盖中央党校和地方党校特色数字资源库群的全国党校系统图书馆数字资源共建共享网络平台。西安会议之后全国党校数字资源建设工作取得了实质性的进展，但同时也面临着困难与挑战。

2.1   党校数字资源建设工作进展情况

2.1.1   共建党校特色资源库群，实现共享

党校特色资源库群主要体现在"三大文库"建设中，自2010年西安会议后，"三大文库"建设在全国党校系统数字资源建设中的中心地位进一步明确，很快中央党校成立了全国党校数字资源建设工作小组，经过馆藏查底、调研走访、反复研讨论证，按照理论和历史逻辑搭建起"三大文库"基本框架。在建设过程中突出重点、以点带面。首先要求各省级党校馆基于"三大文库"建设需要，数字化加工本馆已有的各类资源，按类归入数据库。其次是各省级党校积极向中央党校申报"三大文库"建设项目，以科研子课题和子数据库的形式鼓励和带动地方党校群策群力，共同参与"三大文库"的文献研究和资源建设工程。以这种方式带动党校数字资源建设的效果很好，各地方党校感觉到工作目标更加明确了，进一步挖掘本馆本校本地资源、建设特色数据库的主动性和积极性被调动起来了，党校系统特色资源库群的建设截至2013年底，"共有27家党校图书馆申报了51个子库、38个子课题，其中10家党校的18个数据库已顺利完成结项"[5]。

在自建党校特色数据库中，以贵州省委党校图书馆为例，众所周知，贵州是全国最贫穷落后的省份，每年GDP的排名都排在了全国的倒数第一。但贵州省委党校并不甘于落后，积极参与到中央党校的"三大文库"建设中，于2012年9月申报的"贵州党史文库"获得中央党校立项。在建设过程中，采取了全省各市（州）党校的合作共建来充分发挥全省党校整体优势，采用这种方式不但收集的资料齐全，而且还节约了大量的经费。于2014年7月中旬完成《贵州党史文库》——新民主主义革命时期子库，首先在全省党校系统实现共享，然后再参与到全国党校系统图书馆数字资源共建共享网络平台实现共享。

2.1.2   联合采购数字资源，实现共享

在今天拥有海量的数字资源，单个党校图书馆的财力有限，不可能订购所有的数字资源，只有把党校系统图书馆组织起来现实联合采购数字资源，才能以最少的经费获取最优的价格来实现共享。这也是党校系统图书馆在大数据视角下，创新工作思路、转变工作方法的一种新模式。目前，有不少的省级党校健全了全省党校系统联合采购数字资源共享运行机制。如贵州省党校系统图书馆，为了避免重复建设、节省经费、实现共享、提高数字资源利用率，在2013年召开的全省党校系统图书

馆工作会议上，组织到会的分管校长和图书馆馆长们面对面地与中国知网公司和超星电子图书公司协商，对贵州省委党校已订购的数字资源在全省党校系统实现共享，对市级党校和县级党校各自能承受的经费与上述二家公司达成了协议。这些参与联合采购的党校不但节省了大量的经费，而且还共享到丰富的数字资源。

2.1.3　馆藏纸质资源数字化，实现共享

全国党校系统图书馆重视馆藏资源的开发与利用，不断丰富和完善馆藏结构，突出党校特色。各省级党校按照馆藏基础及地区或系统文献资源的统筹规划和安排，通过多途径、有计划、有重点地采集国内外各种载体文献，"保持了重要文献的完整性和连续性，注重收藏本校教研人员的学术文献、学员的学习研究成果和本校的出版物，形成具有党校特色的馆藏体系和合理的馆藏结构"[6]；有部分省级党校把馆藏纸质资源数字化，率先在全省党校系统范围内实现共享。如贵州省委党校图书馆，在纸质图书价格年年上涨的情况下，为了减少复本、扩大采集范围，把馆藏纸质图书转换为电子图书在全省党校系统范围内实现共享。

2.2　党校数字资源建设工作存在的问题

2.2.1　布局缺乏系统规划

党校系统图书馆数字资源建设工作，虽然有了宏观的规划与布局，但在布局上还缺乏系统规划。以"三大文库"建设为例，只要求各省级党校参与到这项工程中来，以至于参与进来后缺乏系统规划和明确分工，"造成有的党校图书馆'闭门造车'，固步自封、作茧自缚；有的党校图书馆'邯郸学步'，照搬经验、复制模仿；有的党校图书馆'滥竽充数'，只求数量、不重质量"[5]。这样的数据库建成后实现共享究竟有多大的价值和实用性？值得思考。

2.2.2　领导重视存在差异

党校图书馆数字资源建设工作的成效取决于各级领导的重视程度，只要是各级领导高度重视的图书馆很显然就走在了全国党校数字资源建设工作的前列，不但成绩显著，而且还成为借鉴的典范；如果图书馆部门领导再不主动、积极去争取分管副校长和常务副校长的高度重视和支持，将是寸步难行，只能按部就班、死守传统图书馆不放，还谈什么党校图书馆的转型与发展？更谈不上加大党校数字资源建设工作力度。

2.2.3　资金投入很难到位

在党校图书馆数字资源建设工作中，购置部分的数据库基本上各个图书馆都有

固定的专项经费支付，至于自建数据库的经费来源就是一大难题，还需要自酬经费。虽然向中央党校申报自建特色数据库获得立项，但没有配套资金，只是获得了一份立项证书。自建数据库的经费还要多方位去争取，有的在本校争取经费、有的争取省财政拨款、有的争取省科协援助等，类似"化缘"。由此可以看出，自建数据库的经费很难到位。

2.2.4　对外协调不够主动

有的党校图书馆在数字资源建设工作中，不愿与外界交流、不考虑客观实际的需要，关起门来搞数字资源建设。这种固步自封、作茧自缚的工作方法怎能把数字资源建设工作做好呢？其中一个关键的因素就是缺乏与校内外相关部门的协调。

2.2.5　馆员整体素质不高

搞好党校图书馆数字资源建设工作除了领导重视和经费到位外，还取决于馆员整体素质的高低。目前，有的党校图书馆馆员的整体素质不高，主要体现在缺乏敬业精神、业务不精、不求上进、安于现状、因私废公和言不守信等，这些都是阻碍加大数字资源建设工作力度的直接原因。

3　大力推进党校数字资源建设的建议与措施

3.1　科学规划，合理布局

在大数据视角下，只有科学规划、合理布局，才能实现数字资源建设全面协调可持续发展。为了防止数字资源建设中的零散、杂乱、重复的数据堆砌，必须有规划、谋布局、成体系，在中央党校的统一协调下，从各省级党校实际出发，"制定出数字资源建设的'时间表'、'路线图'，结合'顶层设计'和'基层探索'，实现纵向联动、横向互通，推动党校数字资源建设工作有条不紊地进行"[5]。尤其是"三大文库"建设，不但要有系统的规划，而且还要有明确的分工。该由中央党校完成的，由中央党校图书馆来完成；该由省级党校完成的，由各省级党校图书馆来完成，这样就避免了很多的重复建设。如《马克思主义理论文库》由中央党校图书馆来完成，其他省级党校图书馆不用再建；还有《党史文库》，涉及国家级的党史资料由中央党校图书馆来完成，涉及各个历史时期的地方特色资源由相关省级党校来完成，比如安徽的《新四军文库》、贵州的《红军长征在贵州》、江西的《井冈山和中央苏区》、吉林的《东北抗联史》和陕西的《红色延安》等，这样建起来的《党史文库》，不但有权威性，而且还避免了重复建设；《中国国情与地方志文库》涉及的省情部分，由各省级党校图书馆来完成。

3.2　领导重视，狠抓落实

实践证明，党校数字资源建设的成效与领导的重视程度息息相关，与责任、制度落实状况紧密相连。因此，在数字资源建设工作中，党校领导班子中要有专人抓，责任到人；在制度建设上要建立工作机构和协调机制，保证党校各部门通力协作、密切配合，各司其职、各负其责，层层包干、逐级落实，确保党校数字资源建设工作落到实处。如贵州省委党校，为了加强对全省党校系统图书馆数字资源共建共享工作的组织领导，成立了"贵州省党校系统图书馆数字资源建设领导小组"，由常务副校长任组长，由分管图书馆和财务的副校长任副组长，图书馆馆长和相关部门领导及各市（州）党校分管图书馆的校领导任成员。由于贵州省党校各级领导的高度重视和各项组织机构健全，数字资源建设工作得到了顺利的开展和落实。

3.3　加大投入，强化支持

加大经费投入，是加快党校数字资源建设工作的关键。要采取多种措施，多渠道、多途径解决好需求和投入的矛盾，要立足关键领域和关键环节，合理配置经费，确保数字资源建设经费的比重逐年提高。同时，要切实加强经费管理，提高经费的使用效率，真正把纳税人的钱用在刀刃上。在加大经费投入的基础上，还要强化政策投入的支持，就是要在拨款、立项、审批、用人等政策上更多地向数字资源建设有关的项目倾斜。建议"三大文库"建设，应由中央党校向国家申报立项，获得中央财政专款成为经费的主要来源；涉及各省的子库建设，应由各省委党校来争取获得省财政经费作为补充。只有这样来加大投入、获得各级政府的支持，才能保证"三大文库"建设的经费到位。

3.4　对外协调，促进发展

协调是正确处理组织内外各种关系，为组织正常运转创造良好的条件和环境，促进组织目标的实现。实践证明，凡是在大数据视角下党校图书馆工作的转型与发展较快的单位，其中一个关键的因素是与校内外相关部门的协调较好。各省级党校图书馆在牵头搭建全省党校系统数字资源共建共享网络平台时，首先图书馆馆长、部主任要学会与市级党校、县级党校的分管校长和馆长们打交道，让他们统一认识、协调一致，才能加大全省党校系统数字资源建设工作的力度。其次在"三大文库"建设中，要学会与党史研究室、政策研究室、方志办、统计局、财政等单位和部门打交道，与这些单位的关系搞好了，对数字资源建设工作就有很大的推进作用。

3.5　馆员素质，整体提高

馆员是数字资源建设中的人才，目前真正懂数字化的人才特别稀缺，这就需要各级党校除了引进人才、外派学习培训外，还要提高现有馆员的整体素质，这是酿造党校图书馆具有知识型、数字化、开放式、有特色的现代化服务环境的必要基础。馆员应从以下几方面来提高整体素质：一是立足本职，精通业务。干一行爱一行是做好本职工作的前提条件，数字资源建设是多学科的综合应用，涉及的知识面广、技术复杂，只有精通业务才能干好自己的本职工作。二是按章办事，不谋私利。馆员"首先要学法、知法、守法、用法，要知道哪些行为属于违法行为，当自身合法权益受到侵害时，也能坚决利用法律来维护"[7]；其次要遵守职业纪律和规范，才能减少制度风险，杜绝因私废公现象。三是文明礼貌，优质服务。馆员在为用户服务时要用尊称敬语，不用忌语，讲究语言艺术，提供优质服务，形成良好的用户关系，才能顺利开展好业务活动。四是诚实守信，用户至上。馆员要做到"言必信，行必果"。用户至上是诚信经营的具体体现，用户的个性化需求得到了满足，馆员就实现了在开展个性化全方位的优质服务。

参考文献：

[1] 郭晓科．大数据 [M]．北京：清华大学出版社，2013：5．

[2] 张瑞红．打造具有党校特色的领导干部现代化读书平台 [Z]．中国图书馆学会2013 年会．

[3] 关于进一步加强和改进党校图书馆工作的若干意见 [G]．中共中央学校（意见），中校字〔2110〕65 号文件．

[4] 肖进．党校图书馆转型探索 [J]．山东行政学院学报，2013（5）：151-156．

[5] 赵长茂．加快推进党校图书馆转型和数字资源建设工作 [J]．全国党校数字图书馆理事会工作通讯，2014（20）：12-21．

[6] 肖进．党校图书馆转型探析 [J]．中共珠海市委党校珠海市行政学院学报，2013（3）：48-51．

[7] 李思．电子商务从业人员职业道德浅析 [J]．科技信息（学术研究），2007（1）：177．

紧盯教研新领域，自建资源保需求

——我馆专题数据库建设之思考

杨小娜（国防大学图书馆，北京 100091）

摘　要： 学科专题数据库是院校图书馆数字资源建设一个不可缺少的组成部分，同时也是促进学科发展与资源共建共享、为教学科研提供信息服务的重要手段。本文以我馆为适应学校教学科研改革，搭建"陆、海、空、天、电、网、核"七大领域专题数据为例，分析了学科专题数据库的背景和意义，研究了专题数据库在建设过程中以及日常维护中需要注意的有关问题。

关键词： 图书馆；专题数据库；数据库建设

学科专题数据库是院校图书馆为教学科研提供服务最主要的信息资源。院校图书馆通过建设专题数据库，可以更好地满足学校教学科研和人才培养需要，有效提升图书馆信息资源建设质量，深化拓展融入教学服务模式，进一步探索学科馆员培养发展之路。本文以我馆主动适应教学科研改革，建设"陆、海、空、天、电、网、核"专题数据库为例，对院校图书馆建设专题数据库，更好地服务教学科研进行深入探讨。

1　我馆学科专题数据库建设背景

党的十八大以来，习主席提出了强军目标重大战略思想，为新形势下军队建设和军事斗争准备指明了方向，提出了要"坚持面向战场、面向部队、面向未来"，"把培养联合作战指挥人才作为重中之重、急中之急突出出来"等重要指示，为我校人才培养提供了根本遵循。面对新形势、新任务、新要求，学校以培养能打胜仗高端联合作战指挥人才为核心，以深化教学改革为突破口，系统推进教学改革创新。特别是在创新教学内容上，深化主要战略方向作战对手研究，拓展海上军事斗争准备，加强了太空、网络、电磁等新兴领域作战力量建设与运用研究。针对教学内容向"陆、海、空、天、电、网、核"七大领域拓展的特点，服务新领域、新样式、新战法教学需求，开展专题数据库建设成为了我馆实现功能定位转型，发挥职能作用的重要抓手。

2　自建学科专题数据库的意义

2.1　为教研人员搭建信息服务平台

"陆、海、空、天、电、网、核"七大领域专题数据库主要是围绕联合作战指挥人才培养和我校七大领域教学，为一线教研人员和学员开发建设的以学科为主的数据库，资源丰富、紧贴教学、使用方便。教研人员利用专题数据库可以全面、便捷、系统地检索到自己所需要的文献资源，这样既节省了时间，又减少了查找的精力消耗，大大方便了教研人员的使用。将本专业教研人员发表的专著、学术论文等科研成果收入专题数据库，能增强教研人员的成就感、提高知名度。

2.2　为学员搭建学习平台

"陆、海、空、天、电、网、核"七大领域专题数据库收集了各领域丰富的专业资源，如图书资料、学术文章、相关图片、教学参考、网络资讯、特别关注等内容。学员在课余时间，只要打开计算机，进入学科专题数据库界面就能够对自己感兴趣的学科领域有个全面、系统的了解，从而为学员进行全维度学习、自主学习、创新学习提供了一个良好的网络平台，帮助他们及时广泛地获取各领域的最新资料、最新信息，培养学员学习的积极性、主动性。

2.3　促进图书馆自身建设

图书馆建设专题数据库，对于馆员来说是个学习提高的过程。通过建库有助于馆员全面掌握学校学科设置情况，促使馆员有针对性地开展情报搜集工作，培养了学科馆员。同时，增长了图书情报专业知识，提高了业务工作综合能力；另外展示了图书馆融入教学服务的成效，积累数字资源建设经验，探索数字资源建设模式，从而促进图书馆数字资源建设进程。

3　专题数据库建设的指导思想

专题数据库的核心在于专业化服务。因此，在建设上不应一味的追求数量，而忽略了质量；也不应一味的追求齐全，而失去了特色。以我之见，院校图书馆自建专题数据库的指导思想要突出"三性"，即专业性、实用性、服务性。

3.1　突出专题数据库特色性

自建数据库得以生存的关键就在于它的特色性，没有鲜明特色的数据库最终将会失去生存价值。以馆藏为特色，选择本馆独有的资源，如教员的论著、学校自编教材、科研成果、专家讲座视频等，构建本馆的资源特色。这些都是我们的宝贵资源，应该大力收集和充分地利用。

3.2　突出专题数据库实用性

学科专题数据库建设的最终目的是为教研人员和学员开展教学研究、增长学科知识提供文献信息需求。因此，专题数据库的建设应立足实用性。我馆"陆、海、空、天、电、网、核"七大领域专题数据库的平台搭建，是适应学校教学改革，在各个专题栏目下根据课程设置，搭建各个领域不同的分类导航。这样就大大方便了教研人员和学员的使用和检索。

3.3　突出专题数据库服务性

专题数据库要坚持服务教学科研原则，建是为了用。建设专题数据库的最终目的是最大限度地提供学科特色资源和专业化服务。专题数据库的建设使无序的文献资源有序化，使馆藏文献信息被深层挖掘，得以合理地保存，并为学校教学科研提供更专业化、学科化信息服务。随着专题数据库建设的进行，特别是有一定建设成果后，要做好宣传、报道工作，充分提高专题数据库的利用率。

4　数据资源收录原则和途径

数据资源的收集是建设数据库中十分重要的环节，对收集到的多类型、多载体的原始信息资源进行分析、筛选，是信息资源组织的重要基础工作。

4.1　收录原则

专题数据库信息资源的收录是建库的基础，要求收集到的资源具有一定的时效性、针对性、完整性、权威性，资源组织的科学性、实用性。因此，在资源收集的标准上，一是要突出一个"专"字。收录的信息资源要与所建专题库定位一致，杜绝因追求数量而造成冗余和繁杂信息；二是要保证所收集信息资源的质量，尽可能做到全面、有特色，力求所选择的资源能直接服务教学科研；三是确保各种信息资源分类明确，并且能够连续、系统地整合在一起，保证专题数据库的完整性、即时性。

4.2　收录途径

专题数据库的数据来源主要有三个方面：

一是馆藏特色资源的整合。专题数据库的建设，首先要选择现有馆藏的特色文献，本馆馆藏资源是最方便利用的资源。图书馆经过长期的文献积累，已经收藏了较为完备的资料，除了传统的纸质文献外，还包括电子书、电子期刊、光盘、视频等多种载体文献。因此，这部分文献要作为建库的主要信息来源充分挖掘和利用。馆藏文献分布广泛，内容繁杂，分散在不同的学科中，应集中精力对馆藏图书、期刊、视频进行有针对性的筛选。对使用率高、专业性、学术性、权威性资料重点收集。

二是网络信息资源的利用。网络资源是图书馆数字化建设的重要信息源，网络资源具有信息量大、内容丰富、新颖、快捷、方便等特点，是专题数据库建设中取之不竭、享之不尽的资源源泉，网上信息资源的整合将成为专题数据库建设的重要途径之一。在建设专题数据库时，可以利用搜索引擎采集网上信息，根据研究的领域来确定收集的范围和文献的类型，将符合的信息按专题进行筛选，整合、分类后添加到数据库中。在利用这些网络信息资源时，要严把质量关，防止不可靠的信息进入数据库中。根据数据库的需要，有选择地利用和下载网络资源，可以节省经费并加快数据库的建设，还可提高数据库的质量，方便用户检索使用。

三是本校教研人员、学员的教学科研成果的收录。学校的教研人员、学员既是信息资源的利用者，同时也是信息资源的生产者、提供者，要充分重视他们在教学科研中的研究成果，将其作为学科专题数据库资源建设的重要内容，全面收录。此外，凡是对本领域的研究有重要参考价值的信息，包括本领域灰色文献资料的收集都应重点收录，深层次挖掘，以保证专题数据库建设的完整性和独特性。

5　专题数据库建设过程中需要注意的问题

5.1 坚持统一的著录规范、标准

规范化、标准化是数据库建设的生命。数据库的标准化和质量直接关系到数据库的整体水平。因此，在建库时必须注重规范化和标准化，采用统一的著录标准，对收集的信息资源严格按照《中国图书馆分类法》《军事信息资源分类法》进行分类、著录。

5.2　专题数据库要重建，更要重管。

从许多院校图书馆专题数据库建设的现状来看，普遍存在重建设轻管理、数据维护更新滞后的问题，很大程度上影响了信息资源服务教学的作用。专题数据库建设是一个动态过程，是一项长期性、系统性的工作。随着馆藏资源的不断丰富，与数据库主题相关的其他资源，如网络资源、文献资源等是不断更新的。因此，在建设的过程中，需要建库人员对数据进行及时的维护更新，发现内容有错误要随时修改；对于文献特征不准确、不完整的数据，要及时补充完善；对于本专题的最新动向，要及时补充新的资源，以保证数据库中数据的正确性、完整性和实效性。这项工作是保障数据库质量和长久生命力的重要措施，必须抓好落实。

5.3　注重加强建库馆员能力素养的提高

建库馆员素养主要包括知识水平、业务能力和服务态度等。随着信息时代用户需求的深度和广度的不断增加，个性化需求不断增强，对馆员的素质要求也越来越高。在知识水平方面，建库馆员要具有一定的专业知识和外语水平，还要掌握计算机技能和图书情报专业知识。在业务能力上，要既有娴熟的信息资源检索技能和高水平综合信息的能力，还要有及时掌握最新动向，精、准、快、全地为用户提供决策服务的潜能。图书馆专题数据库建设的管理者所需要的不仅仅是具有图书馆学专业的人才，还需要会计算机，懂数据库操作与维护，更重要的是要结合本校学科特点，有针对性地发现资源、整合资源。因而，要对建库馆员进行培训，不断提高数据库管理员自身水平，以建设更高质量、更贴进学校课程的各领域专题数据库。

参考文献：

[1] 国防大学深化教学改革发展的意见（2014 年）.

[2] 军事理论科学数字图书馆专题数据库建设实施意见（2013 年 12 月 23 日）.

[3] 王英哲.地方高校图书馆专题数据库建设探析——以石家庄职业技术学院"旅游与酒店管理专题数据库"建设为例 [J].科技情报开发与经济，2012.

[4] 肖倩.铁路公安特色数据库建设原则探析 [J].铁路警官高等专业学校学报，2011.

[5] 金玲.浅议高职院校岗位设置管理工作中人事档案的管理 [J].互联网数据，2014.

[6] 李华.浅谈高校图书馆的期刊管理与读者服务 [J].科技情报开发与经济，2010（20）.

大数据时代加强军队数据建设的对策研究

屈夏光　王均春（解放军工程兵学院，江苏徐州 221004；

陆军第十二集团军，江苏徐州 221004）

摘　要： 数据建设是信息化条件下作战体系建设的一项基础性工程，步入大数据时代，数据建设的重要性愈发突显。目前，我军数据建设还存在缺、弱、散、粗等"瓶颈"问题，不及早解决将影响指挥信息系统作战效能发挥，制约体系作战能力生成。因此，要大力推进军队数据建设，充分发挥数据对实战的基础性支撑作用，谋求数据优势、赢得决策先机，为提升全军部队基于信息系统体系作战能力奠定坚实基础。

关键词： 大数据；数据建设

信息化条件下，信息和信息系统是作战指挥赖以生存的基础，信息系统数据资源已经成为一种战略资源。信息系统的科学运用，依赖于信息系统数据资源的采集、处理和及时传输以及各种数据库、软件库和专家系统等资源的支撑。因此，加强军队信息系统数据建设，是信息化条件下作战体系建设的一项基础性工程。随着大数据时代的到来，数据建设的重要性愈发突显，大数据技术的快速发展，带动了数据存储、数据传输、数据挖掘、云计算等相关技术的快速发展，可以预见，大数据时代将会形成新的科学研究方法，给军队数据建设发展带来深远影响。当前，我军数据建设取得了不小的成绩，但与大数据时代新的要求相比，还存在着较大差距，不及时解决好数据建设过程中暴露出的短板"瓶颈"问题，将导致指挥信息系统难以发挥最大作战效能，制约体系作战能力提升。因此，加快大数据技术在数据建设领域的研究运用，对于提高全军部队基于信息系统的体系作战能力具有重要的意义。

1　大数据的特征与价值

各国对大数据的概念界定略有差异，比较有代表性的是美国麦肯锡全球研究所大数据研究报告给出的："大数据指的是大小超出常规的数据库工具获取、存储、管理和分析能力的数据集。"报告还指出：大数据是下一个创新、竞争、生产力提高的前沿。

大数据的特征可用四个"V"来总结：第一，数据量大（volume），聚合在一起供分析的数据量是非常庞大的，达到PB（1024TB）甚至EB（1024PB）、ZB（1024EB）级别；第二，类型多样化（variety），数据类型既包括结构化数据也包括非结构化的数据（如网络日志、视频、图片、地理位置信息等）；第三，价值密度低（value），挖掘大数据中的有价值信息如同大海捞针，以监控视频为例，数十天的连续视频可能仅有一两秒有用；第四，处理速度快（velocity），遵循"1秒定律"，应对海量复杂数据，处理速度越快、越及时，才能在快速变化的形势面前赢得先机。

海量数据正在成为一种资源、一种生产要素，渗透到各个领域，而拥有大数据能力，即善于聚合信息并有效利用数据，将会带来层出不穷的创新与价值：

1.1　大数据时代将引发思维认知革命

随着大数据技术的发展，行业渐进融合，过去认为不相关的领域通过大数据有了相通的渠道，大数据时代，无须再紧盯事物之间难以捉摸的因果关系，而应该寻找事物之间的相关关系，这就是大数据技术给思维方式带来的变革，也是对传统哲学思维的挑战和颠覆。例如，零售业巨擘沃尔玛公司通过数据挖掘发现，来超市买尿布的多为喜欢喝啤酒的年青爸爸，便采用捆绑打折销售的策略，将风马牛不相及的"啤酒"与"尿布"联系在一起，取得了突破性的销售业绩。

1.2　大数据资源将衍生全新战略资源

随着信息技术的高速发展，"资源"的含义正在发生极大的变化，不再仅仅只是指煤、石油、矿产等看得见、摸得着的实体物质，数据同样被视为一种资产、一种财富、一种可以被衡量和计算的价值。大数据资源正在演变成不可或缺的战略资源，很多专家都断言，大数据时代，谁能垄断数据，谁就有可能成为世界新的霸主。

1.3　大数据技术将变革决策方式手段

依据大数据进行决策，让数据主导决策，是一种前所未有的决策方式，正推动着人类重新审视现有的决策方式手段。谷歌公司通过大数据分析在流感爆发几周前就成功预测了流感的传播范围，与官方疾病控制和预防中心在流感爆发一两周后提供的报告对比，追踪疾病的精确率达到97%~98%。随着大数据分析和预测在管理决策活动中的普及运用，依靠直觉经验决策的时代将一去不复返。

1.4　大数据风险将影响国家安全战略

大数据时代，国家安全的环境和内涵发生了极大的变化，各类国家信息基础设施和重要机构都承载着庞大的数据信息，由信息网络系统所控制的能源、交通、金融和军事等领域都是敌对势力关注的焦点，数据的安全保存、防丢失和防破坏等问题成为必须面对和解决的难题，数据安全与防护必将上升为国家安全战略。

2　大数据在军事领域的应用前景

外军研究认为，在大数据时代，数据将会成为影响和决定军事行动的重要力量源泉。因此，数据搜集、分析和处理能力，以及基于大数据技术的指挥决策能力将会是未来战场上的制胜关键。

2.1　大数据技术将大大提高侦察情报效能

大数据技术应用在侦察预警领域，可极大提高信息优势一方侦察预警情报的获取、跟踪、定位、处理、分析和防护等能力，以及进一步提升挖掘他国高价值军事情报的能力。击毙本·拉登让美国的"海豹"突击队吸引了全世界的目光，但真正发现并定位本·拉登靠的是数千名数据分析员长达10年对海量信息的分析，所以国际上也有"数据抓住了本·拉登"之说。要驾驭未来战争，决不可忽视没有硝烟的大数据情报战场。

2.2　大数据技术将大大提高指挥决策优势

在大数据时代，要求指挥员更加具备基于体系作战的系统思维，基于数据模型的精确思维，基于对战争进行科学预设的前瞻思维。大数据技术应用在指挥控制领域，能够很大程度地提高对指挥控制数据的智能处理、辅助决策能力，可有效地增强基于数据的指挥控制水平。通过感知、认知和决策支援的结合，建立能够真正独立完成操控并做出决策的自动化信息系统，进一步压缩指挥、决策、行动周期，提高快速反应能力，实现"侦、攻、防"一体化目标，提升指挥信息系统的决策优势。

2.3　大数据技术将大大提高综合保障精度

受益于大数据技术，综合保障系统将从战场上的信息使用者转变成信息处理者和决策者，成为高度智能化、自主化的系统。智能处理后的高价值信息进入战场网络链路后，与战场网络融为一体的综合保障体系就将能实时自动感知所面临的威胁，各个保障节点就将能自动感知包括我情和敌情在内的战场态势，在作战人员的有限参与下高度自主地分解保障任务，确定保障目标和行动方案。通过大数据与云计算、物联网等技术的有效结合，将大大增强综合保障系统的可视化程度，大大提高精确化保障水平。

3　运用大数据技术解决军队数据建设"瓶颈"问题的对策措施

信息系统数据资源建设的基本任务，是为军队各级各类指挥信息系统、武器控制系统提供及时可靠的信息数据支援。目前，由于各部门各业务系统独立开发、标准不一、互不兼容、烟囱林立，导致我军数据建设还存在缺、弱、散、粗等突出问题。因此，在大数据时代要真正实现数据优势向决策优势的转变，就要大力推进军队数据建设，提高数据对战斗力提升的基础支撑作用。

3.1　着眼质量效益，加强数据建设的集中统管

一是加强统一领导。要进一步明确各级各部门数据建设的职能和业务范畴，理顺主管部门与相关业务部门、业务单位和保障单位、上下数据管理对口单位的关系，统一筹划、周密组织、协调整合，集中组织实施数据采集和应用。二是加强建设规划。要系统分析建设现状与规划目标的差距，切实搞清楚建设需求，明确各项任务的标准要求、技术运用、完成时限和评估方式，采用形象直观、便于过程管理的发展路线图方式，形成切实可行的建设规划。三是加强力量统筹。要抽调指挥参谋军官和专业技术干部，组建一支既懂作战指挥又懂技术保障的素质过硬队伍，成立数据保障中心，具体负责军队数据建设管理、更新维护、开发利用等。

3.2　着眼高效精准，加强基础数据的更新保鲜

一是统一数据采集标准。数据标准化是数据采集的首要环节，必须明确规定指挥控制、侦察监视、战场管理、武器协调、联合行动等静态和动态数据的参数描述，根据信号波形、传输信道和组网方式，研究确立接口协议体系，维持传输网络有序运行，实现数据直达传输，以适应各种作战平台对不同数据交换的需求；抓好以作战数据库为核心，以公共数据、业务数据为补充的大数据库建设，研究统一数据标准格式，规范数据采集标准。二是创新数据采集手段。通过自主研发、外部引进相结合的方式，扩展利用信息传感设备、射频识别装置等传感器手段的使用范围，加强侦察情报、气象水文、后勤保障等自动化数据采集系统建设，使数据采集向末端

延伸，实现数据多源感知、全域获取，提高数据采集能力；集成初级战术互联网、军事训练综合信息网等各级网络平台，实现网系随遇接入、有机融合，确保作战动态数据的高效传输，形成全维战场感知网络，实现信息资源数字化、网络化、体系化采集。三是建立数据采集制度。要建立数据通报、发布制度，健全网络报知、自动分发机制，实现一方采集全网联动更新；重视常态化数据采集，形成指定专人全程跟踪采集数据的制度规范，通过长期积累、广泛使用、反复校验、不断优化采集数据；对采集耗时长、规模大的大项数据采集任务，采取强制推行的方式，确保数据的高效采集。

3.3　着眼深度开发，加强数据资源的融合共享

一是规范数据共享行为。加紧制定有关作战、政治、后勤、装备等各类数据的使用维护管理办法，细化数据资源种类，规范各部门、各单位承担的各类数据资料类型和共享使用权限，规范数据共享行为；对于计划实施的数据生产和处理项目，验收前必须履行数据计划，并将所获取的数据和有关信息提交归档部门接收，由归档部门负责后续管理、按需提供调阅使用。二是提升数据融合质量。依据作战指挥、战备训练和业务工作实际需求，科学区分数据共享类型，合理优选共享内容，依托基于高质量数据挖掘技术的军用搜索系统和保密权限等级规则，逐步实现按需提供、按级分发、依权享用、安全共享；采取实名制注册和登录，根据用户类型和等级划分知密范围，开放数据库资源，严格数据查阅、获取和使用制度，防止数据在非保密载体中存储，确保数据使用安全。三是扩展数据挖掘范畴。运用大数据挖掘的方法和手段，对各类数据库系统中存储的海量数据进行提取、分析、整合，生成具有更高价值的决策支持数据，实现数据到信息、信息到决策、决策到战斗力的转化，引导全军各单位不断扩大数据应用范围；利用战役演习等重大演训活动时机，依托一体化指挥平台和兵棋系统组织网上指挥对抗演练，探索利用数据构建模拟作战环境，研究挖掘基于数据进行辅助指挥决策的方法路子，在全军上下形成"用数据说话"的良好导向。

参考文献：

[1] 李纪舟. 大数据给军队信息化建设带来的影响及对策思考 [J]. 空军通信学术，2013，4：23-24.

[2] 杨清杰. 大数据时代背景下指挥信息系统建设研究 [J]. 军事通信学术，2013，1：86-88.

[3] 汪圣利. 大数据时代指挥信息系统发展分析 [J]. 现代雷达，2013，5：1-5.

任职教育中军队政治工作案例库建设构想初探

刘　嵘（解放军南京政治学院上海校区图书馆，上海 200433）

摘　要：本文从政工干部任职教育开展案例教学的意义入手，重点阐述了任职教育中军队政治工作案例库建设的原则、内容和主要环节，最后对案例库建设提出了统一规划、加强合作、分布实施、维护更新等几点建议。

关键词：任职教育；军队政治工作；案例教学；案例库建设

案例教学作为能力训练的模式之一，适应了任职教育职业性、实践性和创新性的特点，体现了任职教育的多样性、灵活性和个性化发展的要求，对于培养学员分析解决实际问题能力，增强其岗位任职能力，具有其他教学方法难以替代的作用。当然，实行案例教学的前提就是必须具有数量丰富、内容全面、难易适中的教学案例库。设计好教学案例，建立起完善的案例库是任职教育案例教学的关键[1]。因此，校区图书馆应主动作为，根据教学科研需求，重点加强任职教育中军队政治工作案例库的建设。

1　政工干部任职教育开展案例教学的意义

政工干部的任职教育，一个重要的特点就是教学对象都来自部队，大多经过学历教育的系统学习，具有军队政治工作的基本知识和工作经历、阅历。任职教育学员培训结束后，应该对即将面临的部队岗位职务的所有工作、所有活动和所有内容做到心中有数。因此，他们来院校进一步深造学习需要解决的是部队政治工作中的重点难点问题，需要提高的是指向履行岗位所需的知识和能力。在任职教育中引入案例教学，对于改革现有任职教育模式，提高任职教育教学水平，都具有积极的促进作用。

首先，开展案例教学可以促进学员理论联系实际，进一步掌握理论、运用理论，使理论进入学员的思想[2]。学员对案例的分析就是对现实生活和部队思想政治工作中可能遇到情境的分析，这种情境的相似性能使学员在案例学习中获得知识与经验，并用于指导未来的工作，从而大大缩短理论与现实之间的距离。

其次，开展案例教学可以使教学内容紧贴部队思想政治建设实际，增强教学内容的指向性。通过案例教学动态掌握部队开展思想政治工作的实际经验，不断发现和解决部队重大现实问题。案例具有真实性和矛盾性的特点，真实性体现在案例都是来源于部队政治工作的实际情况，矛盾性体现在通过对某一典型案例的陈述，将部队建设及思想政治工作中面临的突出矛盾集中展现出来，从而使案例教学更加贴近军事斗争准备，贴近岗位任职需要，使教学更好地靠拢部队、聚焦实战。

再次，开展案例教学可以在教学互动中全面提升学员的教学主体地位，把教学的重心移向学员，让学员真正成为学习的主人，增加教学的实用性。案例教学具有开放式、互动式和研讨式的特点，注重的是学员在教学中的主体地位，充分发挥学员的主观能动性。在教学形式上，实现了从"一言堂"到"群言堂"的转变；在教学目标上，实现了"授人以鱼"到"授人以渔"的转变；在师生关系上，实现了从主—客关系到主—主关系的转变。从实践效果看，学员思维能力、语言表达能力、研究与创新能力可以得到全面的检验、锻炼和提高，充分体现了任职教育能力培养的目标指向。

2　任职教育中军队政治工作案例库建设的原则和内容

2.1　案例库建设的原则

目前校区担负着政工人才培养、政治理论研究、服务部队建设和为军委、总部机关提供决策咨询的职能，主要为全军培养政治指挥干部、政治机关干部和政治工作专门人才。任职教育中军队政治工作案例库建设应遵循的原则是，采取基于质量保证的案例库建设模式，以面向部队政治工作为导向，以牢牢扭住培养听党指挥、能打胜仗、作风优良的高素质新型政工人才为中心任务，以军队政治工作学科建设为引领和支撑，从任职教育培训对象的特点与课程教学训练的需求出发，遵循军队政治工作特点，坚持"理论＋实践＋创新"和"知识＋能力＋素质"的协调发展，推动军队政治工作的专业化和学科化发展，推动政工干部任职教育创新发展。

目前，校区已在不同培训班次中开展了案例教学，大多数教员十分重视案例分析、课堂提问、问题讨论等互动方式，但也有部分教员对自己所举的案例和所提的问题缺乏思考和设计，有的所举案例太多太碎，不典型、不精当；有的案例与教学内容贴得不紧；有的不能根据教学对象的特点进行案例的有效设计。因此，要想成功开展案例教学，案例的选择十分重要，任职教育中军队政治工作案例库选编的原则主要有：

典型性。案例要根据教学目的有针对性地收集，案例的内容必须适应具体教学环节的需要。案例的主题多种多样，情节有长有短，所涉及的范围或大或小，在案例中必须把事件发生的背景、事件反映的问题、形成的矛盾冲突及其发展过程展示清楚[3]。案例的收集过程是个不断筛选积累的过程，收集的案例要能反映当前部队政治工作的典型性和代表性。

针对性。案例库收集的案例应该与军队政治工作内容息息相关，要能体现出军队政治工作的学科特点，要符合军队政治工作条例要求。收集的案例要能呈现出军队政治工作的概念、原则、理论，使案例更好地为理论知识做铺垫，遵循理论联系实际的原则[4]。

实战性。实战性对军队政治工作提出了更高的要求，一切按照实战要求去准备。这就要求所选案例要最大限度地和部队一线政治工作相结合，从培养实战意识和实战技能的角度出发来选择和组织案例。

时效性。入库案例应紧跟部队当前发展，要体现时代特色，避免内容陈旧过时、脱离现实等不足。要加强对案例的研究，案例库中应不断更换补充新鲜的案例，确保案例的时效性。

2.2　案例库建设的主要内容

任职教育中军队政治工作案例库的整体框架应根据《中国人民解放军政治工作条例》中政治工作的主要内容进行搭建。但根据校区政工干部任职教育培训对象的特点和课程体系的设置，目前需要建设的案例库主要包括以下内容：基层管理，军队思想政治建设，战时政治工作，军队政治机关工作，部队政治机关应用公文，军队政治工作历史，军队宣传工作，部队文化工作，连队政治工作，基层文化工作，舆论战、心理战、法律战，军人心理教育，军队思想政治工作心理学，军队政治工作信息化等，每一类案例应当包括文字、图片、音频、视频、动画等材料。

具体到每一个案例，应当包括编号、案例名称、类别、适用对象、案例来源、主题、关键词、编写时间、编著者、案例内容、教学建议、案例评析、相关案例等方面的要素作为案例属性。一般地，案例库通常可以采用案例名称、类别、适用对象、主题、关键词、编写时间等进行分类，便于检索查询。

3　任职教育中军队政治工作案例库建设的主要环节

案例库建设质量与所选案例的质量息息相关。一般来说，每一个入库案例都要经历收集、加工、入库、试用、评估、修改等环节[5]。案例库的建设采取基于质量保证的建设模式，即"立项—审批—收集—遴选—分类—加工—试用—评估—完善—发布"的建设流程，确保案例和案例库的建设质量和使用效益。这里重点谈谈案例收集与加工环节。

3.1　案例收集的主要渠道

3.1.1　公开报刊和电视、网络资源

图书馆要随时关注网络和报刊上的信息，特别要在《解放军报》、全军政工网、中央七台军事频道等报刊网络媒体上搜集典型事例，然后将其进行分类、整理、编写和制作。

3.1.2　内部资料

军队院校不同于地方院校，它的内部资料相对较多，而且较有特点。特别是现在很多军队院校图书馆都建设了机要阅览室，有一些涉密资料，可能涉及到当前党和军队的大政方针、重大时事，如新华社参考资料、新华社内参、各大军区的机密文件等，这些内部资料仅在机要阅览室内供读者阅览，图书馆应注重利用自身资源建设的优势从中提炼出生动鲜活的典型案例来。

3.1.3　教员到部队代职获取的一手资料

每年军队院校都有一批教员下部队代职，融入各军兵种部队工作生活，教员可以充分利用这个宝贵的机会深入了解部队在思想政治建设和发展中面临的各种矛盾和问题，在部队代职期间发现和找到一些关于政治工作的活生生的典型案例。

3.1.4　任职教育学员带来的具体案例

到校区培训的任职教育学员主要是来自全军各个部队和机关的政工干部，包括师旅团政治委员、师旅团政治部（处）主任、师以下政治机关宣传干事、军以上政治机关干事、总政机关干部、基层政治指导员等，他们在工作中会遇到各种各样典型个案。一般地，在部队学员入学通知书中都明确要求学员入学时要准备"三个带来"：带来部队思想政治建设的热点问题、本职工作的难点问题和本单位工作的经验。在校培训期间可以鼓励他们将典型案例写出来，用于课堂讨论和经验交流，然后整理汇编成典型案例。

3.1.5　其他渠道

要积极和总部机关、各级机关及其他军队院校、现地教学对口部队建立长期密切的合作关系，促进案例资源共享，形成共同建设的合作机制。还可以通过参加部队组织的各种演习、演练等重大活动，获取案例的素材。

3.2　案例的加工

收集好的案例素材，需要按照案例的选用原则，结合任职教育教学需要进行初步筛选，挑选出符合要求的素材，然后按照案例编写要求和规范，用客观真实的文字整理素材，介绍案例的背景，描述案例发展过程和细节，提炼案例主题，突出在决策中面临的矛盾冲突等，形成案例初稿。另外案例加工还有一个主要任务就是去除案例的涉密信息和冗余信息，添加相关教学信息。

4　对建设任职教育中军队政治工作案例库的几点建议

4.1　统一规划

案例库建设应由总部机关统一规划，制定建设任务，统一制定建设要求和建设标准，避免重复建设。同时，总部机关应在目前已承担全军军事案例编写院校的基础上，总结经验并进一步扩大到更多具备案例编写条件的任职教育院校，充分挖掘全军院校在案例编写方面的资料素材资源。这就需要总部机关统筹安排建设任务，做好顶层设计，各院校既要分头建设又不重复建设，建好的成果要全员共享。

4.2　加强合作

案例库的建设需要多部门方方面面的配合与合作。校区机关负责上报建设任务，批准建设后统筹协调，进行任务分解与布置，按时间节点与分工进行监督检查，确保建设任务高标准高质量完成；系、教研室和教员要积极参与建设，负责部分案例的收集，案例的试用、评估和完善工作；图书馆负责馆内资源中相关案例的收集工作，负责所有案例的编辑、加工、分类、入库、修改、发布等工作，负责完善案例库的管理系统功能和检索系统功能。同时，图书馆要紧密联系各专业系、教研室和教员，便于及时将收集的案例入库，及时将试用评估后的案例进行修改完善。只有各部门密切合作，加强沟通联系，齐心协力，才能将这项工作做好做强。

4.3　分布实施

任职教育中军队政治工作案例库建设是一个复杂的系统工程，整个建设是个循序渐进不断完善的过程，一下子全部完成时间、人手都不够，可以先搭好框架，将成熟案例筛选后分门别类地放入相应的类别中，由少到多，逐步充实完善。只要建设标准统一，接口开放，就可以分布组织实施，将来便于集成，分阶段、分步骤完成整个系统。

4.4　维护更新

对建好的案例库图书馆要指派专人维护和动态更新。为了使案例教学紧跟时代特点和新军事变革，需要保持案例库的时效性，这就需要对案例库中已有的陈旧案例及时更新；根据教员学员对案例教学中使用的案例提出的意见建议及时进行修正；对部队建设中出现的新问题、新情况的案例及时补充[6]。案例库建设好是用来使用的，要最大限度地发挥案例库在教学改革中的作用，建好就要大力推广使用，不要出现建完应付完检查就放置到一边不再过问、不再使用的现象。应该形成建为用、用为建的良性循环，不断注重后期维护、完善和推广使用。同时，图书馆要对建好的案例库进行大力宣传，让更多的教员学员愿意使用案例库，体会到案例库在教学中带来的便利性和实用性，从而激发更多的教员学员愿意加入到建设案例库的行列中来，切实形成一套良性的运行机制。

参考文献：

[1] 包海勇. 经侦教学案例库建设研究 [J]. 中国人民公安大学学报（自然科学版），2013（3）：105-109.

[2] 宋联江. 以军事案例教学为抓手 推动任职教育深化发展 [J]. 军队政工理论研究，2011（3）：104-106.

[3] 杜鹃，陈玲，徐爱荣. 在案例教学法中要重视案例库建设 [J]. 上海金融学院学报，2005（3）：61-63.

[4] 殷荣. 刍议军队政治工作教学案例库的发展和完善 [J]. 西安政治学院学报，2010（6）：111-112.

[5] 王龙，路峰. 警务实训案例库建设构想初探 [J]. 中国人民公安大学学报（自然科学版），2008（1）：91-95.

[6] 谭立龙，邓飙，张宝生. 案例教学在任职教育教学中的应用探讨 [J]. 继续教育，2013（8）：51-53.

浅议大数据时代背景下的文献整理

——以近代回族报刊文献整理为例

白　洁（宁夏社会科学院，宁夏银川 750021）

摘　要： 大数据时代的来临，使文献整理工作发生了很大的变化，主要表现在原始资料的数据化、整理手段的现代化等。文献数据化，既利于文献的整理与普及，更有利于人们对文献的研究。

关键词： 大数据时代；文献整理；回族报刊文献

随着社会的迅猛发展，电子化、信息化、数据化已经完全占据了我们的工作和生活，"大数据时代"的来临，更是以前所未有的力度，改变了我们的工作、思维。英国作家维克托·迈尔—舍恩伯格在他的《大数据时代》一书中认为，大数据"以一种前所未有的方式，通过对海量数据进行分析，获得有巨大价值的产品和服务，或深刻的洞见"。[1]

作为传统学术研究的文献整理，是将历代保存下来的历史文化进行整理，使之成为我们研究历代社会、政治、生活等方方面面的重要的材料。文献整理是一项艰苦而艰巨工作，目前正受到越来越多人的关注。随着信息化、数据化的发展，传统的文献整理工作应该紧跟时代的脚步，让这门传统学科焕发新的生机。

1　原始资料的数据化

中国古代文献浩如烟海，这些文献涉及政治、经济、历史、社会、医学、文学等门类，将文献电子化、数据化，才能让越来越多的人了解并对这些文献进行研究。

目前，国内文献整理主要做法有：一是将文献电子化，以多媒体或光盘的形式直接将文献扫描，这样做的好处在于，能够准确反映文献的原貌。二是建立数据库，利于研究者检索和研究。这两项工作相辅相成，有力地推动了文献整理研究工作。

　　对原始文献重新进行整理、录入、排版，是一项艰辛的工作，这样做与直接扫描原始文献的不同之处就在于，对原始文献进行扫描和影映只需做好文选的分类就可以了。对文献的重新整理，首先要做好文献的搜集与分类工作。近代回族报刊文献，是对 1908—1949 年近百种回族报刊文献进行分类辑选整理，2012 年 5 月，由王正儒、雷晓静主编的《回族历史报刊文选》首批成果经济、教育、社团等 5 卷 12 册由宁夏黄河出版集团正式出版，其他的文学、文化等卷也将陆续出版。

　　搜集与分类是文献整理最基础的工作。第一，要精选古籍版本。1908—1949 年，中国正处于大变革时期，无论是社会、经济，还是文化，人们的思想空前活跃，无论是知识分子，还是普通百姓，无论是汉族，还是少数民族，大家都希望中国社会变得更加美好，百姓能够安居乐业，正是基于这一点，作为回族报刊也是多种多样，成为回族人各抒己见的平台。这些报刊，应当时的社会而生，有的谈论着宗教改革，有的为抗日战争号召大家勤俭节约，为抗战出一份力，如《月华》等，但也有的报刊为日伪所持，如《回教周报》等，系抗战期间由日本人或亲日者所办，这些都是我们在搜集与分类中所必须关注的。第二，文献搜集、分类要精确出处，尊重原刊名。近代回族报刊由于其所处的时代，并没有什么一定之规，出版也相对随意，有的因为出版地址或主编的更换等。例如，《云南清真铎报》1929 年创刊，1948 年停办，期间几度停刊复刊，1940 年复刊时更名为《清真铎报》，共发行 36 期，并办有副刊。中国回教俱进会滇支部主办，马适卿、马慕青、纳忠、白寿彝、马坚、沙德珍、纳钟明、纳训等先后出任主编。[2] 因此，对于所有的回族报刊，我们要厘清源头，不可出现差错。

　　回族报刊的分类，依照中图分类法等可以大致分为宗教、经济、社会、文化、教育等，但就其内容而言，还有一些比较有特色的，如当时对于回族女性该不该剪发，孩子的教育是以宗教为主，还是以社会教育为主，等等，这些如果大而化之地划入宗教类也是可以的，但本次的报刊辑选将其在宗教类目下再分出经堂教育、女性改革等，这样做，更便于检索，也为今后回族报刊文献数据化打下良好基础。

　　其次，文献录入是回族报刊文献重要的环节。因时间久远，报刊原件模糊不清，加之当时的条件艰苦，无论是纸张、印刷质量等，都不便于保存，这对文献的录入是一个挑战。从目前整理工作来看，录入是一项极为艰难的工作，字体大小不一，写作者的文化水平参差不齐，印刷模糊，尤其是版式混乱以及繁简字的混用等都是录入过程中所遇到的困难。这就需要文献整理工作者以扎实的功底，翻阅各类工具书，才能减少差错。

2　运用传统与现代相结合的手段，对文献进行整理

做好以上搜集、录入、分类等工作，进入到文献整理最重要的环节——编校。编辑、校对文献，与普通图书的编辑校对有很大差别。普通图书的编校因为电子稿与校对稿一样，完全可以撇开原稿，编校合一，进行理校。文献的编校，不但要逐字逐句的校对，而且还要核对简繁字转化中产生的错误，要为原文献点标点，稍有差错，就关系到文献的价值和准确性。如果文献不能做到准确，其价值就不能彰显。

在录入过程中，可以使用手工录入和扫描形成电子文本的方法，但在编校回族报刊文献时，一定要掌握它所处的历史时代，以历史唯物主义的态度对其进行甄别和编辑。

首先，在字词方面。用简化字出版文献，把文献中的繁体字转换为简化字，对于阅读者和研究者来说，提供了很多方便，也为今后的文献注释打下了基础。1908—1949 年，是中国历史上的大变革时期，表现在文学方面，以提倡白话文的新派和和坚持古文的保守派进行了激烈的斗争，在回族报刊文献中表现得十分明显，这些报刊所刊文章，有的通篇古文，表现着自己对社会的看法，有的通篇白话文，读起来，通俗易懂，还有一部分，白话文与古文混用。由于当时报刊的作者文化水平参差不齐，如大学者王静斋、白寿彝等，他们的文章文笔流畅，深入浅出，表达自己的观点时逻辑性极强，还有一些不署名的文章，读来让人一头雾水，不知所云，再加上当时的编校水平差，错字非常之多。另外，当时的白话汉话与今天的现代汉语也有很大差别，如果单纯以现在的标准来编校这些文献是非常不科学的，也不利于人们正确认识当时的文化特点。因此，尊重当时的字词习惯，对错字进行必要的修改是十分有必要的。

其次，对文章内容的甄别。由于所选文献的历史特殊性，在选择内容上既要保留，又要舍弃。保留，是指保留那些有历史价值的，为今天和后人们研究回族的历史有价值的文献，通过这些文献，可以了解回族在中华民族生死存亡的历史时期，与全国各族人民一道，以自己的智慧，共同抵御侵略所做的可歌可泣的贡献。更为今人了解日本侵略中国时，企图挑起民族分裂，达到其邪恶目的的野心。虽然在选择篇目中，也涉及共产党与国民党的一些内容，但我们以历史唯物主义的观点，选择那些站在国家的角度，为民族大义献言献策的文章。对于日本人以及亲日分子所写的那些污蔑中国人、挑起民族争端的文章，哪怕他们找的是一些文化名流，如周作人等的文章，也应一概舍弃。因此，建立一支对回族伊斯兰教研究和对中国近代史研究精深的队伍是必不可少的。

最后，出版中存在的问题。回族报刊文选的出版需要经过搜集、分类、录入、排版等工序，还要加入或建立相应的数据库，目前存在的主要问题是文献校对手段还需进一步加强，如果有相应的文献古籍校对系统，配备相应的检索设备，既可节省出版时间，又可以帮助读者进行快速检索。

3　文献数据化的作用及意义

文献数据化的作用主要表现为以下几点。

（1）以数据检索代替手工检索，提高工作效率。传统的手工检索方式速度慢，准确率比较低，表现在文献的检索方面尤其明显。因此，文献数据化最重要的一项工作是标准分类体系，即编制与中国传统文献相对统一的分类编排原则。可以建立关键词检索、内容检索，也可以通过报刊名称，甚至作者姓名检索。

（2）有利于对文献进行保护与普及。文献数据化对文献的保护是大家有目共睹的。回族历史文献的原始资料跨越百年，距今时间久远，纸质载体发黄变脆，不易阅读与研究。对文献进行影映出版，是一种保护与普及的方法，将其通过录入、整理、分类、出版，并将其数据化，人们可以通过阅读器阅读、下载，是另一种保护与普及的方式。与影映出版相比，数据化后的文献，具有体积小、容量大、灵活方便等特点，更利于传播与普及。

（3）在出版的过程中，出版社采用了黑马校对等现代化的手段，对文献进行了校对。目前，利用现代化的手段进行文字编校已在报刊出版中普及，但落实在文献出版中，需要将传统与现代的手段进行结合。文献的编校工作是一项艰苦而复杂的劳动，主要表现在文字的繁简转换、版式的竖排转换为横排、标点符号的使用等。以校对软件对其进行校对，可减少手工校对过程中的部分劳动，但不完全替代手工校对。

（4）文献数据化，可以改变我们的工作思维，改进科研方法。大数据既是一个平台，更是一种思维。大数据的意义主要表现在预测和分析。当我们每天在互联网通过百度等搜索时，找到的只是现成的答案，殊不知，有人却通过我们的搜索发现其背后的意义。当我们将回族报刊文献经过搜集、整理、录入、编辑等，将其纳入数据库，供大家进行研究时，我们可以通过考察点击的数量，就可以推测出这些研究者的研究方向以及研究动态，并预测研究的热点。正如《大数据时代》作者所说的那样，"大数据是人们获得新的认知、创造新的价值的源泉"。[1] 在这里，我们不需要知道阅读者的姓名、年龄、国别，更不需要做问卷，得出的结论却更客观、科学。我们应当将这些数据化作与每个研究者沟通的桥梁，共同增进学科的动态与发展。

参考文献：

[1][英]维克托·迈尔—舍恩伯格.大数据时代[M].盛杨燕，周涛，译.杭州：浙江人民出版社，2014：4.

[2]雷晓静.回族近现代报刊目录提要[G].银川：宁夏人民出版社，2006.

大数据时代"情报百科"信息收集平台建设的设想

何　梅　胡知腾　刘　畅（国防科技大学图书馆，湖南长沙 410073）

摘　要： 大数据时代的到来为情报研究工作带来的机遇，同时也带来严峻的挑战。面对情报信息收集低水平与高要求的矛盾、研究领域存在空白，专家各自研究共享较少，以及情报研究人员未能充分获得人们广泛认可，社会地位较低等问题，笔者设想建立一个能实现共享与保密相平衡的"情报百科"信息收集平台，以满足当前时代背景下情报研究的需求。

关键词： 情报信息；收集；情报百科

美国国家科学基金会（NSF）将大数据定义为"由科学仪器、传感设备、互联网交易、电子邮件、音频视频软件、网络点击流等多种数据源生成的大规模、多元化、复杂、长期的分布式数据集"[1]。大数据时代的到来，为人们带来了生活、工作与思维的大变革，人们将无处不在的数据，通过解析、计算，转换为知识及智慧，指导人们做出判断和决策。对于高标准、严要求的情报服务工作，人们会发现，当前的数据存在混乱及不确定性，如果只是满足于某个单一的个体所搜集的资料，远不能满足情报工作的需要。如果能够建立一个情报收集平台，让情报资源能够实现最大程度的共建和共享，这就为情报及科研人员提供了充分便利，既能节约成本，又能使用情报信息在其实效范围内为人们的工作及决策提供依据。

1　情报信息收集的现状

1.1　低水平与高要求

情报的基本作用是支持决策，是决策活动不可或缺的重要环节。美国学者认为，情报，一是向决策者提供所需要的有关国外（对手）的信息；二是协助决策者做出判断，三是为决策者提供预警。毛主席对情报工作的评价是：黑夜里走路的灯笼。具体地说，情报研究，是根据特定的用户需求，以信息工作手段和科学研究方法，搜集相关领域的信息，通过分析、综合、评估和科学抽象，提示特定对象（事物）的发生、发展、现状和未来发展趋势、客观发展规律与特点以及它对其他事物的影响，形成情报研究成果，为相应决策服务的一类研究工作。通俗地讲，也就是把未知的或者不太清楚的，通过研究，把事实搞清楚，把发展趋势和规律、特点揭示出来，是一类探索性很强的研究工作。而现阶段，虽然大量的情报研究人才不断涌现，但其年龄段较低，情报研究队伍的整体较为年轻，这就对情报信息收集工作产生影响：一是对相关情报研究的整体脉络把握不准确，不能深刻体会较高层面的决策、导向问题；二是研究经验不够，可能存在检索策略制定不准确，造成错检、漏检情况；三是整体水平难以满足高层次或特别专业的情报需求。

1.2　存在空白领域，缺乏专家指导

情报研究过程中对于情报信息的收集，最主要的是要专、精、深，即专业的情报分析、精确的情报资源以及有深度的预测。但较年轻的研究人员涉及所研究领域不深，而且获取情报的来源、途径等较少，除此之外，情报研究没有实现真正意义上的资源共享，存在单打独斗的现象，这就会形成某一领域的研究空白，或者成为少数专家学者的研究对象，而大家对这一研究领域仍不了解。现阶段，大数据时代已成为一个大规模生产、分享和应用数据的时代，这一现象显然是不可取的。要想使情报信息的收集能够在大数据的洪流中精准地被收集、整理、分析、预测，就需要一个广泛共享的情报信息共享平台，由不同领域、不同专家或研究人员，不定时、不定量将有关某一主题的情报信息上传，并实时跟踪并更新数据，形成一个社会各界广泛参与、八面出击、处处结果的社会运动。这不仅可以缩短情报研究的时间，充分发挥情报研究时效性作用，而且节约资源，提高情报研究的水平。

1.3　社会地位低

随着数据量的不断增加，无论是企业，还是国防以及政府单位，对于情报研究的重视程度不断地提高。由于情报研究的主要目标是为这些单位的最终决策提供指导性意义，因此，情报研究工作的难度也就随之增大，要求也更高。但是，情报研究的重要性虽然已被社会广泛认同，但其社会地位并不会在瞬间就达到一个很高的高度。因此，情报工作人员的地位就现阶段来看，还是处于偏低的地位，尤其是刚

入行或者还没达到专家级别的年轻工作者，由于其社会地位较低，因此，在较大的工作量之下，没有自豪感和成就感，这就很大程度地影响其今后开展情报工作的积极性和认真性，这也成为当下情报研究工作所面临的重要问题之一。

2 关于建立"情报百科"信息收集平台的设想

2.1 设想来源

据报道，美国情报工作的开展不再像过去那样依赖间谍，其中他们所收集的90%的情报信息都来源于媒介发布的公开信息。此外，中情局还专门设立了公开来源中心，联邦调查局和国防部情报局也在大力培养情报分析人员，以挖掘公开来源信息。在现实工作中我们发现，单靠一个部门或个人就想获得准确、连续、详细的情报是不可能的，尤其是在科技高度发展、各国都极其重视情报保密的今天，情报获取更加困难，因此，本人相对于上述情况，拟建立一个名为"情报百科"的信息收集平台，以情报共建共享的方式，完善和补充现有情报研究的不足。

对于"情报百科"信息收集平台的设想，来源于当下比较有名的，也是全球最大的中文百科全书——百度百科。百度百科是百度公司推出的一部内容开放、自由的网络百科全书，其测试版于2006年4月20日上线，正式版在2008年4月21日发布。百度百科旨在创造一个涵盖各领域知识的中文信息收集平台。百度百科强调用户的参与和奉献精神，充分调动互联网用户的力量，汇聚上亿用户的头脑智慧，积极进行交流和分享。同时，百度百科实现与百度搜索、百度知道的结合，从不同的层次上满足用户对信息的需求 [2]。众所周知，百度百科由于其信息全、容量大、方便、快捷等特点，已深入人心。如果针对情报信息和情报研究人员建立一个与之相近的、更高层次的"情报百科"信息收集平台，为情报研究人员提供信息来源可靠的、有一定时效性的、有专家把关的情报信息，将会大大缩短情报课题从申报到成果的时间，更早地为决策提供指导性意见。

2.2 整体设想及运作模式

"情报百科"信息收集平台应该涵盖各专业领域的所有中外文情报信息，强调所有情报研究人员参与的重要性，以及共享和奉献精神。平台的建设应充分调动情报研究人员的力量，汇聚知识及智慧，积极进行交流和分享。任何情报研究人员都可上传、下载、修改、补充所跟踪研究领域的任何信息，经专家评审后进行发布。同时，平台也应充分与数据库搜索、专家评议相结合，从不同的层次上满足情报研究人员对信息的需求。

　　初步设想的"情报百科"信息收集平台动作模式如下图所示：

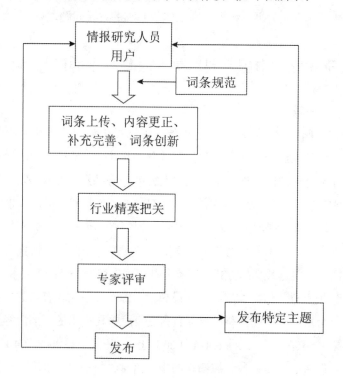

2.2.1　情报信息遵循规范

　　"情报百科"信息收集平台的基础是研究人员上传的单一或组合的词条，每个词条都用于阐述一件事物、一项计划或某种特定主题的组合，以及统一的外文翻译，例如："核武器""弹道导弹拦截"等。"情报百科"信息收集平台的词条名组成形式分为：中文、英文、数字以及特定符号等，具有特定的、统一的、专家普遍认可的内涵和外延的词语词条内容。一个词条由以下若干部分组成：词条名称、词条解释正文、正文图片或图组、来源链接（如无链接应提供可靠、正确的、可查的文献出处）、参考资料、领域分类以及相关词条等。平台收录的内容包括具体事物、武器装备、政策法规或特定主题的组合，当事物存在标准的或普遍默认的英译名称时，"情报百科"信息收集平台不鼓励创建另外的词条，这主要用于规范统一写法，方便研究人员之间的交流。

　　在编辑"情报百科"信息收集平台中的相关词条时，可能会遇到以下所述问题，要求情报研究人员本着认真负责、深入研究、反复论证的精神完成"情报百科"信息收集平台的规范建设：

（1）错误内容更正。当"情报百科"信息收集平台中的词条出现错误，或者因时间、研究深入等问题，需要更正和精确描述该词条时，在更正之前，情报研究人员需要确定几个问题：首先，词条是否真的出现错误，或是需要更新内容是大家在长时间研究认证后广泛认可的；其次，希望更正或更新的平台词条内容是否客观真实；再次，是否能寻找到可查证的、可靠的、广泛认可的依据来证明以上两点所述内容。当所修改的内容能同时满足上述三个条件，则允许用户自行登录修改词条。平台的内容应该是客观真实、可查证的。对于"情报百科"信息收集平台来说，某一个人观点、记忆、传言等都属于不可靠信息，这类内容禁止收录进平台；所有内容都应该有公开发表的可靠来源。

（2）整理及补充完善词条内容。"情报百科"信息收集平台的补充完善需要满足以下条件：一是添加的内容必须客观真实，必须有可查证的引用来源；二是添加的内容不能包含任何个人观点，或者未被广泛认可的自创内容；三是添加的内容必须不包含任何宣传性内容，如网址、电话号码或任何联系方式，以及明显的广告宣传性质的文字。

在修改词条时，研究人员还应注意：使用规范的文字和措辞，使用平实的、简明扼要的叙述撰写；合理组织词条内容逻辑，使词条结构清晰，有条有理。对词条内容的整理和补充应该符合词条本身的叙述逻辑。避免相关性较弱的内容。注意篇幅的平衡，避免过长或过短的目录，避免对某些内容的过度渲染。

（3）创建新词条。"情报百科"信息收集平台中新词条的创建和补充必须首先确认以下几个问题：一是在平台已有词条中是否尚未收录这一词条及其全称、简称、别名；二是创建的词条是否是一个专有名词而不是复合词组；三是创建的词条是否是具有一定关注度。如果需要添加的词条名虽还未被平台收录，但其全称、简称或别名等已经被收录，应在已有内容中添加反馈同义词，并写明两个词之间的关系。

2.2.2　质量保证

"情报百科"信息收集平台中词条的质量能否保证直接影响到平台的权威性。因此，平台从词条的上传、修改到最后的发布，必须有一群具有社会影响力的行业精英、学术权威组成的专家把关，做最后的修订。其目的就是去伪存真，在提供各领域内容的同时，对词条内容提供权威的解释和专业的判定。

本平台词条质量的保证需要经过两层审查：第一层：行业精英审查。聘用平台所收集词条所属的相关研究领域的情报研究精英，对研究人员第一次上传的词条进行审核、把关，如所传词条有误，不符合上述词条规范，返回研究人员，经修改后再进行审核；如本次上传符合规范，则交由下一层人员进行再一次审核，也就是专家评审。第二层：专家评审。聘用平台所收集词条所属的相关研究领域的权威专家学者，对用户提交的词条进行最后把关，就其名词解译、表述方向等方面进行审核，如对某一方面有异议，则由权威专家以编审系统中给出处理意见，经过第一层行业精英审查学习后，返回研究人员平台，修改后继续。直到词条符合平台上资源上传规则时，将会更新至词条页予以展示。

2.2.3　特定主题发布

"情报百科"信息收集平台中相关研究内容，除了由研究人员自行选择某一主题领域外，进行质量终极审核的权威专家，会定期地就某一领域的最新研究进展、各国发展动态进行公布，然后，由研究人员自主选择，并跟踪相关情报信息上传，也可就某一主题申请课题，进行更深层次的研究。这就为年轻一代的、不知如何着手研究哪一领域的研究人员指明了方向。

此外，该平台还设有专家留言版，在特定的时间，基层的研究人员可向权威专家咨询自身在研究领域遇到的问题并得到帮助，一定程度上促进年轻、无经验的研究人员的快速成长。

2.3　"情报百科"信息收集平台安全保密规范

情报研究进行保密的动机在于保障国家的安全，其目的在于保护信息安全，使信息系统存在的弱点以及威胁最小化。情报的共享需要一个切实的理由，其目的在于使情报机构的情报价值实现最大化。情报保密与共享规则的规范应在此动机和目的的驱动下完成[3]。因此，这里所设想的"情报百科"信息收集平台必须是建立在军网或者情报系统内网上，而且要求只有系统内的情报研究人员、专家、学者才能访问，并严格遵守情报研究的保密守则。由于在一定程度上，情报保密是情报工作的生命线，丧失了机密性，情报也就不能称为情报了，所以此平台的设立，对情报研究人员的保密及安全要求也很高，但反对过度死板的保密规定，应努力保持情报保密和共享需求的相互平衡，共同发展。

大数据时代的到来以及越来越开放的信息环境对情报研究工作带来很多新的挑战。要想避免情报工作的重复开展，使各个情报单位都能及时了解研究对象的最新动态，弥补单个情报单位尚未获得或无法获得的情报的不足，提高工作效率，达到情报研究的预期效果，就要在一定程度上实现情报材料共享，也只有这样，才能将各情报机构成果进行相互印证，相互补充，相互交流情报成果，互通有无。在此情报下，只有打破闭门造车的思维模式，建立一个能够连接各情报结点的、充分交流与共享的平台，才能最大限度地满足情报研究的需求。

参考文献：

[1] Hilbert M，Lopez P.The world's technological capacity to store，communicate，and compute information[J].Science，2011，332（6025）：60-65.

[2] 百度百科简介 [EB/OL].http://baike.baidu.com/view/1.htm？fr=aladdin#reference-[1]-1-wrap.2014-07-02.

[3] 丁玲玲，朱晓宇 . 论情报保密与共享的需求平衡 [J]. 情报杂志，2009（6）：19-20.

大数据环境下黑龙江省社科文献
信息资源保障体系的建设

刘伟东　　荀丽芳

（黑龙江省社会科学院文献信息中心研究馆员，黑龙江哈尔滨 150018；
黑龙江省社会科学院文献信息中心副教授，黑龙江哈尔滨 150018）

摘　要： 大数据环境下建设黑龙江省社科文献信息资源保障体系对黑龙江省文化繁荣与发展意义重大，文章分析了在大数据环境下在该体系运行的现实及理论基础，提出了由政府出面成立协调机构，建立检索平台，本着共建共享原则，免费服务黑龙江省哲学社会科学的理念。

关键词： 大数据；社科文献信息资源；信息资源保障体系

"大数据"是由数量巨大、结构复杂、类型众多的数据构成的数据集合，是基于云计算的数据处理与应用模式，通过数据的整合共享，交叉复用，形成的智力资源和知识服务能力。大数据的核心在于为客户挖掘数据中蕴藏的价值。

最新公布的第 33 次《中国互联网络发展状况统计报告》显示，截至 2013 年 12 月，中国网民规模达 6.18 亿，互联网普及率为 45.8%。其中，手机网民规模达 5 亿 [1]。这一方面表明互联网在中国民众的生活中扮演着日益重要的角色，另一方面也表明中国的大数据时代已经到来，更为我们利用互联网弘扬中华文化，实现中华民族伟大复兴提供了有利条件。中华民族的伟大复兴，离不开文化的繁荣与发展，更离不开哲学社会科学传承。党的十七届六中全会《中共中央关于深化文化体制改革、推动社会主义文化大发展大繁荣若干重大问题的决定》提出，"必须大力发展哲学社会科学，使之更好地发挥认识世界、传承文明、创新理论、咨政育人、服务社会的功能"，要"建设具有中国特色、中国风格、中国气派的哲学社会科学"，要"建设一批具有专业优势的思想库，加强哲学社会科学信息化建设"。[2] 大数据环境下构建黑龙江省哲学社会科学文献信息资源保障体系，既是落实中央《中共中央关于深化文化体制改革、推动社会主义文化大发展大繁荣若干重大问题的决定》精神的具体举措，也是繁荣发展哲学社会科学的有力保障，更是推进龙江文化发展繁荣的重要基础。

1　大数据环境下构建黑龙江省哲学社会科学文献信息资源保障体系的意义

大数据时代，哲学社会科学文献信息资源的数量已经大大超越了哲学社会科学工作者传统阅读能力所能处理的范畴，因而哲学社会科学的学者们不得不面临"百万图书的挑战（Million Books Challenge）"并借助计算机来处理完成相关文献的信息，在国际上形成了国际数字人文机构联盟和数字人文中心网络两大数字人文研究联盟。云存储使海量的图书、报纸、期刊、照片、绘本、乐曲、视频等哲学社会科学资料得以被数字化后放到互联网上供研究者存取利用，而以"大数据"为代表的数据资源相对于数字文本、数字文献等数字信息资源，来源更加广泛，结构更加多元化。在大数据环境下构建黑龙江省哲学社会科学文献信息资源保障体系显得更有意义。[3]

1.1　有利于以较低的运营成本，推进文化大发展、大繁荣

黑龙江省委十届十八次全会提出建设文化改革发展"八项工程"，这些工程的实施离不开信息资源的保障。纵观国内外，很多社会科学研究机构背后都有一个庞大的文献信息资源库做支撑，这些大机构的目的都是为哲学社会科学的大繁荣服务、为本国或本地的文化大发展服务。如成立于 1968 年的德国社会科学信息中心有六大数据库在业界很有影响力，其建立的社会科学门户网站——SOWIPORT，为社会科学家提供一站式服务，一次性全部查到有关社会科学项目的内容、论文、资料、数据、科学家联系地址、有关学术讨论会内容等。[4]希腊"国家社会研究中心"于1998 年建立的社会科学数据库，为希腊的社会科学研究提供了大量的信息和数据，支持并促进了希腊的基础性社会研究，是希腊最重要的社会科学研究数据库之一[5]。在大数据环境下构建黑龙江省哲学社会科学文献信息资源保障体系，可以以较少的经费、人力及物力投入，在全省范围内对哲学社会科学信息资源地理分布进行宏观调控和整体布局，在全省范围内构建现实馆藏与虚拟馆藏、印刷型文献与其他各种文献载体、文献检索与原始文献提供相结合的信息资源优势互补、共建共享的保障体系，统筹协调各级各类社会科学信息资源机构在各个层次开展信息收集，形成哲

学社会科学文献的联合储存收藏系统，做到无论何时何地都能最大限度地满足全省读者和用户对社会科学信息最广泛的需求，不仅可以促进我省哲学社会科学的学术繁荣，而且对于深化文化改革发展、推进龙江文化大发展、大繁荣具有现实意义。

1.2 有利于满足用户高品位需求，繁荣发展哲学社会科学

哲学社会科学信息文献资源是一种重要的战略资源，对于一个地区的文化和社会发展有着非常重要的战略意义。文献资源在哲学社会科学教学和研究工作中占有非常重要的地位。哲学社会科学研究不同于自然科学研究，后者主要依靠观察分析和实验，而人文社科研究需要引经据典，进行理论分析和论证。这一过程中，需要大量翔实可靠的第一手材料，文献资源是其中最重要的部分。对于有些学科而言，甚至可以说，谁拥有了资料，谁就拥有了研究的优势。有研究表明，社会科学研究人员查阅文献所用的时间比自然科学工作者多一倍，因此，在大数据环境下，建设一个良好的社会科学文献信息资源保障系统，是构建哲学社会科学创新体系的前提条件。不仅可以打破地理限制，提升社会科学研究人员信息使用权限，为他们带来极大方便，而且可以促进哲学社会科学繁荣发展。

1.3 有利于整合全省哲学社会科学数字文献信息资源，提高信息利用率

黑龙江省蕴藏着丰富的哲学社会科学文献信息资源，但这些具有龙江特色的信息资源，包括图书、光盘、磁带、缩微胶片、录音以及满族花棍舞、达斡尔族鲁日格勒舞、赫哲族伊玛堪、达斡尔族乌钦、鄂伦春族摩苏昆、萨满文化和口弦琴等非物质文化遗产，都分散保存在省内各个不同的文献信息资源收藏单位，存在着各自为政、壁垒严重、重复建设、结构不合理、品种失衡等问题。在大数据环境下，建立信息资源保障体系，由核心成员单位牵头建设信息资源系统核心服务器，其他成员单位建立信息资源子系统，形成相互联结、运转高效的信息数据库，通过云数据、云存储、云图书馆等打造信息资源共享平台，有助于打破图书馆有形的界限，实现省内社科文献信息资源跨部门、跨行业、跨地区的信息资源的优化配置，不仅可以提高全省信息资源利用效率，发挥信息资源最大效益，为社会科学工作者提供从事教学、科研活动所需的各类知识信息，为用户提供高质量的社科信息服务。

2　大数据环境下构建全省哲学社会科学文献信息资源保障体系的现实基础

2.1　丰富的文献资源基础

黑龙江作为边疆文化大省，孕育了鲜卑、契丹、蒙古、女真、满族等少数民族，先后建立了北魏、辽、金、元、清等王朝。20 世纪初，哈尔滨、黑河、绥芬河成为国际商贸中心，俄、日等许多国家在建筑、宗教、文化、教育、卫生等各个方面与黑龙江流域文化相交融，逐步形成了边疆的、多民族的、带有中西兼容性的文明特质。多民族聚居和外来移民的大量涌入，不仅促成了黑龙江极具特色的地域文化，而且为中国的南北文化以及欧亚两洲的文化融合做出了突出贡献。黑龙江省以收藏社科文献为主的图书馆在长期的积累和建设中，形成了以英文、日文和俄文为主的外文收藏体系，不仅汇集了大量珍贵的地方文献资料，而且具有独特的馆藏特色。东北地方史料、日伪时期东北地方文献、东北解放区文献资料、满铁研究资料、满族史资料、东北亚经济、日本史研究资料、蒙古地区研究、朝鲜史及韩国研究资料、俄国研究资料，以及俄语、日语、朝鲜语等研究文献成为黑龙江省独具特色的社会科学研究级文献，完全可以支撑哲学社科文献资源保障体系的构建。

2.2　先进的软硬件系统保障

信息资源网络建设系统可以依托互联网来实现，系统硬件和软件可使用各成员单位现有系统，并通过省图 Interlib 图书馆集群管理系统、中国高等教育文献保障系统和黑龙江省社会科学院的黑龙江省农业数据库软件系统来实现。2010 年，省社科院加强《黑龙江省农业数据库》建设，完成了集数据查询、数据计算、文档存储、关键词检索、电子年鉴存储、翻译、我的图书馆等多种功能于一体的软件设计，完全能满足参与我省社科文献信息体系构建的各成员单位自建自有文献信息资源的软件需求，加之各单位已有成型软件功能的叠加，借助互联网建设该体系的软件已经完全具备。各成员单位只需做好自有系统管理就可以实现联网。而且，随着数字资源的激增，各图书馆对电子文献的购买每年都在递增，购买经费也逐年增加。如果建成信息资源保障体系，同一种电子文献只需购买一份，就可以使成员单位共同享有，能够极大降低成本、节省费用。

2.3　丰富的专业理论及实践支撑

国内外先进的文献信息资源保障体系的构建理论及相关的成功案例，为我省在大数据环境下构建黑龙江省哲学社会科学文献信息资源保障体系提供了理论依据及实践经验。今年来，黑龙江省内的图书馆专业人士也对黑龙江省文献信息资源保障体系建设进行了相关的理论探讨，代表性的研究论文有：刘伟东的《黑龙江省人文社会科学文献信息资源保障体系的构建》《社科院图书馆与社科信息体系的构建》；杨晓秋的《高校图书馆区域文献信息资源保障体系建设研究——以黑龙江省高校图书馆为例》《馆际互借与文献传递服务用户认识与实践的发展规律研究》；张葳的《特色信息资源建设与地方哲学社会科学机构的可持续发展》；刘丽萍的《关于建立国家文献信息保障体系的构想》等。此外，国内其他省市专业人士的相关文章也可为我省在大数据环境下的黑龙江省哲学社会科学文献信息资源保障体系提供理论依据。如：杨沛超的《围绕社会科学创新提供信息资源保障》；朱晓琴、员立亭、郭锦芳的《省级文献信息资源保障体系构建研究》；彭宝珍的《甘肃省社会科学文献信息资源保障体系建设研究》；方宝花的《我国社科信息资源保障体系建设研究》；姚鸿恩的《试论建立我国社会科学文献资源保障体系》；陈有富的《河南省文献信息资源保障体系的共建共享》；任民锋的《现阶段我国公共图书馆信息资源保障体系构建的思考》；姜丽的《构建基于知识创新的信息资源保障体系研究》；张学福的《论国家文献信息资源保障体系建设》；李勇的《山东省文献信息资源保障体系建设研究》；郑辉的《区域社会科学文献资源的保障与共享》；李育嫦的《构建数字图书馆信息资源共享的保障体系》等。而自 2008 年启动吉林省图书馆联盟，整合了吉林省文化、教育、科技等社会各系统的图书馆资源，打破了彼此间的行业壁垒与条块分割，使文献资源得到了充分利用，目前已有 84 家成员馆的成功经验[6]，更为构建黑龙江省哲学社会科学文献信息资源保障体系提供了可资借鉴的体系构建模式。

3　构建全省哲学社会科学文献信息资源保障体系的实施步骤

大数据环境下的社科文献资源保障体系的建设应是各文献信息资源拥有单位在网络资源保障下的联合共建。该体系覆盖全省，横向包括公共、高校、党校、社科院、博物馆、档案馆等多个系统，纵向包括省市县（区）三级，最终要实现省甚至国际间合作，使黑龙江省内各公共图书馆、高校图书馆、社会科学院图书馆、党校图书馆及各级档案馆、史志办、民族研究所等哲学社会科学信息拥有单位形成既可上下贯通、又可横向联合的网络系统，做到局域或广域网络上的资源共享。

3.1　成立协调机构，建立省域哲学社会科学数字资源检索平台

首先建立一个全省的领导协调机构。可由省委宣传部牵头，省社会科学院、省图书馆、黑龙江大学、省委党校、省博物馆、省档案馆等作为本系统文献信息资源建设的牵头单位负责本系统的具体操作，运用成型软件，先在本馆或本省行业范围内形成纵向资源保障体系，实现各系统图书馆内部联合。然后按照统一协议，以集中平台和分布建设的方式建立省级联合目录和公共书目查询系统，并在互联网上以网络实体图书馆的形式建立省域范围的哲学社会科学数字资源检索平台（或云图书馆）。

3.2　以共建共享理念，完善自有信息资源建设

各馆本着"统一协调、分工合作、联合上网、资源共享"的原则，借助自有硬件和统一软件对各自馆藏社科类文献信息资源进行一定程度的整合、开发，借助统一的云终端、云图书馆等检索平台，建立公共图书馆、党校图书馆、高校图书馆、社会科学院图书馆、博物馆、档案馆等多位一体的共享机制，深化资源的有效利用和开发，实现覆盖全省、高效快捷、优势互补、资源共享的组织体系，以便今后为用户提供哲学社会科学文献信息资源和服务。

3.3　培育市场意识，探索服务创新思路

目前，"青番茄"网上免费图书馆的成功运营为我省在大数据环境下构建全省哲学社会科学文献信息资源保障体系提供了成功范例。"青番茄"以广告收入及集体会员年费及个人押金等作为资金来源，并通过各种增值服务获得收入，以此支持其网上图书馆的免费借阅、送书上门及城市间的通借通还[①]。在大数据环境下，黑龙江省社科文献信息资源保障体系的建设，完全可以摆脱场馆的局限，以总分馆制为框架，充分利用互联网提升服务水平，为全省的全民教育和哲学社会科学研究提供全方位、高水平的文献保障服务。

参考文献：

[1]CNNIC 发布第 33 次《中国互联网络发展状况统计报告》[EB/OL].[2014-01-16].（2014-04-21）http://news.xinhuanet.com/tech/2014-01/16/c_126015636.htm.

[2] 中国共产党第十七届中央委员会第六次全体会议公报 [EB/OL].[2011-10-18]. 新华网 .http://news.xinhuanet.com/politics/2011-10/18/c_111105580.htm.

---

① 信息来源于：青番茄——全球最大的中文网上实体书图书馆，其网址为：http://www.qingfanqie.com/.

[3] 孙建军. 大数据时代人文社会科学如何发展 [EB/OL]. 中国网. http://news. china.com.cn/live/2014-07/07/content_27512741_2.htm.

[4] 蔡莹. 德国社会科学信息中心数据库建设经验 [J]. 中国信息界，2005（5）.

[5] 梁俊兰. 希腊的社会科学数据库 [J]. 国外社会科学，2001（5）.

[6] 吉林省图书馆联盟——联盟概况 [EB/OL].[2013-07-15].http://clj.jllib.com/lmgk/.

大数据趋势下图书馆纸本资源建设策略构建

王　福（内蒙古工业大学图书馆，内蒙古呼和浩特 010051）

摘　要：大数据趋势下图书馆正处在馆藏从纸质资源向数字资源的转变，图书馆技术方法从图书馆主导向数据商、系统商主导的转变，图书馆用户从在馆向在线的转变之中，图书馆正在从信息资源的所有者沦为信息资源的使用者。大数据趋势下图书馆纸本资源建设的现状如何？制约阻碍图书馆纸本资源建设的因素有哪些？图书馆急需对这些进行分析，从而探寻出 E 环境纸本资源建设策略，指导高校图书馆资源建设，实现图书馆的可持续发展，更好地服务于教学和科研。

关键词：大数据；高校图书馆；纸本资源

随着计算机技术、网络技术、通信技术发展，图书馆的外部环境发生了深刻的变化，图书馆所处的环境由纸本环境转变为大数据趋势。大数据趋势对图书馆的直接影响是图书馆的工作方式、管理方式和服务方式将会发生深刻的变化。由于外部环境对传统图书馆的冲击，一部分人提出了"图书馆消亡论""图书馆被边缘化"，并指出数字图书馆的到来。在图书馆的理论研究和实践中人们发现：由于读者消费行为方式发生变化、读者阅读习惯发生变化、教师的教学和科研等行为逐渐 E 化，E-Learning、E-Searching、E-Teaching、E-Publishing 对图书馆纸本资源建设产生了很大影响。大数据趋势下，图书馆纸本资源究竟如何建设值得研究和思考。

1　大数据趋势下纸本资源建设的影响因素

1.1　用户学习和教学研究等行为逐渐 E 化

近年来，虽然各高校图书馆采购纸本图书量逐年增加，但调查研究表明纸本图书的流通率持续走低。分析原因：纸本图书出版周期长，部分在出版前已经有预印本，另外纸本图书的借阅实现不了远程化。大数据趋势下，读者改变了阅读习惯，部分读者从纸本阅读转移到电子阅读。手机上网渐成风气，阅读器的不断更新，都造成了纸本图书的流通持续下降。网络技术的发展和成熟，使得读者的学习，教师的教学、科研等行为大多都在网络上完成。网络查找文献具有快速准确，并提供打印、下载和存储等优质服务的功能，制约了图书馆纸本资源的建设[1]。

1.2　文献生产方式、发行方式的渐进变革

纸本图书出版量虽然逐年增加，但数字出版已经达到与纸本图书同步甚至超前出版的优势日益受到重视。数字出版可根据读者的需求按需出版，不像纸本图书的整本出版。日常生活中读者也能感受到：有时购买图书的目的并不是需要整本图书，而是图书的某个章节甚至某几页，而纸本图书不可能拆开出售，这样也会降低一定的购买力。而数字图书完全可以按需出版，单独抽出某几个章节或某几页，满足了大家的潜在需求，制约了图书馆纸本文献资源建设[2]。

1.3　纸本资源采购加工流程制约纸本资源建设

纸本资源从采访、订购、验收、加工、上架需要一定的时间。而对于一些时效性较强的纸本资源经过这一流程，图书馆采购这些资源的意义不是很大。这类资源是否该采购，到货后立即上架还是加工后上架都需要文献资源建设的管理者做出思考和提出应对措施。部分纸本资源，读者需求是短暂的，长远而言，没有保存的价值，这部分纸本资源需求量大时如何建设，值得思考。部分读者急需图书和时效性较强图书，读者可以从亚马逊书店和当当网书店等连锁书店购买，还可以购买图书的部分内容，这些书店还提供低价折扣业务。图书馆纸本资源建设受到严重影响和冲击[3]。

1.4　信息服务商的扩张渗透对纸本资源的影响

纸本资源所占的物理空间较大，而图书馆物理空间不可能无限扩大，所以纸本资源本身对收藏来说就是一个限制，而数字资源正好弥补了这一缺陷，随着新型阅读器的研发和批量生产，数字资源的优势和实际应用越来越广泛。一部新型的阅读器可以存储几十部、几百部、乃至几千部电子图书，新型阅读器考虑了人眼的忍受能力和人们的阅读习惯，使得它越来越如同阅读传统纸张。这从另一个角度也制约了图书馆纸本资源的建设和发展[4]。

2　大数据趋势下图书馆纸本资源建设定位

2.1　纸本资源和电子资源按需建设

大数据趋势并不是真正的 E 时代，读者信息消费习惯虽然有所改变，但纸本资源仍是当今资源建设必需。只不过纸本资源和数字资源比例逐步在改变，在资源经费中纸本资源比例不断减少，数字资源比例逐步增加。如何把握好这两类资源经费比例的度是资源建设中非常重要的。在国外图书馆阅览室几乎看不到纸本资源，阅览室只有少数的参考工具书和词典。读者阅读都是通过电子阅读器终端进行读者借阅图书，需要借阅图书更多的是借阅终端，终端中下载了读者需要的电子资源，而非纸本资源。

2.2　加强信息资源建设与知识组织

大数据趋势下，数据密集型科学研究与开放创新对信息资源建设提出了新的要求，基于知识单元的关联、重组与计算成为信息利用的新需求。开放出版与开放获取及开放存储运动又为信息资源的获取和利用方式带来渐变式的根本性改变。语义信息应用需求推动信息资源在开放化、结构化以及语义化等方面进行深化与改变。必须重新定义信息资源建设的内涵，并通过对信息资源建设中资源发现，评估选择，采集与存储，结构化描述与知识化组织等多个方面的改变与新建，以完成信息资源建设模式的再造 [5]。

2.3　纸本资源建设向特色化方向发展

目前高校图书馆的纸本资源建设大同小异，特色化程度不高。图书馆须进行资源建设转型，从传统的采访转向特色资源建设和灰色文献收集。1927 年，中山大学校长给顾颉刚十万两银票，命其外出到江浙等地购书。"所有的经书、史书都不重要，野史、稗史才是最重要的"，这是顾颉刚选书的标准。除了民间的稗官野史，他甚至还买了四万册碑文，连卖书的小贩都感到不可思议。但事实证明，这批"不正经"的稗官野史，对中国历史的研究极其重要，成为中山大学图书馆最重要的"底子"。[6] 当今高校图书馆大部分图书都可在电子资源数据库中检到，而特色资源建设和灰色文献建设以及机构存储文献建设则是当今资源建设的重点和方向。

2.4　学院资料室逐步向分馆方向发展

高校各学院资料室作为高校图书馆文献资源体系的重要组成部分，是高校教学科研的重要保障和基础。但随着高校学科专业发展的日益融合、文献资源信息化和网络管理的专业化趋势，高校资料室的种种不利因素也日益突出，其规模化优势已日趋薄弱，读者服务的成本不断提高，而服务的效果却日益下降。图书馆纸本文献资源建设应和各学院资料室建设融合和共享。共享一套文献管理系统，共享学校数字资源，整合学院资料室资源，尤其是其特色资源和灰色文献资源，更好地为高校整体文献资源建设服务 [7]。

2.5　数字资源永久保存方案急需解决

数字资源长期保存，尤其是联合数字资源长期保存是大数据趋势需要解决的问题。只有数字资源实现长期永久保存，纸本资源建设才能有一个明朗的建设方案，否则只能造成数字资源和电子资源交叉重复建设，因为国内图书馆的数字资源的使用权仅限于当年，未来的图书馆令人担忧。在数字联合资源长期保存中我们必将积累经验使联合数字资源的长期保存的流程更加规范、成本更加合理、相关政策和法律更加明确。这需要政府机关和社会各界的重视和帮助，需要图书情报学界研究人员和工作人员的共同努力和不断探索，才能使联合数字资源长期保存更好地实现。

3　大数据趋势下图书馆纸本资源建设策略

3.1　整合文献资源建立统一采访平台

大数据趋势下，图书馆不仅购买了大量的数字资源，而且积极建设本馆特色数据库，还有大量可免费获取的开放存取资源（Open Access，OA）。图书馆馆藏趋于多元化：包括纸本资源、从数据商购买的数字资源、开放获取资源和自建特色资源。但是这些资源所采用的数据库结构和格式不统一，对于大量的数据不能提供一个统一的数据接口，不能采用一种通用的标准和规范，不能共享通用的数据资源。利用 XML 和 WebService 建立统一检索平台，不仅使采访人员在整合的资源中查重，合理进行采购，也为读者进行一站式检索提供了方便，充分考虑了读者的需求，是人性化和个性化服务在图书馆中的具体应用 [8]。

3.2　纸本型资源与数字型资源协调建设

大数据趋势下，高校图书馆馆藏是多种资源混合的馆藏，在其发展初期纸本资源占多数，后来逐渐电子资源占多数，直至最后将发展为 E-only 形式的数字图书馆。总之图书馆的馆藏发展方向逐渐趋向于 E 化。在资源建设中首先趋向于开放获取，能够 OA 的尽量进行 OA，如果 OA 不能获取就考虑数字资源，数字资源不能满足读者需求的情况下，再考虑纸本资源。也就是说，大数据趋势下图书馆纸本资源建设在图书馆中只占小部分的比例，大部分由 OA 和数字资源来完成。在建设中要考虑到纸本资源与数字资源的协调和可持续发展，使其共存互补且达到最佳结合是馆藏建设中的核心问题[9]。

3.3　以区域性图书馆提供特色深层次服务

区域图书馆也可认为是广义图书馆，它是指一定区域内的各类型图书馆、情报所等信息机构组成的联合体通过系统间的对接实现信息资源的共建共享，使本区域内的资源扩大化、服务的范围区域化，形成区域文献保障体系，最大限度地满足区域内公众对文献信息的需求。区域性图书馆之间需要统一检索平台来实现资源的共建共享。另外图书馆应利用自身优势，提供与文献资源相关的服务，可以实现信息服务有偿提供增加创收，改善办馆条件。实践证明，这是高校图书馆资源建设的一条有效途径。

3.4　加强特色馆藏资源的建设和 E 化

图书馆在保证普通馆藏资源建设的基础上还要重视特色馆藏信息资源建设工作。特色馆藏是图书馆特色资源的集中反映，是本图书馆区别于其他图书馆的信息资源，是图书馆提高其社会影响力和信息服务竞争力的核心资源，更是图书馆高质量馆藏的标志。特色资源是图书馆在文献资源建设中经过长期累积才能形成的。这种特色性包括：文献资源的地域特色、民族特色、专业特色以及文种特色等。图书馆尤其要加强特色的建设，形成自己独特的资源优势，为重点学科的建设提供服务。在特色资源收集到一定程度后，可以将其进行 E 化形成特色数据库。[10]

3.5　以相应的机制体制和规范作保障

任何事物的产生、发展都有相关的体制和制度为依靠，图书馆也不例外。但就目前而言，传统的图书馆的机制和体制已经远远不能适应图书馆发展的要求。我们应该在新环境下，着重挖掘其内在潜力，增强、扩大其功能和内涵，建立不同于传统模式的运行机制，使之成为文献及信息资料的输入、处理和传播中心，准确、高效地服务于教育、科技及经济建设的图书馆型的机制、体制。只有相应的机制、体制符合了图书馆的成长，图书馆才能在这种机制、体制下更好地发挥其为读者服务的根本目标。

3.6 打破高校图书馆评估的僵化性指标

当今制约图书馆纸本资源建设的重要因素就是高校图书馆评估的各类僵化的指标体系。这些指标在数字资源不发达情况下制定，急需要更新。图书馆不是不需要评估，而是需要和大数据环境结合，制定符合大数据趋势下的评估体系和指标，更多地是考察图书馆整体为教学、科研提供服务的综合支撑能力，而不是多少个座位、生均书刊册数。现在这种指标体系下图书馆不得不在大数据趋势下做纸本环境下的采购方案。图书馆物理空间有限而书逐年增加，必然会有库满的一天。况且按照评估指标采购图书，集中采购造成了馆藏结构的不合理。

3.7 借助运筹学、统计学对采购评价研究

目前读者"到馆率"与资源利用率并不存在很强的正相关。读者更多的是把图书馆作为学习、研究和社交的场所，是信息共享的中心。大数据环境，图书馆可能是"Take Library as Place"，如美国德州大学的学生图书馆有大量电脑、一个咖啡店、舒适的座椅、24 小时技术帮助的 IC（Information Commons）、LC（Learning Commons）、RC（Researching Commons）。大数据趋势下，究竟有多少纸本资源在被利用？纸本资源使用效率如何？图书馆急需对纸本资源利用情况评价研究制定针对性采访策略，克服盲目比资源的种类和数量，忽略综合服务能力[11]。

4 结语

《图书馆联盟图书流通模式：基于 OCLC-Ohio LINK 的研究》发现：80% 的馆藏在一年内没有任何借阅；纸质资源流通量的下降在高校图书馆较为明显；不同类型图书馆有着相似的流通率，每本书平均年流通率为 0.11；少数几本书被大量使用，很大比例馆藏很少被利用，甚至有的从来未被利用过。大数据趋势下图书馆纸本资源建设必须进行改变传统采访模式克服"重藏轻用"，突破评估对纸本资源建设限制，提升图书馆为科研、教学的综合服务能力。

在转型中，有些图书馆在特色资源建设上会走得快些，而有的图书馆则会在资源的整合上走得快些，也有的图书馆体制和机制转变上走得快一些，有的在软环境和整体服务能力走得快一些。这些都是正常的现象。虽然图书馆纸本资源建设总体方向如本文所述，但不同类型图书馆、不同高校图书馆除了在大方向方面提高和完善自身的不足，还要根据自身的实际选择符合自身特点的资源建设路径。

参考文献:

[1] 王光波.高校图书馆文献资源建设探索与实践 [J].中国成人教育,2012(18):61-63.

[2] 冀亚娇.黑龙江省高校图书馆文献资源建设政策制定与实施现状调查分析 [J].图书馆建设,2012(10):17-21.

[3] 安向前.全媒体出版时代的图书馆文献资源建设 [J].新闻爱好者,2011(04):97-98.

[4] 徐文贤,张文兵.深圳市公共图书馆文献资源建设法制环境研究 [J].图书馆,2011(04):18-20.

[5] 黄春娟.高校图书馆文献资源建设新突破——以南京工业大学图书馆为例 [J].图书馆建设,2011(08):32-34.

[6] 焕文如是说.斋主有时也走光 [EB/OL].[2013-04-04].http://blog.sina.com.cn/s/blog_4978019f0102e2hl.html.

[7] 郭晓瑞.质量管理原则在高校图书馆文献资源建设中的应用 [J].图书馆建设,2011(09):21-24.

[8] 尚雷.高校图书馆文献资源建设中存在的问题及对策研究 [J].中国报业,2011(20):95-96.

[9] 杨天解,万戴戴.公共图书馆文献资源建设与共享 [J].图书情报工作,2011(S1):55-56.

[10] 李曙光.吉林省高职高专院校图书馆文献资源建设调查与分析 [J].图书馆学研究,2012(20):48-52,81.

[11] 薛淑峰.基于 PDA 的高校图书馆文献资源建设模式探析 [J].图书馆学研究,2012(17):49-51,31.

开放获取期刊的经济学分析

韩建新（解放军南京政治学院军事信息管理系，上海 200433）

摘 要：从经济学的角度看，开放获取期刊是为了解决学术出版危机而产生的，它有助于解决传统学术期刊出版市场由于垄断而造成的高度集中和价格上涨问题。开放获取期刊的商业模式多种多样，但 APC 模式占主导地位，各种模式将长期并存。

关键词：开放获取期刊；经济学分析；学术出版市场；商业模式；APC 模式

1 引言

近 10 多年来，各国大学、科研机构、政府、出版社以及图书馆等方面积极推动开放获取运动在全世界范围内大规模展开，使得利用互联网进行学术信息的开放获取成为一种潮流。于 2008 年 10 月 14 日世界首个"开放获取日"在英国伦敦成立的开放获取学术出版者协会（Open Access Scholarly Publishers Association）则是其标志。[1] 该协会代表了全球科学技术和各学科领域开放获取出版团体的意愿，即通过共享信息、制定行业标准、开发先进的出版模式，促进教育发展、激励创新。Springer、Wiley、California Digital Library、SPARC Europe 等 80 多个国际著名出版团体均已加盟该协会。

开放获取大致由开放期刊、开放文库和开放图书等构成。其中开放期刊的发展尤其令人瞩目。事实上 20 世纪 90 年代末开放获取的大规模兴起，其初衷就是希望通过开放获取解决传统印刷型"学术期刊出版危机"，推动科研成果利用互联网自由传播，促进学术信息的交流与出版，提升科学研究的公共利用程度，保障科学信息的长期保存。开放获取期刊与非开放期刊的根本区别在于费用支付的主体不同。这一不同具有经济学的研究意义，本文即为一种尝试。

2　传统学术期刊出版市场及其特征

2.1　传统学术期刊出版市场

传统的学术出版建立在版权基础之上，版权限制了对受保护内容的获取和重新使用。读者只有支付费用后才有权利获取和重新使用文献。从标准经济学的观点看，由于该费用超过了边际获取成本，因此实际上它是对文献内容获取的收费，这种方式下对内容的获取从整个社会层面看是低效率的。

学术期刊出版市场是一个双边市场，期刊作为中介连接了作者和读者，学术界作为一个团体，既为市场提供了对学术文献的需求，也为市场提供了学术文献供给。此外，作为研究质量过滤的一种形式，同行评审也是由学术界来完成的，而且历史地看，它是长期由学术界免费提供的，作为报答，评审者仅仅获得了声誉。这实际上构成了一个循环模型：学者、学生等既是消费者又是生产者，他们消费已发表的知识，利用这些知识创造新的知识；而学术出版商的功能一是推动同行评审（这些评审由著名学者完成），二是将学术论文以印刷版或电子版的形式打包成期刊；学术图书馆则付费订购期刊，为学者和学生提供对论文内容的访问。在这个循环中，学术出版商简化了过滤任务，将学术研究打包成期刊或其他形式再出售给学术界，而学术界则为昂贵的期刊提供了免费劳动。[2]

2.2　传统学术期刊出版市场的特征

传统学术期刊出版市场具有两大特征，即高度集中与价格上涨，它与需求的无弹性和市场的低效率密切相关。

版权垄断和商业性出版社进入学术出版市场导致出版市场的高度集中，一些大型出版商实际上控制了绝大部分的学术出版市场。商业性出版社的横向合并使得近年来集中化的趋势更加明显。有学者调查发现，美国科学信息研究所 Web of Science 收录的期刊中商业出版者竟占了 64%[3]，其中前 10 名出版商的收入约占学术期刊出版业总收入的 43%。[4]

美国科学信息研究所开创的引文索引及其对核心期刊的圈定使得期刊出版市场的需求更加没有弹性，结果商业出版社拥有的涨价资本不断提高，利润上升。

众所周知，印刷型期刊的收益绝大部分来自订购费，订购者主要是研究型图书馆。订购模式之所以为学术界所诟病，主要原因是订购费不断上涨。图书馆苦于经费限制，不得不减少订阅期刊的种数，将订购经费投放到重要期刊上，这种措施反而进一步加剧了期刊（特别是核心期刊）的涨价。因为学术期刊市场上需求无弹性。

学术期刊，特别是核心期刊是无替代品的商品，没有替代品则其需求无弹性。无弹性需求是声誉与专业性结合的结果，它使得许多学术期刊成为无替代品的商品。独此一家，非买不可。试想研究图书情报的学者谁会不看《美国信息科学与技术学会会刊》？在国内，又有哪一位图情学者不看《中国图书馆学报》《情报学报》？商业出版者拥有顶级期刊，他们知道这些期刊的市场需求是无弹性的，所以拼命涨价，涨价给自己带来的市场损失极其微小，而收益却可以大大提高。根据国外学者的研究，商业性出版社的期刊价格一般要比协学会出版的期刊高出 3～9 倍。[5] 由此可见，传统学术期刊市场运转不正常是因为缺乏足够的竞争，同时期刊价格的离散程度巨大造成的。

　　市场的高度集中加速了期刊的涨价，小出版社或期刊被大出版公司并购后，其期刊往往会随之涨价。伴随期刊涨价的另一现象是期刊的捆绑销售。许多图书馆与主要学术出版商签订的都是所谓的大宗合同，大宗合同将一些小型的、独立的、非盈利性的出版社挤出了市场，因为图书馆在签订大宗合同后已没有剩余的经费去购买额外的刊物。

　　目前，期刊捆绑和价格歧视很大程度上已经应用到电子期刊上。电子版期刊往往与印刷版捆绑销售。出版商对不同的消费者收取不同的订购费，向大型大学图书馆收取的订购费要远远高于小型图书馆。这种价格是基于支付意愿的定价，它不是建立在期刊的生产成本之上的。这种定价模式的实施为出版商赢得了巨大的总利润，这在其他产业中是罕见的。

3　开放获取期刊及其商业模式

3.1　开放获取期刊概述

　　现今的版权法保护的是出版商的利益而不是学术创造者的利益。学术创造从研究成功到论文发表，成本最高的应是研究阶段。如果把学术研究比作产品生产的话，它具有信息产品的明显特点，即高固定成本，低边际成本。学术研究的首稿（first copy）成本很高，这种成本基本上都是由作者所在机构来弥补的，这一点在自然科学、工程技术领域内尤为明显。学者及其所在机构都将学术研究看作他们的核心任务，而非盈利手段。所以这种补贴实际上是对学术生产和传播的投资，毫无疑问这种投资的价值通过开放获取出版方式得到了提高，因为与传统期刊相比，开放获取期刊更加关注消费者个体——研究人员和学者。从这个角度看，采用开放获取期刊的方式发表学术成果是可行的。

计算机网络和数字化的发展极大地改变了期刊市场的环境。前端出版的昂贵费用大大降低，发行成本降为零，相比之下，印本期刊的发行有点多余了。数字化和网络发布使得开放获取出版更加容易，传统出版商的服务显得并非不可或缺。人们开始重新审视学术出版市场作为中介的作用，网络引出的问题并非是取消中介，而是市场需要怎样的中介。采用开放出版形式时，出版费用从基于订购模式向基于开放获取模式的转化会改变学术出版业的根本性质，即学术出版业从提供内容的产业转向提供服务的产业。[6] 这种转变也得到了学术界的支持。我们可以从国际上最著名的开放获取期刊目录系统 DOAJ 中感受到学术界对开放获取的欢迎程度。DOAJ目前已收录 134 个国家的 9911 种期刊，是 2002 年（35 种）的 283 倍。[7] 约翰·威利父子出版公司（John Wiley & Sons，Inc）于 2013 年 5 月就开放获取出版意向和行动做了一次调查。调查对象是在该公司旗下的期刊上发表过学术论文的作者（通讯作者）107000 人，其中 8465 人返回的调查问卷有效，占被调查者人数的 7.9%。调查结果显示，过去 3 年内有开放获取论文出版经历的作者占回答者的 59%，比2012 年调查时的 32% 有大幅度的提高。其中又有超过一半的作者获得各种资助（24%获得全额资助，29% 获得部分资助）用于支付开放出版费用，该比例较 2012 年调查时增加了 43%。有 68% 受基金资助的作者开放出版了他们的著作。[8]

从经济学的角度看，开放获取期刊的产生是为了克服学术出版危机，也就是要解决学术期刊出版市场高度集中和价格上涨的问题。

3.2　开放获取期刊的商业模式

从目前的费用负担方式看，开放获取期刊分为非订购型和订购型两大类。前者包括完全免费型，作者付费、读者免费型 2 种形式；后者包括混合型、过刊免费型、仅电子版免费型 3 种形式。[9] 完全免费型如 First Monday、D-Lib Magazine 等期刊，作者和读者均不用付费。作者付费、读者免费型如 PLoS、BioMed Central 等发行的期刊。混合型指从收费电子期刊中，选择开放获取方式出版论文，即开放获取是以论文为单位，而不是以期刊为单位的，商业出版社、大规模协学会等多用这种方式。过刊免费型如斯坦福大学图书馆运营的 HighWire，过了一定时间期限免费开放过刊。仅电子版免费型如 Hindawi，Hindawi 所有刊物电子版免费，相应印刷版的须订购。

3.2.1　论文处理费模式

在过去的十几年中，业界试用了大量可能的商业模式寻找开放出版的可持续之道。这些不同的模式反映了学术出版参与方不同的利益所在。早期，相当一批纯电子版开放获取期刊是由学者个人创办的，这些学者往往是功成名就的大家，他们不向作者收取任何费用，完全依靠个人义务劳动维持刊物的运转。这种模式只适合小型刊物。从目前的情况来看，作为主流模式的作者（或作者的资助机构）支付论文处理费（Article Processing Charges，APC），已显示出特殊的生命力，其重要性在稳步增长。许多开放获取出版者，包括 PLoS、BioMed Central、Hindawi 和 Medknow 等，都通过对录用稿收取 APC 来弥补出版成本。以 Hindawi 为例，该公司是 1997 年成立的一家出版科技与医学文献的商业出版社，APC 收费只针对某些 Hindawi 期刊的经过同行评审的稿件，超过半数的 Hindawi 期刊组合是不收费用的。[10] 此外，Hindawi 还提供两类不同的开放获取成员机构会费选择，一种是统一支付费用的年会费，覆盖该机构所有被录用论文的作者，它由研究产出的水平和在 Hindawi 期刊上的出版模式历史而决定；另一种是预付会费，即预付论文处理费 5000 美元，在出版时再提供 10% 的折扣，从已付账户中扣除。[11]

　　APC 模式的可行性已经从现有出版社不断进入开放获取出版市场而得到证明。一些大出版社或者收购专门从事开放获取出版的新建出版社（如斯普林格并购 BioMed Central），或者自己创建开放获取期刊。牛津大学出版社启动了牛津开放先导计划，为其 240 种期刊中的 70 种刊物提供每篇论文 3000 英镑的开放出版选择。[12]

　　尽管 APC 模式已成为开放获取期刊市场的主导模式，但是它也遭到了一些批评，这主要是指作者受到了无谓损失。因为采用 APC 模式时，学术资助反而成为学术界开放获取出版的一个主要障碍。据说采用 APC 模式的顶尖自然科学开放期刊征收 2000 ~ 3000 美元的出版费用，但实际上 DOAJ 中所有征收 APC 的开放期刊 2010 年平均 APC 是 900 美元。[13] 从这个方面来讲，商业出版社进入 APC 模式的开放获取期刊市场似乎加重了 APC 负担。比如 BioMed Central，开始时收费仅 500 美元，2008 年被斯普林格收购以后，其 APC 价格一路飙升到 1500 ~ 2000 美元。[14]

　　无谓的损失还可以从开放获取资助多的大学与研究人员和其他学术相关人员之间的知识流通能力的不同级别来考察。从传统的封闭模式转向开放模式有可能扩大顶尖大学和普通大学研究人员之间的差距。普通大学常常不支付开放获取期刊全部的论文递交费，而好大学（有能力招募最有才华的研究人员）会为 APC 提供更多的资金。

　　研究密集型机构 APC 相关成本的上升还与搭便车存在一定的关系。APC 模式对于发表论文多的研究机构来说过于昂贵，因为从 APC 模式中获利的既不是学术界也不是公众，而是那些自身发表论文不多却依赖学术期刊发表的研究成果来做生意的机构，如大型制药厂和技术公司。[15]

　　目前常见的 APC 模式将费用分为两部分，论文递交费和论文录用费。论文递

開放獲取期刊的經濟學分析 267

交费用于评价递交的论文，不管该论文是否被录用。这样的好处是可以降低高拒绝率期刊的出版费用。

3.2.2　混合开放出版模式

订购型出版社也尝试提供混合开放获取模式供作者选择。作者付费，将论文电子版开放获取，而该论文是订购性期刊的一个部分。这种方式实际上是以论文为单位，而不是以期刊为单位的开放出版。这种混合型的期刊总体来说较少，Springer、Elsevier、Wiley-Blackwell、Taylor and Francis 和 Sage 等出版社都有此类项目。

有一种所谓的混合金色，即作者个人支付额外的 APC，以便不支付入场费就能在出版者的网站上发表论文，而图书馆和机构仍然要支付期刊的订阅费。这实际上是出版者双重收费的一种形式。

3.2.3　机构补贴开放获取模式

机构补贴开放获取包括机构通过现金、设备设施甚至人员等各种方式，全部或部分、直接或间接对开放获取期刊所提供的任何补贴。属于此类的开放获取期刊数量庞大。而机构补贴也因机构不同有大学补贴、政府补贴、基金会补贴、公司补贴、财团补贴等等。

大学补贴最常见的形式是期刊的机构内部出版，当然，大学补贴也包括为 APC 提供资金或者提供设备设施或人员。政府的补贴则采取多种形式，如直接补贴开放获取期刊或出版社；给研究人员发放补贴用于在开放获取期刊上发文；开放获取期刊在机构内部出版；为非营利性开放获取期刊出版者减税；为大学提供预算支持用于出版、补贴开放获取期刊，或者雇用人员利用部分工作时间编辑开放获取期刊。财团补贴也比较普遍，比如美国著名的《数字图书馆杂志》（*D-Lib Magazine*）就是由数字图书馆联盟提供财政支持的。

3.2.4　筹资开放获取模式

作为一种定期或连续的捐赠，筹资是常见的一种支持开放获取的形式，它通常与其他支持渠道，如拨款、基金会赠予、出版费等共同使用。

"街头艺人协议"[16] 是另一种筹资方式。按照街头艺人的模式，在论文出版之前，作者提出一个确定的筹资数额，当捐赠达到这一数额时，作品创作完成，并且开放出版，供所有读者利用。受此原理启发，目前众包已成为在线筹资的常用工具，但是它需要一个确定的平台。

3.2.5 其他模式

第一种，广告模式。广告是一种未来比较有前途的模式，因为它具有交互性和针对目标受众方面调度的柔韧性。在这种模式下，期刊可以将论文与广告信息在线组合，也可以向谷歌的 AdSense 那样运作。

第二种，电子商务模式。通过销售名牌商品为开放获取期刊筹资。操作方式既可以内部运作，也可以通过外部卖主。比如 CafePress 就是一家为 Journal of Virtual Worlds Research、the Libertarian Papers 和 Rejecta Mathematica 等刊物出售商品的卖主。[17]另外，还有附加值服务模式。这种模式下，除了开放获取论文内容以外，还提供一系列附加服务，比如论文提醒、网站定制以及出版物的无数字版权管理限制下载等。

4　开放获取期刊的影响

4.1　经济影响

与其他出版模式相比，开放获取出版模式可以获得正净值。有文献研究认为，学术文献的开放获取出版模式每年节省下来的金额在丹麦约 0.7 亿欧元，荷兰 1.33 亿欧元，在英国可以节约 4.8 亿欧元。[18]此外，更多的研究成果因开放获取会潜在地提高研发的社会收入。

4.2　引文优势与研究影响

对于学者来说，成果发表对他的激励主要是声誉的提高，因此，发表成果时，作者必然会注重期刊的声誉。自 20 世纪 70 年代以来，"影响因子"已经成为期刊声誉最重要的标志。因此，对于学术出版市场的新进者来说，关键是有没有能力迅速提升刊物的声誉。尽管 Web of Science 引文数据库收录的期刊越来越多地采用开放获取模式，有些开放获取期刊也获得了较高的声誉，但是多数开放获取期刊在排名表上仍位列其所属专业领域期刊的下半部分。一般来说，声誉需要日积月累，只有长期为之，才能获得较高的声誉，显然，办刊时间的长短，成为新生开放获取期刊的软肋。影响因子的计算方法也不利于新生开放获取期刊，一个刊物出版至少 5年之后 ISI 索引才会跟踪其影响。Björk 等的研究发现，以期刊中文献的平均引文数来代表科学影响力的话，Web of Science 中收录的开放获取期刊已接近订购型期刊的科学影响力和质量，尤其是生物医学领域和 APC 模式的开放获取期刊。他们还发现，APC 模式的开放获取期刊平均被引高于其他开放获取期刊。在医学与健康领域，过去 10 年出现的开放获取期刊与同期创刊的订购型期刊具有相同的引文率。[19]

4.3　研究质量与同行评审

目前对于开放获取的主要微词，是认为它损害或降低了同行评审制度的质量。开放获取引入作者付费模式，有可能破坏用几百年时间建立起来的学术出版的诚实和质量的公信力。因为在订购模式下，图书馆支付费用可以确保独立的高质量同行评审，防止商业利益影响出版决策。这种关键的控制方法在作者（实际上是他们的赞助机构）付费的情况下已被去除。开放获取出版者会持续受到增加产出的压力，有可能以质量为潜在的代价换取自身收益的增加。如果期刊的目标是社会福利最大化，则开放获取是最佳选择；如果有其他的目的，如最大化读者效用、提高期刊影响力或盈利，则开放获取选择会低于社会效益水平的质量标准。因此，有学者提出将作者费用分解为论文提交费和录用费两部分以缓解这一问题。[20]

5　结论

如前所述，开放获取期刊的商业模式多种多样，但是 APC 模式占主导地位。尽管该模式非常适合目前的市场结构，但也引发了新的关注，即作者或作者所在机构的无谓损失，因为作者所在机构需要提供资金来弥补出版费用。因此，决定学者的成果是否能够发表，更多的是经济实力。在这方面，小型机构以及人文、社科领域的作者获得的基金项目少，可能会面临更多的问题。研究密集型机构则会遭遇搭便车的问题，因为它们要负担开放出版系统的大部分资金，而其他发表研究成果较少的机构付出最少，却拥有相同的文献获取权利。此外，利益的冲突会影响是否出版的决策过程，因为费用只付给出版。由于这个原因，有一种呼声提出，开放获取出版付递交费而不是录用费。从总体来看，学术界似乎关心 APC 模式的长期可持续性。从可持续发展的角度看，混合模式遭到了很多批评，被认为是出版者从研究机构预算中二次收费。数字网络的互联互通与大规模生产的性质也许会成为克服APC 模式局限性的有用资源，它允许机构合作负担出版成本，或者通过众包筹资，或者利用数字技术有效运用广告模式。增值服务模式大规模的实施可使捐助多的机构获得有用的服务。

参考文献：

[1] Announcing the launch of the Open Access Scholarly Publishers Asscociation，OASPA[EB/OL].[2014-6-15].http://oaspa.org/about/press-release/.

[2] Bergstrom，Theodore.Free Labor for Costly Journals？[J].Journal of Economic

Perspectives，2001（15）：183-198.

[3] Ware，Mark and Michael Mabe.The STM Report: An Overview of Scientific and Scholarly Journals Publishing[R].[2014-6-15].http://www.stm-assoc.org/2009_10_13_MWC_STM_Report.pdf.

[4] Van Orsdel，Lee C and Kathleen Born.Periodical Price Survey 2005: Choosing Sides [J].Library Journal，2005（7）：43-48.

[5]Bergstrom，Carl T and Theodore C Bergstrom.The Costs and Benefits of Library Site Licenses to Academic Journals [J].PNAS，2004（3）：897 .[2014-6-15].http://www.pnas.org/cgi/doi/10.1073/pnas.0305628101.

[6]Peters，Paul.Redefining Scholarly Publishing as a Service Industry[J].JEP，2007（10）：3.

[7] DOAJ [EB/OL].[2014-7-19].http://www.doaj.org/ http://doaj.org/.

[8]Generation gap in authors' open access views and experience，reveals Wiley Survey [EB/OL] [2013-11-15].http://www.wiley.com/WileyCDA/PressRelease/pressReleaseId-109650.html.

[9] [日] 三根慎二．オープンアクセスジャーナルの現状 [J]. 大学図書館研究，2007（80）.

[10]Hindawi.Article Processing Charges [EB/OL] [2014-6-15].http://www.hindawi.com/apc.

[11]Hindawi.Institutional Membership [EB/OL] [2014-6-15].http://www.hindawi.com/Memberships.

[12]Oxford Open [EB/OL] [2014-6-15].http://www.oxfordjournals.org/oxfordopen）.

[13]Björk B-C，Solomon DJ.Open access versus subscription journals - a comparison of scientific impact[J].BMC Med，2012（10）：73.

[14]BioMed Central.Article-Processing Charges[EB/OL] [2014-6-17].http://www.biomedcentral.com/authors/apc.

[15]Beaudouin-Lafon，Michel.Open Access to Scientific Publications: The Good，the Bad and the Ugly[J].Communications of the ACM，2010（53）2：32-34.

[16]Kelsey，John & Bruce Schneier.The Street Performer Protocol and Digital Copyright [J].First Monday，1999（4）7.[2014-6-17].http://www.firstmonday.org/ojs/index.php/fm/article/ view/673/583.

[17]CafePress[EB/OL] [2014-6-15].http://www.cafepress.com.

[18]Houghton，John.Open Access － What are the Economic Benefits？ A Comparis on of the United Kingdom，Netherlands and Denmark[R] .[2014-7-13].http://www. knowledge-exchange.info/Default.aspx？ ID=316.

[19]Björk B-C，Solomon DJ.Open access versus subscription journals － a comparison of scientific impact[J].BMC Med，2012（10）：73.

[20]Shavell，Steven .Should Copyright of Academic Works Be Abolished？ [J].J.Legal Analysis，2010（2）：301.

谈科技展览会专业资料的效用及传播利用

孙　平[1]　王小林[2]（1.中国科学技术信息研究所，北京 100038；
2.北京中展网际资讯科技中心，北京 100028）

摘　要：科技展览会产品与技术相关专业资料的管理与利用问题在我国尚未得到展览会组织者和科技情报机构等的重视。本文分析了科技展览会专业信息的潜在价值和效用，指出目前在这类科技信息资源管理方面存在的问题和挑战，然后从信息管理角度分析了收集、保存和利用科技展览会专业资料的特殊性，进而提出行业协会、科技情报机构和科技中介机构等促进科技展览会专业信息传播与利用的设想和建议。

关键词：科技展览会；科技成果转化；信息管理；信息服务

在科技展览会（包括科技博览会、产业博览会等，以下统称科技展览会）上，参展方利用图文、视频、实物、模型、宣传手册和现场演示等方式向观众展示技术、产品、装备和方法。有些科技展览会还举办高新技术相关的论坛、研讨会、发布会、知识讲座和贸易洽谈活动。一般来说，科技展览会上相关产品与技术资料十分丰富，许多内容与不同行业领域的科学研究、技术创新、产业发展以及产学研合作、科技成果转化等过程密切相关。

在当前我国全面实施创新驱动发展战略的背景下，重视和开发利用科技展览会专业资料方面的资源，可以更好地发挥这些资源在促进我国科技进步、科技成果转化和科研能力建设等方面的作用。

1　科技展览会的一些特点

科技展览会是科技界与产业界的重要活动。企业的参展目标通常包括树立、维护公司形象，开发市场和寻找新客户，介绍新产品或服务，物色代理商、批发商或合资伙伴，销售成交，研究当地市场，开发新产品等。[1] 由于科技展览会展出的时间短，并可能受举办地点、参展费用和展览会知名度等因素限制，展览会的参展商和观众数量一般都很有限。许多科技工作者很少有机会参加各类科技展览会，因而可能对其缺乏深入的了解。下面首先分析科技展览会的一些主要特点。

1.1　产品与技术具有先进性和实用性

在科技展览会上展示的产品与技术，一般可以集中反映出有关行业科技发展的最新成果和先进适用技术，而且相对于科技文献和专利，更加贴近产品或技术的用户和相关研发人员，因而也更易于为企业所应用与借鉴。在参展方，包括国外参展商提供的专业资料中，除了介绍产品与技术的基本信息，还经常披露一些生产工艺、流程、技术指标和配方，甚至研究性的技术细节，从而能够对某些正在研究的课题提供有参考价值的科技情报。[2]

1.2　不同类型的信息交叉融合

科技展览会上的许多产品、技术和设备并不限于在某一行业领域的应用，而是可以满足不同行业的需求。例如，在城市安保领域采用的360度全景摄像头，同样适用于矿井安全监测与救援；电池技术则应用于从计算机、手机到电动汽车、列车信号系统等广泛领域。科技展览会的组织方式也十分灵活，可以按行业领域、产品、产业链和专题等形成各类不同组合，同时也出现综合性的大型或超大型展会，使参展方和参观者不仅可以了解本行业领域的技术发展动态与趋势，还可以接触到源自其他相关领域的产品与技术。

1.3　参展方与观众交流互动

由于科技展览会的参展方以宣传其产品、服务和寻找新客户等为目的，参展方人员为了推介其产品或技术和与潜在客户建立良好关系，除了提供相关资料和展示，还会详细介绍其产品与技术，而这种情景在其他场合并不常见。观众因而有机会与参展方的研发人员围绕产品或技术进行专业上的交流与互动。

1.4　存在一些固有的局限性

科技展览会的主办方、参展方和观众都有不同的期望，但有时很难实现各自理想的目标。例如，展览会的组织者希望高水平的企业和科研机构参展，以扩大影响并获得预期收益；而潜在的参展方则会考虑展览会的档次、国内外同类展览会情况、参展活动与机构战略的相关性以及参展费用等因素决定是否参展。潜在的观众会根据科技展览会举办的地点以及对展览会质量的预期确定是否前往参观。大型综合性展览会在吸引更多展商与观众、扩大影响力和增加回报的同时，会降低展商与观众的契合度。

在实践中，有些科技展览会质量高、影响大，并已形成品牌，也有些展览会主题雷同、参展产品与技术的水平参差不齐，难以得到观众的认可。

2 科技展览会专业信息资源的潜在效用

科技展览会可以促进产品销售、技术交易以及研发人员之间和研发人员与用户之间的深入交流，进而促进相关行业领域的产品创新和技术升级。考虑到科技展览会的上述特点，不难看出展览会的专业信息资源，特别是产品与技术资料所具有的潜在价值和效用。

2.1 推动技术创新和产品开发

不同行业领域的科学研究和技术开发的程度与水平存在不平衡。某些领域所使用的一些技术可能同样适用于其他领域，但其他领域的研究人员可能对此并不了解，从而仍在进行独立的探索。例如，生物医学领域所采用的一些先进的膜技术，在环保领域的水处理等方面也可以得到广泛应用。有统计表明，20 世纪最后 20 年出现的技术创新，真正全新的技术很少，但技术与技术之间大量交叉、融合的创新却很多。[3]通过科技展览会，可以促进不同领域的科研人员在产品与技术研发和应用方面的交流。

科研人员和企业通过科技展览会上的专业资料，不仅可以了解科技成果和技术发展趋势，还可以更多地了解用户的需求和自己研究成果的应用前景，从而促进提高研发工作效率，加快科技成果的转化应用。而科研管理人员通过从展览会专业信息中所反映出的科技发展动向、趋势和各类需求，也有利于更好地制定科技发展规划和改进完善科研项目的立项及验收等工作。

2.2 用于科技工作者的继续教育

如今科学技术领域的学科划分越来越细，科研人员所掌握的知识和技能也有很大的局限性。从事应用研究的人员通过接触科技展览会的各类专业资料，有利于他们拓展视野和更新知识。在当前我国面向科技工作者的继续教育还比较薄弱的情况下，将科技展览会的专业信息用于继续教育和培训，无疑可以收到事半功倍的效果。

2014 年 8 月江苏昆山一金属制品厂发生的特大爆炸事故，被怀疑是因粉尘爆炸引起的。那么如果该企业的管理人员、技术人员能够通过科技展览会或类似渠道懂得粉尘爆炸的原理，意识到企业生产中的安全风险，了解现有的除尘设备、防爆电器和粉尘爆炸抑制技术，或许可以防止事故的发生。

2.3　促进产学研主体之间的互动

有研究表明，目前我国企业的创新能力相对比较薄弱。尽管我国各类企业的 R & D 经费投入已超过全社会同类经费投入的四分之三，但由于企业研发人才队伍结构、研发活动结构等方面原因，由其领衔的高水平原创性科技成果的数量明显偏低。[4] 另外，我国教育科研机构所产出科技成果的转化率很低。究其原因，除了产权不明、对科研人员的考核评价机制不完善和缺乏转化服务机构等因素外，还在于产学研主体之间尚未建立有效的交流与合作机制，存在许多盲目研究和低水平重复研究。教育科研机构的科研人员通过接触科技展览会的专业信息，显然可以增进对相关行业领域情况的了解，促进产学研结合和科技成果转化。

3　科技展览会专业信息资源管理问题的特殊性

我国目前在科技展览会专业信息资源管理与应用方面的研究和探索都比较少，部分也是由于这一问题具有很多特殊性。

3.1　科技展览会专业信息是特殊的灰色文献

在国内各类科技文献数据库中有许多科技展览会的招展启事和相关报道，但很少有展览会产品与技术相关的专业信息。在我国现有的各类科技成果转化数据库中，大多只有科研项目的名称、项目类别、编号、完成单位以及发表的论文、著作和获得的奖励等信息，通常不包括产品、技术相关的细节。随着我国建立国家科技管理信息系统和实施国家科技报告制度，财政性资金资助科研项目所产生的成果将会得到更全面的揭示，但可能仍难以涵盖企业利用自身经费研发的大量技术与产品相关的专业资料。由此可见，科技展览会专业信息是一种未能得到有效揭示的特殊的科技灰色文献。有学者研究指出，这类"隐性"灰色文献所依托的发布通道影响力和辐射范围有限，但许多文献有其重要价值，应发挥信息中介的作用使之"显性化"，并强调这是一个长期、连续的过程。[5]

3.2　科技展览会专业信息管理主体的缺失

目前，我国各类科技展览会上的海量专业资料尚未得到系统的收集、保存、加工处理和传播。展览会组织者本应是这类信息管理的主体，但至少由于以下三方面原因，使其未能承担专业资料的管理与传播的责任：一是许多展览会的组织者是承办展会的专业机构，不是相关行业领域的专业管理机构或协会，因而没有义务提供后续的信息服务；二是展览会的组织者没有认识到科技展览会专业资料等信息的潜在价值，缺乏管理和利用这类信息的意识；三是相关机构缺乏收集和管理展览会专业资料等信息的资源，如专业人员、专门经费，也没有适当的服务平台等渠道。

对于少数已经在收集和传播科技展览会专业资料的机构，不可避免地会面临经费与人力投入、运作机制与商业模式、信息管理手段和信息服务能力等方面的问题和挑战。笔者也曾接触到一些有意收集和保存科技展览会专业信息的图书情报机构，但发现由于其同样缺乏保存和处理这类信息的资源和经验，且尚未有来自教育科研机构或企业的现实需求，目前还没有考虑拓展这方面的业务。

3.3　对科技展览会专业信息的处理缺乏专业性

目前，在许多行业协会或会展企业的网站上都有科技展览会信息，但主要内容是发布资讯而非推介具体的科技产品与技术，因此相关信息对潜在用户来说缺乏全面性、完整性和实用性，而且不能保证信息的持续提供。

据了解，国内已有少数企业致力于收集与整合科技展览会的专业资料，包括将产品宣传册（页）数字化，拍摄产品照片并将有关资料上传到网站，但囿于缺乏经费来源和其他相关资源不足等原因，对这类信息的管理和利用问题还没有明确的思路和方案，不仅难以组织对已有大量资料进行深加工或利用其提供增值服务，甚至不能保证今后对这类资料的持续收集和简单的加工处理。

4　关于传播与利用科技展览会专业信息的设想

科技展览会的产品和技术资料与科技文献、专利一样，对于促进科技成果转化与推广都具有重要意义。有学者从不同角度对相关问题进行了探索，如提出对于科技成果，除了在科技展览会上展示，还应在不同范围采用多个渠道、多种形式进行宣传推广；应成立促进科技成果转化的中介服务部门，积极收集信息资料进行传播和推广[6]。笔者认为，对于科技展览会的专业信息，目前亟须通过适当的制度安排进行有效的管理、传播与利用。

4.1 重视科技展览会专业信息的传播和利用

我国近年来更加重视财政性资金资助科研项目各类产出的共享，今后对于由以企业为主体研发的产品与技术等形式的成果也应给予重视，并组织对相关信息进行系统的收集、整理和分析，包括从中发现哪些是先进和具有引领性的技术，哪些是陈旧过时的技术，以及探讨财政性资金资助项目与企业自发研究项目的不同特点以及两者间的结合等问题。

为此，公益性科技情报机构和行业协会应重视收集、处理、保存和传播科技展览会产品与技术方面的专业信息，或与其他科技中介机构合作进行相关信息资源的开发与增值服务，推进研发工作和科技成果的转化。同时，教育科研机构的科研人员，特别是应用研究人员也应关注行业领域的研发成果，利用科技文献之外的产品与技术信息促进提高研究工作的针对性与创新性，并通过因此而形成的需求促进科技情报机构和科技中介机构的服务能力建设。

4.2 建立科技展览会专业信息开发利用机制

考虑到科技展览会专业信息具有多方面的利用价值，应建立有效的信息开发利用机制，充分发挥相关机构的积极性和创造性。首先，应使科技展览会主办方和参展方支持和配合这项工作，主动提供信息并参与信息更新和咨询服务工作，以保证信息的全面性、完整性和权威性。第二，应调查了解目标用户的需求，分析科技展览会专业信息各种可能的利用和增值服务方法，在此基础上进行相关信息开发利用的顶层设计。第三，要重视解决利益分配、知识产权、保密和反不正当竞争等问题。例如，如果科技展览会潜在的展商或观众可以通过网站或数据库平台实现与参加展览会大致相同的效果，会对实体展览会主办方的利益产生影响。对展览会产品与技术的推介，也要有适当机制保证其先进性和适宜性，避免利益冲突等因素的干扰。为此，不同利益相关方的代表应共同进行协商，明确各自的利益诉求和可能做出的贡献，形成各方均可接受的方案，以实现合作共赢。

4.3 加强对信息管理相关技术问题的研究

进行科技展览会专业信息资源的管理和开发利用，还需要解决许多技术方面的问题，例如，由于很难建立能够汇总所有科技展览会专业信息的中央数据库，因此要考虑分布式数据库信息的采集与整合，明确产品与技术信息分类标准等规范，开发多媒体信息标引与智能化信息检索系统，制定数据库平台的运行管理制度，确定可持续的信息服务模式，组织专业人员对信息进行分类、剔重、筛选和数据挖掘等深加工。要很好地开展这项工作，应有科技情报机构的积极参与，并适当发挥行业协会和中介机构的作用。

4.4　利用科技展览会专业信息资源提供多方面服务

通过开发与传播科技展览会专业信息，可以服务于科研人员和各方面用户；对于那些难以有效利用网站或数据库平台获取相关信息的用户，可以发挥信息中介机构的作用，如由有经验或经过一定训练的人员根据科技成果的原创性、科技含量、价格和替代技术等，利用一定的方法和工具，为潜在用户推荐最适用的产品或技术，以及为科研人员提供科技研发方面的需求信息。

有学者建议，对于需要国家财政资金支持的科研项目，应在立项前进行公开采购，凡是项目预期的科研成果能够直接从市场上购买，就没有必要资助进行重复性研究。[7] 对于类似的设想，科技展览会的专业信息无疑可以作为现有科研成果信息的重要来源。此外，经过整合与筛选加工的科技展览会产品与技术信息，还可用于技术供需双方的对接、技术市场的信息支撑，以及科研人员的继续教育和面向公众的科学普及工作。

5　结语

科技展览会专业信息对于科研人员、企业和教育科研机构等都具有一定价值，同时在相关信息的收集、加工处理、保存以及传播利用方面都有许多问题值得探索。

本文从总体上梳理分析了科技展览会专业信息资源的管理和利用的有关背景、现状和问题，并提出一些初步的对策和建议。随着我国创新驱动发展战略的深入实施，希望这一问题能够引起管理部门、科技情报机构和科研人员等的重视，促进科技展览会主办者、参展方、科技信息中介机构、观众与用户和科研人员等从不同角度对相关问题进行更加深入的研究、探索和经验总结，为我国科技创新和经济社会发展服务。

参考文献：

[1] 樊宗. 企业应如何参展 [J]. 市场周刊：商务营销，2000（21）：10-11.

[2] 沈琦. 来华科技展览会与科技情报工作 [J]. 情报学刊，1985（1）：18-20.

[3] 郝凤霞，张春美. 科技创新集群化：现代科学技术研究趋势 [J]. 科学学与科学技术管理，2002（3）：5-8.

[4] 袁立科，杨起全 . 我国企业技术创新主体地位的结构性分析 [N]. 科技日报，2013-09-16.

[5] 孙碧娇 . 科技灰色文献获取模式研究 [J]. 现代情报，2010（2）：158-161，166.

[6] 张连举 . 公安科技研究必须注重成果的转化 [J]. 广东公安科技，2010（1）：1-2.

[7] 黄群慧，张金昌 . 关于深化我国科研管理体制改革的建议 [N]. 科技日报，2014-08-11.

第三部分

图书馆建设与管理

大数据与党校图书馆的应对措施

金弋滨（中共宣城市委党校，安徽宣城 242000）

摘　要：文章阐述了大数据的概念及其特征，论述了大数据给图书馆带来的挑战和机遇，提出了大数据时代，党校图书馆的发展趋势和应对措施。

关键词：大数据；图书馆；党校图书馆

1　大数据概念的提出及其特征

大数据被学术界正式提出始于 2008 年 9 月的《自然》杂志，2011 年 5 月全球知名咨询公司麦肯锡发布大数据调研报告，之后《纽约时报》及《华尔街日报》开辟专栏，对其展开讨论，而后几乎所有 IT 巨头，都纷纷投身于大数据业务。2011 年 7 月世界大数据论坛在北京成功举行。而将大数据作为全球性发展战略计划，则始于 2012 年 3 月美国奥巴马政府宣布推出的"大数据的研究和发展计划"。该方案计划投资 2 亿多美元，在美国国家科学基金、美国国防部等六家政府部门协作下，大力推动及改善大数据的提取、存储、分析、共享和可视化。该举措表明大数据技术将会在未来数十年间影响全球知识创新和知识服务形式，也意味着大数据技术从市场行为正式上升为美国的国家科技战略。[1]

大数据，是指所涉及的资料量规模非常巨大，无法通过目前主流软件在合理时间内撷取、管理、处理并整理成为帮助用户和企业经营决策的资讯。在维克多·迈尔—舍恩伯格及肯尼斯·库克耶编写的《大数据时代》一书中，大数据指不用随机分析法（抽样调查）的捷径，而采用所有数据的方法。大数据具有"4V"特性：①数据量大（volume）。从 TB 级别跃升至 PB 级别，甚至更高的 ZB 级别，传统的集中存储与集中计算已经无法处理呈指数级别的数据增长速度；②数据多样性强（variety）；③处理速度快（velocity）；④价值密度低（value）。单条数据并无太多价值，但庞大的数据量蕴含着巨大财富。以视频为例，在连续不间断监控过程中，有用的数据可能仅仅只有一两秒。物联网、云计算、移动互联网、车联网、手机、平板电脑、

PC 以及遍布地球各个角落的各种各样的传感器，无一不是数据来源或者承载的方式。[2]

2　大数据给图书馆带来的挑战和机遇

2.1　大数据给图书馆带来的挑战

2011 年 5 月美国麦肯锡全球研究机构发布的《大数据：创新、竞争和生产力的下一个前沿领域》中肯定了大数据可以在任何一个行业内创造更多价值。如果美国医疗行业全面使用大数据，每年能多创造 3000 亿美元的价值；在个人信息领域，利用大数据技术可以为服务商带来 1000 亿美元的利润，并为消费者和商业用户带来 7000 亿美元的价值。调查报告还指出，尽管全球数据飞速增长，但将近 87.5% 的数据未得到真正利用，许多数据资源并没有形成真正的知识源以供研究人员利用。[3]

图书馆是计算机新技术应用的前沿阵地，图书情报未来大数据主要来源于：

（1）网站行为数据，对读者获取电子资源行为的数据进行收集。

（2）图书馆内的传感器网络，针对所处环境进行感知并不断生成数据。

（3）图书馆资源中嵌入 RFID 所生成的射频数据。

（4）通过移动设备获取读者移动位置与个人行为数据。[4]

最早将大数据引入图书馆并付诸应用的是哈佛大学。这一具有颠覆性及创造性的引进使我们看到，在关注每一个具体的图书馆的结构化信息资源需求的同时，非结构化数据分析变得可行和经济高效，从而实现知识横向扩展以满足急剧扩张的知识服务需求。作为一个新的尚未开发的信息源，非结构化数据分析可揭露之前很难或无法确定的重要相互关系。大数据应用可更加快速地做出决策、监控最新知识服务趋势、快速调整方向并抓住新的知识服务机遇。图书情报领域利用大数据的理念和技术，能尽快提升知识服务能力、降低知识服务成本，但大数据又使图书情报领域面临挑战。

2.1.1　文献分析被广泛使用

大数据时代文献分析不再为图书情报研究所独有，以往图书情报领域积累的相关理论和方法可能不再具有优势。因此，如何把握自身优势，并抓住机会有所拓展，是图书情报研究在大数据时代需要思考的问题。[5]

2.1.2　图书馆学、情报学面临巨大冲击

图书馆学、情报学等作为学科，也会采用大数据基础理论和应用实践的方式开展学科基本问题、学科领域拓展及交叉学科等方面的研究。

美国奥巴马政府将美国国家医学图书馆作为大数据研究和发展计划的重要组成部分,并且要求提高从大量数字数据中访问、组织、收集发现信息的工具和技术水平,提供大数据归档、保存、传播和其他数据的基础设施服务。这意味着传统的图书馆学、情报学等学科将面临巨大冲击,而且在未来 2~5 年内这种影响将会表现得非常显著。

2.1.3　能够分析的数据比例不断降低

图书馆面对所拥有的不断增长的数据量,如何充分把握大数据所带来的技术优势与数据分析方法,有效提高图书馆能够分析的数据比例,从而提高知识服务的智能辅助决策能力。如何认识、管理和分析其所拥有的各种结构化、半结构化和非结构化数据,如何建立软硬件一体化集成的大数据综合解决方案,是图书馆人面临的又一挑战。

从图书情报领域数据分析和应用的现状而言,图书馆人在面对一些可能是机会的数据时,缺乏将数据转换成知识的思想意识,也就没有形成对非结构化数据持久化处理和深度分析的成熟技术及解决方案。

2.1.4　对技术提出了新的要求

技术是大数据的关键问题,并将一直影响着大数据的研究。对大数据的有效存储、管理和使用是实现大数据目标的基本要求。在此基础上,传统的信息获取、存储管理、分类、索引、检索、人机交互技术等信息分析处理技术方法,如何顺利转移到对大数据的管理和利用上来是对图书馆学、情报学提出的重大挑战。

2.1.5　用户对服务的期望值更高

实现从数据转化到用户需求的资讯,需要图书情报人员更深刻地了解用户需求,同时还需要图书情报人员更加系统地了解数据及其特征,建立高效可控的数据处理流程,掌握多种数据分析方法。所以大数据时代要求图书情报人员具备更加全面、综合的素质与能力。

2.1.6　信息安全和隐私问题更加突出

大数据环境下,信息安全和个人隐私问题将成为图书馆学、情报学研究的新课题。随着全球各国对大数据获取、处理分析能力的提高,大量零散数据中蕴含的有价值信息能够得以发现并利用,这种情况下,信息安全也从传统计算机网络安全、保密管理等可控安全管理变为无法确知安全隐患的不可控的安全管理,而同时信息公开、数据公开的呼声越来越强烈,数据开放与信息安全之间的矛盾更加突出。同样,大数据中包含大量用户信息,这也使得对大数据的开发利用很容易侵犯公民隐私,恶意利用公民隐私的技术门槛大大降低,公民隐私保护也将成为极具挑战的研究问题。[6]

2.2　大数据给图书馆带来的机遇

2.2.1　大数据与传统图书情报工作相互促进

对大数据的发掘利用包括数据获取、数据监护、数据存储、数据检索、数据共享、数据分析、数据展示等多个环节，这一链条与信息管理和传统图书情报工作的环节基本吻合。图书情报领域可以将包括信息采集、信息整序、信息组织、信息检索、信息分析、信息可视化等方面成熟的理论和技术应用到大数据的工作中，在促进大数据研究发展的同时，扩大传统图书情报的服务范围。

2.2.2　拓展了图书情报研究的关键技术

互联网技术、传感技术、移动互联技术、大规模存储技术、云计算技术的快速发展为大数据背景下的图书情报研究提供了从数据搜集、组织、存储、分析到数据挖掘的工具，从技术上实现了研究的可能性，同时逐渐发展起来的数据文件技术、框架技术及其他分布式数据库技术、社会网络分析技术以及复杂网络技术逐渐得到了人们的重视，成为大数据背景下图书情报研究的主流技术。[7]

2.2.3　用户流失分析和预测

价值质疑、技术障碍、人员队伍无法适应未来挑战等重大问题已经严重困扰着图书馆，党校教职工已经逐步弱化了图书馆存在价值，用户流失严重，大数据技术可以通过数据了解用户、行为、意愿、业务需求、知识应用能力及知识服务需求等，还可以利用数据对用户的科研创新合作过程及知识服务过程将要发生什么进行分析和预测，从而应对图书馆未来所面对的生存危机。

2.2.4　建立新型知识服务引擎

技术引擎是图书馆信息服务的技术核心，如何利用大数据技术构建图书馆的新型知识服务引擎，将会是未来几年内图书、情报领域信息技术研究的主要内容。美国 Hiptype1 公司用大数据分析技术来分析电子书读者阅读习惯和喜好，这也是国内外图书情报领域首例利用大数据技术构建知识服务社区实体（包括用户及资源）行为的智能分析引擎。

3　大数据时代，党校图书馆的发展趋势和应对措施

3.1　大数据与政府信息公开

大数据的核心组成部分是由政府机构所拥有的社会管理和公共生活数据，以及主要是由政府机构直接拥有或间接支持下可获得的物理世界和生物世界的数据。如何使政府充分认识大数据的重要性和战略地位，从整个国家的角度积极布局，引导

大数据全面发展；如何让政府从垄断和保密的历史惯性思维方式中解脱出来，在确保隐私、机密和国家安全的前提下带头开放数据，降低公众获取和利用政府数据资源的难度和成本，是大数据时代所面临的主要"瓶颈"。由于大数据的开发和利用与图书情报学的发展在本质上是一致的，所以政府信息公开也是大数据时代图书情报学发展面临的主要问题。有必要通过法律的形式保证政府管理信息公开，还要研究制定完善信息公开和信息保护方面的法律法规，同时法律法规还需要随着人们的认识和社会环境的变化而不断调整，将数据资源作为一种最重要的国家战略资源，供人们共享和使用。

3.2　党校图书馆的发展趋势

根据《中国共产党党校工作条例》，党校是在党委直接领导下，培养党员领导干部和理论干部的学校，是培训轮训党员领导干部的主渠道和重要阵地，是干部加强党性锻炼的熔炉。各级党校的校长都是地方党委的副书记，培训的对象都是各级部委办、政府机关的领导干部，对促进政府信息公开，具有重要的、不可低估的作用。

大数据时代，党校图书馆要做到更好地为教学、科研和地方党委、政府的决策服务，必须搞好自身建设，积极做好为全校教职员工、读者和用户的各项服务工作。制定从局部到整体、操作应用层面到政策管理层面的全方位的应对措施，有效应对大数据背景下的党校教学、科研和咨政发展带来的挑战，抓住大数据环境下的发展机遇。

3.3　党校图书馆的应对措施

3.3.1　构建知识服务纲要和模型

结合党校图书馆所处地区、主要服务学科、主要服务领域、馆藏特色等因素，构建大数据知识服务纲要，探索大数据体系构建模型、知识服务模型及技术模型等。研究党校图书馆大数据体系构建的构成要素和驱动因素，从环境架构、业务架构、信息架构、技术架构、安全架构、协作架构及架构管理等多方面探索图书馆大数据体系构建的相关理论及应用研究，从而确立图书馆在大数据环境中应有的作用和地位。同时还要探讨党校图书馆大数据知识服务体系中信息资源、人力资源、物力资源、网络资源及服务资源的管理模式。

3.3.2　进一步提高服务理念和技能

党校图书馆员除了要像传统的图书馆员一样，掌握图书馆学、情报学、信息管理学等专业理论外，还要熟悉信息科学、心理学、教育学、管理学、统计学等其他学科知识，特别是对大数据、云计算、物联网、移动互联网、数据密集型计算等基础理论和技术有一定了解，所以党校图书馆员必须在思想意识、技术、服务理念、服务技能、业务能力等方面进一步提高，从而树立嵌入式知识协作、合作交互、服务创新等新型知识服务理念，有效地促进网络互联互建，资源共建共享。

3.3.3　在队伍建设方面加大力度

人才一靠引进，二靠培养锻炼。党校图书馆要研究大数据的管理人才、技术人才及服务人才的培养方案，分析这类人才的知识结构、学科素养、专业技能、思想体系，将培养计划付诸实施，为未来图书馆大数据体系构建提供所需人才。要多为在职员工提供学习、交流培训及在实际工作中锻炼的机会，完善专业技术岗位的设置，营造有利于人才活力激发、健康成长，有利于优秀人才脱颖而出的机制和氛围。

在培养和选拔人才时运用大数据的思维，从人才多重身份的角色表现、不同时期的成长轨迹和多元评价主体的考核意见等大量信息中，运用科学的分析工具，提升考核评价工作的科学化水平，进而提高党校图书馆的管理和服务能力。

3.3.4　建立大数据体系的知识服务环境

大数据并非对图书馆传统信息服务模式、信息技术的彻底终结，而是在已有信息服务模式、信息技术、人文情怀基础上的完善与补充。作为集信息、数据、交互、工具、平台和服务于一体的党校图书馆，除了具备学术搜索、资源及服务推荐、知识服务实体（包括用户及资源）行为分析、用户知识需求预测、多维度信息资源获取、组织、分析及决策等功能外，还需要实现与传统图书馆自然环境、人文情怀、服务理念及技术环境的相互渗透、有机融合和无缝切换。

3.3.5　开展多渠道、多层次的用户培训

从大数据源头抓起，研究提高教职员工、读者和用户的数据素养的方法和方式。图书馆存在的根本目的是为用户服务，用户培训是图书馆提高利用率的重要手段，党校图书馆也不例外。通过用户培训，可提升用户的认知和技能，提高用户的信息素养，使用户了解图书馆的价值，便利使用图书馆的资源和服务，同时可以改善服务效果，提高用户对图书馆的依存度和信任感，实现从图书馆员能力到用户能力的转变。积极试点学科联系人制度，举办图书馆各类资源与各种服务的培训讲座，详细介绍各种资源、服务的使用方法，让广大教职员工真正了解图书馆，并真正享受到图书馆所提供的各项服务。同时，也能够及时了解用户的现实需求，有针对性地改善服务。[8]

3.3.6　可尝试建立总分馆体制

党校图书馆可在业务上建立"总馆（中央党校）—分馆（省级党校）—市馆（市

级党校）"三级管理体制，明确中央党校图书馆作为总馆在全国党校图书馆中的地位和职能。分馆根据省级党校学科布局和资源发展的要求设立，藏书与总馆资源互为补充。市馆主要服务于本校的教学和科研，同时做到与本省分馆和市馆资源共享。实施总分馆制，打破了以往党校图书馆各自为政的局面。全国党校图书馆可统一更新引进图书馆自动化管理系统和资源发现与整合系统，各分馆、市馆统一共享总馆的服务器等技术设备，无须重复购置相同设备，避免平台重复建设，提高各成员馆的办馆效益，推动资源共建共享的实现。

参考文献：

[1]The White House.Big Data is a Big Deal[EB/OL].（2012-03-29）[2012-11-16]. http://www.whitehouse.gov/blog/2012/03/29/big-data-big-deal.

[2] 作者不详.名词解释 [J].新华月报，2014（5）/上半月：70.

[3]Manyika J，Chui M，Bughin J，et al.Big Data: The Next Frontier for Innovation，Competition，and Productivity[R].McKinsey Global Institute，2011.

[4] 范伟红，李晨晖，张兴旺等.图书馆需要怎样的"大数据"[J].图书馆杂志，2012（11）：63-68.

[5] 李广建等.大数据视角下的情报研究与情报研究技术 [J].图书与情报，2012（6）：1-8.

[6] 贺德方.大数据环境下的情报学 [J].数字图书馆论坛，2012（11）：2-5.

[7] 刘红霞，白万豪.大数据背景下的应用情报学研究 [J].情报资料工作，2014（1）：27-30.

[8] 杨沛超.深化体制机制改革，创新专业图书馆服务——中国社科院图书馆的实践与思考 [J].图书情报工作，2013（22）：5-9.

大数据背景下党校图书馆网络用户群体协作发展路径研究

——基于黑龙江党校系统信息资源需求调研分析

张春艳（中共黑龙江省委党校图书馆，黑龙江哈尔滨 150080）

摘　要： 大数据背景下党校图书馆网络用户群体协作发展，是图书馆未来的发展方向，而党校图书馆网络用户群体协作发展相对于全国性的图书馆联盟更利于操作。本文根据黑龙江党校系统文献信息资源需求调研分析，介绍了党校图书馆文献信息需求及共建共享的现状，分析了党校图书馆联盟建设存在的主要任务，协作发展建设面临的问题及可持续发展的主要因素等。

关键词： 大数据；党校图书馆；网络用户；群体协作

党的十八大以来，党中央、国务院一直高度重视教育信息化工作，习近平总书记在 2 月 27 日中央网络安全与信息化领导小组第一次会议上强调"没有网络安全就没有国家安全，没有信息化就没有现代化"，将信息化提升到了前所未有的高度。现如今新型学科、交叉学科和边缘学科大量涌现，广大读者对文献资源的需求量越来越大，任何一个图书馆文献资源的收藏范围和数量都有一定的限度，很难满足所有用户的借阅需求，为了满足各级各类党校学员读者需求，党校系统图书馆应适应新形势，实行各级党校校图书馆的相互合作，在文献资源共建共享上构成一个有机整体，组成本区域内的党校图书馆协作发展，实现文献资源的共享，互惠互利。

1　大数据背景下党校图书馆网络用户群体协作发展的重要意义

1.1　中央早就提出要以教育信息化带动教育现代化

可以说，没有教育信息化就没有教育现代化。党的十八届三中全会通过的《中共中央关于全面深化改革若干重大问题的决定》，明确提出"构建利用信息化手段扩大优质教育资源覆盖面的有效机制，逐步缩小区域、城乡、校际差距"的具体要求，这是教育信息化作为教育改革发展的任务第一次被写入中央全会重要决议。大数据背景下党校图书馆网络用户群体协作发展，首先要发挥中央、省、市党校优质资源辐射作用。党校图书馆网络用户群体协作发展以共享理念为出发点，以资源建设为基础，以信息技术为支撑，以提供共享服务为目的。图书馆联盟将在联合采购，拓宽馆间业务范围，整合信息资源，建设特色数据资源库等方面开展深度合作。

1.2　促进地区性图书馆的整体发展

党校图书馆网络用户群体协作发展建设的主要目标就是要实现信息资源的共建共享，通过地区性图书馆联盟的形式，几个地域邻近的党校易于对实体及电子资源进行共享操作，达到资源互补，也可以解决党校系统各级图书馆存在的"大而全，小而全"的问题。"地区性图书馆网络用户群体协作发展不但可以完善信息资源保障体系，提高图书馆整体效益，而且可以促进地区性图书馆的整体发展，特别对中小型图书馆可以起到很好的信息保障作用"。[1]

2　大数据背景下党校图书馆网络用户群体协作发展的现状

2.1　大数据背景下党校图书馆网络用户群体协作发展

从全国发展状况看，与很多系统图书馆不同，党校系统图书馆由于性质与任务基本相同，外购和自建数据库的方向基本一致，这使共建共享成为可能，反之会造成很大的浪费。"2005 年，中央党校与其他国内数家图书馆联合起来，通过付费使用的方式，每年只支付 6 万元人民币即取得了外国 EBSCO 公司的涵盖 7000 多种英文报刊的数据库使用权。以 2005 年的不变价格计算，6 万元人民币只能订阅 23 种纸本外文报刊，要把 7000 种纸本英文报刊都订上，就要花掉 1862 万元人民币，而且还要耗费人工，占用馆舍。很多党校图书馆人看到资源共享的优势，纷纷行动起来。华东地区党校图书馆已签署资源共建共享意向书，上海、广东、浙江、江苏、湖南、山西等已在本地区探索和试行资源共采、共建、共享模式。2014 年 5 月华东地区党校、行政学院信息化和图书馆科学发展合作会议在安徽省委党校召开。会议的主题是"网络互联互通，资源共建共享"，并签署了"网络互联互通 资源共建共享"合作框架协议，为促进华东地区信息化和图书馆发展，提升业务应用水平，更好地服务于党校、行政学院的教学、科研、咨询和管理搭建了一个很好的平台。[2]

2.2　黑龙江党校系统信息资源需求调研情况

2013年10月，黑龙江省委党校图书馆专业技术人员赴鹤岗、萝北等图书馆调研。经过对萝北、鹤岗及近年来对市县级党校实地考察和调研，我们认为黑龙江省的市级、县级基层党校图书馆发展现状远远不能满足教学科研及干部培训需求，文献资源共建共享发展十分缓慢，存在的问题还很多。因此加快推进党校系统图书馆文献信息资源共建共享，应是未来党校信息化建设与培训工作中的一个重点。据统计，黑龙江省现有市地级党校31所，县级党校47所，乡镇党校1100多所。针对有关调研情况综合分析，我省市、县两级党校图书馆在信息资源共享方面有着强烈的需求和渴望。

2.3　在文献资源共建共享方面还存在许多问题和困难

一是对文献信息资源共建共享的重要性认识不足。没有从图书馆事业发展的战略高度来认识资源共建共享的重要意义。二是组织机构不健全。全省党校系统图书馆发展不均衡，由于受其体制机制上的制约与影响，管理体制薄弱。特别是县级以下基层党校文献信息资源建设处于一种零散的、局部的、不规范的、缓慢的甚至是重复建设的局面。三是缺乏资金的投入。由于我省存在发展不均衡问题，所以，致使出现非公共性质的图书馆建设大都处在被边缘化地位，发展困难、经费缺乏保障，特别是用于信息资源共建共享的资金投入更是严重缺乏。四是专业的人才队伍不足，缺乏信息资源共建共享强有力的技术支撑，有待于对共享作用的宣传引导。从目前各协作发展情况来看，成员馆的互用率并不高，同时还存在着不均衡的发展迹象。五是缺乏必要的法律保障。"图书馆联盟在数字图书馆建设、商品数据库的联合购买与特色数据库的共建共享等行图书馆服务的区域合作与资源共享为方面都普遍的涉及知识产权问题。成员馆之间合作设计和开发大量的信息技术产品，权益人的产权保护问题。这些都需要联盟具有法律意识和法律知识，才能进行行为规范。"[3]

3 大数据背景下党校图书馆网络用户群体协作发展的路径研究

3.1 构建大数据背景下党校图书馆网络用户群体协作数字信息服务共享平台

首先要根据各省党校实际情况，建设与全国党校系统数字资源建设协调发展的数字资源共享平台。资源共享在不同的领域发展状况不尽一致，但在大数据背景下党校图书馆网络用户群体协作发展资源共建共享方面，党校系统图书馆与很多系统图书馆不同，党校系统图书馆由于性质与任务基本相同，外购和自建数据库的方向基本一致，这使共建共享成为可能。如建立统一的组织机构。可以省级党校为中心，市级、县级党校为成员馆，乡级党校为准成员馆，建立全省党校数字图书馆共享联盟。第一步以个别示范单位为试点，开展广泛合作。取得经验后，尽快加大合作范围，使所有党校馆都纳入联盟当中。图书馆联盟的协作方式能够使各成员图书馆降低成本，提高工作效率，改变目前各馆数据库建设力量分散、低水平重复的局面，形成高效、协调的数字资源共建共享运行机制。

3.2 构建大数据背景下党校图书馆网络用户群体协作集团采购平台

党校文献信息资源建设目前最突出的问题是文献采购经费逐年减少，书刊订购费每年以 30% 的速度增长，同时，重复采购率居高不下。为此，党校系统单位的联合采购、联合建库、资源共享工作就越发显得紧迫。可在全省党校数字图书馆共享联盟下成立文献采购协调委员会，负责协调全省党校文献信息集团的相关采购事宜。通过集团采购，使党校的师生既能广泛利用学科信息资源，又能使图书馆在一定程度上缓和电子资源经费紧张状况，达到少投入、多获得的目的。党校图书馆作为培养国家干部的服务机构，无论从观念上还是具体工作的实施上，依靠图书馆服务进行收费来支持协作发展联盟建设是难以实现的，这就决定着图书馆的网络用户协作发展建设需要各级领导和组织机构的经费支持才能得以实现。尽管如此，地区性党校图书馆的协作发展也要发挥联盟的优势，在服务范围允许过程中，通过各种服务方式获取一定的资金，尝试以联盟的名义筹集资金，拓宽融资渠道。

3.3 构建大数据背景下党校图书馆网络用户群体协作联合编目服务系统

调查显示，目前黑龙江省大多数市级以下党校图书馆没有完全建立自己的书目数据库。建立全省党校联机联合编目服务系统势在必行。我们可以以省级党校图书馆为中心馆，其他地方党校为成员馆，设立全省党校联机联合编目服务系统。现在党校有条件的图书馆，大多是从国家图书馆的联机联合编目服务系统下载数据，我们可以此为基础，建立党校自己的服务中心，这样才能真正实施党校系统的馆际互借、书目数据共享和原文传递，为实现在大数据背景下党校图书馆网络用户群体协作发展资源共享创造条件。

3.4　构建全省党校系统信息资源共享的技术规范体系

要根据数字资源共建共享的实际需要，特别是针对数字资源采集、组织、传输、存储、服务的需要，制定相应的技术规范，形成比较完善的技术规范体系。没有技术支持，以上工作均无法开展。但这不是简单的技术问题，它还涉及各单位、各部门的协调、合作、整合。"可以以联盟技术小组为中心，整合全省各馆的技术力量，根据党校的实际，共同确定信息资源共建共享技术保障的目标、途径、标准、实施方法与步骤，最终为资源共建共享提供强有力的技术支撑。"[4] 一个成功的联盟需要成员馆之间的相互理解与沟通，要遵循公开平等的原则，建立充分的交流与平等的对话机制，维护各成员馆在联盟建设中的共识。在地区性高校联盟中要有行之有效的对话和议事机制，要有大家都认可的决策程序，保证形成成员馆都能够遵守的行动方案。

3.5　建立健全黑龙江省图书馆信息资源共建共享的法律体系

运用法律保护与规范协作发展行为。增强法律意识，聘请法律顾问，加强对法律的研究，规范图书馆联盟行为。党校图书馆协作发展各成员馆之间的资源共建共享，需要法律来协调关系。"目前国内外图书馆联盟的建设趋于网络化，其联合目录和联合编目、电子资源建设及资源合作贮存、计算机资源共享基本图书馆服务的区域合作与资源共享方面都普遍的涉及知识产权问题。成员馆之间合作设计和开发大量的信息技术产品，权益人的产权保护问题。"[5] 这些都需要联盟具有法律意识和法律知识，才能进行行为规范。保证地区性高校图书馆可持续发展。黑龙江省有关部门要根据国家的文献信息资源共建共享相关的法律法规，积极出台相关配套法规的条例。以立法的形式对文献信息资源共建共享的运行机制进行保护。如经费保障、各成员的权利和义务、运行体制机制、版权保护等。"制定统一的标准规范，为图书馆文献资源共建共享创造良好的法制环境。以促进全省党校系统图书馆业务水平、服务水平、整体协调发展。"[6]

参考文献：

[1] 刘秀并. 地区性高校图书馆联盟建设探讨. 华北地区高校图协第二十四届学术年会交流论文，2012.

[2] 学习时报 2014 年 7 月 14 日.

[3] 蔡红. 图书馆联盟及其视野中的中小型图书馆 [J]. 情报资料工作，2008（2）.

[4] 丁爱虹. 高校图书馆联盟建设的意义及未来发展策略研究 [J]. 河南科技，2013（8）.

[5]http//202.112.118.46.zxdt/balisjj.htm[Z].

[6]http//www.libnet.sh.cn[Z].

[7] 郭效. 高校图书馆联盟建设与发展研究 [J]. 现代情报，2010（2）.

中心城市区级公共图书馆网站建设对策分析

曾敏灵（中共广州市委党校图书馆，广东广州 510070）

摘　要：本文以广州 12 个区（县级市）公共图书馆网站的调查为依据，探讨我国中心城市区级图书馆网站建设及数字化服务方面的主要问题，并提出相关的对策和建议。

关键词：图书馆；网站建设；对策

互联网时代的到来使信息资源生产、传递和集聚都发生了根本性的变革，同时，读者的信息获取和阅读方式也同样发生巨大转变。图书馆作为社会重要阅读空间，其基于互联网的数字化服务水平与质量将决定图书馆的前途和未来。为此，笔者在 2014 年 3 月至 4 月间，通过网站调查、电话咨询、文献查阅等方法，对广州市属十二个区（县级市）（简称 12 个区图书馆）公共图书馆网站的数字化服务情况进行了调查（数据截至 2014 年 4 月 30 日），拟通过对上述调查情况的分析，探讨基层图书馆如何在数字时代实现价值提升和蜕变。

1　图书馆及其网站建设与服务概况

1.1　广州市区域面积与人口分布情况

广州市目前下辖十个区和两个县级市，总面积共 7434.4 平方公里，常住人口 1283.89 万（见表 1）。

表 1　2012 年广州市属区（县级市）区域面积和人口统计表

区、县级市	土地面积（平方公里）	年末常住人口（万人）
全市	7434.4	1283.89
荔湾区	59.1	89.31
越秀区	33.8	114.95

（续表）

区、县级市	土地面积（平方公里）	年末常住人口（万人）
海珠区	90.4	157.58
天河区	96.33	144.66
白云区	795.79	225.2
黄埔区	90.95	46.47
萝岗区	393.22	38.67
番禺区	529.94	143.75
花都区	970.04	95.64
南沙区	783.86	62.33
增城市	1616.47	104.92
从化市	1974.5	60.41

注：数据来源于广州统计网的《广州统计年鉴2013》，http://data.gzstats.gov.cn/gzStat1/chaxun/njsj.jsp.

1.2　广州市各区（县级市）公共图书馆资源分布

近年来我国的图书馆事业虽然取得了巨大的成就，但与发达国家相比还有很大的差距。一方面是较具规模的公共图书馆数量不足，分布不均衡。根据国际图联对公共图书馆设置的标准，每五万人就应拥有一所图书馆，目前广州是63.3万人/座，与标准相距甚远，人均拥有藏书量和馆舍面积等数据也远低于国际标准。另一方面是图书馆的持证读者数量少。从表1、表2可以看出，在广州这类特大城市，一个区级公共图书馆的服务对象仅是所属区域的常住人口（见表1）已接近百万甚至达到200多万，实际上如果加上需要提供均等化服务的流动人口数量则更是庞大。同时，各图书馆的读者拥有量并不高，十二个区（县级市）公共图书馆的持证读者总数只有36.38万人（见表2），仅占广州市2012年的1283.89万常住人口的2.8%，当然，以上统计数字并未包括诸如通过网络访问图书馆网站的读者数量和持有省、市公共图书馆读者数量等，但持证读者数量偏低是可以确定的。

表2　2013年广州区（县级市）公共图书馆基本情况统计

图书馆	馆舍建筑面积（㎡）	总藏书量（万册）	年接待读者人次（万次）	书刊文献年外借量（万册）	持证读者量（万人）	分馆数（个）
越秀区	11590	53.9803	87.8557	37.2459	7.7287	9
荔湾区	8070	50.1	44.87	24.96	2.48	49
海珠区	9200	30	71	20	2	11
天河区	6198	28.5877	53.24	10.9086	1.4518	7
白云区	8388	42	57	29	2.0523	12
黄埔区	12070	52	63	22.5	3	10
南沙区	6200	23.3	41	21.8	0.66	0
花都区	8798.24	114	77	50	4.7317	11
番禺区	8812.84	106.92	48.5	36	2.9768	1
萝岗区	8330	94.628	33.4121	20.4517	3	110
增城市	32800	32	21.8	10.8	4	0
从化市	10600	35	20	21	2.3	7

注：十二个区（县级市）公共图书馆的持证读者总数只有36.38万人；数据由广州市文化和广播电影电视新闻出版局提供。

2　网站建设的现状与问题

2.1　总体情况

让一切有阅读能力和阅读需求的人都能成为图书馆的读者，这是公共图书馆所追求的目标。在现有的条件下，公共图书馆要想实现这一服务目标，必须突破阵地服务的藩篱和时空的阻隔，广泛应用现代技术手段和理念来延伸服务的范围，尽最大努力构建覆盖全社会的公共图书馆服务体系。图书馆依托本馆网站这一平台开展的数字化服务可以在一定程度上解决实体图书馆数量上不足和地域分布不平衡的问题。

广州市目前下辖的十二个区（县级市）公共图书馆都建有自己的网站，借此可基本实现传播经典阅读知识，推广图书馆服务内容以及展示本馆、本地特色文化、特色活动等功能。从各个图书馆的导航栏来看（见表3、图1），大部分馆在栏目设置方面有相似之处，主要包括本馆概况、读者指南、新书推介、数字资源、读者园地、新书推荐、网络导航、特色资源等。大部分馆都能充分运用音频、视频和动画等多媒体形式来增强网站的吸引力，同时也注意将本地文化特色用各种手段体现在网页中。如荔湾区图书馆将西关文化特色通过色调、框架设计等巧妙融合到页面中，做到技术性与艺术性的高度统一，能够给读者以美好的视觉传达。海珠区图书馆的首页设计简洁明了，独具特色。许多网站也都能将自己的特色服务和特色数据库在页面上展示出来，尤其是在阅读推广方面，设置了漂流驿站、悦读、阅读推荐、读书论坛、读书指南等一些栏目；数字资源方面，除了少量的本馆特色数据库外，还都在首页提供了全国文化信息资源共享工程、广州数字文化网的链接指引。总的来说，各区馆网站的建设内容比较丰富，能让读者通过网站方便地了解图书馆服务项目。

· 表 3　广州区（县级市）图书馆首页导航栏项目设置一览表

图书馆	首页导航菜单栏设置
荔湾区	1.网站首页；2.本馆概述；3.地方文献；4.漂流驿站；5.网上服务；6.数字资源；7.读者园地；8.联系我们
越秀区	1.关于越图；2.本馆动态；3.服务指南；4.网上服务；5家在越秀；6.读者园地；7.艺术天地
海珠区	1.首页；2.图书专递；3.我想了解；4.我想使用
天河区	1.首页；2.走进天图；3.天图动态；4.移动书架；5.服务指南；6.悦读
白云区	1.首页；2.本馆概况；3.阅读推荐；4网上服务；5.共享工程；6.专题活动；7.少儿天地
黄埔区	1.首页；2.本馆概况；3.读者指南；4.网上服务；5.联合咨询；6.电子资源；7.专题报导；8.特色服务；9.共享工程；10.新书推荐
萝岗区	1.首页；2.图书馆概况；3.服务指南；4.本馆动态；5.新书推介；6.通借通还服务；7.读者园地；8.专题知识；9.数字资料；10.联系我们
番禺区	1.本馆介绍；2.读者指南；3.最新动态；4.数字资源；5.好书推荐；6.特色资源；7.网上咨询；8.下载专区；9.读者荐书
花都区	1.首页；2.馆况；3.读者指南；4.活动公告；5.数字图书馆；6.图书检索；7.特色花都；8.少年儿童图书馆；9.信息共享；10.读者园地
南沙区	1.网站首页；2.本馆介绍；3.最新动态；4.书目检索；5.新书推荐；6.读者园地；7.读者服务；8.数字资源；9.联系我们
增城区	1.馆藏图书；2.领导决策；3.行业资讯；4.新馆建设；5.读书指南；6.网上借书；7.网上读书；8.读书论坛；9.读者反馈
从化区	1.首页；2.图书馆简介；3.本馆动态；4.服务指南；5.读者园地；6.阅读推荐；7.少儿天地；8.共享工程；9.数字图书馆

注：栏目内容来源于广州市各区馆网站首页，时间截止于 2014 年 4 月 30 日。

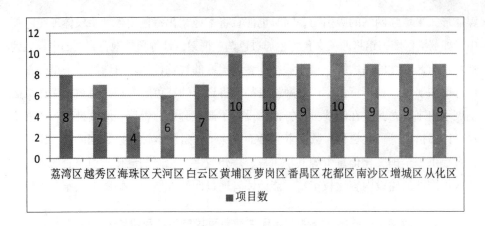

图1 广州市12区（市）图书馆首页导航栏项目数

2.2 网站建设存在的主要问题

2.2.1 栏目设置缺乏规范

从12个区图书馆网站首页栏目设置情况来看，仍然存在一些问题，涉及到办馆理念、服务思想、技术支持及设计水平等。如个别网站过于追求美术效果，添加附加效果过多，使网站界面杂乱，给用户认知带来困难；有些图书馆网站的栏目设置不够规范，有的网站将同一内容放在不同的栏目中，耗费读者时间；还有的栏目只是虚设，没有内容或无法链接；有的网站设置栏目太多，仅首页上就多达30多个，面面俱到的同时掩盖了本馆的重点和特色。

2.2.2 图书推荐重数量、轻质量

通过推荐优秀书刊引导社会阅读是图书馆网站当前重要的职责，从各馆情况来看，虽然基本上都设置了与阅读相关的栏目，但质量还有待进一步提高。问题主要表现在推荐书目、书评等内容针对性、时效性不强，深度与广度不足。如介绍的图书基本上局限于本馆藏书；推荐书目的落款有的是2010年甚至2007年的，更新不及时；有的图书推荐只有书名、索书号、作者和摘要等简单介绍，没有附上媒体评论、社会反响和作者介绍、创作背景等相关内容，单调乏味，对读者没有吸引力，也难以体现图书馆的工作成效。

2.2.3 特色服务和资源欠缺

图书馆网站的特色服务和资源，是网站能否在虚拟信息检索空间和使用者心目中占有一席之地的核心要素。目前来看，除了荔湾区图书馆等少数网站设有地方文献库或地方文献书目外，其他馆在这方面的工作尚未起步。各馆结合全民阅读活动近几年开展了"广府学堂""羊城学堂""公益讲座""名家进社区""名家进黄埔"

等一些广受好评的读书活动，经过多年的摸索、发展和积累，已成为各区馆的一个品牌，但这些活动资源未能即时转换成数字资源放在网络上充分应用。基层图书馆完全可以通过整合本地研究资源或借助他方力量，自行开发或协作开发一些具有当地特色的小型专题数据库；同时，可及时发现和挖掘有价值的网络信息资源，对其进行加工、整理和归类，并提供给用户。

2.2.4　信息检索功能不足

便捷的信息检索功能能够确保用户快速并准确地获取所需信息。但很多图书馆网站目前仅支持对馆藏书目信息的查询，12 个区图书馆网站有 5 个网站不提供本馆网站资源检索服务，大部分馆未能提供馆藏资源（纸本和数字资源）统一检索平台，这显然与网站建设的目标相距甚远。还有一些公共图书馆网站虽具备资源检索功能，但只限在馆内局域网检索，不支持远程检索，这就在很大程度上影响了用户使用图书馆网站的积极性。

2.2.5　读者互动功能薄弱

网站是图书馆与外界交流的平台，若缺少交流互动和服务项目的建设，将会影响图书馆网站作用的发挥。从调查情况来看，12 个区图书馆网站都建立了馆员与读者互动交流的平台，如天河区、从化市、海珠区图书馆在首页上方有图书馆官方微博的提示，各网站也设置了参考咨询、网上留言、读者意见箱等栏目。然而，笔者在使用这些平台时发现许多只是徒有其表而已，装裱门面的意义远大于实际使用的效果，不同程度存在通道阻塞甚至无法使用的情况。

3　基层公共图书馆数字服务提升的主要途径

3.1　使图书馆成为全民阅读的领导者

公共图书馆在促进社会阅读与终身学习中，扮演着重要的角色。虽然互联网技术的迅猛发展让人们在信息资源的获取上拥有更多的选择途径，而图书馆作为曾经的信息主渠道，在网际浪潮中已经不被大众所关注，但是，技术的变革同样提供了图书馆蜕变并再次步入大众视野、统领全民阅读的机会。公共图书馆以其社会赋予的保存人类文化遗产、整序和传递文献信息、开展社会教育等职能而理所当然承担引导、推动全民阅读的重任；图书馆因所拥有的系统和完整的服务体系、全社会最完善的纸本和数字信息资源积累、长久以来树立的文化意味和学术特质、得到政府鼎力支持却没有沾染太多官衙之气的公众形象，而奠定其领导者地位。图书馆甚至可以通过体制的力量将阅读这种深度的知性活动当作全民运动来推广，这是公共图书馆独特的社会价值，也同样是其他机构组织不具备的条件。

现代技术的日新月异，为图书馆早日发挥领导者影响力提供了可能，图书馆基于网站开展的数字化建设与服务则是实现这一可能的突破口。区（县级市）图书馆作为基层图书馆，同样是图书馆系统的一个重要组成部分，在城市公共图书馆服务体系中扮演着承上启下的关键角色。基层图书馆工作者应该有引领本地区全民阅读活动蓬勃开展的信心和勇气，并将其作为全部工作的出发点和着眼点，通过不断完善图书馆的服务和建设，以适应不断变化的社会需求，实现历史的跨越。

3.2　特色建设与合作精神

从馆藏资源体系化整体布局来讲，城市中心图书馆讲求大而全的资源建设，但读者的信息需求是多元化的，区一级图书馆开展特色图书馆建设可以很好地满足读者多元需求之中的某一方面需求。

基层图书馆大小规模适中，资源保障相对容易实现，并且服务于更为明确的地域、经济和人群，有着最适合建设特色图书馆的条件和优势。例如台北市立图书馆的总分馆系统，就是按照"一馆一特色"来规划建设，并形成了各基层分馆的馆藏特色。

基于政府对基层图书馆在人力、物力和财力方面的投入有限，即使在某些阶段有大量的投入也不具有可持续性，而图书馆数字化建设和开展各项特色服务都需要资金与人才投入，因此合作是必由之路。对于资源相对有限的基层图书馆而言，合作可以使其将更多的注意力集中到核心资源的建设以及相关服务功能的开发上来，从而更经济、更有效地实现自身的服务目标。图书馆可以积极同多方进行数字化服务方面的合作，共建共享各种资源，共同开发某些服务功能，从而在降低独立开发风险成本的同时，实现网站服务功能的丰富和完善。例如，基层公共图书馆网站可以通过与地区中心馆的合作，实现资源保障和参考咨询等服务功能的完善和创新，而其自身则需要在服务中强调和突出社区文化枢纽的作用，利用创新的手段和活动方式加强对下一层级图书馆（室、站）的服务推广及业务指导。除了同图书馆合作之外，公共图书馆还可以拓展合作范围，主动寻求与私营信息服务提供商之间的合作，分享彼此的资源和服务，寻求双方的共赢。图书馆可以借助一些较有影响力的门户网站、公众论坛的服务平台，利用网站的人气和各种现成的服务功能，开展如服务推广、阅读交流、数字参考咨询等服务。

随着近年国家对非政府组织（NGO）与非营利组织（NPO）的大力扶持，两类组织在我国的社会、文化、公共服务等领域日益发挥作用。图书馆应主动寻求与各种非政府组织、志愿者等参与共建。这些社会力量源于民间，深入基层，具有强大的活力和生命力，也最贴近群众生活，如果能充分调动和发挥这些力量的作用，将对图书馆的服务推广产生重要影响。

3.3 建立与读者互动的数字通道

图书馆服务的本质是一种文化的互动、感情的沟通和价值的确认过程。通过与社会、与读者的有效沟通来拓展服务功能、实现社会价值是公共图书馆工作的常态。读者与馆员之间，读者与读者之间的交流，增强了网站的互动性，可以加深用户对图书馆服务的认识，有利于用户在检索信息时快速地获取所需资源；在进行信息交流的过程中，能让读者在获得信息服务之外得到人文情感方面的交流和体验，通过用户之间的联系可以产生一个范围更大的交流圈，吸引更多的用户参与，有效提升馆藏资源的使用率。

图书馆与读者的互动交流不能只停留在 BBS、e-mail、QQ 等供用户咨询的层面，更多的是指一种开放性的读书论坛。譬如，图书馆网站可通过论坛和博客发布和传递与读者关系密切的新闻、书评、书目导读、文化探讨和深度思考等方面的内容，以交互的方式对读者进行知识导航、学习导引；公共图书馆可以借助博客、微信等功能丰富的沟通平台，构建知识社区和知识网络，以满足用户更高层次的交流需要。读者间可在论坛交流兴趣爱好，分享读书心得、身边见闻和生活感悟等，形成一个互动的学习型图书馆网络平台，使他们不再是单纯的信息使用者，同时也是信息的制造者和传播者。对于图书馆网站，它不再是单一的信息提供者，而是由网站提供平台，使图书馆与用户融合在一起，共同创造信息、使用信息。

在数字时代，图书馆网站是传统图书馆的延续，是图书馆宣传和传播知识文化的阵地，也是了解图书馆的重要媒介。图书馆应该明确定位，把握机遇，以基于网站的数字化服务为牵引，不断提高服务质量和水平，使图书馆的服务充分满足大众的文化和信息需求。

参考文献：

[1] 黎蔼. 每 8 万人或有 1 图书馆 [N]. 广州日报，2014-4-26.

[2] 曾敏灵. 阅读的变革与图书馆策略 [J]. 图书馆论坛，2010（4）.

[3] 吴晞. 大阅读时代和图书馆阅读推广 [J]. 高校图书馆工作，2014（4）.

[4] 潘玉庆. 公共图书馆是全民阅读的精神家园 [J]. 西域图书馆论坛，2011（2）.

[5] 苏燕玲. 基层图书馆在城市公共图书馆服务体系中的作用 [J]. 图书馆学刊，2013（6）.

[6] 潘振杰. 论图书馆网站的用户体验设计 [J]. 农业图书情报学刊，2012（6）.

[7] 柯平，谭丹丹. Web2.0 环境下公共图书馆网站服务功能创新对策 [J]. 图书馆工作与研究，2008（8）.

融入教学 突破困境

——国防大学图书馆"四位一体"转型研究

钟新海（国防大学图书馆，北京 100091）

摘 要: 2014 年，国防大学图书馆围绕学校新一轮教学改革，按照"既服务教学、保障教学，也参与教学、牵引教学"的功能定位要求，积极推进馆员"功能定位、服务模式、工作作风、能力素质"四个转型，着力培养锻炼一支充满活力、富有功力、凝心聚力的馆员队伍，全馆建设取得了新的成效，较好扭转了图书馆地位作用下滑的被动局面，对军队院校图书馆发展建设具有一定的参考借鉴意义。

关键词: 图书馆员；国防大学；转型

近年来，着眼"能打仗、打胜仗"的强军目标要求，军队院校教学科研向"面向部队、面向战场、面向未来"转变。这一转变，给军队院校图书馆带来了大有可为的机遇，也带来了前所未有的挑战。迎接新的机遇与挑战，扭转图书馆地位下滑的被动局面，关键是要培养锻炼一支充满活力、富有功力、凝心聚力的馆员队伍。本文以国防大学图书馆为例，通过分析梳理图书馆面临的困境，研究推出"功能定位、服务模式、工作作风、能力素质"四个转型措施，实现馆员队伍能力素质的全面提升，积极融入教学，突破被边缘化困境，较好发挥了图书馆"文献信息中心、学术服务机构、信息化基地"地位作用。

1 图书馆面临的困境

进入网络信息时代，读者获取信息的渠道不再局限于图书、报纸等传统方式，图书馆的生存环境发生了巨大变化。一个不可忽视的现实是，"大学图书馆正逐渐失去其以往的知识中心、学习中心的地位而日渐陷入可有可无、无足轻重的境地"，图书馆面临着前所未有的困境。

1.1　到馆人数明显减少

网络的普及以及搜索引擎的强大功能改变了人们的生活习惯及阅读习惯，数字化信息资源由于其查找快捷、携带便利等特性，深受读者欢迎，更好满足了现代人"快餐式"阅读需要。人们不用走出家门，坐在电脑前即可遍览天下事，各实体馆读者到馆率明显降低。据统计，军队中高级指挥院校读者到馆率不足 20%，学历教育院校或初级任职教育院校读者到馆率虽然比较高，但大多数是受学习条件限制，把图书馆当作自习室使用。因此，一些对教学缺乏深刻认识的人认为，图书馆已经失去存在价值。

1.2　图书馆员逐渐边缘化

军队院校体制编制调整以来，图书馆人员队伍结构发生了重大变化，由文职干部为主体转变为由文职干部为骨干、文职人员为主体、其他人员为辅的结构体系。实践证明，这一调整，不但没有达到优化人员队伍结构的预期目的，而且事实上造成了三个不良后果：一是图书馆个别文职干部调离、转业，业务骨干数量减少，人员整体实力有所下降；二是新招聘的文职人员由于缺乏军事教育背景，加上受制于"非现役"身份，与现役军官或文职干部一起参加校内正规的军事教育活动存在难度，因此，很难在短时间内融入学校教学科研大环境，无法为教员、学员提供满足需要的知识服务；三是图书馆的"非行政化"，导致图书馆在院校的地位下滑，从馆长到馆员，无论是从职级上还是从发展上，都得不到应有的尊重，其结果可能导致图书馆以及馆员队伍在学校地位的边缘化。

1.3　馆员作用被严重低估

由于图书馆长期处于教学辅助地位，大家对图书馆工作印象往往停留在传统的借书、还书以及图书采集编目等传统层面。广大教员、学员普遍没有意识到图书馆员能在学术研究上提供帮助。同时，这些年图书馆界缺乏在学术上较大影响力的大家、专家，读者不认为馆员在专业上或者需求上能够满足他们的需要，因此，馆员作用被严重低估。

2　推进图书馆员转型的具体措施

2013 年以来，国防大学着眼改革强校目标，推动新一轮教学改革，对图书馆等提出了"既服务教学、保障教学，也参与教学、牵引教学"的转型要求。这一要求，既是对图书馆功能定位的再界定，也是对图书馆员职责任务的新要求。落实这一要求，国防大学图书馆在馆员转型上做了积极探索与实践，并取得了初步成效。

2.1　功能定位转型

要对接学校教学，图书馆就不能固守原有的一亩二分地，不能游离于主流之外，而要以更强的责任意识，充分利用图书馆文献资源优势、技术平台优势，瞄准教员学员需要，大胆创新，勇于担当，在开辟第二课堂、丰富数字资源、强化情报研究方面实现突破。

一是精心打造"周六讲坛"。2013 年，根据学校年度工作部署，国防大学图书馆围绕国际国内热点难点问题，精心遴选校内专家教授，利用周六上午组织讲座和学术交流，受到了学员的广泛欢迎。目前已经成功组织安排了 18 场。这些讲座注重新思想、新观念、新视角、新领域，具有较高的学术性、前瞻性、研究性和创新性，深受广大学员及教研人员欢迎。通过举办论坛，活跃了学术氛围，倡导了学术风气，为学员开启了思维革命，初步达到了汇集思想、展示成果、激辩交流的目的。下一步，图书馆还要进一步丰富周六讲坛的研讨形式，争取通过讲坛等学术活动，把图书馆打造成学校学术争鸣的三角地、思想碰撞的交汇点、理论创新的发源地。实践证明，为学校教学发展敢于开拓创新，为教员教学甘于奉献，为学员学习舍得投入，图书馆就能大有作为，就能取得大家的高度认可。

二是启动七大领域等专题数据库建设。2014 年 1 月起，图书馆精心筹划，发动馆员利用寒假休整时间，集智聚力研发建设了七大领域、重要方向、特色军事专题数据库，涵盖陆、海、空、天、电、网、核作战领域，突出东海、南海、台湾、朝鲜半岛、中印边境等重点方向，兼顾反恐、联合作战、中国梦与强军目标等前沿特色专题。这些数据库的建设，紧密围绕学校新的课程体系，整合各领域图书资料、学术文章、网络资讯、图片、视频等资源，搭建动态式信息跟踪服务平台，较好服务了校内教学。实践证明，瞄准需要搞建设，扑下身子办实事，从一点一滴中做到"面向课堂、面向教员、面向学员"，就能赢得广大教员、学员的尊重。

三是提高情报研究产品质量。情报研究是图书馆服务教学科研的一项重要工作。国防大学图书馆密切关注周边国家和地区军事政治动态，跟踪热点、难点问题，深度挖掘图书资料信息，《教学研究资料》在全军的影响力日益增强，《军事摘译》一经推出，就引起广泛关注，《因特网信息摘要》成为校领导每周必看的参考读物。实践证明，发挥图书馆的资源优势，把目光投向学校的"教学短板"，真正做到"人无我有，人有我优"，图书馆的地位作用就能有效发挥。

2.2　服务模式转型

图书馆的服务类型有很多种，既有以手工作业为主要特征的传统文献服务，也有以自动化网络化管理为主要特征的文献信息服务，还有以数字资源共享分布式管理为主要特征的信息知识服务。不管哪种服务，注重服务的学术性、专业性，能进一步巩固图书馆的地位作用，更好地体现图书馆员的价值；相反，推送式、上门式等技术含量低的服务方式，费时、费力但不讨好。为此，推进服务模式转型，坚持以服务教学科研为中心，实现信息服务的学术化、专业化、精确化与个性化，成为国防大学图书馆服务转型的重要内容。

服务重心上，向学术支撑转变。图书馆不仅是学校的文献信息中心，另一个重要角色是为教学、科研开展服务的学术性机构。大凡有名望的图书馆，无不在学术研究与学术服务上下足了功夫，取得瞩目成果。建立陆、海、空、天、电、网、核七大领域等数据库，就是为了瞄准新的课程体系，为学校教学科研提供可用管用的文献信息资源。

服务内容上，紧贴教学需要。主动适应培养对象、任务和性质的变化，认真研究教学特点和规律，科学确立建设目标，突出建设重点，发挥信息来源广、渠道多、传播快的优势，有针对性地搞好文献采集，加大中外文图书和原生文献资料的采集力度，拓展数字资源加工品种，提高信息资源数量与质量，及时推出各种信息服务，深受读者欢迎。目前，数字图书馆网页每天点击量多达 10 多万余人次，较好满足了学校乃乃至全军院校、部队信息需求。

服务手段上，进一步开发完善数字图书馆软件平台功能。强化对军训网各类异构数字资源的集成整合，优化搜索引擎，开发关联检索、知识组织、远程提交等技术，开展丰富多样的个性化服务。

服务对象上，放眼全军。不仅立足学校，还站在全军院校信息服务的高度，尽量满足兄弟院校及部队军事训练及军事斗争准备的信息需要。下一步，在总部业务机关领导下，积极参与军队院校图书馆管理系统（MALIS）研发，努力推进全军院校图书馆信息资源联建共享。

2.3　工作作风转型

工作作风是馆员活力、功力与精力的集中体现，直接影响到建设质量的高低以及服务质量的好坏。实现工作作风的转型，需要做好三个方面的工作。

首先，加强教育。学校新一轮教学改革，是在国家和军队改革的大环境下进行的，任务很重，硬骨头很多。只有认清大势和背景，认清责任感和使命感，才能把握住这次难得的历史机遇。因此，注重通过教育，引导全体同志全身心地融入到学校教学改革中，以踏石留印、抓铁有痕的狠劲，抓住依法治馆、从严治馆的强馆之本，把作风建设作为一项基础性长期性工作抓实抓好，以此确保各项工作有序进行。

其次，严格纪律约束。继续坚持馆风馆纪建设，全面杜绝管理松懈、作风松散、纪律松弛问题，大力提倡求真务实的工作作风，从细处着眼，从实处干起，全面推进图书馆作风纪律建设。2014年，在巩固第一批群众路线教育实践活动成果基础上，高标准推进第二批群众路线教育实践活动，坚持"改作风、正风气"的主题不变、频道不换、力度不减、标准不降。

最后，坚持"全馆一盘棋"思想。大力发扬团结协作的精神，打破各室界限，打破工作界限，围绕全馆的中心工作、大项工作、困难工作，齐心协力，集体"啃硬骨头"。通过工作，增进友谊，凝聚人心，打造优秀团队。

2.4　能力素质转型

著名科学家钱学森指出："现代的图书馆工作人员，应当是信息专家或信息工程师，是信息系统的建设者，也是信息使用的向导和顾问。"这就要求图书馆工作人员不仅要有很强的信息素质，还要有很高的学术造诣，两者兼备，才能为读者提供优质信息服务。当前，馆员能力素质还存在一些薄弱环节，最突出的表现是：不论是文职干部还是文职人员，都存在知识结构与图书馆发展建设不相适应、与满足改革强校目标需求不相适应的问题，尤其是文职人员独当一面能力还不够强、军事知识素养不够的问题比较突出；同时，理论研究素养还不够，馆员对图书馆地位作用认识不够深、对建设发展方向把握不够准、对图书馆丰富资源掌握不够透，影响了图书馆地位作用和服务效益的发挥。从解决好馆员队伍能力素质角度，重点在以下几个方面下功夫：

一是加大学习力度。本着"需要什么学习什么，缺什么补什么"的原则，加大七大领域及相关学科知识学习力度，加快知识更新，争取在给教员学员提供信息服务的同时，自己也成为某一领域的专家或信息导航顾问。

二是给任务、压担子。人才只有用起来才能体现其价值。积极安排文职人员到重要岗位，在工作中学习，在学习中工作，在不断的磨炼中进步，使年青文职人员成长为各个业务室的骨干，并在军队院校图书情报系统崭露头角。

三是强化各类培训。按照"院校培训和图书馆自身培训相结合，综合业务培训与专业技能培训相结合"的人才培养思路，有计划地安排人员外出调研和参加学术交流、业务培训、校内外代职、研究生课程学习等，努力提高人才队伍能力素质，为图书馆的发展建设打下人才基础。

融入教研、推进图书馆员的全面转型，是国防大学图书馆针对当前困境而主动采取的对策措施，在实施过程中积累了一定的经验，取得了一定的成效，特别是通过实实在在的工作凸显了图书馆在教学科研中的地位作用，扭转了一部分人对图书馆的片面认识。对国防大学图书馆员转型做法的梳理，主要目的是抛砖引玉，引发全军院校对图书馆及馆员地位作用的重新认识，研究问题，寻求对策，扭转图书馆地位下滑的不利局面，确保图书馆持续、稳定、健康发展。

参考文献：

[1] 钱理群，高远东. 中国大学的问题与改革 [M]. 天津：天津人民出版社，2003 年 10 月.

[2] 眭依凡. 大学校长的教育理念与治校 [M]. 北京：人民教育出版社，2001 年 11 月.

[3] 刘文云, 刘肖霞. 大学图书馆边缘化问题及应对措施 [J]. 高校图书馆工作.2014（1）：18–20.

[4] 赵阿娜. 大学图书馆：不应在"边缘" [N]. 人民日报，2012–04–06（18）.

对完善军队院校图书馆品牌化服务的几点思考

杨琛琛（国防大学图书馆，北京 100091）

摘　要：现代社会的市场竞争是品牌形象的竞争，图书馆服务也不例外。品牌化服务突出的是服务的特性与特色，强调的是一种服务的形象与口碑。本文论述了什么是图书馆的品牌化服务，以及图书馆要生存和发展，就必须转变服务理念，如何做好服务，树立品牌，形成独具特色的形象与规模。

关键词：军队院校；图书馆；品牌化服务

随着社会的发展进步，品牌化服务已深入人心。从耐克公司为普通消费者提供个性化运动鞋定制服务，再到汽车 4S 店为了提高销售业绩推出的免息贷款购车、赠送车辆保养等人性化服务，无不展露出品牌化服务在行业中的重要性。更加完善的品牌化服务是社会这所大学对图书馆发展的要求，也是图书馆走出现阶段发展"瓶颈"的途径之一。在众多军队院校图书馆的规模、馆藏和信息产品种类日趋接近的情况下，品牌化服务的战略地位就尤为凸显，如何创出品牌以及如何完善品牌化服务将成为重中之重，它也是今后一个时期值得研究的课题。

1　创新方式，优化品牌服务

品牌化服务是具有"生机的"服务模式。只有不断注入创新的内容，才能使其充满活力。图书馆在信息化社会的浪潮中，面对人们接受信息渠道的多样化和当下普遍的"阅读缺失"的现状，必须改革服务方式，才能在竞争中保持优势地位。军队院校图书馆同样如此。在军队院校改革的背景下，图书馆服务方式的创新无疑是推动图书馆适应改革发展的不竭动力，它可以引导和促进图书馆服务向更深层次发展，不断提高服务品质，转变服务模式，创建服务型图书馆。

1.1　独立型服务转向复合型服务

过去图书馆受空间和距离的限制，读者基本集中在本校师生，因此服务模式比较固定，服务内容比较单一化，读者获取的信息量和渠道都比较单一。当前，随着地方与军队之间学术交流的不断密切和频繁，图书馆也面临着来自各种机构单位的读者群，因此，军队院校图书馆要突破过去的服务理念，跟上时代的脚步，配合读者提供最有效的复合型服务。例如我们平时开展的读者座谈、读书征文活动，虽然这些活动都取得了良好的效果，受到了大家的一致好评，但因为这些活动始终是由图书馆一家单位来承办，独立向用户提供服务，结果活动所受关注度较为一般，往往没有连续性，只能在短暂的时间内使一部分用户受益。这就促使我们要由独立型服务向复合型服务转变。复合型服务，也可以简单地理解为团队合作式服务。团队合作理念早在多年前便在国内外的大型公司企业流行，笔者认为同样可以应用到军队院校图书馆的服务理念中去，简单地说，就是充分利用机关和教研部门现有的资源，结合图书馆自身优势，将举办的活动形式多样化，例如与研究生院共同举办选修课的论文征文活动，既让学员得到了学分，也使得征文的质量上升了一个层次。将举办活动的影响扩大化，例如与防务学院合作，邀请外训学员就国内外热点问题进行论坛式自由发言等。

1.2　从制度化服务转向常态化服务

传统图书馆的"国营型"服务模式主观能动作用较差，坐等读者上门，主要业务模式就是借阅和还书服务模式，图书馆工作个别人员存在消极怠工、缺乏主动为读者服务的态度，也不能发挥图书馆的最大效益。当前，我们要转变工作作风，丰富服务内容，强化服务特色，树立主动出击的服务意识，做到人无我有，人有我精，提高服务质量和水平。以读者为中心，主动与读者联系，了解多样的信息需求，充分利用现代化技术手段，通过各种平台，做好信息推送服务，目前的信息推送服务就是定期按需求将图书馆相关的信息（新书目录及介绍、相关活动信息、技术咨询等）推送到网络上的客户端。虽然有效地利用了网络化的便捷，节省了纸质资源，加快了推送速度，但因为军网的局限性和更新的时效性，限制了用户的多元化，很难满足更多用户的需求。这就要求我们要由制度化服务向常态化服务转变。在移动通信技术飞速发展的当下，手机已经成为人们随身必备电子设备。利用手机扫描图书馆推送服务二维码，便可随时随地定制各种信息推送服务，这不但扩展了用户群，方便了更多层次的使用者，更将信息服务推向常态化。

1.3　从无差别服务转向个性化服务

随着军队信息化建设的不断完善和军校任务的不断调整，军校图书馆不再仅仅是用户查找、检索和阅读文献的平台，而更应该是信息资源的集成、挖掘和推送平台，还可以作为文化娱乐和陶冶情操的场所。在信息获取手段越来越多的情况下，图书馆只有提供多元化的信息服务，才能从向普通读者开展图书借阅等"无差别服务"，转变到满足不同用户需求的"个性化服务"。将无序的交叉的信息资源进行重组，形成针对读者特殊需要和特殊应用需求的虚拟信息资源库，从而达到服务的个性化。但因为是被动地提供服务，由于人员、时间和资源有限，往往需要较长一段时间准备，很难高效、及时，往往错过了最佳结点。这就迫使我们要由被动式服务向主动式服务转变。不能坐等用户上门提需求，而是要在把握好当前军队中的热点难点问题的同时，主动联系相关教研部门以及机关单位，了解研究动向和教学计划，利用自身信息渠道多、来源广、整合能力强的特点，开展本单位的课题科研攻关，做好资源库的信息储备，这样才能在以后个性化服务中更好地做到有的放矢。

2　面面俱到，打造公益品牌

品牌化服务应当是与时俱进的，无论何时品牌化服务都应适应大环境和改革的要求，不断调整服务内容、服务方式、服务手段甚至是服务理念。在全社会都将更加关注公益事件的同时，我们更应该打造图书馆的公益品牌。

2.1　将公共卫生安全纳入到品牌化服务

军队院校图书馆是学校的知识基地和文献信息中心，是学校信息化和社会信息化的重要基地，为教学和科研提供重要保障。近年来，图书馆在院校教学过程中发挥着越来越重要的作用，特别随着教学模式的转变，图书馆承担了更重要的辅助教学的职责，由于图书馆面临着对图书、计算机等公共资源长期存放的特殊性，其建筑构成又是大面积封闭式，一些老馆建筑通风性差，读者在这里长时间停留，更容易使病菌通过空气传播进而造成交叉感染。一旦传染病爆发流行，就将影响广大学员正常的学习工作。因此，图书馆公共卫生安全隐患不可忽视，第一，应当做好图书的消毒工作，定期对书库内流动性少的图书做除尘处理；对图书、期刊等借阅量大的纸质文献资料在回架之前进行统一的臭氧消毒；购入图书清洁设备安置于借阅台，读者在借阅之前就可以进行有针对性的清洁步骤，避免交叉感染。第二，应当做好设备的消毒工作，目前图书馆内计算机等设备使用频繁，工作人员需每日对鼠标、键盘、查询机的屏幕等触摸率高的地方进行酒精消毒。第三，当前环境污染严重，空气质量差，图书馆的借阅区在人流量大又不方便进行开窗通风的情况下应安置空气净化器，保证到馆学员和教员的健康。避免馆员和读者均是口罩遮面，不仅影响服务形象，也影响了服务质量和图书馆的整体形象。

2.2　将无偿公益服务纳入到品牌化服务

图书馆不只承担着保存文化遗产的藏书任务，更肩负了辅助教学科研、进行学术研究和开展文化教育等多样化职能。举办公益性文化讲座是图书馆向读者提供知识服务、开展社会教育的具体途径和方式，也是读者乐于参加、易于接受的学习方式之一，从而成为打造图书馆公益性服务品牌的重要举措。公益性讲座是一种以读者为中心的直接而主动的知识传递服务。特别是在军队院校教学模式转变的新形势下，利用开办读书讲座，创建思想交流平台，读者将积累的纷繁复杂的疑问释放出来，通过直观的双向交流，达到信息传播、提升学习效果的目的，真正实现"以人为本"的知识服务理念，也塑造了图书馆的公益形象。

2.3　将勤俭节约纳入到品牌化服务

在能源危机、环境危机和资源危机日益紧迫的形势下，要以习近平总书记提出的勤俭节约、反对浪费的重要批示精神开展工作，创建节约型图书馆势在必行。众所周知，图书馆由于馆员专业性不够强常常会购入一些与本校教学重点不匹配的图书以及为了解决学员争借排行榜首位的图书而购入大量的副本，浪潮一过，多余的副本又在书库积压造成不必要的浪费。首先，可以实行读者决策参考，将书单以电子邮件的形式发送到院系教员的手上，由专家来辅助挑选适合本校教学研究的书籍从而避免资金的浪费；其次，可将热门书籍制作成带阅读权限的电子图书，并设置成二维码标识，未借阅到纸质文献的读者也可以用时下热门的手机阅读先睹为快，同时也避免了纸张和出版物的消耗，对保护环境也起到了重要意义。

3　拓展空间，升级品牌渗透力

21世纪是多元化的时代，个性的张扬和特色的发挥被空前释放出来。图书馆要敢于追求人性化发展，积极拓展服务空间，在服务中思维更开阔一些，理念更创新一些，步伐更大一些，充分利用现有的馆藏资源，面向领导机关、基层部队和社会公众开展多元化服务，这样才更具有长久竞争力。

3.1　以服务教学为平台，向服务机关拓展

现在在部分读者眼中的图书馆仍然是定时开放的多种类阅览室，是纸质资料和电子信息储存的仓库，还是信息整合编制的工厂。这一切都是围绕教学为中心，真正为机关单位、为机关领导提供的服务却很少。怎样才能拓展服务空间，将图书馆的服务能力提高到一个新的层次，笔者认为应以由常规服务扩展到决策参考咨询服务为切入点，利用不断更新的核心期刊，时效性较强的互联网资讯，国外权威机构发布的科研报告和专著。配上图书馆馆员的整合能力，将成为图书馆提供决策参考咨询服务的有力基石。站在这块基石上，通过前瞻性、全程性、动态性的情报调研活动，开展深层次信息评估服务，以学校热点和重大问题为中心，撰写科技报告，就可以为学校制定科技政策、学科建设方案、人才选拔机制等提供决策咨询服务。

3.2　以服务学院为平台，向服务部队拓展

军队院校图书馆不能仅仅满足于服务校内的读者用户，为了部队的建设发展需求，更应该逐步向服务部队拓展。逐步建立学科馆员制度。学科馆员主动深入对口院系甚至一线作战部队进行调研，及时掌握信息需求动态，开展培训和定题服务。学科化服务由虚向实转变，切实发挥学科馆员制度作用，重点项目服务由点向线拓展，根据馆员的特长进行统筹规划，围绕学校国家级和省级重点专业，包括重点项目、重点学科、学科带头人、重点实验室，开展个性化信息服务。

3.3　以服务军队为平台，向服务地方拓展

深化信息服务。开设多种咨询途径，通过在线咨询、口头咨询、电话咨询、总咨询台等各种方式，提供各种咨询服务，从开设电话咨询到 e-mail 表单咨询，从 BBS 论坛咨询到引进实时参考系统。在新的业务工作、新的服务项目不断地出现和发展情况下，搭建基于数字化、网络化的信息服务平台，为读者提供问询便利，提高现代咨询服务效率。

4　结语

图书馆服务品牌的塑造是漫长的，是图书馆自身不断努力和完美的过程，积极打造图书馆的服务品牌，更快、更好、更方便地为读者服务，是图书馆快速发展的根本保证，要使服务品牌顺利实施，必须深化服务理念。创新是图书馆服务品牌发展的必要条件，图书馆只有适应时代的要求，树立起图书馆的服务品牌，展示图书

馆特有的魅力，不断充实信息资源体系的内容，不断改进服务工作质量，不断满足读者对图书馆的要求。只有这样，图书馆才能适应不断发展变化的信息环境，才能在激烈的市场竞争中立于不败之地。

参考文献：

[1] 葛敏．军队院校图书馆服务创新散论 [J]．信息管理，2011（04）．

[2] 章春野．任职教育中军队院校图书馆服务模式 [J]．军队政工理论研究，2011（04）．

[3] 胡昌凤．可持续发展与图书馆创新问题浅谈 [J]．后勤学院学报，2012（01）．

[4] 孔彬．以优质的信息服务打造武警高校名牌 [J]．武警工程学院学报，2011（03）．

[5] 万歆睿，庞红．推进军校图书馆的服务转型建设 [J]．空军指挥学院学报，2012（02）．

移动式增强现实技术在新一代
图书馆服务中的应用

曹晓宁 （中国社会科学院图书馆，北京 100732）

摘　要： 移动式增强现实技术是一项极具潜力的新兴网络技术，它使人们通过手机能方便地获取有用信息，实时、方便、快捷，让人们充分享受3G技术带来的快乐。而移动式增强现实技术在图书馆的应用还是新鲜事物，它可以使图书馆的数字资源与传统的纸本馆藏很好地融合，方便地为读者提供所需资源。本文通过对这一技术概念的阐述，以及应用领域的介绍，试图说明图书馆也应该成为这一技术的受惠者，使图书馆在信息技术不断发展的今天，满足读者对各种资源的需求。

关键词： 移动式增强现实；增强现实技术；图书馆信息服务

新一代图书馆服务强调图书馆与读者间的互动，数字资源迅猛发展，但依然不能取代传统的印刷版馆藏资源。移动式增强现实技术（mobile augmented reality，MAR）的应用为加强图书馆各种资源的存取与利用提供了很好的机会，也为用户提供了全新的信息交互体验。这一应用使真实的物理世界与虚拟环境得到了更好的融合。大多数图书馆既提供大量的纸本资源，又拥有丰富的数字资源，这种虚实结合正是图书馆所期待的。

1　增强现实概念

增强现实（augmented reality，AR，也译作"扩增实境"）是一种将真实世界信息和虚拟世界信息"无缝"集成的新技术，包含了多媒体，三维建模，实时视频显示及控制，多传感器融合，实时跟踪及注册，场景融合等新技术与新手段。[1]简单地说，就是把虚拟的物体和现实的场景进行嫁接，从而达到增强用户对物体相关信息的了解与认知。它的实现需要借助软硬件的连接和协调，首先要通过摄像头对现实环境图像和信息进行捕捉，然后输入处理系统，再借助应用处理器对捕捉到的数据信息进行加工处理，叠加进虚拟辅助数据，然后再通过显示输出设备进行输出。[2] MAR 工作流程见图 1。

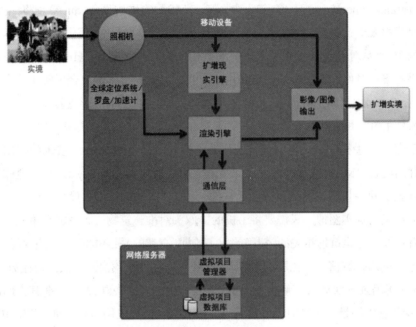

图 1　MAR 工作流程 [3]

它最显著的特色就是：①可结合虚拟与真实世界；②能够做到实时互动；③在 3D 立体环境中运行。这一技术的实质是使人们能够以比现实世界更直观、丰富而交互的方式与周边的环境实现互动。

想象一下，当我们站在某个图书馆的书架前，把手机的摄像头对准某层书架，我们的手机就会神奇般地接入互联网上的相关信息，显示某本书折扣信息、销售排名、豆瓣上的书评以及其他读者感兴趣的信息。这种似乎在科幻小说或好莱坞大片中才有可能出现的场景，如今通过网络来融合数字世界与真实世界的概念已变成现实，为我们带来前所未有的新一代移动应用。

2　AR 技术的发展与研究现状

最早的增强现实系统可追溯到 20 世纪 60 年代后期，被誉为"虚拟现实之父"的美国人 Ivan Sutherland 博士与其同事，建构了一个具有机械式追踪的 3D 头载式显示设备，戴上此设备，将电脑所产生的资料和真实物件一起投影在实验室墙上。此后数十年电脑绘图开始蓬勃发展，70 年代左右，追踪技术的进步使得电脑模拟领域获得了真正的发展。

20 世纪 80 年代 AR 研究集中在少数几个机构中：美国空军阿姆斯特朗实验室（Armstrong Laboratory）、麻省理工学院、NASA 的埃姆斯（Ames）研究中心、北卡罗莱纳大学、华盛顿大学人机界面实验室等。[4]20 世纪 90 年代是 AR 技术迅速发展的 10 年。对此项技术有深入研究的机构主要有美国麻省理工大学的图像导航外科手术室，哥伦比亚大学的图形和用户交互实验室，日本的混合现实实验室，德国的 Arvika 组织，新加坡的混合现实实验室。华盛顿大学的图形实验室开发了一款开源软件工具，用于快速开发 AR——ARToolkit，得到了广泛的应用。[5]

随着智能手机、平板电脑等智能移动终端的广泛应用，MAR 技术的应用具有了良好的前景，MAR 技术进入商业化个人应用成为现实。如 Layar，它是全球第一款增强现实的手机浏览器，由荷兰的软件公司 SPRXmobile 研发设计，能向人们展示周边环境的真实图像。只需要将手机的摄像头对准建筑物等，就能在手机的屏幕下方看到与这栋建筑物相关的、精确的现实数据。有趣的是，还能看到周边房屋出租、酒吧及餐馆的打折信息、招聘启事以及 ATM 等实用性的信息。[6]该公司在 2010 年 4 月发布了增强现实内容商店，成为了这一领域的平台性公司，至今在其商店内有 1900 多个应用场景。[7]目前国外已有许多专门的 MAR 应用软件，如 ARToolKit, Stiktu, Thinglink, Marqueed, Taggstar, Mad Video, Wirewax, Anatomy 4D, Spacecraft 3D, Zooburst, [8]其中有许多是可以免费应用的。

3　应用领域

AR 技术综合多种科技应用，如电脑绘图、视觉模拟、网络资源、追踪感知以及认知科学等学科。作为新兴技术，它的应用不可忽视。AR 最直接的现实意义就是为我们提供现实中无法直接获知的信息。但是，更深层次来讲，这种信息实际上又让每个人眼中的世界更加丰富和多样化。同样的一本书通过 AR 视线，会披上完全不同的"信息外套"，比如图书 A 和图书 B，它们没有任何关联，可是通过 AR 便可以以信息的形式连接到一起，这些都是目前 AR 已经显现出来的一些特点。与此同时，在未来的相关技术里，通过借助高速连接、功能强大的应用、图形处理器、GPS、摄像头和其他传感器不断提升移动终端的性能，从而将增强现实技术进一步推向市场。[9]AR 应用于很多领域，如医疗行业，通过 AR 医生可以轻易地对手术部位精确定位；在军事方面，进行方位识别，获得目前所在地点的地理数据等重要军事数据；在古迹复原和数字化文化遗产保护方面：文化古迹的信息以增强现实的方式提供给参观者，用户不仅可以通过头载式显示器（head-mounted display，HMD）看到古迹的文字解说，还能看到遗址上残缺部分的虚拟重构；在工业维修方面，通过头盔式显示器将多种辅助信息显示给用户，包括虚拟仪表的面板、被维修设备的内部结构、被维修设备零件。还有网络视频通信、电视转播、娱乐、游戏、旅游、展览、市政建设规划等多个领域。[10] 目前在 iPhone 和 Android 平台上都已出现了多款 AR 软件，用户只要打开软件，就会出现如照相机的 UI（user interface）一样的用户界面，把镜头对着某个建筑，不用拍照，就可以看到相应建筑的信息（如建筑名称、距离等）。

　　iPhone App 供应商 AcrossAir 早在 2010 年 8 月就推出了一款名为 "Acrossair Augmented Reality Browser" 的应用，当手机用户定位时，该软件可提供一套打包的额外信息，如附近的餐馆、酒吧，某个建筑的历史信息等。该公司还推出了另一应用程序名为 "Nearest Tube"，通过跟 iPhone 3Gs、指南针、摄影功能整合，成了实时的地铁信息系统，只要将相机对准周围景物（摄影模式），就会自动将地铁站的方向跟距离信息显示在屏幕上，让使用者能够轻易找到地铁的位置。实际上这些功能的实现大致需要四个步骤：①手机定位，通过使用 GPS 或者 AGPS 实现定位；②根据定位信息，利用 Google Maps 等位置服务应用，获取所在位置处的信息；③确定镜头方向，利用手机自带重力传感器、数字罗盘等，确定镜头所对方向；④显示镜头所对位置信息，将获取信息根据镜头所对方向结合起来，在手机屏幕上显示给用户。MAR 不是实时的拍照识别、搜索，是位置和信息在手机端的硬结合。[11]

4　图书馆应用实例

　　移动增强现实技术在图书馆服务中的应用主要有以下几个方面[12]：
　　（1）浏览书库，提供馆藏帮助服务。当读者到馆借阅时，读者利用移动设备对书架上的图书进行扫描，通过 MAR 技术，手机可以识别出图书的主题，读者由此可以获得相关馆藏电子资源内容的信息。
　　当读者只知道馆藏书的内容而并不了解有哪些电子资源可利用时，通过图书馆 MAR 服务，读者可以利用移动应用程序来确认自己是在哪个书库，并通过现有物理馆藏由软件依照主题、关键词范围获得相关的电子馆藏的内容（见图 2）。只要是能够被 MAR 识别出来的书，读者就可以了解它的流通历史，还可以通过手机获得更多的推荐信息，从而选择是否要借阅某本图书。在书库中的 MAR 应用可以从读者的智能手机中快速读取数据，不需要读者输入任何查询条件，它允许读者通过馆藏和智能手机作为检索点获得更多图书馆资源。目前图书馆还没有类似的数字资源服务，没有一种服务可以通过读者所在位置的纸本馆藏资源连接到电子资源。

馆藏服务包括对图书馆索书号或者是图书馆一些特殊的数字的理解，诸如编目用的卷号。通过加载更加详细的书目内容和应用多种识别技术，对图书进行定位，使读者利用手机很方便地快速找到自己想要的图书。其他应用，如德国巴伐利亚州立图书馆，2011 年推出了增强现实的应用 Ludwig II，通过支持 GPS 功能、照相功能及智能检索功能的 App，用户可以使用智能手机拍摄历史建筑图像来检索和浏览相应的馆藏内容，及时获取相应的历史文化知识。[13]

美国迈阿密大学的增强现实研究小组开发了一款 MAR 程序，它为图书馆内部工作人员节约了不少时间，因为它可以为整理书架提供帮助。只要利用 Android 手机上的摄像机，这款软件就能读取书架，根据索书号资料来判断书籍是否放在正确位置，并利用 MAR 技术比对索书号，在屏幕上以打叉的方式标示出放错地方的书籍，同时指出正确位置。通过这些信息，图书馆管理员能轻松地将图书归位。此外，它还能清点库存，可生成一份报告，列出图书馆真正的在架图书。

图 2[12]　a. 排架主题（通过 App 索引识别出并显示在界面）

b. 推荐内容实时显示（如相关电子书、数据库等的内容）

c. 借阅量大的图书信息（来自于图书馆自动系统中的流通统计数据）

（2）识别建筑，图书馆内部导览。MAR 应用可以通过手机的照像机功能来识别建筑，这对于有多个馆址的大学图书馆非常有用。图书馆实境包括读者能够看到的一切场景，如馆舍、书架、阅览室等真实的物理场景，用户通过手机的摄像头实时拍摄相关场景的同时，MAR 即时提供有关信息，用户所有感兴趣的信息都会自动出现在屏幕上。如电子阅览室有多少台电脑，目前有多少个座位可供使用；或某一书库开放时间，读者可借阅的书籍是多少等信息。MAR 可以提供多种形式的信息，如音频文件，可以为盲人读者提供精准的导览服务。

对 MAR 最重要的考察是基于视觉的跟踪技术，它需要多传感器数据融合技术。传统上对计算机视觉的理解是能够计算出照相机和摄像机输入的计算请求，但是，这里讨论的计算机视觉处理实际上是通过计算程序处理来自手机的实时的图像和视频数据。目前移动智能终端带有多种传感器，在实际使用中既可以通过计算机视觉技术对摄像头所拍摄的环境物体进行跟踪，也可以采用惯性传感器进行姿态跟踪，通过融合多个传感器的输出可以获取更加准确的跟踪结果。[14]

在移动环境中，用户与对象间存在着相关性，通过获取用户和对象的位置数据，计算出用户与对象的位置关系，即知道用户在环境中是在向哪个方向看以及确定用户所处的位置，这需要跟踪和定位技术与标定技术共同完成对位置与方位的检测，并将数据报告给 MAR 系统，实现被跟踪对象在真实世界里的坐标与虚拟世界中的坐标统一，达到让虚拟物体与用户环境无缝结合的目标。[15] 而一般采用的方法是事先在计算机系统内存储部分已经标好的图像，当实际用户使用时，通过将拍摄到的场景中的图像和事先存储的图像进行匹配即可获得准确的定位信息。在 MAR 中，这些信息被加载到现场视频图像中，为用户提供实际指引。这种指引信息可以是文本形式，也可能是 2D/3D 形式，在移动设备中直接显示目标的具体方位。这一功能对初次到访的读者很有帮助，它使读者通过移动界面就能在书库中得到导向帮助。[16]

（3）对馆藏纸本文献的 OCR 光学字符识别。伊利诺伊大学正在开发一个移动应用程序，它可以让学生扫描一个文本文件，并通过手机来了解与这一文件相关的图书馆资源。学生可以利用这个移动程序选择是扫描一个课程作业，还是课程提纲；是扫一个引文，还是书目；是扫一本书某页的内容，还是图书馆的书架。扫描完成后，移动程序将会推荐资源给读者。这一应用程序将使用改进的 OCR 软件并校验所推荐的数据库来识别图书馆资源是否符合读者需求。并对读者提交的内容与相关数据库进行对照，推荐相关馆藏资源与数据库。这些信息读者可以通过手机浏览，同时也可以选择 e-mail 或是社交网络平台。

（4）图书馆流通环节应用——图像识别。目前已有面部识别的开源软件可用，也有一些专业的公司进行应用开发。其中最引人注目的就是成立于 2006 年的韩国公司 Olaworks，其最成功的技术是其面部识别和实时追踪技术。应用这种技术的智能手机，可以通过手机上的软件，辨识已在数据库中或通讯录中存储的人脸图像，一旦发现可以辨识的人脸，手机屏幕上就会显示这个人的相关的各项信息。当这个人脸移动时，所有的显示将跟随其运动，直到超出摄像头的拍摄范围。

这一功能在图书馆也可以得到应用。通常，图书馆工作人员可以通过一台连接了一台扫描仪的电脑来扫描读者条码，而如果工作人员利用一个装有面部识别软件的智能手机来扫描读者证件，图书馆的条码器都可以不用，被扫描的图像经过特征检查对读者进行识别后就可进行图书借阅。

（5）为读者提供个性化服务。MAR 的优势在于它的移动性，当读者在某个书架前扫描了一本书时，与之相关的信息能实时地传送到读者移动设备上，如同一主题的相关图书或文献，或该书的摘要信息、相关评论，以及向读者推荐某些和该书类似且借阅频率高的书籍，相关热门图书推荐等内容即时地推送到读者面前，为读者利用图书提供有效帮助。当读者需要找某本书时，通过 MAR 架位导航引导读者前往图书所在书架，这不仅让读者享受了更好的服务，还节省了读者的时间与体力。对于读者来讲，可以实时地获取个性化信息，如个人的借阅记录，个人的图书收藏，发表的图书评论、留言。读者不论在哪里都能利用和完善个性化功能，只要带着手机等移动设备，自己身边就拥有一个属于自己的图书馆。

5　MAR 在图书馆应用前瞻

5.1　趋势

目前的图书馆已经进入数字化时代，其核心内容是（图书文献）数据，如何利用好这些数据对图书馆提出了挑战，因为图书馆书目被 Google "边缘化"，图书馆期刊馆藏被电子期刊数据库 "取代"，参考咨询服务受到网络百科类和咨询类服务的 "挑战"。[17] 目前的数字图书馆模式仍然依赖传统的文献类信息产品而不是信息内容来提供服务，仍然主要是服务那些把书刊借回家去（或者从网络上检索下来）独立和孤立地阅读的信息使用者，仍然主要是依靠本地化的资源及其检索与获取服务。[17] 让图书馆的数据能及时地嵌入到读者的应用环境中，激活数据，MAR 的应用可以有效地促进馆藏资源的推广。图书馆不仅收藏资源，还要依赖于资源的有效应用，MAR 技术为馆藏资源的开发和利用提供了一条新的渠道，把馆藏资源与 "强化" 了的虚拟信息有效地关联，呈现给读者被 "强化" 了的实体对象。比如当某一图书馆用户在某个展览现场，利用 MAR 技术关联展品的其他原始资源，如内部构造，或相关历史背景，其资料来源离不开图书馆的馆藏数据。

5.2　准备工作

图书馆要在软、硬件方面做准备。在软件方面，目前已有一些专门提供 MAR

服务的公司和软件，图书馆可以选择与专业公司合作，共同开发应用，也可以选择开放软件自行开发，这要依赖图书馆自身具备的条件。

如果自身技术应用能力很强，不妨尝试一些实用的应用软件。在图像处理方面有：Thinglik，它可以上载图片，并把相关信息嵌入到图片里。它可以用文字描述一个在图片中的人；通过链接的文章解释一段图片中的重要信息；可以把一段视频链接到图片中的文字，让人们很有效地与图片交互。类似软件还有：Marqueed，Taggstar 等。视频软件有：Mad Video，Wirewax，它们允许用户拍摄自己的视频，并添加必要的信息、链接等内容。此外，还有很多 APP，如 Anatomy 4D，Spacecraft 3D，Zooburst 等，它们可用作教学，制作人体骨格 3D 图，有很强的人机交互功能。[18]

另外在数据方面也要做充分的准备，如图书馆的馆藏数据、用户数据、相关电子资源内容，应允许应用程序方便地调用与存取。还要有一些事先存储在服务器当中的场景信息，如每个书库的图片信息、馆藏布局、排架分类信息等。当用户的地理位置被绝对定位之后，这些数据信息就可以自动地和现实场景的绝对位置进行叠加，从而实现增强现实的效果。

在硬件方面主要包括前端与后台设备，前端是可以把用户当前所处的真实环境和计算机所生成的虚拟物体以及文字同时进行显示的显示载体，可利用的设备主要有：智能手机、平板电脑、头盔显示器等。目前图书馆在应用时一般需要有能够运行 Android 4.1.2 以上的智能手机，如 Samsung Galaxy Nexus，Samsung Galaxy Y，Samsung Galaxy Note Ⅱ等。

后台设备包括布署相应的服务器由系统根据用户需求进行调用，如图书馆服务器、数据挖掘服务器、本地服务器。图书馆服务器即提供图书馆馆藏数据的服务器，满足读者对图书基本信息的了解。数据挖掘服务器是要结合实际的应用需求，利用对图书馆业务数据进行数据挖掘分析得来的数据，为读者提供图书推荐、资源推荐等个性化服务。本地服务器主要提供图书评论、MAR 系统应用、读者信息交流等相关数据的处理。[19]

5.3　"瓶颈"与问题

（1）MAR 应用的的核心技术是图像渲染技术和后台数据库建设，而目前来看，这两方面的标准难以建立、数据分享很难实现，因此 MAR 的应用充满了不确定因素。

（2）MAR 应用受限于网络环境也是一个关键因素，如在地下书库、手机信号无法覆盖、无法连接网络的地方，MAR 将没有用武之地。

（3）目前的 MAR 应用主要是娱乐和导航方面，显示的信息仅限于平面信息，由于目前的位置服务没有海拔层次的信息，一栋大楼在 AR 中只能作为一个整体显示其信息，用户无法知道每一层的信息；信息不加过滤，没有智能筛选，不全是用户所需要的内容。

（4）在软件方面，跟踪注册算法在 PC 平台上有了较好的实时性，在手机平台上有待完善。无线网络传输的延时对系统的实时性带来了更大的影响，当前算法对自然场景识别的能力达不到用户需求。硬件方面，智能手机图形处理能力偏弱，不能快速渲染大型场景，传感器精度达不到实际需求。比如，户外的人脸识别，涉及光照、追踪等问题，非常耗电，而电池电量制约了该应用。[19]

（5）开发成本也是一个值得考虑的问题，MAR 技术的从业者较其他网络应用开发人员人数较少，可用资源有限，因而开发周期会较长。

（6）图书馆用户认知不够，获取信息的习惯需要改变。以前由传统的基于文本输入的 Web 页面浏览查询模式，转变为基于摄像头拍摄、捕获热点并实时浏览增强信息的全新模式，对于读者来说需要时间去适应。

6   结论

有研究报告预测，到 2014 年，MAR 市场的销售收入将从 2009 年的不到 100 万美元增长到 7.32 亿美元，市场潜力巨大。随着手机平台上计算和存储能力不断提升，3G 无线网络迅速发展，通信变得流畅便利，移动式增强现实技术依托 3G 通信技术，开发与应用适逢其时。图书馆在这种背景下也应该跟上技术的脚步，让图书馆适应移动信息时代的发展。

利用移动式增强现实技术，图书馆的最终目标是：只要读者走进图书馆，就可以得到其想知道的全部信息，当然这要借助手机等随身电子设备实现。图书馆将真正能够为读者提供一切需要的信息与服务。

参考文献：

[1] 增强现实，百度百科 [EB/OL].[2014-2-12].http://baike.baidu.com/link？ url=xTpuVo0H3aOD2ZyXmL45EnELNQvT73usWBuFBXiufoN_nqPOGAdkoRtF4nEtU5lE.

[2] 增强现实 [EB/OL].[2012-2-12].http://digi.tech.qq.com/zt2013/ar/index.htm.

[3] 图片 [EB/OL].[2014-2-12].http://mat1.gtimg.com/digi/ar/arl.jpg.

[4] 王燕超 . 从扩增实境观点论数位学习之创新 [EB/OL].〔2014-2-12〕.http://

www.doc88.com/p-868119752106.html.

[5] 增强现实技术研究进展及其应用 [EB/OL].[2013-10-11] .http://wenku.baidu.com/view/49a4bf6e58fafab069dc02bf.html.

[6] 百度百科 Layar [EB/OL].[2014-2-10].http://baike.baidu.com/link?url=1ETqYAuTdOEggI4NjJUhW9KohYgPEWXHyRYAPCoUOESjhJT_9zhFVycI5yuT8MUQVi9IxblGUqlrgNEN97KIFa.

[7] 百度文库扩增实境（augmented reality，AR）[EB/OL].[2014-2-10] .http://wenku.baidu.com/view/bb0afe6e561252d380eb6ee2.html.

[8]Heather Moorefield-Lang.Augmenting Reality in Your School's library[J].*Library Media Connection*，2013（8/9）:26-27.

[9] 王翔 . 扩增实境：穿越虚拟与现实 [J].21 世纪商业评论 .2010（8）：100-101.

[10] 扩境实境 [EB/OL].[2013-10-11] .http://wenku.baidu.com/view/dcbefaa2f524ccbff12184ae.html.

[11] 增强实境的商机 [EB/OL].[2013-10-11].http://www.techfans.net/?p=844.

[12] Jim Hahn，"Mobile augmented reality applications for library services"[J].*New Library World*，Vol.113Iss: 9pp.429-438.

[13] 田蕊，陈朝晖，杨琳 . 基于手持终端的图书馆 APP 移动服务研究 [J]. 图书馆建设 .2012（7）：36-40.

[14] 移动增强现实关键技术及研究 [EB/OL].[2014-2-11] .http://www.vsharing.com/k/KM/2012-10/669349.html.

[15] 增加现实技术简介与应用领域 [EB/OL].[2014-2-12] .http://www.vrp3d.com/article/overseasnews/1047.htmlAR.

[16] 付跃安 . 移动增强现实 AR 技术在图书馆中应用前景分析 [J]. 中国图书馆学报，2013（5）:34-39.

[17] 张晓林 . 颠覆数字图书馆的大趋势 [J]. 中国图书馆学报，2011（9）：4-12.

[18] 曾祥满 . 增强现实技术在图书馆个性化服务平台中的应用研究 [D]. 北京：北京邮电大学网络技术研究院，2013.

[19] 移动 AR 市场即将引爆，软硬件限制成瓶颈 [EB/OL].[2013-10-11] .http://www.bluester.cn/newsdetails.aspx？id=3.

社交媒体网站用户生成内容动因及激励措施探究

张一博　李　刚　江　蓝　梅岚峤

（湖北省科技新研究院办公室，湖北武汉 430071）

摘　要： 互联网 Web 2.0 技术的发展使人们进入了社交媒体网络的全新时期，信息爆炸、信息发布、信息选择、信息交流等成为了人们日常生活中的要素，而社交媒体网络作为新兴的自媒体形式，使人们的社交方式有了新的途径，使人们言论渠道得到了升级，本文将重点针对社交媒体网络发展的原因，社交媒体网络用户的分类、用户生成内容及激励措施进行探讨。

关键词： 社交媒体网络；UGC；激励；措施

1　引言

随着互联网 Web 2.0 时代的到来，社会性的网络服务在世界各国都正经历着一个飞速发展的阶段，其用户数量、内容信息以及市场规模历经着爆炸式的增长。世界各地越来越多的人也通过社交媒体网络维持着社会关系，美国的 facebook、中国的新浪微博相继上市，正说明了社交网络已成为影响世界的重大的媒介工具，其社会化的影响是不言而喻的。那么，是什么使看似渺小的社交媒体网站走向世界的舞台并发挥着巨大作用，它所包含的用户群体种类如何，用户群体生成内容（UGC）动因如何，有什么样的激励策略与措施，本文将进行研究分析，达到剖析内理、更好地使用并开发社交媒体网络深层次功能的目的。

2　国内社交网络人员概况及快速发展原因

2.1　国内社交网络人员概况

截至 2013 年底，中国网民规模达 6.18 亿，互联网普及率为 45.8%；域名总数为 1844 万个，网站总数为 320 万个，网页数量为 1500 亿个；论坛 / bbs 的用户数量为 1.2 亿人，博客和个人空间用户数量为 4.37 亿人，社交网站用户数量为 2.78 亿人。

2.2　社交网络媒体快速发展原因

2.2.1　社交网络媒体发展的宏观驱动力

（1）社会发展的推动力。经济社会愈发展，人们压力愈大，巨大的压力使得人与人之间关系疏远、冷漠，造成了人们心灵上的孤独感。同时，快节奏的社会生活限制了个人交际的时间和范围，人们渴望建立新的人际关系方式。因而，作为网络应用最广泛的人际关系聚集方式，社交网络媒体应运而生。

（2）科技进步的拉动力。21 世纪，互联网技术蓬勃发展，传统通信领域开始涉足社交网络领域，电信运营商、通信设备制造商都纷纷与社交媒体进行合作。手机媒体成为网络媒体的延伸，使得社交网络服务得以全方位覆盖和运用。

2.2.2　社交网络媒体发展的微观支撑力

（1）受众意识的提高。在社交网站的传播过程中，受众的自我意识不断提高，具有更强的能动性。他们既可以自主选择"关注"其他用户以获取自己想要的信息，也可以通过发布信息或参与讨论等方式进行信息传播与互动。

（2）自媒体文化的兴起。美国新闻学会的媒体中心于 2003 年 7 月出版了"We Media（自媒体）"研究报告，指出自媒体是普通大众经由数字科技强化、与全球知识体系相连之后，一种理解普通大众如何提供和分享他们本身的事实及新闻的途径。

3　UGC 概念及其特点

3.1　UGC 概念

在 Web2.0 环境下，社会化媒体中出现了一种新兴的网络信息资源创作与组织模式，即用户内容生成（user-generated content，UGC），是指以任何形式在网络上发表由用户创作的文字、图片、音频和视频等内容。它有别于传统的权威生产、中心辐射模式，而且倡导建立一个众人参与的网络环境。用户的参与行为也由全民上网转变为"全民织网"，用户在网络浏览的基础上可以开辟自己的网络空间，进行相关信息的创造、分享和传播。

根据朱庆华团队改进的麻省理工的分析框架，重点定位了 UGC 概念体系中的 4 个维度，即 Who、What、Why 和 How，如图 1 所示。

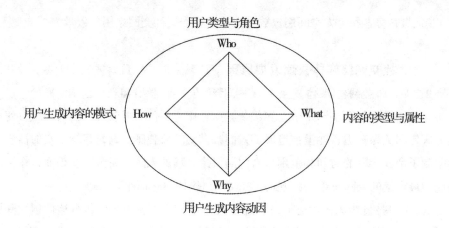

图 1 UGC 四维度

3.2 UGC 用户特点分类

3.2.1 基于社会的视角

新的网络环境创造出来的劳动与传统环境中不同，在传统环境中生成内容的人往往是专家、学者、明星等，而新的环境中用户的劳动则带有明显的无偿性的特点。这样的用户动机大致有三类，即娱乐、职业、家庭。在此种社会中的动机的不同可以分为以下三种类型。

（1）娱乐驱使型用户。这种是最容易成为 UGC 环境中的用户，因为在 UGC 网络中娱乐新鲜、快速的价值，用户很容易就被吸引过来，但是用户也会因为娱乐价值的衰减或是消失去寻找新的平台。正是因此，以新浪微博为例，为了保留用户持续维持网站的娱乐价值，将用户生成的业余内容和专业的预制内容相结合，从而持续吸引娱乐用户这块阵地。

（2）职业驱使型用户。在此领域的用户一般为在技术创新领域、艺术娱乐领域和娱乐领域有抱负的专业人员。

（3）家庭驱使型用户。这是在 UGC 中使用户参与其中的最重要因素。很多以共享形式为主的 UGC 平台上的用户热衷于分享与亲人和朋友的照片或者视频，这种志愿者似的分享行为对用户来说并不是一种工作，而是乐趣所在。

3.2.2 基于行为模式的视角

在以 UGC 模式下的用户体验，体现出比传统的参与者与接收者两种用户身份之外的更多的身份形式。基于不同的表现大致分为以下几类：

（1）活跃的分享者。指在博客、微博等其他社交媒体网站上创作并分享相关内容的网站。

（2）评论者。对网络已有内容进行评价，如：在他人博客或者微博上留言，对产品或服务的等级进行发表评论，在论坛上发表个人评论等。

（3）收藏者。对网络上自己感兴趣的内容进行编辑并收藏，或者按照一定的分类方法将网页储存起来，主要供自己学习、少数者与他人分享。

（4）参加者。是指在社交网站中仅仅参与其中进行内容阅读而不是进行创作的用户，如：浏览社交网站网页，维护并完善个人资料信息。

（5）观察者。指在社交媒体网络上只浏览观看自己关注的内容，而没有积极参加到各种情景中的用户。

（6）局外者。指没有在社交媒体网站上发生行为，与上述几种行为都无关联的用户。

3.2.3　基于 UGC 用户贡献率的分类

将 UGC 中的用户贡献内容条数按序排列，为直观划分出用户分类，相关实验选取 0.1%、1%、10%、20%、40% 和 80% 几个用户累计群体进行累计贡献率的统计分析。前三项代表了核心用户，20% 则代表了活跃用户，与之对应的为 80/20 法则，即经济学中的帕累托法则。后两项是为了验证多数用户的累计贡献情况。根据情况分类，将用户群体分为：潜水者、参与者、活跃者、核心贡献者，如图 2 所示：

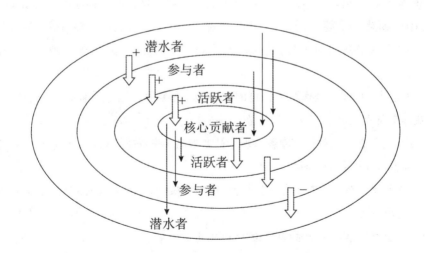

图 2　UGC 用户群体分类示意图

由于这个分类框架是在相关社交媒体网络上面进行的数据采集提炼而来，并且在其中加入了时间维度作为参考，用户可能在四个群体中成正向或者反向的移动，在图中的"+"表示递增趋势，在图中的"—"表示递减趋势，而这种趋势可能是渐进式的也可能是跳跃式的。所以我们便将用户群体分为潜水者、参与者、活跃者以及核心贡献者四类，对动因及激励机制有更为重要的作用。

4　UGC 用户动因研究及其分类

4.1　传统的动因理论

传统的动因理论用于解释对象行为的动机和企图，并试图揭示动因形成和作用的复杂过程，经过整理大致将动因分为五类：①内在动因过程；②实用性动因；③基于自我概念的外部动因；④基于自我概念的内部动因；⑤目标内在化。

4.2　UGC 用户动因分类

根据传统动因研究的基础，对社交网络内容的分析，并融合社会学、心理学以及信息科学的相关视角，将 UGC 分为两方面：个体因素以及社会因素。

4.2.1　个体因素

个体因素主要从心理学要素以及认知学要素进行分析，这部分要素直接影响用户对 UGC 平台的使用态度及情况。相关影响因素如下：

（1）猎奇心及兴趣。针对 UGC 内容，用户会根据自己兴趣选择一些相关的内容进行浏览或者分享等。

（2）利他心理。通过帮助他人并从中获得无物质报酬的快乐，是一种精神上的享受。

（3）同感心理。是指对所浏览的内容的一种认可，感同身受，多数对内容进行转载分享及收藏。

（4）监督心理。对相关内容特别是社会中的不良现象，通过进行评论、转载，也是对自身责任感受的一种表达。

（4）形象塑造。是指在内容生成行为中而感知到个人的形象和影响力得到提升。

（5）认可心理。是指他人对用户的认可，对用户所发内容的认同，对用户身份的认可、专业或者某一领域能力的认可。

（6）自我效能。根据马斯诺原理，自我实现是所有层次里面的最高需求，而在社交媒体中自我实现在得到别人认可与尊重的基础上很容易实现找到存在感。

（7）归属心理。在相关的社交媒体网站中都会有分组，例如娱乐、影视、音乐、财经等各个领域，在这些小组中参与者很快能找到自己的标签并且进入小组进行内容分享，得到组内人员的认可和信任，从而使用户感知到自己从属于某个组织。

4.2.2　社会因素

社会因素主要从社会学及社会心理学方面分析用户生成内容的原因，经总结分析因素如下：

（1）社会秩序与社会规范。是指在一定程度的舆论、规范对社会行为有一定的调节作用，从而使人们按照秩序及规范在某一环境下进行相应的行为活动。

（2）社会信任。整个社会作为一个信任单元，社会中的他人的行为倾向与我们一致的感受。在社交媒体中用户处于一种信任的大的环境中，使得用户生成内容有一种环境支持。

（3）共同的语言。既包括正式的语言体系，又包括相同的网络语言、符号、隐喻等。

（4）认同感。是指个人利益与组织利益的统一，并在此基础上产生基于该共同体利益的统一认同。主要体现在价值观、归属感以及组织忠诚度。

（5）互动因素。是指信息和资源流动的在线渠道，其特征是表现为互惠互利的服务。

（6）线下活动。是指由社交网络上下移到网络外的交互活动。

（7）社会技术程度。是指社交媒体网站技术可靠性、隐私安全性以及适配性。

综上，经过研究分析得出，若对 UGC 用户的动因通过内部原因及外部原因分析，大致以个人因素与社会因素两个方面，共分析十四点原因影响 UGC 平台生成的内容。

5　UGC 的激励策略及措施

有关研究表明，赫兹伯格的双因素激励理论对于电子门户网站设计有一定的辅助作用，且保健因素和激励因素存在不对称性，相对于激励因素，保健因素具有更强的影响力。将双因素理论运用到 UGC 中，其中保健因素是 UGC 网站或平台必须提供的基础保障和服务，然而，仅仅依靠保健因素也不行，要从长远角度提高用户的可持续使用动力，还要考虑激励因素。调研发现，社会化媒体中的 UGC 用户可以分为四类：普通参与者、活跃的参与者、核心贡献者以及潜水者，针对这四类群体应给予不同的激励策略。

5.1　普通参与者的激励策略

普通参与者虽然有过在线 UGC 经历，但是整体的积极性都不高。针对这类用户群体，本文提出如下建议：

（1）实行推送机制。将这类已有过创作或共享经历的用户推荐给该作品所属领域的其他用户，鼓励其他用户对其创作进行浏览、评论、评分、点赞等，并关注用户的登录、浏览、评分、评论等情况。

（2）加强奖励机制。对于刚起步的内容创作和共享者，应为其建立虚拟账户和信用账户，并明确账户升级规则、虚拟奖励的作用、兑换规定、信用增长等具体内容。同时，定期观察用户对于这些奖励的态度，不断更新奖励形式或出台新的激励产品。

（3）增强用户与网站的黏性。跟进好友动态，增强关注度与网站黏性，为其推荐感兴趣的小组，允许各种兴趣小组定期策划相关主题活动，以增强用户的使用感和归属感。

5.2　活跃参与者的激励策略

比较活跃的参与者十分看重网络中人与人之间的沟通与互动，也比较看重自己的形象，希望得到他人的认同。针对这类用户群体，本文提出以下建议：

（1）进行主题活动与创意作品征集。通过主题征集的方式，举办相关的在线UGC 比赛，设置具有一定挑战性和趣味的任务，鼓励优秀作品的创作并对其进行奖励。

（2）提供技术支持，增强网络平台的互动互性。通过 Ajax 以及技术开放接口使其相关作品能够更加方便地与其他社交媒体网站进行联结。

（3）提供线上线下互动支持，增强网站用户的黏合性。在相关活动中给他们授权并赋予更多的决策机会和行动自由，为他们的优秀表现提供相应的奖励。

（4）加强宣传，鼓励分享。培养用户的帮助意识，及时对其利他行为进行表彰，并在相应的群组内广而告之，帮助其增强网内认同。

5.3　核心贡献者的激励策略

核心贡献者对于网站的黏性和忠诚度比较高，但针对其开展激励活动却不容易，因为许多对其他层次用户有用的激励机制在他们看来可能只是保健因素。针对这类群体用户，本文提出以下建议：

（1）绿色通道的管理模式。开通灵活的授权模式以便于核心贡献者能够及时向网络运营商和管理者表达自己的想法。

（2）给予除网站管理者以外的网站最高功能的能见度，对其创作经历和贡献提供长期保留并在适当时刻开辟专栏进行介绍和表彰，并让其维护该 VIP 页面，定期更新其最新动态和作品。

（3）搭建平台、资源外推。鼓励其参加各类社交媒体网络平台的活动，为其提供必要的技术支持，并在提供适当经济赞助和人气支持，增强其使用的快感与信心。

（4）强化管理意识，加强角色定位。邀请核心人物加入到日常管理事宜中，尊重其建议，尤其在网站开发、网页设计以及广告选择和布局上充分考虑其意见和观点，对意识较强的用户进行奖励适当、颁发奖牌，满足其受尊重的需要。

5.4　潜水者群体的激励策略

根据对此类群体的调查，我们发现潜水的原因并不如我们原先想象的那么复杂，主要包括：没有时间创作；没有创作的兴趣和热情；没有创作的动力和必要；没有相关的设备，也不具备相应的技术；觉得 UGC 是一件很麻烦的事情，更愿意做个简单的看客。针对这类群体用户提出以下建议：

（1）加强社交平台与工作平台的联结。很多潜水者在工作中也都在一些社交平台上，只是少有的时间点进去浏览，如果加强社交平添与工作平台的连接，例如使社交网站能够有相关的记事提醒功能，加强同事之间的推荐功能，引进企业大客户集团社交网，这样加强其互动性。

（2）加大宣传力度，在潜水者中有很多都具有从众心理，这时大众的宣传对其就有很大的影响，在众人都在使用后也会跟风进入，而后宣传主题活动，推广各类令参与者感兴趣的主题活动，加强吸引力使其参与其中。

（3）更加注重奖励措施。对于潜水者奖励措施往往也能起到一定的作用，对于虚拟奖金以及相关级别权限的奖励。

（4）引入详细的入门攻略。因为许多潜水者不了解相关 UGC 平台的规则以及相关功能，对于一些电脑技术水平较低的用户很难进行相关操作，所以要尽量详细地针对此类潜水用户进行指导，制定详细的入门攻略。

参考文献：

[1] 朱庆华，赵宇翔，谈晓洁. 新一代互联网环境下用户生成内容的研究与应用 [M]. 北京：科学出版社，2014.

[2] 曹晓菲. 人人网信息分享行为研究 [D]. 河北大学：传播学硕士学位论文，中国知网，2013.

[3] 王慧贤. 社交网络媒体平台用户参与激励机制研究 [D]. 北京邮电大学：管

理科学与工程，2013（3）.

[4] 熊澄宇，张铮.在线社交网络的社会属性 [J].新闻大学，2012（3）.

[5] 赵宇翔，范哲，朱庆华.用户生成内容（UGC）概念解析的文献综述分析 [CP]，第一论文网.http://lunwen.1kejian.com/MBA/121231_6.html，2013，04.

[6] 曹扬敏、《视频分享网络中用户生成内容的动因研究》[D].华中师范大学：情报学，硕士学位论文，万方数据，2012.

[7] 赵宇翔，朱庆华，吴克文，梦非，郑华.基于用户贡献的 UGC 群体分类及其激励因素探讨 [J].情报学报，2011，10（10）.

[8] 赵宇翔，朱庆华.Web 2.0 环境下影响用户生成内容动因的实证研究——以土豆网为例 [J].情报学报，2010，06（3）.

[9] 王亮.SNS 社交网络发展现状及趋势》[J].现代电信科技，2009，06（06）.

[10]Liang Chao-Yun，Chen Chia-Heng，Hsu Yu-Ling.The participation motivation and work styles of the administrators for Chinese Wikipedia ［J］.Journal of Education Media & Library Science，2008，46（1）：81-109.

[11]Fischer G；Giaccardi E Meta-Design:A Framework for the Future of End User Development 2009.

[12] 李仪凡，陆雄文.虚拟社区成员参与动机的实证研究［J］.南开管理评论，2007，10（5）.

[13] 赵玲华，任英伟.公共关系中的人际关系 [M].北京：中国新闻出版社，1989.

大数据时代的科技资源共享情报服务

王晓贞　葛艳敏（河南省安阳市科学技术信息研究所，河南安阳 455000）

摘　要：大数据时代的来临，使得情报信息量空前增加，情报信息的服务方式也发生了翻天覆地的变化，各地情报部门纷纷开展以科技资源共享为主要内容的情报信息服务。随着网络技术的高速发展，如何实现大数据时代的科技资源共享已经成为情报信息研究部门探索的一项重要课题，共享机制的实现和完善将解决科技资源的使用率不高以及重复浪费的问题，为科技创新提供时间、空间上的便利条件。本文从大数据时代实现资源共享的意义和优势为着眼点，对利用大数据环境采取科技资源共享的方式开展情报信息服务进行了探讨。

关键词：大数据；情报；信息；资源共享

在科技飞速发展的今天，信息量在不断地增加，传播和更新的速度也是非常之快。在这样一个信息爆炸的大数据时代，借助网络环境，实现科技资源共享便成为了大数据时代人们获取信息的有效途径。所谓大数据时代下的科技资源共享，也就是利用计算机海量存储，对当前的科技资源进行公开和综合利用，保证科技资源能够以电子信息的形式，得到科学、高效的使用和管理，保证科技资源得到最大限度的利用，保证科技资源能够为国家经济社会的发展带来更多的经济效益和社会效益。

1　大数据时代下科技资源共享的意义

1.1　促进科技创新

科学技术发展到今天，已积累了海量的信息，已经走向一个大数据时代，如果不充分利用本学科前人的研究成果，只是重复前人工作这一过程就能耗费毕生的精力。而通过大数据和网络技术的应用，获取科技资源共享不仅可以使我们避免重复劳动，而且能从更高的起点上去发现问题和解决问题，即从事真正的创新。

当代科学发展所呈现出的大科学、定量化和注重过程研究等特点，也迫使科技创新越来越依赖于系统的、高可信度的大量科学信息，而这些信息的产生通常要耗费大量的财力、人力和物力，需要购置昂贵的仪器。一个单独的研究者或团队，没有能力和精力，也没有必要从零到有地生产这些信息，科技发展的速度也"等不及"生产这些数据。因此，与同代人间的科技资源共享也具有重要的意义。在大量信息中寻找新的起点，避免"撞车"现象，就需要在大数据环境中利用计算机网络这一获取信息的途径，它能够让你在极短的时间内获取极有用的信息。

1.2　弥补空间上的信息不足

大数据时代的到来，毫无疑问会给人们带来空前便利，全球性科技活动不断增强。这类科技活动要求获取全球范围内不同典型地点的相关信息，即任何一个国家所能掌握的本国的科技资源都不能满足空间上的需要。从人力、财力、精力和国际关系上讲，一个科研团体甚至一个国家都没有能力独自完成全球范围内数据的采集和加工；从技术上讲，一些样品的保存周期极短，如某些放射性同位素样品只能保存几个小时，必须在当地的试验室马上完成测试分析工作；从研究基础上讲，一般情况下，科学家对位于本国内的某些典型地点的研究基础掌握较好、研究的积累程度高，在开展研究中，与当地的关系也比较容易协调。大数据与网络技术为科技创新弥补了空间上的信息不足。

1.3　弥补时间上的信息不足

信息在时间上的不可再现性也使得我们不得不利用前人所存留的信息资源。一个科学家的科学生命一般不超过 60 年，而许多科学问题的研究往往需要积累上百年的资料，即科技信息的积累一般都要超过一个科学家的生命周期。许多科学问题，特别是与一定地域相关的科学问题，所需要的背景资料往往需要上百年跨度，而且是累积的年代越长越好，这种积累过程并不是某一代人能够完成的。在这种情况下，利用大数据时代的科技资源的共享可以弥补我们在时间上所获取的资料的不足。

1.4　有利于学科的交叉和融汇

学科的相互交叉与融合已成为发展的主流，而大数据时代的科技资源共享则能够促进学科的交叉和融汇。在科技领域，部门的划分是人为的，是为了管理上的方便，但科学问题是客观存在的，并不是依部门而划分的。要正确地解决一个科学问题，通常需要全方面的分析，只有从多个学科角度获取和分析资料，才能深入分析问题产生的原因及其可能的解决方法。

2　大数据时代科技资源共享存在的问题

一是科技资源垄断可能加剧。科学家能否进入大数据的研究平台，受制于海量的科研数据是否开放，也取决于是否有相应的设备来获取和处理这些数据。大数据与资本紧密结合强化了科研资源掌握者对科研的走向与产出的控制。

二是研究人员可能形成对技术路径的依赖。数据技术只能对丰富而且复杂的真实世界提供简单描述。寻找不同寻常和意料之外的东西需要创造性和洞察力。计算机和数据库不可能自动导致创造性的科学发现，科学家如果过分依赖数据资源和搜索工具，就会造成亲身实践获取"第一手"资料的能力退化。

三是科技合作的成果归属易引起纷争。首先，对于数据提供方能否算作合作者并给予一定的署名权存在争议；其次，对于工程化和全球化协作产生的成果是属于集体智慧的，对于成果的所有权该如何分配？随着科学和技术与商业性的开发越来越联系紧密，一些具有商业价值的科学信息和数据为拥有者所不愿意公开，甚至通过申请专利来实施保护，这将带来更大范围的不公平与纠纷。

3　大数据时代下的科技资源共享体系

依托大数据环境和计算机信息技术，将科技资源建立成信息资源共享网络，是分布在互联网上的、由各类信息服务节点组成的、以资源共享为目的，基于服务与资源的深度整合，具有特定功能指向的细分化网络。在数据的共享和网络的开放与互联机制的支持下，资源共享网络具有集成所有通过网络发布的信息资源，并整合网络中共享模式的能力，通过对信息资源的持续积累，为聚合各类分布式异构资源提供资源获取服务的开放式平台。至目前，该平台几乎覆盖了所有类别的信息产品群，并以其兼备资源与技术平台的双重保障，成为面向全体网络信息用户的开放性信息资源共享系统。

一个完整的大数据信息资源共享网络通常由提供资源共享的网络基础构架、分布式存在的信息资源群、多元化的参与群体以及广泛分布的网络数据信息终端用户四个基本元素组成。在这四个基本元素中，网络基础构架与分布式存取的信息资源集群是信息资源共享网络存在的必要条件；数字图书馆、数据库生产商、政府信息门户、搜索引擎等在内的多元化资源共享主体，是信息服务不可或缺的组成部分；而广泛分布的、需求迥异的信息终端用户则是资源共享数字网存在的终极目的。由于资源共享对信息资源与共享技术的刚性依赖，在任何一个具有一定规模的资源共享数字网中，信息资源和共享系统是不可或缺的，众多的参与主体依托数字网络分布，并借助各种网络技术实现了高度集成，最终组成能无限延伸、可动态扩展的大数据信息资源共享平台。随着大量新的信息源以多种方式与形式不断加入该平台，网络信息资源的总量随时间递增成为一种不难预见的趋势。在理论上，这些信息源具备了应数字信息用户的需求形成有序流动的可能性。

4　开展科技资源共享情报服务

4.1　建设科技资源共享共建平台

大数据时代，科技资源的增量是巨大的，科技资源共享管理部门必须借助计算机网络来完成各类大数据时代科技资源的共享管理，建设科技资源共享共建平台就成为了这项工作的抓手，怎样搭建一个数功能完备、操作便捷、资源丰富、设计合理的科技资源共享平台，是科技信息（情报）部门一直持续关注的课题。目前，国家、省、市都逐级建立了科技基础条件平台，安阳市政府就是在这样一个大背景下，开拓情报服务手段，于 2008 年开始着手建设安阳市科技基础条件平台，市政府专门下发了《安阳市科技基础条件平台实施意见》，将平台项目作为安阳市重大专项，项目承担单位是安阳市科技信息研究所。平台主要由科技文献、大型仪器、合作交流、自然科学、实验基地、成果转化六大子平台组成，全方位为科技创新主体提供科技资源共享情报服务。

2008—2013 年六年来，安阳市在科技资源共享建设、机构制度保障等方面做了许多有益的探索和实践。成立科技基础条件平台管理中心，挂靠在科技信息研究所，并制定了《安阳市科技基础条件平台管理办法》，办法明确了工作职能，将平台运行经费纳入财政预算，有力保障了科技基础条件平台的运行与维护。安阳市科技资源共享服务企业方面做了许多工作，运用现在信息技术和海量存储，为全市科技创新提供资源共享情报服务。

4.2　创造出有利于科技资源共享的良好环境

科技资源共享不仅是科技界的事情，更需要全社会的关心和参与。要通过各种方式、手段大力宣传科技资源共享的必要性，向社会公众宣传"资源共享，共同受益"的理念，增强政府部门的资源共享意识，培育科技资源共享的良好社会文化环境。加快电子信息平台建设，最大限度地公开各类科技信息，使科技界、企业、高校和公众都能共享政府信息资源。同时，切实加快信息基础设施建设，借助于增量资金介入和有偿共享等利益驱动机制，更加科学有效地采集、整理和加工信息资源，最大限度地提高信息资源拥有者参与共享的积极性，保证科技资源需求方能够借助于上网或远程控制等各种各样的途径来体验到流动的信息资源，最终实现和促进科技实物资源的共享。

4.3　设立协调组织机构，保证科技资源共享能够有效运行

科技资源共享的协调组织是管理平台建设的关键。由于各类科研机构之间是一种横向的联系，它们各分属不同的研究领域和不同地域，为了使各科技创新机构资源共享的工作正常开展运作，科技资源的共享，需要有一个组织和协调的必要机构。为建立一个合理的科技资源共建共享计划，该组织机构负责其全面发展，促使各共享机构能够遵循这一计划，以此避免共享的科技资源分布异常；成员单位的吸纳和评估、成员单位的权利和义务的规定、共享规划和标准的制定、确定及监督实施、共享活动的组织和调控、重大事件的程序决策、成员单位之间的纠纷仲裁、经费的预算和决算、协调委员会的任期和选举及其权限等，都由该组织机构实行统一的领导，这些程序和方法均应体现公正、公平、科学、民主的基本原则，最后，经成员单位集体协商和讨论后做出确定，这样才能有计划、有步骤地建立和完善科技资源共享管理的标准化体系。

4.4　为资源共享建立长效机制和有效的法律法规等制度保障体系

资源共享无疑会出现诸如版权、著作权、网络安全、信息控制、设备磨损等方面的一些新问题。事实上，科技资源共享不仅是科技基础条件平台一个平台的工作，而应该是一个需要多个行业参与和协作的社会活动，为了协调不同部门之间的职责和利益，就需要政府出面制定相应的政策法规，从而来规范各部门的行为，保障各方的利益不受侵害。没有法律法规约束的体系是很难保障其正常运行的，为了使资源共享能够长足有效的发展下去，需要建立长效机制和有效的法律法规等制度保障体系。

4.5　建立科技资源共享的支撑体系

构建可供共享服务的科技资源共享体系，是实现科技资源共知共享、为社会提供有效服务的基础，也是科技基础条件平台建设的核心任务。

（1）以数据信息化为基础建立科技资源共享体系构架。

（2）补充大批重要科技资源信息，构成完整的科技资源共享体系。

（3）成员单位共同研究制定"联合目录数据库"建设的技术路线，制定数据库加工的标准规范，落实组织、人员和建设分工。

（4）落实国家科技报告制度，促进资源共享开放。我们期待着科技报告制度的落实将改变人们长期以来封闭狭隘的观念，促进科技资源共享机制的建立。

4.6　建立科学的资源共享服务机制

各成员单位要共同建立共享体系下的资源共享服务机制，其管理模式要从行政机构管理转变到知识性服务企业运营管理模式，学习高科技企业的管理手段，持续关注相关领域的前沿信息和发展前景，建立工程化操作、法制化管理、服务与系统创新、投入产出核算、市场能力约束机制，提高科技创新能力。

4.7　提高资源共享管理机构人员的素质

大数据时代下科技资源共建共享工作变得越来越复杂，全新的数字技术、网络技术给科技资源共享的服务模式带来了巨大的变化，随之而来的对资源共享管理机构人员的素质和能力也提出了更高的要求。在科技时代的今天，科技资源管理机构的工作人员除了要有良好的政治思想与职业道德素质，掌握信息专业理论和技术以外，还要掌握协调管理能力，同时需具备一定的信息传递知识和外语能力。只有这样，工作人员才能胜任大数据环境下的服务任务，才能为科技创新机构或团队提供全面、准确、高效的资源共享服务。

4.8　建立科学合理的共享机制

科技资源共享机制，就是要通过对科技资源所有者、占有者、科技资源中介服务者、科技资源需求与使用者的利益调整，均衡资源拥有者、经营者与使用者的各种利益，建立资源利益分配制度，保障资源共享各方的合法权益，在降低资源共享交易成本的基础上，提高共享资源的使用效率。好的资源共享方式，是通过对权利义务的合理界定，适当地调整各方利益，提升资源共享的积极性，使资源共享度达到最大化、最优化，提高创新效率。引入资源贡献率这个激励因素，对科技资源共享中各成员间的收益进行分配，激励更多的科技资源共享，以保证科技资源共享平台的长期稳定运行。

5　结语

在大数据时代下，实现和促进科技资源共享具有非常重要的意义。实现和促进科技资源共享是一个系统工程，离不开相应的管理体制机制的保障，也离不开计算机网络的辅助支持，更离不开数据的积累。在今后的工作中，必须不断地探索和创新信息情报服务方式，为经济社会发展贡献一份力量。

参考文献：

[1] 唐仁华，伍莺莺，等.对促进科技济源共享问题的几点思考 [J].科技创业，2006（5）：8-9.

[2] 吴笑寒.科技资源优化配置及管理创新 [D].天津：天津大学，2009.

[3] 张霞。关于落后地区科技资源共享的思考——以忻州为例 [J].惠州学院学报（社会科学版），2013（02）.

[4] 梅盈洁，徐志宏，陈中健，贝锦龙，骆艺.加强农业科研条件平台建设的做法与思考——以广东省农业科学院为例 [J].农业科技管理.2013（01）.

[5] 吴家喜.近十年国内科技资源共享研究进展与述评 [J].科技与经济.2012（02）.

[6] 崔迎科，刘俊浩，崔登峰.科技资源共享的法律、制度分析与制度变迁 [J].科技进步与对策，2011（21）.

[7] 瑞香.浅谈网络环境下信息资源共享与知识产权问题 [J].计算机与现代化，2009（9）：74-75.

[8] 刘伟榕，王秋君.大数据对科学活动的影响 [J].理论观察，2014（5）：42-43.

安徽省医学情报研究所业务发展情况及困局

——结合简述我国医学情报研究机构发展现状

张　迪　王学东　曹迎庆　胡　欣

（安徽省医学情报研究所，安徽合肥230061）

摘　要： 本文通过分析我国医学情报研究所发展现状，来重点介绍安徽省医学情报研究所的发展情况及困局。作者认为安徽医学情报研究所已严重处于落后状态，如不转变思路、重点给予情报相关业务扶持、积极开拓业务范围、加强合作，生存状况堪忧。文章希望通过对安徽省医学情报研究所的问题剖析，为具有相同状况的医学情报服务单位提供一定参考。

关键词： 医学情报研究机构；业务设置

目前，我国部分医学情报所面临内忧外患，内在，基础投入严重不足，情报服务能力大为降低；外在，随着网络的普及，以及大数据的背景，信息获取难度大大降低，各种信息机构大量涌现，导致业务量急剧下降。这些内外因让医学情报所生存现状堪忧。

但在面对这些问题时，医学情报所工作人员，一方面，应认清严峻的形式；另一方面，也应了解自身的优势及危机中的机遇，如信息获取难度大为降低，但在面对大量信息时，更需要医学情报研究人员去辨识，从而提炼出有用信息。

本文将结合我所医学情报事业发展现状，对医学情报研究所目前存在的问题及发展方向进行探讨，以期为医学情报研究同行提供一定的参考。

1　医学情报研究所成立背景

"二战"后现代科学技术快速发展，信息量激增，导致科技工作者在文献获取和利用方面存在困难[1]。在这个背景下，为解决文献激增和利用困难之间的矛盾，情报学应运而生。它是为了解决情报积累与利用之间的矛盾，让信息有序化，便于人们利用，让用户以最快的速度了解需要的情报[2]。我国著名情报学专家包昌火将情报研究的基本含义表述为：根据特定的需求，通过系统化过程，将信息转化为情报的一种科学活动的统称，即 Information 的 Intelligence 化。

20 世纪初医学文献大量增长，且杂乱无序，广大医学工作者直接利用它甚感困难[3]。同时，我国医学发展水平较低，需要了解西方先进的医疗技术，我国的医学情报研究机构应运而生。1958 年根据原国家卫生部的指示，成立中国医学科学院医学情报研究室。1978 年 11 月，《1978—1985 年全国医学情报工作规划（草案）》被视为我国医学情报事业发展规章，后许多省、市、自治区卫生厅及医、教、研有关单位恢复建立或健全了医学情报研究机构。我所也是在这种背景下，由安徽省医学科学院分离出单独成立安徽省医学情报研究所。

2　医学情报研究的业务范围

1958 年中国医学科学院医学情报研究室成立之前，20 世纪初，我国的一些医学院校图书馆就已开展了收集医学文献、进行基础文献分析的工作，特别是对欧美发达国家医学期刊的收藏[4], [5]。主要起到介绍西方先进医学科学技术的作用，这其中医学期刊的编辑出版是一个重要的媒介。1958 年后各地相继成立医学情报研究机构，医学情报工作内容也有了进一步扩大，如资料的收集、整理、查询及医学信息报道、交流等。20 世纪 80 年代，有学者把专业情报研究出版《国外医学》和《中国医学文摘》，报道国内外医学研究动态，负责科学咨询，协助评价医学科技成果，负责医学情报的业务指导与经验交流 7 项业务列为医学科技情报的长期任务[6]。

医学情报所 1986 年成立后，主要职责是紧密围绕本省医学科技和卫生事业发展的需要，在加强本所自身建设的同时发展横向联系，广辟情报来源；加强文献建设，深入调查研究，掌握和收集与本省有关的省内外及国际上医学科技发展动向，及时整理并提供情报研究资料；办好医学刊物，为有关领导部门科学决策和卫生科技人员开展科研活动提供服务。开展了情报研究、文献检索、声像制作及编辑出版等工作。

3　医学情报研究所发展现状

自 20 世纪 90 年代至今，中国情报研究已经发展为全面进入决策咨询领域，以用户需求为导向的信息咨询和竞争情报服务阶段[7]。但就目前我国医学情报研究机构发展来讲，远没有达到这个地步。尹怀琼等[8] 对全国 22 家医学情报研究机构的调查发现，查新咨询、期刊编辑、网络系统及网站建设工作、文献信息服务、情报研究服务、文献检索、教学与用户培训、卫生政策管理与研究、卫生信息统计工作是当前各医学情报研究机构的主要业务，其中卫生政策管理与研究、卫生信息统计工作是挂牌合作产生的新业务。李晓涛[9] 在其硕士研究生论文中也提到，在我国现有医学情报研究机构 103 家中，期刊编辑出版、文献检索与科技查新、图书馆服务等仍是医学情报研究机构的重点业务。

从尹怀琼、李晓涛的调查中发现，我国不少医学情报研究所已相继开展了卫生政策研究等工作，但在所调查的 20 家医学情报研究机构中只有 9 家，对于定位于情报研究机构的医学情报研究所，在这方面的业务开展还有待进一步加强。

像我所作为安徽省卫生厅二级单位，在政策研究方面的工作开展不足，多年未向主管部门提供决策意见参考。

目前，部分医学情报研究所在这些医学情报研究主干业务工作之外，开展了一些"特色"业务并承担一些上级领导部门代理业务，如上海所的合作交流部、四川所的新农合信息管理办公室、吉林所的省卫生信息化领导小组办公室、云南省的药品招标管理办公室、广西所的学会（社团）管理办公室、湖北所的开发部、宁波所的医疗事故技术鉴定工作办公室等[9]。我所的"特色"科室有安徽省医学会学术会务部、医疗事故鉴定办公室、继续医学教育办公室、中医文献室。当面对这些与医学情报研究不相关的业务设置时，从整个单位发展方向来讲是否很易导致方向的偏差。我单位 5 个业务科室中仅有一个与情报研究相关的科室（情报研究室，包括查新和期刊编辑出版）。从"组织结构服从组织战略，组织战略发生了变化，组织结构会随之相应调整，以支持组织战略的变化[10]"这一理论，我所内部科室设置是否就已经说明在整个单位业务发展方向上产生了偏差。我们不能否认开展这些业务能带来业务量及收入增加方面的作用，但这些新业务能否成为医学情报研究所的主干业务值得商榷。毕竟医学情报研究机构的立所之本还是在情报研究，一旦这方面的业务丢失，就失去了根基，无生存之本。其他的业务随着相关政府部门的调整，可以随时从你单位划离。从短期利益讲，效果明显，但从长远发展看，我认为弊大于利。我所多年来都是以学会工作为重心，不管是资源分配，还是单位领导重视程度，都优于其他科室。

当然在面对发展不利的情况下，我们也应从自身寻找问题，作为事业单位的医学情报研究所，多年来已经产生"等、靠、要"思想，导致外部无压力，内部无活力，工作人员思想固化，工作积极心差。但在面对市场化、卫生事业改革等情况下，出现严重的发展障碍。目前，全国已有部分医学情报研究机构已逐步改变这种现状，但许多医学情报机构还未完全突破传统的框架，面向经济建设主战场、面向社会还很不够[11]。反观我所，在这种严峻的大环境下，依然存在"等、靠、要"的思想，人员工作热情差，没有活力，吃"大锅饭"。这种现状的存在必然影响单位发展，导致本就落后的状态进一步加重。

从已经开展的卫生决策服务的医学情报研究机构来看，近年来对向政府部门提供卫生决策和卫生管理咨询的研究与服务工作已经得到重视和加强，已经逐步跨入了以卫生政策与卫生管理为中心、以竞争情报与决策咨询为主要任务的情报服务新阶段[7]。相对于一些医学情报研究所正在全力开展卫生政策研究及咨询业务，我所目前的基础情报研究相关工作不仅没有进一步扩展，反而进一步萎缩，目前仅有文献检索和编辑出版，其中文献检索的业务量也大为降低，每年仅有几十项。就我所目前业务开展情况看，存在三方面的问题：一是基础业务萎缩，且没有把握住新的行业发展方向；二是盲目开展一些业务（和医学情报研究机构业务职能不相符），特别是目前开设的一些"特色"科室，没有把主业务展开；三是服务基础业务的文献信息资源短缺，作为情报工作，文献信息资源是基础，离开了文献情报资源，就成了无源之水[12]。

结合我所实际情况，相比其他发展较好的医学情报研究所，我所整体存在以下问题，一是相关专业人员短缺，导致业务无法开展；二是人员思想固化，事业心差；三是单位发展重心偏离，未抓基本业务；四是没有长远发展规划，发展方向不明；五是本身的发展落后导致相关政府部门未给予足够的重视等。

医学情报研究所应着力于"情报"二字，一方面要发展好基础的情报服务业务，同时也要紧跟时代发展步伐，不断探索适应市场需求的服务。如果继续停留在文献检索上，已不能满足广大医务工作者对信息的需求。应扩大服务对象，面向政府、面向企事业单位、面向社会医学情报需求的情报服务和产业开发，开展医药市场竞争分析、医药市场调查、医药卫生决策项目咨询、医药知识产权保护、竞争策略制定等情报调研与咨询服务。医学情报事业应适应现代医学和社会经济发展的客观要求，既要面向医疗、教学、科研，又要面向社会。因此，必须坚持改革，转换机制，提高管理水平，拓宽服务领域[3]。

就目前我所实际情况来讲，主要是解决生存问题，稳住基本的情报服务业务，不致仅剩的文献检索业务和期刊编辑进一步萎缩。首先，领导对这块业务的重视程度应提高，在资源分配上要有一个重点倾斜。其次，加强情报专业人才培养，特别是学科带头人的建立，不管是引进还是自身培养，学科带头人对情报业务纵向发展具有举足轻重的作用，一个好的学科带头人能快速让相关业务提高服务水平。第三，在现有基础条件严重不足的情况下应加强同其他单位合作，特别是我所在信息资源、设备资源、人力资源和资金均有限的情况下，尤为重要。通过与其他单位合作，迅速弥补这些方面的短板，通过利用合作单位的信息资源、设备资源、人力资源，让我单位相关业务能在较短的时间内有大的进步。

4 结语

在事业单位改制的大背景下，以情报立足的医学情报研究所，是否应该转变思路，以市场为导向，积极开拓业务范围，扩大自己的影响力，提高市场竞争力，稳固自己的地位，不被淘汰，从而再次焕发医学情报研究所的活力。这需要从事医学情报研究的同仁共同努力，夯实基础业务的同时积极寻找新的业务发展方向。

参考文献：

[1] 马费成，宋恩梅. 情报学的历史沿革与研究进展［C］// 查先进. 情报学研究进展. 武汉：武汉大学出版社，2007：2-5.

[2] 严怡民. 情报学概论（修订版）. 武汉：武汉大学出版社，1994：31-33.

[3] 代 涛. 我国医学信息事业的挑战机遇及医学信息机构改革发展的思考[C]//中华医学会第十二次全国医学信息学术会议论文汇编（银川），2006：15-20.

[4] 夏旭，李健康，陈界. 我国医学情报工作的历史现状和几点建议［J］. 高校信息学刊，1996（3）：14-17.

[5] 夏旭，李健康，陈界. 试析我国医学情报工作的历史与现状 [J]. 医学图书馆通讯，1996（4）：3-5.

[6] 韩复笑. 我国医学科技情报机构及其工作［M］// 彭瑞聪，高良文. 中国卫生事业管理学. 长春：吉林科学技术出版社，1988：450-451.

[7] 包昌火，王秀玲，李艳. 中国情报研究发展纪实 [J]. 情报理论与实践，2010，33（1）：1-3.

[8] 尹怀琼，周文琦，周良文. 我国医学情报研究机构发展及合作现状调查分析

[J]. 中华医学图书情报杂志，2014，23（3）：26-31.

[9] 李晓涛，刘亚民. 我国医学情报事业的发展现状研究［D］.2011.

[10]Robbins SP. 组织行为学（第七版）[M]. 孙建敏，李原，等译. 北京：中国人民大学出版社，1997：439.

[11] 刘素刚. 促进医学信息事业发展的对策与思考［J］. 医学信息学杂志，2007（3）：215-216.

[12] 夏旭，李健康，陈界. 试析我国医学情报工作的历史与现状［J］. 医学图书馆通讯，1996，1（4）：3-5.

未来增强现实技术在军校图书馆的应用

张子堃（解放军西安政治学院图书馆，陕西西安 710086）

摘　要：增强现实（augmented reality，AR）技术是在虚拟技术基础上发展起来的一种新兴技术，在未来军校图书馆的应用中，增强现实对于促进军事教育发展、实践军事训练有明显优势，在虚拟主题训练、虚拟课堂、互动课件设计、三维立体读物等方面具有广泛的应用前景，本文旨就增强现实技术在军校图书馆应用进行探讨。

关键词：增强现实；虚拟技术；军校图书馆

增强现实（augmented reality，AR）技术是在虚拟技术基础上发展起来的一种新兴技术，增强现实融多学科技术于一身，具有虚拟技术所不具备的虚实结合、实时交互、三维注册等特征。目前，我国对增强现实技术研究已日趋成熟，在文物复原、会议展览、娱乐、医学、军事、教育等行业广泛应用，增强现实技术有着极大的发展潜力和应用价值，麻省理工《科技创业》已将这种科技定为 2010 年最令人兴奋的十大科技之一。在军事教育领域，增强现实对军校图书馆的发展、构建三维立体图书、发展学员兴趣具有显著优势，本文拟就增强现实技术在军校图书馆的应用进行阐述。

1　增强现实技术概述

增强现实技术研究源于 20 世纪 60 年代，计算机图形学的先驱伊凡·苏泽兰特（Ivan Edward Sutherland）和他的学员共同开发了第一个增强现实的原型系统，后来，诸如 NASA 研究中心、比卡罗来纳大学、波音公司等研究机构，研究人员进行了增强现实方面的研究。近些年来，由于计算机技术的发展和硬件成本下降，国内外相继成立了很多实验室和科技公司，如北京理工大学王涌天教授领衔的光电技术与信息系统实验室，新加坡国立大学周志颖博士领衔的交互式多媒体实验室，触点科技，广州英狮科技，梦想人科技等，都在增强现实于教育方面的应用进行着有益的尝试。

增强现实，又称混合现实（mixed reality，MR），它通过计算机技术，将虚拟的信息嵌入到真实场景中，真实场境和虚拟信息实时地叠加在同一个画面或空间中，从而实现虚拟世界和真实世界的和谐共存。增强现实的虚拟信息是对现实世界的补充，它可以呈现给用户感官效果上的真实的新环境，使得虚拟物体从感官上成为周围真实环境的组成部分。

增强现实技术是一项综合的技术，其集计算机视觉技术、计算机图形技术、传感技术、人机交互技术等多学科技术于一身，增强现实是合并现实和虚拟世界而产生的新的可视化环境。在新的可视化环境里物理场景和数字化虚拟对象共存。我们也可将增强现实看作超越虚拟技术的新阶段，具有许多鲜明的个性特征。

1.1　虚实结合

增强现实借助计算机图形技术和可视化技术产生现实环境中不存在的虚拟对象，并通过传感技术将虚拟对象准确"放置"在真实环境中，借助显示设备将虚拟对象与真实环境融为一体，并呈现给用户一个虚实结合的在感官效果上真实的新环境。

1.2　实时交互

交互从精确的位置扩展到整个环境，从简单的人机交互发展到将用户融入周围的空间与对象中。增强信息不再是独立的一部分，而是和用户当前的活动成为一体。交互系统不再是具备明确的位置，而是扩展到整个环境。

1.3　三维注册

三维注册即根据用户在三维空间的运动调整计算机产生的增强信息。以头盔显示器（head mounted display，HMD）为例，增强现实所投射的图像必须在空间定位上与用户相关。当用户转动或移动头部时，视野变动，计算机产生的增强信息也随之变化。这是依靠三维环境注册系统实现的。这种系统实时检测用户头部位置和视线方向，为计算机添加增强虚拟信息在真实世界中的位置提供数据，以确保增强虚拟信息能实时显示在显示器的正确位置上。

2　增强现实技术原理

增强现实与虚拟现实（virtual reality，VR）不同，VR 技术让用户完全沉浸在由计算机生成的虚拟三维世界中，而 AR 的最终目的则是把计算机产生的虚拟场景无缝地融合到用户所能观察到的真实世界当中。使用 AR 技术可以增强用户的视觉感受，延伸用户视觉系统的功能，并能通过多种方式与真实和虚拟相融合的环境进行交互，更好地完成某些任务。与 VR 技术相比，AR 技术对硬件要求更低，却有着更高的注册精度和更具视觉冲击力的真实感。

构造一个成功的增强现实技术系统，关键是要进行准确的虚拟物体与真实物体的对准，从而可以将周围世界真实场景与计算机生成的虚拟增强信息无缝融合。通常使用的一种方法是在真实环境中设置人工标志物（marker），通过对标志物信息的提取获得注册所需的信息，进而实现三维注册。一个完整的增强现实系统有标志物、计算机、摄像头、显示设备、增强现实软件系统。增强现实技术的工作完成过程中软件系统是很重要的一部分，下面以 AR Tool Kit 软件为例，介绍 AR 系统工作原理。

基于 AR Tool Kit 的应用程序可以在实时视频中显示虚拟影像。黑色形状标志物是用于跟踪的标识，AR Tool Kit 软件负责对其进行跟踪，摄像机捕获真实世界的视频，并将它传送给计算机。软件监控视频流中的每一帧图像，并在其中搜索是否有与之匹配的图形标志，找到标志后，AR Tool Kit 将通过数学运算计算出图形标志和摄像头的相对位置（投影变换矩阵），得到摄像头的位置之后，调整模型的位置和方向，将模型渲染到标志物所在（帧画面）的位置。最终输出到显示设备的视频流是处理过的，因此当人们通过显示设备看到图像（而不是直接拿眼睛看真实世界）时，模型便覆盖到拍摄到的真实世界画面上了。

3　增强现实技术在军校图书馆应用策略

教育，是人类进行知识传承和知识创新的实践活动，实践证明，技术对教育的发展具有极大的推动作用，将带动教育从目标、内容、模式到方法的全面变革。增强现实，作为新兴的信息技术，其对军校图书馆的教育价值日益凸显，其中这种技术引进的若干特征是在军校图书馆潜移默化的教育教学中体现学员的军事探索、交互性指导、带真实任务的多学科延伸模块、协同合作、战略指导、异质分组和基于绩效的评估。增强现实技术如何应用于军校图书馆，我们可以遵循以下几点：

3.1　创设军事训练情境主题

通过增强现实技术，创设军校图书馆情境模式，可以方便地创设不同的军事训练情境主题，运用信息技术进行军校图书馆改革，我们可以创设虚拟情境系统。虚拟情境系统，即通过信息技术实现的物理世界不存在的数字信息形式的情境主题，创设虚拟情境系统，需要事对情境数据采集和系统设置，如虚拟战争环境、虚拟时代背景和生活背景等，以设置三维可视化的虚拟主题。然后通过增强现实软件进行设计，在增强的内容上可以加上一些现在不存在的物体，或是未来可能有的东西，用户戴上 HMD 后，走在物理真实的情境，将看到一个增强现实后的主题环境，原来的面貌或未来的样子。我们可以根据军事训练需要设计主题情景，以对学员进行相关知识的教育或教学训练，虚拟情境系统在创设教育情境方面有独到优势。军校图书馆可以根据自身资源建立相应资源数据库，提供军事及军事战略主题的教学需要，并以三维的形式呈现出知识内容，学员可以实时参与进去，可以与其中物体进行实时互动，在虚拟信息和实物信息创设的情境中，学员学习的积极性被调动起来，训练效率得以大大提升。

3.2　构建军校图书馆虚拟课堂

信息技术本身就已使得传统的教学模式发生了改变，而朋技术依靠其鲜明的特色和技术优势，在推进军校图书馆教育变革的过程中更能凸显其地位与价值。教学是学员充分利用环境提供的认知工具和丰富资源建构自己知识体系的过程，因而可以将教学理解为创设学习环境。在军校图书馆为学员提供的朋技术虚拟学习环境中，学员可以利用各种工具和信息资源来达到自己的学习目标，利用增强现实支持的学习信息进行互动，实现以知识建构为目标的"做中学"（learning by doing），现代课堂是人机界面操作系统，教员在演讲中用到计算机和媒体投影设备时，需要经常性地在计算机上进行操作，增强现实技术支持下的虚拟课堂很容易地解决了这个问题，教员和学员可以直接对投影发布指令，在屏幕上写字，就如同在黑板上写字一样；在屏幕上翻动书页，和生活中一样：教员可以随时在屏幕上进行很多操作，这个过程不需要教员直接操作计算机，而是有增强现实技术来完成，摄像头会根据演讲者的每个动作进行计算，并将信号传达给计算机，计算机根据接收的指令进行人机交互的活动。通过增强现实技术，用户还可以置身于虚拟环境中并与虚拟角色互动，如在讲授《卖火柴的小女孩》一课时，通过增强现实技术设置的虚拟环境，学员可以和虚拟环境中的小女进行角色互换，交互演练，从而体验多重感官刺激、多重任务设计、及时问题反馈等环节。

　　在增强现实技术构建军校图书馆虚拟课堂模式中，学员是既是知识意义的主动建构者，又是外部刺激的接受者；军校图书馆既是教学过程的组织者、指导者，意义建构的帮助者、促进者，又是知识的传授者；信息资源所提供的知识不仅是教员传授的内容，也是学员主动建构意义的对象；媒体不仅是辅助教员传授知识的手段、方法，也是用来创设情境、建构知识、协作学习和会话交流的认知工具。这种图书馆教学模式，不仅具备了建构主义主动发现知识的特点，而且也兼具行为主义接受学习的特征。

3.3　引进增强现实技术课件及三维立体读物

　　增强现实技术支持的课件会让学员成为课件中的主角，可以与屏幕中呈现的虚拟环境的元素进行实时互动。互动课件超越了普通课件的单工线性作业方式，实现了全双工非线性的信息处理，互动课件的学习信息呈现方式需要学员用智慧和身体动作去完成任务，教员可以作为学员学习的帮促者进行指导，互动课件虚拟军事实物，启发、引导和鼓励学员研究学习。

　　三维立体读物也是混合现实百科全书，有关文献资料也称为魔幻图书（magic book），都是增强现实技术支持的电子书籍，致力于为学员提供三维的交互教学软件，从而为拓展学员的学习空间提供技术支撑。传统的图书是读者与文本之间的对话，文本的内容要靠读者的理解和感悟，这样的阅读对于学习军事方面的学员在分析很多战事战况下，不够直观，通过增强现实技术的手段让学员扮演角色，在页面实时显示，他们看到的是三维虚拟模型呈现出来的页面，用户可以从任何角度看到通过增强现实场景的自己或书。虚拟的内容可以随意大小，任意动作，增强现实技术下的书是一个三维弹出的书，用户可以通过翻动的虚拟模型翻动书页。"混合现实百科全书"可以充分体现现实的虚拟性和连续性。增强现实支持下的虚拟书籍还具有协作能力，几个读者可以看同一本书，在一起分享书中的故事。如果他们使用的是增强现实显示器，他们可以看到彼此在同一时间的虚拟模型，可以方便地进行通信或交谈，多个用户可以沉浸在同一个虚拟场景里面，在那里他们将看到虚拟人物互相交流。更有趣的是，在这种情况下，增强现实场景会显示一个在身临其境的用户微型头像的虚拟世界。增强现实技术支持三维立体读物会像磁场一样紧紧地吸引住学员的注意力，对于扩大学员阅读体验、厚重知识、夯实基础方面有许多地方超越传统的读书方式。

4 结语

增强现实技术的主要目的是叠加计算机生成的信息直接进入用户的感官知觉。军校图书馆对此技术的引进，与传统图书馆的教育理念相比，增强现实技术能为学员学习创设接近真实的虚拟学习环境，能充分调动学员的学习主动性和积极性；增强现实技术对于强化军事训练，突破教学重点、难点，实现高效率的知识建构和培养学员创新思维能力都将起到积极的作用。有利于军校图书馆建立新型科技教育平台，为读者提供知识发现与多功能式服务，拓展了图书馆的服务内容、服务模式和服务空间，满足读者多方面需求，提高图书馆的服务能力和服务质量。因此，增强现实技术在军校图书馆的应用，不仅促进军事教育发展，也是现代信息技术于军校图书馆教育的一次有意义的尝试。

参考文献：

[1] 祝智庭. 信息技术在课堂教学中的作用模式：理论框架与案例研究科技教育应用大会（GCCCE'2000）论文，2000 年 5 月于新加坡全球华人资讯。

[2] 何克抗、郑永柏、谢幼如. 教学系统设计 [M]. 北京：北京师范大学出版社，2002：134.

[3] 柳祖国，李世其，李作清. 增强现实技术的研究进展及应用 [J]. 系统仿真学报，2003，2（2）：15.

[4]Azuma Ronald T.A Survey of Augmented Reality [J]. Teleoperators and Virtual Environments，1997，6（4）：355—365.

第四部分

图书馆服务

信息技术时代：图书情报服务面临的挑战及其应对措施

荆林波（中国社会科学院中国社会科学评价中心，北京 100732）

摘要： 分析了信息时代对图书情报服务的挑战，最后，思考图书情报服务机构如何应对信息的挑战。

关键词： 信息技术；图书情报服务

1　引言

信息技术时代的来临，人类社会发展至今，经历了数次技术变革。我们把这些巨大的技术变革，归纳为五次，如表 1 所示。

表 1　巨大的技术变革

时间跨度	标志性技术
1780—1840 年	蒸汽机
1840—1990 年	铁路
1890—1930 年	电力
1930—1980 年	廉价石油和汽车
1980 年至今	信息通信技术、新材料、新能源、云计算、物联网等

资料来源：荆林波：《技术变革与模式创新》，2010 年电子商务高峰论坛演讲稿。

我们目前处于信息技术的变革时期，近年来，随着互联网和移动网络的普及，打破了传统的人际交互模式，催生了各类新型的模式，如表 2 所示。特别是大数据、云计算、物联网为代表的新一代信息技术飞跃发展，进一步推动电子商务与实体经济日益融合，对人们的生产、消费和生活乃至社会交往都产生了巨大的影响。

表 2　互联网的技术发展

代表年份	核心动力	代表公司或者产品
1995—2000 年	分类信息、人工编辑	Yahoo、Infoseek
2000—2005 年	精准搜索、程序算法	Google、百度、Altavista
2005—2010 年	社交网络、人人参与	Facebook、Twitter、博客、QQ
2010—2015 年	即时移动、人机合一	微信

资料来源：荆林波：《技术变革与电子商务在中国的发展》，《价格理论与实践》2013 年第 3 期。

这里截取五年一个周期，一方面是由于互联网技术的快速发展，摩尔定律日益缩短；另一方面，恰好每个五年中都诞生了具有标志性的公司，或者推出创新型产品与服务。当然，在未来有可能随着技术创新日益深化与加速，五年分阶段可能让位于三年分阶段甚至每年一个阶段。作为一种创新，信息技术通过提供新的服务、新的市场和新的经济组织方式，撬动着传统经济的转型升级。[①]从这个意义上说，作为一种新的生产力，它必将对我国经济社会产生巨大而深远的影响。[②]

2　信息技术时代图书情报服务面临的挑战

回顾图书情报服务的发展历程，结合当今信息技术时代的变迁，我们把信息技术时代图书情报服务面临的挑战归纳为如下几个：

第一个挑战：大数据时代带来的角色变化，图书情报服务机构由传统的物理藏书优势地位逐步变化为数字存储的劣势地位。国际数据公司定义了大数据的四大特征：海量的数据规模（vast）、快速的数据流转和动态的数据体系（velocity）、多样的数据类型（variety）和巨大的数据价值（value）。仅从海量的数据规模来看，全球 IP 流量达到 1EB 所需的时间，在 2001 年需要 1 年，在 2013 年仅需 1 天，到 2016 年预计仅需半天。全球新产生的数据年增 40%，全球信息总量每两年就可翻番。2011 年全球数据总量已达到 1.87ZB（1ZB=10 万亿亿字节），如果把这些数据刻成 DVD，排起来的长度相当于从地球到月亮之间一个来回的距离，并且数据以每两年翻一番的速度飞快增长。预计到 2020 年，全球数据总量将达到 35～40ZB，10 年间

① 荆林波：《电子商务：中国经济新引擎》，《求是》2013 年第 11 期。
② 荆林波：《电子商务：新的生产力》，《赢周刊》2013 年 8 月 9 日。

将增长 20 倍以上。[①]

在大数据的冲击下，图书情报机构首先要考虑自己的基础设施能否与时俱进，提供与大数据相匹配的大规模分布式的计算机集群，[②] 特别是与日俱增的存储能力的提升。图书情报机构要思考如何从过去的纸质图书期刊报纸的存储优势，扩展到保持大数据存储的优势。在某种程度上说，今天的图书馆已经不能简单地按照藏书量大小来说明自己的优势地位，而要兼顾其数据存储能力是 TB 级还是 PB 级。[③]

第二个挑战：服务中心的变化，由过去的以图书情报服务机构为中心变化为以读者为中心。亚马逊书店在这方面做出了典范，其商业模式的一个核心因素在于顾客中心（customer-centric）。尽管传统企业经营的精髓是"顾客总是对的"，但是亚马逊的创始人贝佐斯仍然把它作为自己企业的圭臬。亚马逊的做法包括：设计顾客为中心的选书系统，亚马逊网站可以帮助读者在几秒钟内从大量的图书库中找到自己感兴趣的图书；建立了顾客电子邮箱数据库，公司可以通过跟踪读者的选择，记录下他们关注的图书，新书出版时，就可以立刻通知他们；建立顾客服务部，从2000 年早期开始，亚马逊雇用了数以百计的全职顾客服务代表，处理大量的顾客电话和电子邮件，服务代表的工作听起来十分单调，比如，处理顾客抱怨投递太慢，顾客修改定单，询问订购情况，甚至是问一些网络订购的基本问题。正是这些看似不起眼的服务工作，使得亚马逊网站在历次零售网站顾客满意度评比中名列第一。

亚马逊研究顾客购书习惯，发现读者无论是否购买图书，都喜欢翻阅图书内容。因此，为了满足读者浏览某些图书内容的需求，亚马逊网上书店独创了"浏览部分图书内容"（"Look Inside the Book"）服务项目，从而吸引了大量读者上网阅读。为此，我们总结亚马逊网上书店的业务流程描述如表 3 所示。

表 3　亚马逊网上书店以顾客为中心的业务流程描述

顾客行为	关系状态	亚马逊对策
搜索网站	网络用户	提供核心词，利用搜索引擎
寻找感兴趣的网站	一般访问者	URL，网页设计独特便利下载网页
有欲望了解网站内容		网上图书浏览，多品种服务，配套体系
选择和提交自己感兴趣的内容	深度访问者	快速查询服务，多种语言网站，顾客特性识别

---

① 国际数据公司：《数字宇宙 2020 年》，2012 年报告。

② 樊伟红等：《图书馆需要怎样的"大数据"》，《图书馆杂志》2012 年第 11 期。

③ 荆林波、马源、冯永晟、周亚敏：《ICT 基础设施：投资方式与最优政策工具》，《经济研究》2013 年第 5 期。

（续表）

顾客行为	关系状态	亚马逊对策
希望得到自己关心的内容		利用后台数据库支持系统， 提供顾客偏好的相关内容，收入数据库
停留在网站		产品说明，深度分析， 提供相关企业和用户的评论
进一步搜索网站	有兴趣群体	固定兴趣顾客，特定内容服务
作出选择，最初订单	潜在客户	选择产品，订单生成简洁
了解订单内容		产品品质、产品数量、产品定价、 订单号码、交易时间
想了解产品库存		利用企业系统了解内部库存， 库存位置，如何调配
得到库存答复		确认产品是否存在、存货位置、 下一步配送的可能性
想了解支付和配送	顾客	提供支付和配送信息
提供相关信息		获取顾客信息存入数据库，确认合同 内容，提供支付方法，提供配送方式
确认合同内容		确认顾客身份，审核最后合同，审核支付方式
确认订单，支付结算		生成最后订单，安排配送
收到产品		确立正式顾客关系
收到新产品信息，再次购买	忠诚顾客	后续信息服务，促成再次购买

资料来源：荆林波主编：《解读电子商务》，经济科学出版社 2001 年版。

　　这里，我们把顾客与亚马逊的关系细分为 7 个层次，比我们过去的研究多了 3 个层次。亚马逊的以顾客为中心的经营模式，同样值得其他图书情报服务机构学习。

　　第三个挑战：功能的变化，图书情报服务机构由过去的被动的借阅功能为主变化为主动为顾客提供多元化的知识服务体系。以图书馆为例，根据《辞海》的解释，图书馆是"收集、整理、保管、传递和交流人类知识和信息，以供读者参考、利用的文化机构或服务体系"。[①] 图书馆的业务工作一般包括文献的收集、整理、典藏和服务 4 个部分。而很显然，数字化的时代，文献的收集、整理与典藏都发生了根本性变化，而图书馆的服务——除了借阅以外的文献资讯、知识服务、个性定制等

---

　　① 辞海编辑委员会：《辞海》，第六版缩印本，上海世纪出版股份有限公司和上海辞书出版社 2010 年 4 月版，第 1899 页。

成为当今乃至未来的竞争焦点。也就是说，图书馆必须告别传统的被动接待读者上门借阅，而要主动走出去，了解读者的需求，不仅仅是订阅图书报刊的需求，而是基于顾客为中心的需求导向的各类知识服务。[①] 同时，传统的图书情报服务机构的服务基本上是标准化的服务，而在信息时代由于顾客的需求是不同的，因此，必须把传统的标准化服务向个性化知识服务进行变革。

第四个挑战：也是最大的一个挑战，就是信息时代对图书情报人员的挑战。到"十二五"末，我国将基本形成覆盖全国省、市、县、乡镇（街道）、村（社区）的数字图书馆服务网络。数字资源总量将达到10000TB，其中每个省级数字图书馆拥有资源100TB，每个市级数字图书馆拥有资源30TB，每个县级数字图书馆拥有资源4TB。[②] 数字图书馆还将通过新媒体使图书馆服务的覆盖范围扩展到互联网、手机、电视、智能移动终端等，实现全媒体服务。因此，在信息网络环境下，图书情报服务机构的人员应具备的内在综合素质，图书情报服务机构人员应当是知识资源管理员、知识导航员，甚至是知识专家。[③] 当然，在互联网时代，我们面临着英文数字资源为主的现实状况，这里还有一个语言交流的问题，我国必须重视外语人才培养问题，"这不只是一个学术问题，也不仅仅是教育部门和研究部门的事，应该从国家的发展战略和国家安全的高度来通盘规划，力避短视和实用主义"。[④]

3　图书情报服务机构如何应对信息技术时代的挑战

首先我们要厘清信息时代的变革，就像电力技术的应用不仅仅是发电、输电那么简单，而是引发了整个生产模式的变革一样，基于互联网技术而发展起来的"大数据"应用将会对人们的生产过程和商品交换过程产生颠覆性影响，数据的挖掘和分析只是整个变革过程中的一个技术手段，而远非变革的全部。"大数据"的本质其实是基于互联网基础上的信息化应用，其真正的"魔力"在于信息化与工业化的融合，使工业制造的生产效率得到大规模提升。简而言之，"大

---

① 这就是为什么中国社会科学院图书馆在 2014 年创办了知识定制研究部，探索开展知识定制服务。

② 周和平：《图书馆需要"二次革命"》，《人民日报》2010 年 11 月 11 日。

③ 葛娟、周炜：《浅析现代信息网络环境下图书资料管理员的素质建设》，中国经济网，2013 年 12 月 20 日。

④ 黄长著：《全球化背景下的世界诸语言：使用及分布格局的变化》，《国外社会科学》2009 年第 6 期。

数据"并不能生产出新的物质产品，也不能创造出新的市场需求，但能够让生产力大幅提升。[1]这一切代表着人类告别总是试图了解世界运转方式背后深层原因的态度，而走向仅仅需要弄清现象之间的联系以及利用这些信息来解决问题。[2]

　　大数据将成为各类机构和组织，乃至国家层面重要的战略资源。在未来一段时间内，大数据将不断成为各类机构，尤其是企业的重要资产，成为提升机构和公司竞争力的有力武器。从某种层面来讲，企业与企业的竞争已经演变为数据的竞争，工业时代引以为自豪的厂房与流水线，变成了信息时代的服务器。阿里巴巴集团的服务器多达上万台，而谷歌的服务器超过 50 万台。重视数据资源的搜集、挖掘、分享与利用，成为各机构的当务之急。传统的图书馆与现代的图书情报服务机构之间的对比如表 4 所示。

表 4　传统的图书馆与现代的图书情报服务机构之间的对比

	传统的图书馆	现代的图书情报服务机构
服务对象	大众化群体	碎片化个体
对服务对象的了解程度	情况不明的大众	情况熟悉的个体
服务意识	被动等待	主动出击
服务手段	纸质图书报刊	数字化资料的比例不断提高
服务功能	文献的收集、整理、典藏和服务	服务的功能日益增多
服务群体的数量	有限的群体	无限的个体：网上服务的扩展，打破传统的地理疆域限制
服务内容	借阅	数据挖掘、信息咨询、交流体验、知识定制
空间分配	图书借阅、阅览室为主	数据存储、人际交流场所为主
服务标准	单一的标准化	个性化服务、差异化服务
追求目标	规模经济效益	范围经济效益
目标顾客	所有顾客（读者）	有价值的顾客（读者）
采取手段	吸引顾客（读者）	保留顾客（读者）
服务模式	利用文化的封闭的点模式	顾客利用数据、挖掘数据、分享知识的开放式平台模式

[1]　正如《大数据时代：生活、工作与思维的大变革》作者肯尼思·库克耶和维克托·迈尔—舍恩伯格指出：数据的方式出现了三个变化：第一，人们处理的数据从样本数据变成全部数据；第二，由于是全样本数据，人们不得不接受数据的混杂性，而放弃对精确性的追求；第三，人类通过对大数据的处理，放弃对因果关系的渴求，转而关注相互联系。

[2]　肯尼思·库克耶、维克托·迈尔—舍恩伯格：《大数据时代：生活、工作与思维的大变革》，《外交》杂志 2013 年 5/6 月刊。

　　第二，数据的公开与分享成为大势所趋，而政府部门必须身先士卒。2013 年 6 月 17 日到 18 日在英国北爱尔兰召开 G8 会议，签署了"开放数据宪章"，要求各国政府对数据分类，并且公开 14 类核心数据，包括：公司、犯罪与司法、地球观测、教育、能源与环境、财政与合同、地理空间、全球发展、治理问责与民主、保健、科学与研究、统计、社会流动性与福利和交通运输与基础设施。2013 年 7 月，国务院就要求重点推进 9 个重点领域信息公开重点工作。正如李克强总理所强调的，社会信用体系建设包括政务诚信、商务诚信、社会诚信的建设，而政务诚信是"三大诚信"体系建设的核心，政府言而有信，才能为企业经营做出良好示范，更有利于推进社会诚信提高。作为市场监督和管理者，政府应首当其冲推进政务公开，建设诚信政府。为此，国务院通过《社会信用体系建设规划纲要（2014—2020 年）》，要求依法公开在行政管理中掌握的信用信息，提高决策透明度，以政务诚信示范引领全社会诚信建设。

　　第三，机构组织的变革与全球治理成为必然的选择。在工业时代，以高度的专业分工形成的韦伯式官僚制组织形态，确实具有较高的效率。然而，这种专业化分工一旦走向极致，就容易出现分工过细、庞大臃肿、陈旧僵化、条块分割等弊端，无法有效应对新管理问题提出的挑战。大数据技术及其管理模式提供了一种解困之道：在管理的流程中，由管理对象和事务产生的数据流只遵循数据本身性质和管理的要求，而不考虑专业分工上的区隔，特别是顺应了全球治理的需要。1990 年，德国社会党国际前主席、国际发展委员会主席勃兰特首次提出"全球治理"的概念。所谓全球治理，指的是通过具有约束力的国际规制（regimes）和有效的国际合作，解决全球性的政治、经济、生态和安全问题（包括全球性的冲突、人权、移民、毒品、走私、传染病等问题），以维持正常的国际政治经济秩序。为了顺应全球治理的浪潮，我国应当构建自己的全球治理理论。深化对全球化和全球治理的研究，正确认识全球治理的实质和规律，根据我国的特点和国家利益，形成中国自己的全球化理论和全球治理观，为世界贡献中国人民对全球治理的先进理念。当然，构建我国最近的全球治理理论，当务之急是构建我国的国家治理理论，夯实基础。《中共中央关于全面深化改革若干重大问题的决定》指出，"全面深化改革的总目标是完善和发展中国特色社会主义制度，推进国家治理体系和治理能力现代化"。这充分体现了与时俱进的治理理念，切中了我国国家运行中的核心问题。

　　总之，大数据时代的来临，带给我们众多的冲击，每个人都应当与时俱进、不断提升，放弃残缺的守旧思想，大胆接受新的挑战，最终实现由传统的图书馆逐步转型为集"知识中心、咨询中心、交流中心"于一身的现代的图书情报服务机构。

参考文献：

[1][英]迈尔—舍恩伯格，[英]库克耶：《大数据时代》，盛杨燕，周涛译，杭州：浙江人民出版社，2013。

[2] 辞海编辑委员会：《辞海》，第六版缩印本，上海：上海世纪出版股份有限公司和上海辞书出版社，2010。

[3] 黄长著：《全球化背景下的世界诸语言：使用及分布格局的变化》，《国外社会科学》2009 年第 6 期。

[4] 樊伟红等：《图书馆需要怎样的"大数据"》，《图书馆杂志》2012 年第 11 期。

[5] 国际数据公司：《数字宇宙 2020 年》，2012 年报告。

[6] 葛娟、周炜：《浅析现代信息网络环境下图书资料管理员的素质建设》，中国经济网，2013 年 12 月 20 日。

[7] 荆林波、马源、冯永晟、周亚敏:《ICT 基础设施: 投资方式与最优政策工具》，《经济研究》2013 年第 5 期。

[8] 荆林波：《电子商务：新的生产力》，《赢周刊》2013 年 8 月 9 日。

[9] 荆林波：《电子商务：中国经济新引擎》，《求是》2013 年第 11 期。

[10] 荆林波：《技术变革与电子商务在中国的发展》，《价格理论与实践》2013 年第 3 期。

[11] 荆林波：《技术变革与模式创新》，2010 年电子商务高峰论坛演讲稿。

[12] 荆林波主编：《解读电子商务》，北京：经济科学出版社，2001。

[13] 周和平：《图书馆需要"二次革命"》，《人民日报》2010 年 11 月 11 日。

略论强化军队院校图书馆的情报服务

曹子珏（国防大学图书馆，北京 100091）

摘　要： 本文从适应军队院校教育教学改革、学科建设、人才培养和新形势下信息服务竞争出发，论述了强化军队院校图书馆情报服务的意义和作用，阐述了情报服务的基本特点，提出了强化军队院校图书馆情报服务的对策和措施，对履行图书馆情报服务基本职能，更好地为院校教学科研、部队教育训练、机关决策咨询服务务具有现实意义。

关键词： 军队院校图书馆；情报服务；信息资源共享；人才培养

按照《中国人民解放军院校图书馆工作条例》的规定，图书馆具有两大职能：一是教育职能，二是情报职能。教育职能是为读者提供借阅阅览、传播文化和知识的服务；情报职能是图书馆通过收集、研究、加工，为读者提供适应需求的情报服务。在网络环境和读者自主利用图书馆、多渠道获取信息的条件下，强化院校图书馆情报服务，既能满足读者日益增长的信息需求，又能强化图书馆地位作用，利人又利己。

1　强化情报服务功能是发挥军队院校图书馆作用的客观要求

图书馆情报服务是针对特定需求为用户提供特定的高质量情报信息服务，是图书馆联系用户与情报的桥梁，也是衡量图书馆服务工作的重要尺度。图书馆作为院校的文献信息中心，随着信息技术飞速发展、情报服务竞争加剧和用户需求的日趋增强，传统的情报工作模式受到严峻的挑战，对情报服务提出了新的更高的要求。图书馆只有正确分析面临的形势，积极应对挑战，更新观念，与时俱进，才能应对被"边缘化"的危险，立于不败之地。

1.1　军队院校教育教学改革对图书馆情报服务提出了新的任务

按照军委、总部的要求，院校教育向实战聚焦、向部队靠拢。院校发挥人才、技术、知识、信息优势，按照源于部队、高于部队、用于部队的要求推进教学改革创新。这是当前教学改革的总要求和总思路。着眼培养能打仗、打胜仗、高素质新型军事人才，总部机关对院校的学科专业优化调整、教学制度机制建设等作出了总体部署，提出了一系列重要的改革举措。图书馆作为院校重要的信息服务机构，拥有宽阔的文献信息来源渠道和丰富的情报信息资源，只有深入了解和把握部队实战化训练、高素质人才培养的信息需求，瞄得准、靠得上、贴得紧，以需求为导向，加大信息资源采集、整合力度，构建信息资源丰富、军事特色鲜明、技术手段先进的情报信息服务保障体系，创新情报服务模式，完善情报信息服务机制，才能更好地适应部队训练和院校教育教学改革的要求。

1.2　军队院校学科建设对图书馆情报服务提出了新的要求

学科是按照学术性质而划分的科学门类。它是院校赖以生存的基本前提，是学校的基本建设和学术水平、教学水平重要的标志。军队"2110工程"的重点是学科建设，一百多个重点学科覆盖了全军各级各类院校的学科建设。加强学科建设需要多方面的条件保证，除了宏观设计、理论研究、教研人员水平这些必备条件，学科化、专业化的文献资源、情报信息也是重要支撑。图书馆作为情报信息服务机构，对学科建设情报信息保障不可或缺。因此，图书馆要密切关注各学科建设的最新发展，及时掌握相关领域学术研究的前沿动态，吸取学术理论的最新营养，利用现代高科技手段，对各种情报信息进行深度整合和二次开发，并以多种形式融入读者之中，相互沟通交流，主动参加各学科建设讨论，了解主要研究方向、目标和重点，及时收集、提供相关相近学科的情报信息，才能不断满足学科建设对情报资料的需求，发挥图书馆专业化的情报服务的支撑作用。

1.3　专业化的人才培养为图书馆情报服务增加了新的难度

当前，世界军事斗争形势风云变幻，按照实战要求加紧军事斗争准备的任务十分紧迫，应急作战人才培养任务日趋增加。军队部分院校由学历教育转型为任职教育，实现指挥军官培训层次逐级递进、培训内容逐级衔接、培训方式逐级合成，初级指挥军官培养开始实施"合训分流"，突出厚基础、强军政、精技能，突出专业指向性，建立学习能力、实践能力、创新能力培养的现代教学体系。这一趋势必然呈现课程设置多学科、多层次，学员读者多类型、多变化，服务的对象交替快、在校时间短、信息需求多样性强的局面。专业化的人才培养，对情报服务的要求就更具有指向性、专业性，给图书馆的服务带来新的难度。所以，图书馆从服务理念到服务方式，都必须尽快转变，加强对各类培训对象情报需求的调查研究，探索不同服务对象情报需求的特点和规律，建立新的服务模式，增强服务的针对性、有效性，为新型军事人才培养提供专业化的情报服务。这样，才能适应院校教育教学改革和专业化人才培养，更好地发挥院校现代化教学的支柱作用。

1.4　新形势下信息服务竞争使图书馆情报服务面临新的挑战

信息、网络技术的发展和搜索引擎的普及应用，图书馆已不是独有的情报信息服务保障机构，各种网站、信息机构都具有提供情报信息的功能。图书馆与信息服务行业竞争加剧，用户可以根据自己的信息需求，在网络上任意游走、自主搜索，动态构建即时、虚拟以我为中心的信息资源与服务体系，图书馆传统的信息服务中心地位受到了严峻挑战，面临被"边缘化"的威胁。近 30 年来人类生产的信息量已超过前 5000 年的信息量总和，预计今后每 7 年就翻一番，网络信息资源越来越呈现出"多、杂、快"等特点，不仅增加了情报采集的困难，也增加了信息检索的难度，对图书馆情报获取、组织和发布提出了更高的要求，如不加快情报服务理念的转变和方式的创新，就难以在大数据信息大潮中立于不败之地。因此，必须敢于正视现实，积极应对挑战，变被动为主动，发挥自己情报组织、情报管理的专长，适应教学科研需求，加快情报服务系统的构建和应用，面向教学科研一线，加强信息导航和个性化服务，引导读者在浩瀚的知识海洋里捞到针，在良莠混杂的网络信息中检索到所需要的情报知识，坚定图书馆作为院校情报信息服务中心的地位，在激烈的情报服务竞争中具有顽强的生命力。

2　军队院校情报服务需求的特点

军队院校图书馆的情报服务，既有各类图书馆情报服务的共同点，又有区别于公共、地方高校等其他类图书馆的不同点。正确分析军队院校图书馆的情报服务的特点，把握突出军事特色的情报服务规律，对强化情报服务工作至关重要。联系军队院校图书馆情报服务的实际需求，应着眼于以下四点：

2.1　专业性

军队院校图书馆情报工作，是为院校教学科研、部队教育训练、机关决策咨询服务的，具有的显著的军事特色，体现姓"军"的特点。总的来说，军队院校大都特色鲜明、专业性强，有的甚至"只此一家，别无分号"，如炮兵院校突出炮兵、防空兵专业，装甲兵、工程兵、航空兵院校也都具有自身的专业特色。因此，要深入了解、科学分析不同院校、不同学科专业、不同培养对象特殊的信息需求，有的放矢地提供特色化的情报服务。

2.2　完整性

军队院校图书馆的情报工作是一个系统、完整的服务体系，从时间上说，既要有历史的文献、现实的信息，又要有未来的预测；从空间上说，国内外、军内外、陆、海、空、天、电、核、网等方面的情报信息，无所不包。因此，要跟踪学科建设和发展，瞻前顾后，把握前沿，连续不断地提供多时空、多视角、多层次、多方面的情报服务。

2.3　科学性

随着网络的普及和搜索引擎的广泛应用，信息日益丰富，但也出现鱼龙混杂、真假难辨的实际情况。图书馆为用户提供的情报服务，必须是正确的、精准的、真实可靠的。这就要求图书馆情报服务人员以科学的治学态度、灵敏的政治嗅觉、深厚的学术功底、敏锐的分辨能力，对来自各种渠道、各种载体的信息进行分析辨别和去伪存真、去粗存精的精细加工，以高质量的情报服务取信于用户。

2.4　共享性

网络环境下，"全军院校一个馆"，各院校的情报服务立足本院校，面向全军，具有全局性、全面性的特点。任何一个图书馆依靠封闭管理、自我服务，都不能很好地满足用户需求。因此，情报资源是联建的，情报服务是共享的。十多年来，总部机关对几十个项目的数字图书馆重点项目建设统一组织实施，建设成果统一整合发布共享；最近几年，在总部机关的支持下，对通用数字资源实行统一订购、全军院校共享，既丰富了各图书馆的情报源，又大大节约了经费开支。为加强中高级指挥训练，国防大学与中级指挥院校建立了联教联训机制，参训院校图书馆加强情报服务协作，实现指挥训练情报信息共享，受到了总部机关的肯定和多方面的欢迎。

3　强化军队院校图书馆情报服务的对策

强化军队院校图书馆的情报服务，既是图书馆履行职能的具体体现，又是彰显图书馆价值的重要举措。情报服务工作的宗旨是尽可能地满足用户的要求，而这一需求又是随着时间环境和用户的变化而变化，并涉及图书馆工作的方方面面，必须统筹谋划，科学安排，采取多种措施，使情报服务不断加强，更好地发挥图书馆情报工作对院校教学科研、部队教育训练、机关决策咨询的信息支撑作用。

3.1　加强情报需求分析，针对不同需求提供针对性强的情报服务

情报服务有的放矢才能产生效益。这个"矢"，就是图书馆的情报服务，"的"就是服务对象的情报信息需求，"矢"射中"的"，打出十环，才是情报服务的高质量、高效益。首先，作为情报服务人员要有高度的敏锐性，对国际、国内发生的大事要及时关注、收集和思考。如党的十八届三中全会决定，成立我国国家安全委员会。图书馆的情报服务人员就要及时搜集美国、俄罗斯、日本等国的国家安全委员会相关资料，提供各级领导和教研人员参考。第二，情报服务人员要紧盯国家、社会当前热点、焦点问题，确立情报服务的方向和目标。如十八大报告中指出，要关注和重点发展海洋战略、网络空间等，这就给情报服务人员指明了搜集资料的方向，及时搜集汇总有关资料向教研人员推荐。第三，密切关注美、俄、日等国的重要军事人员更替和军事研究的重点，提供及时、可靠的情报信息。如美国总统奥巴马新近任命罗杰斯为国安局局长、中央安全局局长和网络司令部司令，成为三个重要机构的新掌门人。罗杰斯以往曾从事密码编写和破译工作，早就提出发展情报监控和网络战。作为图书馆情报服务人员，应敏锐地判断出，美军因"棱镜门"事件影响，一是加强了情报系统和人员的监管，二是加强了情报的搜集、分析和利用，三是将网络作为 21 世纪美军的一个重要战场，旨在夺取网络空间的控制权，剥夺对方进入及使用网络空间的自由。为此，图书馆情报服务人员要加大相关资料搜集力度，经过汇总分析，及时推荐给教研人员，并为领导提供信息情报和决策参考。

党的十八大以来，中央军委和习主席在人才培养上，强调要坚持面向战场、面向部队，围绕实战搞教学、着眼打赢育人才。随着院校教育改革的发展，迈开了联合作战指挥人才专业化培养、新型作战力量人才预置培养、急需紧缺人才超常培养、士官骨干人才军地联合培养、新装备人才部队院校接力培养的路子，各类人才培养的信息需求与日俱增。要增强情报服务的针对性、有效性，要求图书馆必须深入教学科研一线，掌握不同学科、不同培养对象、不同时期的信息需求的特点和规律，按照"三进入"的要求，真正把教学科研需要的情报信息及时进入教材，进入课堂，进入头脑。从宏观上，要统一组织情报需求调研，对学历教育、高中初级任职教育、士官教育、研究生教育等不同类型院校和不同培训对象信息需求进行科学的分析研究，把握各类服务对象的特殊需求，分门别类提出具体的情报服务方案和对策。图

书馆情报服务的关键在于满足用户的各具特色的情报信息需求，能把用户最需要、最想要的东西提供给他们，使他们产生如获至宝的感觉，情报服务工作才能算做到了家。

3.2   加强情报的搜集和组织，夯实情报服务的信息资源基础

信息资源是立馆之本，也是情报服务的信息源泉。源头水资源丰富，才能使流域水道奔流不息。经过几十年的积累，特别是 20 世纪 90 年代以来，随着数字化建设的发展，军队院校图书馆传统文献与数字信息资源的建设有了雄厚的基础。但是，在信息爆炸、知识更新频率加快的今天，仅靠已收藏的文献信息远远不够。要瞄准信息技术和学科发展前沿，对各种图书报刊、多媒体资料、网络信息，采取计划订购、随机购买、登门索取、网络下载等多种手段，把各个学科、各个研究领域最新的情报资料搞到手，分门别类地进行组织加工和再生产，形成高质量的信息产品。丰富的情报源和精心的情报加工，情报服务就成了有源之水，就能源源不断。在信息资源基础建设上，眼光不能局于一校一馆，单打独斗，要加强联合协作，互通有无，发挥整体优势。这方面，我们有了很好的基础，在总部机关的支持下，对通用数字资源实行统一订购，全军院校共享，目前已统购中外文数据库 30 多个，大大丰富了各馆的信息资源；总部机关统一组织重点建设数字图书馆和信息服务中心，并将建设成果统一整合发布，为用户提供了大量军事特色信息。这方面的工作，一定要不断加强，坚持下去。

3.3   加强情报的分析鉴别，提供真实可靠的情报服务

当今世界，图书报刊极大丰富，网络信息铺天盖地。情报信息的与日俱增，也是一把双刃剑，既可更好地满足用户的信息需求，也带来良莠难辨的麻烦。网络信息的发布和传播缺乏严格的审核和过滤机制，人人都可以成为出版商，任何机构、团体或个人都可以自由发布信息；互联网难以对任一机构或个人负责，不可能建立起来全球信息的质量管理。这样一来，准确、可信的情报信息与非准确、非可信甚至是错误的信息混杂一起，良莠不分，真伪难辨，信息污染程度日益加深，信息空间秩序混乱，很多有价值的信息难以被人发现或是利用，这样就增加了信息用户对查找、辨别所需信息的困难。对此，要求图书馆从多种角度分析判别来自不同网站、不同渠道情报信息的可信性和学术性，一是考察情报信息来源（网站、出版商）的可信性，区分正轨与非正轨，辨别正道与非正道；二是判别情报信息的学术性，对学科建设是否有用；三是鉴别情报信息的新颖性，筛除陈旧、过时的信息。图书馆

以科学的态度分析筛选信息，以极端负责的态度为用户提供真实可靠的情报，可大大增强情报服务的可信度。

3.4   坚持传统与网络形式的结合，多渠道提供情报服务

网络环境下，情报服务呈现多手段、多方式、多渠道的趋势，既要坚持传统的服务方式，更要创新适应不同需求的服务模式。传统的服务方式，包括编印情报刊物、专题研究资料、新书通报、图书目录等，将情报资料发送到读者手中，供读者书面阅读。网络环境下，对本馆自产信息和网络信息进行综合加工，或建设专题数据库，或开辟特色网站，或编辑专题电子资料，或建立网上"个人图书馆"，或定制推送信息到读者桌面，满足不同用户的情报信息需求。据了解，目前全军院校编印的连续出版形式的情报刊物有百余种，特色的数据库几百个。例如，我馆最近推出涵盖七大领域专题数据库，突出东海、南海、台湾、朝鲜半岛、中印边境等热点、焦点问题，直接服务于各学科教学科研。此外，还要重视对用户的信息素质教育，授人鱼更要授人渔。除帮助用户增强情报信息意识、提高情报信息分析能力，还要重视帮助用户了解掌握信息来源渠道和获取方式，介绍各种网站分布与特点，讲解信息检索技能，提高用户信息获取和组织能力。

3.5   不断拓展情报服务的范围，积极向领导机关和部队延伸

图书馆作为院校文献信息中心，往往眼睛向内，主要为院校教学科研服务。但是随着军队改革的深化和人才培养要求的提高，为部队训练、机关决策服务，已经成为其义不容辞的职责。军委颁发的关于提高军事训练实战化水平的意见强调，要坚持以新时期军事战略方针为统揽，以军事斗争准备为龙头，牢固确立战斗力标准，加强实战化训练实践，全面提高信息化条件下威慑和实战能力。总部要求院校要向部队靠拢，向实战聚焦。图书馆就要了解不同地区、执行不同作战训练任务部队的信息需求，提供部队实战化训练最需要、最新颖的情报信息。要加强与领导机关的联系沟通，了解具体需求，提供机关工作最需要的情报资料。在这方面，我馆做了很好的尝试，为总部机关提供情报信息服务，得到肯定和欢迎。

3.6   提高情报服务人员自身素质，不断提升情报服务能力

"打铁还要自身硬"，要为教学科研、部队训练、机关决策提供高水平、高质量、高效率的情报服务，必须有高素质的情报服务人员。高素质的情报服务人员应在以下三个方面努力：培养灵敏的情报嗅觉，创新情报研究方法，提高多手段情报获取

与组织能力。领导要求图书馆"既服务教学、保障教学，也参与教学、牵引教学"，真正达到"学科馆员"的目标。为此，要采取多种措施，加强对情报服务人员的培养，一是高起点选人。特别是在文职人员招聘中，一定要把好入口关，选聘那些学历高、专业对口或相近、具有较好组织表达能力者，具备培养发展的良好基础。二是多方式培养。要把一个一般工作人员培养成学科馆员式的情报服务人员，既要抓基础，熟悉并精通图书馆业务，更要加强学科专业知识学习，加强定向培养，多跟班听课，多深入教研单位，采取与读者直面交谈、问卷调查等方式，听取教研人员和学员的意见，了解他们的信息需求和个人兴趣爱好；要支持参加多种形式的业务学习、在职进修、外出调研，参加校内外学术活动，开阔思路，启迪思维，日积月累，步步登高。三是多措施激励。要了解情报服务人员的疾苦，关心他们的生活，创造拴心留人的环境；要奖罚分明，公平公正，在立功受奖、职级晋升等方面真正奖勤罚懒，使贡献突出的情报服务人员感到体面和尊严，从内心深处激发对情报服务工作的热爱和无私奉献的喜悦。

参考文献

[1] 丁晶，任瑞华.论军队后勤科技情报工作核心能力建设 [J].后勤科技装备，2013（1）.

[2] 谢贵文.新形势下军队情报管理面临的困境及对策研究 [J].信息管理，2013（2）.

[3] 胥丽新.对航空情报讲解服务工作的分析和探讨 [J].空中交通，2013（6）.

[4] 李永进主编."大数据时代的科技情报服务"高峰论坛优秀论文集，北京科学技术情报学会，北京，2012.

[5] 周莹.于晓东.航空情报服务人员的选拔及培训 [J].中国民用航空，2012（4）.

[6] 庞红，刘旬玲,赵成嵘.军队院校图书馆学员读者问卷调查与分析 [J].信息管理，2012（1）.

[7] 楼钧.对信息时代军队院校图书馆情报研究的理性思考 [J].信息管理，2012（2）.

[8] 石岭琳，聂茸，任延安.气象水文装备，2012（4）.

大数据环境下的反恐行动情报保障探析 *

周　军（南京政治学院上海校区军事信息管理系，上海 200433）

摘　要: 文章分析了恐怖分子制造的暴恐袭击事件显示出的组织形式"独狼"化、成员来源"草根化"、勾连手段隐蔽化、袭击范围扩大化和施暴对象平民化等新特点，认为反恐行动是我军的常规性任务之一，反恐行动情报保障工作必须达到以下三个特殊要求，即软硬结合、人技结合和专群结合。最后，提出了为了在大数据环境下做好反恐情报保障工作，需要借鉴国外经验，推动"全民反恐"进程；重视掌握反恐情报工作的战略思维方法；不断探索新兴信息技术在情报保障工作中的应用前景。

关键词: 大数据；反恐行动；情报保障

从 2013 年北京"10·28"到 2014 年的昆明"3·01"、乌鲁木齐"4·30"、乌鲁木齐"5·22"等多起暴力恐怖袭击案件，恐怖分子的暴恐袭击显示出新特点，这种转变对我军的反恐行动带来新的挑战。如何通过强有力的情报保障工作来及时、准确把握暴恐袭击的特点和判断恐怖分子的动向，是夺取反恐行动胜利的关键。

1　当前国内暴恐事件的新特点

从 2013 年北京"10·28"到 2014 年的昆明"3·01"、乌鲁木齐"4·30"、乌鲁木齐"5·22"等多起暴力恐怖袭击案件显示，恐怖分子制造的暴恐袭击事件显示出新特点：

---

* 本文为国家社科基金军事学项目"非战争军事行动情报保障研究"（编号 11GJ003-032）和南京政治学院上海校区"2141 工程"项目"军队政治作战情报学研究"（编号 2140）的阶段性研究成果。

1.1 组织形式"独狼"化

这些恐怖袭击事件都是由为实现某种政治主张或敌视社会而又不从属于任何恐怖组织或者与国际、国内的恐怖组织没有直接联系的个体或数个成员组成的结构严密的小群体单独组织策划和实施的。这些独自从事恐怖袭击活动的个体或小群体就是所谓的"独狼"，其制造的"孤立的"恐怖袭击就是所谓的"独狼式"恐怖袭击。这些单个或单个小规模团体的组织结构更为严密、企图更为隐蔽、活动更为分散，其进行的疯狂杀戮也更难被侦测和预防。

1.2 成员来源"草根化"

现场施暴的成员主体是文化层次较低的具有较为强烈的极端宗教信仰的激进的普通群众。其中，主要是偏僻农村的一些受到非法宗教蛊惑的普通信教人员，在学校里接受过非法宗教教育的学生，在地下讲经点、习武点接受过培训的青年学员，以及一些因违法犯罪行为而受过打击处理的刑满释放人员。而幕后的指使和煽动者则主要是一些具有一定文化水平、在某些方面有一定影响的极端宗教信仰者。

1.3 勾连手段隐蔽化

随着交通、通信方式的迅速发展和计算机网络技术的广泛应用，境内恐怖组织和恐怖分子采取各种方式特别是手机、网络等通信联络方式进行勾连联络，招募成员、进行思想"洗脑"和战术训练、密谋策划和部署实施恐怖行动，手段更为隐蔽。此外，还通过网络接受外恐怖组织宣扬的极端伊斯兰主义激进思想，学习实施暴力袭击所需要的战法、技法和各种武器制作与使用技能。

1.4 袭击范围扩大化

恐怖分子除了继续在新疆地区疯狂作案之外，暴恐袭击事件发生的地域范围开始向内地延伸。据不完全统计，1990—2001 年，境内外恐怖势力在新疆境内制造了200 余起恐怖暴力事件。据新疆自治区公安厅统计，2012 年新疆发生暴恐事件 190 余起。虽然 2013 年以前，"东伊运"曾多次发布视频或声明认领在上海、云南、福建等地发生的几起爆炸时间，但都是子虚乌有、虚张声势。但是 2013 年以来，北京"10·28"和昆明"3·01"暴恐事件已充分表明，恐怖主义威胁已不只是会出现在边疆地区，恐怖势力在新疆以外的省会城市甚至首都等策划实施恐怖袭击的动向开始显现。

1.5　施暴对象平民化

此前政府机构以及公安干警、各级党政机关工作人员是恐怖袭击的主要目标，而近期发生的这些次事件的目标则是人群密集的公共场所——广场、火车站、早市等，恐怖袭击所针对的目标对象更为平民化，是对手无寸铁的普通群众的残暴杀戮。这些暴恐袭击使用爆炸、自杀式袭击等手段，带有更浓重的暴力色彩，甚至比战争更残酷。而且，恐怖分子灭绝人性，丝毫不理睬任何国际法和国际战争法规则，其行为不受任何伦理道德的约束。其目的无非是试图通过增加民众在日常生活中的恐惧感影响地区的经济状况，甚至降低民众对党和政府的信任程度。

此外，作案人员中女性开始直接参与恐怖袭击。北京"10·28"和昆明"3·01"暴恐事件等发现都有女性恐怖分子参与，且其凶狠残暴性一点也不亚于男性恐怖分子。

综合上述特点，致使这些恐怖袭击事件的多样性、隐蔽性更强，危害性更大，更难被正规性的军地情报侦察部门侦测发现和提前预警；同时发动恐怖袭击的随机性、偶发性更高，欺骗性、突然性也更强，构成持续的和不可预知的巨大安全威胁和反恐行动压力。

2　反恐行动及其对情报保障的要求

2.1　反恐行动的含义

2011版《中国人民解放军军语》中将"反恐维稳行动"定义为："武装力量依法打击各类恐怖组织与处置恐怖袭击事件和在社会发生骚乱、动乱、暴乱时依法维护正常秩序的非战争军事行动。"根据这个定义，反恐行动是我军的常规性任务之一。它既包括激烈的反恐战斗行动任务，也包括警卫重要目标、武装巡逻等维持社会稳定的非战斗行动任务。之所以要运用国家武装力量应对恐怖行为，是因为恐怖主义及其实施的暴恐事件对社会稳定和人民生命财产安全构成的危害越来越大，已经成为影响国家安全、社会稳定与广大人民群众和谐生活的重要因素。

2.2　反恐行动对情报保障工作的要求

实施反恐行动的最大制约因素是其固有的不确定性源于恐怖活动的多样性和隐蔽性，反恐行动的对象、人员、手段、时间和地点都往往缺乏确定性。部队往往是突然受命、准备仓促，因此，必须预先准备，快速反应，确保一声令下，能立即出动，随时准备打击突然发生的各种恐怖活动。特别是近期发生的各类暴恐袭击案件显示出的新特点对我军遂行反恐行动任务带来新的更为严峻的挑战。一方面，恐怖分子把袭击场所转向人员稠密的城乡公共场所，使得反恐行动面临着既要快速打击恐怖分子，又要尽可能保护人民群众等极为复杂的情况。另一方面，反恐行动通常由军、警、民和地方政府等多种力量联合实施，组织协同困难，保障行动复杂。而且恐怖分子可能同时在多个地区实施多种形式的恐怖活动，反恐行动也将在多个地区同时以不同的样式进行，使得行动的组织与实施极为复杂。所以，相比其他军事行动的情报保障而言，反恐行动情报保障的要素更活、内容更广、时间更紧、要求更高，为此，情报保障工作必须达到以下三个特殊要求：

一是要软硬结合。反恐战斗行动的胜利并不意味着反恐效果的获得，更不意味着反恐行动的胜利。反恐战斗行动胜利结束的背后，是长期的、艰巨的思想上和心理上的较量和斗争。反恐战斗行动的胜利，只是战术层面的胜利，只是意味着反恐行动的阶段性目标的实现。只有真正维护和实现了社会稳定，才能称得上是反恐行动的全面胜利。因此，反恐行动情报保障不仅要关注某次具体的反恐战斗行动中恐怖势力的兵力部署、武器装备、袭击目标等较为传统的作战情报等硬实力的内容，还要突出关注恐怖分子对抗意志和行动区域的民心士气等软实力的内容。反恐行动情报保障的任务是长期的，但反恐行动情报保障力量建设的投入是有限的。因此反恐行动情报保障不仅仅要抓好机构建设、技术装备等硬件建设，更要注重政策法规、组织结构、制度机制和人员素质等软件建设。

二是要人技结合。反恐行动情报保障的手段措施建设上，必须现代高新技术和传统人力搜集加工分析方法并用。一方面，在情报保障工作中，需要不断加大现代高新技术应用的力度，积极利用卫星、无线电侦听、有线电窃听、摄影摄像、录音、红外线侦察等侦察技术，大胆地尝试云计算、物联网、生物识别、数据挖掘以及大数据等信息分析处理技术，提高情报保障的水平、质量和效益；同时，还不能放松人力情报工作，必要时情报人员甚至需要化装成当地群众或其他特定身份，渗入恐怖组织或恐怖分子活动地区进行侦察。对通过以上不同方式、手段、渠道得到的信息，要进行综合分析，去伪存真，在分析过滤的基础上，应进行相互印证和比对，以提高情报信息的可靠性、真实性。

三是要专群结合。反恐行动情报保障工作专业性强、对抗激烈、有一定的危险性，其主体应该是国家和军队的专门机构。然而在反恐行动情报保障无限的需求面前，有限的专业力量显然是不够的。因此要走群众路线，寻求社会各界人士的帮助、配合和补充。一方面，要接受国家安全机关和上级机关的情报信息通报和各级军地情报信息网的情况报告，在大专院校、科研机构、智库公司以及企事业单位中，聘请专家学者帮助反恐行动情报工作。比如，美国的防务分析研究所就为美国政府和军队在反恐领域提供了大量智力支持。另一方面，要向当地政府、公安、民族宗教部门等调查咨询，发动广大群众积极提供反恐情报线索。美国联邦调查局曾于 2009 年设立了一个 25 人小组，专门研究"独狼"型杀手的行为和性格共性；国土安全部发起一项名为"如果你看到就汇报"的行动，鼓励民众发现可疑情况立即汇报。此外，一些国家政府已经着手建立基层防范措施，关心那些有疏离社会倾向的青少年，努力提前发现和监控"热点分子"，做到防患于未然。

3 大数据环境下做好反恐情报保障工作的思考

昆明"3·01"严重暴恐事件之后，有关部门总结的教训是"反恐意识不强，情报信息工作有问题，铁路系统整个保卫体制有问题"。美国原国防部长拉姆斯菲尔德也曾说过："在打击恐怖主义组织的斗争中，决定因素是可靠的情报而不是军事力量。"然而，恐怖组织的超常隐蔽性和恐怖分子在策划恐怖袭击活动期间竭力避免细节性错误的缜密性，他们会隐身于合法社会的组织结构和肌体之中，甚至努力把自己打扮成奉公守法的公民。所以，专职情报部门尽管可以拥有大量的日常信息为基础，即使收集了关于这些组织和个人的信息，但是，这些信息之间的关联性往往十分微弱。如果没有强大的技术手段，没有经验丰富、能力较强的情报分析人员，要在这些大量鱼龙混杂的信息中发现其中的关联性，提炼出有效的反恐情报，将是一件异常困难的事情。乌鲁木齐"5·22"暴力恐怖袭击案件，暴徒半年前即开始策划选择目标，可是我们没有掌握确切的情报。面对严峻的形势及其对我军的反恐行动带来新的挑战，如何通过强有力的情报保障工作来及时、准确把握暴恐袭击的特点和判断恐怖分子的动向，是夺取反恐行动胜利的关键。

3.1 借鉴国外经验，推动"全民反恐"进程

中外许多恐怖袭击事件之所以没有做到情报提前预警，一个重要原因就是：反恐情报保障中存在着可称为"肥皂效应"的困局，也就是说，关于恐怖主义活动的信息，很多是可以捕捉到的。但是，由于类似的信息数量极为庞大，而且似是而非、真假难辨，分析处理起来非常耗时，因此，一不小心关键情报就会从手中滑落出去，就像人们手中捏着的湿肥皂一样。但是，近年来，恐怖分子活动虽然具有高度的隐蔽性和分散性，然而，其计划再周详、行动再诡秘，也不可能长时间做到天衣无缝。更何况，恐怖组织以及恐怖分子的行动绝不可能在真空状态中进行，他们为从事恐怖袭击所进行的人员招募、武器筹集、目标踩点乃至最终行动等环节和过程都会在

一定的时间和空间内留下痕迹，而这些蛛丝马迹完全可能被其周围的普通民众所发觉，只是由于这些痕迹的模糊性、片面性，使得缺乏情报意识又没有受过系统训练的普通民众视而不见和不能识别。如果加强对普通百姓反恐情报意识及其基本知识的培养，势必能扩大反恐情报搜集范围，使得恐怖分子秘密进行的密谋策划无从遁形。近来，北京及全国各地的反恐工作全面升级。有学者指出，中国已经进入"全民反恐"时代。反恐大业由政府主导，群众的力量也不可忽视。英国、美国、俄罗斯、澳大利亚等许多国家，事实上已经开启全民反恐的模式，它们经验的分别是：

英国在完善其国家反恐战略时，政府注重从意识形态根源入手，重点防范本国人被极端主义、恐怖主义思想"洗脑"。2011 年，英国内政部发布最新版反恐"预防战略"，鼓励民众、社区和非政府组织积极参与反恐；地方政府、警察局、学校、青少年管理部门、志愿者和社会工作者被要求按照一套"恐怖危险辨识指标"，对易受极端思想蛊惑的"脆弱群体"尤其是年轻人进行鉴别；加强高校的反恐相关专业建设；开通面向全民的"网络恐怖资料举报平台"，并设立从事网络反恐的专职部门、隶属伦敦警察局的"互联网反恐处理中心"（CTIRU）；网民举报的网络涉恐信息被反馈到 CTIRU，由反恐专家进行分析鉴别后，与网络服务提供商合作，对恐怖资料采取清除、屏蔽等措施。

美国国土安全部 2009 年就推出了"全民反恐战略"，呼吁普通美国公民要站在反恐战线的前沿阵地；针对毫无反恐经验的普通人，美国编写了一套"反恐指南"，详尽介绍如何甄别潜在恐怖分子、躲避恐怖袭击、遭遇恐怖袭击时如何逃生等常识。

俄罗斯结合多年反恐经验，国家反恐委员会和国家反恐网站制定了反恐"公民行为准则"。"准则"提醒公民：对恐怖主义行动不可能做到事先准备，因此应该时时小心；还特别指导如何识别发动自杀式袭击的恐怖分子；为鼓励群众举报涉恐涉暴线索，俄政府也施以物质回报。

澳大利亚政府在 2002 年 12 月即开通 24 小时安全热线，民众可拨打这个电话报告可疑情况。

借鉴这些国家的经验，我们也应该建立统一规范、整体覆盖、灵敏高效的社会大众反恐情报信息网络，在国内加强民众反恐教育，并健全民众报知责任和奖励制度，群防群治，杜绝恐怖组织和恐怖分子藏匿和活动的余地。2014 年 5 月 20 日至 21 日亚信峰会期间，上海市建立了武装处突、治安巡逻、群众防范三张"防护网"，确保了会议顺利进行。

3.2　重视掌握反恐情报工作的战略思维方法

通过"全民反恐"获得信息包含的主要是各种情报的线索，它们必须经过情报机构和专家的分析鉴别，才能进入情报保障流程之中。反恐情报的处理是一项烟波浩渺的庞大工程，些许的疏忽就可能造成巨大的损失，每一个情报工作者必须本着高度的责任心，细心处理。掌握战乱思维方法是情报工作者做好反恐情报工作的思想基础。

一是要把握暴恐事件的新的特点规律和反恐行动对情报保障工作的要求。譬如，恐怖分子攻击施暴的目标对象并不是固定不变的。被攻击过的防范加强的目标可能逐渐被放弃，接着转向没有防范或者不易防范或者防范薄弱的新目标；当新的攻击目标的防范加强时，又会转向那些被忽视的、缺乏防范的目标。无论是什么目标对象，只要有机可乘，只要能够造成一定的影响，就有可能成为被袭击对象。具体袭击目标对象的选择上：人员对象包括爱好和平的本民族爱国宗教知名人士、基层干部（包括本民族、汉族和其他少数民族干部）、无辜的各民族群众、警察、军人等；建筑目标对象包括标志性建筑物、人员较为密集的公共场所、党政机构、城市能源供电供水等公共基础性设施等。为此，围绕这些目标对象就可能形成若干个有关恐怖势力实施恐怖活动的情报信息聚集中心。

二是学会运用战略思维方法思考问题。首先，就反恐情报保障工作的途径、方式和手段而言，不能期待单纯依靠某一种或数种途径、方式和手段就能解决问题，保障和依靠武力打击，需要制定完整的反恐情报保障工作大战略，各种途径、方式和手段都要相互关联、积极配合，形成反恐情报保障的合力。其次，反恐情报保障的具体方法策略必须灵活，做到"敌变我变"。第三，反恐情报保障机制特别是应急机制必须敏锐。第四，反恐情报保障工作必须做到实现情报信息主导的"打防控"一体化运作，并逐渐把情报工作的重心转到预先的"防"和"控"上来。第五，清醒认识反恐情报保障的内容包括保护重要目标、反袭击破坏、反劫持、封控搜捕等各类性质的反恐行动任务情报保障任务。

3.3　不断探索新兴信息技术在情报保障工作中的应用前景

反恐情报涉及政治、经济、军事、宗教、天文、地理、民俗等多领域，并对时效性和精准性有着极为苛刻的要求，信息量大，内容庞杂，真伪并存，搜集、分析、融合、传输的量极大，对应用信息技术有着极为迫切的需求。随着信息技术在国家安全情报领域应用越来越广泛，利用计算机和网络技术等现代高新技术，结合各种获取的情报进行比照、分析判断，判别真伪、归纳分类，处理反恐情报内容是大势所趋。特别是反恐情报保障中，针对情报搜集、情报动态变化、情报源分布离散等困难，更需要积极应用先进的信息技术及其设施设备来弥补传统方法手段的不足，提升情报保障效能。

3.3.1　应用生物识别技术

生物识别技术就是通过计算机与光学、声学、生物传感器和生物统计学原理等高科技手段密切结合，利用人体固有的生理特性（如指纹、脸像、虹膜等）和行为特征（如笔迹、声音、步态等）来进行个人身份的鉴定。生物识别技术目前较为广泛用于政府、军队、银行、社会福利保障、电子商务、安全防务等领域。"9·11"事件后，加强反恐已成为各国政府的共识，生物识别技术得到了加速推广，如美军驻扎在伊拉克的部队大量采购了诺斯洛普格拉曼公司生产的生物信息自动识别系统，极大改善了重点目标安全防护。生物识别技术的推广应用将对反恐行动情报保障产生重要影响：一是有利于促进与恐怖活动相关的数据积累。生物识别技术产品借助网络和数据库技术，配合电脑和安全、监控、管理系统整合，能够较容易实现自动化管理。将其部署在公共交通枢纽、重点保护目标、大型公共场所等区域，大量收集人员身份信息以建立人员身份数据库，进而建立恐怖分子数据库，为及早发现和识别恐怖分子提供了可能，极大提升了反恐行动情报预警能力。二是有利于为司法审判提供证据。从对恐怖分子的处置来看，以"7·5"事件为例，直接实施打砸抢烧暴力活动人员主要是被恐怖组织煽动和收买不久的经济能力较低的人，并非"东突"组织成员，袭击现场混乱，人员复杂，抓捕嫌疑人后难以进行甄别，在提交公诉中罪证搜集难度较大。如果能够将生物识别技术与城市监控系统连接，袭击者辨认、受害者尸体辨认、搜集罪证等工作可以较容易实现，对依法审判恐怖分子、维护司法公正、遇害群众善后等工作有着极大的帮助。三是有利于管控恐怖分子或"恐怖涉嫌"人员行动。我国西北地域辽阔，边境线长，且自然条件恶劣，仅依靠传统的人力巡逻和边境封锁等手段难以杜绝恐怖组织和人员的渗透。但生物识别技术的应用，能够提升对境内恐怖分子的监控能力，在复杂的社会活动中发现其"踪迹"，极大地削弱恐怖活动的隐蔽性，进一步挤压恐怖分子活动空间。同时，有利的监控措施对恐怖活动本身也是一种威慑，迫使其不敢轻易活动，能够极大减少境内外恐怖分子的联系，利于孤立和打击小股恐怖势力。四是搜索和处置核生化及其他危险品也是反恐的重要任务。任何人员只要接触过某种危险物品，其衣物、体表都会沾有极微量的元素。先进的高灵敏度探测器可测出肉眼难以发现的物质。而离子探测器能在10秒内测出微量化学物品和有毒物质，甚至可测出藏在水下的物品。此外，正在研究的"未来意向"扫描技术，通过对人员躯体、皮肤、眼睛、脉搏等细微变化的观察，鉴别表情紧张程度及隐藏的不良意图，并用激光测试仪扫描发现人体残留的微量元素。

3.3.2　应用数据挖掘技术

数据挖掘（data mining）技术是人工智能和数据库技术的产物，它是从大量的、不完整的、模糊的、随机的实际应用数据中发掘出隐藏着的、正确的、有效的信息、模式和趋势的过程。通过数据挖掘技术可以得到那些无法从数据表面直接获得的信息或情报，但这些信息或情报都是客观存在的。数据挖掘技术在反恐行动情报保障工作方面有良好的应用前景：一是有助于提高处理离散情报的能力。离散情报指的是各种看似关联性不大、无法用关系型数据库等结构化的方式来获取和处理的情报，例如电话记录、邮件、互联网上的消息以及文件等。如何实现非结构化情报之间的联动，是反恐情报保障情报处理中需要解决的问题。在反恐行动中，非结构化情报常常成为关键的决策依据，但是在技术上非结构化情报比结构化情报更难标准化和理解，数据挖掘技术可以提高处理非结构化情报的能力，以应对非战争环境中的大量非结构化信息。二是有助于提高语义分析的能力。数据挖掘技术可提高反恐行动情报保障的语义分析能力。就是通过语义算法，实现对海量非结构情报的整理，并从中挖掘出有价值的情报。目的就是把情报的归类、分析、比对、归纳等工作交由计算机自动完成，把人解放出来，提高情报处理的效率。它的结果除了可供情报部门进行语义搜索，还可以直接提供决策指挥机构分析结果用于辅助决策。准确的语义分析是极其困难的，计算机界至今还没有能够真正揭示人类理解自然语言的机制，只能从功能上局部地模拟人类对自然语言的使用和理解，另外中文信息处理技术发展落后于英语。基于语义数据挖掘技术要求从中文理解角度对非结构化情报进行准确理解。情报人员通过文字内容来进行检索，计算机就能给出最佳的结果，搜索结果不一定包含文字内容的全部文字，但在语义上它们会是情报人员真正想要的。三是有助于提高情报信息的智能分析能力。数据挖掘技术能够支持反恐行动情报保障系统进行行动态势分析。提高对多元多样、实时感知、爆炸性增长的反恐行动的征候与预警情报、动态情报、目标情报等处理能力和实时化、精确化程度。

3.3.3　应用大数据技术

大数据也称巨量数据，指的是所涉及的数据量规模巨大到无法通过目前主流软件和工具，在合理的时间内达到获取、管理、处理并整理成决策所需情报的信息。目前大数据技术的概念较新，其核心技术还处于高速发展期，目前在经济领域已经产生了巨大影响，成为各国关注的新的增长点，在政治、文化、军事等方面的影响日渐端倪。大数据技术若能早日在反恐行动情报保障领域应用，也许可实现从海量的情报素材中提取有用的情报信息，成为解决大规模的可视化监控、通信监听、行为特征分析和预测等在情报搜集和分析研判等重难点问题的一条有效途径，实现反恐行动情报预警质的飞跃。大数据技术对反恐行动情报保障的影响表现在：第一，有助于提升情报预警能力。目前亚马逊、淘宝等许多网站已经普遍利用大数据技术对用户交易的信息进行挖掘，分析买家的消费习惯并进行预测，从而进行针对性的推销，这有力证明了人的行为是可以通过各类活动留下的数据进行反向推理和预测的。专家们认为恐怖分子与普通人相比在信息空间中留下的"数据脚印"更加具有特殊性，例如没有固定的职业和居所，经常旅行和出入境，国际电话较多，购买特殊材料和工具等等，通过对这些行为的交易记录进行监控，总结出特定的模式，并实现对可疑人员的行为进行预测，相比传统的情报技术手段，可以更快速和更精确地锁定恐怖分子，从而大幅提高反恐情报预警的效能。第二，有助于提升情报监控能力。大数据技术在反恐行动情报保障领域应用，其意义在于通过提高对数据的加工处理能力，实现对积累的庞大的数据信息特别是大量的非结构化和半结构化信息的有效挖掘，得到可以难以想象的具有战略意义的信息和情报，提升对于恐怖组织和恐怖分子的实时、全程和有效的监控能力。2012年3月，奥巴马政府将"大数据战略"上升为最高国策，认为大数据是"未来的新石油"，将对数据的占有和控制作为陆权、海权、空权之外的另一种国家核心能力，美国更希望大数据能在反恐行动和强化国家安全上有所贡献。经过数年的经营，美国在大数据技术的投入有了显著回报。根据美多位高官在公开媒体上的披露，击毙"基地"组织头目本拉登依靠的情报线索就是利用大数据技术对数年来中东、巴基斯坦和美国本土大量的监控信息进行挖掘得来的。

当然，我们也不能过分迷信新兴信息技术的作用。"毫无疑问，大数据时代已经来临，但大数据并非无所不能。大数据的核心不在规模大，它蕴含的是计算和思维方式的转变，过于乐观和简单的理解，都可能助长'大数据迷信'。比较切实的态度或许是，在尊重传统的统计经验基础上，在不矮化大数据是'旧瓶装新酒'的同时，不迷信大数据，善用大数据。"尤其不能忽视的是，目前，军地反恐行动情报保障的共享机制还未建立，许多数据仍处于"孤岛"状态，单一或少数领域的大数据不仅价值有限，还存在片面性的危险。只有数据跨越了行业、地域等领域间的界限，关联性得以加强时，数据的准确性才会提高。打通数据'孤岛'，融合数据还要走很长的路。另外，"数据的收集、存储和搬运虽然越来越便利，但从技术上看，如何从海量数据中淘出有价值的信息，还缺少强大的工具"。数据不等于信息，更不等于情报。有专家认为，"9·11"事件发生的一个重要原因就是美国人力情报资源缺乏，难以掌握到恐怖分子的内幕性情报。据报道称，恐怖分子在"9·11"事件前的准备阶段几乎停止了一切现代手段的通信联络，从而躲过了美国情报人员的监控。因此，人机结合、人技结合才是科学应用现代性新兴信息技术提高反恐情报保障成效的正确选择。

参考文献：

[1] 周军，吴海燕．应对"独狼式"恐怖袭击的情报工作探析 [A].见：中国社科情报学会 2013 年学术年会论文集 [C]，2013.10.

[2] 军事术语管理委员会编．中国人民解放军军语 [M].北京：军事科学院出版社，2011：163.

[3] 卢东．美军非战争军事行动情报保障研究 [D].解放军国际关系学院博士学位论文，2010：66.

[4] 胡欣．漫谈"三位一体"反恐情报保障体制 [J].现代军事，2007（10）：64-66.

[5] 钱子健．"打防控"一体化是一种新思维新理念新工作 [J].公安学刊——浙江警察学院学报，2010（1）：31-34.

[6] 喻思娈．大数据莫成"大错误"[N].人民日报，2014-07-14（20）.

[7] 卢东．美军非战争军事行动情报保障研究 [D].解放军国际关系学院博士学位论文，2010：69.

军校图书馆开展数字阅读服务探讨

智　慧（国防大学图书馆，北京 100091）

摘　要：介绍了数字阅读的内涵，阐述了数字阅读对军校图书馆的挑战，指出图书馆应从数字阅读引导、进行有针对性的数字阅读服务、良好的数字阅读互动三个方面开展数字阅读服务。

关键词：军校图书馆；数字阅读；服务

随着计算机网络的普及和数字化内容的日益丰富，读者的阅读方式和阅读习惯正在发生深刻的变化，数字阅读已成为一种新的阅读潮流蓬勃向前。2012 年召开的两会，国家数字图书馆首次进驻人民大会堂为两会代表服务，表明数字阅读已成为全民阅读的重要组成部分。面对数字阅读的兴起，各军校图书馆也都加快了数字资源的建设步伐，大部分图书馆纷纷引进各种电子图书、电子期刊、专业数据库等数字资源，充分满足读者的多元化阅读需求。

1　数字阅读的概述

数字阅读，就是指以数字化形式获取或传递认知的过程，不论载体、不论场合、不论形式，可以是任何数字化终端（如网络浏览器、电子阅读器、电子纸或音视频设备），可以是任何格式（各种文本、图像、多媒体），可以通过任何技术手段（脱机的、联网的），可以是交互的、跨越时空的社会性阅读，也可以是私密的个人阅读。[1]数字阅读是传统阅读的扩展和延伸，它正以内容丰富、检索快捷、时效性强等独特优势悄然改变着人们的阅读习惯，因此为读者提供的服务方式也必将跟着读者群的需求作出相应的调整，进行针对性服务。

2 数字阅读对军校图书馆的挑战

2.1 数字阅读对军校图书馆服务的新导向

在网络和数字化快速发展的时代，读者获取信息的方式越来越多，图书馆不再是读者首选，再加上图书馆资源更新滞后、品种单一，纸质图书携带不方便等原因，造成读者大量流失。因此军校图书馆应加强数字图书馆的建设，通过高素质的人才和多元化的服务优势，努力开拓服务的广度、深度和影响力，以满足读者新、快、精、准的阅读需求。如在数字图书馆网站上做好信息导航工作；开办与读者之间的交流互动平台；定期开展信息素养培训；加大数字资源的采购力度；将纸质文献及时数字化；收集、组织本校资源，开发出特色的专题数据库；将购买的不同格式、不同平台的数字资源有效的整合，让读者轻点鼠标就可找到自己需要的资料，就像很多人遇到问题就找百度一样，真正实现以"用户为中心"和以"需求为中心"的服务目标。

2.2 数字阅读对军校图书馆馆员的新要求

图书馆员是图书馆直接的建设者和管理者，图书馆员素质的高低直接影响着图书馆各类资源、功能的发挥，因此数字阅读时代的到来要求图书馆员要跟上时代的步伐，及时更新观念，拥有创新精神，增强信息意识和信息能力，除具备图书情报专业知识外，还要熟悉多媒体制作、网络知识、计算机运用、信息资源整序和具有一定的外语水平，如对信息的敏锐反应能力、系统导航能力、整理加工文献信息的能力等，努力成为"一专多能"的复合型高素质人才，使自己不但成为专业信息的服务者，又要成为专业的信息引导者，从而改善读者的阅读体验和阅读乐趣。

3 军校图书馆数字阅读服务的开展

3.1 开展丰富的数字阅读引导

随着读者需求的改变，各军校图书馆也都把重心转到数字图书馆的建设上来，在不断丰富自己的馆藏数字资源外，也要更加关注数字阅读实践，给予读者相应的阅读指导，使读者节约时间，有效避免盲目浏览，更便捷地获取所需知识信息。比如可以把图书馆及各种资源的介绍做成课件，以图文并茂的形式展现出来，并长期放到网上，让新老读者随时了解图书馆的各种信息；为新学员开展资源检索课并邀请他们到图书馆参观，借此机会让新学员深入了解图书馆的资源、服务等；定期推送借阅排行榜，把大家关注的热点展示出来，以供读者参考；精心制作新书介绍，让读者第一时间掌握图书的最新动态；大部分军校图书馆都购买了同方期刊、超星图书等电子资源，资源更新情况及时发布到网上，以方便读者及时查找资料。

3.2　开展针对性的数字阅读服务

3.2.1　外借电子书阅读器

电子书阅读器的快速发展为军校图书馆拓展数字阅读服务提供了新契机，电子书阅读器具有体积小、容量大、携带方便等特点，让读者感受到一种全新的服务方式，被称为"口袋里的图书馆"，在开展了电子书阅读器外借服务的国内外图书馆读者都给出了良好的评价，读者认为阅读方便，符合服务新潮流并能有效提高文献利用率。读者可持有效证件到图书馆进行外借阅读器，并规定借阅期限，也可提前预约。由于军事材料受保密限制，图书馆可以预装一些外购电子图书、期刊、论文、报纸及本馆购买的公开发表的图书等资料，让读者充分利用碎片时间进行学习研究，最大限度地满足用户的阅读需求和阅读兴趣，不断拓展服务领域，提升服务水平。

3.2.2　建设特色数据库

作为文献信息中心，图书馆应积极配合学校的教学科研，根据本校的学科设立专题数据库，内容包括图书、期刊、视频、图片以及在互联网上甄选的最新动态，进行二次加工，使信息有序化、系统化、精确化，并不断补充新数据，以确保数据库的新颖性和权威性，为教研人员及学员提供一站式服务，保证读者迅速、快捷地找到所需的信息资源，帮助他们系统了解本学科前沿的发展水平，把握科研方向，并逐步形成具有本馆特色的信息产品。如本馆图书馆为配合学校的教学改革，建立了"陆、海、空、天、电、网、核"等20个专题数据库，每个数据库邀请一位本学科的知名教授作为指导老师，馆员与教授经常进行交流互动，以达到根据学科的需求有针对性地填充资料，使专题数据库更具使用性；馆员会实时关注国际、国内的最新动态，并及时更新数据库，让读者以最快的速度掌握最新信息；此外图书馆应随时关注社会热点，根据时事的变化及时推出相应的新闻数据库，并对网络信息资源进行收集、整理、筛选，做到资料准确、连续、全面，为读者研究国内外情况提供参考，充分发挥图书馆的职能，体现图书馆工作的创新，拓展为教学科研服务的范围。

3.2.3　推出触摸体验系统

2008年国家图书馆向读者推出触摸体验系统，让读者感受到又一种数字阅读的新形势，该系统可以提供读者指南、馆藏资源、电子报纸、期刊等图书馆的各类信息，可放置教学楼、办公区、图书馆大厅、活动中心等显要位置，电子报纸每天更新，读者可以按照分类浏览、地区浏览、热门报纸等方式进行查阅，页面可进行放大、缩小等操作，不需要鼠标和键盘，只需手指轻触液晶显示屏的按钮，就可轻松浏览和阅读，让读者感受到图书馆的服务无处不在，随时了解图书馆的信息资源。

3.3　开展良好的数字阅读互动

3.3.1　建立书评数据库

书评在各大网站悄然兴起，它已成为引领数字阅读的时尚新宠，让读者在茫茫书海中挑选自己喜欢的图书。军校图书馆应根据读者的阅读特点及学校设置的专业等信息建立书评数据库，让读者发表阅读感想，交流阅读体会，建立"读者推荐榜"，从而引发读者的兴趣和阅读愿望，并编制书评检索目录，方便读者查阅，吸引读者之间、读者与馆员之间相互沟通，深入探讨作品的思想内涵，以此产生了图书属性的延伸，以达到知识共享、激情互动的效果。图书馆可以邀请知名教授把自己读过的好书写成书评推荐给大家，有利于读者择优而读，引导他们读更有思想、有深度的好书，从而带动军校图书馆数字阅读文化的发展。

3.3.2　开办图书馆论坛

图书馆可以在网站上开办一个论坛，主动创造数字阅读、学术研究的环境，利用这个平台读者可以咨询问题，图书推荐，针对热点问题展开讨论，其目的是打造因某种兴趣或主题而聚在一起，逐渐形成有一定规模的读者群，馆员在参与其中或解答问题时进一步加强了与读者的互动，通过互动产生各种评论和推荐，从中了解阅读者的阅读动机、阅读兴趣，营造优质阅读文化氛围，让图书馆的功能和服务得到最大程度的发挥。

数字阅读的优势日益凸显，并逐步成为阅读方式的新形势，军校图书馆应当保持敏锐的洞察力和与时俱进的精神，改变服务思维，调整服务模式，跟踪读者需求，提升服务能力，对原有模式进行突破和创新，以迎接数字阅读时代的机遇与挑战。

参考文献：

[1] 刘炜. 数字阅读——开启全民阅读新时代 [J]. 图书馆与阅读，2009（12）：35-37.

[2] 杨志刚，李 慧. 开展数字阅读提升图书馆内容服务 [J]. 图书馆论坛，2011，31（1）：123-125.

[3] 周晓杰. 数字阅读与高校图书馆服务创新 [J]. 图书馆学刊，2011（8）:83-86.

[4] 王慧姝. 网络书评在高校图书馆数字阅读推广中的应用 [J]. 图书馆情报论坛，2012（2）：29-31.

[5] 王家莲. 数字阅读下高校图书馆微书评应用研究 [J]. 图书情报论坛，2012（1）：30-32.

大数据时代下的图书馆信息服务研究

李　思（国防大学图书馆，北京 100091）

摘　要： 本文阐述了大数据的概念及对它的理解，并结合图书馆信息服务的特点，分析大数据时代的到来是如何影响图书馆信息服务水平，探讨了图书馆在大数据时代背景下开拓信息服务的方法，以提高图书馆信息服务的智能化水平。

关键词： 图书馆；大数据；信息服务

图书馆作为一个汇集人类所有编码记录的大数据集，既承担数据有序化的历史使命，又承担着满足众多具有个性化差异的个体和组织机构不同需求的现实职责。图书馆不但要收集、存储、管理和应用人类以文字符号为载体的海量数据，还要承担对这些海量数据有序化、结构化、精细化的工作，更要对不同用户个性化需求进行准确判断和把握，进而利用信息技术实现计算机自动化、智能化、实时化处理，最终实现图书馆服务的个性化和高效化。

1　大数据概念与理解

"大数据"是继互联网、云计算、物联网之后 IT 行业又一次翻天覆地的技术变革。"大数据"是一个涵盖多种技术的概念，简单地说，是指无法在一定时间内用常规软件工具对其内容进行抓取、管理和处理的数据集合。2011 年 5 月，全球著名的咨询机构麦肯锡以敏锐的视角，发布了《Big data:The next frontier for innovation，competition，and productivity》报告，认为大数据将成为未来创造商业价值的源泉之一。自此大数据（big data）这个概念取代以往常被提及的海量数据、大数据量等概念，从创新、竞争和生产力等经济角度开始跃入人们的视野。大数据在概念上与以往重大的区别在于，大数据不仅指数据量巨大的结构化数据集，还包括超出通常数据库工具软件获取能力的半结构化和非结构化数据集。

以 IDC 为代表的业界将其归纳为具有"4V"特征，包括海量、多样性、高速和易变性。第一，体量巨大，一般包含 10TB 以上的数据容量。第二，数据类型多样化，包括各类网络日志、微博、视频、图片、邮件等大量的半结构化与非结构化数据。第三，价值密度低，大数据中只有一些有用的信息隐含其中。第四，处理速度快，大数据里面很多是实时数据，如微博、社会网络、SNS 等。大数据技术涵盖了从数据的海量存储、处理到应用多方面的技术，包括海量分布式文件系统、NoSQL 数据库、并行计算框架、实时流数据处理及智能分析技术，如自然语言理解、应用知识库、模式识别等。

2　大数据时代对图书馆信息服务的影响

在大数据集中之后，很多人都要面对"数据海量、信息缺乏"的尴尬问题。虽然全球新数据持续增长，但仍有 87.5% 的数据没有真正地利用。大量的数据资源仅仅是简单汇聚在一起，并没有成为真正的知识源以供人们有效地使用。一方面人类不断呐喊资源非常匮乏，想要找到有效的信息十分困难；另一方面，人们需要从含量的电子化信息资源中快速、精准地获取现代信息的检索方式。

信息化建设的发展，尤其是大数据时代的来临，对图书馆服务提出了挑战。如何利用大数据相关技术挖掘组织、识别和分析隐含在用户行为中的结构化、半结构化数据信息，成为图书馆面临的新课题。图书馆虽然包含丰富的电子数据资源，但对云计算、语义网、RHD、社交网络等新技术的发展提供的广泛的半结构化、非结构化数据则比较薄弱，在形式复杂的数据类型和数据分析技术面前，图书馆信息服务面临的挑战可想而知 [1]。有挑战就有机遇，图书馆信息服务在过去的几年里，在信息化、数据库资源建设方面得到了长足的发展，大数据时代数据类型及产生方式的多样性、信息服务要求的多样性，无疑是图书馆信息实现变革性创新发展的重要途径。图书馆信息服务如果能够有效地抓住大数据的发展契机，充分利用大数据中各种类型的数据及相关的数据分析技术，实现图书馆信息服务的根本性变革，从这一角度看，大数据时代对于图书馆信息服务飞跃发展无疑是一次更大的机遇。

2.1　大数据为提升图书馆服务质量方面提供有力支持

图书馆之间的竞争模式已经发生了重要变化，对大数据挖掘与分析将成为大数据时代图书馆竞争的重要指标。图书馆的发展方向的策略制定与实施也势必依赖于对大量数据的分析和推测，需要大数据的分析、挖掘、处理，需要大数据的综合性支持。

2.2　大数据为图书馆的数据存储结构和分析方式带来了重大变革

大数据包含各种各样的非结构性和半结构性的数据，而这些数据正是图书馆文献资源中所缺乏的，将大数据引入图书馆的信息服务中，可以充分利用大量的半结构化数据、非结构化数据，分析预测正要发生什么及将来将发生什么，是图书馆的数据存储与分析发展根本性的变革。

2.3　未来图书馆的核心资产将是对大数据的综合掌握

随着大数据分析技术的不断完善，大数据变得将会更有价值，能为图书馆未来发展、服务模式进行趋势分析、发展预测提供支持，成为图书馆的核心资产。

3　图书馆信息服务在大数据时代下的发展方向

大数据时代，图书馆需要在其传统信息服务的基础上进一步优化和改进，充分借助并利用大数据技术，完善图书馆信息中数据存储、数据分析技术、丰富图书馆数据类型，逐步完善信息服务体系。

3.1　关注并充分利用图书馆用户的数据信息

大数据时代，多类数据的拥有、挖掘、融合、分析和利用水平是图书馆行业竞争的关键因素。用户信息行为这类数据将会有极高的利用价值，对大量用户的"行为轨迹"数据进行挖掘分析的基础上，捕捉总结用户的共性行为习惯，并针对性地利用每一次浏览机会给出较优推荐。图书馆服务只有对大量的用户数据挖掘、分析并加工利用，以此更有针对性地为用户服务，才能更好地拓展图书馆海量资源的利用效率。

3.2　积极分析探索大数据及其延伸服务

在图书馆数据量海量增长的同时，移动阅读、物联网、社交网络的迅速突起，再次使图书馆数据量爆炸性增长。这个阶段海量的实体图书和实体用户也成为信息源，以数据形式进入图书馆；数以亿计的实体图书，其收藏、借阅、位置信息及其与用户的交互记录，都成为图书馆一大数据源；读者的知识获取与分享行为、读者的空间位置信息和社会活动记录都成为了解用户知识需求的重要数据，图书馆开展大数据分析必不可少。

3.3　充分利用复杂数据挖掘技术

数据挖掘的方法实际上可以看作是在前辈工作的基础之上产生的计算机"思维模式"。奥尔森将数据挖掘的方法按照类别、估计、聚类和概要分为四个类型。类别和估计是事情产生前预测性质的，而聚类和概要是事情产生后描述性质的。这些数据挖掘的方法为处理数据作出了最基本的分类和运算。未来图书馆的技术应用水平应该有更高的水平，如网络分析、可视化分析、数据融合等也都是图书馆研究和发展的重要方向。

3.4　拓展交流渠道，搭建交互式共享平台

图书馆可以依据大量成功网站的经验，不断加强自身网络互动平台的建设。依据记录用户的行为进行分析挖掘，为网站设计人员提供改进的依据，进一步优化网站结构来提升数字图书馆的使用频率。如建立交互式共享平台并开设用户互动吧、论坛、社区等栏目，为馆员和用户、用户与用户之间开辟实时交流通道，使图书馆能够更直观地了解和掌握用户的需求，更好地为用户开展有针对性的服务 [2]。

3.5　加强大数据分析相关专业人才的培养

大数据时代，图书馆作为对新技术敏感度极高的机构，图书馆员应更加重视这一事业发展，积极尝试思考解决创新和资源开发中的大数据问题。图书馆需要对各种非结构性和半结构性的数据进行挖掘、收集并利用相关技术进行分析，进而发现大数据中隐含的信息，但现阶段相关的专业人才还比较匮乏，大数据相关技术专业人才的培养可以为图书馆信息服务的创新发展提供人才保障。

4　结语

图书馆服务是其价值体现的核心，也是存在的价值与意义所在。技术的发展与社会的进步都为图书馆服务的发展注入了新的活力。大数据时代的到来，信息社会将逐步转变为知识社会。未来图书馆服务将具有"无处不在、无时不在、无所不在"的特点。图书馆作为社会信息服务的中心，其发展面临着极高的大数据跨入门槛，竞争中面临着管理风险，基础设施、发展战略等都是图书馆迈向大数据时代的关键因素，图书馆行业必须"依靠文献、超越文献"，提供个性化的深度信息服务，以

满足用户"超越文献"阅读深入获取信息的需求[3]。因此，图书馆在新时代想要有所作为，需要充分利用大数据创新图书馆服务，提升图书馆的核心及竞争能力，实现图书馆信息服务的创新性发展。

参考文献：

[1] 孙林，大数据时代图书馆服务体系创新与发展 [J]. 图书馆，2013（1）.

[2] 王捷，大数据时代下图书馆开展信息服务的对策 [J]. 现代情报，2013，33（3）:81-83.

[3] 石微芬，大数据时代的图书馆信息服务 [J]. 社科纵横，2013（6）:269-270.

大数据时代的情报服务需求

姚　旭　杨德贵　李晓琦　于　凡　邢　蕊

（辽宁省科学技术情报研究所，辽宁沈阳 110168）

摘　要： 互联网技术的飞速发展，带来了信息数据领域的巨大变革，手机通信、各类软件、微博、微信等数据通信技术不断推陈出新，为社会各领域信息化进程的加快提供了技术支持，数据资源作为信息技术发展最具代表性产物也随之呈现多样化的爆发式发展趋势。本文从情报服务理念的视角出发，着重探讨数据密集型科学研究过程中所需要的信息服务模式，分析大数据环境下信息服务模式的定义、构成要素以及科学研究过程中体现的信息服务模式的特点，并在此基础上分析大数据时代科研过程中情报服务所面临的挑战。

关键字： 大数据；情报服务；资源共享

1　引言

在大数据时代，情报服务也面临着新的挑战。随着人们对各行各业情报需求的不断增多，情报服务人员原有的理论知识积累难以适应新时期的情报需求 [1]。面对新形势，如何紧紧抓住大数据时代为情报服务带来的机遇，需要情报服务人员和情报服务机构把握自身优势，积极提升自身理论知识体系的更新换代，提高自身鉴别信息的能力。

2　大数据时代对信息服务模式的挑战

数据密集型科学更加注重科研人员通过开放的网络沟通合作，实现共享信息资源，以达到协同应用的目的。由于网络信息资源的开放性和多样性，决定了大数据时代在为提供情报人员丰富信息的同时，对信息服务模式也提出了挑战。如何在嵌入科研过程的信息模式中，建立统一的标准和规范，实现科技情报的标准化应用，为科研过程的创新提供精准的科技情报是科技情报人员应对大数据时代新挑战必须面对的问题 [2]。一方面，大数据时代的到来给各学科的发展带来的新的变化，各学科之间的界限逐渐模糊，多学科多领域之间的融合日益加深，使科研人员的研究课题涉及不同领域、不同学科。与之相对应的是为科研人员提供信息服务的情报人员需要打开视野，从更为广阔的视角和不同的层次为科研用户提供信息服务。另一方面，科研过程是一个有机的不可分割的整体，作为前期不可忽视的准备工作，科技信息收集工作必须着眼于整个科研过程，从战略角度全面、系统地认识科研工作的服务类型，以严谨、有效、准确的科技情报引导整个科研过程。

另外，密集型数据分析成为科技情报服务的重要依托，而密集型数据的大数据特点决定了情报分析必须在算法和挖掘工具上推陈出新；由于情报服务深入到科研过程各个阶段，因此要求情报服务主体能够从大方向上预测和分析科研活动下一个阶段的走向，为服务客体提前做好科研准备提供具有深度、有广度、多角度的数据依托。

3　大数据时代对信息服务的需求

3.1　科学研究模式的转变

信息和互联网技术的飞速发展为科学研究打开了一片新领域，各种类型的数据资源涌进了科学研究的每个过程，从宏观到微观、从自然科学到社会领域、从传播方式到计算方法无不影响着科学研究，使其进入了一个崭新的阶段。与此同时，科研人员逐渐认识到数据资源在科学研究过程中的重要性，将其视为科研的对象和工具之一，而多学科、多领域之间的协同和交融带来的结果是密集型科学的兴起，以此为依托产生的密集型数据成为了科学研究的关键，成为科研第四范式的研究模式 [3]。

科研过程中的数据资源既包括科研前期准备的原始数据，还包括科研过程所产出的数据和各类科研文献，这些数据资料既是科研产出的结果，又是下一步科学研究的依托，既是参考资料，又是新的研究起点。因此科研人员必须在此基础上依托网络信息化的先进手段，依托资源的数字化实现科研资源的共享，这样不但有利于科研人员不断修正研究方向，把握科学的发展规律，还有利于准确分析、整理大量数据资源，使数据资源的优势得到最大程度的发挥。科研第四范式的新型研究模式一定程度上改变了科研人员收集整理信息资源的行为模式，同时促进新的信息服务需求的产生。这种变化一方面导致了科研的对象发生转变，另一方面也改变了科研人员收集信息的环境，给科研人员在数据挖掘、信息管理上提出了新的挑战。

3.2　科学研究用户的信息需求

大数据时代的标志之一是数据的密集化发展模式，这种高度密集的发展模式在科研人员的数据管理能力、数据分析能力方面提出了更高的要求。科研过程中融入了更多科研人员的自身特点，使科研结果更加个性化，大量丰富的数据背景使研究结果更加专深化，多学科、多领域的不断融合使科研结果更加集成化[4]。互联网技术的飞速发展使人们可以轻松在网络上获取大量的数据资源，与此同时，来自互联网的各类数据信息成为科学研究的数据依托，使科学研究走上了一条以网络数据资源为依托、网络交流为媒介的高度协作性的道路。对海量数据资源的有效筛选和整合成为了考验科研人员分析挖掘管理能力的难题。

一方面，由于科研人员能够从互联网上轻松、快速、便捷地获取大量数据资源，因此如何收集数据不再是科研人员亟待解决的难题，数据资源问题的关键逐步转向数据背后深度的整合和挖掘；另一方面，科研人员需要的数据资源除了在广度上有所要求之外，在深度上的要求更为迫切。作为情报服务的主体，情报人员必须根据每个科研人员的自身特点和研究特征给予数据的整合、分析和比对，使科研人员能够便捷地获得广而深的数据依托。如何使科研人员在得到原始文献的同时，获取文献原作者的研究思路和分析过程，是情报人员下一个阶段的工作重点。

4　大数据时代情报服务模式研究

大数据时代的科学数据按照各领域的不同需要分为三种，分别是战略性科学数据、公益性科学数据以及商业性科学数据。与之相对应的是大数据时代情报服务的三种模式，分别是国家政策驱动模式、部门之间交换模式以及企业带动发展模式[5]。前两种模式重在数据资源的公开性和共享性，企业带动发展模式则重在数据产权的保护及其独有的商品性。

4.1　国家政策驱动模式

国家政策驱动模式是由 1991 年美国政府颁布的"全球变化研究数据管理政策"逐步发展演变而来的[6]。"全球变化研究数据管理政策"旨在形成一个由政府主导，完全透明、开放与公开的全球性的科学数据共享体系，以促进全社会对科学数据资源的获取和广泛应用。对于国有的公共科学数据，美国政府坚持政府出资的公共科学数据必须实现公益化的原则，并出台了相应的法律法规，从制度上为数据资源的共享提供了完善的法律保障和监督管理体系，形成了一套完整的由国家宏观规划、科学数据实现完全共享的体系。网络技术的发展为科学数据的分享提供了新的平台。2009 年，由美国政府牵头的 Data.gov 网络平台正式上线，该网络平台涵盖原始数据、地理数据以及数据工具三个方面的数据门类[7]。经过近 5 年的发展，截至 2013 年 12 月底，Data.gov 网络平台共提供超过 40 万条原始数据和地理数据，收集近两千个应用程序和软件工具，近两年来，随着手机软件的普遍应用，Data.Gov 率先上线了 103 个手机应用插件。

4.2 部门之间交换模式

大数据时代的情况下，以数据资源作为基础的社会、经济和科学发展中，基本没有一个部门能够完全独立地实现某项研究工作，因此科学数据的共享首先应该从各部门之间数据的交换开始展开。一方面部门之间的交换模式能够避免重复生产，另一方面科研部门内部以及科研单位通过彼此间的交流与合作能够有效地提高生产效率。特别是针对科学生产领域，由于研究的内容广、涉及的数据资源多、研究要求的结果深，往往急需不同部门在科学研究的各个时期实现不同尺度的数据资源的交换。以地震学科举例来说，地震相关的不同部门和单位收集整理各类地震数据资料，由政府承建的各省、市的地震网络平台公开发布各类地震信息资源，其他部门为了保障重大工程的施工安全需要收集某个地区的地震科学数据，这些都属于部门交换模式的体现。

4.3 企业带动发展模式

大数据环境中企业的发展需要数据积累的支持，离不开信息的传播与分享。一方面企业在前期生产商品之前需要广泛地调查产出科学的数据资源作为市场参考；另一方面也需要准确的数据资源为下一步科技成果的转化和产品的研发提供数据保障。现代企业的发展需要企业在数据积累、数据分析、数据驱动方面有所建树，成为大数据时代企业能否实现可持续发展的关键所在[8]。近些年来，企业逐渐认识到数据资源对其自身发展的重要性，通常都会做出分享一定量数组资源的决策，因而逐渐在情报服务上产生了企业带动发展这一新模式。从情报服务学术的角度考虑，企业带动发展模式也在一定程度上促进了科学数据发挥应有的商业价值，实现了学术和商业的有机结合，实现了理论研究成果向商业价值的成功过渡。一些大的企业甚至在前沿技术和数据积累上走在了科学研究的最前端。虽然学术界和产业界存在一定的矛盾，但是只要合理地利用好二者之间的共性，由学术界致力于基础理论的研究、为企业提供先进的技术支持，由企业实现盈利，达到双赢的结局，为未来学术界逐步走向产业化提供参考。

5　结束语

大数据时代为情报服务领域带来的不仅是数据资源量的激增以及获取信息资源方式的转变，更是人类大步伐认识客观世界的体现。密集型的科学研究和科技领域的不断创新迫切需要构建一个能够提供系统数据资源、模型工具，满足不同领域协同研究的体系和平台。同时，深层次的嵌入科研过程的信息服务模式对情报服务主体提出了更高的要求和挑战，要求情报服务人员一方面具有掌握新型服务主体学科背景知识，拥有技术运用能力，良好的服务意识和沟通能力；另一方面还要针对不同的情报服务客体提供更为个性化的服务内容。可以肯定的是，面对大数据时代带来的机遇和挑战，面对全新科研范式带来的动力，加速转变情报服务模式实现科学研究的可持续发展和不断创新将是情报服务的大势所趋。

参考文献：

[1] 张兴旺.图书馆大数据服务体系构建的学术环境思考 [J].情报资料工作，2014（2）：14-15.

[2] 李晨晖，张兴旺，等.图书馆需要怎样的"大数据" [J].图书馆杂志，2012（11）：65-66.

[3] 江山，王刚.大数据对图书馆的启示 [J].图书馆工作与研究，2013（4）：54.

[4] 韩翠峰.大数据带给图书馆的影响与挑战 [J].图书与情报，2014（5）：38-39.

[5] 吴金红.大数据时代的竞争情报发展动向探析 [J].图书情报知识，2013（2）：108.

[6] 吴金红，鞠秀芳.企业竞争情报的机遇、挑战及对策研究 [J].情报杂志，2013（1）：6-7.

[7] 韩翠峰.大数据时代图书馆的服务创新与发展 [J].图书与情报，2014（1）：121-122.

[8] 杨海燕.大数据时代的图书馆服务浅析 [J].图书与情报，2012（4）：122.

大数据对图书馆信息服务的影响与对策研究

凡庆涛　高　雯　李　鑫（北京市科学技术情报研究所，北京 100048）

摘　要： 本文阐述了大数据的特征与内涵，并对大数据的发展及应用情况进行了简单介绍。结合图书馆信息服务的特点，介绍了大数据对图书馆信息服务产生的影响，对图书馆在数据挖掘、数据分析和服务方面提出了更高的要求，快速地分析和挖掘出有价值信息并加以利用，使图书馆面临新的挑战和发展机遇。最后，探讨了大数据时代下图书馆开展信息服务的应对策略。

关键词： 图书馆；大数据；信息服务；对策

1　引言

物联网、云计算等信息技术飞速发展，使全球快速地迈入"大数据时代"，作为传统服务模式的图书馆信息服务，也将面临根本性的变革。目前，社会对图书馆的知识服务要求越来越高，潜在的知识挖掘、知识评价、数据分析等增值服务需求也日益增加。因此，图书馆信息服务在大数据时代也会遇到诸多问题，如相关专业人才匮乏，数据挖掘的相关技术还不成熟等，利用大数据相关技术去挖掘、识别与分析读者行为中的结构化、半结构化数据信息，改善图书馆的服务，适应大数据时代图书馆信息服务的更高要求，是图书馆面临的紧迫任务。

2　大数据特征及应用情况

2.1　大数据概念及其特征

目前，大数据还没有具体明确的定义，一般认为，大数据是一种数据量很大、数据形式多样化的半结构化和非结构化数据总和，简单一点也可以理解为超出传统数据管理工具处理能力的大规模、复杂的数据集合[1]，其主要包括以下几种：①传感器数据（sensor data）：分布在不同地理位置上的传感器，对所处环境进行感知，实时生成的数据；②网站点击流数据（click stream data）；③移动设备数据（mobile device data）：通过用户所使用的移动电话、PDA 和导航设备等移动电子设备，获得的相关信息数据。

大数据集合了数据库、数字图书馆、海量储存、云计算、物联网等多种信息技术的发展成果，具有多样性、大容量、高速度、时交性的特点[2]。以 IDC 为代表的业界将其归纳为具有"4V"特征[3]——海量（volume）、多样性（variety）、高速（velocity）和易变性（variability）。第一，体量巨大。一般包含 10TB 规模以上的数据量。第二，数据类型多，包含大量的网络日志、微博、视频、图片、邮件等大量的半结构化与非结构化数据。第三，价值密度低，大数据中只有一些有用的信息隐含其中。第四，处理速度快，大数据里面很多是实时数据，如微博、社会网络、SNS 等。

2.2　大数据的应用

2012 年 3 月美国政府拨专款 2 亿美元支持和推行"大数据研究和发展计划"，并把其列为国家计划和战略高度，也把世界带入了大数据时代[4]。

目前，大数据已经运用到各行各业宏观经济方面[5]：购物网站的顾客评论，分析企业产品销售状况；一些企业利用数据分析实现对采购和合理库存量的管理，通过分析网上数据了解客户需求、掌握市场动向；沃尔玛公司通过分析销售数据，了解顾客购物习惯，得出适合搭配在一起销售的商品，还可从中细分顾客群体，提供个性化服务。华尔街"德温特资本市场"公司分析 3.4 亿微博，判断民众情绪，依据人们高兴时买股票、焦虑时抛售股票的规律，决定公司股票的买入或卖出；在社会安全管理领域，通过对手机数据的挖掘，可以分析实时动态的流动人口出行、实时交通客流信息及拥堵情况。

3　大数据对图书馆信息服务的影响分析

随着信息化建设的发展，尤其是大数据时代的来临，对图书馆服务提出了挑战。如何利用大数据相关技术挖掘组织、识别和分析隐含在用户行为中的结构化、半结构化数据信息，成为图书馆面临的新课题。图书馆虽然包含丰富的电子数据资源，但对云计算、语义网、RHD、社交网络等新技术的发展提供的广泛的半结构化、非结构化数据则比较薄弱，在形式复杂的数据类型和数据分析技术面前，图书馆信息服务面临的挑战可想而知[6]。

有挑战就有机遇，图书馆信息服务如果能够有效地抓住大数据的发展契机，充分利用大数据中各种类型的数据及相关的数据分析技术，实现图书馆信息服务的根本性变革，从这一角度看，大数据时代对于图书馆信息服务飞跃发展无疑是一次更大的机遇。

3.1 大数据时代下图书馆信息服务面临的挑战

大数据不仅挑战图书馆传统的 IT 架构与数据获取、数据存储、数据处理的模式，而且来自数据管理及数据应用、数据服务对图书馆的挑战将更为突出。当前，图书馆的大数据挑战主要集中在以下几个方面：

图书馆传统的网络架构不适应"大数据"时代。

传统的网络结构设计是以用户端向服务器发出请求，由服务器返回结果给客户的垂直结构。而大数据时代，取而代之的是水平结构的横向请求服务。大量的数据都存储在分布广泛、不同地域、各种类型的服务器中。传统的图书馆网络架构已经不能满足大数据时代网络应用需求。

3.1.1 大数据时代的图书馆数据处理方式面临巨大挑战

当前，图书馆的数据处理主要是将文献资源等进行数字化、网络化、语义化处理，并在此基础上尽力实现用户的最大满意和最大程度利用，但大数据时代，图书馆的数据处理范围、方式、对象、目的等将发生巨大的变化，如需要根据读者服务数据对读者借阅习惯、爱好等进行数据分析，找出新的服务方案、策略。同时，在大数据时代，图书馆的传统业务将向数据分析、数据挖掘等方向转移，对大量数据的分析与处理将是图书馆亟待解决的问题 [7]。

3.1.2 图书馆数据存储将面临巨大压力

大数据时代，图书馆数据库里的内容不仅仅多，而且结构已发生了极大改变，不是以二维表的规范结构存储。大量的数据是非结构化的办公文档、文本、图片、XML、HTML、各类报表、图片和音频／视频等，面临如此大量的非结构化数据，其移动和修改将耗费大量的人力、物力，数据移动代价太高，读取效率也将越来越低，迅猛增长的复杂海量数据将对图书馆的数据存储能力提出挑战。

3.1.3 大数据时代对图书馆开展用户信息行为数据分析与利用提出挑战

大数据时代不仅需要图书馆通过结构化数据了解现在客户需要什么服务，也更需要利用大量的非结构化数据、半结构化数据到图书馆—用户的服务关系中去挖掘正在发生什么、预测和分析将来会发生什么，以便图书馆找到更好的服务营销模式与应对未知的危机及挑战。

3.2　大数据时代是图书馆信息服务创新发展的重要机遇

图书馆信息服务在过去的几年里，在信息化、数据库资源建设方面得到了长足的发展，大数据时代数据类型及产生方式的多样性、信息服务要求的多样性，无疑是图书馆信息实现变革性创新发展的重要机遇。

3.2.1　大数据为提升图书馆服务质量方面提供有力支持

图书馆之间的竞争模式已经发生了重要的变化，对大数据挖掘与分析将成为大数据时代图书馆竞争的重要指标。图书馆发展的策略制定与实施也必将依赖于对庞大的大数据的分析和预测，需要大数据的分析、挖掘、处理，需要大数据的综合支持。

3.2.2　大数据为图书馆的数据存储结构和分析方式带来了重大变革

大数据包含各种各样的非结构性和半结构性的数据，而这些数据正是图书馆文献资源中所缺乏的，将大数据引入图书馆信息服务中来，可以充分利用大量的非结构化数据、半结构化数据，预测正在发生什么和分析将来会发生什么，使图书馆的数据存储与分析发生根本性的变革。

3.2.3　未来图书馆的核心资产将是对大数据的综合掌握

随着大数据分析技术的不断完善，大数据将会变得更加有价值，能为图书馆未来发展、服务模式进行趋势分析、发展预测提供支持，成为图书馆的核心资产。

4　图书馆信息服务适应大数据时代需求的对策

大数据时代，图书馆需要在其传统信息服务的基础上进一步优化和改进，充分借助并利用大数据技术，完善图书馆信息中数据存储、数据分析技术，丰富图书馆数据类型，逐步完善信息服务体系。

关注和重视大量的图书馆用户的数据和信息。大数据时代，多类数据的拥有、挖掘、融合、分析和利用水平是图书馆行业竞争的关键因素。用户信息行为数据，这类数据将会具有极高的价值，图书馆服务只有对大量的用户数据挖掘、分析，才能得出图书馆所需要的决策参考。

积极探索和分析大数据等相关的服务。大数据时代，无论是生活还是工作，在其信息系统中都会留下各种各样的行为数据，图书馆开展大数据分析必不可少。

充分利用复杂的数据分析技术与工具。未来图书馆对技术、工具的应用需求将会更加迫切，这也为图书馆的技术应用水平提高提出了更高的要求，如网络分析、可视化分析、数据融合等都是图书馆研究和发展的重要方向[8]。

拓展交流渠道，搭建交互式共享平台。图书馆可以借鉴社会上一些成功网站的经验,加强自身网络互动平台建设。如建立交互式共享平台并开设用户互助吧、论坛、社区等栏目,为馆员和用户、用户与用户之间开辟实时交流通道,使图书馆能够更直观地了解和掌握用户的需求,更好地为用户开展有针对性的服务[9]。

加强大数据分析相关专业人才的培养。大数据时代,图书馆需要对各种非结构性和半结构性的数据进行挖掘、收集并利用相关技术进行分析,进而发现大数据中隐含的信息,但现在阶段相关的专业人才还比较匮乏,大数据相关技术专业人才的培养可以为图书馆信息服务的创新发展提供人才保障。

5 结语

大数据不仅给图书馆发展带来了契机,也带来了挑战。图书馆作为社会信息服务的中心,其发展面临着极高的大数据跨入门槛,竞争中面临着管理风险,基础设施、发展战略等都是图书馆迈向大数据时代的关键因素,同样还面临着内外部环境的挑战与竞争,如何避免边缘化,将是图书馆必须考虑的问题。因此,图书馆在新时代要想有大作为,需要利用大数据创新图书馆服务,提升图书馆的核心竞争力,实现图书馆信息服务的创新性发展。

参考文献:

[1] 韩翠峰.大数据带给图书馆的影响与挑战[J].图书与情报,2012（5）:37-40.

[2] 杨海燕.大数据时代的图书馆服务浅析[J].图书与情报,2012（4）:120-122.

[3] 大数据时代的特点[EB/OL].[2012-05-20].http://www.51ian.cn/html/2012/xueshu_|D417.32237.html.

[4]Big Data is a Big Deal. http://www.whitehouse.gov/blog/2012/03/29/big-data-big-deal.

[5] 邬贺铨.大数据时代的机遇与挑战[J].信息安全与通信保密,2013（3）:9-10.

[6] 孙琳.大数据时代图书馆服务体系创新研究[J].理论观察,2013（4）:99-100.

[7] 韩翠峰. 大数据时代图书馆的服务创新与发展[J].图书馆,2013（1）.

[8] 朱静薇、李红艳.大数据时代下图书馆的挑战及其应对策略[J].现代情报,2013,33（5）:9-13.

[9] 王捷.大数据时代下图书馆开展信息服务的对策[J].现代情报,2013,33（3）:81-83.

大数据时代的社科情报信息服务需求及对策

范继玲（山东社会科学院文献信息中心，山东济南 250002）

摘　要：大数据时代的到来，给社科情报信息服务带来了机遇和挑战。大数据促进社科情报信息服务理念、服务方式等发生变革，也使社科情报信息服务有了新的需求。文章从综合利用多种情报信息资源、全新数据管理模式、创新社科情报服务方式三个方面对大数据时代的社科情报信息服务需求进行了探讨，提出了利用和应对大数据时代的策略和措施。

关键词：大数据时代；大数据；社科情报信息服务

当前，随着云计算、物联网、移动互联网、微博等新兴媒体的崛起，数据正以前所未有的速度不断增长和积累，人类已进入一个数据爆炸性增长的"大数据"时代。这个大数据时代的到来，影响和改变人们社会工作生活的各个方面，使各行各业发生了根本性的变革。由于社科情报对信息、软硬件及网络等技术有较强的依赖性，并且与数据存在特殊的关联关系，所以这场变革必然对社科情报信息业产生深刻影响，同时也给社科情报信息服务带来新的发展机遇和挑战。因此，在大数据时代背景下，探讨和拓展社科情报信息服务需求以及应对大数据的策略和措施，具有非常重要的理论价值和实践意义。

1　大数据及其对社科情报信息服务的影响

1.1　大数据的内涵及特征

大数据是相对一般数据而言的，是指数据量的大小超出了传统意义上的数据尺度，难以用常规的软件工具在容许的时间内进行抓取、管理和处理的数据集合。

虽然目前业界对大数据尚缺权威的严格定义，但一般认为大数据具备四种基本特性，或简称为"4V"特征，即 volume（容量）、velocity（速度）、variety（种类）

和 value（价值）[1]。这"4V"大数据特征，具体来说就是：体量大，大数据之所以称为大，最显著的特征就是其超大的容量，在计算机硬件性能不断提升和移动互联设备广泛普及的今天，产生的数据如同滚雪球般发展，越积越多，越积越大；快速化，大数据的增长速度极快，尤其是电子商务实时交互数据、传感器实时采集数据铺天盖地，大量的实时数据需要快速处理；类型杂，大数据包含了各种媒介的数据，种类繁多，形式多样，既可以是报纸、书籍等传统媒体支撑的纸质数据等，也可以是新媒体支撑的博客、微博、电子邮件、数字地图等电子数据；价值大，数据的规模越大，通常对数据挖掘所得到的事物演变规律越可信，数据分析的结果也越具有代表性和实用价值。

1.2　大数据对社科情报信息服务的影响

大数据时代的到来，改变了传统的 IT 架构与数据存储和利用，对作为社会中储存信息知识、提供情报信息服务的社科情报信息服务业带来机遇和挑战。

首先，大数据促进社科情报信息服务理念发生转变。在大数据时代，社科情报信息服务不仅包括数据存储及获取，还有数据引用及更深层次的数据分析。在以用户为中心的理念下，随着技术的成熟，社科情报信息服务既要保留传统的被动式索取服务，又要提供主动的推送服务。同时，大数据时代每个用户都是独立的，用户所接受到的情报信息都是个性化的，这一切都依赖于数据分析。应用大数据技术对用户数据进行科学的分析，可获得更深入、丰富、准确的用户信息，更好地掌握用户的各种情报信息需求，以便进行更精准的目标定位，使每一位用户享受个性化乃至全方位、立体化的优质社科情报信息服务。

其次，大数据促使社科情报信息服务方式发生变革。随着大数据时代的到来，数据资料呈现出更新周期缩短、数量庞大和类型多样化、载体数字化、内容交叉化等特征，这些都对社科情报信息服务的能力和服务机制产生较大的冲击，同时社科情报信息服务方式、服务途径、服务范围、服务手段等也发生了较大变化。在大数据环境下，社科情报信息服务策略建立在对大规模复杂数据收集、组织整理、分析挖掘的基础之上，因而其服务项目应更具有针对性和操作性，服务方式和途径等也将随着服务决策的调整而改变。以信息的处理与服务为优势的社科情报信息服务范围和领域将会得到更大的扩展和延伸，数据分析服务、数据挖掘服务将成为社科情报信息服务体系的创新点。因此，深刻理解大数据的内涵，研究社科情报信息的数据储存、分析、挖掘以及大数据时代用户对社科情报信息资源的利用需求，对完善社科情报信息服务的方式方法是非常必要的。

第三，大数据对社科情报信息服务部门的数据处理能力提出挑战。在新的信息环境下，数据量急剧增长，数据类型不断增多，用户的社会网络活动产生出大量的结构化和非结构化的数据信息，其数据的格式、类型、结构及存在形态等都变得更加多样。社科情报信息服务部门需要拥有复杂数据处理的网络基础设施，拥有大数据可靠分析和应用的软硬件基础设施，以及拥有技术较为熟练的信息人才。而目前的社科情报信息技术人才、数据处理技术和硬件基础设施等难以满足大数据的应用及用户的社科情报信息服务需求，大数据的存储、分析计算和应用等对社科情报信息服务部门提出新的严峻挑战。

2　大数据时代的社科情报信息服务需求

2.1　大数据时代的社科情报信息服务需要综合利用多种情报信息源

大数据时代，综合利用多种情报信息源已成为情报信息服务的发展趋势。譬如：军事情报界需要综合利用人际情报、信号情报、图像情报和外部情报，进行全资源分析（all-source analysis），即利用多种不同的信息资源来评估、揭示、解释事物的发展、发现新知识或解决政策难题[2]。科技情报界需要利用多种信息源进行分析研究，如利用科技论文和专利发现科技之间的转换关系、预测技术发展方向，综合利用政府统计数据、高校网站、期刊、报纸、图书等来评估大学等科研机构等。社科情报信息资源也将由原来的单一数据信息源变为复杂数据信息源。由于用户对情报信息的多元化需求，使得社科情报信息服务的情报信息源更为综合，涉及要素更为复杂，同时也更为细化。单一数据源不能满足用户的情报需求，需要不同类型的情报信息源相互补充，不同情报信息源可以从不同角度揭示问题。

大数据背景下的社科情报信息源主要有以下几个方面：一是经过多年建设的数字化资源。包括大量的数据库资源、电子资源、纸质资料转换的数字资源，以及各种音频、视频资源，这些数字资源数量很大，而且增长速度较快，是社科情报数据源的重要组成部分。二是社交网络时代出现的大量非结构化数据。据中国互联网络发展状况统计报告显示，目前互联网络的即时通信已经超越了搜索引擎成为使用最多的网络应用，这标志着在门户网站、搜索引擎时代之后，社交网络时代已经到来。三是用户浏览历史所形成的非结构化数据。伴随着移动互联网时代的到来，可以从手机、平板电脑等诸多设备中收集到用户的个人信息、位置信息、浏览信息等各种不同的数据，分析处理这些数据可以有针对性地提供对用户的服务质量[3]。因此，在大数据时代，要满足社科情报信息用户需求，必须在社科情报信息服务过程中综合利用多种情报信息源。

2.2 大数据时代的社科情报信息服务需要全新的数据管理模式

相对大数据时代，传统社科情报信息服务模式能够提供给用户有效使用的数据很少，并且能提供的数据处理服务也极其有限。随着越来越多的视频、影像、出版、分析和虚拟化等结构化、非结构化数据的产生，数据容量日益增大，在这种情况下，如何对这些"大"的数据文件进行更加有效合理的管理成为社科情报信息部门面临的一个大问题。与管理传统的非"大"数据文件不同，管理这些"大"数据文件面临诸多问题。譬如，高性能共享问题，由于数据容量大，传统小数据的存储解决方案显然不能得到高性能共享；数据管理和保护问题，由于数据体积变大，对其进行分级、处理和保护等会有很大难度；数据重复问题，大量重复的"大"数据文件会占用更多的存储资源。面对当前的大容量、大体积数据群，传统数据管理模式解决不了突增的问题，这就使得大量数据难以得到充分利用。

在大数据环境下，社科情报信息部门要承担起数据管理职责，就需要有全新的数据管理模式，通过大数据情报信息服务模式的引入，使复杂的结构化、半结构化和非结构化数据处理变得可行和经济高效，从而实现信息横向扩展以解决急剧增长的社科情报信息服务需求问题。要想满足用户专业化、集成化和个性化的情报信息需求，需要大数据情报信息服务平台提供高质量、低成本和多维度的社科情报信息服务。通过大数据社科情报信息服务技术，可以实现对结构化、半结构化、非结构化大数据及社科情报信息服务资源的有效组合与分解，使其能够利用大数据、现有资源及社科情报信息服务能力形成不同维度、不同功能和不同类型的大数据社科情报信息服务组合，并按需提供给用户，以便最大限度地满足用户的大数据社科情报信息处理需求。

2.3 大数据时代的社科情报信息服务需创建新的服务方式

大数据技术给情报信息服务带来了深刻的影响和创造性的变化，可以帮助社科情报信息服务部门建立和完善新的情报服务方式。

大数据时代的新型社科情报信息服务方式表现在以下几方面：一是应用大数据技术对用户数据进行科学的分析，可以获得更深入、丰富、准确的用户信息。社科情报信息服务部门可以借助大数据技术对用户需求的数据进行分析，了解用户的情报信息行为、需求意愿及情报运用能力，并深度挖掘用户在交互型情报信息服务过程中的潜在需求数据，从而有针对性地开展服务并吸引用户。二是利用大数据技术建立更智能、灵活的社会网络情报信息服务组合方式。社科情报信息部门可以通过分析各种数据资源的状况来采取相应的对策，从结构化和非结构化数据资源中抓取有用的情报信息和关联关系，完善新的情报信息服务方式。三是利用大数据技术建立新型情报信息服务导航机制。大数据有助于推动社科情报信息服务部门建设新型情报信息服务导航机制，新型情报信息服务导航主要包括用户情报需求预测导航，多维数据资源的组织和分析导航，用户信息行为智能分析导航，学术资源搜索导航，数据资源的推荐服务导航等 [4]。

3　社科情报信息服务应对大数据的策略

3.1　培养社科情报信息大数据的管理与技术人才

数据中蕴藏着信息和情报，但信息和情报不会自动呈现，需要不断地开发和挖掘。情报信息部门的未来核心竞争力在很大程度上将依赖于把数据转化为情报和知识的速度与能力，而这种转化速度和能力，取决于大数据方面的技术能力。因此，为了适应大数据时代的现实环境，社科情报信息部门要具有大数据意识，要研究制订社科情报信息大数据的管理人才、技术人才的培养方案，并分析这类人才的知识结构、学科素养、专业技能，将培养计划付诸实施，为未来情报信息大数据服务提供所需人才支持。通过对社科情报数据人才的培养，使其在大数据环境下承担起数据管理的职责，要求情报信息人员能根据不同的数据抓住其各自的特点，能从数据中提取出信息，获得情报，并对这些数据信息进行由浅入深、由表及里、多层次、多角度的分析，使数据中的隐性情报信息得以显露和升华。并利用所具有的分析能力和洞察力，时刻关注着如何通过数据分析，构建新的社科情报信息源为用户提供情报信息服务。

3.2　搭建云计算技术数据挖掘平台

云计算是一种将分布式计算、网格计算、并行计算以及互联网结合起来的全新的 IT 资源提供模式，可以实现信息资源的自动化管理和配置，降低 IT 管理的复杂性，提高资源利用效率 [5]。大数据处理离不开云计算技术，云计算为大数据提供弹性可扩展的基础设施支撑环境以及数据服务的高效模式。

社科情报信息系统对大数据的应用过程，主要是数据存储、数据挖掘和数据分析。情报信息部门常用的数据挖掘和数据分析软件，可以方便地接入云计算平台。由于云计算是基于分布式计算和并行计算的，其分析数据的效率也比传统服务器布局方式更有优势。云计算的弹性特征也使它成为情报大数据分析的理想选择，能够很好地完成对大容量非结构化数据的可视化分析。同时，利用云计算技术对不同类型的数据进行处理，可提高数据的利用率。构建在云计算基础上的社科情报信息系统不仅成本低，而且具有传统社科情报信息系统无法想象的分析能力，是未来社科情报信息服务发展的新趋势。

3.3　重视情报信息安全和用户隐私保护

随着对大数据获取、处理分析能力的提高，大量零散数据中蕴含的有价值信息能够得以发现并利用。这种情况下，信息安全也从传统计算机网络安全、保密管理等可控安全管理变为带有安全隐患的不可控的安全管理，而同时面对信息公开、数据公开的现实，数据开放与信息安全之间的矛盾更加突出。同样，大数据中包含大量用户信息，在对大数据进行开发利用时很容易侵犯用户的隐私。而且目前恶意利用公民隐私的技术门槛大大降低，用户隐私保护也将成为极其重要的问题。因此，社科情报信息部门应加强对信息安全和用户隐私保护措施，比如制定用户个人信息保存时限，告知用户采用其个人信息的目的，并在一定时间内进行删除，以消除用户对于个人隐私外泄的顾虑，使社科情报信息部门能够合法合理地采集到更多的用户数据，为大数据分析提供保证。

参考文献：

[1] 程莲娟.美国推进大数据的应用实践及其有益借鉴[J].情报资料工作，2013（5）：110-112.

[2] 李广建，杨林.大数据视角下的情报研究与情报研究技术[J].图书与情报，2012（6）：1-4.

[3] 姜山，王刚.大数据对图书馆的启示[J].图书馆工作与研究，2013（4）：52-54.

[4] 荣春琳.公共图书馆应用大数据的策略[J].图书馆建设，2013（7）：91-95.

[5] 刘高勇，汪会玲，吴金红.大数据时代的竞争情报发展动向探析[J].图书情报知识，2013（2）：105-111.

大数据环境下的图书情报服务质量提升

刘　露　邱晓辉（山东省济宁市图书馆，山东济宁 272037）

摘　要：大力提升公共图书馆大数据环境下的读者服务工作质量，就是要建立健全数字化的发展战略目标，设立相应的专业数据库，开展业务的理论研究和实践探索。把图书馆的学术性与综合性相结合，将读者服务项目的范围拓展、扩大，始终不渝地坚持以人为本的观念意识。向社会开放，为社区服务，为读者的借阅服务、自修服务和参考咨询服务努力奋斗，为后续发展作有益的参考，以服务读者为第一要务。具体论述了：图书馆基础建设是质量提升的根本（以人为本的观念要加强）、馆员素质与推行数字化借阅和自助式服务、提升图书馆服务质量的具体安排、图书馆服务的几个关键点分析。

关键词：大数据；公共图书馆；服务质量；馆员素质；学科馆员

1　引言

当前在我国的公共图书馆事业发展之中，怎样实现在大数据环境下，面向读者的有效服务和特别服务，是一大命题。作为中华民族优秀古代文化和现代科学技术知识相融合的产物，图书馆要实现惠及全体公民的知识普及和效益提升，就必须想方设法，寻求多种提高服务质量的途径和实现高质量的业务水平，达到读者满意程度。

2　图书馆基础建设是质量提升的根本

强化图书馆基础建设要不断提高服务管理质量水平。图书馆要将服务质量的提升作为一项常备工作，而常抓不懈。实践经验证明，唯有从基本基础着手，才能有希望围绕着业务素质的培育，循序渐进地取得实效，使读者群众受惠得利。为了实现这一伟大目标，我们要经常性地开展推动"图书馆质量服务效益月"的活动行为，这样的一种行为，不应该只是一阵风，而应该是采取多种形式的推介、引进、突破和强化，来夯实读者服务工作的主要阵地与坚实基础。

2.1　搞好内部管理以提高图书馆建设水平，保障为读者服务的质量

一切管理都是为了读者的满意，为了现代化数字化技术的广泛应用。要切实解决一系列的读者借阅自修困境，诸如在很多情况下的读者人数多，而阅览室、自修室的座位少的现象，还有适合读者阅读的类别和数量的不均衡问题，其产生的原因和解决之道，都应当列入日常工作之中去。内部管理是为了更加有效地调配资源、缓解流通压力，为了将图书馆馆藏体系之中，那么一种高效、有序的工作节奏，安排得有理有据，合理恰当。非在内部环节上下功夫不可，馆员和读者双方的目标是一致的，而努力方向则有所不同。

2.2　从内部的机构设置入手

图书馆读者服务和馆藏资源建设工作开展得是否成功，在很大程度上，取决于机构的设置和功能的发挥如何。要不断地探索和优化，代之以新思路和资源调配，保持可持续发展的态势。要研究最佳的服务方式，需要什么样的相应部室，来加以推广应用。要适应新时代的馆藏特点和读者群众的借阅需求。合理调整结构，配套改革关键部室，使之向着更加有利于发挥其特点和功能的方向转化。一切机构的设计和人员的安排，都必须本着提供高端服务和人文关怀的个性服务目标。重点照顾到科研读者的学习研究行为。这就要求馆员的个人能力，必然能够适应新网络信息时代的电子资源建设环境，用以辅助开发利用过去所未有的新文献资料载体。[1]

2.3　重视激励机制

那么，在这样一个伟大的新时代里，我们的服务质量究竟应该怎么样，才能够持久稳定地保持着上升的态势，赢得读者群众的赞许。一句话，就是要奉行针对馆员的激励机制，把精神上的表扬与物质上的奖励相结合起来，让每一位馆员都能享受到成功的喜悦和幸福的欢乐。从内心和外在皆有如沐春风的感受，产生再创辉煌的冲动和动力。

管理图书馆的是人，服务对象也是人，因此我们有必要时时处处皆以人为本，奉行以人为本的理念。从 2003 年开始，中央就提出了科学发展观的指导思想原则，这对图书馆来说也是非常适用的。公共图书馆科学发展的核心作用，正是体现在了人本主义方面。读者的利益高于一切，他们的愿望也就是图书馆的初衷，是图书馆

事业发展的需要和目标。应当发挥馆员的积极主动性、主观能动性和创造性劳动潜力。在每一个发展阶段，都要鼓励馆员的成果，表彰他们的贡献力量，让其有一种自我骄傲的归属感，借以维系其重要的价值观念，使之更加看重自己的重要地位和特殊作用。

3　馆员素质与推行数字化借阅和自助式服务

数字化阅读，对读者来说，不仅是便捷，还是一种经济实惠的阅读方式。在书价越来越贵的形势下，网上阅览实在是一种大势所趋的历史必然。为了适应新时代数字化的发展趋势，图书馆必须从自助式服务入手，建立此类服务的范围尽量扩大，多多益善。待到祖国大地遍布自助式图书馆之时，图书馆服务质量的提升，便不会再是一种理想了。

3.1　要重视馆员的素质教育

馆员的素养优劣与否，是决定图书馆工作质量好坏的关键因素，甚至可以说是决定性因素。我们要加强对馆员素质的提升与培训，不断地向其灌输现代化的最先进的知识信息，让他们能够充分地充当一个图书馆员所应有的实力与角色担当形象。要突出网络化电子化的现代图书馆特色，建立起直接反映一馆实力的绝佳素质和完整体现。

对此，图书馆要增加这方面的投入，要定期或不定期地开展业务学习和技能讲座。经常性地开展经验交流与心得交换，有计划、有组织地按照国际惯例，实行与海外图书馆的业务互助和人员交流。学习别馆的先进经验，促进馆藏建设和读者服务工作的上台阶上水平、上档次。必然把理论与实践相结合，国内与国外相借鉴。要建立有生命力和创新能力的馆员队伍，非从综合素质抓起不可。[2]

3.2　推广友好互助式的窗口服务战略

窗口，是图书馆赖以维系与读者之间联系的重要阵地，不管是外借服务窗口，还是阅览室、自修室、参考咨询服务窗口，统皆如此。对于这样一个连接双方的关键所在，事关服务质量，我们要强化训练、完善服务机制，实现规范化服务和高素质的岗位责任制，将业务水准提高再提高，把关乎读者的事情做细、做好。各项服务措施都要得力，一定要落实到实处。在严格按照规章制度办事的基础上，同时也要鼓励馆员开展机动灵活、多样有效的开放式服务，为读者营造一个人性化的良性借阅环境。

4　提升图书馆服务质量的具体安排

调整部署促进图书馆服务质量的提升。这在一方面指的是对馆藏资源配置的调整，与之相应的服务项目也会有所改进；另一方面也为改善服务方式、推动全民阅读的活动，打下了坚实的基础。具体来说，可以试行馆长负责制，将藏书建设工作和读者服务工作落实到人，增强活力和认知能力。

4.1　加强针对馆员管理的力度与方式

图书馆五要素之中，馆员是重要环节之一。对于馆员的心理素质和创业干事的动力因素，要及时地发现调整和予以正面的鼓励。现在社会上仍然有不少人对图书馆管理工作人员有些许的片面认识，有些馆员自身也会在某一时间内，妄自菲薄，自我贬低其价值和意义。因此，馆员要敢于正视工作性质，准确定位工作职能。我们要高度重视这一方面的问题，要在图书馆工作的过程中，在每一个服务项目的实施中，不断地对馆员的心理反应，进行合乎于逻辑的推理和分析，关注其心理状态，帮助其去除阴暗面，培养馆员积极向上的工作能力和服务状态。

4.2　用现代行为科学原理指导图书馆行政工作

鉴于此，图书馆有必要本着科学化和特效化的原则，在设置机构部门时，人力资源和行政机构的调配需要科学的当代行为科学来作为指导方针和鉴别标准。对于馆员的要求，可大致分为个性差异、人际融合及互动常态。对于部门机构的设置，应当本着合理有效、适应发展和及时调整的原则。在基本稳定的前提下，不失时机地作出适当改善，使之更加完善和圆满。

前者是为了充分发挥每一位馆员的个人特点，发挥自身的优势和长处。让其心情舒畅，能够实现自我价值，愉快地开展工作，进行业务素质方面的提高，不断进取，日渐进步。使人和人之间的关系更加和谐、友好，创造出一个良好的工作环境。

后者则是为了图书馆的部门机构设置得更加合理，更加高效率、有水平、上档次。一切都是为了把馆藏和读者工作搞上去，尽量发挥岗位责任制的制度作用，以优良的制度来开展工作，势必会增强效益，减少阻力，而且还能让图书馆和读者双方都有一个可以接受的承受力，把图书馆工作搞上去。[3]

4.3 信息时代的图书馆服务质量与效率提高的关系

一个图书馆馆藏质量与服务水平密切相关，与之相对应的效率，也是同步而显示的。图书馆要想真正成为当地区域的文化知识中心，成为市民群众获取信息财富的理想之地，就必然要顺应时代发展趋势，走出单一的办馆模式和读者服务僵化框架。不断地寻求多种改革发展途径，切实落实图书馆宣言的原则。

5 结束语：图书馆服务的几个关键点分析

在这个日新月异的大数据环境下之新时期，面对着海量资讯的奔涌出现，图书馆已经不能再仅仅满足于以往的陈旧观念，而是要时时以读者为本，提升服务的质量，提高图书馆整体效益和具体工作的完美力度。要达到这些要求的目标，就必须创造一个良好的借阅环境，以鲜明的普及型姿态，来惠及到馆的各种读者群体。要为其提供一个舒适优雅的阅览场所、自修之地。要照顾到读者的心理需求和生理满足点。除了传统意义上的温、湿度控制，还应当包括采光、畅通新鲜的空气流动，以及周边色彩和舒适度、安全感等，都应面面俱到，无一漏缺。

参考文献：

[1] 陈维喜. 对 ISO—9001 质量管理体系在高校图书馆中有效运行思考 [A]；国家教师科研基金十一五阶段性成果集（江苏卷）[C].2010 年.

[2] 陈彩红. 提高图书馆服务质量的措施刍议 [J]. 科技经济市场，2006（5）.

[3] 隋凤兰；如何提升图书馆馆员的管理服务质量 [J]. 职业，2011（27）.

大数据背景下社科图书馆创新服务探析

李书琴　赵国良（山西省社会科学院图书馆，山西太原 030006）

摘　要：大数据时代的到来，对图书馆将产生深刻的影响，本文从认识大数据入手，分析社科图书馆面临的问题及挑战，提出了服务内容、服务观念等创新图书馆服务的五个转变。

关键词：大数据；社科图书馆；创新服务

随着科学技术的发展，依托于计算机技术和网络技术的个人网站、社交网络、论坛、视频网站以及一些盈利性的商业网站迅猛发展起来，由此而产生的各种数据也呈几何级数的爆炸式增长，数字化已渗透到人们生活的方方面面，所有人都成为数据的制造者和分享者。作为社科知识信息服务中心的社科图书馆，不可避免地受到大数据信息技术应用潮流的影响，读者对图书馆的知识服务要求更为苛刻，潜在的知识挖掘、知识评价、数据分析等增值服务需求已经显现。大数据时代社科图书馆如何利用大数据技术去分析、挖掘、整合图书馆汇集的结构化、非结构化数据信息，为科研读者提供个性化、深层次的信息服务，已成为目前各级社科图书馆不能回避的现实问题。

1　对大数据的基本认识

1.1　大数据的概念

2011 年全球知名咨询公司麦肯锡（McKinsey & Company）发布了《大数据：创新、竞争和生产力的下一个前言领域》报告，首次提出了"大数据"的概念，并在报告中指出"数据已经渗透到每一个行业和业务职能领域，逐渐成为重要的生产因素；而人们对于海量数据的运用将预示着新一波生产率增长和消费者盈余浪潮的到来"。大数据目前尚没有统一的定义，一些研究机构给出了这样的定义："大数据"是需要新处理模式才能具有更强的决策力、洞察发现力和流程优化能力的海量、高增长率和多样化的信息资产。而更多的人认为，大数据技术就是从海量、多样性的数据中，快速获得有价值的信息。

1.2　大数据的特点

大数据不仅仅是数据量的体量巨大，而且它具有大量化、多样化、快速化和密度低四大特点。

（1）大量化：存储大，增长快。大数据首先体现在一个"大"字上，即数量巨大，遍布世界各个角落的电脑、传感器、移动设备、在线交易和社交网络每时每刻都在产生大量数据，大数据遍及各行各业。现在的大数据已经从 TB 级别跃升至 PB 级别，而根据国际数据公司 IDC2011 年发布的 Digrtal- Universe study，全球信息总量每过两年，就会增长一倍。仅在 2011 年，全球被创建和被复制的数据总量为 1.8ZB。相较 2010 年同期上涨超过 1ZB，到 2020 年这一数值将增长到 35ZB，可见大数据不仅体量大而且增长速度很快。

（2）多样化：格式多，以非格式化数据为主。大数据的数据类型非常多，囊括了网络日志、视频、声频、图片、地理位置信息、交易信息、科学数据集等。而且大数据除了结构化数据外，非结构化数据占了很大的比重，目前非结构化数据已占数据总量的80%以上。巨量的非结构化数据中蕴含着巨大的商业价值和社会价值，但要在浩如烟海的数据信息中获取有价值的数据，就传统的数据分析处理系统和软件而言，其难度可想而知。

（3）快速化：需要实时处理。分析处理多样化的海量数据，对计算速度要求很高。只有对大数据快速处理，才能迅速了解不断变化的环境并作出反应，及时制订出准确合理的应对措施。

（4）密度低：价值密度低。从海量的数据中挖掘、析出有价值的数据信息，获取有用价值是大数据的终极目标。大数据的价值虽然巨大，具有难以估计的商业和社会价值，但价值密度却很低。一条有价值信息的获得，可能从数以万计零散的非结构化的信息中析出，其价值密度可想而知。

2　社科图书馆面临的问题及挑战

2.1　社科图书馆较小的数字化规模与单一的结构化数据库难以满足科研用户信息需求的多样性

近年来，我国对于图书馆信息化建设工作较为重视，早在《国家信息化"九五"

规划和 2010 年远景目标（纲要）》中就提出了政府主导、全社会参与的门户网站、特色数据库、数字图书馆建设的规划，近年来国家又相应出台了一系列信息政策、法规、技术标准、规范，以促进信息化建设，取得了可喜的成绩。但与公共图书馆、高校图书馆相比，社科图书馆的资金投入相对不足，信息化建设的速度参差不齐，主要以单一的结构化数据为主，对于科研用户迫切需求的人性化、个性化的服务却难以较好地满足。而单一的结构化数据显然不符合大数据的特征，图书馆不能很好地处理非结构化的复杂数据，大数据的巨大优越性难以较好地体现。

2.2　面对突如其来的大数据浪潮，社科图书馆现有的软硬件实力难以应对急剧增长的数据量，比较薄弱的存储能力和计算能力在数据的多样性面前更是无能为力

数据量的增加使得价值密度下降，想要获得有价值的信息往往需要对大批量的数据进行加工处理，而现有的设备在实时处理大数据方面很难满足要求，因此，图书馆更新设备，转变当前的知识服务架构，寻求新型技术来满足大数据时代信息服务需求已成为迫切解决的问题。

2.3　信息服务内容与方式急需转变

随着社科图书馆信息化程度的提高，传统的信息查询、信息传递等简单服务正面临着以复杂数据为对象、以深度挖掘为要求的高标准知识服务的挑战，传统的结构化数据服务方式推动了图书馆服务个性化、人性化，但在大数据背景下，要求社科图书馆不仅需要通过结构化数据了解现在科研人员需要什么服务，也需要利用大量的非结构化数据、半结构化数据从图书馆与科研人员服务关系中去挖掘正在发生什么、预测和分析将来会发生什么。显然，社科图书馆的传统的服务内容与方式远远滞后于大数据时代的服务需求，服务内容与方式的转变是大数据背景下社科图书馆服务科研用户的必然选择。

2.4　专业人员的专业技术与素养亟待提高

在大数据背景下，社科图书馆专业人员的大数据观念还有待加强，图书馆的数据整合、分析、挖掘技术，远远落后于诸如 CNKI、超星、万方等数据库厂商，专业人员的数据挖掘、整合能力远远不能适应大数据时代科研服务的需求，着力培养数据图书馆员、数据服务馆员等数据管理人才是社科图书馆适应大数据时代服务科研工作的当务之急。

3 大数据背景下社科图书馆服务

3.1　大数据背景下服务内容的转变

大数据背景下，衡量社科图书馆的竞争力的高低，不在于拥有数据资源的多少，而在于图书馆数据类型与结构、数据的利用与开发能否满足科研用户不断增长的信息需求，能否最大限度地为科研用户提供满意的个性化服务，创新图书馆的服务内容是适应大数据时代的需要，更是科研工作的需要。图书馆要在传统的二次文献开发、文献阅读引导、及时信息推送的基础上，开展必要的大数据分析业务。首先是图书馆自身建设所需的大数据分析，这类分析一般以图书馆现有数据为对象，如科研人员的借阅方式、行为爱好等，是一种对现有数据资源的分析与挖掘；其次是科研读者所需的大数据分析，这类分析业务类似于图书馆为科研人员所做的定题服务、课题跟踪服务等，但也存在很大的区别，如分析范围更加广泛、分析手段更加复杂、分析目的更加宽泛等。值得指出的是，大数据离我们并不遥远，但也不会一蹴而就。在现有条件下，服务科研工作主要还是依靠传统的服务内容，并在此基础上各馆可依据自身条件循序渐进，实现服务内容的质的飞跃。

3.2　大数据背景下服务观念的转变

社科图书馆担任着为社会科学研究提供信息资源的重任，仅仅依托传统的服务模式很难适应大数据背景下科研工作的需求，因此，社科图书馆应顺应时代的发展，积极迎接大数据浪潮的到来，转变服务观念，变被动的服务模式为主动的服务模式，不断拓展图书馆服务体系的内涵与外延，主动融入到科研工作中去，及时了解科研人员的需求，与科研人员进行交互式的咨询，鼓励科研人员参与图书馆资源建设、对图书馆服务进行评价。通过上述措施，逐步构建图书馆与现有的科研用户和潜在的科研用户之间的良性互动，在此基础上，与科研用户建立良好的信任关系，谋求图书馆服务与科研用户需求的平衡，提高图书馆的信誉度，增强对科研用户的吸引力，实现图书馆与科研用户的双赢，由此而树立起主动服务的理念，构建起新的更为有效的服务模式。

3.3　大数据背景下图书采购模式的转变

采访工作是社科图书馆工作的重要组成部分，采访工作做得如何，直接影响着图书馆藏书建设的数量与质量，更关系到图书馆服务科研工作的水平。面对纷繁杂乱的出版物、捉襟见肘的图书经费以及逐年上涨的文献价格，以采访人员的个人素养、信息捕捉能力，很难采集到能够满足科研需要而又具有一定价值的文献。因此，在大数据背景下，采访人员可以通过图书馆的计算机系统中的大量搜索记录、借阅记录、荐购记录以及微博、微信中潜在的需求数据，并对这些数据进行挖掘、分析、整理，了解科研读者对文献信息的诉求，以便指导采访人员采购科研读者急需却有价值的文献，这样就克服了采访人员采访目的性不强、靠经验购书的通病，为采访质量提供了保障。转型期间的图书馆还应采取两条腿走路的方针，对那些有借阅需求但由于种种原因无法到图书馆借阅的重点科研用户，采访人员应不定期进行电话访问、家访，及时了解他们的信息需求，并提供上门服务，使他们足不出户也能享受图书馆为他们提供的优质服务。

3.4   大数据背景下学科馆员服务的转变

国内的学科馆员制度是在借鉴国外学科馆员制度成功经验的基础上逐渐发展起来的。近年来社科图书馆学科馆员制度的相继建立，逐步形成了图书馆工作与学科、学者、科研用户的有效互动，提升了图书馆的竞争力，使科研人员得到了实实在在的好处。随着学科馆员服务理念的不断深化以及科研用户需求的多样化，嵌入式学科馆员便应用而生，学科馆员服务科研工作的力度将更大，并直接嵌入到科研活动中。能够及时了解科研用户的需求，为科研用户提供个性化、学科化、知识化的集成服务；科研用户的需求就是他们的动力，用户需要什么，就会根据用户需求提供具有深层次、前瞻性的服务。在大数据背景下，社科图书馆要求学科馆员以院重点学科、重点课题为导向，不断提升信息的捕捉能力、挖掘能力，通过进行数据分析，归纳出科研用户的特点，开展有针对性的增值服务，逐步实现学科馆员向嵌入式学科馆员服务转变。

3.5   大数据背景下一般技术型人才向数据管理型人才的转变

"数据"是信息化时代的石油，数据管理人才是数据密集型科研环境下的稀缺人才。要适应大数据时代对社科图书馆的要求，就必须改变传统的管理模式和工作方式，培养一支具备管理和技术知识，能够处理和分析大量数据的人才队伍。目前，社科图书馆数据整合能力还比较薄弱，为了避免社科图书馆在大数据背景下被边缘化，图书馆要对现有人才队伍进行整合，在采取在职人员在岗培训及岗外培训的同时，积极引进新技术、新人才，以弥补大数据时代图书馆数据管理人才的不足。通过创新服务模式，提升专业人员的数据整合、处理、挖掘能力，以此来提高图书馆的核心竞争力，为社科图书馆服务与发展做好人才储备。

参考文献：

[1] 姜山，王刚.大数据对图书馆的启示 [J].图书馆工作与研究，2013（4）：52-54，79.

[2] 曲佳彬.大数据环境下高校图书馆服务转型探析 [J].图书馆学刊，2014（6）：65-68.

[3] 李凤念.大数据时代高校图书馆受到的挑战及其发展对策 [J].农业图书情报学刊，2014（3）：80-83.

[4] 王天泥.大数据视角下图书馆的发展对策 [J].图书馆学刊，2013（3）：42-44.

[5] 韩翠峰.大数据带给图书馆的影响与挑战 [J].图书与情报，2012（5）：37-40.

大数据环境下图书馆舆情信息服务的创新

王　蕾　伦　宏（1 空军航空大学图书馆，吉林长春 130000；

2 南京政治学院图书馆，江苏南京 210003）

摘　要：本文从大数据的定义特点入手，通过对目前图书馆舆情信息服务方式的介绍和存在问题的分析，提出了大数据环境下图书馆舆情信息服务更新理念、建立大数据服务模式和联盟工作模式的创新策略及形式内容。

关键词：大数据；舆情信息服务；图书馆

　　图书馆舆情信息服务是指信息服务部门按照用户需求，通过对大量信息进行汇集、分类、筛选、整合、提炼等技术处理，形成反映社会舆情、网络舆论总体态势，并提出有效对策建议，供用户决策参考的信息产品的过程。大数据环境下，一些很难收集和处理的信息开始容易被利用起来，这使得舆情信息服务的基础和流程焕发了新的生命力。

1　大数据与图书馆舆情信息服务

1.1　大数据的定义与特点

　　大数据特指海量的、多样化的、高增长量的各种结构化、半结构化或非结构化的信息数据。它具有四种基本特性：①数据容量大。集中存储与集中计算已经无法处理呈指数级别的数据增长速度。②数据多样性强。数据类别众多、数据格式各异，传统数据管理流程无法处理异构和可变的大数据。③处理速度快。能够按需求提供交互式、实时的数据分析。④价值密度低。以视频为例，1 小时左右连续不间断监控过程中，有用的数据可能仅仅只有一两秒，只有通过强大的机器算法才能更迅速地完成数据的价值"提纯"。

1.2　传统数据管理模式下图书馆舆情信息服务的主要方式

专题舆情情报服务。图书馆组织专业情报人员根据特定主题内容要求，为政府管理部门或教科研人员提供某个专题的文献信息追踪。专题情报服务分为情报汇编、科技查新、情报比较评估等几种形式。例如，上海图书馆上海科学技术情报研究所的情报服务部从 2004 年启动了媒体测评系统与方法的研究和实践，其测评工作不仅局限于服务舆情，还是舆情工作的基础，测评数据分析成为舆情研判的重要依据。正是得益于媒体测评研究积累的一系列方法和技术，上海图书馆于 2009 年以世博会舆情监测项目为契机，转型开展面向决策部门的舆情监测和研判服务，并迅速成为社会舆情信息服务链上的有机一环。作为独立于政府和企业的图书馆情报机构，其处于舆情第三方位置，舆情研判较为客观。

网络实时舆情服务。主要是指针对重点课题，利用现代信息技术，定向跟踪相关的舆情评论，形成最新的资料专辑或网络新闻及评论集成，为决策研究者了解与课题相关的最新动向提供良好的平台支撑。例如，中国医学科学院、中国协和医科大学医学信息研究所图书馆于 2006 年成立卫生政策与管理研究中心，围绕卫生政策与管理领域中政府和社会关心的重大理论与实践问题，进行前瞻性、战略性和政策性问题的研究，为政府等有关部门和组织机构提供政策论证和决策咨询服务。新医改政策发布后，该中心针对新医改的重大事项和焦点问题，利用现代信息技术和工具，通过对各种数据库信息和传媒网络新闻与评论的集成整合，于 2010 年 10 月推出了"医改舆情监测"系统，得到卫生部高层领导的充分肯定和好评，成为我国图书情报机构开展舆情分析服务，为卫生决策提供的优秀范例。

自建专题舆情数据库。图书馆利用已有的数字资源整合平台，研究分析重点特色主题的文献需求，建立专题数据库或网络资源集成数据库，并注重及时更新补充，系统占有一系列主题的网络舆情信息。例如，"媒体眼中的广州"全文数据库管理系统，依托广州大学图书馆丰富的馆藏资源，在全面和系统搜集境内外中英文媒体关注广州政治、社会、经济、城建及科教文卫等各方面发展情况有关报道的基础上科学分类，分别建立相应的数据库及其索引，做成一个服务广州社会、经济、文化发展又有广州地方特色的信息产品。

1.3　当前图书馆舆情信息服务存在的主要问题

虽然图书馆在开展舆情信息服务方面取得了一些成果，但由于受到多方面的限制，还存在一些突出问题。

理念滞后，服务质量不高。图书馆舆情信息服务正处于起步发展阶段，缺少大量相关理论与实践研究支撑，与用户及相关部门沟通合作的不经常，造成了对用户背景和需求等把握不准。另外多数图书馆特别是一些高校图书馆，认为舆情信息服务不是图书馆本职工作，参与舆情信息服务会影响图书馆中心任务，主动作为意识不强，将舆情信息服务与相关业务工作对立起来，当成一对矛盾体，有的甚至认为开展舆情信息服务是"不务正业"。理念滞后使服务质量受到相当大的影响。

模式单一，服务层次较浅。图书馆舆情信息服务经历了从传统手工剪报到网络化、数字化发展的阶段，在此过程中，往往容易将以前图书情报服务的老一套模式照搬照用，由于模式单一，极易造成在舆情信息服务中，分析方法较少，技术手段落后，人员力量不足，无法实现服务软件化管理与集成化开发，难以实现提炼精华，开发不同层次产品的目的，出现了目前产品生产周期偏长，大多为"原始信息汇编"，深层次舆情分析精品相对较少的现象，难以满足用户对舆情信息时效性和有效性的需求。

资源分散，服务效益不高。数量众多、内容丰富的信息资源是图书馆开展舆情信息服务的基础，由于受到人力、物力和财力的限制，多数馆无力自行购置各类大型商业媒体数据库，加上自建特色数据库质量不高，内容有限，更新缓慢，使得"各自为政"的图书馆之间难以形成完善的资源保障体系，难以实现资源的统一管理和配置，难以制定统一的资源建设发展规划和宏观调控策略，导致资源的分散无序和重复浪费，资源闲置与信息匮乏并存，优势资源没有得到充分利用，难以实现综合服务效益。

2   大数据环境下图书馆舆情信息服务的创新策略

2.1   强化三种意识，更新服务理念

一是积极参与意识。要广泛形成将舆情信息服务纳入图书馆业务工作，能够拓展图书馆服务功能，巩固与提高图书馆在信息化社会中地位的共识，同时克服"等、靠、要"思想，抢抓机遇，主动作为。二是需求至上意识。需求是服务的前提。只有明确用户信息需求，才能有针对性地制订信息服务方案，增强信息产品开发的目的性，从而提供契合用户实际需要的产品。在舆情信息服务过程中，加强对用户信息需求的跟踪，把握和让用户意见参与指导尤为重要。三是融入竞争意识。随着舆情信息的重要性日益得到重视，大量商业信息服务机构以市场化的运作手段吸引用户，在严峻的形势下，图书馆必须不断推陈出新，提供更具特色，更加人性化、个性化和现代化的舆情信息服务，才能在激烈的信息服务市场竞争中谋得一席之地。

2.2　建立大数据服务模式，提高服务效率

随着人们对大数据认识程度的提高，对大数据分析技术的日渐成熟，以知识整合为导向的智能化、网络化、实时化的信息服务模式成为趋势，大数据环境下图书馆舆情服务的手段、方式等也必须不断随之更新调整。因此，在当前和今后一段时期内，图书馆应该持续推进大数据技术在舆情信息服务中的应用，构建基于网络互联的"大平台、大数据、大服务"的运行服务模式，利用其系统平台的可操控性，将图书馆的传统舆情服务向数据分析、数据挖掘方向转移。通过运用大数据技术从庞大的各类数据中快速分析潜在有价值的信息，加大对信息资源的价值挖掘，形成舆情信息快速反应机制，将舆情产品加工制作和发布过程及时数字化，将时效性体现在舆情信息收集、分工、加工、传递等各个环节中，提高信息服务效率。

2.3　建立联盟工作模式，延伸服务层次

以文献资源联建共享为基础的图书馆联盟是现代图书馆的发展模式，构建联盟的工作模式在舆情信息服务中同样适用。多个图书馆和信息机构打破原有的行政隶属和专业协作关系，成立服务联盟，以总体目标为依据，结合各成员单位实际情况，统筹制订工作规划，充分发挥利用彼此之间的优势，取长补短，使舆情信息资源变分散为整合，人员和设备等变单一为强大，构建资源基于联盟共建共享的工作模式。一方面在硬件建设上，通过合作引进购买数据库、数字化加工和互联网智能抓取技术，不断积累信息资源，形成外来资源和自建数据库相结合的共建共享资源保障模式；另一方面在软件建设上，会在服务联盟中培养锻炼出一支信息化建设与管理的人才队伍，能够在原先只对舆情信息进行简单监测和分析的浅服务基础上，进行信息的深层次加工，使产品兼具新闻和研究双重属性。此外，联盟还可以通过发挥综合的技术优势、专业优势，提出解决问题、引导舆论的对策建议，进而提供事件解决和形象维护方案的服务，从而延伸服务层次。

3　大数据环境下图书馆舆情信息服务的创新形式

利用大数据技术，依托舆情信息服务联盟，图书馆可以拓展以下几种舆情信息服务。

3.1　政务分析决策

成果一般是在舆情分析与预测人员日常积累和全面调查的基础上完成的，其密度高、系统性强、完整性和准确性都比较好，可以方便、清楚地帮助政府掌握情况、

动向，了解相关政务问题及趋势。应充分利用联盟的各种优势，在信息收集整理的基础上，组织相关专家、学者对政府的专项课题进行调研，使政府部门对本地区社会、经济、文化等问题有更加全面、理性的了解，从而在决策上更加科学合理。同时，开展舆情知识讲座与培训，也是图书馆联盟体开展舆情信息服务的重要一环，可以增强本地区决策者的情报意识，提高他们收集、分析、利用政务信息的技能，培养其独立开展舆情工作的能力。

3.2　网络舆情预警

通过组织各专业馆的学科馆员，全面收集来自现实生活和网络等方面的舆情信息。通过对 QQ 空间、BBS、微博群、人人网、微信等重点站点监测信息，并将收集到的原始舆情信息进行整理、加工、提炼，寻找出网络舆情信息变化的基本特征，由此形成舆情热点、动态等实时统计报表和研究报告，定期汇总，向政府主管部门提交。其次，图书馆应开发或引进技术平台实现网络舆情的监测与预警。及时发现并阻止一些与主流舆论相违背的舆情信息的扩散。面对突发性舆情，图书馆要果断采取应急处理程序及时响应，在网上及时公布事实真相，开展正面评论和引导，使网络舆情的发展方向和主动权掌握在政府宣传部门手中。第三，图书馆要对网络舆情进行调控。图书馆要组织人员围绕热点问题撰写帖文，激发市民点击、跟帖，形成正面舆论。通过加大教育和宣传的力度，着力培养公民对消极和负面舆论的免疫力，倡导符合主流思想的舆论价值观念。

3.3　基于数据库系统的定题推送

定题推送（"push"技术）已在网络环境知识服务领域中广泛应用，舆情信息工作同样可以借鉴。图书情报分析人员以数据库平台为基础，整合联盟体中各单位搜集的相关新闻报道、评论信息等，通过整理、分类、归纳、综合，在准确把握当前舆论状况的基础上，对舆情做出评价和预测；而后根据主题特色、科研角度和专业研究方向，主动、及时地将信息服务的成果通过邮件、交互网络平台等方式发送到研究人员、决策者的终端、桌面上，提高信息服务产品的政策转化速率。

4　结语

在大数据条件下，图书馆的舆情信息服务面临着更多的机遇和挑战。相对传统图书馆的情报服务而言，舆情信息服务更强调的是推送一种经过精加工的知识服务，需要我们不断更新观念，革新技术，创新模式，我们有理由相信随着信息技术的不断深化发展，图书馆的舆情信息服务将得以健康、可持续地发展。

参考文献：

[1] 边晓利. 图书馆为政府提供决策信息支持的误区透视与创新对策 [J]. 图书资料工作，2007（1）：106-109.

[2] 艾新革. 论当代大学图书馆为地方政治经济与文化发展服务 [J]. 情报科学，2010（4）：516-522.

[3] 黄超. 网络舆情现状及应对措施研究 [J]. 人民论坛，2013（14）：40-41.

[4] 马江宝. 我国图书馆联盟资源共建现状研究 [J]. 山东图书馆学刊，2013（3）：65-70.

[5] 艾新革. 图书馆政府舆情信息服务研究 [J]. 图书与情报，2011（4）：1-6，15.

[6] 郭百灵. 采集民意、汇聚民智，充分发挥网络舆情的积极作用 [J]. 理论视野，2012（3）：69-70.

大数据时代军队院校图书馆情报
服务理论与实践问题研究

楼　钧（国防大学图书馆，北京 100091）

摘　要：伴随着云计算、移动互联网、物联网等信息技术的成熟，大数据（big data）技术迅速发展，已成为国际、国内业界和学术界研究关注的热点话题和重要方向。在此形势之下的军队院校图书馆情报服务正面临新的机遇与挑战。不仅要适应院校教学科研改革的需求，多元化视角拓展情报服务方式，还要着眼培养适应情报服务需要的高素质人才队伍。

关键词：大数据；图书馆；军队院校图书馆；情报服务

导　言

情报服务已成为当前图书馆的基本职能。相较于过去数字图书馆的研究与发展，大数据技术将给以知识存贮、利用和开发为己任的图书馆带来革命性和创造性的变化，并对我们所熟知的诸如信息定制、信息推送、情报刊物等情报服务模式、能力、机制产生重大的影响，为图书馆实现知识服务模式的转变、知识管理模式的突破、合作交互型知识创新模式的完善等工作需求提供新的思路和解决方案。对于获取网络信息和知识存有局限的军队院校图书馆，如何理性地认识大数据时代的到来及其影响，尽快适应院校教学改革需求，提高对海量增长的文献数据处理能力，给读者提供更精准的情报产品，是我们亟须思考的问题。

1　情报服务要适应院校教学科研改革的需求

21 世纪，人类迈入信息化社会，信息资源成为社会发展的重要战略资源。图书馆情报服务本身就是围绕着学校教学科研展开的。伴随着信息资源越发繁杂，传统的服务观念、手段和内容已无法跟进用户的海量信息需求，情报服务面临着前所未有的巨大压力和挑战。而当前，为贯彻落实习主席提出的强国强军目标，军队院校必须不断深化教学科研改革，始终坚持"面向战场、面向部队、面向未来"，努力实现培养一流人才、多出一流成果、打造一流教研队伍、创办一流军队院校的目标，以此牵引其全面建设向信息化整体转型。这就要求情报服务必须与时俱进，以院校教研改革需求为指导，采取行之有效的服务方式，切实履行好教研保障的职能，提供精品优质服务。

1.1　以院校学科理论发展为牵引

学科是院校存在和发展的基础，是学校建设的门面工程和中心工作，亦是各项工作的聚焦点。只有积极探索学科建设规律，才能在深化学科特色的基础上，有针对性地开展人才培养工作。作为学校的资源建设基地，为学科建设服务是图书馆的建设方向和原则，也是图书馆情报服务的出发点。情报服务必须围绕学科建设情况展开。除了密切跟进院校学科建设发展动态，还要以重点学科为主要关注方向。重点学科是学校重点扶植与培育的学科，具有明显优势和特色，是学校的龙头和招牌，它决定并影响着院校人才培养的类型和质量，是衡量院校办学水平的标志之一，"没有一流的学科就没有一流的院校"。有代表性的军队院校，如果没有重点学科来支撑，也将失去其影响力。对于旨在培养高素质联合作战指挥人才的院校，其学科建设应优先发展与军事斗争准备密切相关、军队建设急需、军事特色鲜明的各类学科，并努力开创新兴学科。这就要求图书馆在提供情报服务时，应加大对这些学科的信息资源保障力度，要深入教学科研第一线，跟踪重点学科、重点研究课题全过程，摸索经验，逐步展开，准确把握教研人员在各个教学、科研阶段需要什么样的信息，实施信息的定期推送和全程保障，保证重点学科资源长期稳步发展。

1.2　以不断深化服务内涵为动力

当前网络高速通达，未来即将步入 4G 时代。在大数据、云服务等技术应用日渐普及的背景下，军事训练网也日趋成熟，融汇了全军越来越多的大量网络资源，拓宽了信息交流渠道，加强了部队及院校间的联系，为信息资源共享构建了统一的平台。用户的知识信息需求呈全方位综合化、网络电子化、集成高效化等特征，期望通过数字图书平台中各类数据库获取最新信息，对情报产品的质量也有了更精细化的需求。主要表现在不仅仅是对文献资源本身或原生类产品的大量需求，同时还期待能利用终端得到经过图书馆鉴别、选择、加工后有价值的信息。尤其是新一轮院校教研改革浪潮下，不断衍生的理论和实践问题，都急需图书馆这个资源平台与基地能及时提供伴随式情报保障。面对这样的要求，图书馆情报工作者应该认清时代的特征，掌握改革发展形势及学科理论动态，以读者和用户不断变化的需求为发展动力，以更广的视野来看待图书情报服务工作，有效地研发和利用信息资源，不断深化服务内涵，推进信息化进程，特别是对电子信息资源的整合，加大情报服务发展的力度。

1.3 以服务人才培养战略为目的

院校建设最基本问题是确定人才培养目标和学科建设定位问题，而人才培养目标又是学科定位的主要依据。十八届三中全会通过的《中共中央关于全面深化改革若干重大问题的决定》明确指出，要深化军队院校改革，健全军队院校教育、部队训练实践、军事职业教育三位一体的新型军事人才培养体系。同样，图书馆情报服务也要本着军队信息化建设和未来基于信息系统的体系作战人才培养的需要这一根本目的，开展相应的工作。根据第十六次全军院校会议精神，突出军事职业教育为主导、贴近实战的人才培养方针，军队院校均开展了探索创新教学内容和组训方式的实践。由于任职教育的培训周期短，课程安排比较紧密，许多来自基层部队或者边远地区的学员和部分高层次培训班的学员，因为在原工作岗位使用图书资源有限，对日新月异的图书馆使用甚是陌生，无法立即在短时间内熟练运用图书馆相关系统查找获取自己所需要的资料。除了展开以推送（push）技术为基础的服务，图书馆还应联系实际情况，迎合学员的不同需求，打造出具有本校特色的情报服务产品。

2 多元化视角拓展情报服务方式的举措

新型军队院校体系是以军事职业教育为主体的院校体系，其军事职业教育更强调确立联合育人的办学观念，强化利用全军资源培养人才的思想意识。新体系下图书馆情报服务在院校教育转型的大背景中，应针对各类院校特点，因地制宜地更新服务理念，创新服务模式，打造品牌，提升军队院校图书馆服务于军队、服务于军事知识创新的核心竞争力，并拓展情报服务的范围，使知识服务切实成为军队院校图书馆发展的生长点，为培养高素质新型军事人才、建设信息化军队、打赢信息化战争提供充沛动力。这也是谋求军队院校图书馆信息服务乃至图书馆事业可持续发展的必然选择。

2.1　更新情报服务观念

理念引导实践。军队院校图书馆建设只有确立新的情报服务理念，向更高层次进取，才能不断提升服务的质量，为院校教学研究提供高效的信息数字化保障，为学校的学科建设提供支撑。这也是军队院校图书馆培养高素质新型军事人才的需要，是适应军队院校转型的需要。军事职业教育注重联合育人的办学观，强调系统培养，因此，大数据背景下的军队院校图书馆情报服务除了要注重整合利用全军资源，坚持全程设计、逐级衔接、突出重点，还要在实践中提高认知水平和解决现实问题的能力，紧贴部队、紧贴装备、紧贴岗位实际，树立主动且顺应形势需要的情报服务观念。一是需更注重实效性，必须围绕军事职业教育这个主题来开展，各院校须根据自己的实际情况进行调整，将情报服务的重心从为学历教育服务转向为任职教育服务，能够针对任职学员在学习工作中遇到的实际问题，提供有效的知识或解决方案；二是更加注重联合性，充分利用全军院校图书馆资源，走整体发展、开放协作、共建共享、联合保障的道路；三是需更加注重系统性，重视情报服务的全程设计、分工负责、协调发展；四是需更注重交互性，情报服务的侧重点应从为教学服务转向为助学服务，充分尊重学员的主体地位，发挥学员的主动学习意识，吸引学员主动参与资源获取、挖掘组织、交流互动、服务体验、经验反馈、机制构建的情报服务全过程。

2.2　创新情报服务模式

大数据的出现和用户日益增长的信息需求，促使军队院校图书馆的情报服务方式不断改进。当前军队院校任职教育对象类型复杂、学历不同、经历各异、信息素养参差不齐，而信息需求旺盛但课余时间紧张，因此，需要不断开发专业性且具人性化的服务方式和手段。如果军队院校图书馆情报服务模式不能与时俱进、开拓创新，图书馆情报服务效能将大打折扣，最终将落伍。

2.2.1　继续拓展传统情报服务模式，将融入式服务贯穿全程

随着用户需求的深入，许多图书馆拓展了传统情报服务的方式，基于传统的参考咨询、宣传导读、检索查新、流动上门等服务服务，开辟了聘请信息联络员，召开各类座谈会，听取用户的意见和要求，组织聘请军队和地方等其他高校图书馆学方面的专家、研究员作报告等新型服务模式，吸引更多的学员走进图书馆，激发读者的读书学习热情。此外，各馆还通过开展信息素质教育，有效地提高了用户的信息获取、利用和分析能力；设计了有关图书馆服务问卷调查等系统，充分与读者交流。融入服务的理念是将知识服务主动融入到满足用户知识需求全过程的理念，其核心

是图书馆为教学科研提供最直接、更深入的知识服务。开展融入服务，一方面要授人以鱼，通过馆员向用户主动提供专业性、针对性强的知识产品，减少教研成本，增殖信息效益；另一方面要授人以渔，通过馆员向用户进行信息素质教育，使用户了解和掌握熟练的检索技能，提高知识获取和利用能力。这样，在全程融入服务过程中，体现出图书馆主动服务的精神，使用户享受到图书馆高水平和高质量的情报服务。

2.2.2 依托数字化平台，深化推送服务内涵

进入数字图书馆时代，网络检索、知识导航、信息推送、定题定制、虚拟参考等个性化服务方式和手段，都有效地提升了图书馆情报服务的质量和效率。例如，有的军队图书馆建立的"外文科技文献信息共享服务中心"，分别在"军网"和"民网"上开创了"基于原数据仓储"的"一站式"检索与获取平台，依托该平台可为军队院校用户提供所需的全文文献快速查询、获取和传递服务。还开通了"民网"资源的"远程访问系统"，通过该系统可以在各地的互联网电脑上访问其订购的所有"民网"资源，直接获取国际同步的外文文献。信息推送提供的一站式服务，即用户通过简单操作，就能一步到位地得到有关信息资源或线索的全方位服务，从而实现对各种不同形式的信息服务功能的高度、有效整合。这也是当前图书馆情报服务日趋普及且反响较好的主要手段之一。一些军队院校图书馆利用先进的技术平台和多种服务方式，为教学研究、学员自主学习提供了高质量、高效率、方便快捷的知识和信息服务。例如，对订购的资源（如学位论文、会议论文、科技图书等）按学科进行采集、整合，建成数据库。该库既可在本馆建立的服务总站面向全军院校提供网络使用服务，也可以根据各单位的实际需求，建立全部或分学科的部分数据镜像，实现外文资源的充分共享和有效利用。总站数据实时更新，镜像资源定期（按期刊出版周期）更新、推送。

2.2.3 搭建互动交流平台，推进嵌入式服务

在情报服务过程中，用户不仅仅是知识的获取者和使用者，更是知识的创造者和提供者。互动服务是指用户参与到包括知识共建、知识组织、知识评价、知识利用在内的整个情报服务过程的服务形式。大数据时代，每一个用户本身就是一个资源库，而现代信息技术环境可以为用户提供便捷的途径，方便用户上传图书馆包括原生文献在内的各种资源，充分调动用户参与资源建设的积极性。军队院校的图书情报互动式服务可以借鉴因特网社交网络模式，搭建专门的平台，例如My Library（我的图书馆）、My Grids（我的网格）、军网博客等特殊组群，吸引用户在情报服务活动中主动参与，包括用户与知识的互动、用户与系统的互动、用户与馆员的互动、

用户与用户的互动。这也是图书馆情报服务在 Web 2.0 下运作的典型特征。正是这样的交互活动，充分体现了以用户为中心、用户主导的知识服务发展新趋势。下一步，还将建立并完善联合参考咨询服务系统，其包含用户调研、服务理念、机构设置、流程再造、服务策略以及资源建设、服务设计、技术平台等在内的一整套全新的运行机制，也是图书馆嵌入式技术、嵌入式馆员、嵌入式学科服务、嵌入式信息素质教育等各项要素的总和。嵌入式学科服务更需要调动全馆以及馆外所有可用的资源去为用户构建一个个性化、实用化的知识保障环境，强化图书馆网络信息的宣传导航和相关信息的针对性。

2.3　拓展情报服务范围

随着全军军事训练信息网建设和应用的成熟，1998 年提出的"全军院校一个馆"的口号，其实质是网络环境下的信息资源共建共享。经过几十年的摸索实践，军队院校图书馆信息服务联合机制由初步形成逐渐步入交流密切立体协作。这种方式增强了协作的深度、广度和活力。新型开放办学体系以优质资源为依托，强调军地教育资源的高度共享，以进一步完善军民融合培养军事人才的政策制度，增强对外培训效益。这就要求军校图书馆情报服务将院校丰富系统的资源和部队鲜活的资源融合起来，将联建共享的范围从院校图书馆之间拓展到院校与部队的联合服务，将知识服务的功能从为教学科研服务拓展到"向部队靠拢、向实战聚焦"，为部队作战、训练提供多种形式的服务；将知识服务的时限从在校学习期间拓展至学员的整个职业生涯。在军内外、国内外开展不同程度的合作交流，实现优势互补，充分发挥资源、技术、人才、机制的整体合力效能。同时，军队院校还应该积极和军内的科研院所信息机构开展联合服务，以拓展在科研领域的知识服务能力和业务范围。除了积极开展军内联合，还应向地方院校图书馆、公共图书馆、档案馆、情报所、企事业单位信息部门、科研院所信息部门开放，采取"引进来、走出去"的方法，充分借用地方图书馆和信息机构的理念、资源、技术、机制优势，从松散到耦合，逐步走开军地联盟知识服务合作的新路子。2012 年 3 月，在北京市委市政府的大力支持下，"首都图书馆联盟"在京成立。联盟突破了现有的管理体制，将位于北京行政区域内的国家图书馆、党校系统图书馆、科研院所图书馆、高等院校图书馆以及医院、部队、中小学图书馆和北京市公共图书馆共 110 余家图书馆联合起来，有效整合首都地区各系统图书馆的文献信息资源，逐步形成图书馆间协调合作、共同发展的良好态势。目前，"首都图书馆联盟"已推出了多项惠民措施，国家图书馆与首都图书馆之间实现了读者卡的双向认证、部分数据库的双向互访和外借图书的通还。军队院校将几十个图书馆和情报机构建设的军事特色数字资源系统统一集成，在军事训练网上整合成统一门户，提供全军共享。

2.4　打造情报服务精品

1998 年，中国高等教育保障系统（CALIS）建设项目启动，推进了具有军队特色的图书馆网络系统（Milins,NM2000,Milnets）和数字图书馆应用技术系统（MDLS）的研发与应用。应运而生的图书馆数字图书平台，已成为科技新兴时代的重要知识载体。但纯粹的聚合各种网络资源以及馆藏书目信息，或将其区分为图书、期刊、论文、报纸、专题、外文、多媒体等几大类整合数据库的数字图书平台，仅是一个功能全面、包罗万象的搜索引擎，一个纯粹的搜索工具，无法为用户提供更高层次的战略性参考咨询服务。而打造情报服务精品，是提供能满足用户个性化需求的信息资源产品，使之具备战略性参考或者情报参考的价值。好的情报服务精品不仅能够反映一个图书馆乃至整个学校信息资源建设的现状，还能折射出该校的教学水平，高层次的信息服务精品还代表了院校图书馆图书情报的发展态势和学校学科建设的情况。例如，国防大学每年定期推出《教学研究资料》《因特网信息摘要》《军事摘译》《新书通报》《新书介绍》等精选情报产品。其中《教学研究资料》是以军事、政治理论科学为主要研究对象的情报资料性内部月刊，主要吸纳军事理论、政治理论研究综述方面的文章，刊登观点新颖、容易引起学术界重视和争鸣的原创文章，旨在为国防大学提供教学科研参考信息；《因特网信息摘要》是以因特网网络信息资源为主要研究对象的动态性信息摘要周刊，紧扣信息时代的脉搏，充分利用网络工具搜集有关国内外政治经济、军事、外交等领域内的重大热点问题动态及其相关评论；《军事摘译》则是挖掘图书馆外文军事期刊和国外军事期刊网站资源而推出的半月刊，旨在拓展读者世界军事视野，主要精选国外权威专家学者和智库发表的学术味浓、敏感度高、时效性强的文章，并对其进行摘译和编辑，内容涉及军事外交、安全与战略、危机与冲突、作战与训练、装备与后勤保障等领域的前沿理论和观点。

3　着眼培养适应情报服务需要的高素质人才队伍

科学发展观的核心是以人为本，图书馆贯彻科学发展观，就是以读者和用户为本，以教研人员尤其是以学员为本。图书馆员不仅是知识与用户之间的桥梁和纽带，也是情报产品和解决方案的设计者和生产者。图书馆情报服务能否有效地开展，与其服务人员的素质和知识结构紧密相关。对于指挥类军事院校，要能预见信息化战争的发展趋势，熟悉信息化战争的组织指挥，具有驾驭、打赢信息化战争的能力，其配套的信息和知识需求必须具有很强的时事性。对于综合性军事院校，军事、政治、经济、外交、法律、科学技术、武器装备方面的基本理论、基本知识都要了解，这就决定了信息和知识需求具有很强的系统性。军队院校图书馆面向学科的情报服务模式迫切需要高素质学科馆员的支撑。

3.1　健全人才管理模式

图书馆要依据不同的岗位制定相应的标准，坚持用科学的评价标准，对人才进行评估，以此合理开发和使用人才资源，引导每一名馆员结合自身专长，制订相关的个人发展目标，争取让每个人都能发挥所长，各司其职，各显其能。在基于《文职干部条例》《文职人员条例》《院校图书馆工作条例》之上，结合本馆实际，优化图书馆人员结构向多元的学科结构发展，以期能满足不同服务层次要求。建立健全馆员考核制度，对馆员进行客观准确的评价，强化危机意识，调动馆员工作的积极性、创造性和主动性。同时，利用激励手段，充分调动馆员队伍的工作积极性和创新热情。对学科馆员要给予制度上的一些优惠政策，如有一定的弹性工作时间和经济上的补助；提高他们的待遇，使学科馆员的待遇明显高于一般馆员，等等。科学统筹规划，建立起一支"年龄结构合理、知识结构互补、职称结构比例适当、军地人员结合的动态发展的信息服务队伍"。并且发扬"传帮带"精神，由资深馆员帮带辅导年轻馆员开展对军事理论的学习。

3.2　强化专业素质培养

要强化馆员的专业素质培养。馆员的专业素质除了图书情报专业知识和信息研究分析能力，以及现代信息技术应用能力外，还有与本校学科专业相关的教学科研知识。对于馆员来说，军事理论、作战指挥等相关军事知识是贯穿情报服务始终的重点。跟踪学科建设，打造复合型学科馆员将是未来很长一段时期内，图书馆情报服务人才建设的主要方向。要想给专家教授、中高级指挥员提供军事情报服务产品，馆员必须加强自身学习，不仅要了解军事相关知识的点点滴滴，还要精通某一学科领域，并有相关的研究探索。做到自觉收听、收看有关军事动态前沿的重大热点问题新闻报道，尝试撰写军事论文，阐述理论观点，锻炼军事逻辑思维分析能力。只有这样，在为用户提供信息参考时，才能达到"难不了""问不倒"。另外，军队院校图书馆还应努力拓展"依托军队院校培养、联合军地共同培养"的路子，以此不断输送与图书馆发展目标相适应的人力资源，解决图书馆人才培养"瓶颈"问题，确保情报服务的有效开展。

3.3　提供学习实践平台

为文职人员提供实践机会。只有紧贴一线教学科研需求，才能为用户提供周到、精准的信息服务。学校教学管理部门在制订相关课程计划，如实施现地教学计划时，就可以将文职人员纳入到教学实践当中，馆员通过利用诸如此类的学习机会，也可以深入到社会、基层，切实体验教学一线的动态，既充实自己的实践知识，又了解掌握教学实际情况。图书情报协作组织各单位之间也可以利用各种资源，为学科馆员创造学习深造的条件，提供系统的具有吸引力的平台，如外出参观交流、参加培训、扶持攻读更高一级学位。只有开阔视野、开拓思路，才能在实践的过程中真正了解读者和用户需求，同时贴紧教学需求，为未来更好地开展图书馆情报服务注入新鲜思想、提供不竭动力。

参考文献：

[1] 于代军.军队院校教育转型中的图书馆知识服务研究 [R].全国社科基金"十二五"规划国家课题，2013，12.

[2] 贺德方.大数据环境下的情报学 [J].图书馆情报学，2013（3）.

[3] 李广建，杨林.大数据视角下的情报研究与情报研究技术 [J].图书馆情报学，2013（4）.

[4] 刘旬玲，庞红.军队院校图书馆情报服务模式研究 [J].情报探索，2011，162（4）.

[5] 葛敏.军队院校图书馆服务创新散论 [J].信息管理，2011（4）.

基于大数据的科技云服务平台发展对策研究

汪　勉　鲍　旭（山东省济宁市科学技术情报研究所，山东济宁 272023）

摘　要： 本文首先介绍了济宁科技网络服务平台发展现状及所取得的成效，同时指出了在未来的科技情报服务过程中存在的问题。为更好地为济宁区域科技创新做好科技信息支撑，本文提出了依托云计算和大数据技术建设"济宁市科技云服务平台"，并分析了该平台建设的基本架构、主要内容及主要功能，提出了"科技云服务平台" 主要系统组成，并对服务平台的发展做出了展望。本文希望通过对大数据、云计算技术和科技信息服务的有机结合，打造一个"一站式"科技创新服务平台。

关键词： 科技云；科技信息定制；知识服务；资源整合

济宁科技网络服务平台始建于 1999 年，经过十几年的发展，目前已建成结构完整、功能强大、软硬件配置齐全的科技信息网络系统。网络系统建设了电子政务、科技信息服务、科技管理三位一体的综合性网络服务平台，已成为全市规模最大的科技管理和科技信息服务基地。

1　济宁科技网络服务平台发展现状

济宁市科技信息网络是按照分步建设的原则具体实施。随着科技管理、科技服务和科技信息需求水平不断提升，信息网络建设的目标也越来越明确，网络功能也逐渐提高。

1.1　科技电子政务系统

科技局门户网站、科技电子政务大厅和专题网站组成了济宁市科技电子政务系统，该系统每一个网络平台，肩负着科技系统对外展现科技工作各类功能，是科技局对外交流的重要渠道。科技局门户网站有通知通告、科技动态（包括县区）、工作职能、科技政策等科技政务信息，网站以信息发布为主，全面展示科技工作形象。电子政务大厅是以科技金融、科技平台、科技信息为主的网上科技服务平台，平台具有信息采集、网上流程办公等功能，充分体现了我市科技管理工作的先进性。专题网站是指为专博会、科技活动周、科技奖励大会等重要科技活动建设的网站，网站以宣传专题活动为主，信息发布及时，具有科技活动宣传的时效性。

1.2　科技管理服务系统

科技统计平台、科技项目信息管理平台、科技办公自动化平台等构成了科技管理服务系统。该系统包括两个部分，一是实现公文管理、协同工作的现代化网络办公内部平台；二是实现网上申报、网上评审、网上验收的科技项目信息管理平台，以及对外开展科技创新要素信息采集、分析的科技统计平台。科技管理服务系统主要采用信息技术手段，实现科技办公、科技管理的现代化、网络化，是我市科技管理水平的重要体现。

1.3　科技创新服务系统

科技创新服务系统是科技系统"三中心一所"对科技创新提供网络服务的具体体现，该系统涵盖科技金融、科技平台、科技信息、大型科学仪器、技术交易等对外科技创新服务内容。系统分为用户层、服务层、数据资源层三个层次，用户层包含全市科技型企业、科研院所及高校、各级科技管理部门，服务层包含科技平台网站等服务载体，数据资源层包含购置、采集的科技文献、科技政策、企业信息、专利等科技数据资源。三个层次协同工作，为各类科技创新提供了一个完整的网络化服务链。

2　济宁科技网络服务平台取得的成效

济宁市科技网络服务平台通过共享中国科技信息研究所、山东省科技情报研究所数字资源，整合本地信息资源、规范基础数据格式及内容，引进和利用国内外各类科技信息资源及现代情报研究分析工具，为济宁市委、市政府提供了科技决策支持情报服务，为济宁市各类企业、科研院所、高等院校和科研人员提供科技创新情报服务，为济宁市科技管理提供现代化管理情报服务的综合性科技情报服务平台。目前已基本形成了科技决策、科技创新服务、科技管理三位一体的综合服务平台。

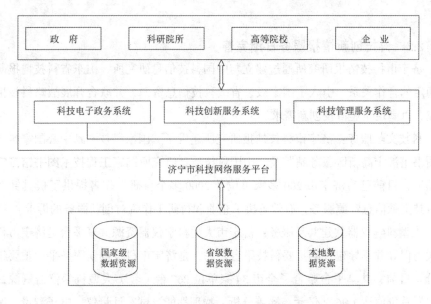

图 1   济宁市科技网络服务平台架构图

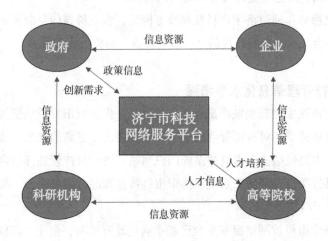

图 2   济宁市科技网络服务网络图

2.1   科技决策支持能力日益增强

济宁市科技情报研究所主要是依托国家、省、市三级科技情报界的丰富信息资源、网络资源，采用可靠的情报分析工具和丰富的专家资源，围绕济宁市科技发展战略、政策、体制机制、管理以及科技促进经济社会发展等内容，开展具有本地特色的前瞻性、全局性和综合性的战略情报研究工作，为市委市政府及科技管理工作者提供政策建议和咨询意见。

2.2　科技创新情报服务日渐完善

济宁市科技情报研究所通过建立与中国科技信息研究所、山东省科技情报研究所稳定的合作关系，引入了国家级、省级科技信息资源，并联合开展战略科技情报研究，以满足企业科技创新需求。

科技文献服务：济宁市科技情报研究所建设了"国家科技文献中心国家科技数字图书馆济宁高新区服务站"及"中国科技信息研究所国家工程技术图书馆济宁服务站"，目前已为济宁市 200 多家单位及 2000 多个科研工作者提供了极具针对性的科技文献信息资源服务，有效解决了企业和科研工作者对创新服务的诉求。

大型科学仪器共建共享服务：济宁市大型科学仪器资源共享平台是济宁市科技局大力倡导并领导建设的重要科技平台之一，是济宁市科技创新服务平台重要组成部分。目前，共享平台整合了全市 34 家单位 267 台（套）大型科学仪器资源，入网仪器总价值达 1.9672 亿元。涵盖分析、物理性能测试、计量仪、电子测量、医学诊断、特种检测、工艺实验设备等八类别的仪器。

科技信息服务：通过济宁市科技局政务网站、农业科技信息服务平台、科技政策法规服务平台等对外开展科技信息、研究快报、研究报告等服务。

2.3　科技管理信息化水平增强

随着济宁市国家创新型城市试点工作的推进，促进城市发展从资源依赖型向创新驱动型的战略转变，对科技管理的水平和效率提出了更高的要求。我市现有的科技管理系统，主要包括济宁市科技系统门户网站、济宁科技管理部门内部办公自动化、济宁市科技项目管理信息系统、济宁市科技视频综合服务平台，提升了科技管理效率，深化了科技体制改革。

目前，济宁市科技网络服务平台已基本满足政府机关、企业、高校、科研院所等用户的科技决策支持、科技查新、科技文献等科技情报服务需求。

3　济宁科技网络服务平台存在的问题

济宁市科技网络服务平台经过前期快速发展，满足了科技信息服务的需要，但是随着知识服务理念的兴起，现有平台无法更好地利用现代技术对海量数据信息进行处理分析，不能满足人们对信息获取的及时、便捷、准确的要求，阻碍了科技情报服务更好地发展。主要表现如下：

（1）平台分散，用户需在多个平台进行相似关键词重复检索，才可能得到比较全面的信息，降低了平台服务效率，用户平台体验度不高。

（2）数据格式不统一，无法利用信息数据分析手段，对数据进行深度挖掘分析，无法得到高价值的数据信息，阻碍了对科技决策的支持力度。

（3）服务不能因时（势）而变，无法对网络上海量数据进行规范、选择、整理和分析编辑出优质内容，无法实现对用户的主动推送服务。

随着计算机技术的快速发展，云计算和大数据技术为IT产业带来了又一次颠覆性的技术革命，引起了产业界、科技界和政府部门的高度关注。利用大数据技术可以快捷提取、存储、搜索、共享、分析和处理海量的、复杂的数据集合；通过云计算技术把各类平台、资源整合为一个整体，通过集约化的管理方式、透明的协作模式、方便的服务获取、动态的服务分配和资源调度、自适应的按需服务和开放的知识环境来为用户提供个性化满足的云服务体系，从而建立一个智能化、主动服务的知识服务平台。

4　基于大数据的济宁科技云服务平台建设主要内容

济宁市科技云服务平台将以云计算及大数据挖掘为基础，整合现有网络服务平台，完善公共网络服务平台，提升对政府科技决策支持力度和科技管理服务水平，加强深度行业科技信息定制服务，有效支撑科技企业用户日益增长的创新需求；建设一个立足济宁、覆盖鲁西隆起带、辐射山东全省的"一站式"科技创新公共服务平台，为我省科技创新、高新技术产业及社会事业的发展提供持续有效的科技基础保障和条件支撑。

4.1　平台基本架构

济宁市科技云服务平台将为政府部门、科技管理工作者、企业、科研院所等提供科技辅助决策支撑、科技管理创新、应用技术研发、科技创新基础条件、科技信息、科技金融、科技成果专业与高新技术交易、科技人才等服务系统。

济宁市科技云服务平台，采用云架构，通过整合济宁市科技局现有各平台，实现资源的统一管理、统一调动，实现各系统之间数据的共享，统一构建政府决策支持系统、科技管理系统、深度行业信息服务系统以及科技信息推送系统。平台能够高效、实时地获取科技统计系统、科技计划系统、科技文献库、科技金融平台、科研设计机构网站等多通道的信息，实现对科技信息实体的识别和属性特征抽取。通过海量数据智能分析与深度挖掘，发现符合用户行业需求的、高价值的科技信息；最终在科技信息推送系统上为用户提供的个性化科技信息服务和面向行业的科技信息垂直搜索服务。

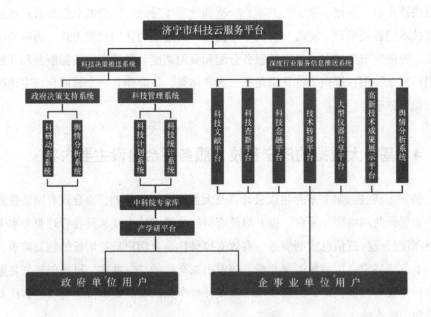

图3　济宁市科技云服务平台服务架构

4.2　平台主要组成部分

济宁市科技云服务平台针对科技创新链的各个环节，围绕科技决策服务、科技创新服务两大体系重点建设科技决策支撑服务、科技管理创新服务、应用技术研发服务、科技创新基础条件服务、科技信息服务、科技金融服务、科技成果专业与高新技术交易服务、科技人才服务等平台，并形成科技项目数据库、科技成果数据库、科技专家数据库、科技企业和技术中心数据库、大型仪器数据库、技术成果交易数据库等事实性数据库，同时基于"云计算"及大数据处理技术构建一个数据统计分析系统，对以上事实性数据库进行横向、纵向对比分析，并通过"舆情分析系统"，分析出我市主导产业所属技术领域发展趋势，为我市科技决策提供支持，为我市科研工作者提供深度行业发展趋势研究报告。

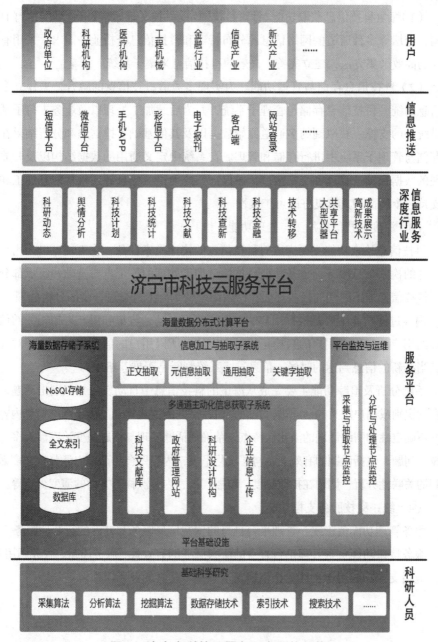

图 4　济宁市科技云服务平台网络架构

4.3 平台主要功能

平台主要有海量科技信息获取、科技信息存储与管理、深度科技信息加工与处理、统一科技服务支撑四个主要功能。

（1）海量科技信息获取功能。针对科技网站、科技文献库、政府管理网站、门户、新闻、论坛等多种通道的网络信息源分布特点和科技信息分析业务需求，采用有针对性的高效采集方法，建立完善、高效的科技信息采集子系统。

（2）科技信息存储与管理功能。为实现多通道科技信息的融合，需建立多通道信息的统一科技信息存储与管理子系统，并为后续加工处理以及业务支持子系统提供统一的支撑。获取到的多通道原始数据以及其他基础支撑信息和分析结果在数据存储与管理子系统中进行存储和管理。在系统中定义通用的数据结构以及开放可扩展的数据存储、管理和交换接口，以保证系统无论从信息源还是从信息加工和业务支持各个层面均具有良好的可扩展性。

（3）深度科技信息加工与处理功能。

科技信息检索功能主要完成对科技信息的快速检索任务，它不仅可以为用户提供快速的检索信息服务，也是其他科技信息加工处理的一个重要基础和组成部分，很多科技信息加工处理的任务都要在检索结果的基础上进行进一步的分析处理。

内容过滤功能主要是根据用户的兴趣或偏好自动地收集和用户兴趣相关的信息推荐给用户的过程。用户的兴趣是相对稳定的，所以用户的信息需要也是相对稳定的。当有新的信息到达的时候，信息过滤系统判断是否推荐给用户。

话题分析及追踪功能主要完成从海量的科技信息中自动发现并识别出话题，并对自动识别或用户定义的话题进行跟踪，研究话题的演化情况。由于网络信息内容计算的不确定性和网络话题的演化性特点，精确的话题发现与话题演变追踪涉及多方面的技术问题，包括话题的有效表示与层次化呈现，内容聚合与话题内涵分析，多话题之间的关联性分析，话题在扩散热度、传播广度、内容漂移等方面的演变分析等。

（4）统一科技服务支撑功能。

服务管理功能负责统一管理平台自身的预制信息服务与开发的行业性服务。

服务接口功能负责管理平台自身的所有服务的有效性、服务质量、服务调用等。

应用支撑功能用于支撑政企用户基于本平台建立的业务应用。

5　基于大数据的济宁科技云服务平台发展预期

济宁市科技云服务平台按照以大数据和云计算技术为基础，将网络上的海量数据和本地特色数据进行分析对比，将极大提升济宁市科技情报研究所对济宁区域内的科技信息服务能力。

（1）科技情报资源多样化。平台将形成立足全省、辐射全国的专家库、济宁市各行业的领军人物、核心技术人才库、济宁企业信息库、济宁市科技项目数据库、济宁市技术产权交易数据库、济宁市大型仪器数据库等数十个具有区域特色的数据资源。

（2）科技情报服务手段多元化。平台将保护应用技术研发平台、公共科技服务平台、科技管理创新平台、科技金融服务平台等六大服务创新子平台；可以为中小企业提供低成本、高质量的竞争情报分析服务、科技查新服务、舆情监测服务、个人图书馆云服务等信息定制服务，为传统企业提供高质量的行业发展趋势、行业最新科技进展等科技信息，带动传统产业升级；为科技管理部门提供更高效的综合数据统计分析平台和科技管理服务平台，科技管理部门可以通过本平台为政企用户提供科技管理一站式服务，有效提高政府管理部门科技管理水平；为政府领导提供高质量的科技决策支持平台及推送平台，将外部渠道的科研动态和本平台内部舆情分析结果多通道推送到政府领导处，大幅提升地方政府科技决策水平。

（3）社会效益显著。"济宁科技云服务平台"建设完成后，将形成立足济宁、覆盖鲁西隆起带、辐射山东全省的协同创新服务平台，加速物联网、云计算等产业在济宁地区各行业的推广应用，为建设创新型城市做出贡献。

（4）经济效益将进一步提升。平台建设完成后，预计年产生直接和间接经济效益5亿元，孵化产业创新服务5项，三年内服务上万家企事业单位客户。

总之，依托大数据和云计算技术，将很好解决济宁市科技服务平台前期建设中存在的平台分散、数据共享度不高的问题；通过充分运用现代网络信息技术，整合和优化济宁市科技资源，搭建公益性、基础性、战略性的科技创新"一站式"服务平台——济宁市科技云服务平台，成为服务企业和科研机构的专业化网络载体，为济宁市的科技进步和技术创新提供有力支撑，将会极大地提升济宁市自主创新能力，推动济宁市科技创新型城市建设工作。

参考文献：

[1] 程永义. 农信社信息科技"云服务模式"探讨 [J]. 金融科技时代，2014（3）：54-56.

[2] 亓巍. 科技信息资源开发与利用的新范式——科技云 [J]. 科技管理研究，2014（4）：190-194.

[3] 何育朋. 基于云计算的移动校园网资源系统的设计 [J]. 金融科技时代，2012（6）：98-100.

[4] 徐丹. 趋势科技"云安全" [J]. 中国高新技术企业，2012（5）：56-57.

[5] 刘海鹏. 网络数据挖掘在科技信息中的应用 [D]. 上海：同济大学，2007.

图书馆服务如何应对大数据影响

王红茹（中共陕西省委党校图书馆，陕西西安 710061）

摘　要：随着大数据时代的到来，阅读已经成为人们的一种生活状态，伴随着阅读媒介的变化，阅读方式发生了很大的变化。在大数据时代，人们阅读包括图书馆读者阅读都是碎片化、分散化阅读，他们在海量的信息数据中获取自己所需要的知识和信息。图书馆作为信息服务部门，在应对大数据方面，除了在技术上、服务模式上要为图书馆有形和无形的读者提供各种信息，还必须为其提供查找信息的技术和渠道。

关键词：大数据；图书馆；阅读；信息；服务

今天，网络高度发达的环境中，我们已进入大数据时代，大数据已经深入到生活的各个角落，阅读成为人们生活的一部分，人们通过各种媒介和方式获取信息，获得知识。大数据时代，许多行业拥有正确的信息就意味着拥有竞争优势。图书馆作为信息服务部门，大数据时代图书馆如何利用大数据构建新型的信息服务导航，如何增强利用类似的数据的意识和能力、如何在转型过程中增强数据掌控能力是大数据时代的重要课题。

1　大数据时代的定义、信息特征及对图书馆的冲击

大数据中，"大"字不仅意味着数量的庞大，还代表着数据种类繁多、结构复杂，变化的速度也非常快。目前世界上产生的数据，有近 80% 是由个人用户产生的；据估计，到 2020 年全球将有 500 亿个设备连入网络，地理位置、网络浏览行为、健康数据甚至基因信息等，都成为技术为个体服务的有效资源，大数据不仅在"量"上疯狂地增长着，在"源"上也不断地丰富着。大数据处理产生的价值已深入影响到企业的运营与维护中，由此也带动了大数据产业链飞速发展，大数据正在深刻地

影响着我们的生活。迅速适应大数据带来的快节奏，是每个人都将面对的事情。

1.1 大数据的定义

进入 2012 年，"大数据"（big data）一词越来越多地被提及，人们用它来描述和定义信息爆炸时代产生的海量数大数据时代来临，并命名与之相关的技术发展与创新。所谓的大数据指的是利用一些非传统的数据筛选工具，对大量的结构化和非结构化数据集合进行挖掘，以便提供有用的数据洞察，是在移动互联网、云计算和云服务、物联网等技术的飞速发展，加之网络视频、智能服务终端、网上商店等的快速普及，全球数据量呈现爆炸式的增长态势的基础上产生的。与传统海量数据相区别，它可以用"三个 V"来总结，即 variety、volume 和 velocity（多样性、数量、速度）。

1.2 大数据时代的特点

大数据时代具有三个显著特点。

1.2.1 实时化分析处理需求加大

在大数据时代，像移动和 Web 客户端这样的在线服务，或者如财务和广告这样的数据分析需要实时处理需求。大量的数据不需要精确处理，人们看到的是用来处理"流"或接近实时的分析与处理的可扩展框架与平台。并且在某种程度上，需要将一些没有价值的数据进行忽略。拥有流计算能力则可以无须 map/reduce 的存储-计算循环来对数据进行分析或忽略某些数据。

1.2.2 开源走向大众

大数据时代，人们越来越关注的是资讯，并按自己的需求剪切，图书馆读者的阅读也在发生着质的改变。碎片阅读、信息检索需要海量的数据做铺垫，图书馆只是利用开源平台把技术带给大众，通过购买技术，提供给用户，使之通过该技术平台运用并置身于大数据中，使得每个人都成为数据的一部分，数据向每个用户开放，形成互动平台。

1.2.3 相关技术人才紧缺

大数据时代需要相关的技术人才，他们应懂得使用相应工具分析大数据，做出合理决策的管理和分析。尤其是图书馆这种信息直接供应部门，更应该具有在大数据世界海量非结构化中处理数据的能力。但是 EMC 最近的一项调查结果显示，83% 的调查对象认为大数据浪潮所催生的新技术增加了数据科学家的需求，64% 的调查对象认为将出现技术人员供不应求的局面。所以，人才配备和培训问题将是图书馆充分利用大数据所带来机遇的同时要面对的一大挑战。

1.3　大数据时代对图书馆服务的冲击

在大数据时代，由于知识传播与利用形式不断变化，各种新技术机制在知识创造、组织、传播和应用中扮演着愈加重要的角色，覆盖了整个图书馆服务体系，并直指结构化、半结构化及非结构化数据的常规、广度及深度分析、科技创新能力智能评价、知识服务竞争力分析、知识创新预测性分析、服务态势综述等高附加值服务，从而实时地创造能高效率解决科技创新、知识服务、协同运营和实现机构目标的能力，为所服务机构和个人创造先觉价值和提供智慧服务。所以大数据时代，图书馆服务的改变，主要是信息服务方式的改变，图书馆的信息服务技术和能力决定图书馆在大数据时代的存在和地位。

2　大数据时代对图书馆信息服务提出的挑战

大数据时代读者阅读行为发生变化，互联网信息的传递对图书馆信息服务提供了机遇，也带来了挑战。

2.1　读者阅读行为发生变化

大数据服务（big-data-as-a-service，BDaaS）是一种新的数据资源使用模式和一种新的服务模式，它通过将各类大数据操作进行封装，对服务消费者提供无处不在的、标准化的、随需的检索、分析与可视化服务交付。由于信息数量的庞大，信息状态的难以控制，信息的无序程度的全面增加，读者需要对阅读内容加以汇总，进而排序、选择，这就要求图书馆为读者提供相对大量的数据信息。读者在异彩纷呈的"数字化"世界里，感受信息的传递量与速度，同时辨别信息的真伪与精确度。数字化按照不同的应用场合，对字母和符号进行编码，对物理世界的方方面面都进行了比特化，也就是把所有事物的特征条块化、精确化"数字化"。互联网环境下，信息呈现的表现形式是"比特信息"，即"0、1"等字符串形式，这些都只是在某一种向量参数下对原有事物的片面概括。但正是由于数字信息技术具有自身片面解构，又单方面虚拟还原的这种泛化概括原物的属性，使得读者的认知方式在这个以碎片化形式存在的数字化虚拟世界中也随之被迫改变。在网络环境下，只要媒体存在，阅读无处不在，由于网络的独特属性，事件不再按时间顺序呈现在人们眼前，结果和过程可能会同时出现，固有的逻辑顺序会发生颠倒。以科技高度发达而著称的"网络社会"提供给人们一个更加便捷、更加普遍的生活环境。在网络中，我们获得的信息没有确定的地点和时间，也没有先后顺序，阅读筛选和辨别成为重要环节。

2.2　图书馆信息服务发生改变具备了相应的条件

数字图书馆、Library 2.0、云计算技术出现之初，图书情报领域研究大数据的尝试遭到了质疑，所以图书馆面临着大数据技术与提升知识服务能力、降低知识服务成本等新的问题。在大数据面前，读者的阅读题材、读者的阅读场所、读者的阅读时间、读者标注章节和重复浏览内容等等，都发生了颠覆。同时网络的开放性，不但增加了信息的点击量，也使信息质量下降，信息会变得不稳定、不确定。图书馆历来是信息技术应用的重镇，为了提高核心竞争力，图书馆必须随时获得更加丰富、深入和准确的用户、知识运营者以及知识服务洞察，"大数据"时代亦不例外。图书馆信息技术开发可以用非结构化数据分析，确定揭露其与其他信息源之间的相互关系，以便图书馆在大数据中可以快速地做出时间敏感的决策、监控最新知识服务趋势、快速调整方向并抓住新的知识服务机遇。Harvard 是一种最具颠覆性及创造性的引进，它将"大数据"的服务引入了图书馆中，并付诸应用。这使我们看到，在关注每一个具体的图书馆的结构化信息资源需求的同时也可使非结构化数据分析变得可行和经济高效，从而实现知识横向扩展以满足急剧扩张的知识服务需求。

3　大数据时代图书馆信息服务如何改变

在大数据获取、存储、组织、分析和决策过程中，对应的体系架构、计算模型、数据模型、智能辅助决策模型、性能优化模型及知识服务模型都属于图书馆信息服务需要改变的内容。当前，图书馆信息服务需要通过信息帮助，让用户分辨轻重、优劣，告诉用户哪些值得信赖，哪些值得花时间，以此尽可能向网民公布一些代表事物真实的信息。虽然碎片纷乱地混杂在一起，让用户成为错误信息传播的受害者，图书馆对此无能为力，只能通过建立信息引擎和提供风险评估模式提醒用户，并为用户提供分析有用的知识、关系、模式等的新的知识服务方式。

3.1　建立新型信息服务引擎

在大数据时代，随着海量信息数据的产生，技术引擎成为图书馆信息服务的技术核心，信息技术与应用之间成为相辅相成的关系，二者缺一不可。如何利用大数据数字技术进行采购指导，精准地挑选各种专业书籍，建立数字资源库，构建图书馆的新型知识服务引擎，创造数字阅读新境界，提供数字阅读新体验，是未来几年内图书情报领域信息技术研究的主要内容。新型知识服务引擎包括资源及学术搜索引擎，资源及服务推荐引擎，知识服务社区实体（包括用户及资源）行为智能分析引擎，用户知识需求预测引擎，多维度信息资源获取、组织、分析及决策引擎等。对自然环境、人文环境及技术环境数据多维度大数据的智能分析及智能辅助决策，图书馆可以通过尝试利用传感数据传感器数据，实现机构管理、发展及服务的预测、优化和监管。同时，图书馆信息服务引擎要考虑资源与学术需求，资源建设与读者阅读行为和心理的需求。大数据服务对读者而言，其作用主要是增加体验。因此，图书馆可以从提高检索服务准确度和服务效率两方面来提高用户体验，优化服务。尤其是公共图书馆，在建立信息搜索引擎时，需全方位考虑读者状态和数据库功能。

3.2　建立信息服务新的模型

大数据已经不简简单单是数据大，其中最主要的是对数据的分析，通过分析获取很多智能的、深入的、有价值的信息。因此，对图书馆的信息服务模式及风险评估也提出了新的模式要求，图书馆风险评估模式包括数字图书馆信息安全风险评估模型，信息资源采购及应用评估风险模型，图书出版的收益与风险模型，知识产权风险评估模型等，图书馆可以通过分析资源（包括软硬件资源、网络资源、信息资源、服务资源及知识资源等）的状况来预测可能的故障，或对于资源突然的波动可以帮助图书馆制定应对策略。例如网络攻击、风暴、垃圾资源过滤、软硬件资源故障、信息服务需求障碍及知识资源波动等。图书馆可以通过大数据分析、预测及智能辅助决策技术建立具有自身机构特色的、科学的及实用的风险模型。一方面，保证图书馆提供的数据随时更新；另一方面，通过风险机制对图书馆安全形成保护，为读者提供相应更加可靠的知识服务体系。

3.3　针对流失的读者群增加新的信息服务方式服务

在大数据时代，图书馆用户已经逐步弱化了图书馆存在价值，图书馆面临价值质疑、技术障碍、人员队伍无法适应未来挑战等重大问题的挑战。随着用户流失异常严重，图书馆用户流失分析及价值分析对图书馆的生存提出了质疑。图书馆可根据电子化阅读留下的大量阅读痕迹，这些痕迹可以当作数据记录下来，利用新的图书馆信息技术，分析和利用它们，了解用户、行为、意愿、业务需求、知识应用能力及知识服务需求等需要什么，更可以利用数据对用户的科研创新合作过程及合作交互型知识服务过程将要发生什么进行分析和预测，从而应对图书馆未来所面对的生存危机。面对读者群的流失图书馆要帮助他们建立更加灵活的、智能的网络化信息资源智能组合方式，以便灵活、方便地从已有结构化及非结构化数据资源中抓取有用的知识、关系、模式、症状用于新的知识服务方式。

4 结语

在信息高速发展的时代，由于诸多原因，公共图书馆的存在价值被逐渐淡化，用户流失现象较为严重。大数据可以帮助公共图书馆进行用户流失分析，应对生存危机。如果借助大数据技术对用户需求的数据进行分析，不仅可以了解用户的信息行为、需求意愿及知识运用能力，还可以深度挖掘用户在交互型知识服务过程中的潜在需求数据，从而有针对性地开展服务并吸引读者，还可以借助外界帮助建立更智能、灵活的社会网络知识服务组合方式。通过分析各种数据资源的状况来采取相应的对策，从图书馆的结构化和非结构化数据资源中抓取有用的知识和关联关系等，完善新的知识服务方式，建立知识服务导航机制。当然，目前这些只是设想，并需要借助商业开发和新技术的帮助。

当然，在大数据面前，图书馆服务的改变需要有相应的人才队伍建设，这是另外的话题。

参考文献：

[1] 杨海燕. 大数据时代的图书馆服务浅析 [J]. 图书与情报，2012（4）：120-122.

[2] 韩翠峰. 大数据带给图书馆的影响与挑战 [J]. 图书与情报，2012（5）：37-40.

[3] 张文彦，武瑞原，于洁. 大数据时代的图书馆初探 [J]. 图书与情报，2012（6）：15-21.

[4] 黄晓斌，钟辉新. 大数据时代企业竞争情报研究的创新与发展 [J]. 图书与情报，2012（6）：9-14.

[5] 孟小峰，慈祥. 大数据管理：概念、技术与挑战 [J]. 计算机研究与发展，2013，50（1）：146-169.

[6] 大数据 [EB/OL].[2013-03-02].http://baike.baid.com/view/6954399.htm.

[7]Big Data[EB/OL].[2013-03-02].http://www.en.wikipedia.org/wiki/Big Data.

[8] 段永朝. 互联网：碎片化生存 [M]. 北京：中信出版社，2009.

[9] 邓小昭. 网络用户信息行为研究 [M]. 北京：科学出版社，2010：22-23.

大数据环境下音像资料馆个性化服务研究

朱　健（江苏音像资料馆，江苏南京 210000）

摘　要：个性化服务是随着人们个性化信息需求及信息技术的发展而出现的一种服务态势，它是信息服务业未来的发展趋势和主流。大数据为音像资料馆开展个性化服务奠定了基础。文章探讨了音像资料馆个性化服务的概念，论证了大数据环境下音像资料馆开展个性化服务的可行性，并借鉴信息服务部门已开展的个性化服务实践提出大数据环境下音像资料馆可试行的三种个性化服务模式。

关键词：大数据；个性化服务；音像资料馆；服务模式

1　音像资料馆个性化服务的概念

1.1　音像资料馆个性化服务的概念及内容

音像资料馆个性化服务是指以用户需求为中心，在满足用户共性需求的基础上，针对用户的个性特点和特殊需求，对音像资料进行收集整理和分类加工，并向用户提供或推荐满足其需求的音像资料。音像资料馆个性化服务是传统音像资料开发利用工作的延伸、创新和深化，也是个性化服务新的应用和发展领域。

音像资料馆个性化服务包含个性化信息和个性化服务两个方面。个性化信息是体现个体个性特征及信息需求的所有信息组合。个性化服务包括：服务时空个性化，在特定的时间和地点为用户提供音像资料服务；服务方式个性化，能根据用户个人偏好及特点开展音像资料服务；服务内容个性化，有针对性地开展音像资料服务，即使是同一需求提供的音像资料也不是千篇一律，而是有针对性地让用户能各取所需，各得其益。

1.2　音像资料馆个性化服务的特点

音像资料馆个性化服务不仅可以根据用户的需求提供针对性强的主动服务，而且可以帮助用户培养和发现个性，引导需求。总之，音像资料馆个性化服务具有以下特点。

1.2.1 服务理念的人性化

音像资料馆个性化服务是一种体现用户个性，以用户为中心的分众化服务方式。以用户为中心，一方面是指以用户需求为导向统筹安排音像资料馆的服务设施及功能；另一方面是创建音像资料馆个性化服务环境，根据用户需求组织整理音像资料，提供多样化服务。

1.2.2 服务途径的交互性

音像资料馆的个性化服务允许用户与音像资料馆之间进行交互式交流，一方面，用户可以将自己的信息需求传达给音像资料馆；另一方面，音像资料馆针对用户的信息需求为用户提供"量身定制"的个性化音像资料。

1.2.3 服务提供的主动性

个性化信息服务采用"push"技术，根据对用户的个人需求、习惯、兴趣爱好等信息需求和利用行为的了解和挖掘，定期主动将信息推送给用户。音像资料馆根据用户个性化的信息需求，采用最新的信息处理技术，为用户建立个人兴趣模型，通过访问日志记录分析、反馈信息分析，调整和修改用户模型和特征数据，进行信息挖掘过滤，从而主动发现用户的潜在信息需求，分阶段、适度、适量、主动将信息推送给用户。

1.2.4 服务内容的针对性

音像资料馆个性化服务需要分析不同用户的信息需求，筛选、删除无关的冗余信息，为不同用户推荐准确、有效、针对性强的音像资料。此外个性化服务具有智能转换功能，能从相关联的信息链中提炼出系统性知识，并将这些知识传送给用户。

1.2.5 服务方式的多样性

音像资料馆个性化服务不仅能为用户提供准确的音像资料，而且能按照用户制定的方式进行服务，如信息的显示方式、提供结果的方式（网络推送、磁带、P2卡、光盘），因此音像资料馆需要灵活多样的服务方式。

2 音像资料馆开展个性化服务的可行性

大数据对广电传媒带来了强力冲击和难得的发展机遇，在这一背景下，拥有广电核心战略资源的音像资料馆应该以用户为王，为受众提供个性化的音像资料服务。笔者对音像资料馆开展个性化服务的条件进行了分析。

2.1　音像资料馆开展个性化服务的理论基础

音像资料馆个性化服务作为一种信息服务活动，它依据并遵循信息服务过程中的基本原理。

2.1.1　信息需求动力原理

信息服务与需求之间是一种互动机制，其中信息需求是矛盾的主要方面，是信息服务发展的外在动力源泉。音像资料馆开展个性化服务，就是充分考虑用户信息需求的主体性、动态性和多样性，努力实现用户需求与信息服务的有机匹配，实现音像资料的价值最大化。

2.1.2　信息选择原理

信息服务系统包含两种选择：用户选择信息及服务的正向选择和满足用户需求的反向选择，当这两种双向选择在互动机制中达成一致时，信息服务效益最大，这就是信息选择原理。

2.1.3　信息服务增值原理

音像资料馆个性化信息服务，为满足用户的个性化需求，分析用户的信息需求，收集、过滤、综合相关信息形成新的信息，新信息的价值大于原有单个信息价值之和，这就是信息服务增值。

2.2　互联网和大数据为音像资料馆开展个性化服务奠定了基础

网络环境中信息服务形态与工业社会信息服务形态的本质区别就是个性化服务[1]。个性化服务涉及多种复杂的信息技术，影响个性化信息服务质量的关键因素都与技术相关，互联网为音像资料馆开展个性化服务提供了技术支撑。大数据时代，音像资料馆有更多的机会了解用户，甚至比用户更了解自己的信息需求[2]。通过对用户数据的整合和分析，提供专业的个性化服务。总之，大数据为音像资料馆开展个性化服务创造了良好的信息环境。

2.3　媒体资产管理系统的建立使个性化服务得到充分弘扬

媒体资产管理系统是一个以音像资料数字化方式存在的、开放有序的音像资料运营管理系统，其服务具有前所未有的特色，传输更加方便快捷，不受时空限制，这些都为音像资料馆开展个性化服务提供了可能。因此媒体资产管理系统的建立在很大程度上为音像资料馆开展个性化服务提供了可能并推动其向前发展，同时音像资料馆个性化服务的开展进一步凸显媒体资产管理系统独一无二的作用，两者互相促进，为用户提供优质的音像资料服务。

3　大数据环境下音像资料馆个性化服务模式

借鉴当前信息服务领域已开展的个性化服务模式，大数据环境下音像资料馆可试行开展的个性化服务模式包括：音像资料定制服务模式、音像资料推送服务模式和垂直门户服务模式。

3.1　音像资料定制服务模式

3.1.1　模式描述

大数据时代依托更加精准的用户信息，音像资料馆可以为用户定制更加个性化的服务。音像资料馆个性化定制服务基本结构包括：用户数据库，媒体资产数据库（简称媒资库），音像资料个性化描述、判定和智能化匹配规则。

（1）用户数据库：音像资料用户个体或群体特征和信息需求特征的集合，如用户的职业、教育背景和兴趣爱好等。

（2）媒体资产数据库：体现音像资料内容、形式特征和资源标识等的音像资料数据库。

（3）音像资料个性化描述、判定和智能化匹配规则：指对最终形态的音像资料内外部特征及信息内容，按照不同用户需求进行描述、判定和智能化匹配，最后将用户定制的个性化结果输出。音像资料定制服务模式结构如图 1 所示。

3.1.2　应用实例

定制个性化界面。个性化界面定制包括网页外观、栏目布局及内容模块的个性化定制等。个性化界面可以为用户打造一个个性化的自由空间，增强用户体验和网站亲和力。2013 年爱奇艺视频网站借助用户数据分析，在首页为用户提供个性视频内容推荐，不同的用户端显示不同的用户感兴趣的内容 [3]。

3.1.3　特点分析

音像资料定制服务模式根据用户的信息需求为用户量身定制信息，用户提交一次请求，可享受多次服务。该服务模式以用户为中心，从服务内容到服务风格都力求最大限度符合用户需求，体现用户个性，具有较强的针对性。

音像资料定制服务模式存在不可避免的缺陷，即用户只能从资料馆准备好的各类服务中，选择自己需要的资源和服务。当用户对资料馆馆藏信息不熟悉时，会影响用户个性定制的完成，因此在该模式中音像资料馆处于被动地位。

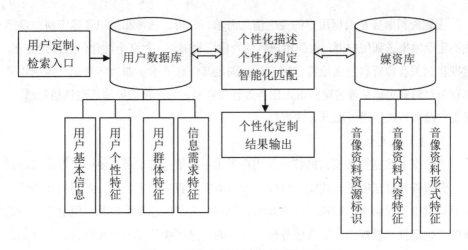

图 1　音像资料定制服务模式结构

3.2　音像资料推送服务模式

3.2.1　模式描述

音像资料推送服务模式采用最新的信息推送技术（push technology），通过一定的技术标准或协议，根据用户的信息需求、兴趣或行为模式，充分利用这些数据和关系链，主动从音像资料中筛选、收集用户感兴趣的信息推送至用户端。该服务模式工作流程是先购建用户需求数据库、信息库及信息推送 push 服务器。首先用户向系统输入信息需求，然后信息库负责收集信息，并对信息进行分类整理，确定个性化信息标准，让大量符合标准的信息进入信息库，最后 push 服务器根据用户定制的时间和方式将音像资料主动推送给用户。音像资料推送服务模式流程如图 2 所示。

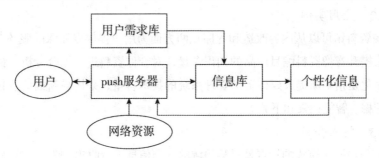

图 2　音像资料推送服务模式流程

3.2.2　应用实例

在实践应用中，该模式主要表现为主题资料服务。

　　主题资料服务是根据用户的主题信息需求，分析、选择和组织音像资料，定期或不定期地推送到用户群。根据用户群的音像资料需求，制订个性化信息推送方案，定期将相关音像资料发送给特定用户群，满足其信息需求。如为体育记者定期收集体育节目精彩进球、著名球星重大比赛等音像资料；为专题编导筛选整理精彩画面、优美空镜和特殊拍摄画面等音像资料。

3.2.3　特点分析

　　音像资料推送服务模式的特点是用户提出一次信息需求后，便可坐等信息的到来。音像资料推送服务模式能充分体现音像资料馆服务的主动性，把用户从传统的信息检索中解脱出来，即从"用户找信息"转变为"信息找用户"。但由于用户需求的不确定性和模糊性，推送服务模式推送的信息可能并非用户实际真正需要的，缺乏针对性，出现事与愿违的情况。

3.3　垂直门户服务模式

3.3.1　模式描述

　　当前音像资料馆的服务方式难以解决用户信息需求中潜在的一些根本性的或深层次的问题，也不能满足用户随信息技术的发展而产生的精深信息需求。垂直门户服务模式能够提供专业化、精品化、具有创造性的深层次服务，最大限度地满足用户的信息需求。该模式是针对特定领域、特定人群或特定需求提供具有一定深度的信息和服务[4]。垂直门户服务模式首先聚集某特定主题的音像资料并对其进行深度挖掘、组织加工和描述评论，然后建立索引提供音像资料来源，满足特定用户或用户群的专深信息需求。

3.3.2　应用实例

　　音像资料馆可以从内容改造和程序化两方面为用户提供专而深的服务[5]。内容改造是指提升音像资料编目产品的知识含量，对音像资料进行综合分析，提炼其精华。程序化是指不断提升媒体资产管理系统的技术含量，采用最新的信息技术，实现数据挖掘、智能检索和下载等。

3.3.3　特点分析

　　垂直门户服务模式的特点是对某领域的主题信息进行收集、筛选、整理和评价，确保信息内容的专业性和深度，为用户提供精品化信息服务，满足用户的特定信息需求。该服务模式可以主动锁定一批特定用户或用户群，开展高质量的个性化服务，但这种服务模式需花费大量的人力和物力。

　　综上所述，这三种个性化服务模式既相互独立，又相互关联。前两种个性化服务模式已经在信息服务领域得到普遍应用，涉及的技术也日趋成熟。垂直门户服务模式实质上是对传统主题资料服务的延伸、拓展和深化。相比较而言，音像资料馆可以在现有音像资料服务的基础上优先开展前两种个性化信息服务模式，第三种服务模式是音像资料馆个性化信息服务进一步探索和发展的方向。

4　结语

大数据环境下，音像资料馆的服务将不可避免地发生变化：服务模式从被动转变为主动；服务对象从现实用户延伸到潜在用户；服务内容从馆藏资源延伸到网络资源；服务手段从人工操作向自动信息技术应用发展。面对这些变化，音像资料馆要真正满足用户的信息需求，必须以人为本，关心、尊重、从用户的角度考虑，提供用户需要的信息，而不仅仅向用户展示大量的馆藏音像资源。音像资料馆个性化服务可以根据用户的选择和反馈信息，逐步完善馆藏建设，充分挖掘音像资料的社会价值和经济价值，提高馆藏利用率，并根据用户的意见和建议，不断提升服务质量；对用户而言，个性化服务不仅可以满足用户的个性化信息需求，而且尊重和激发用户潜在的个性和能力，提升其知识水平和文化涵养。

参考文献：

[1] 杨艳红，陈艳.利用现代信息技术提供个性化档案信息服务 [J]. 档案天地，2004（2）：40-41.

[2] 大数据下的个性化服务如何落地？[EB/OL].[2014-04-10].http://www.360doc.com/content/14/0111/23/15473039_344493963.shtml.

[3] 互联网与大数据为个性化服务奠定基础 [EB/OL].[2014-03-23].http://xw.sinoins.com/2014-03/27/content_103226.htm.

[4] 贺春梅.网络环境下个性化信息服务模式的探讨 [J].辽宁工学院学报：社会科学版，2006（3）：103-105.

[5] 陈艳伟.图书馆个性化服务的管理机制研究 [D].南京：南京大学，2006：62.

新形势下图书情报用户阅读行为变化的分析

孔　玲　邱晓辉（山东省济宁市图书馆，山东济宁 272037）

摘　要：大数据时代是一个日新月异的发展阶段，在此环境下出现的各种信息处理科学和数据挖掘转换体系，充分体现了情报服务的创新能动性与移动服务的群体协作关系。图书情报工作已经进入到了一个新的历史时期，个性化和信息反馈案例的研究，意义重大，影响深远。读者用户的阅读发生了深刻的变革，有待于深入研究分析，形成新时期的新工作模式。

关键词：大数据环境；图书情报用户；情报服务与创新；网络数字化阅读；资源共享

1　引言：大数据环境下的网络阅读，正在成为一种大的潮流趋势

网络阅读，亦即数字化阅读，在当今世界已渐成普及应用之势。大数据化方兴未艾，这是一个伟大的新时代，在中国也是如此，没有例外。这一历史阶段的图书情报服务与创新，具有鲜明的信息社会扩张特征。正是这些新动向，才带来了图书情报学界的新气象，乃至于形成为全社会的一场阅读革命，是读书学习的最新变革。这是一种先进性的、突变性的历史进步，也为我们图书馆学界，开展工作，拓展业务，带来了新的契机和挑战。

2　网络形态促成新的阅读方式

新形势下的图书情报数字化阅读行为，开创了一个崭新的美好局面。这是由阅读的媒介和阅读者的行为方式转换，所引发的革命性变革。在形式上如此，在内容上，也是备受大家瞩目的。在网上拷贝的文字图片，较之于往日的手工抄写，或油印复制，真可谓是便捷得不得了，十分的入心入肺。存贮的优势和有意义的传递，

共同造就了电子书、多媒体阅读和移动设备的应用。

2.1　数字资源的服务已深入人心

在任何地方、任何时候，都可以实现对文献信息资源的查询与收集。这就是数字资源的优势所在，也是电子阅读器能够得到普及的根本性原因。图书馆完全可以与电子阅读相结合、相融入、相互依存和共同发展。不用担心数字化会冲淡图书馆的阵地服务项目，图书馆作为一种文化符号和文明标志，其地位和形象，是永远不会也不可能被取代的。随时随地的服务，人性化的匹配，是新型服务模式在数字化时代的最好体现。数字化服务已经获得了初步成功，尚有待于进一步地往下发展。[1]

2.2　数字化阅读的推广应用

体现在了读者朋友们日常的阅读方式上，数字化网络阅读，更能够帮助读者进行深入细致和系统广泛的阅读。当然对年轻的朋友们来讲，借助于现代技术是不成问题的。对中老年读者来讲，则需要图书情报部门为其开展专项业务的技术革新辅助性服务。在智能化、电子化不断演化推进的过程中，兼顾全体读者朋友的阅读权益和阅读效能。在现代化的知识传播体系中，将电子书放在重点的开发位置，实在是一种紧跟时代潮流、把握前进机遇的有力举措。面对网络阅读中关于深层次和浅层次的两种不同说法，反映了现在人们对图书情报界，阅读革命的不同心态。图书馆随着时代的发展，在阅读方式上也产生了深刻的变革。网络化阅读已渐成燎原之势，不可阻碍，无可替代。纸质图书阅读比率的不断下降和网络阅读的连年提升，充分反映了这一趋势，是不可逆的。

2.3　数字化阅读的制约条件

数字化阅读虽然优点很多，特色也丰富生动，但毋庸讳言，其不利的因素也并非没有。像是基本上要受到网络和设备的制约，如果一旦死机或故障，将无法继续阅读下去。另外，在一些边远区域信号的盲区，也可能会受到限制性的困窘。还有某些时候，会不太方便携带，受气候异常的影响，容易因误操作而丢失文献资料、因其并存链接信息，花花世界、琳琅满目，极易产生诱惑，致使读者朋友们分心。

3 网络阅读的资源共享技术性飞跃

学习型社会需要网络阅读。大力发展网上信息资源，使其共享于千万读者群体之中，流传于大千世界范围之内。现今的网络阅读系统，在图书情报的阅读过程中已扮演着相当重要的角色。读者完全可以在四壁环书的环境里读书阅读，也能够在风景秀丽的田园景色里，利用手机或移动设备边欣赏风景，边看书学习。不管我们是否承认或认可肯定，即使是不作反应，也无法回避这种网络阅读的实实在在的客观存在。

3.1　传统阅读与网络阅读之比较分析

图书情报机构的阅读行为，变化最大的就是阅读方式和环境的改变。数字阅读正在成为一种新的风向标，一种新潮时尚。没有人会排斥这样的新型服务项目，也不可能会发生走回头路的情况。中化民族的文化精髓，正是在新时代、新形态下，借助于网络信息平台，才有可能得以兴旺发达，薪火相传、传承继续。图书情报工作者的社会责任，就是辅导读者朋友们认真看书学习，主动性地挑起精神境界的修炼。这是我们的神圣义务，也是转型时期图书情报工作过渡阶段的渐进性演化。阅读推广和阅读辅导，责任重大，意义深远。网络系统巨大的阅读存量，是任何纸质藏品所无法替代的。我们不能够回到过去，也没有那个必要。只要率先掌握好网络阅读的技巧和手法，用以指引读者的阅读行为，提高其学习效能，这就足够了。唯有数字时代的新技术、新观念，再加上高效的阅读环节，阅读指导辅助，才可真正实现全民阅读，达成社会阅读的崇高目标，进而为文明社会的建成奠定下良好的基础。[2]

3.2　网络阅读的前景

网络阅读是读书学习的革命性转变，是具有划时代意义的转折期。对广大的读者朋友而言，电子书刊、电子报纸的出现，使得网络系统的空间变得要比现实更加的便捷和开阔。青年读者朋友们的眼界，已经不太可能像过去那样，受制于某人、某事。他们受惠于信息资源共享和世界正在变平、变直的影响，而使个人也变得更加成熟和强大，变得越来越新潮，成就其成长为新一代的智慧型人才。仅此一点就可说明，网络阅读的益处，要远远大于所产生的些许弊端。在网络时代，不要担心图书馆会成为一种摆设，一个花架子。图书馆的转型也在悄无声息地进行中。我们不能够被固定捆绑在陈旧的传统图书馆经营机制之中，不思改变，而是要以新的交流方式、办馆理念，来谋划一种崭新的阅读革命。这将会是一种与信息社会相融合的，能够带来生命力和建设性的突破性大发展。至少可以避免图书馆不至于在现阶段落后于同时代的其他学科领域。

3.3　网络阅读的机遇建立在广大读者群众的热情好学之中

一份耕耘，一份收获，说的就是读书学习的好处之所在。当前呈现出强大生命力特征的网络阅读、移动阅读和电子阅读，其实都是一回事，就是利用现代化的多媒体技术，不受时空限制，随时随地地实现即时性阅读的形式。图书馆应该率领实现这一划时代转变，走在网络阅读的先列。要鼓励我们的正式读者群体，还有临时性读者朋友们，让其利用手机、平板电脑上网阅读，同时借助于图书馆所提供的二维码、单位网站等辅助性设备，拓展阅读的渠道和途径。让社会各界人士都参与进来，将各种专题性的读书阅读活动，与专家讲座、信息推广和不同形式的数字图书馆推广模式相结合。一切以方便读者看书学习、增长知识才干为目标，为宗旨，为最终奋斗目标。为了推动网络阅读，我们还可以考虑试行举办若干有奖读书活动，此类活动宜在网上举办，可以让读者足不出户，在家即可参与互动。这种活动可以是征文比赛，也可以是有奖展览参观答题。总之，要以吸引读者的眼球，助长读书热情为主旨。

4　数字化阅读引领数字图书馆大发展

数字阅读的内容和形式，都透露出了一种新观念、新气象。它已经完全地更新了我们旧有的阅读观念，实现了即时阅读的转变。数字化阅读所带来的不仅是破解了种种阅读限制，更是在多元化服务的道路上，探索出来的有力一步和坚实步伐。数字化阅读的本质特色，就在于人性的随意性和不受限制的通行无阻、来去自如。

4.1　信息时代的图书馆网络阅读工作

数字化阅读，首先应该在机制上予以完善，配套设施方面进行跟进式协作。如果说我们不肯积极主动地迎头赶上，占得先机，那么在这个网络时代，就会陷入困境、萎靡不振。网络系统的数字化阅读，看似与传统阅读有些不同，甚至于有些矛盾冲突之处，其实二者的本质还是相通的。只不过是阅读的方式不一样而已，前者是时代发展、社会进步、科技飞跃的结果，其方便性是不言而喻的；而后者则为千百年来，流传已久的、根深蒂固的阅读习惯，如今这种习惯面临着自然选择和历史演进的新局面，作为图书馆工作者，我们所要做的，仅仅是因势利导地做好转型引导而已，并不存在什么守旧派与革新派的区别。没有人会固守旧有模式不放，大家都已经充分认识到了网络数字化阅读给读者朋友们带来的益处。馆员和读者早已在此问题上从心里达成了共识。那就是努力奋斗，实现图书馆资源的网络化共享和知识财富的数字化阅读浏览。[3]

4.2　建立普及辐射型的网络阅读新体系

图书情报部门，应该建立健全各种可流动的图书服务体系，我们可以称为图书馆分馆、情报咨询分理中心等。完善由点到面的服务项目，就是要从建立全方位的服务平台入手。有人讲，要是大家都在网上读书，那么图书馆的有形馆舍是不是就无人问津了？其实不然，这正是要求增加工作的紧迫感、充满使命感的有利契机之一。以往图书馆老是讲服务工作要走出去，常常都是说得多，做得少，现在的网络环境下，真的就可以变成现实了。我们要有两个把握，一是在业务上扶持各分馆的发展，为其献计献策，输出技术骨干力量。二是在网络系统上也要倾力相助，为其创立官方的分馆网站，建立网上读者借阅的页面和程序。鼓励他们兴办更多的分支机构，直达基层。在办馆操作的营销途径中，在读者发展的队伍建立之中，在读书学习的各项举措中，都为其增添力量，强化活力，丰富网络阅读的一个又一个高潮，使其不断发展，充满新鲜的动力。

4.3　图书馆应多搞一些相应的读书查询和检索促进活动

新形势下的读者阅读兴趣转向，已明显地指向了数字化阅读。数字化模式下的读者阅读，会有一个较大的变革。尤其是数字图书馆所提供的优质服务，在一次又一次的群众读书活动热潮中，产生出了无数学有所成的先进范例。网络书香，全民阅读已成为现实的存在。吸引着万千读者用户，共同分享着知识经济的红利，在阅读推广和丰富多彩的相应活动中，展示着文化魅力和知识喷泉的强大功力。每一个图书馆，都应该结合自身的特点，经常性地开展这样的读书活动，实践经验表明，馆员读者的互动，图书馆与社会各界的协力，定会产生文化事业的高潮。我们分享着读者朋友们的经验和心得，也会为自己所从事的本职工作所取得的实效，而感到骄傲与自豪。

5　网络阅读亦需优化组合

网络数字阅读的实际水平分析，是来源于实践经验的真知灼见。如果不是亲身体验，感受网络阅读的魅力，是不会知道图书馆新发展方向巨大影响力的。网络数字化阅读的实际运用表明，公共图书馆在创新服务、研发新服务项目的过程之中，永远都有着超乎想象力的空间范围。其作用和意义，不是哪一个机构所能够预期和窥见的。针对当前网络数字化阅读服务的热论，有必要来一个走进群众，贴近读者用户的实际需要提升，如此这般，还能够起到温暖他们的内心，实现人性化服务的目标。此外还有，随时随地的阅读咨询，无差别化的查阅检索，就是网络数字化阅读的最大优势，其互补性和研发行为，必将为网络数字化阅读带来新世纪的新气象，翻开图书情报工作崭新的一页。

5.1　网络阅读需要大力引导

诚然，网络阅读有着极大的便捷性和开放性，对读者朋友们来讲，益处是显而易见的。但是这种新型的阅读模式，在图书馆内也并非可以完全的放任自流、不闻不问。馆员要做的就是，开展相应的数字阅读知识技巧之培训，为其提供优质服务，包括阅读的方向性指引、新书新信息的推荐宣讲、馆员读者之间的有益有效交流等内容。网络阅读的引导工作，事关深层次开发馆藏文献资料，在第一时间内把握最新信息源、信息量。它是新阅读方式的助手和帮衬，绝不仅仅是一种摆设。我们不能光看是否满足了读者的快速查找，还要看是不是为其寻找到了有用的可靠信息资源。如果说对读者提供的是无效图书资源，那岂不同答非所问，文不对题？我们图书馆员要注意两个方面的问题，一是对网络阅读的技术操作系统的引导，这是授人以渔的技巧；二是直接为其查询到实用的文献资料，这是救急实用型的业务运作。

5.2　网络环境下的阅读互动

图书馆向读者提供优质服务，主要应包括丰富多彩的馆藏资源，还有巧妙策应馆员与读者之间有效有益的良性互动。数字阅读自有其特色之处，就是在于一个好的服务设施和服务态度，关键在于实施于之前，这将会有着较大的不同，读者将会享受到无限量大的阅读深度和广度。这是有目共睹、不言而喻的。任何时候、何种地方的读书阅读活动，一旦形成为群众所喜闻乐见、众所拥戴的行为，即可谓达到了与读者同步和社会共生的有效发展。互动是双向性的，不是单一性和独角戏。促进数字化阅读的大发展，要注意这一方面的问题。图书情报部门是始终居主导地位的，责任重大，意义非凡。

5.3　新时代网络阅读的流通量和普及率

数字化阅读已经不再是一种单向的奢求，而正是已经或正在变成为读者用户的实际运用手法。为其提供的一站式服务模式，在内容和价值观上，都有了极大的提高。图书情报终端的无限制接入，相关新型服务项目的多样化纳入，充分显示了国内图书情报界的办馆理念和情报意识，都在发生着革命性的转变。推行电子阅读和信息咨询的同时，无偿地为用户办理下载服务和多种专项服务活动。在现阶段，各网站电子书的广泛应用，举不胜举，另外，不仅在图书情报机构，即使是身不出户，也完全可以实现手机阅读、网络阅读服务。此类服务，流通量大，普及率高，而且也彻底摆脱了借书过期、报刊损耗等传统弊端。读者用户借此可以体验现代化的新型服务，感受在线阅读的美好乐趣和特有质感。

6 结束语：数字化网络化阅读未有穷期

通往未来更加有效有益的途径是什么？就是走数字化发展之路，为读者用户们准备下丰盛可取、全天候无死角可待的信息知识基地。我们要充分认识到，获取知识信息的窗口，已不再是单纯的借借还还，而是已经转化为网络数字化的新模式。新一代祖国的人力资源，业已习惯于借助于网络技术，另外还有相当一部分中老年朋友，他们也不甘于落后，努力提高完善自己，促使自我走上网络数字化之路。这种改变是不可阻拦的，前途必然会更加辉煌。

参考文献：

[1] 张晓林.数字图书馆机制的范式演变及其挑战 [J].中国图书馆学报，2001（6）：3-5.

[2] 吕娜.数字图书馆用户研究综述 [J].情报理论与实践，2005，28（3）：247-250.

[3] 王翠，郑春厚.以用户为中心的数字图书馆用户界面设计研究 [J].图书馆学研究，2008（6）：11-14.

移动环境下的用户信息行为研究

张晋平（甘肃省社会科学院，甘肃兰州 730070）

摘　要：基于近十年来信息技术发展形成的移动环境，本文试图对"信息技术的发展"与"用户信息行为"之间的逻辑关系进行剖析，试图从信息技术发展的角度解构用户信息行为的形成机理，以此对用户信息行为有更深入的认识。

关键词：信息技术；移动环境；用户信息行为

21 世纪以来，以计算机和互联网为主要特征的信息技术被广泛应用于社会经济发展的各个领域，从政府部门到商业机构、从公共领域到私人空间。信息技术已经成为当代社会高度繁荣的支撑，就如同工业社会的机器和电一样，信息技术完全改变了我们的生活和生产，且信息技术的应用程度已经成为衡量一个人现代化信息素养程度的重要标志[1]。从某种角度来看，通信技术的变革改变着用户的信息行为，从原始人类通过手势、肢体、声音相互表达信息，到古人通过信鸽、驿马、烽燧来回传递消息，再到电报、电话的诞生，特别是到互联网诞生和宽带的发展，用户信息环境深刻影响了用户信息行为。因此，探讨移动环境下信息传输方式、信息获取渠道及信息载体的变化对用户信息行为的影响，对于我们为用户提供更好的信息服务有着积极的现实意义。

1　移动技术的发展与移动环境的形成

1.1　移动技术发展对用户产生的影响

1.1.1　计算机——改善了用户信息环境

用户信息行为是随着信息技术的发展而不断融合演进的一个过程，信息技术的发展和普及则加快了用户信息行为的转换。进入 21 世纪以来，移动技术实现了管理的智能化，以此实现了个人信息管理的电子化。在公共领域，云计算、大数据等管理理念的创新，使信息的存储、分析、处理及控制的精确化成为了可能，尤其移动技术改变了用户以往效率低、传输慢、误差大、空间小等的限制，用户越来越多地采用计算机管理手段来处理日益增多的事务。在信息处理方面，移动环境为用户快捷方便地获得更多的信息提供了支持，也使得用户信息行为有了较大的改变。移动环境使越来越多的用户能够凭借移动信息跨越信息障碍，开始通过移动信息的使用广泛参与各种社会事务，这对于进一步提高社会组织化生产效率意义重大。

1.1.2　智能手机——用户信息获取的泛在化

手机已成为人们日常生活不可或缺的一部分，是信息时代个人最重要的信息终端。近年来，随着手机功能日益多样化，手机中集成的功能部件越来越多，硬件结构也更加复杂，并出现了专门处理大量高速数据的 CPU 和内存 [2]。如 2007 年苹果公司推出了第一台智能手机，完全改变了人们"手机是什么和手机能干什么"的概念。如智能手机在强大的数据处理能力的支持下，不仅能够进行用户的信息管理，实现用户对于多元信息的需求与管理，还能满足用户的处理其他信息的需求，手机已经成为用户最为主要的移动信息终端。2013 年即将开通的第四代移动通信技术（4G），使智能手机的用处更为广泛。而这一切有赖于智能手机强大的无线互联网接入能力，一个泛在化的信息环境，开启了用户新的信息时代：无障碍地享用计算能力和信息资源。

1.1.3　互联网——信息获取与利用的高度集成

互联网改变了用户信息交流、获取和利用的方式，甚至完全改变了用户的工作方式。互联网的影响已经超出了虚拟世界的范围，已经成为用户生活的主页，它无处不在，无时不在。伴随着 20 世纪 90 年代以来互联网在社会经济发展中的普遍应用，2003 年是重要的分界线，以 Web 2.0 为代表的第二代网络得到了广泛应用。从西蒙的理论看，无论是 Web 1.0 还是 Web 2.0 的概念，互联网的应用无疑正在将"用户信息行为"推向了又一个新的发展阶段，其主要特征是：信息的虚拟化管理 [3]。过去 10 年里互联网发生了许多惊人的变化，如 2001 年 Windows XP 发布，并在此后 10 年成为主流视窗操作系统；互联网应用在全球呈爆炸性增长，大型网上连锁零售成为了主流购物方式；出现了几千个基于互联网、移动通信和其他数字平台的新的商务模式；手机取代了固定电话，QQ、短信、微博、微信为用户所接受；网购呈现持续增长，且已成为很有前途的商务模式等等。可以预见，未来几年中更多的用户会通过移动信息终端来办工、购物、获取信息，随着网络的快速发展，手持移动载体成为了大多数用户的选择。

1.2 移动环境形成对用户信息行为的影响

1.2.1 移动环境不仅改变了用户的沟通方式，更改变了用户的生活方式

我国已是名副其实的网络大国，其标志是网络规模已位列全球第一，截至2014年6月，网络用户6.88亿（冠绝全球），手机用户12亿，这其中的80%都在利用手机上网冲浪。局域网、城域网、广域网，有线、无线、Wi-Fi、2G、3G、4G等高速发展的信息通信技术，正在渗透着用户生活的方方面面；小到即时通讯、适时联络，大到购物支付、办公娱乐，甚至是教育、医疗、理财、求职、相亲，只有你想不到，没有它做不到。用户的生活正在被网络改变，被宽带加速。无法想象，倘若用户突然失去了网络，生活将会变得多么步履维艰、无所适从。

除了阳光和空气，还有谁能将用户的生活空间全面覆盖且紧密相连？当然是移动环境！迅猛发展的信息通信技术，百花齐放的各种网络应用，在这个无处不在的网络世界里，用户可以随心所欲地奔驰于信息高速公路，用手机、电脑、电视及各种方式开启无限精彩的工作和生活。娱乐购物、电子阅读、信息沟通、信息获取、信息检索等用户信息空间得到不断延伸，足不出户，就能尽享服务之美；轻点按键，就能体味便捷之乐。在这张创造奇迹的"网"上，一切变得可能、可行、即时、即得。当云计算、大数据、SDN、全光网络、Ipv6、网格计算、智能代理、下一代网络与软交换……这些极速更新换代的新技术、新产品、新方向扑面而来，用户又全面迎来了宽带网络创造出的幸福美好新生活，未来世界也必将更加"宽广"、更加"快捷"、更加异彩纷呈！

1.2.2 移动环境所导致的信息产品形态和信息传播方式的改变，必然会体现在用户的信息行为中

因此，进一步认识移动环境对用户行为的作用，把文化因素植入其中，将技术与文化的融合定位为用户信息行为的基本属性，才能体现信息技术特征和用户行为的本质，才能为有效的信息服务提供技术机制保障。21世纪以来，新的移动信息载体开始不断涌现，移动环境必然随着技术与硬件的发展而发展，用户的信息行为也会伴随移动环境的发展而改变。移动环境与用户行为形成了一个伴生的信息生态发展态势，进一步促进用户行为的创新性与多元化。

2 移动环境下用户信息行为的主要表现

2.1 信息获取的"跨域"化特点显著

移动环境下的信息产品呈现多样化态势，使得用户的信息获取和利用无论是在时间上还是空间上都得到了极大的外延和拓展，如用户的跨区域、跨行业、跨越物

理空间的信息获取、信息交流和信息沟通等行为。与传统的用户信息行为相比，移动环境下的信息行为不再只是简单地锁定某一信息的关系，也不再受具体的空间和时间这个"域"的限制，而是凡是信息链条上的信息，都可能成为用户进行信息筛选的对象。移动环境下这个动态的、自主的、信息树式的链接过程正是用户信息行为中最明显"跨域"特征。

2.2　信息利用的"定制"化越来越普遍

移动信息环境改变了用户传统信息获取和利用的模式，由于用户的信息需求越来越"私享"，进一步推动了信息生产或信息提供模式的改变，信息生产主体的多元化使得"定制"化信息越来越普遍，与传统信息生产"大众化"相比，移动环境下的"个性化"信息提供有着明显的"定制化"特点，"用户→定制化信息"是这一信息生态最突出的表征。用户的这个行为过程，使用户的信息获取逐渐从"公用"转为"私享"，信息利用也从"确定"转为了"定制"，如在微信平台上，用户可以根据个人兴趣随时订阅、放弃各种类型的信息，也可以将自己认可的信息进行转发给特定的人，为这些信息找到真正的受众。

2.3　信息传播的"碎片化"和"个性化"成为了常态

移动环境是最近十年移动信息发展的核心，用户从重视消除信息孤岛转变为越来越重视信息链接与动态更新。信息多元化和生活快捷化，促使用户信息需求多样化，信息传播的"个性化"和"碎片化"成为了常态，与此相适应的"微传播"特点凸显，内容生产更加强调精准短小、鲜活快捷。如微博只有 140 个字，微视频只有 3 分钟，微电影只有不到半小时。各种微内容、微信息高速流动、跨平台流动，用户随时随地可在最短时间获取最多信息，信息更加碎片化。考察移动媒体，无论是 QQ、微博、微信、易信，还是 YY、陌陌，使得这一信息链上的用户对信息进行多次筛选，并且以行为重复、多次传播，信息的碎片化、传播的细微化，是当前网络传播中用户信息行为的另一大显著特点。

3　移动环境下用户信息行为机理分析

3.1　移动环境影响用户信息行为的维度

3.1.1　多种因素影响下的叠加效应

移动环境影响了用户行为，涉及的因素很多，是多种因素影响下的叠加效应。

图 1 从外部环境、管理基础、吸收能力、内在因素四个方面进行关联分析。

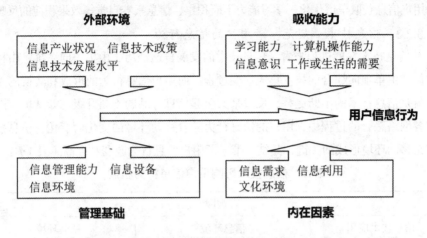

图 1 移动环境影响用户信息行为的四个维度

3.1.2 外部环境

外部环境产生于技术影响、信息技术政策、信息环境和用户工作的压力等几个子因素。其中信息环境对用户行为的导向作用非常明显，而信息技术发展状况（主要是信息产品）对用户的信息行为起到了主要的影响作用。

3.1.3 管理基础

管理基础主要包括用户信息素养、信息设备的拥有、信息规章制度等，对用户的信息行为形成起到了促进作用。

3.1.4 吸收能力

吸收能力决定着信息技术影响用户信息素养的进行程度，主要包括学习能力、信息意识、计算机操作能力等。

3.1.5 内在因素

在用户信息需求动机的影响下，用户的信息需求、认识水平和文化环境等影响着用户信息行为的固化。

3.2 信息技术影响用户信息行为的机制

3.2.1 用户信息行为是用户主观因素和环境客观因素共同作用的结果

用户信息行为既有信息技术应用因素、也有用户自身信息需求与利用能力因素的影响（这仅是主要影响），同时，用户从事职业、文化认知等的社会因素也有一定的影响作用。由于信息技术的不断更替，带动了用户信息技术的应用，用户的信息技术应用和信息产品的选择导致了用户信息行为的发展与形成，用户信息行为模式的形成是用户信息获取渠道优化、学习能力不断积累、信息素养自觉等效果积淀的反映。

3.2.2　信息技术"规范"着用户的信息行为

从信息技术发展进程来看，信息技术的发展普遍经历了由单一向系统、由机械向智能、由单项向综合的技术集成演变过程。而用户信息行为的形成和转换的主要标志就是信息技术的不断更替，反过来又引起信息产品的不断升级，如从单一网络转向各网络融合的过程中，用户的信息行为随着移动环境的变化而变化。信息技术进步是移动环境形成的关键，其结果带来了用户信息行为改变和提高（表1）。

表1　信息技术影响用户信息行为机制

客观因素		
信息技术应用 ①智能技术 ②通信技术	信息环境 ①信息化建设 ②信息资源数字化	社会环境 ①民族文化 ②习俗习惯
主观因素		
用户信息需求 ①需求动力 ②信息获取便捷程度	用户信息利用能力 ①学习能力 ②利用效果	制度环境 ①操作要求 ②标准与规则

3.2.3　用户的学习能力反作用于用户的信息行为

学习能力是用户对信息技术应用的自我感悟，用户通过利用信息技术实现对信息的捕捉、分析、判断和吸收的自觉程度，也可以说是在获取和利用信息过程中对信息技术的应用。学习能力包括信息获取能力、信息加工处理能力、信息消化吸收并创造新信息的能力。信息技术和信息行为是一个互动的关系，信息技术对信息主体的信息行为起着促进作用，信息行为的强弱又直接影响到信息获取与利用效果，强烈的信息学习能力是信息资源开发和利用的强大动力，在有助于提高用户信息能力的同时，固化着用户的信息行为。

3.3　移动环境影响用户信息行为的三个维度

3.3.1　信息设备

器物与技术是用户获取信息与处理信息的手段，如计算机网络、信息系统、智能手机、阅读器等相关设备。因此，用户是否拥有信息设备，能否熟悉和掌握应用程序，是影响用户信息行为的前提，用户的重复使用与用户信息行为的形成呈正相关关系。

3.3.2　管理制度

管理制度主要是国家对信息资源管理方面的制度，如信息法律、信息法规、信息技术标准等，这些制度的规定是不容改变的，无论对信息产品的生产、信息内容的提供、信息安全的保障，还是对个人信息的需求与处理都产生重要影响，一方面规范了各种信息活动，另一方面也维护着用户的自身利益，对于用户的信息行为产生约束、限定、保障和保护的作用。

3.3.3　用户学习

移动环境源于信息技术的不断进步，这样迫使用户信息行为上升到积极学习的层面，不学习会无法操作程序，难于获取和处理信息。如何使用户的被动学习转换为主动学习，使学习成为用户的主动要求。用户只有从学习中获得更为方便、快捷的信息获取与处理能力，才能使这一学习具有积极意义。因此，用户学习力是信息技术改造社会阶段的用户信息行为的追求目标。

4　结语

移动环境影响着用户的信息获取、利用、交流、沟通、发布等的信息行为，其核心是信息技术影响着用户的信息行为的形成或改变，技术与用户有着互动关联的正相关关系。因此，信息技术的应用是影响用户信息行为的主要因素，同时技术标准、信息政策、民族文化、地域习俗等因素也影响着用户的信息行为，这种"1+N"（信息技术＋其他因素）的叠加因素，影响、改变、促成了用户信息行为的形成。

参考文献：

[1] 李德昌．信息人与不确定性 [J].西安交通大学学报（社科版），2005（4）：44-54.

[2] 郭良．网络创世纪：从阿帕网到互联网 [M].北京：中国人民大学出版社，1998：8-10.

[3] 史增芳．手机创新史 [J].中国信息界，2012（11）：29-31.

移动环境下的图书馆用户信息行为

刘　勇（山东省青岛市社会科学院，山东青岛 266071）

摘　要：移动环境包含移动网络、移动设备和移动计算机技术等诸多方面。移动环境下的图书馆是数字图书馆发展的新形式。笔者总结国内近几年关于图书馆用户信息行为的主要研究内容与成果，阐述了国内外移动图书馆发展、图书馆用户信息行为概况和移动环境对图书馆用户信息行为的影响因素，总结出移动环境与图书馆用户信息行为之间的相互关系，以及对未来发展的探讨。

关键词：移动环境；图书馆；用户信息行为

随着云时代的来临和大数据环境的逐渐形成，移动通信技术和无线网络通信技术不断普及和应用，为图书馆开展移动数字信息服务提供了有利条件，为文献资源的开发利用创造了更好的环境，用户信息行为已成为最广泛的社会行为之一。据《第 33 次中国互联网络发展状况统计报告》显示，截至 2013 年 12 月，中国网民规模达 6.18 亿，互联网普及率为 45.8%。其中，手机网民规模达 5 亿，继续保持稳定增长。手机网民规模的持续增长促进了手机端各类应用的发展，成为 2013 年中国互联网发展的一大亮点[1]。如何应用现有的移动环境为用户提供服务，如何通过用户信息行为的及时反馈来推动移动环境改造，都将成为图书馆未来发展的重要挑战。在移动环境下，图书馆谋求创新和发展始终要坚持以人为本，真正从用户需求出发，了解用户信息行为，这样才能提供更好的服务，适应社会的发展。

1　国内外移动图书馆发展现状

1.1　移动图书馆的概念

关于移动图书馆的概念，许多学者都对其做过比较深入的阐述。国内的黄群庆认为移动图书馆服务是指移动用户通过移动终端设备（如手机、PDA）等，以无线接入方式接受图书馆提供的服务[2]。谢欢、沈妍把移动图书馆理解为泛在环境的一种表现形式，在这种环境下，图书馆一方面仍然作为一种实体空间坐落于城市的某个角落，另一方面图书馆将利用先进的移动通信技术与设备向用户提供各种信息与服务，使用户随时能感受到图书馆的存在，图书馆将真正融入每一个用户的生活、学习之中[3]。笔者认为移动环境下的图书馆是数字图书馆发展的新形式，简单理解就是图书馆结合移动和无线网络通信技术，通过笔记本电脑、智能手机、平板电脑、电子图书等相关移动设备加载图书馆应用系统和软件，方便用户在移动互联网上浏览、查询，获取图书信息和服务。

1.2　国内外移动图书馆的构建现状

国外很早便将移动通信技术融入到图书馆信息服务之中，主要体现在以下几个方面：SMS 短信服务、WAP 网站服务、OPAC 服务、I-Model 服务、移动语音导航服务。

早些年，国内图书馆大都通过短信平台开展移动图书馆服务。2005 年上海图书馆开通了全国首家移动图书馆，通过手机短信功能，读者可以享受到咨询服务。随着移动互联网技术的逐步发展，部分经济发达的省市和大学图书馆陆续开通了不同类型、不同规模的移动图书馆服务。一些网络服务提供商和数据库生产商也开始涉足移动图书馆服务，例如，书生移动图书馆已与多家大学图书馆签订了移动图书馆合作协议，超星图书馆具有在线一站式检索文献信息、资源获取、视频提供等功能，以及包含资源导航、我的中心（空间）和信息发布等多个模块[4]。

2　图书馆用户信息行为研究概况

2.1　用户信息行为研究的含义

国内学者对信息行为的概念有多种观点，主要有以下几点：

（1）林平忠认为："信息行为是以用户的信息需要为基础，在内外因作用下相互联系又相互制约的心理和行为发生过程，是用户在信息活动中对智力和信息所作出的定向选择，即是用户有意识地查寻文献、捕捉信息、阅读和利用知识的情报活动，借以表达并不同程度地实现用户在生产、学习、科研、管理、社会文往、文化娱乐等一系列社会实践活动中对一定数量和质量的情报需求和信息占有欲望。[5]"

（2）李书宁认为："所谓网络用户信息行为就是网络用户，在信息需求和思想动机的支配下，利用网络工具，进行网络信息检索、选择、交流、发布的活动。[6]"

（3）张卫群在认为图书馆用户信息行为应包含传统信息用户行为和网络用户

信息行为，涵盖用户在信息需求和思想动机的支配下，利用图书馆提供的信息服务进行信息利用的全过程。从这一层面上来讲，图书馆用户信息行为的研究具有普遍性意义[7]。

（4）邓小咏、李晓红认为网络用户的信息行为是指网络环境下的用户在其信息需求的支配下，利用网络工具，进行网络信息检索、选择、交流、发布等的一些活动[8]。

2.2　图书馆用户信息行为类型

图书馆用户信息行为具有目的性和随机性。目的性是因为用户有了一定需求才会产生信息行为，随机性是因为用户的心理具有非理性和不可测性因素。在移动环境下，用户与用户，用户与信息提供方具有明显的互动性，双方间存在着联系、影响和制约关系，从而导致信息交流和信息利用的变化。胡昌平教授认为，用户的信息行为按照过程的不同和活动的区别，可以分为信息需求的认识与表达行为、信息查寻行为、信息交流行为、文献与非文献信息感知行为、信息选择行为、信息吸收行为和信息创造行为[9]。

（1）信息需求行为。信息需求行为是用户信息行为的最初行为，用户先在潜意识里产生需求，才会进行其他信息行为。在由需求转化为行为的过程中，信息渴望程度和信息实现程度是两个非常重要的因素，它们决定用户的信息需求能否成功转变为信息行为，所以既要激发信息渴望度，又要增大信息实现几率。用户的需求层次随着满足的增加而不断提高，逐渐产生新的或更高一层的信息需求。

（2）信息获取行为。用户产生了信息需求，接下来就要通过浏览、搜寻、分类等操作来获取信息，这种行为就是信息获取行为。对用户而言获取信息的能力会受一些因素影响，比如信息意识、个性素养、信息技能以及所处的社会环境等。不论在何种网络环境下，用户获取信息一般遵循先简后繁、先易后难的原则，依据个人的评判标准来汇总收集到的信息。

（3）信息使用行为。对用户来而言，获取信息的最终目的就是使用。获取信息后，用户首先要对信息进行筛选，这也是最为烦琐的工作。面对网络信息存在虚假和随意等情况，用户筛选后的信息必须正确、适用和相关，这样才能满足自身需求。用户还要对信息进行整理和研究，挑选有价值的信息资料为我所用。

（4）信息交互行为和创造行为。信息交互行为和创造行为是用户信息行为的更高级阶段。信息交互行为建立在具有自由和开放性的互联网基础上，是用户信息行为的灵活体现。用户借助互联网和应用系统为交流平台，人人和人机的互动，带来了数字信息的高速传送，不仅可以获得数据、影像和资料，还会对应用信息系统提出更高要求，促使其不断升级来满足更大互动需求。信息创造行为在用户其他信息行为发生后，也是所有用户信息行为的最高表现。用户吸收和利用现有信息创造出新观点、新知识和新方法的过程，充分反映出未来移动互联网发展的高度智能化。

3 移动环境对图书馆用户信息行为的影响因素

移动环境对图书馆用户信息行为的影响因素分为主观影响因素和客观影响因素。

3.1 移动环境对图书馆用户信息行为的主观影响因素

3.1.1 用户传统阅读习惯

在现今快节奏的生活中，用户大多零碎时间都花费在公共交通、私家车或排队等候等方面，纸质书籍的大小特别是重量在随身携带时受限制，传统阅读存在一定的不方便，然而电子化信息资源，尤其是网络信息资源更新周期短，传递速度快，信息资源丰富，紧跟时代热点，非常容易吸引读者。移动阅读设备相比传统图书具有轻便易携带、存书量大和下载简单等优势，免除了借阅过程的烦琐流程。赵琴等以成都市区部分人群做的调查中得出：移动阅读的内容主要以娱乐为主，目的以打发零碎时间为主，阅读的篇幅以中短篇为主，大部分的移动阅读用户的阅读时间在晚上[10]。可见随着移动网络环境逐步改善，移动图书馆功能不断完善，越来越多的用户会选择移动阅读这种方式，也就是说，读者逐渐由阅读印刷文献转变为喜欢阅读电子读物。

3.1.2 用户阅读需求

用户的阅读需求呈现多样化趋势，表现在：①需求类型的多样化。图书、期刊能反映学科、专业知识和科研进程与发展趋势，深受高校和科研机构人员青睐；而直观、生动、图文并茂的多媒体电子文献、声像型文献也深受大众欢迎；与国家、公众有关的社会热点、焦点问题的时政信息更被学生们关心。②需求方式的网络化。从传统的到馆获取方式逐渐向利用网络环境在线浏览、下载观看过渡，运用信息传输设备和技术、跨越时间和空间、具有快速高效的现代获取方式。③需求个性化。由于用户年龄、性别、文化程度、所学专业、工作性质等不同，许多用户不再满足一般性的咨询服务，他们有自己明确的个性需求，希望能快捷和准确地获取有针对性的信息。

3.1.3 用户信息技能

移动环境对用户的信息技能影响主要表现在用户正确获取、处理和使用信息的能力上。技能水平的高低对正确定位、实际操作和获取有价值的信息资料有直接影响。例如科研机构的科研人员、高校用户特别是一些教师、研究生等经常要查阅科研课题资料、申报科研项目、撰写科研申报材料、著作、学术、论文等等，而这些活动都依赖于信息技能的掌握[11]。在查找一次文献、二次文献等信息行为过程中，一些信息技能高、经验丰富的用户会非常容易地获取所需要信息，相比而言，对于那些在操作上存在困难的用户则很难熟练掌握检索、查询、发布等工具，结果无法达到设想的要求，很难开展和做好工作。

3.2　图书馆用户信息行为对移动环境的影响因素

3.2.1　移动数据资源

移动数据资源包含信息的存储、信息的共享和信息的管理等，是用户信息行为的基础。用户在信息需求行为的驱使下开始下一项信息行为，通过信息系统这一中介寻找数据资源。用户与数据资源之间的持续关系受信息资料是否令人满意、操作的繁简和成本的高低等因素影响。移动环境里的资源建设时，不能盲目照搬，更不能不切实际地好大，一定要根据用户需求、用户结构、能力范围来决定图书馆的移动信息资源。

3.2.2　信息系统服务

信息系统服务是信息行为发生的又一客体，用户信息行为直接反映出系统的优劣，决定着系统服务功能、内容和质量的好坏。比如：借助系统快捷的查询信息，成功地获取信息，有效地利用信息等方面决定了用户对系统的满意度，以及对系统的依赖感。因用户结构和层次的差异，就要求系统针对不同的用户群体采用不同的服务方法，提供相应的服务内容，最重要的是要符合用户的使用习惯，否则用户无法接受甚至是排斥系统服务。虽然这种差异对信息系统提出了更高要求，但是促进了服务形式的多样性，迫使信息系统向着更优、更完善的方向发展。

3.2.3　移动环境设施

移动环境设施包含网络服务器、信息传输、终端等硬件设备，还包括相关的所有系统软件，是用户信息行为发生的前提。受时间、地点、技术等因素的影响，上网速度是其最直接的表现，用户非常关心网络的传输速率、通信费用、安全防护和终端设备的运行速度、电池续航能力、屏幕尺寸等。

4　移动环境下图书馆用户信息行为未来发展探讨

进入 21 世纪后，互联网尤其是移动互联网的应用和发展飞速，人们真正感受到移动网络的便捷，越来越多的学者对移动环境下的用户信息行为进行着深入研究，提出自己的见解，成果不断涌现，逐渐形成了多个研究领域。例如张卫群认为用户信息行为未来发展研究，对建立以用户为中心的服务模式、改进图书馆的服务工作具有突出作用。改进图书馆的信息服务工作、建立以用户为中心的服务模式具有突出的作用。纵观国内外学者们的研究成果和各种新方法、新技术逐步融入到用户日常生活中，国内应加强以下几个方面的研究。首先，用户信息行为与移动网络、移动信息技术等的完美结合。移动环境与图书馆用户信息行为具有相互的关系，移动环境包含先进的科学技术，在信息高速流通的今天对用户有极大的吸引力，而用户的使用感受和反馈信息又成为移动环境改进和发展的源动力。其次，运用成熟的理论模型及数理统计分析技术深入分析用户数据，借以科学评价图书馆的信息服务系统[12]。科学统计分析用户数据，运用先进的技术和模型完善移动环境，推广移动互联网普及和应用，扩大用户范围，打造简便易用的信息服务系统。最后，通过选取部分典型案例，深入分析研究，发掘图书馆用户群的共性，改善面向图书馆用户的信息服务过程。

在科技不断发展的今天，研究的方向更加细化，应采用多元化的视角对信息行为进行深入分析。学生群体和科研人员等特定人群的信息行为将成为今后图书馆领域研究重点。另一方面，从未来发展趋势来看，移动网络和技术应用更加广泛和深入，图书馆用户信息行为研究方法日益成熟和完善。汪传雷认为未来发展研究应综合运用图书情报学、认知科学、心理学、传播学、计算机科学等多学科的理论方法进行交叉研究，并注意定量研究方法与定性研究方法的结合，以便在多路并进的综合探索中达到对研究对象的本质理解[13]。

参考文献：

[1] 中国互联网络发展状况统计报告 [EB/OL].http://news.xinhuanet.com/tech/2014-01/16/c_126015636.htm.

[2] 黄群庆. 崭露头角的移动图书馆服务 [J]. 图书情报知识，2004（5）：48-49.

[3] 谢欢，沈妍. 移动环境下图书馆的机遇与挑战 [J]. 图书与情报，2011（5）：65-68.

[4] 超星移动图书馆网站介绍 [EB/OL].http://baike.baidu.com/view/8065177.htm？fr=aladdin.

[5] 林平忠. 论图书馆用户的信息行为及其影响因素 [J]. 图书馆论坛，1996（6）：7-9.

[6] 李书宁. 网络用户信息行为研究 [J]. 图书馆学研究，2004（7）：82-82.

[7] 张卫群. 图书馆用户信息行为研究综述 [J]. 图书馆学研究，2006（8）：87-90.

[8] 邓小咏，李晓红. 网络环境下的用户信息行为探析 [J]. 情报科学，2008（12）：1810-1813.

[9] 胡昌平. 信息服务管理 [M]. 北京：科学出版社，2003：140.

[10] 赵琴，安萌萌，傅沛蕾，吴翊民，安芳. 移动阅读习惯及其影响因素分析 [J]. 图书馆学刊，2013（7）：132-135.

[11] 翁畅平. 基于 Web 日志的高校图书馆用户信息行为研究—以安徽大学图书馆为例 [D]. 安徽：安徽大学，2010.

[12] 琚琼，乔保红. 我国图书馆用户信息行为研究综述 [J]. 图书馆学刊，2013（8）：141-143.

[13] 汪传雷，胡雅萍. 信息行为研究进展 [J]. 图书情报工作，2011（1）：258-261.

数字信息化时代用户阅读行为的
变化及其对策研究

陈　　霞（山东省青岛市社会科学院，山东青岛 266071）

摘　要： 随着信息技术的不断发展和数字化时代的到来，国民的阅读内容偏好、阅读形式、对阅读的态度等阅读行为都在不断发生变化。数字信息化时代，用户阅读行为的变化主要体现在用户对阅读重要性认识的变化、用户阅读内容的变化、用户阅读环境的变化以及传播媒介变化带来的用户阅读行为的变化等方面。数字信息化时代用户阅读行为变化的诱因主要源于信息技术的飞速发展、经济水平的不断提高、人口质量的不断提升和社会竞争的日益激烈。根据数字信息化时代用户阅读行为的变化，从政府机构、产业发展和高等教育等角度提出了应对用户阅读行为变化的对策。

关键词： 数字信息化；用户阅读行为；变化特征；影响因素；应对策略

随着信息技术的不断发展和数字化时代的到来，国民的阅读内容偏好、阅读形式、对阅读的态度等阅读行为都在不断发生变化，用户阅读行为的变化形成了对传统报纸、杂志、期刊等出版传媒产业的出版物形式的不断冲击，也从产业的角度不断重构出版传媒产业的产业形态、产业结构。例如，在欧美等发达国家，图书出版物的数量已经呈现出负增长的特征，与此同时，数字出版物呈现出爆发式发展，又如在数字化时代的背景下，图书出版物的营销模式已经呈现出由实体书店向网络化营销迁移的显著趋势。随着知识经济时代的到来和国家产业结构调整的要求不断深化，产业发展的重心不断由第一产业和第二产业向具有更加经济增加值、更低能耗的第三产业转移，文化产业是第三产业的重要组成部分，是国家产业结构调整的重点发展方向，也是社会主义精神文明建设的重要基础。通过对数字化时代用户内容偏好、阅读形式等阅读行为演化特征的分析和研究，能够从理解用户阅读需求演化特征的角度为出版传媒产业的发展提出理论和实践依据。

1　数字信息化时代用户阅读行为变化的主要特征分析

数字信息化时代用户阅读行为的变化主要体现在用户对阅读重要性认识的变化、用户阅读内容的变化、用户阅读环境的变化以及传播媒介变化带来的用户阅读行为的变化等方面。

1.1　数字信息化时代用户对阅读重要性认识的变化

用户对阅读重要性的认识反映了用户对阅读的基本态度，李新祥（2013）的社会调查结果显示，数字化时代非但没有导致用户对阅读重要性认识的降低，反而绝大多数被调查者认为在数字化时代加强阅读更为重要。进一步的调查发现，从年龄段、区域经济发展水平、学历、婚姻状况、收入等角度分析，用户对阅读重要性的认识呈现出一定差异性：调查发现，随着用户年龄段的增加，对阅读重要性的认识程度越高；区域经济相对发达的地区的用户认为阅读重要的程度显著高于经济相对落后的地区；具有较高学历的人群认为阅读重要的程度显著高于学历相对较低的用户群体；相对已婚群体用户而言，未婚群体认为阅读的重要性程度更高；对阅读重要程度的认可与收入水平呈现出一定正向相关性，即具有较高收入的用户群体对阅读重要程度的认可显著高于收入水平较低的用户群体。

1.2　数字信息化时代用户阅读内容的变化

传统条件下用户接触阅读内容的载体主要是报纸、期刊、杂志等有形媒介载体，而数字化时代条件下用户通过电子媒介的形式能够接触到视屏、音频等不同的阅读内容形式，有效拓展了用户接触阅读内容的广度和深度。用户对阅读内容的偏好也从传统模式下的社会新闻不断向社会新闻、生活常识、情感交流、时尚消费、职业发展等多元化的模式方向演化。例如统计数据显示，女性阅读者更加偏好情感交流、时尚消费等方面的阅读内容，而男性阅读者更加关注金融信息、军事体育等方面的阅读内容。此外，阅读形式的便利化也使得用户对长篇小说等长篇文学作品的偏好呈现出一定的增长趋势。

1.3　数字信息化时代阅读环境对用户阅读行为的变化

受阅读媒介的局限，传统模式下用户阅读的场所主要是图书馆、书店等公共场所，因此传统传播媒介在一定条件下局限了用户的阅读环境，而数字化条件下特别是网络技术的不断发展使得用户可以不受阅读环境的限制随时随地接触到电子阅读资源，例如在车站候车或者用户在乘坐公交车的时候都可以随时阅读，从而极大拓展了用户阅读的环境范畴，甚至随着人们生活品位的不断提高，中产阶级群体开始形成了在咖啡厅、茶楼等相对安逸的场所进行阅读的习惯，从而进一步拓展了数字信息化时代用户阅读的环境的内涵和外延。

1.4　数字信息化时代传播媒介对用户阅读行为的变化

数字化时代用户阅读行为的变化主要体现在以下方面：第一，阅读媒介载体的变化。传统用户阅读的载体以报纸、期刊、杂志等有形媒介载体为主，数字化时代报纸、期刊、杂志等有形媒介载体的使用率显著降低，取而代之的是电子期刊、电子书籍等无形化的媒介形式，相应地，台式电脑、手提电脑、手机、平板电脑等电子媒介成为了数字化时代用户阅读的最主要载体。第二，阅读时间的变化。相关统计数据显示，数字化时代用户对报纸、期刊、杂志等有形媒介的阅读时间显著减低，而花费在台式电脑、手提电脑、手机、平板电脑等电子媒介的时间大幅提高。第三，付费阅读意愿的变化。付费阅读成为数字化时代网络出版商、电信运营商等盈利模式之一，用户阅读行为呈现出不满足于单纯意义上的免费阅读的特征，在一定的收费额度条件下，用户呈现出较强的付费阅读意愿。第四，从阅读习惯角度分析，随着相关软件功能的不断丰富和完善，数字化时代用户阅读形式已经由传统的读书演化为读、听、看相互结合的特征。

2　数字信息化时代用户阅读行为变化的影响因素分析

数字信息化时代用户阅读行为变化的诱因主要源于信息技术的飞速发展、经济水平的不断提高、人口质量的不断提升和社会竞争的日益激烈。

2.1　信息技术的飞速发展

信息技术的发展是用户阅读行为变化的根本原因。信息技术的不断发展是文化出版物由报纸、杂志、期刊等发展到电子媒介的重要基础，特别是互联网、物联网、云计算等信息技术的发展极大拓展了数字化时代用户阅读量的广度和深度；信息技术的发展使得数据实现了海量存储；信息技术改变了传统意义上用户对阅读环境的要求，使得用户可以随时随地地接入网络获取阅读资源；信息技术的不断发展也对数字信息时代文化出版产业的营销模式带来了冲击，有助于产业的加速发展。

2.2 经济水平的不断提高

按照管理学大师马斯洛提出的需求层次理论，人的需求存在层次性，只有低层次的需求得以满足的情况下才能形成对更高级别的需求的要求，在马斯洛提出的需求层次理论中，经济生活的需求处于相对较低的层次，而文化生活的需求处于相对较高的层次。从马斯洛的社会需求层次理论的角度分析，近年来，我国社会经济发展迅速，经济总量已经居于世界前列，经济发展速度和质量的不断提升，使得人们的整体生活水平不断提高，也逐渐形成对文化等更高层次的需求，也形成了人们关于更高层次的精神生活的需求，这也促进了人们对阅读的内容、形式等行为的变化。

2.3 人口质量的不断提升

相关研究表明，用户阅读行为与学历呈现出较高的相关性，即具有较高学历的人群认为阅读重要的程度显著高于学历相对较低的用户群体。近年来，我国人口总户相对稳定，但是随着国家经济的不断发展和对各层次人才需求的不断提高，国家在教育方面进行了大量投入，以 2000 年为基期，我国具有大学学历人员占人口总数的比重提高了 5.3% 左右，而具有小学学历人员占人口总数的比重下降约 9%，随着人口学历水平的不断提高和人口质量的不断提升，使得具有阅读需求的人口的基数不断提高以及对阅读需求总量的不断提高。

2.4 社会竞争的日益激烈

随着我国改革开放的不断深化、世界经济一体化进程的不断加速，个人、企业、国家等各个社会单元均面临前所未有的竞争压力，提高竞争力已经成为各主体的重大现实需求。当今社会，国家之间的竞争演化为国家技术创新能力的竞争、企业之间的竞争演化为企业核心竞争力的竞争、个体之间的竞争演化为学历和能力的竞争，而形成所有的竞争力的基础都在于通过不断的阅读和学习提高各主体综合素质和能力，这就对各个社会单元提出了不断加强阅读和学习的现实需求。

3 数字信息化时代用户阅读行为变化的对策分析

根据数字信息化时代用户阅读行为的变化，与用户阅读行为的变化存在密切交互的关系的社会组织和群体应该根据用户阅读行为的变化适时调整发展策略。

3.1 传媒产业的应对策略

传媒产业应根据数字信息化时代用户阅读行为的变化特征和影响因素及时调整和优化产品结构，建立新型营销渠道。在调整和优化产品结构方面，首先应保证文化产品的人文关怀和人文情感，其次要积极根据用户偏好开发情感、生活等方面服务产品；建立新型营销渠道，传媒产业应积极适应信息化时代营销的要求，积极与软件开发商、电信运营商等进行合作，从而提高产品和品牌的辐射面和影响力。

3.2 教育机构的应对策略

研究表明，用户阅读行为与学历呈现出较高的相关性，这也凸显了教育机构推进数字信息化时代用户阅读行为方面的作用。教育机构，特别是高等教育机构是我国高层次人才培养的主要机构，拥有大量优势教育资源。首先，高校教师应成为数字信息化时代社会阅读的引领者，高校教师的表率、引导和示范作用会激发大学生和普通民众的阅读热情，是阅读推广应该加以发挥的，推广阅读应当成为高校教师的职责所在；其次，为了满足社会对阅读的需求，高校图书馆可以考虑适度向社会开放资源，实现图书馆文献资源共建共享，为社会市民提供更加便捷优质的图书馆服务，为社区图书馆、社区学习中心的建设贡献力量。

3.3 政府机构的应对策略

数字信息化时代用户阅读行为的发展和变化离不开政府的正确引导和指导，以"开展全民阅读活动"写进党的十八大报告为标志，体现了我们党对全民阅读活动的高度重视。在促进数字信息化时代用户阅读方面，政府应建立统一的工作推进机制，保证阅读的有序发展。例如可以考虑建立具有能够统一进行全国范围的阅读的活动的顶层设计、资源调配等功能的全国性阅读活动组织协调机构，从而提高阅读学习活动开展的经济性和有效性；应加大对教育文化产业的投入，加强对教育文化产业企业的金融支持，营造有利于教育文化产业发展的社会环境。

参考文献：

[1] 高春玲，卢小君. 用户阅读图书馆电子资源意愿的影响因素分析——以辽宁师范大学师生移动阅读行为为例 [J]. 图书馆论坛，2014，02：34-40.

[2] 周晓燕，付爽. 移动网络时代大学生阅读行为对移动图书馆建设的影响 [J]. 现代情报，2013，10：92-95.

[3] 赵玉冬，喻桂江，王雯吉，汪祥玉. 网络环境下大学生阅读行为的调查研究——以江苏教育学院为例 [J]. 图书馆学刊，2013，11：56-58.

浅析大数据时代高校读者阅读行为的变化及应对

姜　爽　陈红蕾　聂合菊　吕　东

（国防科技大学图书馆，湖南长沙 410073）

摘　要： 大数据时代到来，人们的阅读方式产生了很大的变化。传统的阅读方式受到了极大的冲击，高校读者这一群体也不例外，图书馆作为高校的教育和宣传阵地将不可避免地迎来挑战。本文主要探讨了高校图书馆读者在大数据时代中阅读行为产生的一些变化，还有这些变化将会带来哪些影响，以及图书馆针对产生的变化可以采取哪些应对措施。

关键词： 大数据；阅读行为

随着大数据时代的到来，传统的阅读方式逐渐被网络阅读、手机阅读等数字化阅读方式取代。新型阅读方式不再受时空限制，使阅读变得更为便捷。自 2010 年开始，全民网络在线阅读、手机阅读、电子阅读器阅读等数字化阅读方式利用率不断攀升。2010 年人均阅读纸质图书 4.25 本，报纸 101.16 份，期刊 7.19 份，而电子书不足 1 本；至 2012 年，全民人均阅读率上升至纸质图书 4.39 本，报纸 77.2 份，期刊 6.56 份，而电子书的阅读率已增至 2.35 本。[1] 在这一趋势下，高校读者的阅读行为也随之产生了变化。

1 大数据时代高校读者阅读行为的变化

1.1 阅读方式的变化

大数据时代下，高校读者的阅读方式也产生了很大的变化，主要集中体现在多样化、信息化这两方面。目前，高校读者阅读主要使用纸质与电子阅读并存的阅读方式。电子阅读方式包括：互联网、电子书、微博阅读、手机阅读、微信等。电子阅读的优势在于：一是快捷，无地域限制；二是信息海量；三是环保、经济；四是形式更多样、更丰富；五是更加个性化、互动化，能满足读者多元的阅读需求。

1.2　阅读内容的变化

过去，高校读者阅读的主要内容为专业书籍、文学作品、技能考试等方面，而且由于传统纸质书籍出版审核比较严格，内容相对比较严谨化、系统化，而在大数据时代，信息量呈井喷状态，互联网成为一个相对开放的空间。只要有一定的文化水平，有电脑等数字传播媒介，有网络传输，高校读者就可以随时随地地发布信息、阅读信息。相对于过去，阅读内容更加广泛，更加多元化。通俗文化、专业知识、新闻时政等各类型信息均可通过数字网络进入我们的现实生活空间。

1.3　阅读深度的变化

互联网技术带给我们前所未有的信息传递速度，并将我们带入了一个异彩纷呈的"数字世界"。随着信息量的膨胀，人们的阅读逐渐呈现出浅显化、碎片化，高校读者也不例外。不论校园内外，我们随时可以看到年轻人掏出手机翻点，"搜索式阅读""联通式阅读""跳跃式阅读"成为主流。阅读多了一分浮泛和盲从，却少了一分深入和独立，这与通过捕捉"信息"来获取"知识"、通过"知识"凝练升华"智慧"的传统阅读相去甚远。

2　大数据时代下高效读者阅读行为变化产生的影响

2.1　阅读行为变化产生的积极影响

首先，阅读更加方便快捷。读者们只需在百度等网络搜索引擎上输入关键词或主题词就可以找到自己需要的文献信息。同时，手机、笔记本等阅读设备可以让读者克服传统阅读的时空限制，随时随地进行阅读，大大提高了读者的阅读效率。其次，文献信息便于保存。读者查阅到的文献资料只要进行简单的复制、粘贴操作，就可以保存在电脑等电子阅读设备上。这比传统阅读模式下的手抄记录效率更高，而且日后查阅资料时也更快捷。同时，电子阅读也节约了购书成本。现在很多的高校图书馆都会利用互联网向广大读者提供免费的数字资源，这在一定程度上降低了读者的成本。再次，互联网的发展也为高校图书馆与读者之间的交流提供了便利。图书馆可以通过图书馆网站、电子邮件等与读者进行互动，了解读者需求等信息，及时改进图书馆的服务方式，提高服务水平。

2.2　阅读行为变化产生的消极影响

首先，网络信息庞杂随意，质量参差不齐。网络信息大多呈现一种无序性的状态，而且现在没有一个整合的图书平台，各种不良信息也可以名正言顺地在网络上传播。高校读者大多处于青春期，好奇心强，鉴别能力差，很容易受到不良信息的影响，造成他们道德和价值观念的冲突与混乱，甚至引发严重的社会问题。其次，电子阅读的随意性使阅读的浅显化、碎片化加剧。在传统阅读模式下，信息大多是纸质版，相对有限的阅读区域可以使读者较为容易地集中自己的注意力，从而深入地思考问题。但在大数据时代下，阅读整体呈现一种随意性的特点，读者对网络上的海量信息大多是走马观花式的浏览。在这种阅读状态下，阅读效果欠佳，阅读放松心灵的功效大为降低，难以实现对于知识的积累与意义的建构，最终导致心态的浮躁、思想的浅薄和思维的惰性。再次，网络阅读盛行容易造成网络依赖。高校读者中大部分仍是学生，由于学生社会阅历少，自制能力较差，再加上网络阅读的感官刺激比较明显，他们很容易对网络产生过度依赖。一部分学生长期沉溺于网络，与同学、亲人之间的交流减少，长此以往容易造成人际关系冷漠，严重的甚至会引发心理疾患。

3　高校图书馆针对阅读行为变化的应对措施

图书馆一直是高校先进文化传播和教育的阵地。随着高校读者阅读行为的不断变化，图书馆应该继续发挥"知识宝库"这一得天独厚的优势，发挥文化导向、文化宣传的重要作用，发挥素质教育、服务育人的重要职能，创新服务内容，进一步加强读者的阅读意识教育和网络导读工作。

3.1　改进读者培训方法，积极引导

目前我国高校图书馆已经具备了丰富的文献资源、现代化的网络、先进的设施设备，能为学生的综合教育提供坚实的物质基础。但就实际情况来看，各高校图书馆读者教育的水平参差不齐，对读者教育的宣传少，形式单一，渠道不畅，宣传力度不够，缺乏实效性和持久性。目前我国高校图书馆开展读者教育的途径主要有两种，一是举办有关信息资源利用的专题讲座；二是开设文献检索课程。这两种途径都是以教师讲授为主，基本上都是单向的、被动式的传统教育方式，读者动手操作少，不够直观和形象，教育效果不够理想。另外，大部分高校图书馆的读者教育内容缺乏一些令读者感兴趣或关注的事物，对读者缺乏吸引力，不利于读者教育更好地发展。

高校图书馆在读者教育方面可以创新培训内容，改进教学形式，充分调动读者

参与的兴趣。不同的读者其信息需求不同，应该根据读者的特点，针对不同读者的身份、专业、知识层次等进行有目的、有层次的读者教育。随着计算机技术、网络技术和多媒体技术等现代化信息手段的发展，读者教育的内容要及时进行更新，文献检索课的教材也应与时俱进，尤其要增强计算机信息检索教育，网络信息检索知识与技能，使读者进一步掌握在网络信息环境下查找和利用信息资源的能力，这样才能让读者更好地利用图书馆的文献信息资源。除了有针对性、分层次地开设信息资源检索与利用的讲座外，还可通过网上教学和在线咨询等方式开展读者教育。网上教学和在线咨询不受时间、地点、人力等因素的限制，可由读者自行控制，随时随地、方便灵活地获得培训，并具有交互性的优点，还能促进其计算机操作技能的训练，有利于提高读者利用信息资源的能力。

3.2　实行"阅读学分"制

阅读学分是基于高校学分制产生的新兴事物。设立"阅读学分"制的目的主要是鼓励读者广泛阅读，从而养成良好的读书习惯，提高自身综合素质。高校开展"阅读学分"制时可采取"推荐书目"形式，"推荐书目"可按学校专业划分类别，读者在选择时可根据专业需要侧重选择。读者的"阅读学分"评定分为学期评价和综合评价。学期评价每学期进行一次。读者在每学期的前两周，制订阅读计划，提交专业导师审核并报图书馆汇总。读者通过精读和泛读，完成一定数量的读书笔记，到该学期末上交至专业导师初审。专业导师对读书笔记进行综合评价，图书馆负责对读者学期评价和综合评价的检查与考核。现在已有个别高校实行了"阅读学分"制，阅读学分的评定，应制定相应的评分标准并严格执行。图书馆作为牵头单位，应切实制定好相应的实施方案和评分标准,制定好读者易于接受的"阅读学分指南"，协调各教学单位和专业导师，精心组织、实施阅读学分制度各项工作。

3.3　调整图书馆资源结构，满足多元化需求

随着出版技术和网络技术的发展，文献的载体除了传统的纸质文献外，还增加了光盘、网络在线等出版形式。出版物类型的增多，为读者阅读和图书馆的资源建设提供了多种选择。大数据时代，高校图书馆的资源结构应随着读者的阅读行为而改变，增加电子资源的购买比例，充分利用网络免费资源，使馆藏实体资源和网络虚拟资源相互补充，以满足读者多元的阅读需求。

图书馆可以做一些实际统计和调查来分析读者的文献需求，从经验上判断读者的兴趣和爱好以及需求的层次和级别。只有从读者的需求出发来确定资源购置的方

向，才能够提高资源的使用效率。高校图书馆的读者主要包括学生、教师、科研工作者以及一般工作人员。本科生、研究生及一般的工作人员，使用较多的还是纸质资源，而教师、科研工作者使用电子期刊和数字图书较多。图书馆可以针对这些用户的特点购置资源，确定资源配置比例。同时，在纸质资源和电子资源的购置上，也要达到一个相对平衡。另外，有些高校图书馆每年购置的新书数量很多，但是读者真正需要的书并不多，很多图书存在利用率低的问题。因此，图书馆必须建立相关的资源评价质量控制体系，使得资金使用合理、规范，从而提高资源的整体使用效率。

3.4　加强电子阅读硬件设施建设

大数据时代，高校读者越来越多地利用网络、手机及手持阅读器阅读，对高校图书馆是一个挑战。据第九次全国国民阅读调查数据显示，在 18～70 周岁数字化阅读方式接触者中，18～29 周岁人群占 54.9%，11.8% 的读者更倾向于"网络在线阅读"，9.4% 的读者倾向于"手机阅读"，2.5% 的读者倾向于"在电子阅读器上阅读"，1.0% 的读者"习惯从网上下载并打印下来阅读"[2]。因此，高校图书馆应加强计算机网络硬件的建设。首先，在图书馆馆内阅览服务硬件设施建设方面，可以在图书馆阅览室电脑中应安装常用软件，如瑞星杀毒软件、金山词霸等。同时，在允许读者可自带光盘、U 盘、移动硬盘使用的情况下，在电脑上安装系统还原软件，确保下一位读者在使用时不受前一位使用者的影响。另外，图书馆阅览室电脑应当预先安装各种不同类型的专用浏览器，如书生之家阅读器、超星阅读器、CAJ 浏览器、PDF 阅读器等，确保读者在使用图书馆所购买的网络数据库、光盘资源时可以省去各种烦琐的安装，直接进行浏览，提高阅读效率。其次，在移动阅览服务设施建设方面，图书馆可考虑配备手持式电子阅览器和集团内小规模无线网络，如在 WLAN 范围内线有声图书的使用等。当然，以上的应对措施需要在加强图书馆和电子阅览室门禁系统管理的前提下进一步完善。但不可否认，这些措施是可以极大方便读者获取电子资源的。

3.5　借助微博、微信，开展信息推送服务

微博和微信是一种可以即时发布消息的类似博客的新兴应用系统。现在，各大银行、服务机构都在微博和微信上注册了账号，与用户实现了随时随地的沟通。同样，微博和微信也将是图书馆实现信息推送的最好选择。在微博和微信的系统中，高校图书馆可以进行新书推荐、图书馆新闻发布、讲座培训、到期提醒、网络新闻推送、

参考咨询等，这些都会以最快、最有效的方式传递给读者，使图书馆的读者了解第一手的信息情报。

3.6　建设图书馆移动客户端，开展手机阅读服务

手机阅读正在成为阅读的新潮流。高校图书馆可以尝试建立手机客户端，适时地为读者提供手机阅读服务。手机客户端可提供书目查询、文献续借、讲座预告、服务指南、读者活动、馆情介绍、新书推荐、知名电子期刊全文试读等服务内容，为读者提供更加完善的个性服务。读者也可以通过手机客户端进行图书评论，为图书馆献言献策，从而使图书馆与读者之间实现交流零障碍。

4　结语

大数据时代来临，图书馆作为传统的文献信息资源中心正经历着深刻的变革。读者阅读行为的变化虽然给高校图书馆带来了很多挑战，但同时也使高校图书馆迎来了机遇。图书馆可以借此机会更多地探索如何应对新的信息技术环境的挑战，推进图书馆工作和管理的转型，拓展服务项目和内容，从而更好地吸引和聚合读者，继续发挥高校图书馆在校园文化建设和人才培养方面的作用。

参考文献：

[1] 缪宏才，雷鸣，李鲆，张国功. 数字阅读带来国民阅读行为的变化 [J]. 编辑之友，2014（5）：12-14，30.

[2] 第九次全国国民阅读调查：图书阅读率为 53.9%[EB/OL].[2012-04-19]. http://news.163.com/12/0419/18/7VFO04TO00014JB6.

[3] 韩凤伟. 新媒体时代高校读者阅读行为改变与图书馆应对策略 [J]. 中华医学图书馆情报杂志，2013，22（8）：42-44.

[4] 费鹏. 新媒体时代大学生阅读现状探析 [J]. 吉林广播电视大学学报，2011（7）：29-31.

[5] 宋立新. 网络环境下高校读者阅读行为探究 [J]. 内蒙古财经大学学报，2013，11（5）：124-127.

[6] 刘一萱. 网络环境下大学生阅读行为的分析与引导探究 [J]. 黑龙江史志，2013（9）：214-215.

大数据时代新闻信息服务探讨

李艳芳（贵州日报报业集团信息资源部，贵州贵阳 550001）

摘　要：本文探讨了新闻信息服务的现状，对利用大数据来提升新闻信息服务提出了建议，要充分利用报业数据资源并创造新的价值，为社会公共事业服务。

关键词：大数据；新闻信息服务；价值

当前，我们已经进入大数据时代。如何面对日益增长的海量数据来开展新闻信息服务，对数据进行有效的开发和应用，顺应大数据带来的变革潮流，实现报业新闻信息服务的拓展和提升，创造地运用数据说话，为社会服务，是新闻信息服务值得研究的。

1　大数据的基本概念

大数据（big data），或称巨量资料，指的是所涉及的资料量规模巨大到无法通过目前主流软件工具，在合理时间内达到撷取、管理、处理并整理成为帮助企业经营决策更积极目的的资讯。（在维克托·迈尔-舍恩伯格及肯尼斯·库克耶编写的《大数据时代》中大数据指不用随机分析法（抽样调查）这样的捷径，而采用所有数据的方法）大数据的"4V"特点：volume（大量）、velocity（高速）、variety（多样）、veracity（真实性）[1]。

大数据泛指巨量的数据集，可从中挖掘出有价值的信息而受到重视。麦肯锡公司的报告指出，数据是一种生产资料，大数据是下一个创新、竞争、生产力提高的前沿，世界经济论坛的报告认定大数据为新财富，价值堪比石油。

2　报业信息资源数字化建设现状

目前，各报业历史报纸数字化工程建设基本上都完成了，拥有了海量的数据，面对每天增长的数据，数据开发利用率却不高，要对这些数据进行有效的开发和应用，为报业服务，为公共事业服务。2013 年佛山日报成立了专业的数据分析队伍，对新闻报道等进行监测和反馈，2014 年湖北日报新媒体集团探索建立了大数据服务中心，还有更多的传媒在研究、探索之中。

贵州日报报业集团以省委机关报《贵州日报》为龙头，下辖《贵州都市报》《贵州商报》《西部开发报》《天下文摘》《经济信息时报》《新报》和新闻业务刊物《新闻窗》，以及金黔在线、贵州都市网、爽爽的贵阳网等多个网站。2010 年 5 月《贵州日报》历史报纸数字化工程建设项目通过了验收，整合了《贵州日报》的全部信息资源，从《贵州日报》1949 年 11 月创刊以来至今发表的所有文章、版式、图片、广告，完整地再现了贵州 60 多年的悠久历史，是贵州省数据量最大、最系统、最权威的见证贵州社会经济发展的文献数据库，获得了 10 多万个数字化版面、8.1 亿汉字、近 20 万张图片和 100 多万篇文章、17 万条广告。可每日添加新增数据，保证了报纸数据的延续性，为数字出版广泛运用和大数据营销奠定了基础。

3　"大数据"带给报业的发展机遇

大数据时代，新闻信息生产和传播模式加速变革，新的传播体系、舆论生态系统正在形成，媒体业面临前所未有的发展机遇和严峻的挑战，社会责任也愈加凸显 [2]。充分挖掘数据资源的价值，还需加强与政府、高校、企业、社会组织、研究机构等紧密合作开展数据研究，建立数据综合分析应用体系，更好地发挥服务经济社会科学发展的作用。

数据挖掘技术能够从数字新闻中提取更多的价值，互联网目前已经能够提供了解各类数据的必需工具，从中可以更加准确地了解用户和预测他们的需求，增进对读者的了解，从而推送甚至定制更契合需要的新闻、服务信息、精准的广告。

贵州日报报业集团历史报纸数字化后，推动了媒体对新闻信息资源的整合，扩大了信息资源的共享范围。实现了对新闻信息有序、高效、快速地管理，将集团的数字内容糅合再造，提升数字内容的价值，为集团提供最全面的内容保障，在新媒体领域占领新的舆论高地提供有力支持。同时把历史报纸新闻信息作为报业集团的商品资源，进行多层次的深度开发和利用，最大限度地挖掘历史报纸新闻信息的潜在价值，扩大信息资源的有效应用和增值服务。

4　大数据时代新闻信息服务的思路

通过资源整合，构建和完善网站、数字报、手机报，加快微博、微信等内容建设，在此基础上完成对数据的采集、存储、分析、共享，形成新的信息产品和个性服务。要在服务上有所创新和有所发展，要围绕用户需求，利用新技术和新方法提升服务水平和服务能力。大数据技术的应用为新闻信息服务开拓了新的思路和模式，主要思路有以下六个方面：

4.1　充分挖掘数据资源并创造新的价值

要改变传统思维模式，激活那些沉睡数据，打破各个部门数据分割状态，打造数据资源聚合平台，建设发展适应用户需求的各种类型的数据库，提高信息资源的密度、广度和质量，增强信息产品服务的实力，形成产品服务的个性化、实效性、品牌效应。贵州日报报业集团建设的贵州省情文献库、特色专题库等信息产品开发就是服务实力加强，全方位的服务不断发展和创新的重要体现。

2012 年 4 月，贵州省级信息化项目"贵州省情电子文献中心"通过验收，是贵州省资料丰富、服务优质、数据量最大、最系统、权威的"贵州省情电子文献中心"。为贵州省党政领导作决策、制定地方经济建设和社会发展的方针、政策、规划、措施提供有力的服务，为贵州省经济建设提供翔实、可靠的信息数据，为社会各界了解、研究贵州提供可靠、全面、权威的基本省情资料。"贵州省情电子文献中心"项目是由贵州省经济和信息化委员会批准扶持的 2010 年省级信息化项目和贵州日报报业集团"十二五"项目之一。该项目是开发和利用《贵州日报》及其系列报刊的数字化资源，通过对贵州日报报业集团 200 多万条历史文献数据、28 万多张历史图片和与日俱增的新闻信息进行深层次整合、分类等深度处理，建成涵盖贵州政治、经济、文化、社会等各类数据库。集团"金黔在线"网站 是"贵州省情电子文献中心"的发布平台，现在新的数据在不断补充中。

4.2　利用数据资源改进对读者的服务

利用数据资源来改进对读者的服务至关重要，挖掘读者的阅读习惯和喜好，找到符合读者兴趣和习惯的产品和服务，并对产品和服务进行有针对性的调整和优化，来更好地满足用户的需求。

大数据时代的报纸内容生产不再提供纯粹的新闻信息；而是以综合信息运营商的身份拓展文化产业，平台的经济价值通过内容的用户黏性而被挖掘。例如，美联社联合 100 多家报纸和 20 多家零售商提供电子优惠券服务，嵌入到多平台报纸阅读当中。消费者可以获取附近商家的优惠信息，而零售商则推送附近商店的特价信息[3]。2014 年 4 月贵州日报旗下《贵州都市报》——贵州最大的综合类城市报，为更好地服务读者，发挥报媒影响力，聚合各方资源推出《都市惠》月刊。一报在手，全城优惠尽知，服务性、及时性、准确性兼具，成为联系商家和读者的多彩之桥，集合地产、家装、建材、餐饮、娱乐、家电、商场、酒八大类的每月促销优惠信息，刊印各家优惠券百余张，读者可以通过收集、使用优惠券的方式，得到相应优惠服务。

4.3　在新闻报道中贯穿大数据应用

大量数据分析可以增加新闻的说服力，同时还可以舆情预警。将以往事件发展的情况和本次事件发展的数据进行分析，就可以对其进行预测和预警。利用"大数据"技术，通过读者数据库、监测软件等手段了解到的读者需求信息。"大数据"技术使报纸的数据收集，比传统的抽样调查更方便、高效、准确。报纸可以根据调查结果，迅速地在稿件选择、栏目设置以及重大决策上做出及时而正确的决断。

佛山日报已经建立起庞大的读者数据库，读者数据库不仅包含了报纸发行的名址库，更包括了包括读者的阅读喜好、职业、消费信息等相关资料，有力地推动了报纸内容决策的科学性[4]。

4.4　利用大数据提供网络舆情监测分析服务

当前，我国正处于社会转型期，各种矛盾突显，舆情也处于多发期，舆情管理的需求量很大，传统媒体有较强的新闻挖掘能力和传播能力，可利用大数据分析手段进行舆情管理业务。要真实反映民情，又要杜绝流言、谣言，就要借助于基于大数据的分析和研判。人民日报社旗下的人民网就在舆情管理方面做得很好，每年的营业收入近亿元[5]。

2012 年 6 月，集团成立了贵州日报社互联网舆情监测中心，从大数据应用思维着手，从事网络舆情搜集、分析与研判工作，提供网络舆情监测分析、热点舆情事件应对顾问、网络媒体危机公关等方面的顾问服务。贵州日报社互联网舆情监测中心工作通过对网站、论坛、社区、微博、新闻热线等浏览，对社会关注的热点等问题进行网络舆情的监测、分析、研判，及时提供舆情监测报告，为政府以及相关部门有针对性地提供了舆情信息分析服务，成功开发出网络舆情日报、周报、专报、专题分析报告等一系列舆情信息产品。舆情监测中心还受贵州省纪委委托，以贵州舆情专报、舆情快报、舆情月报等各类简报形式为贵州省纪委提供服务，并定期向贵州省委办公厅、贵州省政府办公厅、贵州省委宣传部等部门报送舆情报告。

4.5 利用大数据来改进经营管理

利用大数据分析报业广告的版面、版量，来改进经营管理，定期为领导提供及时准确的报告，为领导的经营决策提供专业的、强大的支持。贵州日报信息资源部每周向领导提供《贵阳同城报纸广告对比监测》，对同城报纸广告的监测数据进行汇总和分析。广告监测工作通过日报、周报、月报、季报、年报的形式展开，以一日或一周为时间段，监测跟踪几大竞争报的广告业务相关数据，与本报各项广告业务数据进行对比，通过分析版面对比图表，得到本报和主要竞争报的总版量、广告版量、彩版广告版量的数据统计图表，了解版面利用率是否合理，掌握大客户广告投放的详细数据，为调整广告经营策略做参考。

目前，国内广告业务发展较快的、面临激烈竞争的报社都有对竞争报社广告业务监测的需求，利用信息化工具实现对竞争报广告数据的收集整理，得到竞争报广告业务数据的对比统计图表，通过准确及时的数据为领导的经营决策提供参考。

4.6 做好新闻监测提供新闻线索服务

贵州日报报业集团新闻监测工作通过监测各类媒体尤其是中央媒体的重要新闻报道和特色栏目，为报业的主题报道服务。为采编部门确定报道选题、报道手法提供见解和参考。关注热点问题和省外媒体对贵州的报道，发现新闻线索，形成监测报告，把监测报告提交编前会，同时监测报告发放在内网集团直通车上，方便编辑、记者查询。注重新闻线索服务的可持续性，充分挖掘采编部门的需求，不断深化新闻线索服务的方式和内容，提升新闻线索服务的深度与质量。

此外还对贵州省两会、全国两会等重要会议、重大事件、突发事件等进行了专题监测，对同城媒体及省外媒对贵州的报道进行监测、汇总，形成《贵州省主要媒体"两会报道信息"》《外媒对贵州报道》，主动为采编部门提供更多更实用的信息服务。十八届三中全会后，就对西南地区《四川日报》《重庆日报》《广西日报》《云南日报》等报刊载的重要评论，开设的相关栏目，推出的重要专题及版面编排等进行监测，经过对比、汇总、编辑《舆情快报新闻篇十八届三中全会专题》提供给集团领导、采编部门参考，受到好评。

5　发挥报业数据作用为公共事业服务

大数据带来了全新的知识创新体系及知识服务模式，充分利用大数据处理和分析能力的优势，在抢抓机遇的同时，更要精心谋划，充分发挥报业数据作用，为报业服务，为公共事业服务，真正做到数据共享，实现大数据的价值，为社会创造更多的财富，实现新闻信息服务的拓展和提升。

参考文献：

[1] 大数据：百度百科，http://baike.baidu.com/。

[2] 刘玉先：大数据时代的媒介文明与社会责任分论坛贵阳举行，红网，2013/7/20。

[3] 章宏法：大数据时代的报业变革猜想，《中国记者》2013 年 12 月 23 日。

[4] 陶志强：大数据背景下的报纸转型样本——以芝加哥论坛报、佛山日报的大数据应用为例，《新闻与写作》2013 年第 9 期。

[5] 郭全中、郭凤娟：大数据时代下的媒体机遇，《新闻界》，2013 年第 17 期。

图书馆员提升学科化服务能力的思考

陈　平（国防大学图书馆，北京 100091）

摘　要：本文首先论述了 21 世纪是知识创新的时代，随着科学研究的深入、信息技术的发展，图书馆学科化服务正扮演着越来越重要的角色，与传统服务形态相比更具针对性。在面对教学与科研的新需求时，应不断提升学科化服务的能力，这将是我们今后必须面对的一个常新课题。其次，笔者针对图书馆学科化服务含义与其价值取向进行分析叙述，提出确立新的价值取向。在此基础上，结合工作实际情况，就如何提升国防大学图书馆学科化建设进行阐述。最后，倡导"学习工作化，工作学习化"的理念，达到以学强本、以学促用的目标，着力打造优秀的学科化服务团队。

关键词：学科化服务；价值取向；综合素质

21 世纪是知识创新的时代，随着科学研究的深入、信息技术的发展，图书馆学科化服务正扮演着越来越重要的角色，它既彰显了从传统的资源主导服务向以用户为中心的转变，又将图书馆的文献信息服务有机地融入教学与科研的第一线。学科化服务是图书馆以学科为对象而建立的一种对口服务模式，与传统服务形态相比更具针对性。因此，作为国防大学的学科服务馆员面对教学与科研的新需求，不断提升学科化服务的能力是我们必须面对的一个常新课题。本文就以下几个方面进行思考。

1　充分认识学科化服务的含义，确立新的价值取向

相比传统的图书馆服务，学科化服务更强调服务的形态、服务的形式、服务的效果、服务的内涵、服务的质量、服务的层次。其内容主要有：馆藏资源建设，尤其注重学科资源建设；注重图书馆与各学科单位的联系，关注各学科建设的进展与读者的信息需求；持续不断地完善相关学科专题资源库。这是面向用户个性化信息

服务理论的深化，丰富了用户服务理论体系，是对传统服务模式的变革。

国防大学是以学科为基础建构起来的最高军事学府，为培养高级人才所设立的教学科目、学科是其细胞组织，在国防大学的发展中起着基础性的作用，学校的各种功能活动都是围绕所设学科展开的。国防大学图书馆作为国防大学的基础设施之一，承担着为军队、国家培养"三高"人才，提供信息服务的重要任务；同时，作为军队院校图书馆联席会的牵头单位，又是全军院校图书馆的"领头羊"。因此，我们图书馆应该率先在全军院校图书馆推广学科化服务，我们的馆员应该进一步向学科馆员方向发展，这是大势所趋，代表了图书馆的发展方向。而且目前我们正在朝这个方向努力前进。唯如此，我们这个图书馆才能在当今信息行业竞争加剧的情况下站稳脚跟，才能在学校教学模式转变中建功立业，才能在全军院校图书馆中发挥"领头羊"的作用。为此，作为国防大学图书馆的馆员不应只懂得埋头苦干，更多的要学会交流与学习，正如孔子所说"三人行必有我师焉"。

许多高校关于资源检索利用的培训和咨询服务，现在是高潮迭起、丰富多彩。比如，中国科学信息研究所的结合个性化资源分析，国家图书馆的国家机关的决策分析，厦门大学利用学科评估的信息服务，解放军医学图书馆还有来自科学院很多研究所、国科图以及其他单位的情报分析，软件所和国科图的个性化平台建设，在各个科学院研究所推广的知识、资产的管理等学科化服务不胜枚举。如果原来学科化服务只是一个小小的方向，那么现在已经是一个开满鲜花的盛大园地。

我常常在想，作为一名图书馆员，什么是我们应该具备的？学科馆员要有一种大无畏、誓死如归的精神，不仅有勇，而且有谋。但是，现在这种支持更多的是依靠组织的力量，依靠团队的力量。那么在这个时候我们应该做什么？我觉得要继续加强对资源、工具、方法的挖掘、引入和使用能力的培训及普及。虽然努力是非常重要的，但是我们必须在这种精神上再给予工具、方法和资源的支撑，使得学科馆员如虎添翼。此外，要加强经验积累，从经验到最佳实践，从最佳实践到规范，从规范到流程，从流程到平台等等这样的一个演变，使得我们能够迅速地把个人的知识变成集体的知识，隐性的知识变为显性的知识，把知识变为能力，把能力变为效果。此外，还要加强学科馆员人才队伍的素质培养，使得我们能够很好地胜任现在的需求，使得我们能够迅速地适应未来的挑战。这也是建设具有高昂斗志和勇往直前学科馆员队伍的关键所在，也是我们持续创新的重要保障。

2　围绕学科化服务的要求，提升素质与能力

学科服务对图书馆员的综合素质（包括观念、知识和技能）提出了新的要求。在学科服务的过程中，馆员的知识和能力必须不断更新提高，在知识方面，不仅要进一步巩固已经掌握的专业知识，还要了解电子出版物的生产，还要了解电子生产物的生产、使用、监管和传播规则机制，学习如何管理电子信息资源的相关知识，并将对资源的应用专业化，深入了解计算机和网络通信技术在图书馆的理论和实践作用知识等；从技能角度讲，需要掌握收集、储存、管理、调控电子信息并将其投入应用的相关技能，能够对网络信息资源进行过滤、筛选和整理，对多样化的电子信息资源做出技术适用性评估，并对信息价值做出判断。掌握对电子信息资源进行深层开发以便形成新的知识和新的服务内容的能力。

当前，图书馆在信息的传播利用和组织整理方面具有两大明显特性：首先，互联网时代不可避免的信息激增，造成信息量庞大，且杂乱无章，因此重组信息的重要性便尤为凸显。其次，读者对信息的需求更为多变复杂，涉猎之地包括但不仅限于教学和科研，同时还涉及社会生活的方方面面，因此图书馆员需要立足本馆，乃至探求更广泛的信息空间，提取信息资源并加以鉴别、遴选、加工，制得读者所需的信息形式。据此两种特性，可以看出图书馆员所面临的紧迫任务是提升自身素质和能力。

提升素质与能力是多方面的，本文认为，应根据馆员的具体知识基础各有侧重，但以下能力的提升是共性的：

2.1　提升认知信息的能力

在当今信息爆炸的时代，用户不可能完全浏览和处理全部的信息，即便从某种程度上接收了大量的信息，也很难深入思考，并归纳整理出自己的判断和理解。这就要求图书馆学科馆员在以往职业技能和专业服务的基础之上，还需拥有对信息准确的认知能力，以便及时合理地向用户提供其所需的参考信息，帮助用户进行筛选。这种信息认知能力主要体现在对信息资源的分析、整合等方面，其重点在于对信息资源的二、三次加工与研究。因此，作为学科馆员既要能找到并管理信息，也要能精准地分析并判断信息，去伪存真，去粗取精；熟练运用信息检索技术；协助用户在信息技术的便捷下更为方便地检索信息源。

2.2　提升获取信息的能力

在信息时代，计算机显然已经成为了图书馆学科员所使用的必要工具，协助馆员从海量信息和网络资源中准确定位到用户所需要的特定信息。图书馆学科员不仅要会检索信息，还应该学习借助计算机来进一步开发利用文献信息资源，并在大量信息中进行筛检，组织、整理、加工信息。建立信息和数据的储存库，游刃有余地管理网络系统，排除常见故障和问题，确保网络系统安全。切实结合用户所需对信息进行多方位选择，然后把符合用户需求的信息提供给对方。

2.3　提升利用信息的引导能力

荀子曾曰："口能言之，身能行之，国之宝也；口不能言，身能处之，国之器也；口善言，身行恶，国之妖也。"充分揭示了言与行的关系，图书馆要想吸引住读者，不能一味埋头做事，不懂得与外界沟通。由于国防大学的特殊性，很多学员进修周期短、对电脑基础知识掌握不全面，致使馆中的数字资源不仅不能被充分利用，有的甚至根本就不知道图书馆究竟有什么信息资源。像《四库全书》《精品图书》《新华社》等优质图书库不能被学员使用，不仅是图书馆的遗憾，更是学员的损失。因此，学科馆员们不仅要在建设、管理上讲究创新，更要成为连接图书馆与各院系、对口学科用户进行双向联系的纽带与桥梁。

作为国防大学图书馆的学科馆员在注重自身信息理论培养的同时，要配合教学与科研工作所需，将符合学科专业建设的相关数据库推荐给读者，并结合专业特点建立一些学科文献群，形成具有国防大学特点的特色数据库，来提高资源建设的针对性和有效性，从而引导读者正确使用国防大学图书馆馆藏资源。

除上述三点外，分析评价读者信息需求，分析评价读者信息利用结果，具备信息管理与学术研究的能力等也是图书馆员提升素质与能力不可或缺的重要内容。

3　以学强本，以学促用，打造优秀的学科化服务团队

歌德曾说过："人不是生来就拥有一切，而是靠他从学习中得到的一切来造就自己。"首先，国防大学作为全军最高学府，教学、科研设施齐全，条件一流，有一批如金一南、徐焰、张召忠、李莉等军内外知名专家，也有如国防大讲堂、周五学术报告、周六讲坛等已然成为靓丽学术风景线的"知名品牌"。图书馆员应充分利用这种学术平台，努力学习，提高专业素质。其次，国防大学图书馆作为军队院校图书馆联席会的牵头单位，分别与国防科技信息学会、中国图书馆学会等学术机

构建立了畅通的学术交流机制，经常组织并参与学术年会和各种形式的学术交流活动，为图书馆员熟悉、了解和掌握图书情报专业领域的前沿，提供了良好的平台。除此之外，努力创造学习机会，前往国内外图书馆考察交流，体会先进的学科馆员工作方法。只有广泛学习，不断"充电"，进一步丰富学习内容，增强学习的针对性，提高学习能力、自身修养，营造重视学习、坚持学习、营造浓郁的学习氛围，推广学科化服务，达到以学强本、以学促用的目的，更好地完成本职工作，建立起一支更为称职优秀的学科化服务团队。

4　结论

　　一流的大学应具备一流的图书馆，一流的图书馆更要有一个成熟的服务机制。学科化服务是军校图书馆服务创新的生长点，面对教学与科研工作的新特点、新需求，如何建立起真正面对读者需要的服务机制，不仅是信息时代对军校图书馆提出的新要求，更是当今图书馆学科化服务发展的方向。因此，作为图书馆员的我们应站在信息时代的前列，积极响应——开展学科化信息服务，以学科读者为中心，以学科馆员为主体，以提升读者信息获取与利用为目标，加强提升学科化服务能力。根据各校自身学科建设情况，按照学科专业组织人力和资源，不断调整服务策略和改进服务方式，只有这样图书馆的学科化服务才能得到不断的提升和进步。

参考文献：

[1] 梁红丽，左园．高校图书馆学科化服务模式的探析 [J]．图书科教纵横，2013年 4 月（中旬刊）。

[2] 杜福增．试析国防大学学科馆员的培养路径 [J]．适应院校调整改革 推进信息服务创新，2012 年 09 月。

[3] 王敏，石春燕，姚剑．军校图书馆学科化信息服务研究 [C]．第十三次学术会议论文，2012 年 7 月 3 日。

[4] 杨坚红．浅谈数字图书馆员信息素质的要求与培养 [J]．科技情报开发与经济时间，2007 年 9 月 23 日。

[5] 李琪．浅议图书馆员的信息素质培养 [J]．图书馆研究与工作，2004 年 12 月15 日。

社科专业馆的学科化服务初探

李　静（山东社会科学院文献信息中心，山东济南 250002）

摘　要: 学科化服务是网络环境和信息环境下图书馆行之有效的创新服务模式，也是推动图书馆服务转型的重要手段，本文初步分析了社科专业图书馆开展学科化服务的现状、制约因素，探索适合社科专业图书馆学科化服务实施的思路及策略。

关键词: 社科专业图书馆；学科化服务；学科馆员；学科用户；学科资源

社科专业图书馆一般是指隶属于某个专业机构、收藏特定的社科专业文献信息资源，是以服务社会科学研究为核心任务、以特定社科研究人员为服务对象的图书馆[1]。地方社科院图书馆是我国社科专业图书馆的重要组成部分，担负着为我国社会科学研究提供文献信息服务的职责。学科化服务在图书馆并不是一项全新的服务模式，从 1998 年清华大学图书馆率先建立和实行"学科馆员"制度即学科化服务算起，国内学科化服务已经走过了 10 余年的发展历程。近年来发展更为迅速，尤其受到以高校为主体的图书馆的广泛关注。至 2010 年，全国已有 100 余所高校开展了学科化服务。随着学科化服务方式与技术逐渐成熟，科研机构图书馆相继开展该项服务项目，成绩斐然。而社科专业图书馆由于资源有限、人才匮乏、平台落后，学科化服务几乎没有正式开展起来。因此，在实现传统服务的基础上，认真思考、深入分析并实践探索适合社会科学研究的学科化服务模式，为社会科学研究提供一流的学科化服务，成为当前社科专业馆的首要任务。

1　学科化服务的内涵

所谓学科化服务，就是按照科学研究（例如学科、专业、项目）而不再是按照文献工作流程来组织科技信息工作，是信息服务学科化而不是阵地化，使服务内容知识化而不是简单的文献检索与传递，从而提高信息服务对用户需求和用户任务的支持力度[2]。从学科化服务的定义可以看出，学科化服务是以学科为基础，采用先进的信息技术和网络技术，为图书馆用户提供深层次、知识化、专业化、个性化的集成服务，能够适应科技自主创新的要求，最大限度满足用户个性化信息与知识需求[3]。

学科馆员制度的建立是开展学科化服务的前提，学科馆员服务也是学科化服务的主要服务方式。目前各类型图书馆学科化服务的内容不尽相同，但基本涵盖了针对不同学科用户群体的需求，提供个性化和有参考价值的信息资源推荐、过滤、导航、建设，学科咨询、学科情报追踪与研究以及信息素养教育等[3]。社科专业图书馆用户承担着大量的社科研究课题和研究项目，他们对图书馆服务的需求已从一般的、浅层次的信息服务转向了专业化、个性化的知识服务。作为社科研究的信息基地，社科专业图书馆如果还只是进行一些传统的、被动的信息参考和咨询服务，显然已经不能适应科研工作的发展和科研人员的要求。因此，社科专业图书馆的学科化服务，就是运用专业技术和技能，根据社科用户的需求特点，建立适应社会科学研究需求的学科化服务体系，关注社科研究过程，为满足社科用户的知识创新，提供深层次的针对性、知识化、个性化的服务。

2　社科专业图书馆学科化服务开展、研究现状

2.1　学科化服务开展现状

目前全国 30 个省、市、自治区（不包括海南省、台湾省）均有社会科学院，并都设有图书馆或文献信息中心，加上中国社会科学院文献信息中心，全国共有 31 个省级以上的社科院图书馆及 14 个中心城市社科院图书馆。为了了解学科化服务在社科院图书馆领域内开展的现状，本文采用上网直接检索法来搜集资料，逐个进入各社会科学院图书馆主页，在主页服务指南、信息服务、数字资源、网络资源导航、参考咨询等栏目上查询相关内容。通过对 45 个社会科学院图书馆主页逐一浏览后发现，截至 2014 年 6 月 30 日，有 11 所图书馆主页暂时无打开，正式开展学科化服务的只有中国社会科学院一家，其学科化服务的模式是学科联系人，6 名学科联系人负责六个研究所的学科化服务工作。其余 23 家社科院网站虽然没有设置学科化服务的专栏，但也有部分条件成熟的社科专业馆开展了部分学科化服务的初级业务。例如：福建社会科学院图书馆确定了馆内具有文学专业硕士学位和经济社会学硕士学位的馆员分别作为文学和经济、社会学科的学科信息服务人员[4]。

2.2　学科化服务研究文献的统计

2.2.1　2005—2013 年发文量的统计

同时对近年来社科专业图书馆领域学科化服务研究文献进行数据统计，笔者对中国期刊网（CNKI）上，通过主题中含有"知识服务""学科馆员""学科化服务""学科服务"，作者单位为"社会科学院"为检索条件，在"图书情报与数字图书馆"学科类别中检索期刊论文，数据库共收录中国社科院及 45 个社科院图书馆（1 篇为青岛市社科院图书馆）作者发表的各类学术论文共计 44 篇。其中 2005 年之前没有任何发文量，2005 年 1 月至 2013 年 12 月间具体年份及发文数量见表 1。

表 1　社科院图书馆 2005--2013 年发文情况

	2005	2006	2007	2008	2009	2010	2011	2012	2013
"知识服务"	2	2	0	1	7	2	5	1	5
"学科馆员"	0	2	3	1	5	0	2	2	3
"学科服务"	0	0	0	0	0	0	1（复）	2（1 复）	0
总篇数	2	4	3	2	12	2	7	4	8

由上表可以看出，社科专业图书馆领域在学科化服务方面的理论研究还处于探索阶段，2005 年之前没有这方面的研究，2005—2008 年开始关注"知识服务""学科馆员""学科服务"方面的研究，发文量稳步上升，到了 2009 年达到最高峰，2010 年后发文量反而下降，科研能力并无多大提高，这与社科专业图书馆在学科化服务实践方面的停滞有很大关系。

2.2.2　各院发表论文情况统计

2005—2013 年各社科院图书馆具体发文数量见表 2。

表 2　2005—2013 年各社科院图书馆发表论文情况

单位	中社科	福建	甘肃	上海	湖北	四川	山东	天津	江苏	山西	陕西	安徽	河北	内蒙古	青海	贵州	云南	青岛
篇数	10	10	4	3	2	2	2	1	1	1	1	1	1	1	1	1	1	1

发文数量排在前五名的是：中国社科院文献信息中心 10 篇；福建社科院图书馆 10 篇；甘肃社科院图书馆 4 篇；上海社科院 3 篇；湖北社科院 2 篇。由此可见，各地方社科院图书馆发表论文的数量与该地区的经济发展并没有一定的联系，各馆

科研水平参差不齐，实力相差悬殊。

3　社科专业图书馆开展学科化服务的制约因素

目前，绝大多数社科专业图书馆仍然主要关注馆内阅览、书刊流通、参考咨询等传统服务。尽管学科馆员制度已经被实践证明适应于社科专业图书馆服务特点和服务需求，社科专业图书馆普遍存在服务创新步伐滞后的问题，学科化服务的开展难以从理想变为现实。

3.1　学科服务体系不健全

学科化服务是学科资源、学科馆员、学科用户、学科服务平台等要素构成的整体。学科化服务是图书馆服务体系中的一部分，而且是全馆最关键、最有价值的服务[5]。其他所有的服务都必须支持学科服务。然而，社科专业图书馆传统的业务流程和组织模式难以保障学科化服务的开展，学科化服务体系各要素缺乏系统性和协调性。

图书馆传统业务流程按文献加工过程分别为采访、编目、典藏、流通、咨询、和技术保障等环节。各部门之间各司其职，缺乏有效的沟通和协作。在学科化服务环境下，"文献流"中所有的环节都要以学科化服务为中心，为学科化服务提供保障和支持。然而，社科专业图书馆的资源建设离学科建设的距离尚远，图书馆工作人员有限，业务部门沿袭传统"文献流"设置，缺乏横向联系和配合，资源组织者不负责服务，而用户服务者不负责资源，文献配置的系统性及科学性差，不能做到学科资源建设与学科化服务一体化。学科化服务缺乏资源基础，造成图书馆学科化服务得不到统筹与协调，形不成合力，学科化服务难以整体有效推进。

3.2　学科用户需求动力不足

社科专业图书馆面对的用户是本单位的社科研究人员，是从事社科研究的主体，他们对学术研究的学科前沿专业信息有着更进一步的需求，是深层次学科服务的主要对象。人文社会科学研究的学者、专家，有着丰富的学术经验和广阔的视野，同时也具备较强的信息检索能力。他们所需社科信息一般要求全面、系统、完整、周期长并具有一定的政治评价与选择标准。社科专业图书馆工作人员的能力和水平显然无法满足学科用户的个性化需求。学科用户即便有学科需求，宁愿通过自己的途径予以解决，也不依赖图书馆，不寻求学科馆员的帮助。学科用户对学科馆员的能力表示怀疑，学科化用户需求动力不足，导致图书馆学科化服务更加难于开展。

3.3　人才匮乏，学科引导难以胜任

目前社科专业图书馆开展的业务基本为文献保障性质，学科化服务的提供相当原始，主要原因还是缺乏具有相关学科背景的馆员。和高校图书馆相比，社科专业图书馆大都规模较小，工作人员偏少，学科结构不合理。另外图书馆工作人员大部分学历偏低，缺少专业的学科背景，缺乏对"学科话语"的了解，很难与从事某一个学科的科研人员就一个学科展开对话和专业交流；另一方面，社科专业图书馆作为所属单位的科辅机构，其人才队伍建设得不到所属单位的高度重视，不能按照需求引进人才，即便引进少量的专业人才也因为待遇偏低和个人发展空间受限而留不住人才。人才匮乏，特别是能胜任学科馆员的人才匮乏，成为社科专业图书馆无从开展学科化服务的重要原因。

3.4　技术平台落后，难以充分实现新技术的应用

社科专业图书馆经费紧张，网络信息技术人才匮乏，在针对学科化服务方面，新技术的应用也成为"瓶颈"。图书馆工作人员在新技术的理解掌握、实践操作方面困难重重，在使用购买新技术、学习培训新技术上所花费的资金也是社科专业图书馆难以承受的巨大负担。在这种情况下，新技术在学科化服务上应用难以确保充分广泛，学科化服务的水平和质量也相应地大打折扣。

4　面向社会科学研究的学科化服务的实现

4.1　成立学科化服务部门，构建学科化服务共享机制

系统性和协调性是学科化顺利开展的关键[5]，仅靠学科馆员的单打独斗是无法实现学科化服务的。根据学科建设将由泛化走向规范化的特点，学科化服务应以专业研究服务的设计者和导航者为目标。因此，开展学科化服务，就需要专门的组织来有效开展学科化服务，并持续推动学科化服务的发展。

社科专业图书馆学科化服务组织部门的设立，应以社科研究为中心，以用户需求为导向，合理配置资源，提高工作质量和效率，充分实现学科化服务的专业化、学科化。其主要职责包括：①制订适合本馆实际的阶段性、层次性、长远性的学科服务规划；组织学科化服务的实施，包括学科资源组织流程、学科馆员（初期为学科联系人）的设置、学科用户的分级及对应的学科化服务，以及职责设计、考核办法、与其他部门和岗位的关系。②改变以资源为中心的业务流程，建立以服务学科建设为核心的新业务流程。负责建立学科资源与学科化服务一体化，协调全馆各部门，

充分调动多方面的积极因素，提高整馆的知识服务能力。③构建学科馆员区域联合服务。由图书馆主动联系高校图书馆、同性质图书馆，签订合作协议，建立区域联盟，通过学科馆员统一平台，为广大科研人员提供学科化服务[6]；组建馆员虚拟团队实现资源共享网上协作与协调进行合作研究；可以加强学科馆员交流，相互借鉴，提高科研效率和竞争力。

4.2　明确学科化服务的定位

学科化服务不能盲目开展，必须做好前期规划和设计，要做到"战略清，定位准"就必须做好充分的调研。对于目前没有一线高水平科研人员参与的学科化服务，我们对其服务层次定位不应该过高。让学科馆员赶超到学科专家的前面，为专家们提供他们都无法得到的问题解决方案，这是不现实的。在学科化服务开展初期，可以选择重点学科、重点课题开展学科化服务试点。最初可以将任务设计得粗放一些，鼓励学科馆员根据服务对象的不同提供有针对性的服务，以便发挥学科馆员主观能动性和创造力。在学科化服务获得科研用户肯定后，学科馆员的能力、经验也必然有所提升，到时再设计相对细微的学科服务指南。

笔者认为社科专业图书馆开展学科化服务工作的出发点应该是全力加强与科研人员的互动联系。解决服务水平偏低问题的关键是我们是否能充分了解科研人员从事科研活动的规律，以及是否把握住了科研人员自身知识结构信息素养的欠缺之处。

4.3　学科资源建设

4.3.1　改变资源建设模式

一是建立以学科馆员为主导、以学科服务团队为支撑，与采访馆员和读者紧密合作的"学科化资源建设的组织模式"，通过划分学科领域、增设学科馆员，由学科馆员负责传递读者需求，参与甚至主导学科资源的评价、采选与维护工作[7]；二是围绕本单位的重点、优势学科，调整馆藏资源资金投入比例，压缩纸本资源的资金投入，扩大和加强对电子资源的资金投入；三是通过"资源共建共享"，使图书馆拥有各类便于获取的资源库。

4.3.2　学科馆藏资源数字化与网络信息资源库的建设

馆藏资源数字化是网络环境下学科资源建设的重要内容之一。各地社科专业图书馆在馆藏资源上有着地域特色，对这些资源的数字化既要统筹规划，避免重复建设，又要坚持统一标准和格式，方便后期区域联盟后的共建共享。数据库建设是数字信息资源建设的核心内容，其中特色数据库是图书馆特色资源的集中反映，是图书馆充分展现其个性，提高社会影响力和竞争力的核心资源。

学科馆员团队根据学科用户的需求与资源建设的需要，搜索、选择、挖掘因特网中的信息资源，对最新的信息资源进行全面系统的深入研究和客观评估，经过分类、标引、组织，通过网络或是其他方式提供给用户使用，或者链接到图书馆的网页上，如网络信息资源导航库。学科馆员可以根据社科专业特色组织网络信息资源和建立特色数据，生成对学科领域主要信息源的导航和评介信息，建立各种专业信息资源指引库。并且通过学科资源试用后，及时建立用户反馈机制；对已购学科资源利用情况做定期统计；对馆藏资源利用情况进行检测和分析；动态调整学科资源建设的方向。

4.4　筹建先进的学科服务平台

目前全国社科院系统图书馆所使用的技术服务平台都比较落后，智能化水平较低，跟不上用户需求发展。建设符合本馆用户需要的学科服务平台有三种模式。技术力量强、经费充足的图书馆可以采用自建的方式；经费充裕、技术力量不够强的图书馆可以采用购买专门的学科服务平台，例如维普资讯推出的图书馆学科服务平台 LDSP；技术能力不强、经费紧张的图书馆可以借助已购商业数据库提供的基于学科服务的免费增值服务平台，如借助万方、CNKI "机构 / 个人数字图书馆系统"搭建学科服务平台，但这只是权宜之计，而非长久之计。

4.5　打造学科化服务团队

4.5.1　学科馆员的培养

图书馆从重点学科建设科研发展方向出发，以引进人才与现有人力资源的开发相结合的方法，组建一支数量充足、学科齐全、结构合理的学科服务团队。可根据具体情况，采用如下方法：①直接引进人才。通过招聘引进具有较高外语水平、精通图书情报专业、具有相关专业学科背景的专业人才。例如优先招聘本科攻读其他专业的图书馆学硕士。②学科馆员遴选。对全馆人员进行摸底考核，选聘具有科研能力、专业背景对口的图书馆馆员作为学科联系人或学科馆员。③学科馆员的培养。图书馆为学科馆员提供业务培训和学习机会，通过有针对性的基础知识培训、参加讲座、学术会议、脱产进修第二学位等提高业务素质和学科服务能力；还可以通过 "学科馆员的区域联合服务"，派遣学科馆员到高校等学科馆员制度成熟的图书馆进行交流学习，在协助工作的同时，以言传身教的方式提高相关能力。④为了缓解专业人才缺乏的压力，可以聘请部分研究人员为学科馆员，聘请研究所的专家为图情专

家，通过一定的图书情报专业培训或配备专业图书馆员作为助手，两者配合联手开展学科化服务

需要注意的是，社科专业图书馆在经验不足和条件有限的情况下，学科服务团队的建立应当采取由学科联系员——学科馆员——学科服务团队逐步过渡的方式。在选用学科馆员时，应考虑学科服务团队的年龄结构，保持学科服务的连续性。

4.5.2　学科化服务团队

学科化服务是一项全馆参与、协同完成的整体工作，学科化服务团队不是由单个的学科馆员组成的团体。学科馆员的工作需要得到资源部、流通部、技术部等部门的支持和协作。技术部要在学科馆员收集到用户对服务平台、学科导航的意见时及时调整；资源部在学科馆员收集到文献需求时要给予支持，流通部在当学科馆员需要相关文献或书籍时要积极配合。因此，学科服务的系统性和协调性是学科化服务制胜的关键。

4.6　创新学科化服务模式

4.6.1　分阶段提供学科化服务

开展学科化服务不是一蹴而就的，不同时期，学科化服务的目标、内容和方向也是不同的。结合社科专业图书馆的特点，学科化服务在不同发展阶段可以提供侧重面不同的服务内容。

初期（基础期）：此时的学科馆员确切说是学科联络员，需要经过从基础的信息服务工作做起，以便积累经验，了解学科用户需求。每名学科联系人要定时到科研院所走访，参加研究室的日常碰头会和汇报会，利用电话、电子邮件、QQ、微信等各种方式主动与一线科研用户沟通联系，及时将科研人员文献检索、查新反馈信息方面的意见反馈给相关业务部门；另一方面将馆藏文献资源的宣传、新型服务模式的推广和信息素养的培养等工作主动深入到科研人员的身边中去。

在很长一段时间内，学科联络员工作重点依然是做好文献保障。学科化服务很重要，但在拿不出合格的服务产品之前，学科馆员不能急于出手相关结果或报告，避免造成学科用户对产品的不信任，妨碍学科化深化服务的发展。

后期（发展期）：学科团队中的一些成员已经积累了一定的学科化服务经验，具有良好的专业知识背景和外语能力，能够开展一些用户文献信息梳理、总结工作，可以适时开展深度的学科化服务，比如嵌入研究课题的情报服务。

4.6.2　分层提供学科化服务

社科专业图书馆在学科馆员数量和质量偏低的背景下，要求学科馆员的学科化

服务满足所有学科用户的需要是不现实的。因此，根据学科馆员的学科背景和学术造诣选择合适的用户开展学科化服务，以解决需求与服务能力不足的矛盾，实现用户信息需求与学科服务能力的协调，才能增强学科化服务的针对性和有效性，体现学科服务的个性化和专业化[8]。

（1）面向一线用户的普遍服务：包括协助院所科研人员进行相关研究课题的国内外学科前沿、发展动态的跟踪，撰写专题研究报告，了解一些新技术在该领域内的发展现状、发展趋势，技术空白点。帮助科研人员做好课题申请前、课题进行中、成果鉴定中文献资源保障工作，逐步做到对用户需求全方位的满足。同时采取多种方式，强化网络资源导航的推荐，学科资源数据库、学科导航的使用方法以及数据库各项增值服务功能等信息素养的培养，使科研人员能够广泛地了解本馆的资源和服务，提高学科用户的自我服务能力。

（2）面向重点课题组的服务：在常规满足科研人员普遍性需求的同时，向重点课题和重点专家提供重点服务。学科化服务团队应根据项目的需要制订较为科学、合理的学科化服务方案。开展这类服务的重点是对重大项目关心的国内外进展进行追踪，特别是特定课题研究领域及相关学科的国内外发展动态、学术前沿、热点问题、代表论著和研究群体等信息，可以提供更有针对性的文献，以合适的平台展示给项目成员。条件允许的情况下可以制定专门的技术分布地图、技术未来发展趋势预测图谱，直观反映该研究领域主要方向，竞争对手能量、专家分布。

5　结语

与国内外高校图书馆较为成熟的学科化服务相比，社科专业图书馆学科化服务还处于实践探索阶段。学科体系、需求动力和学科馆员能力、技术平台等方面的制约都将给学科化服务的实践带来不少问题。最关键的是社科专业馆的学科化服务没有可借鉴的模式，每个图书馆都要根据本馆的情况艰难摸索，都要经历一个用户从不接受到接受、从不认可到认可的过程[5]。虽然困难重重，但是，学科化服务作为推动社科专业图书馆服务转型、提高图书馆社会价值的重要途径，其重要性不言而喻。达尔文曾说："能够存活下来的物种并非那些最强壮的，也不是那些最聪明的，而是最适应变化的。"社科专业图书馆要正视学科化服务的困难，制订适合自身条件的学科化服务方案，总结学科化服务中的问题和难点，寻求突破学科化服务"瓶颈"的方法，将学科化服务在实践中不断完善和提升。

参考文献：

[1] 李晓红．网络环境下的社科专业图书馆信息服务初探［J］.河南图书馆学刊 2005（6）.

[2] 张晓琳．科研环境对信息服务的挑战［J］.中国信息导报，2003（9）.

[3] 郭晶．图书馆学科化服务研究与进展 [M].上海：上海交通大学出版社，2013.

[4] 程光．科院图书馆重点学科信息服务［J］.黑龙江史志，2011（15）.

[5] 初景利．我国图书馆学科服务的难点与突破［J］.中华医学图书情报杂志，2012（4）.

[6]] 攸扬．学科馆员是科研图书馆拓展服务的新渠道［J］.黑龙江史志，2013（9）.

[7] 韩丽风，钟建法．图书馆资源建设学科化的组织模式与保障机制研究［J］.图书情报工作，2011（8）.

[8] 梁光德、许军林、胡瑛．新建本科院校图书馆学科服务的现状、瓶颈与对策研究［J］.新世纪图书馆，2013（10）.

基于重点学科的学科服务联盟建设初探

胡胜男　刘仁和（国防科技大学图书馆，湖南长沙 410073；
国防科技大学图书馆，湖南长沙 410073）

摘　要：建设基于重点学科的学科服务联盟有助于高校图书馆提升学科服务能力，支持高校教学科研的发展。本文在分析建设基于重点学科的学科服务联盟的前提及优势的基础上，对如何组建基于重点学科的学科服务联盟提出了建议。

关键词：重点学科；学科服务联盟

　　"这是最好的时代，也是最坏的时代；这是智慧的时代，也是愚蠢的时代。"泛在知识环境下，信息生态环境悄然改变，云计算、物联网、移动互联网崛起，信息交换方式呈现自由开放、内容丰富和智能交流等特征。图书馆在这个环境下的生存危机进一步加剧，逐渐开始围绕学科用户的个性需求组建学科馆员团队开展主动延伸的信息服务——学科服务。随着学科服务、学科馆员制度的不断发展，当前高校学科服务陷入了僵局：

　　僵局一：服务范围广而泛，学科馆员陷入大量日常浅信息服务中；

　　僵局二：服务方式单一，不能引起教学科研人员的足够关注；

　　僵局三：服务程度不够深入，学科服务不能突显专业特色。

　　产生这种种僵局的原因很多，如学科馆员人数不够，馆员文化程度不一，从业标准不一，学科背景不一；图书馆宣传力度不够，教学科研人员对图书馆提供的学科服务不感兴趣；缺乏实用的学科交流平台，学科服务流于形式；无法提供深层次服务，服务效能低。以上几个僵局说明，对于大部分图书馆而言，开展学科服务既有信息资源不足和服务能力不足的问题，也存在需求缺乏规模和需求的低层次问题。在这样的背景下，具有共同或类似重点学科的高校图书馆之间共建学科服务联盟，是高校有效开展学科服务的一种模式。该模式将有助于高校图书馆提升学科服务能力，支持高校教学科研的发展，同时也能在信息服务市场竞争中占据优势。

1　建设基于重点学科的学科服务联盟的前提条件

1.1　强化学科服务能力的需要

高校重点学科是学科建设的核心，其发展水平是一所高校办学质量和水平的主要衡量指标。学科馆员的服务能力既体现了服务效率，又直接影响学科服务工作的良性发展。基于重点学科开展学科联盟服务工作，既可以在一定的范围内实现学科优势互补，又能促进联盟合作的发展。图书馆作为学校文献信息服务中心，应积极配合学校学科发展的需要，对重点学科的教学科研人员的信息需求进行深层次分析，并利用特色资源和专业知识为重点学科的科研人员提供学科化、个性化服务。为了强化学科服务的能力和特点，赢得教学科研人员的信赖，形成品牌特色，高校图书馆有必要组建一个基于重点学科的学科服务联盟，在联盟内不仅共享信息资源，也共享信息服务能力。

1.2　建设学科服务联盟有经验可循

国内高校图书馆联盟很多，每个联盟因其组建的目标不同，其组织管理和运行机制也各具特色，无论是联盟的发起者还是组织机构都具备雏形，相互之间联系很多，在联盟的组织、领导、成员馆的特点、馆际交流等方面都有一定的经验可循。组建基于重点学科的学科服务联盟能使具有相同或相似重点学科的高校图书馆之间共享信息资源和信息服务，提升图书馆的服务能力，是一个能产生价值的项目和服务。另外，CALIS 的重点学科网络资源导航库也是组建基于重点学科的学科服务联盟的重要工具。[1]

国外也有相关案例，如美国伊利诺伊州学术与研究图书馆联盟（CARLI）首先在联盟范围建立统一协调服务体系，在充分尊重成员馆的基础上高效分享学术资源，致力于创造和保持一个丰富的知识环境，促进教学、科研的深远运行，在2011—2012 年的战略重点中强调 CARLI 成员馆对于专业与知识方面需求的范围，保障为知识交流提供便利条件，156 个机构中超过 98% 的高校在校学生和教职员工获益于其（I — SHARE）系统。[2]

2 基于重点学科的学科服务联盟的优势分析

本文提出的基于重点学科的学科服务联盟，是指两个或两个以上的高校图书馆通过合作的方式共同构建和共享具有相同重点学科领域的知识资源和人力资源，在平等、自愿、互利的基础上，统一提供学科服务，以实现不同图书馆间相同或相似重点学科资源的共享和利用。这种以重点学科为基础构建的高校多馆联合的学科服务体系即为高校图书馆学科服务联盟。高校图书馆学科服务联盟是依托高校图书馆联盟开展的，是一个由两个或多个图书馆组成的联合体，主要针对不同高校之间的相同或相似的重点学科开展服务，是促使其提升学科服务能力、促进学科馆员整体发展和实现学科服务品牌效应的有效措施。

2.1 强强联合

以往的图书馆联盟注重地域范围，多为地区联盟，地区内高校强弱不一，本文提到的基于重点学科的学科服务联盟，是指具有相同或相似重点学科的高校图书馆结成联盟，高校图书馆与高校图书馆之间、高职院校图书馆与高职院校图书馆之间结成联盟，这样就不会因为馆与馆之间强弱的差异，导致个别馆在享受联盟提供的服务时不能提供相应的服务供联盟成员共享。

2.2 优势突显

学科服务方面可以通过开展内容形式多样的服务来突显联盟优势，例如：重点学科专题培训、RSS 成果推送、重点学科团队嵌入及 Lib-Guides 学科服务平台等。[3] 联盟的建立可以使学科服务空间得到拓展，学科服务人员得以延伸，通过运用服务项目融入重点学科服务，还能促进"学科信任与学科融入"的良性互动。[4] 当然，为了保证服务质量，在现有学科服务基础上，重点学科的选择不宜太多。目前各馆学科馆员专职人员较少，为了尽快打出学科品牌，重点学科的选择应以 1~2 个为主，以这 1~2 个重点学科为品牌核心，辐射到其他学科。随着学科服务的深化，学科服务品牌的推广，由重点学科辐射到普通学科，形成以重点学科为核心的特色学科服务，形成学科服务特色。

2.3 品牌服务

联盟的学科馆员应集中精力关注大型课题的跟踪分析，形成报告，并在学科范围内广为宣传，以形成图书馆的学科服务品牌。高校图书馆的服务对象是全校的师生员工，其中不乏各学科的院士、博导、学科带头人等等。许多学者站在自己的学科前沿，熟悉本学科的国内外发展动态。高校图书馆学科服务联盟的学科馆员一定要树立自己的品牌学科意识，主动把握本校重点学科专业的脉搏，注意学科的发展动态，在条件许可下尽量参与该学科的课题研究，为学科导师的课题提供最充分的信息资料服务，形成一定的学科服务品牌效应。

2.4 联盟互补

通过联盟的建立，可以集中联盟范围内最全面的学科资源保障体系、最先进的学科服务技术手段、最优秀的学科馆员队伍开展重点学科的学科服务工作。一方面可以借助联盟优势促进高校学科馆员制度的良性发展；另外一方面可以为具有互补的重点学科的高校提供更高层次的学科服务，节省人力和物力资源，实现高等院校服务层次的升级；同时还可以以重点学科服务的发展带动其他服务，培养图书馆的核心学科馆员，形成核心竞争力。

3 基于重点学科的学科服务联盟建设初探

3.1 学科服务联盟团队的组建

学科馆员是学科服务的主要推动力量，一个合格的学科服务团队是决定学科联盟开展深度和成效的决定性因素。学科馆员服务的对象是各级学科团队，必然要求其具有更大的学科服务集体及优质的学科知识资源作为高质量的服务支撑，借助联盟优势促进人力资源、学科知识资源共同发展。[4]

学科联盟组建的学科服务团队要集中各馆的学科服务精英，优先选择具有相关重点学科背景的图书馆从业人员，以硕士、博士研究生为主，在联盟内必须有一个联盟小组领导者，领导者必须是相关专业博士毕业。首先，团队成员要具备多学科背景，要提供深入的专业化学科服务，除了具备图书情报专业背景外，还需要具备所服务重点学科的知识背景和相关学科的基本知识，还需要具备一定的计算机知识，方便开展信息收集、分析、重组和重点信息的提取。以往对学科馆员的要求就是要成为学科专家，目前国内高校图书馆很难达到这个要求，但是一个团队可望实现这一目标。其次，学科团队要具备一定的学习能力和适应能力。学科团队的成员来自各个成员馆，不是每个成员馆都能提供符合学科需求的馆员，在一定的学科背景下，再具备一定的学习能力，就可以根据信息环境的变化，不断掌握新知识和新技术，不断更新自身的知识结构，根据学科用户的需求，有针对性地扩充知识储备，提供学科用户感兴趣的服务。

3.2 学科服务联盟平台的搭建

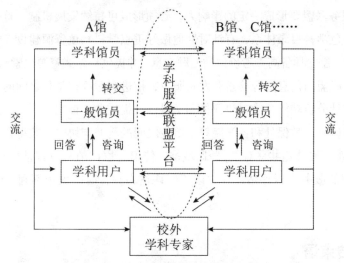

图1 基于重点学科的学科服务联盟平台模型

学科服务联盟平台是开展学科联盟服务必不可少的部分，这是一个展现学科服务资源、工具、人员的平台，通过这个平台可以将联盟内的学科资源、学科馆员和学科用户紧密地结合在一起。联盟平台一方面使用户能够充分共享成员馆的联盟资源，另一方面能够为各成员馆的信息服务和交流提供便利。学科联盟平台是各成员馆信息资源、服务与读者之间的桥梁，在统一的平台上可以开展课题跟踪和信息分析、提供学科信息服务、进行学术交流和沟通、保存学术研究成果和学科服务案例等。学科联盟平台的建立能够大大地方便用户检索与共享资源，便于学科馆员之间互相交流，也能够实现学科用户和学科馆员之间的交流和互动。当然，学科联盟平台必须具备良好的开放性和可扩展性，能够实现开放获取，并根据用户需求不断提升服务功能，如图1所示。

学科馆员可利用近年来迅速发展起来的 Web2.0 技术构建用户参与、用户体验、交流互动的新技术平台。把分布在不同学校、不同院系、不同专业的学科信息联络员整合在一起，与学科馆员组成若干个学科服务分支，形成联盟学科服务社区，创建联盟合作分布式网络协作学科服务。[5] 同时，平台汇聚了一定的参与者，以及相当的知识信息，具有开放性和交互性的特点，每一个参与者可以通过交流和合作，通过贡献自己的学科知识促进个体和他人对学科信息知识的重新建构。

3.3　学科服务联盟的可持续发展机制

学科服务联盟要形成一定的影响力，必须形成可持续发展机制。首先，建立健全联盟内特色学科目录体系，有针对性地做好重点学科特色资源建设，将重点学科资源专题化，建立具备高参考价值的专题信息，并提供一站式资源检索与情报服务；其次，提供联盟内信息资源检索和发布服务，推进联盟高校学科之间的学术交流，提供数据统计分析功能，为科研评估和学科评价提供参考依据；再次，加强学科服务联盟与科研处、教保处和各学院教学单位之间的沟通与协作，获得来自校级部门的支持，逐步拓展共建共享对象，跨区域推广使用。此外，在建立评估机制的情况下，定期对联盟的服务进行评估，评估以年度评估为宜，时间太短不利于服务的深入开展。

4　结束语

由于组织结构、资源体系和办馆条件的差异，虽然相对于国外而言，国内学科服务发展比较缓慢，建立一个完整的基于重点学科的学科服务联盟体系在理论和实践上都存在很大的困难，但是随着高校图书馆资源建设与服务的共建共享各项工作的逐步开展，通过积极寻求外部力量，利用联盟的形式进行优势互补、深化合作，建设互为嵌入式的高校图书馆重点学科服务，可以节省人力和物力资源，并提高服务效能，形成品牌优势，具有十分重大的意义。

参考文献：

[1] 尹方屏，谷秀洁.构建跨区域"大纺织"学科联盟共享域的可行性研究——CALIS示范馆建设启示 [J].图书馆学研究，2012（10）：91-94.

[2] 杜春光，陈伟.美国伊利诺伊州学术与研究图书馆联盟 [J].图书馆学研究，2011（9）：84.

[3] 宋海艳等.面向科研团队的嵌入式学科服务实践探索 [J].图书情报工作，2012（1）：28.

[4] 郎玉林.高校图书馆联盟环境下的学科馆员发展策略[J].大学图书情报学刊，2013（1）：21-23.

[5] 师晓青.基于区域联盟的地方高校图书馆学科服务模式研究 [J].图书馆，2012（5）：91-93.

基于社交网络的个性化知识服务

孙孟阳（中国船舶工业综合技术经济研究院国防研究中心，北京 100081）

摘　要： 随着 Web 2.0、移动智能终端等技术逐步走向成熟，近些年国内外社交网站蓬勃发展。科研院所图书馆应积极将自身服务模式与社交网络相结合，在个性化知识服务道路上有所突破。本文就个性化知识服务的概念与内涵、社交网络的发展与意义、我馆开展相关工作的情况及今后工作的展望做出了探讨。

关键词： 社交网络；知识服务

在社交网络、自媒体快速发展的今天，如何从容应对"信息爆炸"的迅猛势头是信息行业及相关从业人员，特别是科研院所情报工作人员无法逃避的问题。作为国防工业相关的行业图书馆，如果仍以传统的信息组织、检索、传播为基础，维持传统的读者服务模式，恐怕很难满足读者日益增长的信息需求和不断被各种新型信息技术武装起来的图书馆行业的发展需求。为此，我们必须探寻一条与时俱进的、将读者的行为习惯与我馆知识服务特点相结合的服务之路，为用户提供有价值的知识和信息。

1　个性化知识服务的概念与内涵

1.1　个性化知识服务的概念

知识服务是以信息知识的搜寻、组织、分析、重组的知识和能力为基础，根据用户的问题和环境，融入用户解决问题的过程中，提出能够有效支持知识应用和知识创新的服务[1]。知识服务是一种有效支持知识应用和知识创新的服务，即有效切入用户知识应用和创新的核心的过程。经济的全球一体化，科技的发展和人类的进步使国际间的交往日趋增多，为了谋求生存与发展，就要不断进行创新，创新离不开知识，这也是知识服务产生的直接原因。

个性化的知识服务，就是在特定时间内满足特定用户需要的特定信息知识和服务，有效地支持知识应用和知识创新。个性化知识服务是一种服务理念，其核心就是以用户为中心，以人性化为准则，以满足用户需求为前提，充分挖掘用户需求，倾听用户的表达，主动向读者提供知识内容和解决方案的目标驱动式服务。根据读者的实际问题，要求和环境，融入读者解决问题的过程。由于读者获取知识的技能参差不齐，图书馆工作人员应通过与读者的有效沟通，多角度收集读者信息，围绕读者的专业和课题选择内容新颖、时效性强、技术含量高的知识产品并准确收集用户对服务的评价反馈。个性化知识服务应充分体现服务方式灵活性、多样性的特点，而非拘泥于某种具体的服务方式，它应由一系列的知识服务形式所构成。

1.2　个性化知识服务对图书馆的意义

作为支撑国防科研院所信息服务的专业图书馆，其知识信息能够服务于科研工作者的行动和决策，使信息与服务的价值得以体现，这与个性化知识服务密不可分。提高图书馆的知识服务水平，促进图书馆资源的充分利用，激发知识创新是图书馆实施个性化知识服务的重大意义所在。

通过个性化知识服务才能体现知识的价值与服务的价值，因为个性化知识服务直接介入用户解决问题的过程，面向解决方案，贯穿用户解决问题的过程，不断提供能支持用户解决问题所需要的知识，根据用户的实际任务收集选择各种信息，对信息客体中的知识要素进行结构上的重组，提供经过加工的新的知识产品，使知识信息得以增值，在这个过程中馆员充分发挥自主的管理能力、研究能力和创新精神为用户提供创造性的服务，以显著提高用户知识应用和创新效率，同时也提升自身服务水平与业务素质，保证对用户问题及其环境的把握，从而提高知识服务的质量。

2　社交网络的发展与意义

2.1　社交网络的兴起与特点

随着 Web 2.0、移动互联网等技术的快速发展与成熟，社交网络在现代人的网络生活中所扮演的角色愈发重要。据著名科技博客网站 BusinessInsider 旗下的市场研究部门 BI Intelligence 的调查结果显示，在早在 2012 年，Facebook 网站的全球注册用户数就已突破 10 亿，即便在被相关政策所限制的我国，其注册用户数也已超过 9500 万。此外，Twitter、YouTube、Flickr 等全球知名的社交网站也有拥有数以亿计的用户数量。而在国内，新浪微博、腾讯微信、人人网等社交平台不论在用户数量上还是信息流通速度上都大有赶超国外品牌之势。新浪微博拥有超过 5.3 亿的用户数量，其早期发展通过明星效应吸引用户加入，凭借数目可观的社会各界名流以及优质的博文内容、快速独家的新闻发布吸引了大量用户加入。而腾讯微信则是通过在手机终端实现免费语音信息，与 QQ、手机号账户互联，建立名人与机构公共账号等方式多方面吸引了约 6 亿的用户。人人网早期名为校内网，以大学生为主流用户，倡导实名制，通过类似 Facebook 的功能模式建立了较为优质的用户群体，为之后的多方面发展打下了不错的基础。这些网站在吸引用户眼球的同时，其商业模式也在逐步走向成熟并实现盈利，而在当前这个"自媒体"时代，不少国家机关、企事业单位甚至是国内外政要也在通过社交平台不断谋求自己的话语权和多方面的利益。

社交网络信息的传播具有多维的传播方式、多元化的传播途径、基于社会人际关系的传播行为、即时交互等传播特征。多数社交网络的关系网可以概括为一种基于"订阅与分发"模式的内容信息通路。以微博为例，用户之间可以进行账户关注、微博评论、微博转发三种常规操作行为。其中评论行为表示用户对特定内容的反馈，评论和关注并不会直接造成信息的传播和信息影响力的放大，而转发行为就可以造成信息的二次传播，更能体现人在社交网络中的影响力的放大和支撑的效果。

根据相关研究结果表明，以微博转发为典型代表形式的社交网络信息传播方式大体可以分为中心式传播（例如某名人发表声明，其他人先后转发这条唯一的信息）、关键点式传播（例如这条声明被更有影响力的几个"大 V"转发，民众再转发"大V"的信息，则"大 V"是关键点）、链式传播（例如成语接龙或类似语言文字游戏）以及蒲公英式传播（包含以上几种情况的复杂方式）。这几种传播方式有时还会互相转化，由此我们不难从宏观上看清一些信息的诞生、传播、消散的过程对一些社会事件发展的影响。

通过不断爆发的舆情事件可以看出，一方面，社交网络的小世界现象和级联式传播方式对于快速传播的网络信息内容具有很强的催化放大作用[2]，极大地加速了信息的传播和演化；另一方面，社交网络用户通过在阅读、交友和游戏过程中传播信息，也在不断地淘汰低质信息源，生成新的社会关系和信息通道，这种对信息源的再选择行为也导致了网络结构的变化。接触、了解、掌握社交网站的规律与特点，使之与图书馆服务相结合，增强其在人际交往和信息沟通中的应用，势必将促进图书馆和社交网络的进一步发展，使其在社会的信息传播和人们的沟通交流中发挥更加重要的作用。

2.2 社交网络之于知识服务的意义

通过分析了解社交网络信息传播的原理、特点，社会团体和政府机构可以做好信息的发布，提高管理效率和透明度，而作为图书馆，一方面可以加强与读者的紧密联系，进一步了解读者各方面信息动态，为个性化知识服务的开展提供有力的数据支持；另一方面也可以据此进行一定的信息筛选和过滤，优化图书馆信息知识结构。当前社交网站可提供的功能越来越多，一方面图书馆应当利用好这些已有的功能，进一步了解读者的阅读习惯、兴趣爱好、学科分类等；另一方面也应该利用社交网络平台开展自身读者知识服务无所独有的功能模块，真正为读者提供量身定制的人无我有的服务模式。例如清华大学图书馆就开展了与人人网相结合的读者服务模式。他们并非单纯地使用人人网所提供的基本的用户管理与信息推送功能，而是自己开发了相关的宣传页面、图书检索程序和机器人咨询聊天程序，使人人网上订阅了他们服务的学生读者可以方便地通过自己的社交页面享受图书馆服务。

3 我馆开展相关工作的情况

随着我馆近几年信息资源建设工作的不断发展，在我院内、行业内的影响力也在逐步增强，从我馆的人员配置到读者需求等多方面规模都有了较大的提升。为了进一步提升我馆业务与管理的综合水平，更好地服务于相关读者群体，我馆近期将个性化知识服务与社交网络相结合的理念作为新的工作指导，主要在以下几方面的工作中有所成效。

3.1 加强知识推送服务，建立社交软件公共账号

根据用户的信息需求，我们要定期将有关信息主动传送给读者。过去我们主要以电话、短信、电子邮件、内部网站公告等形式推送信息，而如今随着智能手机的普及，我们的读者很多都是新浪微博、腾讯微信的用户，因此我们通过与这些社交网站的联系，建立了我馆微博与微信的官方认证公共账号，让读者关注我们的账号，这样我们只需按部就班地发布微博、微信等公告消息，用户在打开手机应用时就可以及时看到我们要传达的信息，并可以与我们随时互动。

3.2 深化定题跟踪服务，加强与专家的合作

随着我院多年来科研队伍的不断发展壮大，我们拥有一批在行业内有一定影响力的专家学者，这些专家对我馆长期以来的工作给予了肯定与支持。而在为他们提

供知识服务的过程中，我们也根据用户所承担的项目与研究课题，对重要的网站、数据库、专家博客、微博、论坛等网络信息资源进行了一定的分析与整理。一方面我们要涵盖国内外科学研究工作的最新动态、成果及市场现状、发展前景、预测分析等，为读者准确定位研究方向，拓宽科研思路，提供重要的信息资源保障；而另一方面我们也对自己单位专家的多年来的科研成果加以总结概括，为他们建立并维护社交网络个人账号或主页。专家拥有了自己的社交网络账号后，一方面增强了自身在网络社会中的影响力，加强了自己与"粉丝"之间的沟通，也促进了专家之间的学术交流和人脉发展；另一方面，通过专家与我馆公共账号的信息共享、微博转发，也形成了上文提到的"蒲公英"等多种信息传播方式，双方在信息资源共享和社交影响力提升方面达到双赢。鼓励并协助专家参与社交网络活动，还可以充分发挥他们的影响力与声望，更好地与读者分享学术成果，鼓励带动年轻科研人员在学术上有更大的作为。

3.3　加强团队沟通与协作，建立工作团队微信群

个性化知识服务是对资源深层次的开发利用，是一种高智能化的信息服务，这就需要部门内部有顺畅的协调，加强团队合作。为此我们建立了灵活快速的微信工作群，有问题随时沟通，很多业务工作内容也可以通过图片、文字、视频音频等形式在社交软件上进行传达与处理，增强了工作效率，也提升了团队的凝聚力。

4　今后工作的展望

探寻一条社交网络与个性化知识服务相结合的道路固然不易，要想在瞬息变的虚拟世界长期做好知识服务更是困难。因此，我们在实践的同时，也从以下几个方面考虑今后工作所面临的问题。

4.1　进一步加强员工对社交网络的认识

不可否认的是，社交网络这一新兴媒体从诞生之初就是以年轻人为主流用户群体而设计的，虽然现在越来越多的中老年人也拿起了智能手机，拥有了自己的微信等社交账号，但要把社交软件提高到办公软件的高度，让各个年龄段的员工都能够熟练掌握社交网络的使用，轻松利用文字、图片、视频、音频、二维码等元素协助办公，达到事半功倍的效果，绝非一朝一夕之事。而只有做好对员工使用社交网络的宣传与培训工作，让员工走在社交网络发展的前沿，才能持续推动社交平台个性

化知识服务后续工作的发展。

官方微博、微信账号的建立，不能只是摆摆样子，而是需要负责任的工作人员在后台持续做好维护工作，这既包括发布及时可靠的消息，也包括通过评论、私信等方式，以适当的语言和语态回复读者留言，收集读者的意见与建议，同时删除不良信息，树立部门的公众形象，维护公共账号健康稳定的发展。

4.2　引进大数据分析技术

与传统网站、BBS 不同，社交网络的基本对象不是信息，而是人。我们既需要通过社交平台发布信息，同时也应关注、分析我们的读者，了解他们的学科、兴趣、特长等，一方面能更有针对性地为他们提供服务，另一方面利用读者自身的优势，加强我馆对信息的利用，起到相互促进的作用。

因此，我们不能只查看读者在社交网络上填写的个人资料，而是要通过引入社交网站或第三方的软件和技术，对我们的读者群自身的属性和行为进行进一步分析，读者在社交网络上的一举一动形成了大数据，如果能对这些大数据进行可视化分析，形成更加直观的图表等结果，便可以进一步总结我们工作中的得失，提供知识服务、培养读者习惯等多项工作就可以更加有的放矢。

4.3　提升安全意识，增强信息审核

加强安全保密防范意识，防止公共账号遭窃取是做好社交平台知识服务的基本条件，当然也不能使用代码不透明、不安全的社交插件等。此外，目前我国已经严厉打击了很多起网络造谣行为，但网络的虚拟属性注定了信息的虚假可能性。作为一个为读者服务的公共平台，我们在提升服务意识、服务水平的同时也应该提高安全意识，在处理飞速流动的信息时对信息的可信度加以判断，不仅要做到传播的消息可靠、不造谣不传谣，还应该对自身网络形象的树立、对读者的思想道德方面起到积极引导作用。

4.4　注意社交平台的选择

正如上文所提到的，社交网站多如牛毛，由于激烈的竞争，很多社交网站都实行差异化发展，各自的侧重点有所不同。一方面图书馆要选择适合自己行业发展基调的平台，过度商业化、娱乐化的社交平台（例如开心网）就不适合图书馆发展；另一方面要注意自己单位在该社交平台上的安全性，例如注意做好自己单位信息的保密工作，尽量不要与境外的社交网络服务机构合作等。

5　结语

　　面对社交网络等高新技术的飞速发展，面对用户信息需求的不断变化，用户服务工作必然要随之发展、创新，这是一项长期性的工作，同时更是一项系统工程。情报信息机构应进一步加强用户需求研究，完善用户服务机制，创新用户服务方式，积极开展个性化的知识服务，以人为本，最大化地满足用户多样化、个性化和深层次的信息需求。

参考文献：

[1] 李尚民.图书馆信息服务与知识服务比较研究[J].现代情报，2007（12）.

[2] 韩毅，许进，方滨兴，周斌，贾焰.社交网络的结构支撑理论[J].计算机学报，2014（4）.

[3] 郭海霞，新型社交网络信息传播特点和模型分析[J].现代情报，2012（1）.

[4] 李奕杭，于世东.基于社交网络的群体推荐系统[J].科技创新与应用，2014（15）.

[5] 姚飞，张成昱，陈武，窦天芳.图书馆服务与社交网络整合研究[J].图书馆杂志，2011（6）.

全方位打造专业化信息服务强化 高校图书馆用户信任

刘琰明（国防大学图书馆，北京 100091）

摘　要：用户信任是高校图书馆信息服务工作得到认可的重要衡量标准。在信息机构竞争激烈的今天，高校图书馆打造全方位的专业化信息服务可以提升用户信任，专业化定位可为用户带来值得信赖的第一印象，开展专业化信息服务可让用户通过理性分析判断对图书馆产生信任感，优秀的信息服务团队能够巩固用户信任度。具体来讲，可从服务环境、服务团队、信息资源体系、服务内容、配套机制五方面做出努力，从高校图书馆实际出发，打造全方位专业化信息服务，提升用户信任。

关键词：高校图书馆；专业化；信息服务；用户信任

"读者第一，用户至上"是高校图书馆永恒的服务信条。用户信任是图书馆与用户在服务与被服务的过程中用户对图书馆服务在理性分析基础上所建立起来的肯定、认同和依赖，使图书馆各项活动的开展更容易得到用户的积极响应。能否从用户角度出发改进信息服务工作，达成用户满意并进一步获取用户信任，可以说是衡量高校图书馆信息服务是否成功的重要标准。随着网络的发展，用户可以从多种途径获取到专业信息知识，图书馆作为信息资源中心的地位受到了动摇，并且许多信息机构在提供专业知识的同时会为用户提供更为良好的使用体验。用户面临诸多选择，自然会通过对比进行理性分析而决定对其信任程度。信任源于专业，院校图书馆面对的主要用户群是拥有较高专业知识需求的教学科研群体，为其全方位打造专业化信息服务可以说是维护高校图书馆用户信任的一种有力举措。

1　高校图书馆的专业化信息服务简述

专业化服务是由组织或个人应用某些专业知识或大量实践经验，按照客户的需求，为其提供某一领域的特殊服务。早在 20 世纪 80 年代，国外图书馆界就明确提出要发展专业化服务，认为其可以推动图书馆持续发展。对于高校图书馆为用户所提供的信息服务而言，其专业化包含以下三方面内容：一是服务主体的专业化。服务主体主要是指图书馆及图书馆员，其专业化首先应基于图书情报专业，培养具有学科专业知识的学科馆员队伍，设置专业化馆藏。二是服务客体的专业化。服务客体是指高校图书馆提供信息服务的对象，其专业化是指拥有学科专业信息需求的广大教学科研人员，而非针对非专业的低层次信息需求。三是服务主客体互动过程中的专业化。这是指高校图书馆针对教研人员研究专业、课题、项目过程中的信息需求，融入到其教学科研活动中，通过专业化的服务手段，遵循专业化的制度规范，营造专业化的环境氛围，为其提供专业化信息服务的过程。

综上所述，高校图书馆的专业化信息服务可以被定义为，学科馆员根据用户的学科专业信息需求，建设和利用专业化的馆藏，依据既定的规范准则，参与到用户的教学科研过程中，为其提供有针对性的深层次学科知识服务。它从教学科研需求出发，能够适应高校培养高层次知识人才的需要。目前，国内有大量相关研究文献，但往往忽略了一个问题，即所谓专业化并不仅仅要在服务内容和资源建设方面专业化，同时应竭力营造一种全方位专业化的氛围，让用户无论是从感性认识还是从理性分析角度，都能产生值得信赖的专业印象。

2　高校图书馆专业化信息服务对提升用户信任度的作用机理

因为专业，所以信任。提高用户信任度追求的是图书馆与用户之间一种长期、可持续的用户主动保持的满意关系。全方位开展专业化信息服务的目的在于保证高校图书馆的持续发展，满足用户的高层次信息需求，其对于留住用户、获取用户信任有非常积极的意义。同时，用户信任也有利于图书馆开展专业化信息服务，两者之间具有相互促进的关系。

2.1　以专业化定位带给用户值得信赖的第一印象

高校图书馆打造专业化信息服务，首先会从理念上跟进，为所提供的信息服务进行专业化定位。具体来说，一是通过宣传服务团队和信息服务产品，以学科信息需求为中心，让用户对所开展的服务有所了解；二是通过信息服务环境的改造，包括学科导向的实体和虚拟资源陈列专业化，服务内容的针对性和前沿性，让用户感受到专业化氛围；三是信息服务人员行为规范、服饰统一，以良好的专业精神和规范化管理，为用户带来专业化的感官印象。用户对图书馆的信任也受其感性认知影响。在专业化信息服务过程中，为用户留下专业化的印象，让其产生值得信赖的好感，是用户信任构建的良好开端。

2.2　以专业化服务赢得用户理性认同

专业化信息服务以专业化服务手段开展高层次、高质量的信息服务。首先，此类服务建立在图书情报知识的基础上，图书馆是专业的资源导航者，能够利用其信息优势对用户使用信息资源进行恰当的引导。再者，专业化信息服务通过定题跟踪、课题查新、专题信息查询等为用户提供相关学科信息，对用户所给出的专题信息要求给出恰当的参考。高校图书馆的用户大多是到馆寻求学科专业方面的较高层次的信息需求，信息需求呈现出要求时效性、新颖性、实用性、针对性的特点。发展高层次、高质量的专业化信息服务可以满足高校用户这种信息需求，为其带来良好的使用体验，提升用户满意度，这种满意度的多次重复就会形成用户信任。在这一具有良好体验的服务过程中，用户会对图书馆产生依赖性，通过图书馆信息服务的能力、可靠性以及其他用户的口碑产生信任倾向，通过理性认知产生认同感，逐渐增强用户信任。

2.3　以专业化团队巩固用户信任

专业化信息服务依托高素质学科馆员团队实现。这一团队拥有良好的业务素质，能够利用对资源分布的熟练掌握为高校用户提供精准有效的学科信息服务。信息服务人员作为与用户进行直接沟通的图书馆的代言人，其专业化也包含拥有良好的沟通协调能力，在处理信息需求和不良反馈时能够做到遵循行为规范并从用户角度出发灵活掌握，让用户感受到善意、公平、效率，提出令用户满意的处理方案。这样，用户在使用图书馆专业化信息资源的同时，通过同专业化信息服务团队的直接接触，也会获得满意的使用体验，因此可以巩固图书馆信息服务值得信赖的印象。可以说，拥有专业化团队能够强化用户对图书馆的信任关系，有利于维护用户信任。

3　打造全方位专业化信息服务提升用户信任的具体举措

目前，国内一些高校图书馆都开展了专业化信息服务，主要是从学科馆员队伍建设和专业化信息资源配置入手。而打造全方位专业化信息服务，应从专业化环境、专业化馆藏、专业化团队、专业化服务和配套制度等多方面作出努力，营造专业化氛围，体现服务品质和效率，最终获得用户信任。

3.1　营造专业化服务环境

用户对图书馆的第一印象来自整体环境，因此，在专业化打造上应先从改善服务环境入手。第一，高校图书馆应树立专业化服务的理念，使得图书馆工作围绕这一理念进行，引导图书馆工作逐步向专业化发展。同时，要通过宣传工作使用户了解并吸引其参与其中。需要指出的是，在宣传定位上应实事求是，根据自身情况逐步推广，因为信任意味着用户能够承担图书馆为他们带来的预期风险，一旦用户在使用时发现与宣传效果相差过大，将会造成负面影响，影响其信任度。第二，在借阅环境和网站设置上，应注重外观简洁大方、使用高效便捷，并通过学校重点学科权威专家或书籍的推荐宣传等营造浓郁的学术氛围。第三，通过统一职业化的工作服装、设置统一风格的公共设施，为用户带来正规化、专业化的感官印象。

3.2　培养专业化信息服务团队

图书馆信息服务依托信息服务团队实现，人的因素非常重要。打造专业化信息服务团队，一是要培养学科馆员队伍。学科馆员是具有学科知识背景，能够通过自身的图书情报学知识组织学科信息资源，为用户提供学科信息服务的图书馆馆员。他们是高校图书馆提供专业化信息服务的关键。应根据本馆人员情况统一规划，依据学校重点学科配置，有意识地培养相应的学科馆员，做到分工明确，并应根据自身条件尽量通过外包、简化日常工作流程等将他们从繁杂琐碎的重复性简单工作中解放出来，更好地利用其才识进行学科专业信息服务。二是要注重人员职业素质的培养。在强化信息服务人员业务能力的同时，也应注重其职业精神和素质要求，强化其敬业精神、沟通交流能力、危机处理能力，使得其各方面素质得到整体提高，奠定用户信任的基础，打造具有良好职业精神的专业化信息服务团队。

3.3　构建专业化信息资源体系

构建专业化信息资源体系是进行专业化信息服务的基础，是增强用户信任的举措之一。高校图书馆应结合自身优势，体现出学术性和研究性，针对院校学科设置，在原有馆藏的基础上，加强资源建设的针对性、时效性、连续性，严格信息资源标引的规范性，保证信息资源的价值，注意资源收藏的深度和广度，突出专业化、特色化，逐步依据学科设置整合信息资源。一是要与高校教研人员经常沟通，在资源建设上听取他们的意见建议，并可以邀请他们圈选一些学科必读经典书目，加强资

源的权威性和价值性。二是可以结合学校原生资源建设工作，收纳教案、课题研究
报告、会议论文、专著等本校人员学科专业研究成果。三是应注意实体馆藏的更新
和剔旧，建设专业特色馆藏，以有限的经费争取最好的资源，并利用好三线典藏制，
使用户利用馆藏时能第一时间找到更有价值的信息资源。四是在数字资源平台设置
上应注重建立以学科分类为导向的资源体系。

3.4　提供专业化信息服务内容

服务内容是专业化信息服务的核心所在，是图书馆专业化的重点体现，是影响
用户信任的直接因素。高校图书馆应在做好原有参考咨询服务的同时，开展针对本
校学科设置的专题情报研究工作，突出本校专业特色，提供及时、高效、优质的专
业化服务，注重服务内容的精、深、细化，满足高校图书馆用户的专业信息需求。
一是设置专题阅览室。结合 IC 空间的构想，按照主要学科分类陈列相关期刊、经
典书目和最新研究成果。二是开展融入式的决策参考服务。主动与教研人员取得联
络，结合教学科研需求，有计划地开展专题检索、定题跟踪、科研查新等专题情报
服务，为其教学、课题、项目等提供决策参考。配合教学科研人员科研情况和教学
需求，定期为其提供最新资讯。应在开展此项服务的同时，注意针对每个学科建立
相应服务档案，有利于形成完整的情报咨询体系。三是积极开发情报信息产品。充
分利用馆员掌握的信息资源，对其进行深度加工，编写二次、三次文献，如学科信
息资源简报、专题导航、学科书目索引、学科综述等。此外，还应围绕重点学科和
科研课题等，开展国内核心期刊的信息资源加工和国外学术网站信息的摘译整理。
四是利用好网络平台开展专题服务。应利用日益成熟的 Web 2.0 技术搭建学科专业
知识互动平台，增强图书馆与用户的沟通，利用好用户的专业知识储备鼓励用户间
互动交流。此外，可针对校内重点学科建立专题数据库，整合图书、期刊、学位论
文等资源，注重搜集相关网络资讯、新闻报道，关注前沿信息，建立学科经典必读
书目库等。

3.5　形成科学完整的配套机制

配套机制是全方位打造专业化信息服务的有力保障，也是稳固用户信任的有效
举措。一是应制定完整科学的工作规章制度。对于图书馆自身而言应包括馆员行为
规范、工作职责和标准、培训考评机制等，其中，应注意规定好服务标准和响应时限，
根据情况拟定情报信息服务协议书，做到馆内分工明确、责任到人、奖罚分明；对
于图书馆用户而言，应制定用户行为准则和奖惩制度等，使其了解服务流程，对图

书馆开展的专业化信息服务合理预期，保证工作秩序。完整科学的规章制度能够让用户感觉到图书馆信息服务的各项工作有章可循、公平合理，使用户信任图书馆为其提供的信息服务。二是要畅通投诉建议渠道。通过规范化的流程，在进行专业化信息服务时进行阶段性成果的沟通，设置高效、简便、及时的危机处理方案对影响用户满意度的环节及时进行服务补救。三是建立资源评价和信息反馈制度。通过互动机制，开展用户问卷调查，制定信息资源及服务评分、意见反馈等机制，争取及时了解用户使用情况，提升其评价与口碑，扩大信任半径，使信任在用户群中延续。四是寻求联合共建机制。对于人力、经济成本有限的高校图书馆，可先根据本馆自身情况选定个别重点学科开展专业化信息服务，并通过地区、行业的协作关系争取其他信息机构的合作，利用其他科研院所或图书馆的专业化信息服务弥补自身不足，共享优势学科信息服务。这样也可以避免重复建设，取长补短，防止因贪大求全、急于求成或因能力有限而导致失去用户信任。

4　结语

专业化信息服务是目前高校图书馆的重点发展方向，是争取用户信任、提升高校图书馆地位的有效举措。这项建设涉及图书馆工作的方方面面，需要依据各馆的实际情况制订适合本馆的具体方案，也许会经历一个长期摸索建设的过程。在建设过程中需反复同用户进行沟通，依据其需求共同完成，切忌揠苗助长，应以实事求是的态度稳健发展，让用户产生合理预期，为其带来可靠、高效、优质的服务，留住用户，提升用户满意度，谋求并巩固用户信任。

参考文献：

[1] 吴秀环.基于读者信任理论的图书馆服务探析[J].黑龙江档案，2012（5）：126.

[2] 李琪.追求读者信任的图书馆工作[J].科教文汇，2011（1）上旬：188-190.

[3] 周文根.多学科视角下影响信任水平的因素分析[J].商业时代，2007（20）：59-60.

[4] 刘路佳.科研院所图书馆专业化知识服务的实践与认识[J].科技情报开发与经济，2011（15）：82-84.

[5] 蒋静波.高校图书馆文献信息服务的专业化发展[M].图书馆学与情报学集

成创新与发展论文集，2007：696-698.

　　[6] 余东风. 高校图书馆专业化服务与学科馆员 [J]. 图书馆论坛，2007（3）：117-119.

　　[7] 麦淑萍、罗岚、曾少霞. 对高校图书馆专业化服务的思考 [J]. 中华医学图书情报杂志，2006（11）：27-28.

　　[8] 李红. 论高校图书馆的专业化服务 [J]. 科技情报开发与经济，2005（15）：36-38.

　　[9] 百度百科，专业化词条解释，http://baike.baidu.com/view/1321874.htm.

基于知识管理的军校图书馆联合
数字参考咨询服务探究

修士博　李佳根（解放军南京政治学院上海校区，上海 200082；
南京陆军指挥学院图书馆，江苏南京 210045）

摘　要： 在第十期全军院校图书馆馆长会议上提出的军校图书馆联建共享工程实施方案指出，依托南京陆军指挥学院图书馆成立联合参考咨询服务中心。笔者根据这一中心的主要任务，将知识管理理论引入军校图书馆联合数字参考咨询建设中，阐述了知识管理与图书馆管理和参考咨询服务之间的紧密关系，根据知识管理数据链流程，设计了联合数字参考咨询的实施流程，根据军校图书馆资源、服务对象以及保密性等特点，分析了基于知识管理的军校图书馆联合数字参考咨询服务建设要注意的问题。

关键词： 知识管理；军校图书馆；联合数字参考咨询

1　前言

数字参考咨询（digital reference service）起源于美国，美国教育部的定义为："数字参考咨询服务是建立在网络基础上的将用户与专家和学科专门知识联系起来的问答式服务，又称虚拟参考咨询、电子参考咨询、在线参考咨询。"[1] 随着新的强军目标的提出，军队信息化建设进入加速期，联建共享成为军校图书馆的发展方向和建设重点，联合数字参考咨询服务作为建设全军院校"一个馆"过程中的重要组成部分，被列为重点建设的情报服务。在联合数字参考咨询服务中，参考咨询的信息源扩大为全军院校资料库和各领域专家学者，服务模式发展成为分布式，服务对象拓展到全军各级官兵，这种情况下，以知识共享和增值为主要内容的知识管理理论为联合数字参考咨询服务的建设提供了重要的理论基础。

2 知识管理

管理大师彼得·克鲁克说过："无论对于商业组织还是非商业组织而言，21 世纪最有价值的资产将是其知识工作者及其生产力。管理在 21 世纪所需做的最重要的贡献，就是提高知识工作和知识工作者的生产力。"[2] 知识管理就是将通过各渠道得到的信息转化为知识，并将其与人联系起来，提高生产力的过程。

2.1 知识管理概念和内容

知识管理（knowledge management）起源于 20 世纪 80 年代，知识管理专家 Y.Mathotra 认为，知识管理的实质是"信息技术处理数据与信息的能力以及人们创造和创新的能力有机结合的组织过程"[3]。知识管理不仅是对知识本身的获取、加工和应用，还包括对知识资源、知识设施、知识资产、知识活动、知识人员的管理。它以人为中心，以信息资源为基础，以技术为支撑，以知识创新为目标，利用知识共享加速知识积累，促进知识增值。

知识管理的内容包括显性知识和隐性知识，两种知识的转化成螺旋式上升[4]，其中，隐性知识转化为显性知识的过程总是经过个人分享隐性知识的社会化——隐性知识外在化（显性化）——零碎的显性知识结合化——显性的组织知识内隐化[5]，以此不断循环上升的过程。

2.2 知识管理过程

知识管理是一个知识链的循环过程，即需求分析、知识获取、知识组织、知识保存、知识共享、知识创新、知识评价。如图 1 所示，首先，需求分析到知识保存前面四个环节是知识处理阶段，是通过分析用户的需求，根据知识库或者专家库等，找到知识源并整理出相关的资料知识，进而进行共享的阶段；然后，知识共享到知识评价后三个环节是共享和增值阶段，在知识管理中，知识增值是管理的目的，知识共享是管理的手段，只有通过知识共享，才能使知识资本得到充分合理的配置，从而产生知识创新，进而达到增值的目的，最后通过评价来判断产生的知识有没有满足用户需求，或者有没有达到增值目的。

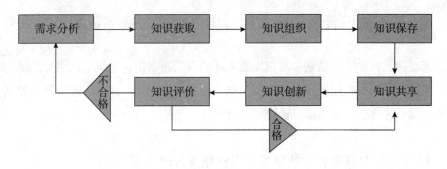

图 1　知识管理数据链流程

3　知识管理与图书馆数字参考咨询服务的关系

图书馆的管理工作先后经历了文献管理、信息管理以及正在发展的知识管理阶段，图书馆的知识管理实质上就是运用知识管理的理论方法，将图书馆的知识资本，即基础资本、服务资本、智力资本，合理配置，产生知识共享和增值的过程。数字参考咨询服务是图书馆的核心服务之一，是综合运用知识资本的服务，服务就是以实现知识资本的增值为目标，以用户需求为中心，实现图书馆显性知识和隐性知识、内部知识和外部知识的共享。

知识管理与图书馆数字参考咨询的关系可总结为以下三点：

（1）知识管理的过程、目的与图书馆的基本职能相一致。图书馆基本职能就是对知识和信息进行收集、整理、加工和利用，这与知识管理的基本过程大致相同，只不过知识管理还要对知识进行共享和创造性利用，从而促进知识创新，产生知识增值，这也与图书馆的社会职能有相似之处。

（2）将知识管理的理论方法运用到数字参考咨询服务是图书馆情报服务的发展趋势。当今社会是知识经济时代，数字参考咨询服务就解决了在海量信息中寻找所需知识的难题，将知识管理理论方法运用到数字参考咨询服务中，既能充分利用显性知识，又能充分发挥智力等隐性知识的作用，成为图书情报服务的发展方向。

（3）知识管理使图书馆数字参考咨询服务的优势得到充分扩展。图书馆天生就是一个存放和共享知识的地方，数字参考咨询更是其共享和利用知识最好的手段之一，图书馆还有大量的参考馆员等专门信息人才，这使得知识管理自然而然地成为数字参考咨询的理论基础。

4　基于知识管理的全军院校图书馆联合数字参考咨询服务

军校图书馆是为军队培养专门军政人才的专门图书馆，是整个图书馆系统的一个子系统，从基本职能到服务职能都与整个图书馆系统相一致，因此，联合数字参考咨询服务的建设应该从知识管理的理论和方法出发。

4.1　军校图书馆联合数字参考咨询服务概述

根据《军队院校图书馆联建共享工程实施方案》[6]的内容要求，军校图书馆联合数字参考咨询服务就是将全军院校的显性知识和隐性知识资源整理集成，通过军网网络，以图书馆参考咨询服务为主要形式，向全军各单位提供个性化知识服务的情报服务。其主要优势在于：①服务内容全面，知识资源覆盖全军院校图书馆；②服务对象广泛，用户人群从基层官兵到机关干部，从院校教员到科研人员，层次广泛；③服务手段信息化，通过军网网络，借助数据库、即时通讯等工具实现联合数字参考咨询服务，提高了部队信息化水平，符合我军信息化发展方向。

4.2　基于知识管理的全军院校图书馆联合数字参考咨询实施流程

联合数字参考咨询服务的实施流程也是一个知识链循环过程，依据知识管理数据链流程，参考咨询服务如图2所示，其知识资本的核心在于知识库、知识地图、军事学科专家库和学科馆员库的建立，这些环节相当于知识管理数据链中的知识组织、保存和共享，参考咨询服务从官兵需求出发，经过问题解析，解析过程可以是通过问题解析器对问题进行解析，也可以是咨询馆员与官兵用户交流，引导其明确自身需求，然后官兵可以自己，也可以委托咨询馆员查询知识地图（一种描述知识的模型，下文有具体介绍），在知识目录中选择对应知识范围内最细化的类目，再查询此目录的知识款目内容，在知识库中找到拥有该知识的协作馆或在军事学科专家库、学科馆员库中找到具备此类知识的学科专家、学科馆员。知识库以及军事学科专家、学科馆员库的建立应用，本身就是一个知识组织、保存和共享的过程，通过以需求问题导向，查询知识库并向军事学科专家、学科馆员进行咨询这一参考咨询过程，就将知识库中的显性知识与军事学科专家、学科馆员拥有的知识、经验等隐性知识交流起来，这样，解决需求的过程也就是知识创新的过程。最终，通过知识评价，将合格的知识反馈给官兵用户完成咨询过程，同时形成一条新的显性知识记录到知识库，产生知识增值，如果知识评价不合格，则知识链循环回需求环节，重新进行参考咨询服务；同时，将对本次咨询进行服务评价，结果反馈到制度设计和知识资本规划流程，用来帮助改进服务制度以及完善知识资本规划。

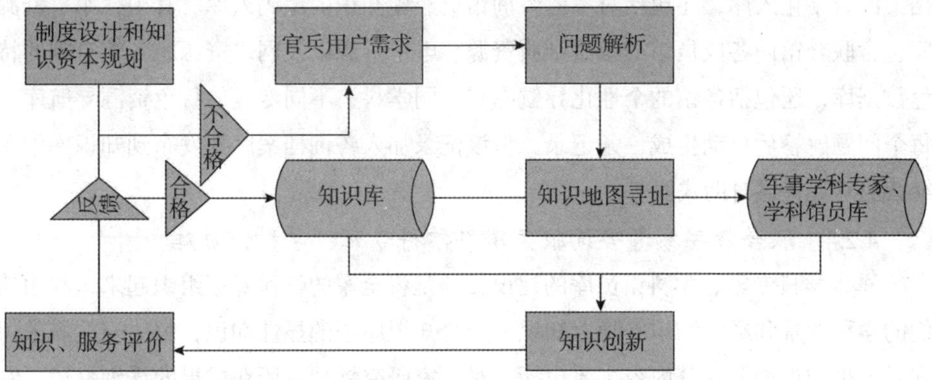

图 2　全军院校图书馆联合数字参考咨询的知识管理实施过程

4.2.1　联合数字参考咨询服务的制度设计和知识资本规划

（1）面向参考馆员与官兵用户的联合参考咨询服务制度设计。在联合参考咨询中，参考馆员包括咨询馆员、学科馆员和学科专家，他们的行为是知识管理主体，所以要设计一种充分考虑参考馆员和官兵特点的联合参考咨询服务制度，从理念、对象、载体等方面，分别建立面向参考馆员、部队官兵、服务质量等的各类咨询制度。

（2）联合参考咨询知识资本规划。这里的知识资本是指所有军校图书馆拥有的基础资本、服务资本、智力资本的总和，包括各个图书馆的信息资源分布、优势资源分布、人力资源分布以及情报服务能力等。在此环节中，对军校所有图书馆显性知识资源和隐性知识资源进行审计评估，进而确定联合参考咨询的知识管理规划，对之后联合参考咨询服务的总体建设和实施有着极为关键的影响。

4.2.2　全军院校图书馆联合数字参考咨询服务知识地图

知识地图是一种能在语义和知识层次上描述知识的模型，是一种有效的知识管理工具[7]。联合数字参考咨询中的知识地图中的内容包括本馆所拥有的知识指南、其他成员馆所拥有的知识指南以及全军院校图书馆参考咨询馆员和学科馆员指引、全军各学科专家指引[8]、对所有知识进行描述的款目以及各知识内容之间的相互关系线路等。知识地图是用来对相关军事专家或学科馆员、记录知识的文件和数据库进行寻址的，它是整个知识管理过程的知识索引。知识地图不仅使咨询馆员可以方便地找到知识源，而且能够让官兵利用知识地图查询知识库中的显性知识。

4.2.3　联合数字参考咨询服务知识库

在联合数字参考咨询服务中，知识库是实施知识管理的基本条件，它需要具有搜索、归类和共享功能。基于军网建立起来的知识库一般包括图书馆所拥有的军事数字资源的整合与纳入、军事网络资源的收集整理和存储，包括前期参考咨询成果档案的数字化入库，还包括对参考咨询馆员经验知识的编码入库。其中，军事资源库包含联合馆内各成员馆的馆藏纸质资源、电子资源以及网络资源、各馆自制的特色数据库，还包括各馆的个性化导航库和不同学科、不同专题的特色资源导航库。每个问题解答后自动生成一条记录，将该记录加入咨询档案库并发布到知识库中，继续为官兵提供自助式服务。

4.2.4 联合数字参考咨询服务军事学科专家、学科馆员库

军事学科专家、学科馆员库的建设目的是将全军的学科专家组织起来，利用他们的学科背景和经验知识等隐性知识，配合知识库中的显性知识，解决官兵需求，同时产生知识增值，其内容主要包括：对专家研究领域及所获成果的详细描述、专家所在单位及单位学科发展重点的描述、图书馆学科馆员学科背景的描述，专家以及学科馆员联系方式的描述等。入库专家应该是联合馆成员所在院校重点学科的学科带头人，具有一定的权威性，本馆的学科馆员应该是具有军事学和图书馆学双重学科背景的图书馆骨干担任，这样才能确保联合数字参考咨询服务的服务质量，达到知识管理的目的。

4.2.5 联合数字参考咨询服务评价体系

在联合数字参考咨询的知识管理过程中，评价体系主要包括对新知识是否满足了官兵的需求的评价，对新知识是否达到知识增值的目的的评价，对该参考咨询服务的评价。通过对知识的评价，合格知识（满足官兵需求的知识）不仅解决了用户问题，还会被记录到知识库中，达到知识共享和知识增值的目的；不合格知识（不能满足官兵需求的知识）重新循环到需求分析环节；同时，对咨询服务评价反馈到制度的设计和知识资本的规划环节，通过评价进一步了解知识资本分布，完善知识管理制度以及参考咨询体系。

5 建设基于知识管理的军校图书馆联合数字参考咨询服务的注意问题

由于军校图书馆联合数字参考咨询服务的建设才刚刚起步，各学院图书馆在这方面都处在借鉴地方高校、地区以及国外各大图书馆联合数字参考咨询服务建设经验的阶段，但是，鉴于军校图书馆的自身特点，建设基于知识管理的军校图书馆联合数字参考咨询服务还应考虑几个问题。

5.1　军校图书馆的特点

首先，军校图书馆在类型上应该属于专门图书馆，各图书馆对学院教学起保障作用，其信息资源绝大部分都是有组织性和针对性的军事信息资源。军队院校是一个有组织的整体，每一个学院都是一个独立的分支，并根据具体任务不同，单独的学院的学科专业各有分工，各具特色，图书馆以院校学科专业为依托，主要收录了学院重点建设学科方向的相关知识。

其次，教学保障是每个军校图书馆最重要的任务，所以军校图书馆的资源和服务主要面向军校教员和军校学员（主要包括任职教育学员和研究生），在联合参考咨询中心建成后，参考咨询服务对象扩大到包括基层官兵、机关参谋干事、院校、研究所在内的所有部队工作人员，层次不一，信息素质跨度大。

再者，不论是知识资源，还是智力资源，军校图书馆都具有一定的保密性。虽然图书馆知识本身就具有共享性，其知识资源相对公开，但还是存在一部分绝密、机密和秘密信息，同时，联合数字参考咨询是在军网上展开的，军网与互联网物理隔离，其本身就具有一定的保密性。

5.2　基于军校图书馆特点，联合数字参考咨询服务的注意问题

5.2.1　发扬有组织性和针对性的资源分布带来的优势，克服不足

首先，要发扬有组织性和针对性的资源分布在联合数字参考咨询服务的知识地图构建和知识库和学科专家、学科馆员库构建中的优势。在知识地图的构建中，依据各学院学科和资源重点，不仅层次清晰，而且寻址速度快，有利于整个咨询服务的有效完成；在知识库和学科专家、学科馆员库的构建中，分布清晰的资源使得在整合整个军事资源时，各学院图书馆资源都能被合理规划，知识和智力资源利用率高，共享效益明显。

其次，要克服有组织性和针对性的资源分布对各军校图书馆自由利用自身知识和智力资源，发挥共享能力的阻碍。由于职能和任务所限，各馆的资源和人员配置受到限制，这在一定程度上影响了其知识的共享能力，也就影响了知识的增值能力。

5.2.2　服务过程应针对不同层次对象设计

问题解析环节要制定针对不同层次用户的不同服务要求，知识创新并共享的同时针对不同用户进行答案解析。当参考馆员与官兵用户就问题需求进行交流时，要首先关注其知识层次和身份，对知识层次相对较低的用户要发挥自身信息素质优势，合理引导用户理清思路，找到问题的关键点，并推荐相应的专家、馆员以及知识库资源，同时，在推送答案时，要使用更通俗易懂的语言和表现形式，使用户对答案

的理解更形象、更深入；相反，对知识层次较高的用户，应给予其更大的自由度，按照其自身需要搜寻专家、馆员和知识库，这样不仅满足了用户需求，也提高了其知识信息的收集和整理能力。

5.2.3　服务过程应对涉密信息流进行监督

涉密的知识和智力资源的共享需要根据密级采取监督手段，以防止失泄密事件的发生。保密性是军事信息资源最基本的特点，军校图书馆的信息资源也不例外，合理监督是解决在联合数字参考咨询服务过程中造成失泄密事件的有效手段。根据规定，军网上可以上传和下载的信息密级要求是秘密级以下，因此，绝密和机密信息就绝不能加入到联合数字参考咨询服务的知识库当中，可以适当在知识地图中体现，方便需要的官兵亲自到馆参阅，这就需要严格监督知识库中资源的密级，同时严格监督专家和馆员在回答用户问题时引用材料的密级，防止敌特人员通过网络获取重要涉密信息。

5.2.4　以局部建设带动整体发展

任何一种事物在刚刚起步的阶段都不能一蹴而就，需要边探索边借鉴，联合参考咨询服务的建设同样也不能急于求成，需要考虑联合建设的现实性。由于军校图书馆的信息、智力和人力资源的分布并不平衡，架子大、资源多的学院，其图书馆的实力也强，所以建设过程中可以采用局部建设带动整体发展的方法，先把有实力的院校图书馆联合起来，先把联合数字参考咨询服务做起来，再逐步扩大联合范围，最终逐步完成整个军校图书馆联合数字参考咨询服务的建设。

6　结语

将知识管理的理论和方法运用到联合数字参考咨询服务中，国外联合图书馆和地方高校联合图书馆都已经有了一定的研究和实践，从服务模式到服务能力都取得了一定程度的提高。军校图书馆在这方面的建设和探索还有较长的路要走，联建共享理念的提出正是一个良好的探索契机，知识管理理论正符合联合数字参考咨询的建设目的，知识管理的思想强化了联合数字参考咨询服务的功能和特性，是深层次服务和新型管理的高度统一，知识共享和知识增值正是全军院校图书馆联建共享的发展方向。

参考文献：

[1]初景利.图书馆数字参考咨询的理论与实践研究[D].中国科学院研究生院(文献情报中心)，2003.

[2]李红丽.基于知识管理的高校图书馆参考咨询研究[D].黑龙江大学硕士研究生学位论文.

[3]小 胡.学习与忘却——关于知识管理[J],知识组织和知识工人.IT经理世界，1999（7）.

[4]刘青，王改变.基于SECI知识创造螺旋的写作参考咨询体系构建——以日本写作参考咨询数据库为例 [J].图书馆论坛，2013（9）.

[5]李红丽.基于知识管理的高校图书馆参考咨询研究[D].黑龙江大学硕士研究生学位论文.

[6]军队院校图书情报协作联席会.军队院校图书馆联建共享工程实施方案（讨论稿）[Z].2014（4）.

[7]杨曦宇.知识地图研究综述 [J].图书馆学刊，2007（3）.

[8]任全娥.图书馆参考咨询服务的知识管理研究进展[J].图书馆杂志，2007（4）.

创建国防大学图书馆 "周六讲坛"
品牌的几点思考

王黎珩（国防大学图书馆，北京 100091）

摘　要：本文在阐述创建国防大学"周六讲坛"品牌的意义的基础上，对目前开展"周六讲坛"的主要情况及特点做了简要介绍，最后提出了创建"周六讲坛"品牌的策略。

关键词：国防大学；图书馆；"周六讲坛"；品牌

近些年来，图书馆界充分意识到讲座工作已经成为图书馆核心业务之一，将讲座活动纳入图书馆的重要工作范畴。全国各地公共图书馆讲座活动开展得如火如荼，而且许多图书馆讲座已形成了品牌效应，如中国国家图书馆的历史文化系列讲座"文津讲坛"、上海图书馆以多样化和国际化为特点的"上图讲座"等等。军队院校图书馆顺应这一趋势，也积极拓展服务功能，兴起"讲座热"。国防大学作为全国最高军事学府，肩负着培养高中级联合作战指挥人才的重任。自 2013 年年初起，其图书馆也开始举办"周六讲坛"活动，并竭力将讲座打造成一种品牌。

1　国防大学图书馆创建"周六讲坛"品牌的意义

1.1　创建图书馆讲座品牌是贯彻落实党中央和中央军委加强军事文化建设的现实需要

2011 年 10 月，党的十七届六中全会提出推动文化大发展大繁荣，为广大人民群众提供越来越多的公共文化服务。2012 年年初，中央军委下发了《关于大力发展先进军事文化的意见》，提出紧贴部队使命任务和官兵精神文化需求加强军营文化建设，努力建设高素质军事文化人才队伍。军队院校是军营文化建设的重要组成部分，担负着弘扬先进军事文化、传播先进军事文化的重任。图书馆是校园文化建设的重要力量，在校园文化建设中发挥着文化育人的作用。正如上海图书馆馆长吴建中在他的《21世纪图书馆新论》一书中所说："图书馆是终身教育和文化娱乐中心。"我校图书馆通过创建"周六讲坛"品牌，不仅能够丰富在校高中级领导干部的业余文化生活，而且作为全军院校图书馆"领头羊"，可以和其他院校图书馆建立讲座联盟，遴选一些公开的学术讲座制作成视频、光盘等，在院校之间进行资源共享，或者上传到全军政工网上，让全军部队官兵也能在线观看，起到传播先进军事文化的作用。

1.2　创建图书馆讲座品牌是军队院校图书馆传统业务工作逐步向教学服务转型的重要举措

党的十八届三中全会通过的《中共中央关于全面深化改革若干重大问题的决定》明确提出，"要深化军队院校改革，健全军队院校教育、部队训练实践、军事职业教育三位一体的新型军事人才培养体系"。我校训练部提出了"功能定位、工作方式、工作作风和能力素质"四位一体的转型目标，图书馆作为教学科研服务单位，迅速转变思路，调整服务方向，开展了一系列从传统业务向紧跟教学活动转变的工作内容，举办"周六讲坛"活动就是其中一项非常重要的工作。"周六讲坛"是教学科研活动的补充和拓展，引领在校学员的学习方向，增强其学术研究兴趣，拓宽其学术视野，提高其学术分析能力。邀请在校知名专家教授或者各个教研部的学科带头人对当下热点、敏感问题进行深入分析和讲解，突出了学术性、前瞻性、思辨性，在最后的提问环节中，通过台上台下的相互交流与探讨，启发了新思想，开启了新思维。

1.3　创建图书馆讲座品牌是扩大图书馆影响力和展示图书馆形象的主要途径

我校图书馆通过创建讲座品牌，以层次高、针对性强、学术气味浓等特点吸引读者，与讲座主题相关的馆藏文献资源也引发读者的极大兴趣，吸引更多的读者利用图书馆网上资源或者到馆借阅，加强读者和图书馆之间的紧密联系，提高读者对图书馆的依存度，实现图书馆各类资源充分利用，进而提升图书馆的影响力。如2013年12月由我校战略部教授乔良主讲的《超限战与现代战争》，当讲座信息发布在校园网以后，很多读者就开始到馆借阅他的相关著作，甚至请求我馆为其代购《超限战》。月底，我馆公布当月借阅排行榜时，他的代表作《超限战》位居榜首。

另外，创建讲座品牌很重要的一个方面在于培养一支优秀的讲座服务团队。讲座的知名度和美誉度直接体现了服务团队的质量水平，进一步展现了图书馆良好的形象。

2　国防大学图书馆"周六讲坛"开展的主要情况及其主要特点

2.1　"周六讲坛"开展的主要情况

国防大学图书馆"周六讲坛"是在全校范围内开展的学术讲座活动，听众主要面向在校教研人员、学员。2013 年初，第一场"周六讲坛"由我校战略部徐纬地教授就"朝鲜半岛问题、走向与政策"正式拉开帷幕。每场学术报告邀请的都是校内知名专家教授对当下热点、敏感问题进行讲解。讲座结束之后都会安排一定的时间用于师生交流互动。

"周六讲坛"到目前为止，已经举办十几场讲座活动，平均每月两场。深受在校教员、学员的欢迎。讲座地点也从容纳近百余人的图书馆会议室逐渐转移到能容纳更多听众的图书馆学术厅。"周六讲坛"从筹划之初起，就得到校首长、训练部领导的关怀和指导。他们多次莅临现场聆听讲座。图书馆领导高度重视"周六讲坛"活动，亲自选定每次讲座主题，对每场讲座的各个环节都严格把关和审核。主讲人在正式开讲之前都要在举办地点进行试讲。情报研究和信息服务室主要负责讲座的会务保障工作，以及后续的延伸服务，为"周六讲坛"的生存与发展提供了组织基础。其他业务室也给予了积极支持和大力配合。我馆的工作人员会利用录像、拍照和录音等手段妥善保存并整理历次讲座的录音稿。

2.2　"周六讲坛"的主要特点

一是体现高层次。主要体现在主讲人和听众两个层面。自"周六讲坛"开办以来，主讲人都是在自己学科领域内研究多年且卓有成就，是享誉军内外的"名师大家"。有的主讲人甚至走上中央政治局学习讨论会或者多次在国内知名军事节目中担任点评嘉宾。如我校战略研究所所长、《苦难辉煌》的作者金一南，军事史学专家徐焰，军事后勤与军事科技装备教研部教授兼中央电视台、中央人民广播电台特约军事评论员李莉，战略专家乔良，我校教授兼美国艾森豪威尔基金会访问学者林东等等。

二是突出前沿性。"周六讲坛"立足当前国内外产生的热点问题、争议问题、敏感问题，集中涉及军事领域，覆盖军事战略、军事历史、后勤装备、军事哲学等学科。主讲人深刻剖析了问题的实质，阐述了自己的研究成果。视角独特、观点新颖、思想前瞻。如金一南教授主讲的《经营琉球问题：把握东海战略博弈主导权》，对琉球的历史渊源和如何经营琉球问题等议题介绍了自己的研究成果。徐纬地教授紧紧围绕大家关心的朝鲜半岛问题，就朝鲜半岛的症结、朝核的实质及走向、我国对半岛政策和军事斗争准备重点等问题，介绍了情况、提出了问题、阐述了自己多年来的研究成果。

三是强调互动性。图书馆领导在策划每期讲座主题时，都会提前和相关教员、学员进行沟通和探讨，了解他们的需求和关注点；在确定每场讲座主题以后，图书馆都会先请主讲人进行试讲，并邀请有关专家进行现场点评；为了能够让听众更好地理解讲座内容，活跃学术氛围，每场专家报告结束之后都会安排一定的时间用于师生交流互动，不仅起到答疑解惑的作用，而且营造学术争鸣、开启思维革命的气氛。

3　国防大学图书馆创建"周六讲坛"品牌的策略

图书馆讲座活动要能得到持续健康的发展，关键在于品牌的塑造。品牌的塑造涵盖了从讲座定位到后续服务的全部流程。目前，"周六讲坛"活动在学校上下反响强烈，得到在校教员、学员的广泛认可和一致好评。为了能够使讲座得到可持续发展，形成品牌效应，笔者认为，可以从以下几个方面实施。

3.1　准确定位，形成特色

美国市场营销学专家菲利普·科特勒教授在《营销管理》一书中认为，"从本质上说，通过一个品牌能够辨别出销售者或者制造者。"这也道出了品牌的核心——特色。讲座如何准确定位、如何形成特色是塑造品牌的关键。图书馆开设讲座活动首先要分析和研究受众群体，明确开展讲座的宗旨，只有这样，才能有的放矢地选定讲座主题。国防大学作为全国最高军事学府，承担着培养具有世界眼光和战略思维、复合型知识结构的新型高级指挥人才的重任。我校图书馆的主要服务对象都是军内师职以上干部和中央国家机关司局级以上领导干部。他们层次高，善于用战略眼光认识问题、分析问题，为了区别于我校已形成品牌效应的"周五学术报告""百望讲坛"和"战略思想论坛"等学术讲座，笔者认为，一是"周六讲坛"应当结合图书馆自身特点和服务对象，举办覆盖军事各个学科领域的讲座，并针对时下的热点、难点及敏感问题进行深入剖析和讲解；二是为了凸显图书馆举办讲座的优势，"周六讲坛"应当是本馆文献服务的补充与拓展，我馆拥有丰富的军事学科馆藏资源，收藏了古、近代军事图书资料，民国时期的军事资料，我军各个历史时期的战史资料，党史政工资料，图书馆可以事先和主讲人沟通协商，请他们在开讲之前，列出与讲座内容相关的图书馆藏书，图书馆将书单放在校园网或者数字图书馆的主页上，鼓励听众到图书馆借阅，提前对讲座主题有个大致的了解。有时，主讲人把研究成果写成专著出版，讲座就可以围绕该书进行，最后进行新书签售活动。这就是美国图书馆目前已经开展得比较普遍的"作者交流会"（author talk）。

3.2 精心遴选，扩大范围

上海图书馆教授兼国际图联都市图书馆组常设委员会委员王世伟谈到，合适的讲师是图书馆讲座成功的关键。主讲人在一定程度上是图书馆讲座品牌的形象大使，其知名度、美誉度及影响力对讲座品牌的创建将会发挥很大的作用。主讲人会直接影响到听众对一场讲座整体的评价，而多场讲座成功与否，也将直接影响到一个讲座品牌的建立和讲座活动的可持续性。

在众多电视讲坛节目中稳居高收视率的《百家讲坛》，成就了一大批主讲人。该节目编导万卫曾提出对主讲者遴选的三个标准：学术水平、表述能力和人格魅力。我们"周六讲坛"也不妨参考这一标准，确立主讲人聘请的标准，建立讲师资源数据库。不仅可以邀请校内知名的军事专家、各个教研部的学术带头人作为"周六讲坛"的主讲人，而且还可以将主讲人的范围扩大至其他军队院校兄弟单位以及诸如军事科学院等军事科研机构。另外，"周六讲坛"可以充分利用国防大学特有的学员资源，比如联合指挥与参谋学院、国防安全学院学员主要都是部队军师职以上和地方相关领导干部，或者防务学院的学员都是来自国外的高级军官、文职官员。图书馆可以与其中的部分学员沟通联系，安排合适的机会邀请他们就某一主题开展专题讲座。再者，图书馆应该充分挖掘本馆人员的潜力，鼓励他们立足某一军事学科，加强学习，力争成为学科馆员，掌握某一军事学科领域的知识，有朝一日也能登上"周六讲坛"这个大舞台。著名的军事战略学家金一南教授，当年在图书馆甘受寂寞和清贫，苦坐冷板凳好几年，翻阅图书馆大量资料，终结硕果——《苦难辉煌》诞生。如今，他也是"周六讲坛"的主讲人之一。这也说明当讲座被塑造成一种品牌后，也会吸引更多的名师大家乐意登上讲坛展示自己的风采。

3.3 巧妙营销，扩大影响力

在品牌传播中，宣传营销是最主要也是最受重视的一种方式。"周六讲坛"可以通过各种方式和途径来进行宣传营销提升讲座品牌的影响力。美利坚大学图书馆全面启用美国图书馆协会的注册商标 @your library 标志来标识它的服务，比如他们免费分发印有 @your library 的各种小礼品；在超过 40 个校园人流密集处、宣传栏

张贴 @your library 系列主题海报等等。我们"周六讲坛"也可以借鉴这一做法，适当制作一些小礼品如印有"周六讲坛"标识的专用信封、笔记本、雨伞等等作为回报听众的一种方式，也可起到宣传告知的作用。每年年底，图书馆可以把本年度举办的历次讲座制作成光盘作为礼物送给这一年登上过"周六讲坛"的主讲人，并在下一年度举办讲坛活动时，在讲座互动环节中提问的听众也可以获赠一份光盘。在讲座周年纪念活动上或者借"世界读书日"之际，可以邀请《解放军报》、全军政工网等报纸、网络等媒体对"周六讲坛"进行广泛深入报道，进一步提高讲座品牌的知名度。

3.4　全面整合，实现资源共享

借鉴成都图书馆"金沙讲坛"的做法，"周六讲坛"可以建立专题讲座音像资料库，脱密后可放在我校数字图书馆的主页上，以供在校人员随时观看。在条件允许的情况下，还可以将讲座资源上传至全军政工网，让全军官兵都能在线享受到学术成果，使讲座的生命力得以延续。

另外，全国公共图书馆讲座联盟于 2010 年 12 月成立，日常办事机构设在国家图书馆。笔者认为，国防大学图书馆作为全军院校图书馆的领军人物，不妨也借鉴和吸收全国公共图书馆讲座联盟的经验和做法，建立军队院校图书馆讲座联盟，实现资源共享。创办讲座联盟网站，按照军事学科类别建立主讲专家资源库和讲座专题资源库，还可以组织成员馆开展合作办讲、业务研讨、图书出版、视频资源共享等一系列活动。在条件允许的情况下，"周六讲坛"还可以和地方公共图书馆、重点院校图书馆实现资源共享。

3.5　谨防泄密，保护产权

"周六讲坛"中有些讲座内容涉密性较高，涉及国防军队建设的根本利益和未来发展，应当充分做好保密工作，尊重主讲人的合法权益。图书馆应当对历次讲座做好保密措施，不仅要设立听众不得在场录像、录音和拍照的规定，禁止随意传播讲座内容，而且对讲座内容进行二、三次文献开发或者网上传播时，一定要严格遵照安全保密条例先做好脱密工作。另外，根据《中华人民共和国著作权法》的规定，主讲人的学术报告也是受法律保护的，并依法享有著作权。著作权包括修改权、复制权、发行权等权利。笔者认为，可以借鉴地方图书馆的一些经验做法，图书馆可以事先和主讲人签订有关讲座的知识产权协议书，在制作成光盘、网上传播、编辑出版图书等方面，明确双方的权益与义务。

参考文献：

[1] 王世伟.图书馆讲座工作引论［J］.图书馆学研究,2005（10）：84-86.

[2] 王世伟.论图书馆讲座的策划［J］.河南图书馆学刊,2005（2）：27-30.

[3] 朱莺.中小型公共图书馆讲座品牌构建探讨［J］.图书馆研究，2013（1）：66-68.

[4] 缪建新.公共图书馆的讲座品牌构筑［J］.图书馆杂志,2005（8）：38-39.

[5] 陈瑛.公共图书馆公益讲座可持续发展述略［J］.图书馆论坛，2011（8）：147-148.

[6] 曾尔雷.美利坚大学图书馆营销活动及其启示［J］.情报理论与实践，2008（1）：158-160.

[7] 陈力丹,闫伊默,中国"电视讲坛"节目的生态分析[J].现代传播,2007(3)：35-36.

[8] 吴惠茹.中美公共图书馆讲座服务对比与启示［J］.图书与情报，2011（6）：94-95.

[9] 国家版权局版权司编.中华人民共和国著作权法律、法规 中英文［M］.北京：商务印书馆，2003：1-66.

[10] 金旭东.21世纪美国大学图书馆运作的理论与实践［M］.北京：北京图书馆出版社，2007：373-375.

[11] 王黎珩.努力拓展国防大学第三文化服务空间［M］.北京：中国书籍出版社，2013：696-702.

[12] 中国国家图书馆·中国国家数字图书馆——讲座预告：http：//www.nlc.gov.cn/dsb_zx/jzyg/.

[13] 上海图书馆讲座：http：//www.library.sh.cn/jiang/index.aspx.

西部民族地区移动图书馆信息服务现状评测分析

——以宁夏回族自治区为例

张玉梅　张红英（宁夏社会科学院，宁夏银川 750000，

宁夏文物保护中心，宁夏银川 750000）

摘　要：文章通过问卷调研的形式对宁夏的移动图书馆信息服务从终端类型、信息服务类型、信息服务的影响三个方面进行了比较分析，并针对以宁夏为代表的西部欠发达省区的移动图书馆信息服务进一步发展的局限性提出相应对策建议。

关键字：西部地区；移动图书馆；信息服务

　　"移动图书馆信息服务（mobile library information server）"较为公认的说法是：依托目前比较成熟的无线移动网络、国际互联网以及多媒体技术，使人们不受时间、地点和空间的限制，通过使用各种移动设备（如手机、掌上电脑、e-book、笔记本等）来方便灵活地进行图书信息的查询、浏览与获取的一种新兴的图书馆信息服务，是数字图书馆电子信息服务的延伸与补充。借助移动通信和移动终端，摆脱地理束缚的移动阅读，满足读者"行万里路而读万卷书"的需求。近年来，随着移动通信技术的迅速发展，对移动图书馆信息服务的研究成为图书情报研究的热门话题。西部民族地区也注重移动图书馆的信息服务发展，本文以问卷调研结果为基础，以宁夏回族自治区为代表，对西部民族地区的移动图书馆信息服务进行评测分析。

1　调研基本情况

　　宁夏作为全国唯一的回族自治区，其移动图书馆的服务体系在一定程度上代表了西部民族地区移动图书馆的发展现状。本次调研涵盖了宁夏各地公共图书馆、高校图书馆及科研图书馆，基本能够反映宁夏移动图书馆服务体系的现状。调研采

取问卷调查和座谈等方式，共计发放问卷 520 份，收回 518 份，有效问卷回收率为 94.2%。

2 图书馆公共文化服务体系中移动图书馆服务的需求

作者通过对宁夏地区读者使用的移动终端类型、个人对移动图书馆所提供的服务类型及移动图书馆将对读者带来的影响三个方面分析图书馆公共文化服务体系中移动图书馆的服务。

2.1 读者使用的移动终端类型调查

图 2 反映出目前宁夏地区图书馆读者所拥有的终端移动设备，包括"iPhone/iPad/Android 等智能平台"和"中端手机，可通过 WAP 等浏览器上网"的读者合计所占比例为 80%。这就说明，随着人民生活水平的日益提高，移动媒体的逐渐普及，移动终端的读者的占有比率已经很高了，这对于推行移动图书馆等服务奠定了基础，也有利于图书馆开展相关移动业务工作。但是选择"没有移动设备或上网需求"及"低端手机，不能上网"的比例之和为 20%，占到了两成，移动图书馆信息服务虽然已经开展，但是由于移动终端不足等问题的存在，发展受到了严重的制约。

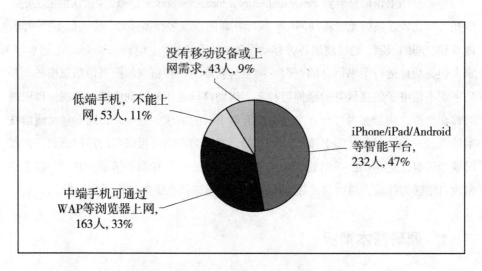

图 1 读者拥有的移动终端类型调查

2.2 移动图书馆所提供的服务类型统计分析

从图 2 中可以看出，读者对移动图书馆提供的服务类型要求依次排序为"图书馆资源检索""新书通报""预约书到馆通知""借阅到期提醒"服务。说明读者更注重的是能够方便、快捷地随时检索图书馆内的资源，这也是图书馆功能延伸的最大体现，同时也提高了读者阅览文献的效率。新书通报、预约书到馆通知及借阅到期提醒等服务应该成为移动图书馆服务必不可少的一部分。不过 165 人选择"不清楚"，这个比例相对较高，这对于宁夏地区发展移动信息服务是一个弊端。目前，我国已经有多所图书馆相继开通了不同类型、不同规模的"移动图书馆"服务。例如，2008 年 12 月，国家图书馆推出了以手机为媒介的国家图书馆移动服务——掌上国图。但是随着移动设备终端的普及，网络上可读性较差的信息，诸如广告等随时充斥着人们的眼球，图书馆推送移动图书馆服务的过程中，应做好这些方面的安全检查，保持图书馆业务的无偿性、单纯性，从而赢得读者的信赖，逐步巩固读者的阅读习惯。

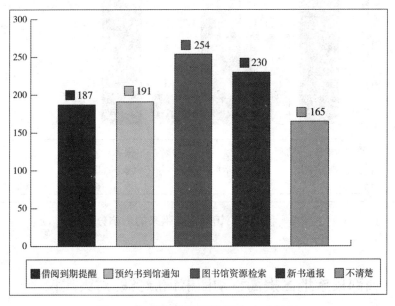

图 2　移动图书馆提供服务内容统计

2.3 移动图书馆将对读者带来的影响分析

从图 3 可以看出，"获取信息非常方便"成为移动图书馆服务带给读者的最大益处，其次是"改变阅读方式""使生活更加便利"，这都表明使用无线移动终端来方便灵活地进行图书馆文献信息的查询、浏览与获取是一种新兴的图书馆信息服务模式。同时，移动图书馆信息服务的普及也会带来一些弊端，例如"减少去图书馆的次数"和"增加通信费用"等。目前，各地图书馆都面临了读者到馆率逐年下降的问题，推行移动服务势必会减少读者访问图书馆的次数，如何才能解决这个矛盾的问题，是一个值得长期研究的课题。另外由于使用移动服务功能，必将会增加网络用户的通信成本，会制约读者使用移动图书馆功能，各图书馆应该在这个方面多做考虑，多途径地争取支持，降低读者访问成本。

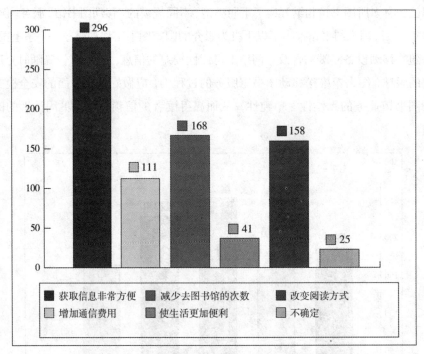

图 3　移动图书馆对读者带来的影响分析

3　西部民族地区提高移动图书馆服务的对策建议

图书馆公共文化服务体系中，移动信息服务已经逐步占据了重要的地位。但是如何提高其信息服务效率，最大限度地实现公共文化服务的社会功能，成为摆在社会面前的一项重大课题。鉴于此，作者从以下三个方面提出建议：

（1）宁夏是西部欠发达省区之一，经济水平相对落后。读者存在购买高端移动设备压力大、阅读移动信息流量收费高等诸多问题。如何降低阅读成本，让移动阅读成为一种低消费或零负担习惯，是相关部门亟待解决的现实问题。笔者建议公共文化相关部门应争取得到政府的大力支持，譬如移动阅读设备购买得到一定补助、给读者提供一定免费流量用于阅读等方式，从而使广大的移动阅读深入人心，方便使用。

（2）虽然近年来，各部门已经加大了对移动服务各项的宣传，但是宣传力度不大，导致还有很大一部分群体对移动信息服务不了解或者知之甚少。建议文化服务相关部门加大对移动服务的宣传力度，注重宣传方式，真正落实到人人懂、人人会用、人人要用的程度。借助电视、网络等媒介，宣传移动信息的诸多优点，利用好"世界读书日"等宣传时间，或者深入社会、高校等场所，将移动服务模式带入千家万户。

（3）公共文化服务体系中的信息服务成效的好坏也与信息推送服务的开展有着密不可分的联系。将合适的信息推送给合适的人，是一项极具挑战的工作。这个过程需要对信息作充分的分析，并对人的兴趣、行为做细致的刻画，并对两者进行有效匹配。可以加强信息流动的主动性、目的性、方便性和效率。服务主体应该掌握用户的信息需求，建立用户信息库，根据用户需求，及时进行信息推送，这将使得信息服务有了质的飞跃。

参考文献：

[1] 胡振华，蔡新. 移动图书馆信息服务系统 [J]. 图书馆自动化，2004（4）：18-20.

在大数据环境下的产业竞争情报服务创新探索

代　伐　薛志勇　高　宇　杨　杰　姬国景

（河南省洛阳市科技情报研究所，河南洛阳 471003）

摘　要：一年多来，基于大数据环境下开展了产业竞争情报的实践和探索，其中重点开展了机器人产业竞争情报研究。本文从洛阳市机器人和智能装备制造产业的现状出发，对机器人和智能装备制造核心零部件、主机成本和可靠性进行了情报分析，并对未来机器人产业化发展提出了建议。这对于洛阳市机器人产业和相关企业来说，将会带动核心竞争力的提升。

关键词：大数据；产业竞争；情报

自媒体、移动互联、云计算、物联网等科技以及汇集而成的大数据，标志着我们已然进入了人类历史上最为波澜壮阔的大数据时代。在这个时代里，世界上的大部分东西正以"数据"的方式呈现出来。这一切，不仅正改变我们的生活、商业模式、产业结构，也将更加彻底地改变人类依赖千年的传统思维。"大数据竞争情报将是下一个大资源"，市场经济就是情报信息不对称的经济，大数据竞争情报将是下一个大的自然资源，对于任何机构和企业来说，大数据都将是其商业皇冠上最为耀眼夺目的那颗宝石。

洛阳近几年围绕当今大数据环境重点开拓了三项新业务：一是科技查新为市级科技项目立项查新，撰写规范的查新报告，帮助企业申报相关项目；二是编印产业竞争情报撰写了 7 期，为智能装备和机器人产业发展提供了系统有价值的参考；三是开展技术创新方法工作，推荐并确定 2 家企业为国家级创新方法示范企业，分别为洛耐和轴研科技。其中最有亮点的就是联合湖南科技信息所竞争情报中心开展的机器人产业竞争情报研究。

1　产业竞争情报的定位及其创新产品

1.1　我市产业竞争情报的总体定位

一是面向政府的产业竞争情报公益服务；二是面向产业集群（企业）的信息（情报）检索服务；三是面向产业竞争情报管理体系的咨询服务；四是面向产业的专题定向服务。

1.2　提供产业竞争情报产品

经过一年多的实践和探索，在机器人和智能装备制造产业，我们做了很多的基础工作，基本摸清了机器人产业的脉络，并逐步转变为深度分析。从不同的切入点着手，对机器人和智能装备制造产业进行分析，提供出两个专项情报产品。

一是根据产业特性及领导相关要求，对该产业进行监测与分析，提供国内外发展概况、政策支持等专项情报产品（见图1）。

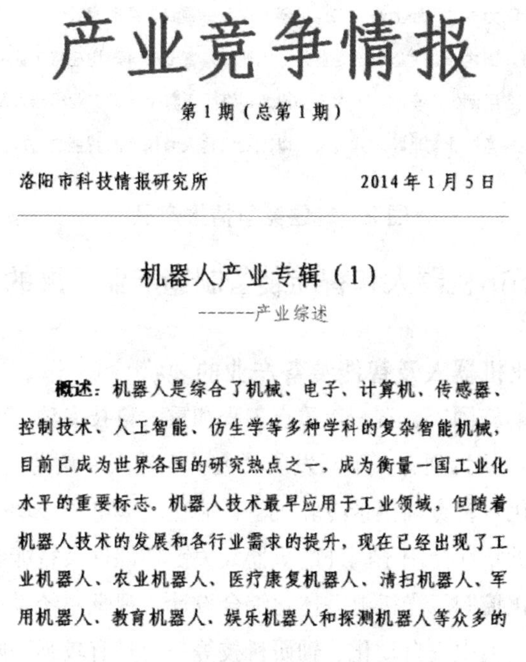

产业竞争情报

第1期（总第1期）

洛阳市科技情报研究所　　　　　　2014年1月5日

机器人产业专辑（1）
------产业综述

概述： 机器人是综合了机械、电子、计算机、传感器、控制技术、人工智能、仿生学等多种学科的复杂智能机械，目前已成为世界各国的研究热点之一，成为衡量一国工业化水平的重要标志。机器人技术最早应用于工业领域，但随着机器人技术的发展和各行业需求的提升，现在已经出现了工业机器人、农业机器人、医疗康复机器人、清扫机器人、军用机器人、教育机器人、娱乐机器人和探测机器人等众多的

图1　专项竞争情报产品

二是根据监测与采集的情报信息资源，将专题按照园区、专利、细分市场、区域政策、技术文献等角度展开详细的分析，为该产业的发展提供动态变化及跟踪监测的专题情报产品（见图 2）。

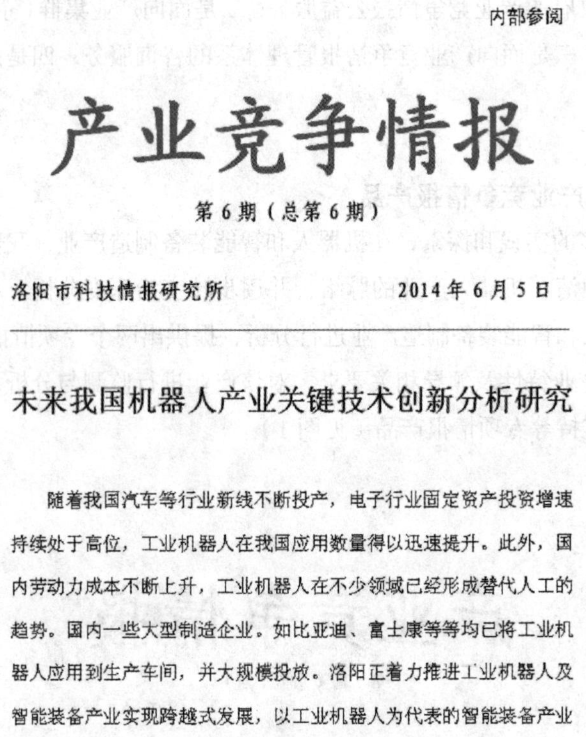

内部参阅

产业竞争情报

第 6 期（总第 6 期）

洛阳市科技情报研究所　　　　　　　　　　　　2014 年 6 月 5 日

未来我国机器人产业关键技术创新分析研究

随着我国汽车等行业新线不断投产，电子行业固定资产投资增速持续处于高位，工业机器人在我国应用数量得以迅速提升。此外，国内劳动力成本不断上升，工业机器人在不少领域已经形成替代人工的趋势。国内一些大型制造企业，如比亚迪、富士康等等均已将工业机器人应用到生产车间，并大规模投放。洛阳正着力推进工业机器人及智能装备产业实现跨越式发展，以工业机器人为代表的智能装备产业

图 2　专题竞争情报产品

2　针对洛阳市机器人和智能装备制造产业开展的竞争情报实践

2.1　洛阳工业机器人及智能装备产业的现状

近年来，通过实施国家、省、市重点工程和重大科技专项，洛阳市工业机器人及智能制造装备产业从无到有，不断发展壮大。机器人专用薄壁轴承、18500 吨油压机、全数字智能化六辊宽幅铝带冷轧机、智能化超薄电子玻璃生产线、大功率动力换挡拖拉机等一批长期受制于国外的机器人关键零部件及智能装备在洛阳市率先研发成功。在自动化控制、光机电一体化综合设计、视觉系统设计等领域，涌现出中信重工、一拖集团、中重自动化、轴研科技等一批具有较强国际竞争力的企业。2012 年，洛阳市工业机器人及智能装备产业实现主营业务收入 300 亿元，同比增长30%，高出全市规模以上装备制造业增速 13 个百分点。

2.2　洛阳机器人和智能装备制造的发展重点

2.2.1　工业机器人及关键部件

（1）工业机器人系统集成。依托中汽昌兴机电、沃德福、中冶重工、德平机械、新思路电气、泰斯特、圣瑞机电等企业，集成开发具有自主知识产权的焊接、喷涂、码垛、装配、检测等机器人及柔性装配检测自动化生产线成套装备。

（2）机器人精密减速器。依托轴研科技、沃德福等企业，通过技术引进和自主开发，加快突破精密减速器设计加工技术、齿轮及传动装置设计加工技术、齿轮加工工艺及专用设备设计制造等技术"瓶颈"，推进精密减速器的产业化，降低工业机器人本体制造成本，提升工业机器人成本竞争力。

（3）控制系统。依托香港科技大学先进的运动控制技术，深化与深圳固高科技公司的合作，解决软硬件及功能模块的标准化、模块化与可换性问题，形成机器人控制系统设计加工能力。

2.2.2　智能装备及关键部件

（1）智能装备。依托中信重工、中冶重工、中色科技、双瑞科技、金诺机械等企业，以自动控制、信息传输和处理、远程监测、故障预警等物联网技术和智能技术，创新发展新一代矿山、冶金、建材、新材料制备、节能环保成套装备；依托一拖集团、国机重工、中收机械、南车洛阳机车公司、中集凌宇等企业，以机电液一体化、自动检测、远程监控、GPS 导航等智能技术，发展智能化农业机械、工程机械、养路机械、特种运输车辆等产品，提升产品的附加值。

（2）工业自动化控制系统。依托中重自动化、新思路电气、源创电气、智超机电等企业，加强与中科院北京自动化研究所、沈阳自动化研究所、哈工大、西安交大等研发机构和高校的合作，培育和引进一批智能产品设计、智能器件生产、软件开发、工业控制、嵌入式软件、传感器、变频器、物联网应用、芯片应用设计等一系列与自动化控制应用、生产、服务相关的企业，形成智能装备控制系统集成设计、集成电路设计和模块化功能部件生产能力。

（3）传感器。充分发挥 612 所、613 所、轴研科技、中航光电、凯迈测控等科研单位和企业基于航天科技领域的研发优势、技术优势和加工优势，与西北工业大学、重庆大学等高校合作开展新型敏感材料、器件及传感器设计和制造技术、传感器测量和数据处理技术等基础共性技术和关键核心技术的研究。在掌握中高端传感器关键核心技术的基础上，研究传感器的设计、制造、仿真和验证技术，开发工艺技术、专用制造装备、专用测试校验设备，自主研发一批高性能、高可靠性、高安全、低功耗、低成本的传感器，并努力实现规模化生产制造，形成较强的国际竞争力。

2.3　机器人核心零部件情报分析

工业机器人核心零部件包含高精度减速器，伺服电动机和驱动器，控制器，对整个工业机器人的性能指标起着关键作用，并具有通用性和模块化的单元构成。

我国工业机器人的关键部件依赖进口，尤其是在高精密减速器方面的差距尤为突出，制约了我国国产工业机器人产业的成熟及国际竞争力的形成，图3所示为我国50千克工业机器人成本分析；在工业机器人的诸多技术方面仍停留在仿制层面，创新能力不足，制约了工业机器人市场的快速发展；存在重视工业机器人的系统研发，但忽视关键技术突破，使得工业机器人的某些核心技术处于试验阶段，制约了我国机器人产业化进程。

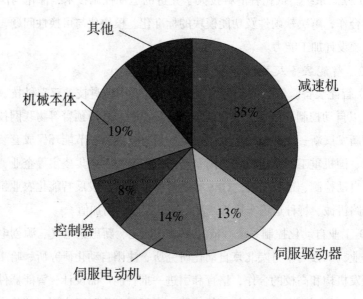

图3　我国50千克工业机器人成本分析

2.4　机器人的主机成本与可靠性情报分析

我国产业化应用的工业机器人，不仅要求成本价格合理，还需要具有良好的可靠性，其自动化、智能化的效率提高需要基于高可靠性的连续工作，包含的产业链长、投入大，需要长期发展才能在业内形成客户信赖的品牌。通过打通工业机器人产业链的上下游，降低机器人及成套设备的成本将加速拐点到来，支撑工业机器人市场井喷发展的必由之路，如图4所示。

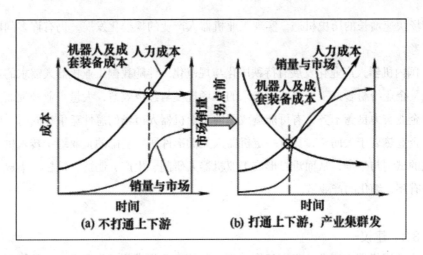

图 4　人力成本、工业机器人及成套装备成本与市场销量

工业机器人的可靠性涉及材料选择、优化设计、核心部件、加工制造、工艺处理、集成调试、使用维护等关键因素。据统计，目前国产机器人可靠性方面较容易出故障的方面包含高速转动的结构件精度、接口插件、频繁操作按钮开关、元器件故障等，制造故障包含虚焊、加工精度未达标等。机器人出现故障后，平均维修时间为 4 小时，则会损失 $4 \times 60/2 = 120$ 台车，因而，汽车生产线对工业机器人的高可靠性要求极高。

3　未来机器人产业化发展的关键技术创新点分析及建议

3.1　关键技术创新点分析

工业机器人企业应重视品牌效益的作用，实现工业机器人产品的价值体现，需要不断提高产品的可靠性使得用户对其信任放心；在技术创新方面，通过采用新材料提高工业机器人的负载与自重比，通过仿生灵巧手的创新应用提高工业机器人操作的灵巧性，通过自主导航技术的突破实现 AGV 工业机器人的自主导航，通过视觉误差补偿、新型结构创新降低精密制造成本，通过人机交互技术创新实现工业机器人的示教作业，攻克可变刚度柔性关节控制技术，提高工业机器人操作过程中的安全性；探索工业机器人的租赁、保险等创新服务，通过创新的商业模式进一步推动工业机器人的产业化推广。

工业机器人属于高端制造领域，需要以大规模、长时期的投入构建完整产业链。虽然我国高端装备制造业市场发展迅速，具有很大的发展潜力，我国的机器人已经进入产业化初期阶段，同时也取得多项令人鼓舞的成果，但如何抓住我国工业机器人市场快速增长的历史机遇，实现工业机器人产业的规模化发展，仍有许多问题值得思考。

国内机器人产业化发展有待秩序化与规范化。伴随我国工业机器人需求的迅猛增长，企业纷纷看好工业机器人未来的市场规模与经济效益，大量企业蜂拥而上，但是企业实力良莠不齐，有可能造成国内工业机器人市场的恶性竞争；同时，国内有些企业热衷于大而全，具有一定机器人关键部件研发基础的企业纷纷转入机器人整机的试制与生产，从而难以形成工业机器人研制、生产、制造、销售、集成、服务等有序、细化的产业链。

3.2　建议一

在我国机器人产业化发展战略方面，坚持工业规模化、服务嵌入化的原则，培育机器人产业发展，推动智能制造技术与装备发展的战略目标，突破机器人新材料、3D 环境识别、导航规划、灵巧操作等前沿技术，突破应用工艺、核心部件及可靠性集成平台等产业技术，大力发展经济型焊接、装配、搬运等工业机器人，大力发展智能嵌入服务于老人、医疗、安防、能源、车辆、教育等各种设备之中的服务机器人。树立国家科技价值观，对机器人知名品牌的信任和尊重，实现可持续的高附加值机器人产品研发，通过不断的技术创新实现工业机器人技术与产业的引领发展；发展有市场竞争力的龙头企业，扶持中小型企业与系统集成商，形成良性循环的完整产业链配套；保护战略产业与装备本土企业的市场空间，简单引资将失去宝贵市场机遇。

3.3　建议二

在国家计划与产业有效衔接实现协同创新驱动方面，建立高层次工业机器人技术研发与测试平台，加大对工业机器人核心零部件、核心关键技术研发的支持力度；建立机器人标准化、模块化等共享技术公共服务平台，推进成熟技术的产业化进程；发展工业机器人产业集群，支持工业机器人产业基地和技术组群的建设，接纳全球机器人产业链龙头企业的产业转移，提升我国工业机器人产业的整体品牌效应。优化创新人才成长环境，重点培养一批高水平的研发队伍，加快培养一批精业务、懂管理、具备市场眼光和全球视野的管理人才。优先研究和制定具有自主知识产权的工业机器人基础标准和安全标准体系，鼓励企业和科研院所参与国际标准的制订，为推进机器人产品走向市场奠定基础。

4　结语

我国工业机器人正在逐步走向产业化，具有良好的时代发展机遇，受到了投资商越来越多的关注，部分国家和地区在进行产业园或示范区的试点应用；技术创新与原始创新，依然是机器人突破性的发展关键要素，抓住机遇，理性发展；应遵循上游决定下游，应用考核主机，主机带动部件，试验研发的策略，促进我国工业机器人技术与产业化的快速发展。

参考文献：

[1] 田雷雷.基于技术性贸易壁垒的竞争情报系统评价研究 [D].太原：山西财经大学，2010 年.

[2] 涂小强.基于不同阶段企业战略的竞争情报系统构建研究 [D].赣州：赣南师范学院，2012 年.

[3] 洪哲君.政府竞争情报系统的构建及运行 [D].舟山：浙江海洋学院，2012 年.

[4] 张恒.超竞争环境下中小企业竞争情报系统构建研究 [D].哈尔滨：黑龙江大学，2012 年.

[5] 李瑾.网络环境下政府竞争情报系统构建 [D].昆明：云南大学，2012 年.

第五部分

大数据与媒资管理

用"互联网思维"拓展媒资产业

——媒体内容资源社会化应用探析

蒋春柳（上海音像资料馆、SMG 版权资产中心，上海 200000）

摘　要：互联网来势汹汹，不仅推动了互联网企业发展，更推动传统企业包括传统媒体的升级换代。广电媒体战略转型要求媒体内容资产进行市场化开发，成为新的利润增长点。其中用"互联网思维"来思考媒体内容资源开发模式，以用户需求为引导，定制更新迭代的产品，尝试建立以大数据为支撑的提供信息、产品和服务的文化创意平台，应是媒资产业化的可行之路。

关键词：互联网思维；用户思维；产品思维；平台思维；大数据思维；媒资产业

互联网、手机等新兴媒体正借助强大的技术优势蚕食着传统媒体固有的领地，它们席卷而来，霸气十足，传统媒体则应对挑战，顺势而为，探足互联网，跨界运营媒体平台，报业如此，广电媒体更是如此。这样的努力在几年前都还只是未雨绸缪的个案探索，现如今已经成为大势所趋的潮流现象；这背后，有战略转型的部署，有困境突围的抉择，也有与时俱进的跟从。广电媒资内容的社会化开发，正是顺应广电媒体战略转型的趋势，从为"播出服务"转移到"为市场服务"。媒体内容资源的社会化应用产业化开发，正是转变增长模式的有益探索，也是基于内容资源优势做出的必然选择。其中用"互联网思维"来开发内容资源，以用户需求为引导，定制更新迭代的产品，建立以大数据为支撑的提供信息、产品和服务的文化创意平台，应是媒资产业化的可行之路。

1　什么是"互联网思维"

"互联网思维"在最近一年里十分盛行，除了互联网企业，不少传统企业都宣传自身是在用"互联网思维"做企业卖产品。但究竟什么是"互联网思维"至今仍无人对此下完整定义。有人认为互联网思维是"在互联网对生活和生意影响力不断增加的大背景下，企业对用户、产品、营销和创新，乃至整个价值链和生态系统重新审视的思维方式"。[1] 相类似的表述还有"在互联网、大数据、云计算等科技不断发展的背景下，对市场、对用户、对产品、对企业价值链乃至对整个商业生态的进行重新审视的思考方式"。[2] 不管是哪一种定义，当谈论互联网思维时，我们实则谈的是来自互联网业（或数字时代）的范式转变。互联网思维是相对工业思维来谈的，工业思维是工业时代的思维逻辑，这种工业思维的逻辑促成了工业时代的辉煌。工业时代的标准思维模式是：大规模生产、大规模销售和大规模传播，但是在互联网时代，这三个基础被解构了，大而全的规模经济被"小而美"的定制经济排挤，垄断渠道被公开平台取代，而自媒体的出现更彻底颠覆了媒体单向度、宣贯式的传播模式。这三个基础被解构以后，生产者和消费者的权力发生了转变，消费者主权的形成标志人类社会从"工业时代"步入了"消费时代"。在这个时代里，用户是上帝，企业必须从各类数据中洞悉用户瞬息万变的需求，设计出满足用户某一需求的产品和服务，利用种种平台或社交工具，勾得用户注意力，并需不断推陈出新产品和服务留住用户，方能在激烈的市场竞争中占有一席之地。

综上所述，有人把"互联网思维"提炼成以下几个关键词：用户思维、简约思维、极致思维、迭代思维、流量思维、社会化思维、大数据思维、平台思维、跨界思维[3]。说到底，企业拥抱"互联网思维"必然需要从业务规划、产品设计、营销模式、组织架构，甚至思维方式、行为习惯种种方面来重塑企业业务链和价值链。互联网企业如是，传统企业亦如是。

2　如何用"互联网思维"发展媒资产业

从"小米"到"微信"到"余额宝"，每一个横空出世令人惊艳的产品，其背后都能找得到"互联网思维"的特征。同理，如果把媒体内容资源开发作为广电媒体新增利润点来运作，同样可以参考"互联网思维"。笔者认为，可以从以下几方面来思考媒资产业的未来增长点。

2.1　从受众到用户，重视"用户思维"

长久以来，传统媒体思维习惯单向传播，漠视受众需求，生产出的内容是不是消费者所需要的、感兴趣的均不得而知。而互联网的"用户思维"却要"倒逼"传统媒体在采编环节和产品开发设计上，必须以用户需求为先导，变不知为知之，变单向为互动，变经验判断为让数据说话，变过去以"我"判断为主为"反客为主"。

媒资内容的开发也必然得顺应这一趋势，脚踏实地进行市场调研，寻找潜在客户以及潜在客户的需求点。这一点已有媒资运营机构开始尝试。SMG 版权资产中心（原名 SMG 媒体内容资产中心）自2013年对媒体内容资产市场化运作进行了探索。他们发现除去普通企事业对宣传片有一定需求外，还有一类特定用户对音视频很有需求，那就是学校教师。现在的教育都提倡运用多媒体手段，无论是大学讲师还是小学老师，都需要与其课件相贴合的音视频素材。SMG 版权资产中心发现客户后，深入沟通，针对不同需求提供不同服务和产品。针对教师授课需求素材这一需求，SMG 版权资产中心提供资料检索下载服务，帮助用户利用媒资平台快速找到适合的音视频，嵌入教育课件中；针对课件更新要快速的需求，SMG 版权资产中心成立项目组，根据不同知识领域划分小组，进行一对一服务；针对授课侧重点不同，项目组开发定制教学案例，配合教学目的。这些服务和产品得到用户很高的赞赏。简而言之，发展"用户思维"要根据目标用户的实际需求提供个性化的定制产品和服务，学会从用户的角度去感受自身的产品和服务，从中发现问题与不足并及时加以改进。可以说，在互联网时代，"用户思维"是最重要的，只有牢牢抓住了用户，不断完善用户体验，增加用户忠诚度，把用户变成"粉丝"，才能出奇制胜。

2.2　从内容到产品，发展"产品思维"

互联网创业成功的人绝大部分都是产品经理出身，他们最了解客户需求，最清楚该兜售什么样的产品给客户。对媒资行业来说也如此。作为广电行业，拥有几十年来积累下来的内容，如果不梳理、不加工，仅仅告诉别人我们这里有很多内容，根本无法吸引用户，也产生不了效益。所以，找到用户之后，拿什么来打动用户，这就要运用"产品思维"了。根据用户的需求，来量身定制属于他的个性化产品，只有这样，海量内容才能真正成为产品进行营销，带来市场效应。

"定制"（bespoke）一词起源于英国的萨维尔街。萨维尔街（Savile Row）因传统的定制男士服装行业（bespoke tailoring）而闻名。定制就是为个别用户"量体裁衣"。进入工业化社会后，"定制"经济一度消失，工业化生产为企业带来空前的繁荣，却扼杀了人类作为消费主体的根本宗旨。但是进入20世纪70年代后，"大规模定制"这个概念被提了出来。1970 年，美国未来学家阿尔文·托夫勒（Alvin Toffler）在 *Future Shock* 一书中提到相关设想：以类似标准化和大规模生产，向客户提供特定需求的产品和服务。斯坦利·戴维斯（Stanley Davis）在 *Future Perfect*（1987）中首次使用 "*mass customization*"（大规模定制）一词[4]，将大规模生产和定制联系起来。随后，定制经济又开始繁荣。

　　作为媒资内容再度开发加工，十分适用 "产品定制" 这一模式。广电传播聚焦的是罗普大众口味，追求主流收视人群。然而互联网的出现，充分消融了集权和统一，共享平台的建立打破渠道垄断和信息不对称，用户个性化需求逐渐满足，点播、豆瓣电台的出现都基于此趋势。媒资内容的再开发，完全可以做到更个性化，更量身定制。例如，为单位客户发掘其有价值的新闻片段、老板访谈、创业故事等等历史音像素材，结合新的电视手段，制作成的企业形象片、专题片将明显区别其他制作机构的产品，极具市场竞争力。再如，为健康行业中的美容院、SPA 馆、按摩店等，汇聚专门的健康养身素材，重新包装定制成养身类视频如 "瑜伽入门" "夏季养生" 等系列，在其门店播放，或通过客户端推送，可以帮助店家积聚人气定向营销。

　　此类定制产品的基础是大规模的媒资系统的建立和多年数字化音视频素材积累，这是相对较高的市场门槛，除了广电传媒企业，尚无别的企业可以承担，因而这是媒资产业得以发展的先天优势。广电传媒本身具备的制作技术以及制作人员又可进一步降低成本，提高定制产品的利润率。

2.3　从媒体到平台，树立 "平台思维"

　　很长一段时间内，传统媒体办网站，都是把网站作为传统媒体的延伸来看，"新媒体" 的叫法即体现了此思路，而事实上，目前互联网企业中的 "巨鳄" 却都是平台运营商，平台模式最有可能成就产业巨头。全球最大的 100 家企业里，有 60 家企业的主要收入来自平台商业模式，包括苹果、谷歌等。中国的互联网三大巨头腾讯系、阿里系、百度系，都是依靠平台起家，进而兼并收购迅速壮大。他们现在的触角都伸进媒体行业，阿里入股优酷，百度收购爱奇艺，腾讯发展微视，强势平台来势汹汹。传统媒体如果再以 "媒体思路" 来应对，其境危矣。

　　媒体和平台区别在哪里？做媒体，是传播者，讲的是态度立场，业务开展上是任务导向；做平台，是整合者，讲的是服务意识，业务开展上是用户导向。一个是受众至上，一个是用户为中心；做媒体讲求树一家之言，做平台讲求纳百家之论；做媒体是单向传播，而平台是互动信息。互联网根本上是一个集纳并实现丰富应用的大平台，提供应用服务是平台的存在价值。互联网的平台思维就是开放、共享、共赢的思维。广电传媒转型，必然要撇开媒体思维而树立平台思维。

具体到媒资行业，可以尝试建立一个媒资产品和服务垂直平台。SMG 版权资产提出"企业媒体顾问"这一构想，希望利用已有的媒资系统，开辟为专为企事业服务的媒资平台。这平台既可以为企事业提供资料委托管理服务，为其现有资料进行数字化归档及托管；也可以根据企业需求，长期跟踪企业新增资料，建立一份包括音视频、照片、图片、文件等内容的企业档案，全面记录企业发展历史、协助进行企业文化建设。此平台上还能升级，出提供媒资托管服务外，还提供创意策划、脚本创作、资料编辑、后期包装、广告投放、渠道推广等多种产品和服务。未来在这一平台上，不全是 SMG 提供的产品与服务，也可吸纳其他社会制作机构。企业可在此平台上挑选供应商，而广告、公关、制作公司等亦可在此平台上展示自己，等待客户。这将是一个类似携程、大众点评网的行业垂直搜索平台，聚焦的是广告、公关、展览、品牌等文化创意领域的产品和服务。目前市场上尚无类似平台出现，完全是个创新项目可以尝试。

2.4　从被动到主动，重视"大数据思维"

不少传统媒体都号称要转型，从纯内容制作者，变为"综合信息服务商"。如果想要成功转型，就必须加深了解现今互联网用户的信息消费行为，他们如何查找、阅读新闻信息，他们喜欢阅读哪些信息，不喜欢阅读哪些信息，为什么放弃阅读等问题，这些都需要通过用户研究来回答。数据挖掘是深入了解用户的又一利器。维克托·尔耶·舍恩伯格在《大数据时代：生活、工作与思维的大变革》中明确指出，大数据时代最大的转变就是，放弃对因果关系的渴求，而取而代之关注相关关系。也就是说只要知道"是什么"，而不需要知道"为什么"。[5] 这颠覆了千百年来人类的思维惯例，对人类的认知和与世界交流的方式提出了全新的挑战。

对于媒资产业来说，媒资系统所采用的编目、存储、调用技术本身就是先进数据技术，运用大数据思维就是进一步汇聚后台用户使用数据，对用户数量、搜索量、编辑数量、调用量等数据进行分析，可以更好地判断出哪些内容更受编辑记者偏爱，提升内容挖掘的精准度。更进一步，对已生产的媒资产品进行数据跟踪，如在社交网络上发布的微视频，可对页面访问量、用户点击分布、微博言论的语义倾向、转发评论等大数据分析，进而了解观看人群的行为偏好、潜在需求等，为小众化的媒资产品定制提供理论支撑。如此研发出的产品和服务更容易量化风险和投资回报。

3 结语

综上所述，涵盖了网络新技术、新方法、新思路的"互联网思维"对各个行业带来了巨大冲击，也为媒资行业的发展带来巨大想象空间。媒资产业要充分发挥广电媒体传统的资源优势，运用互联网思维，针对用户需求，开发多种媒资产品和服务，尝试建立以大数据为核心，以跨界融合、产品联姻为基础的"文化创意平台"。如此，媒资产业也许将迎接一波跨越式发展，探索出一种全新的媒体商业发展模式，成为广电媒体未来可期的利润增长点。

参考文献：

[1] 陈雪频：《什么是互联网思维》，腾讯大家，2014.1，http://dajia.qq.com/blog/365435133728563。

[2] 杨吉：《卖烧饼也需要"互联网思维"》，广州日报，2014-7-17。

[3] 赵大伟：《互联网思维"独孤九剑"》，北京：机械工业出版社，2014。

[4]B 约瑟夫·派恩：《大规模定制：新的竞争前沿》，北京：中国人民大学出版社，2000。

[5][英] 维克托·迈尔－舍恩伯格、[英] 肯尼思·库克耶：《大数据时代：生活、工作与思维的大变革》，盛杨燕、周涛译，杭州：浙江人民出版社，2013。

应运而生 应时而变

——浅谈微信时代的 SMG 媒资建设与发展

丁 悦（SMG 媒资管理中心，上海 200000）

摘 要： 随着互联网与信息技术的革新和智能终端设备的普及，移动互联网成为了我们生活中不可缺少的一部分。在新一轮信息革命浪潮中异军突起的微信，不仅改变了几亿使用者信息沟通的习惯，同时也提供了一个全新的营销平台和数据交换平台，这对于媒资管理部门来说，无疑是一次发展机遇。本文以 SMG 媒资管理中心试水微信平台为例，论及微信在媒资管理和服务中的应用与未来发展。

关键词： 微信；公众平台；媒资网；媒资服务

近年来，随着互联网与信息技术的日夜革新和智能终端设备的大量普及，移动互联网成为了我们生活中不可缺少的一部分。如同淘宝重置了传统零售业格局、余额宝开创了金融业崭新的行销模式……移动互联网以一种势不可当的姿态席卷了各行各业。如何把握好移动互联网蓬勃发展的时机，顺势助力于媒资建设与发展，成为媒资管理部门必须思考的议题。

2011 年 1 月 21 日，腾讯公司推出一个为智能终端提供即时通讯服务的免费应用程序——微信，截至 2013 年 11 月，微信的注册用户量突破 6 亿大关，成为亚洲地区拥有最大用户群体的移动即时通讯软件。在新一轮信息革命浪潮中异军突起的微信，不仅改变了几亿使用者信息沟通的习惯，同时也提供了一个全新的营销平台和数据交换平台，这对于媒资管理部门来说，无疑是一次发展机遇。本文以 SMG 媒资管理中心试水微信平台为例，谈一谈微信在媒资管理和服务中的应用与实践成果。

1　认识微信和微信公众平台

1.1　什么是微信

微信是由腾讯公司开发和推出的一款免费手机通信软件，它能够让人们更方便地和自己的亲友、伙伴建立联系。通过微信，人们只需要接入手机网络，就能够轻松地跨越运营商和系统平台，发送文字、表情、图片、语音甚至视频，进行单人或多人的即时交流。2011 年年初，微信作为一款全新的手机即时通讯软件闯入人们的视野，当时或许很少有人会想到，这位"企鹅家族"的新成员会以令人难以置信的速度蹿红，仅用了 433 天微信用户就突破一个亿，一跃成为手机即时通讯类软件的领跑者之一，微信时代就此拉开序幕！

1.2　微信何以成功

向外界谈及微信的制胜法宝时，微信团队用了"时机＋人性化设计"作为回答。诚然，微信的成功是天时、地利、人和的产物。抢在国内移动互联网起步之时，背靠腾讯旗下 QQ 的强大关系链，在诞生伊始，微信就占尽先机。而之后的每一次重大更新和服务内容的不断丰富、优化，也是顺应了移动互联网的走向和用户的需求，例如融合了二维码技术的扫一扫功能，不仅增加了微信用户添加好友的途径，同时也搭建起了微信在 PC、平板、手机等多种终端之间的桥梁。如今，微信已发展成集通信、社交、营销、媒体、工具、娱乐等多功能于一体的平台化产品。

相较于也曾在互联网界掀起惊涛骇浪的新浪微博，微信虽然也具有相似的自媒体属性，但两者之间还是有本质区别的。不同于重媒体传播功能而轻用户关系的微博，微信是一个以用户社交关系为核心的平台，它最出色的地方在于极大地降低了用户的社交成本。而正是这一特点让包括媒资管理在内的许多行业看到了微信平台在市场营销、品牌塑造和信息聚合方面的价值，如果能够搭上微信这班顺风船，对于媒资建设与发展来说必是益处良多。

1.3　微信公众平台的搭建

2012 年 8 月以"再小的个体，也有自己的品牌"为口号的微信公众平台服务正式推出，这意味着企业用户在微信上有了更独立、更专业的平台来进行营销活动和用户服务。微信公众平台账号分为两种，一种是以为企业和组提供强大服务能力、增强用户管理能力为主的服务号；另一种是以提供全新信息传播方式，便于企业与受众之间保持良好沟通的订阅号。

一经推出，微信公众平台便大受欢迎，经过一段时间的探索，也涌现出一批成功案例，如推送优质新闻内容的"央视新闻"订阅号；以发掘和推荐上海吃喝玩乐好去处的"周末做啥"订阅号；以提供乘客查询、值机等便民服务为核心的"南方航空"服务号……可见，不同组织和个人使用微信公众平台的侧重点是大相径庭的，结合优秀微信公众账号的成功经验和 SMG 媒资管理中心的自身特点，SMG 媒资网团队创建了"媒资网"订阅号（见图1），开始了登录微信平台之后的媒资管理之路。

图 1　媒资网微信号

2　"媒资网"微信账号的现状

"媒资网"订阅号创建于 2014 年 3 月，依托于 SMG 庞大的媒体资产内容和媒资网独特的词条聚合形式，以每周 2～3 个主题、5 篇文章的频率发送图文信息。截至 2014 年 6 月 13 日，已发送图文信息 60 余条，涉及民生、体育、娱乐、历史、美食等多个领域，是以媒资人独特的视角来展示媒资内容的全新尝试。

经过几个月的磨合与摸索，"媒资网"微信号的运营也逐步走向了规范化和流程化，现阶段采取一套与 SMG 内部媒资网紧密相联的工作流程。遵循"内容为王"的宗旨，"媒资网"微信号在推送主题的选择和内容的编撰上都颇为用心，首先是与时事热点相结合，并考虑媒资库中的库存丰富程度及资料珍贵程度，再结合以下三个角度来完成推送主题的选择。

2.1　唤起回忆与共鸣

共鸣策略是通过建立诉求对象的移情联想从而营造积极的情绪情感，赋予品牌象征意义并获得良好广告效果的广告策略，而这一策略也同样适用于微信时代的媒资管理。很显然，我们所拥有的媒资内容都是"已经发生的"素材，这些内容中有很多能够重现媒体受众的记忆和生活体验，唤起人们的广泛共鸣。这些能引起共鸣的内容通过微信平台的传播和放大，可以让关注者和 SMG 媒资网从情感上联系在一起，进一步促使受众能够转发分享。在已推送的系列中，"老行当""国货的前世今生""那时花开"（见图 2）等都属于此范畴，而这些系列的内容也以老资料为主体，体现了 SMG 媒资管理中心在珍贵老素材方面的库存实力。

"老行当系列：老裁缝"　　"国货的前世今生：穿""那时花开——民国传奇女子"

图 2　图文消息截图

2.2　特色盘点，自发引起话题

作为媒资管理从业者，每天接触数量惊人的媒资内容和数据信息，筛选整理是必备能力。而这种能力也有利于我们围绕某一话题进行盘点和梳理。在"媒资网"微信号推出的内容中，也有一大部分特色盘点的内容，如迎合阳春三月这一时节，推出"春天在哪里之花开在眼前"盘点春花品种与赏花地；又如在迎接世界杯之际，推送"世界杯十大帅哥"的文章，并获得了喜人的阅读量。

2.3　有趣味的科普知识

泛科技主题网站"果壳网"的成功让我们了解到，互联网用户对于科普性信息的需求也是非常庞大的。从这一点出发，"媒资网"微信号每

图 3　"涨姿势环节"截图

期的内容中都会保留一个特色板块"涨姿势环节"（见图 3），在这里会了解到菠菜名字的由来、F1 旗语解读等趣味盎然的小知识。这部分具有一定乐趣的科普信息，也一定程度上能够吸引关注并对传播起到促进作用。

3 微信为 SMG 媒资建设带来了什么

3.1 以微信庞大的用户群为基础，打响 SMG 媒资网品牌

在 CNNIC 发布的《第 33 次中国互联网络发展状况统计报告》中指出，截至 2013 年 12 月，我国网民规模达 6.18 亿，其中手机网民规模达到 5 亿，手机网民占全部网民的比例从 2012 年年底的 74.5% 提升至 81.0%，并且持续增长。由此可见，微信平台不仅拥有广泛的群众基础，且用户群数量的增长也有着稳定保障，这对于当今媒资管理和媒资品牌推广是必不可少的条件。在媒资服务走向社会化的今天，能够通过微信平台主动地将 SMG 的优秀媒体资源展示在众人面前，不仅打响了 SMG 媒资品牌的知名度，同时也为开拓媒资服务市场打下坚实基础。

3.2 通过高质量的群发消息，巩固受众对媒资网的忠诚度

保持适当频度的讯息推送，且拥有精心挑选的主题和认真编写的内容，让已经关注了"媒资网"订阅号的人们可以保持新鲜感，从而让 SMG 媒资网的品牌在受众之间产生黏性，巩固其对媒资网的忠诚度。另外，跨领域的内容推送、独树一帜的盘点解读，及对于 SMG 媒资内容潜移默化的营销推广（每篇推送内容中的配图，大部分来源于媒资网视频截图），让 SMG 媒资网树立营造了一个集专业权威和风趣幽默于一体的品牌印象。

3.3 通过推送信息的反馈数据，及时优化媒资服务

微信公众平台不但有强大的信息推送功能，后台也拥有详细的数据分析和素材整理功能。在建立"媒资网"微信号后，充分利用推送信息后得到的反馈数据，媒资管理团队便能通过信息传递有效性、转发量等重要数据，第一时间调整媒资服务的着力点，把握大众的兴趣方向。这都有助于现有媒资产品的优化，并对未来的媒资产品开发起到借鉴作用。

3.4 编写微信内容，对媒资进行再创作

通过微信这一创新的沟通方式，我们不仅能够快速了解受众，降低沟通成本，

同时也在运营微信号的过程中，磨砺了自己对于媒资大数据的把控能力。编写微信内容的过程，分为前期调研、策划、收集、筛选、整合，其微信推送的内容结合了SMG 媒资库本身的素材，实质上也是对媒体资产的再创作，符合了当今媒资管理的发展方向。这种再创作，正是对在库媒体资产的可持续利用，无论从为 SMG 内部服务的角度出发，还是从媒资管理走向市场化、产业化、社会化的角度出发，这些推送文章所提供的独特视角，一定程度上有利于电视台各频道节目的制作和媒资产品的不断创新。

4　SMG 媒资微信运营的未来发展

随着 Web2.0 时代的全面到来，开放、分享、交互成为了互联网世界的关键词，而微信平台正是全面诠释着 Web2.0 核心意义的免费共享平台。因此可见，现阶段SMG "媒资网" 微信号的运营还存在着很多改良空间，它仍处于单向推送信息的Web1.0 阶段，接下来我们需要充分运用微信这一优秀平台的各种功能，实现 SMG媒资管理中心和关注者之间的良性互动。

4.1　在线咨询，即时解决用户在使用媒资服务时遇到的问题

在关注 "媒资网" 的用户群体中，有相当数量的用户对媒资网有使用需求或对媒资管理中心所提供的其他服务有意向的，这就使得 "媒资网" 微信号未来能够担负起在线咨询的职责。得益于微信公众平台功能的多样性，在线咨询的形式也可以是多种多样的：预设回复的关键词，自动弹出相应的回复，解决一些普遍的问题；设定人工在线时间，在每天的某一时间段集中回复用户咨询，这段时间主要解决一些不常见或比较发杂的疑难杂症；运用群发消息功能，定期发布一段时间内集中反映的问题，利用多媒体形式让用户能够更快捷地理解掌握。

4.2　检索查询，和媒资网数据库相连，优化用户体验

每天，SMG 媒资网都承担了大量编导、媒资管理人员等的数据检索工作。微信平台的运用，如果能够与现在的媒资网数据库相连，让用户实现随时随地搜索素材，想必一定可以让 SMG 媒资数据库的使用变得更加便利，使用户体验得到进一步提升。这也将让 "媒资网" 微信号突破单一的发布信息的印象，成为 SMG 媒资服务中的重要工具。

4.3 预约功能，助力定制型媒资服务

媒体资产内容的管理处于从"保管"到"经营"再到"开发"的转变，为了适应这场媒资变革，定制型媒资服务发展起来。比较成功的案例是 SMG 媒资中心工作人员作为资料导演参与了多部上海电视台大型纪录片的创作，另外还有为中国浦东干部学院提供的定制化视频课件的制作。为了更好地开展这些定制化服务，我们可以利用微信公众平台打造预约功能，让用户的定制需求即时传达到媒资管理部门，并有助于与保持用户的联系及之后服务工作的跟进。

4.4 线上活动，用更加灵活的方式和关注者产生互动

微信公众平台搭建起了媒资管理部门和用户之间沟通的桥梁，同时也自然而然地构建了一个以媒体资产为中心的"朋友圈"。我们可以借助微信平台，开展一些线上活动，例如视频征集、学术分享等，让用户也成为媒资数据库的资料生产者，鼓励用户也加入到媒资建设和发展中。

5 总结

通过创建和运营"媒资网"微信号，我们感受到微信时代下的媒资建设与发展也是机遇与挑战并存的。机遇在于媒资团队可以花费更小的成本增进和用户之间的联系，推进媒资管理革新同时打造自己的媒资品牌。但挑战也很明显，我们将面对更复杂的市场环境，更多的竞争和更加严格的服务要求。

运用微信平台这类新兴通信平台，是 SMG 媒资建设的必由之路，"媒资网"应运而生。而实现媒资管理的可持续发展，则需要媒资管理人员在技术、渠道、服务形式等多方面推陈出新，应时而变才有无限可能！

参考文献：

[1] 李蕾，高海珍. 微信：3 亿用户的背后——本刊专访微信团队 [J]. 新闻与写作，2013（04）.

[2] 赵敬，李贝. 微信公众平台发展现状初探 [J]. 新闻实践，2013（08）.

[3]CNNIC. 第 33 次中国互联网络发展状况统计报告 [J]. 中国互联网信息中心，2014.

[4] 叶丹. 在颠覆传统中创新未来——谈媒体内容管理的发展方向 [C]. 中国新闻技术工作者联合会 2008 年学术年会论文集（下），2008.

顺势而为　因势而动

——论新媒体环境中媒体内容资产发布平台的建设与发展

贺　倩（上海文化广播影视集团有限公司版权资产中心，上海200000）

摘　要：传统电视媒体在认识和汲取了新媒体渠道优势后，建立起了专属的互联网播出平台。该举措对媒体内容资产发布平台有着启示作用：新媒体的功能优势越发显著，媒体的版权意识逐渐提升，电视节目制作对节目资料依赖性增强，这些都促进着平台的建设与发展。顺势而为，因势而动，由此本文通过三方面着重阐述：什么"势"——新媒体环境中电视节目制作对媒资依赖性逐渐增强；如何"为"——根据实际情况，如何保持自身优势与借鉴新媒体优势；如何"动"——对平台的改革提出了三点设想。

关键词：媒资；节目资料；电视媒体；互联网视频；版权管理

1　前言

传统电视媒体涉足新媒体领域，建立起互联网专属播出平台，这一举措解决了两个问题：一是创建了传统媒体自制节目的互联网专属播出渠道；二是维护了自制节目的互联网播出版权。由此播出渠道竞争再次转变为了节目内容竞争。这些对媒体内容资产发布平台（以下简称"媒资平台"）建设与发展都有着启示作用。节目资料在电视节目制作中的重要性、新媒体的优势功能、媒体的版权意识等逐渐提升。顺势而为，因势而动。媒资平台建设更应该为此虚心借鉴、完善其身、与时俱进。

2　进可融合 退可独播——电视媒体建立互联网专属播出平台与版权意识增强

新媒体优于传统媒体最显著之处便是播出渠道的优势，从"内容为王"的争论转化为"渠道为王",以至后来的终端大战。传统媒体认识并汲取了这种"渠道"优势,逐渐停止向互联网分销节目版权。就目前实例来看,传统电视媒体或建立专属播出渠道,与互联网视频播出平台融合资源;或自主打造新媒体平台,维护自制节目的版权。这两种模式都是为了创建独一无二的互联网播出渠道,并且又将传媒界关注点拉回到了传统媒体制作的电视节目内容上来。这样的发展态势对节目资料的"宝库"——媒资平台的建设与发展有着启迪作用。

2.1　台网融合 联动优势资源
实例:SMG 注资风行网实现控股

SMG(Shanghai Media Group,即"上海文化广播影视集团有限公司",原称"上海东方传媒集团有限公司",为上海广播电视台出资成立的台属、台控、台管的企业集团公司)旗下子公司百视通与网络视频公司风行网自 2009 年起开始谈判,共同探讨"台网融合"的合作模式。

2012 年 3 月 26 日,双方结成深度战略合作,通过联合策划、联合制播、联合推广、联网营销、联合采购五大联合,共同打造一个全媒体电视帝国。

2013 年 8 月 15 日,SMG 百视通再次以 3.07 亿人民币注资风行网实现控股,并将 SMG 百视通下属的东方宽频、上海欢腾宽频 100% 股权按照流程转让给风行网,标志着 SMG 与风行网"台网融合"战略的全面展开。

一个是具有权威性的传统电视媒体,拥有丰富的节目资源;另一个是具有互联网经验的视频网站,拥有成熟的传播渠道。联动双方优势资源,构建"台网融合"模式,可谓电视台作为传统媒体涉足新媒体领域的典范。

2.2　一家独播 维护自主版权
实例:湖南卫视"芒果 TV"垄断《花儿与少年》互联网视频播出平台

"芒果 TV"是湖南广播电视台、湖南卫视旗下唯一的互联网视频平台,提供湖南卫视所有电视栏目高清视频直播点播服务。目前正在湖南卫视热播的《花儿与少年》在网络上就只有"芒果 TV"一家独播。

作为传统媒体的湖南电视台对自制节目的版权维护意识非常强烈,互联网版权一律不分销,均在自己打造的互联网视频平台上播出。竭力培养自己新媒体平台的同时,也保护了节目版权,创造出了自己的"独家"和"内容高地"。

然而"芒果 TV"新媒体平台相比其他经验丰富的互联网视频网站,新媒体技术是否过关?节目资源是否丰富?这些都还需要时间去磨炼。但是将来电视节目在网上独家播出的现象已是大势所趋。

2.3　对媒资平台的启示

"台网融合"与"一家独播"两种模式都是传统电视媒体制作的节目通过专属互联网视频播出平台进行播放，摒弃原先的节目分销模式，隔绝其他互联网视频竞争播放，创建"内容高地"，同时也保护自制节目的知识产权。然而这样的"内容高地"对节目质量要求更高，没有优质节目就没有网络点击量，那么专属培养的互联网视频播出平台也成长不起来。

因此，从电视媒体涉足互联网视频领域的实例中，对媒资平台建设无疑是起到了启迪和借鉴作用，做到"顺势而为，因势而动"，总结有三点：一是协助节目制作者共同打造内容高地，二是加强版权信息管理，三是创新功能建设。

3　顺势而为 因势而动——媒资平台顺应电视节目制作与新媒体环境变化

融合互联网资源，构建专属播出渠道，传统电视媒体涉足新媒体互联网视频领域后，又将传媒界的关注点拉回到了电视节目本身的内容制作上来。媒资平台是为电视节目制作而服务的，主要是对节目资料进行采集、存储、整合、发布、检索、回调等功能。

如今，媒资平台容量逐渐扩大，面对大数据时代，媒资管理也面临着前所未有的挑战。首先便是节目制作对媒资的依赖性增强，如何有效整合资源成为平台建设的课题之一；其次在新媒体大环境的影响之下，同样是以网络技术与数字媒体技术支撑的媒资平台需要寻求突破点。由此，媒资平台一方面要与节目制作保持紧密联系，另一方面还要顺应新媒体发展而完善平台建设。

3.1　什么"势"？——新媒体环境中电视节目制作对媒资依赖性增强

在新媒体环境的影响下，多家传统电视媒体拥有了各自专属的播出平台后，其节目内容竞争变得更加激烈。"内容为王"的理念变得更加重要，各家传统电视媒体都在搭建自己的"内容高地"。

3.1.1　媒资平台现状

随着电视台数字化项目建设与发展，节目资料一般由三种路径进入媒资平台：第一种由实体带转存为数字化形式上载进入媒资平台。

第二种通过制播系统推送至媒资平台。

第三种节目制作人员所提供的暂存于硬盘内的电子化视音频资料导入媒资平台。

其中，第一种适用于未启动数字化项目之前以实体带为载体的节目资料；第二种适用于生产媒资，每日更新维护媒资平台的节目资料数据；第三种根据节目制作者需求进行媒资保存。

媒资平台的主要功能是采集、存储、整合、发布、检索、回调节目资料。在容量巨大的媒资平台中，对节目资料进行有效整合这一功能显得格外重要，可以说是对资源的梳理和增值过程。由此媒资平台设立了多项辅助功能，例如：

百科词条，将所有与某一人物、事件、话题等相关资料或扩展资料（包括媒资平台以外网站的资料）以文字、图片和节目视音频链接的组合形式呈现在媒资网页上。

主题资料包，将媒资平台中与某一主题相关的节目视音频资料归总在同一个主题包内。

创意视频剪辑，将两条或两条以上视音频资料进行剪辑，有着制作简单资料汇编的功能。

这些都为节目制作提供方便查询和回调下载的资料服务。珍贵的节目资料与整合资料还可以作为内容产品进行销售，由此获取经济效益。

3.1.2 节目资料运用

电视节目的质量包括内容质量和制作质量。内容质量涉及节目的题材策划，制作质量涉及画面质量、拍摄技术、资料运用等等。节目制作质量的优劣会影响到节目内容的表达，尤其是资料运用方面。节目资料起着辅助作用，支撑着节目的运行，有时会有画龙点睛的功效。由此，节目制作对媒资依赖性也逐日增强，拥有着庞大节目资料数据的媒资平台理应为节目制作服务。

如今，节目资料在节目制作中运用率逐步提升，节目制作者对媒资的信任度也进一步加强。以上海广播电视台东方卫视播出的《娱乐星天地》节目为例，资讯类节目中所用资料画面占成片平均比例高达35%以上，而其中从媒资平台回调下载的节目资料达50%以上。

3.2 如何"为"？——保持媒资平台优势与借鉴新媒体

媒资平台其实有很多方面与互联网视频播出平台有着相似之处：同样是以网络技术、数字媒体技术支撑起的平台；同样是以视音频的影像产品形式呈现给用户；同样以每日节目播出进度而更新维护内容。

如今，社会各行各业都提倡互联网思维，新媒体的运营模式更能被大众所接受。

因此推广媒资平台，对内使其更好地为电视节目内容制作提供资料服务，对外开展媒资产品研发，发挥其潜在的经济效益。保持媒资平台的优势，并且汲取互联网视频播出平台的优势，才能在大数据浪潮中有所作"为"。

3.2.1　保持媒资平台优势

与互联网视频平台相比较，媒资平台也有自己的优点：

质量保障。进入媒资平台的节目资料都经过节目监测人员的三次内容审批和技术审批，符合国家广电总局规定的监听监视标准。其电视节目的画面与声音质量比一般的互联网视频平台优质。尤其是如今国内电视台正在进行高清改造，其画面清晰度提升许多，更符合用户的视觉需求。

可再运用。媒资平台所收录的节目资料多为干净画面，即无台标、无字幕、无后期解说。保留了节目拍摄时原有的画面和原背景声音，为其他节目制作时再次运用该节目作为资料提供便捷。而电视媒体分销给互联网视频公司的节目都是带有字幕和后期特效的，只有观赏内容的作用，没有画面资料再运用的功能。

无须广告。目前，媒资平台用户是电视台内部的节目制作者，发布于平台的节目资料基本都具有自主版权，属于电视台内部资产，无须通过点击量或访问量吸引广告商投资维持平台的运营。因此，媒资平台用户查看视频不会有等待广告时间的困扰。

3.2.2　借鉴互联网视频平台

然而互联网视频平台也有很多值得媒资平台借鉴的地方。

人性导航。一般互联网视频播出平台除了电视综艺节目外，还设有资讯、电影、微电影、电视剧、音乐、动漫、纪录片、时尚、旅游等分类。其影像产品比媒资平台中的分类多，内容丰富（然而其版权是否合法是最大的问题）。并且针对用户的使用习惯，设置人性化分类导航。从影像产品的大分类中，再设置多个筛选项，比如筛选年代：近两年、20世纪初、90年代、80年代等；筛选地区：内地、港台、欧美、日韩、其他；筛选类型：言情、古装、偶像、喜剧、家庭、军旅、科幻、历史等；筛选收费与否，部分高质量或新上映影片产品会收取一定费用，用户可根据偏好和实际情况选择观看免费或收费的产品。可能用户的脑海中一开始对需要观赏的影像产品毫无头绪，然而通过这样的一步步人性化导航，逐步缩小选择范围，便可逐步选择出符合自己内心偏好的产品。以此为例，媒资平台也可以根据节目资料内容特性，设计出一套分类导航体系。

有效互动。视频网站鼻祖 YouTube 成功地将 Web 2.0 概念引入视频网站，让更多人分享视频并形成一个类似社区的模式。这是新媒体特有的互动环节，用户可以在观看视频后对影像产品进行分享、评论留言，或是简单地点击特设按钮表达喜恶，如"顶"或"踩"、"支持"或"反对"。作为平台的建设与维护人员可以根据这些互动内容，进行市场调研，把握用户对影像产品的偏好需求。

精确检索。互联网视频网站都十分重视搜索引擎建设，花费众多财力和人力去开发检索功能，并且时常进行维护和优化。其搜索引擎开发人员数量远远大于内容维护人员的数量。面对大数据时代，有效整合数据，优化搜索结果也是重要课题。

例如，百度视频团队目前已超过200人，网页视频搜索、移动客户端应用、百度影棒这三款产品是团队日常建设的主要工作。近期，百度视频的检索结果已经与百度大搜索和爱奇艺的数据打通。对检索功能进行了更新和改进，如将搜索结果结构化，根据用户输入的关键词，通过数据挖掘计算出可能包含的信息再进行搜索，其搜索结果未必包含用户输入的关键词字眼，但搜索结果内容一定是与关键词信息密切相关的。

3.3　如何"动"？——对媒资平台改革的三点设想

电视节目制作对节目资料运用依赖性增强，以及顺应时下新媒体发展趋势，媒资平台需要一系列的改革措施。跟上大数据时代，用活内容资源，完善其身，将节目资料的作用发挥到最大。媒资管理者对一线编辑记者，以及节目组进行了调研，我们得到了些许一线需求。根据实际情况，目前有三点设想，分别是编目前置、强化搜索引擎和完善版权信息。

3.3.1　编目前置

长久以来，媒资管理都是处于节目制作的后方，对已播出的节目进行入库编目，可谓整条工作链的最后一道环节。然而随着制作者对节目内容资源越发重视，尤其是一条节目产品要同时发布至各个终端，通过不同平台传递。不仅是传统的电视平台，还有互联网视频、社交媒体、移动终端应用等等。那么制作者首先要对新鲜采集来的节目素材进行全方位的了解，然后思考以怎样的制作方式传递到各个平台。由此编目前置的设想呼之欲出，节目资料的部分编目工作放置节目制作之前完成。这对媒资管理者来说是全新的挑战。

素材基本信息完整。之所以提出编目前置的设想，就是为了在制作具体节目前充分有效地了解采集素材的基本信息。然而这里的编目只是非常简易的编目，要求快速准确有效地设置基本元数据，以及简单描述重要镜头，而无须面面俱到，无须大量文字描述细节。简而言之，就是将素材的属性和显著特点做个快速提取和简单梳理。至于需要具体描述的部分可以置于节目制作完毕后，无须在前置过程中完成。

　　媒资管理者在上海广播电视台星尚频道《美食大王牌》节目组调研过程中，制作者认为信息编目前置非常适用于美食类节目。编目前置的基本信息可以包括主题、地点、菜名、菜系、食材、制作工序、厨师等。资料采集者提供了这类基本信息给媒资编目，梳理素材并发布至媒资平台，接着节目制作者可以开始剪辑，负责新媒体运营的工作人员也可以根据基本信息策划新媒体的内容更新。

　　信息资源享用权限。最新采集的素材可以在节目制作完成之前发布至媒资平台，同时让相关节目制作者、相关新媒体运营人员共同看到节目素材，在某种程度上可以达到信息资源共享的作用。然而素材未经剪辑，成片未经播出，为了保证节目制作的独一无二性，第一手素材不被其他制作者使用，素材采集者与节目制作者对新鲜素材的保密权限提出了建议。因此，有必要在媒资平台设置相关检索和查看权限，给予相关人员权限，保护其节目制作的知识产权。

3.3.2　强化搜索引擎

　　在大数据时代中，如何高效检索出用户所需节目资料，已成为媒资平台需要攻克的难题。建立高效的视频信息检索系统，即强化搜索引擎功能是重点。

　　视频检索过程。视频信息检索系统是用户直接能用到的系统。用户根据自己的需要输入关键词，通过关键词过滤，对于合法的关键词，系统对其进行中文分词处理，然后通过 Lucene 搜索文件进行检索，根据各个视频权重的不同，或以点击量为基准，或以时间为基准，按照先后次序把搜索结果返回给用户。这里的 Lucene 是一套用于全文检索和搜寻的开源程式库，2013 年已更新到 4.5 版本。对于数据库中视频的属性信息，系统会定期写入到 Lucene 索引文件中。这是用户在检索平台上直观操作与系统后台运行的全过程。

　　中文分词处理。在这全过程中，系统对用户输入的关键词进行中文分词处理的环节最为关键。中文分词的精确度直接影响着搜索结果的相关性和准确性。另外，如果分词耗用的时间过长，即使准确性再高，也会严重影响搜索引擎内容的更新速度。因此，中文分词的精确度和分词速度影响了用户检索结果。

　　对于如今的媒资平台检索功能而言，最先要解决的是中文文本分词的问题。在对一条节目资料进行编目后，能够通过搜索引擎相对精确地检索出该节目资料，系统需要对检索栏中输入的关键词进行中文文本分词，选择或设计一款适合媒资平台的中文分词软件包尤为重要。系统有着添加新词或指定词表的功能，并且能够自动去掉类似"的""在"等忽略词，媒资平台开发人员也要时常更新词表，这是最基本的要求。

　　搜索结果结构化。上文所提到的百度视频团队在近期的功能更新中就有一项"搜索结果结构化"的成果，用户输入的搜索关键词，后台通过数据挖掘去计算出相关信息,搜索结果未必包含关键词字眼,但一定是与其相关的结果。比如当用户搜索"好莱坞高智商科幻电影", 百度视频会把符合这几个关键词的电影全部体现出来,但这些电影的名称里并没有"好莱坞""高智商"等关键词,百度视频是通过数据挖掘去计算出这些电影可能包含这样的信息。媒资平台可以借鉴这种数据挖掘的功能,对节目资料解读得更透彻一些,检索过程中挖掘更多隐含而重要的信息,而不是只以表面文字作为检索对象。

3.3.3　完善版权信息

从国内电视媒体转战互联网专属播出平台,逐渐停止对其他视频网站的分销,维护自制节目的版权,可见版权意识正逐渐提升。尤其是前文所提到的湖南电视台台长吕焕斌对将来湖南广电节目版权管理的话语中可见其重视程度。那么,国内电视媒体对于节目版权管理究竟处于什么阶段? 媒资平台中众多的节目资料版权信息是否完整?

版权管理措施:建立全流程管理体系

以 SMG 为例,在 2008 年成立了版权中心,2014 年媒资管理中心与版权中心合并,成立了现在的版权资产中心,目的无外乎是为了梳理并建立版权资产体系。因为,目前所缺乏的正是一条完整的版权信息全流程管理体系,节目从制作(或购买)、播出、入库、营销、开发都缺乏版权监管。

版权信息涉及多个部门,总编室、节目制作部门、法务部门、媒资管理部门、销售开发部门等,因此版权管理需要众多部门的协调与合作。

节目制作部门需要提供节目制作过程中的重要信息,包括节目制作形式:自制、合作还是购买等;画面资料来源:媒资提供、网络下载还是购买等。这些信息决定了节目的版权资产价值。

媒资管理部门的职责是对节目制作部门购买或制作的节目资料进行保存与管理。在节目带进行入库操作之前,节目的编导都必须提供节目的基本信息,如所属部门、播出频道、节目名称、首播日期、时间长度、制作人员、内容简介等。然而版权信息部分经常出现含糊不清,甚至是空白的状态。这对媒资管理造成了很大的不便。

所以,版权管理不是单独一个版权部门就能完成的,需要各个相关部门协调与合作,制定一条完整的版权信息全流程管理体系。

媒资平台措施:建立资料来源信息规范

在媒资平台制作编目时,元数据填写中有一栏"版权信息"的下拉菜单,显示"版权不明""无版权""有版权""单位版权""合作版权"等选项。这对于单一的拍摄素材而言是可以简单归纳选择的,然而对于经过复杂剪辑过的节目成片,其中使用的节目资料是否涉及版权问题，无法在平台上具体体现，由此无法对版权资产价值进行准确的评估，节目营销开发会受到影响。上文已提到节目制作对节目资料运用的依赖性逐渐增强，节目资料在节目主题表达过程中起着举足轻重的作用，然而这些资料的来源信息都是被节目制作者忽视的。媒资部门根据实际情况，建立一系列资料来源填写规范，并且将规范植入媒资平台中，也是以上所提及的版权信息全流程管理体系中的重要组成部分。

4　结语

在新媒体环境中充分借鉴互联网思维，汲取互联网视频播出平台优势，并保持媒资本身的特性与优势。对内为电视节目制作提供优质资料服务，对外整合与开发媒资产品，笔者认为这将是媒资平台今后建设与发展的两条重要路线。因此，对于媒资平台的功能建设，如编目、检索、整合、分类等都是为了对内的电视节目制作；而对于版权信息管理，则既兼顾了电视节目制作，又兼顾了对外开发，达到经济效应的目的。因此，新媒体环境中版权意识的兴起，版权信息管理将是下一个重要课题，媒资平台建设任重而道远。

参考文献：

[1] 巢立明. 当前视频网站的版权之忧与监管之困. 编辑学刊，2011（2）：44-48.

[2] 刘春理. 广电节目确权工作的现状及路径选择. 中国广播，2012（11）：45-48.

[3] 潘月姣. 孟小军. 财经信息专业搜索引擎的设计与实现. 情报搜索，2008（12）：116-119.

[4] 任严. 刘丽. 韩臻. 基于网络视频的搜索引擎的设计与实现. 中国科技信息，2007（11）：120-121.

[5] 孙羽桦. 浅析电视节目版权信息管理实践. 中国广播电视学刊，2013（3）：65-66.

[6] 王哲. 视频网站的第三定律. 互联网周刊，2008（5）：68.

"媒资"去哪儿

——浅析媒资内容产业化开发与增值方向

陈坚白（SMG 版权资产中心，上海 200000）

摘　要：本文从上海文化广播影视集团有限公司版权资产中心、上海音像资料馆（以下简称"SMG 版权资产中心"或"上海音像资料馆"）在媒资增值服务的寻路出发，通过近两年来在市场"蓝海"中的探索与实践，浅析媒资内容的产业化开发与应用方向，寻求资产增值的新思路。

关键词：媒资产业化；媒资开发；资产增值

1　媒体资产内容走出去的必要性

1.1　突破传统，实现资产增值

广播电视媒体资产发展到今天，随着技术水平日益进步和管理手段的不断发展，经历了从媒体资源的"信息管理"到"内容管理"再到"资产管理"的过程。而媒体的内容资产具有巨大的资源价值，在国外，内容资源产生的增值占有媒体收入的重要比重，从 2008 年世界资料大会的数据显示，发达国家对媒体内容资产的产业开发已占总收入的 20% 至 30%，法国每年约 20 亿元、英国 4 亿英镑、日本 19.6 亿美元的媒资内容开发收入。相比之下，我国电视台的收入来源主要靠广告，在媒资产业的开发收益却还不到 1%，媒体的增值方式过于单一，与国际媒体形成了一个巨大反差，但同时也预示着媒资产业化开发存在的潜在空间。

1.2　适应形势，抓住发展契机

伴随着新媒体的发展、大数据的挖掘等新形势给予的历史发展机遇，媒体资产这块沉淀着的池水需要融入以"内容产业"为主题的市场竞争大潮中去，从而抓住媒体资产价值提升和飞跃的大好时机。如何把握机遇，推动媒资内容的产业化发展，使得媒介几十年积累的文化遗产实现多维价值，是我们作为媒资人需要认真考虑的问题。

1.3　资源交互，开拓媒资市场

"云媒体"时代即将到来，在互联网、手机移动媒体等介质发展迅猛的今天，传统媒体闭门造车各守一方净土已经跟不上时代的步伐，媒资内容需要更为宽广的展示空间。我们在与同行业媒体单位良性竞争的同时，取长补短，资源交互，利用云媒资平台，共同开发媒资产业，合力拓展市场，利益互惠，实现共赢。

2　媒资产业化开发的必要条件

"媒资"去哪儿，为了实现资产增值，适应形势，开拓市场，媒体自身的资产内容无疑是核心竞争力。然而，媒资内容产业化开发之路想要走得远走得顺，必须具备多方面的成熟条件。

2.1　独特的内容资源及源头

内容是核心竞争力，特色竞争很大成分依赖于资源的独特性，即内容的不可替代性。在媒资产业开发的道路上，不仅需要具备充足的内容资源，更重要的是，发掘自身的特色资源，在媒资工作中，我们需要加强对与本地区相关的内容资源进行整合，并且准确把握对特色资源的定位，参与到整个传媒业的竞争中。同时，对资源来源的源头把握也至关重要，只有不断更新资料馆藏，始终拥有最新、最快、最全的内容资源，才能在市场竞争中站稳脚跟。

SMG版权资产中心的"进驻式资料管理"模式一直被业界同行立为标杆，中心进驻了新闻、体育、娱乐、财经、艺术人文等全部频道，在为一线记者编导提供资料服务支撑的同时，更主要的是，能够第一时间采集、存储前方采编人员的一手资源，包括外拍素材、干净版、工作版等二次开发再利用价值高的内容资源，将这部分内容重新梳理、有效整合，成为我们在媒资产业化开发中最宝贵的财富。

2.2　知识创意整合与分享

在海量的媒资数据库中，挖掘有价值的内容资源，分享知识创意，在媒资产业化开发过程中发挥不可或缺的主导作用。有效的资源整合，独特的知识创意，能够获得更高的关注，获得更大的价值。

2011年，SMG版权资产中心创造性地建设了"媒资百科"，成为中国同行业内首家创新型媒体内容知识分享和创意共享的平台。它依靠检索中心（媒资网）百万余级数字化资源，运用知识管理的理念创建了媒资知识地图。媒资百科细分为新闻、社教、文娱、时尚、体育、财经、空镜等很多大类，每一类下还有二级、三级分类，每一个词条都全面详尽地展示了与该内容相关的所有信息以及相关视频链接，如一个人物的词条可以包括人物的经历、主要成就与相关作品，一个世界杯的词条可以有本届世界杯的举办地空镜、进球集锦、相关信息以及包罗历届世界杯的每一个细节。如果说数字化项目是"化整为零"的拆条工作，那么媒资百科则是"化零为整"的数据聚合工程。每一个使用者都可以梳理整合视音频图文资源以及外网相关信息，结合策划选题和节目制作的需求创建词条，每一个使用者都可以从中收获更广泛的取材视角。

2.3　明确的版权信息

版权是内容资产的核心价值和生命，对版权的有效梳理、明确管理直接决定了媒资内容能"走"多远，拥有知识产权才能实现节目资料的深度开发与市场交易。

2014年初，SMG媒资管理中心与SMG版权中心合并成为SMG版权资产中心，这样，SMG所有的内容版权与资产管理都全面整合，统一归口，更有利于媒资内容价值的最大化。中心将节目版权管理作为媒资管理的一项重要工作，在侧重节目资料的收集、存储等实体管理的同时强化版权管理，即同时关注节目内容及其版权信息，从源头上突破媒资内容产业化开发的瓶颈。

在中心的节目资料数字化项目中，每一个栏目、每一条数据都清晰标注版权信息，同时，由外部引进的相关节目也都将版权信息记录完备，这些都是在为媒资走出去奠定基础。

2.4　统一的交易平台

媒资内容走出去，必然涉及交易环节，为了保证媒资内容交易的顺利开展，就需要有一个畅通的交易渠道，搭建一个网络交换平台。在国际上，一些内容管理和市场销售方面的领军公司都已拥有类似的媒资交易平台，实现了内容资产的有偿交换。如法国的INA、英国的ITNSource等，他们的内容产品与服务开发推广早，通过代理素材、素材授权等方式获取收入，在全球市场上占有很大的比重。

目前，SMG 拥有了一个面向全媒体的第三方综合交易平台——秒鸽传媒交易网（www.mgmall.com），网站基于强大的云媒体技术，秉持"汇聚、创新、分享，传播无限价值"的品牌理念，创建集海内外多元化版权内容与媒资信息，探索版权发行、管理和交易的全新模式，满足上下游全方位数据信息的全新需求，覆盖电视台、视频网站、新媒体、制作机构、传媒公司、政府机关等综合产业链，提供版权信息、咨询、服务和交易的一站式综合交易。基于秒鸽传媒交易网的开放性平台特性，已吸引众多素材或节目版权方将可供交易的音视频及图片版权内容提供至平台进行交易。目前，平台音视频素材条目已达到百万数量级，并正在以每日新增数千条的速度在飞速增长。

3   "媒资"去哪儿——开发与增值方向

媒体资产管理工作的重要作用，在于通过科学的管理和优质的服务提高节目资料的再利用价值，从而把宝贵的节目资源转化成媒体可持续发展的现实生产力，形成新的经济增长点，因此，媒体资产实现有偿化、社会化服务是一种必然趋势，媒体单位需要制定一些销售策略，策划好"媒资"去向哪里，在扩大媒体传播效应的同时，真正实现资产增值。

媒资内容的产业化发展，必然伴随着媒资产品的开发。在这里，笔者主要从工作中的几点实际案例来简要介绍 SMG 版权资产中心市场化道路中探索出的部分"媒资"去哪儿路线，并且着眼于未来，希望在媒资产业增值的道路中寻求更为广阔的空间，迈出更为有力的步伐。

3.1   媒资建设方案咨询与资源托管服务

媒体资产管理系统在传统媒体节目内容生产以及传统媒体向新媒体进军的过程中，都将会扮演内容支撑的重要角色，在广电各种制播系统中所处的地位和价值将会进一步增强，也会为用户创造更大的收益。近年来，许多省市级电视台都先后开始了媒资的建设与管理，将台内现有的大量视音频节目资料进行数字化存储，将其转换为有价值的媒体资产，除央视之外，SMG 版权资产中心算是走在先列，中心有着多年的数字化管理与运营经验、媒资系统规划、建设经验，在节目资料产品开发等方面都有着较为先进的理念和方法。然而，部分中小型电视台缺乏媒资建设总体规划能力，非常希望有经验的机构能够提供媒资整体方案的建设咨询，甚至希望将系统的建设、运营整体外包。

SMG版权资产中心可以为各类电视台、视频机构提供媒资战略规划、系统建设改造、监管运维等方面的咨询服务，以及资料的管理规划、咨询与培训，可以根据客户的需求制定托管方案，提供多样化的服务。

例如，SMG版权资产中心在2012年开始与上海奉贤区广播电视台合作，为其量身定制，打造了奉贤台专属的媒资一体化解决方案，中心全程参与建设奉贤台的媒资系统，代理监管系统实施、测试、业务梳理、上线等各个环节，同时，面向媒资用户进行授课培训，对短期人员托管进行培训等。另外，中心及时将奉贤台的历史新闻粗编带、专题节目内容进行了数字化转存与编目，并每年定期将新生节目及时消化。这种友好合作的模式是一个非常成功的案例，迅速在金山台、松江台等各类电视台、机构推广开来。

3.2　企事业文化产品开发

媒资去哪儿的路线，不仅仅局限于广播电视媒体、视频机构，更应放眼于全社会、服务于全行业。我们可以和各企事业单位合作，开展视频制作、素材聚合与营销以及组织各类文化活动等，通过跨行业、跨地域的服务，不断提升和扩大媒体资产价值，提高媒体的传播能力和影响力。

3.2.1　企事业视频制作

基于海量的数字化资源，拥有专业的策划、制作团队以及专业的拍摄、制作设备，我们可以为企事业单位提供拍摄制作宣传片、专题片、产品说明、活动视频等各类服务。

例如，2013年，我们为南通西马特公司拍摄制作机械设备产品视频说明，从拍摄选题策划、素材拍摄及查询，到产品说明的精剪制作，我们全流程介入与管理，并借助SMG版权资产中心的数字化资源，丰富了产品视频说明的镜头画面。

3.2.2　素材聚合与营销

对于媒体资产来说，怎样进行再加工、再利用将是提高资产运用价值的关键环节。同时，真正的内容不是单一的、无任何关联的一些数据文件，而是经过整理、加工甚至重构的具有价值的内容构建成媒体资产。

SMG版权资产中心结合自身信息整合优势与资料服务经验，可以满足市场上对于素材资源采集后进行节目制作、档案保存、广告制作、会展宣传等多方面的应用需求。

3.2.3　文化活动组织

媒体资产管理承载着一定的社会功能，媒体资产完全充分利用自身馆藏节目资源，依托强大的媒体传播力量，参与到企事业以及社会的文化活动中去，发挥音像资料的最大价值，带动当地的文化活动，营造出良好的文化活动氛围，同时，提升媒体的公众形象。

上海音像资料馆与上海书城、各街道社区文化中心等机构联合，定期地将馆藏珍贵历史影像资料进行播映展示；中心品牌文化创意项目"口述历史"，拥有一支专业的策划、拍摄、制作团队，将老电视人、老广播人等方面的专家以口述的形式记录下那一段回忆，讲述自己人生、事业的重要经历，并将这些内容赠送给相关组织、采访者本人，至今，我们已采访拍摄了 600 多位德高望重的艺术家及各行业专家和学者；我们还制作了《上海故事》《东方日志》等经典节目，并编排成册，出版销售。这些都是我们在文化活动组织方面的尝试与探索，希望能让更多的人知道，影像资料魅力无穷。

3.3　信息服务产品制作

利用丰富多元的素材内容资源，媒资去哪儿的路线规划可以设计为针对各类学校、研究机构等此类专业用户开发定制产品，主要为满足教师授课需求，同时兼顾信息资讯汇聚，为课堂量身定制音视频产品。

目前，上海音像资料馆为中国浦东干部学院定制多部教学案例片和专题片，深受用户好评，所制作的专题片还多次送往市委组织部、宣传部进行观摩。

与此并行的另一条路，可以是为各类企事业单位、党政机关提供基于各种事件、主题的内参片制作服务。

以上叙述的仅仅是笔者个人在媒资工作中的几点了解和总结，并且这也只是冰山一角，要打造一条成熟的媒资业务产品线，无论是在产品本身还是技术支撑上都需要精益求精，借鉴国外先进的管理模式、营销案例，不断开拓未知市场。

综上所述，本文通过讲述媒资走出去的必要条件，论述了媒体资产管理向具有版权价值的内容产业转化的必要性，未来的发展中，媒资人需要积极跟进内容产业服务和运营潮流，使媒资管理进入到产生经济效益和社会效益阶段，让内容产业发展成为可持续发展的又一利润增长点，真正实现媒体资产管理的跨越式发展。

参考文献：

[1] 王芳：《媒资内容价值的多元化开发》，载《广播电视信息资料论文集（六）》，2012。

[2] 王恒、郑科鹏：《现代媒体资产管理的发展和规划探讨》，2010，http://www.docin.com/p-463236072.html。

[3] 唐兆琦：《基于新媒体的媒资内容产业化开发》，载《广播电视信息资料论文集（六）》，2012。

电视媒资系统数据安全初议

——以容灾备份理论的视角

刘欣畅（中央电视台音像资料馆，北京 100000）

摘　要：电视媒资系统涵盖电视媒体的数据资源和相关支持体系，其数据资源不仅是媒体自身的资产构成部分，也是国家、民族甚至是全人类的重要文化遗产，维护媒资系统安全的意义显而易见。但在我国广播电视领域中，重视播出系统安全、弱化媒资系统安全的状况令人忧虑。本文试从容灾备份理论的视角，探讨在媒资管理中引入容灾备份建设的必要性和可能途径，以期引发业界对媒资系统安全的思考。

关键词：媒资系统；容灾备份；数据安全

"9·11"事件之后，纽约双子塔中众多公司由于大量生产运营资料的损毁和客户资料的丧失，导致业务无法继续而纷纷倒闭。由此数据价值和数据安全的重视程度被提升至前所未有的高度，容灾备份理论应运而生。中国汶川"5·12"特大地震灾难中，地方政府户籍资料和部分企业档案文件被毁。相应数据事前的容灾备份，使得灾后重建工作得以顺利进行。对于政府、企业、社会组织乃至个人来说，重要数据的安全保障已经成为大数据时代难以回避的重要课题。电视媒体的数据资源具有特殊价值，不仅是构成媒体资产的重要元素，也是关涉国家与民族文化存续与发展的重要资产，保障媒资系统安全与保障播出系统安全一样，具有重大的现实与长远意义。

1　电视媒资系统的安全界定

1.1　电视媒资系统

我国于 2011 年 5 月 31 日颁布实施了《广播电视相关信息系统安全等级保护定级指南》，其中对于电视相关的信息安全系统作出了划分与界定，见表 1。

表 1　广电行业信息安全等级保护对象分类 [1]

分类	信息系统分类	定　义
电视	播出系统	实现节目播出和控制的信息系统
	新闻制播系统	以新闻节目为核心，制作播出一体化的信息系统
	播出整备系统	为播出进行节目准备和信号调度的信息系统
	媒资系统	实现数字媒体节目的接收、存储、管理、转换、共享和发布的信息系统
	综合制作系统	以节目制作为核心业务以及为核心制作业务提供辅助服务的信息系统

可见，在我国的广电系统中，媒资系统是与播出系统、新闻制播系统、播出整备系统、综合制作系统并列存在的独立系统。其定义是："实现数字媒体节目的接收、存储、管理、转换、共享和发布的信息系统。"对于电视媒体来说，媒资系统的构成要素有两个：一是媒体在运行中生产、形成和积累的各类节目、素材和相关资料等存量资源、随着节目的不断播出而形成的增量资源；二是支持各类资源的接收、存储、管理、转换、共享和发布的软、硬件资源。

1.2　媒资系统安全

对应媒资系统的构成要素，媒资系统的安全建设内容也由两个部分构成：

1.2.1　媒资系统数据内容的安全

即媒体的存量数据内容能够安全存储，并具备抵御人为或自然灾害等各种突发因素破坏的能力。

1.2.2　媒资系统内容支持体系的安全

即媒资系统能够安全稳定地对数据资源进行接收、存储，并保障所有数据具备能够稳定、有效的加以利用的能力。

2 容灾备份理论与媒资系统安全

2.1 容灾备份

容灾备份是指通过在异地建立备份存储系统，来保障原有系统和数据对灾难性事件的抵御能力。容灾和备份是相互联系但又不同的两个概念：备份是对数据的复制，是容灾的基础和保障；容灾是在数据损毁之后对数据和应用的恢复能力。根据容灾备份所要实现的目的和能力，可分为数据容灾和应用容灾。

2.1.1 数据容灾

简单来说，数据容灾就是将数据实时复制、异地保存的风险分散体系。数据容灾是保障电视媒资系统数据安全的基本方式。将媒资系统的数据内容进行复制并在异地保存，一旦发生灾难性事件造成数据的损毁，可以由异地保存的数据进行恢复，避免造成数据内容的永久性损失。

2.1.2 应用容灾

应用容灾是指在异地将现有的应用系统进行完整复制，当原系统遭到破坏时，可以通过远程应用系统接替本地系统，保障业务运行的连续性。应用容灾是保障电视媒资系统内容支持体系安全的基本方式。

可见，数据容灾仅着重于数据安全，而应用容灾不仅关注数据安全，也关注应用能力安全，是更高级别的安全保障体系。构建媒资系统的安全体系，首先是构建数据安全体系，保障媒资系统的数据安全，这是媒资安全的基础；其次是构建媒资系统的应用安全，在数据安全的基础上保障业务的稳定运行。

3 媒资管理中安全建设的边缘化境地

当前，我国电视媒体数据资源的开发利用进入了新的阶段，以中央电视台为例，在十年间利用新技术对音像资料管理工作进行全方位的升级和推动，完成了对老旧珍贵资料的抢救和和保护，集中开展对磁带素材的收集整理、数字化加工处理和编目工作，建立起高效的数据资源的利用系统。截至 2013 年 12 月 31 日，中央电视台音像资料馆馆藏各类节目资料磁带及其他新型介质总量达到 220 多万盘、165 万小时，经过十年的大规模数字化生产，库存节目资料数据总量达 100 万小时，其中含高清资料数据 9 万多小时。此外，音像资料馆还保存着我台几十年积累的珍贵胶片 17300 多盒（标准盒），各类图文资料总量 117815 册，成为亚洲最大、世界一流的媒资管理旗舰机构。

　　与媒体内容资源日益凸显的重要价值相对应的是，电视媒体对数据资源安全保障意识的严重缺失。

3.1　安全政策制定侧重播出系统，忽视媒资系统

　　在我国《广播电视相关信息系统安全等级保护定级指南》中，通过对比播出系统和媒资系统的安全定级可以看出，在广电系统中，播出系统的安全防护是重中之重，属于较高级别的安全等级，而媒资系统则相对弱化。以国家级媒体中央电视台为例，在这个指导性文件中，规定播出系统防护级别为四级，媒资系统防护级别为二级。在信息安全保障的制度构建上，体现出对媒资系统安全防护意识重视程度的弱化。见表2。

表 2　各级播出相关信息系统安全保护等级[2]

序号	信息系统分类	级　　别			
		国家级	省级	省会城市 计划单列市	地市及以下
1	播出系统	第四级	第三级	第三级	第三级
2	新闻制播系统	第三级	第三级	第三级	第二级
3	业务支撑系统	第二级	第二级	第二级	第二级
4	媒资系统	第二级	第二级	第二级	第二级
5	综合制作系统	第二级	第二级	第二级	第二级
6	生产管理系统	第二级	第二级	第二级	第二级

　　文件指出，"播出系统信息安全或系统服务安全受到破坏，可能直接造成播出事故，侵害社会公众收听收看广播电视节目的合法权益，可能引起社会秩序混乱乃至社会动荡、可能侵害国家安全。……媒资系统的业务信息安全或系统服务安全受到破坏，不会直接造成播出事故，但会给本单位造成一定的财产损失、经济纠纷、法律纠纷等，侵害本单位的权益。"[3] 由于媒资系统受到破坏并不会导致直接的播出中断，因此被认定属于较低安全级别的系统。不同的安全等级对于具体安全措施的要求具有显著的不同，具体内容如表3所示：

表3　国家级媒体播出系统和媒资系统数据安全防护要求[4]

系统名称		国家级媒体播出系统	国家级媒体媒资系统
系统安全保护等级		第四级	第二级
数据安全与备份要求	1	应能够对重要信息进行本地备份和恢复，完全数据备份至少每周一次，增量备份或差分备份至少每天一次，备份介质应在数据执行所在场地外存放	应能够对重要业务信息进行备份和恢复
	2	应建立异地灾难备份中心，配备灾难恢复所需的通信线路、网络设备和数据处理设备，提供业务应用的及时切换	
	3	应能够对重要信息进行异地备份，利用通信网络将关键数据定时批量传送至备用场地	
	4	应提供数据存储系统的硬件冗余，保证系统的高可用性	

在同级别媒体中，播出系统是安全防护工作的重点，相对于同级别媒体的媒资系统，政策倾斜度、社会重视度和资金投入量都有着明显的优势。在信息安全保障的制度构建上，强化媒资系统的安全保护工作任重而道远。

3.2　媒资管理实际业务中重视开发利用，忽视数据容灾

媒资管理中资源投入主要集中在对媒体资源的整合、有序化处理和开发利用层面，对于数据安全的保护多采用本地备份、同城储存的方式。这只相当于容灾备份中的最低等级，实际上并没有对灾难性事件的抵御能力。一旦发生大的灾难性事件，如地震、恐怖袭击、战争等事件，媒体数据遭受破坏后将很难恢复。虽然媒资系统的损坏并不会导致播出中断等事故发生，但珍贵影像资料的丧失、媒体长期积累的大量数据的毁灭，都会对灾后重建和民族文化的传承性造成无法估量的损失。

当前，我国已经进入高风险社会，自然灾害频发，恐怖活动呈现多发态势；电视台作为重要的战略目标，通常是恐怖袭击的对象，战争期间还会成为敌方重点攻击和轰炸目标，简单的数据备份已经无法满足电视媒资数据安全的要求。目前，我国媒资系统的安全建设基本处于数据备份的阶段，且多数属于同城备份，尚未进入异地备份阶段，更没有进行成体系的应用容灾建设。在媒资管理系统中必须适时引入容灾意识，有步骤地推进媒资系统的容灾备份工作。

4　媒资管理中引入容灾备份理论的必要性

作为具有强大原创能力的专业化的信息生产组织，电视媒体不仅积累了庞大的数据资源，而且随着媒体不断运作持续形成新的增量数据资源。为确保海量内容资源的数据安全和应用安全，在媒资管理中引入容灾备份理论，具有重要的现实意义。

4.1　内容资源是电视媒体发展的核心竞争力

在大数据时代，内容资源是电视媒体最重要的资产构成元素。中央电视台副台长胡恩在国际电视资料联合会 2009 年年会的发言中指出："节目资料是电视机构的金矿，资料的开发和利用将不可避免地成为电视产业新的增长方式，成为电视台可持续发展的产业优势。"

节目资料在传播和利用过程中，所包含的信息会被平等地传达给用户，具有非排他性的共享价值。以中央电视台为例，在央视总部大楼全面启用后，"文件化、网络化、高清化"的制播模式，使磁带永久地退出了历史舞台。媒资系统中经数字化转储的节目资料数据，成为节目制作的重要支撑。在电视媒体构建现代化蓝图的大背景下，一线制播与媒资系统的耦合度空前紧密。从微观层面上说，充分发掘电视媒体内容资源的共享价值，是开发媒体新的经济增长点、增强电视媒体核心竞争力的有效手段。

4.2　电视媒体内容资源具有高度的稀缺性价值

与其他媒体形态不同，电视媒体以声像符号记录信息，重大的新闻事件和社会活动的记录必须要求记录者与记录对象（事件、人物、环境等内容）同时空存在，缺失了这一时空，则永远失去了真实记录的可能。因此，对于那些已经存在的内容资源具有元素材的唯一性，一旦丧失，不可回溯，无法补救。例如中央电视台音像资料馆独家馆藏的彩色开国大典的影像资料，重大社会事件的影像记录，以及重大会议、活动的独家转播，日渐成为中央电视台独特的内容资源。视音频档案的史料价值、文献价值正日益凸显。从中观层面上说，电视媒体内容资源是一个社会的影像历史档案，是社会发展历程的载体。

4.3　电视媒体内容资源是国家文化的宝贵资产

电视媒体以音、视频合一的形式记载人类社会发展中的重大事件、重要社会变革和思想变迁，是保存人类文化遗产的重要载体。影像最初的本体价值是它的纪实价值，更有甚者认为，摄影术发明之前的历史记录是不完整的历史记录。纪实价值所展示的是其真实的力量，传达了我们这个社会生活所需要的各种真实性的信息，从而促进全人类的社会交流与进步。[5]在 20 世纪，电视已经成为我们收藏记忆的最大载体。联合国教科文组织将每年的 10 月 27 日定为"世界音像遗产日"，从这个意义上说，保护音像遗产就是保护人类文明的集体记忆。对于中国来说，国家电视台所承担的不仅仅是传递信息、教育大众、引导舆论的媒体基本功能，还是一个国家文化传承与延续的载体。从宏观层面上说，保护电视媒体内容资源，实则是在保护一个国家、民族文化的连续性与发展潜力，是国家在经历灾难之后恢复文化认同与重建的资本，涉及国家根本利益。

5 电视媒资系统容灾备份的可行性思路

当前电视媒资系统的容灾备份工作处于边缘化境地，除了对重要媒体资源的价值认识不足之外，与容灾备份所需要的巨大投入也有直接关系。在有限的资源投入中，主要关注了播出系统的应用容灾。随着媒体对存量资源的开发加速，媒资系统的容灾备份体系理应纳入建设规划。在目前的条件下，可以分步骤、阶段性推进。

5.1 将媒资系统容灾备份建设与国家战略结合推进

在涉及国计民生的重要领域，我国对容灾备份工作的建设已经高度重视，比如在银行、税务、医疗卫生、民政、教育等系统，都在积极推进重要数据的容灾备份体系建设。当前，中国国际电子商务中心正在进行国家层面的容灾备份网络建设，除北京外，还将投资近百亿元布局建设重庆、广州、青岛、大连、济南等 10 个覆盖全国的专业灾备中心，各中心互联互通，数据互为备份，最终形成全国范围内的数据容灾备份网络。[6]电视媒体在今后的发展规划中，应主动将媒资系统的容灾备份提上日程，主动纳入国家的容灾备份网络，成为这个体系的一部分，以较低投入实现较大的灾备能力。

5.2 将媒体资源细化分类，阶段性推动容灾备份体系

大数据的容灾备份向来是一个困扰信息安全的难题，主要在于构成大数据的海量数据内容，多属于非结构化和半结构化数据，即这些数据多是缺乏统一分类标准、以自然状态存在的数据，是"无法用现有的软件工具提取、存储、搜索、共享、分析和处理的海量的、复杂的数据集合"。[7]

　　而电视媒体的数据资源在存储过程中，为了便于数据内容的检索及使用，多数经过了系统化的编目和数字化处理，这个过程可以称之为结构化过程。经过这一过程，数据成为有序化的、可直接检索、提取、共享的资源。这就为分段实施重要数据的容灾备份提供了有利条件。对于电视媒体海量的数据资源，可以依据其稀缺性和资料价值，优先对高价值的数据资源进行容灾备份，再逐步在容灾备份体系中补充增量资源；先进行数据安全的异地备份工作，再逐步推进应用能力的容灾建设，最终形成媒资系统较高级别的灾备能力。

5.3　积极推动国家层面的媒资系统灾备建设

　　我国现行的媒体格局，以中央电视台为代表的国家电视台和各省级卫视、地方电视台构成了全国的电视体系，这些电视媒体承担的功能不同，其媒体资源的构成也不相同。中央电视台作为唯一的国家电视台，其媒体资源具有稀缺性和更重要的历史、文化价值。在国家数据安全的战略布局当中，应当充分考虑重要影像资料的特殊历史、文化价值，在政策、投入等方面予以支持，将国家级电视媒资系统的容灾体系建设纳入国家信息安全战略部署统筹考虑。

　　没有安全保障的资产便不能称之为资产，中央电视台副台长胡恩提出，"节目资料能够正常使用是资料价值的保障"，"节目资料的安全存储和备份是非常重要的工作"。[8] 电视媒资系统的数据资源，在微观层面上构成电视媒体新的资源增长点和核心竞争力，在中观层面上是社会发展的影像档案，在宏观层面上是一个国家文化发展与延续的物质基础。现阶段，在电视媒资系统中逐步引入容灾备份建设，保障数据安全应该成为今后媒资管理工作的共识。

参考文献：

[1] 胡恩：《使命与责任——中央电视台音像资料管理发展战略》，央视网，2009 年 12 月 17 日。

[2] 孙明慧：《传媒内容资源的开发利用和知识管理策略》，人民网－人民日报新闻研究网，2012 年 4 月 16 日。

[3]《信息系统灾难恢复规范》，GB/T 20988-2007。

[4] 国家广播电影电视总局科技司：《广播电视相关信息系统安全等级保护定级指南》，2011 年 5 月 31 日颁布实施。

[5] 国家广播电影电视总局科技司：《广播电视相关信息系统安全等级保护基本要求》，GD/J038-20。

[6]《广播电视相关信息系统安全等级保护定级指南》，国家广播电影电视总局科技司，2011年5月31日发布实施。

[7]《广播电视相关信息系统安全等级保护定级指南》，国家广播电影电视总局科技司，2011年5月31日发布实施。

[8]《广播电视相关信息系统安全等级保护定级指南》，国家广播电影电视总局科技司，2011年5月31日发布实施。

从世界杯看大数据时代媒资在
新媒体发展中的价值与影响

谭凌枫（中央电视台音像资料馆，北京 100000）

摘　要：见证风云变迁，汇聚时代锋芒，伴随大数据时代的悄然来到，广播电视等各大媒体对媒资数据的重视也被提到了一个新的高度。以各大新媒体报道 2014 年巴西世界杯赛况为例，浅谈一下大数据时代媒资在新媒体发展中的价值与影响。

关键词：大数据时代；媒体资产；世界杯；新媒体

1　概述

在移动互联的多屏时代，再加收视时间问题，巴西世界杯手机、平板等移动终端的碎片式观看也成为新媒体公司布局的重点，多数新媒体公司在各自的世界杯战略中也都将 PC 端、手机、平板客户端等多屏对接放在了重要位置，球迷可以通过移动屏便捷地观看世界杯重要的赛事报道资讯、独家评论、自制内容等节目、栏目。世界杯是每一个新媒体公司的重要战场和不能缺席的盛宴。每一个新媒体公司将在内容、产品、技术、品牌调性等不同层面进行激烈的竞争。一位业内专家表示，想要搏出位，世界杯战场也是最好的"舞台"。那么我们就来看看国内以央视、新浪、凤凰为代表的新媒体网站的世界杯之战战况如何。

2　分析行业现状

2.1　央视 CNTV——世界杯独播版权

国家电视台央视自不必说，其早在 2009 年就与国际足联达成了包括 2010 以及 2014 世界杯转播权的合作。而且在 2014 年 5 月 30 日，其对外发表声明拥有巴西世界杯的国内独家直播权。而球迷可通过其下属的新媒体视频网站 CNTV 观看网络直播。

除了世界杯比赛直播外，央视还为球迷观赛所量身定做了世界杯专属栏目，如《Go 巴西 Goal》《豪门盛宴》《我要赢》《看透世界杯》《我爱世界杯》等，世界杯期间，CNTV 派出了团队进行前方报道，他们在 CNTV 新媒体平台开设微博、博客、评论专栏将全天更新，对每个比赛日、每个精彩赛场做出最及时的现场报道，另外，CNTV 为此特别打造了集看比赛、赏节目、玩游戏于一体的"超级世界杯"！既有汇聚明星、名嘴、美食、美女的线上原创视频节目，也有诸如《超级有料》《超级现场》《超级星闻》等包含有世界杯现场第一手素材的精彩内容，更有《实况竞猜》等手游游戏。而且，CNTV 根据球迷们的收视时间及习惯，以巴西世界杯赛事"资讯、视频和数据"为基础，将视频"碎片化、精细加工和精准投放"为目标，以"赛前、赛中、赛后"三个时间点为发布时间，推出巴西世界杯系列全媒体报道产品和大型互动活动类原创节目。2014 年 6 月 10 日，央视再为球迷推出一项福利，其联手阿里云，发布唯一可以直播 2014 世界杯的 APP "CCTV5"，这对于不能在 PC 端守候的手机球迷是一个福音。

2.2　新浪 – 新浪视频——社交互动 + 版权视频 + 前方报道

门户网站新浪公布了世界杯战略，其已与央视网达成世界杯视频版权合作，获得世界杯全部 64 场的视频点播、集锦权益。新浪还成为央视世界杯社交媒体独家合作伙伴。在巴西世界杯期间，新浪微博将联手央视推进台网联动合作模式。据悉，新浪微博与央视世界杯的合作包括原创节目口播、赛事直播互动、赛事点评团等多种形式，全面覆盖央视 5 套主打节目。同时，央视 5 套还将与微博联合打造百人"微 5 神评团"，邀请明星、名人和网友一起对赛事、球星和世界杯进行点评。

另外，新浪还上线了全新改版的新浪体育客户端，除了一贯最快的赛况资讯、进球视频外，还将推出"嚎情世界杯"音频直播、32 个参赛国女神 PK 等新颖内容。除了一线赛事直播、自制节目外，新浪还精心准备了贴合世界杯赛事竞猜、球迷阵营、足球经理游戏、世界杯商城等全方位的产品服务。而且新浪体育为球迷准备了丰厚的奖品，包含潮流数码装备、世界杯官方授权礼品、C 罗等明星签名。值得一提的是，新浪本次世界杯也依旧派出了规模强大的前方记者团队，可为球迷用户带来最及时的前方报道。

2.3　凤凰网 – 凤凰视频——自制综艺栏目 + 前方报道

凤凰视频客户端在世界杯期间会推出世界杯黑马版，并举行一系列线下活动，与广大球迷一起狂欢世界杯。观看最及时的赛事资讯和趣味花絮，也可使用"随手拍"功能，与千万用户一起真人吐槽世界杯，共同玩转这场"指尖上的足球盛宴"。另外，众所周知，凤凰视频主打资讯类短视频，有关世界杯比赛的赛果、花絮等都会给予及时报道，而在自制内容方面，凤凰视频也推出了多档节目希望满足用户的多方需求，包括访谈综艺《"趣"你的，世界杯》、脱口秀访谈《Ball 若波罗蜜》、策划类专题节目《大表哥带你看世界杯》、竞猜类互动游戏《胜保罗》、专为巴西世界杯打造的制图类策划的《每日海报》等，而且凤凰体育还针对本次世界杯奉上观点新颖、文笔出色评论文章的"独家评论"栏目，当然本次世界杯凤凰体育还特派前方记者将带来及时的独家报道。除此之外，世界杯期间，凤凰网还推出了一系列线下活动。"气球占领三里屯""后海大鲨鱼快闪"等活动，邀请球迷们亲身参与其中。

　　根据最新调查数据显示，当今有 86.1% 的人更倾向于通过新媒体观看世界杯比赛，此项数据比南非世界杯时翻了一倍。而且 2014 年巴西世界杯的直播时间都在北京时间凌晨左右，由于时差原因，除了最最铁杆的部分球迷会观看电视直播，多数球迷还是会在早晨起床后通过新媒体观看点播等，加上移动终端的携带便捷性，这也给新媒体公司带来了传统电视媒体所不具备的优势。

　　新媒体公司虽然在 2014 年巴西世界杯上未获得比赛直播权，但多数都已经取得了点播、比赛集锦、花絮等内容，虽然各家新媒体公司都在力求呈现差异化布局，但其中自制视频内容可以说是各家都有，如何在"琳琅满目"的自制视频中通过更具特色的差异化内容吸引到球迷以及用户的眼球，那么谁的世界杯营销以及自身品牌价值也会取得突破性的提升。

3　价值与影响

　　由世界杯可见，大数据时代媒体资产的转型发展，既是技术问题，也是战略问题，将会对未来发展新媒体产生的价值有着深远的影响。

　　首先，大数据时代媒资影响着新媒体的价值链。"用户服务体验"的好坏、优劣，将直接决定企业外部价值的实现。实际上，新媒体公司已经开始利用大数据技术了解用户的体验需求，并将分析结果融入对媒资的收集、管理、利用及产品设计、制作、传播等各个环节。由此可见，新媒体需要赶上大数据时代的脚步，利用大量优质媒资，真正了解用户体验，提升用户使用的黏性。如此一来，企业内部的价值将大为优化，企业内部决策与企业外部环境得到了有机整合，实现了内外部价值链的优化。

其次，大数据时代媒资影响着新媒体的企业链。大数据技术的崛起将改变新媒体企业链。传统中的新媒体企业链由内容生产、新媒体平台、新媒体增值商、新媒体传播周边企业等构成，它们之间的联系几乎是单向的。大数据时代将可能打破这一规则，企业链将会重组并形成一个闭环。正所谓"得媒资用户服务大数据者得天下"，新媒体内容制作企业必须向新媒体平台企业请教用户在做什么、在想什么、喜欢什么、怎样服务于用户。新媒体的增值服务商、新媒体传播周边企业同样需要通过新媒体平台企业去了解用户。这也意味着，新媒体平台型企业将有机会向链条的两端扩展，未来或许出现横跨完全产业链的新媒体企业。同时也说明，未来大数据时代的媒资，将成为整个新媒体市场的核心。

最后，大数据时代媒资影响着新媒体的供需链。目前广电媒体市场环境中，媒资版权方拥有较大的市场权利，国内的广电新媒体企业在版权购买的过程中议价权较弱，而且内容消费必须建立在大用户量基础上。目前而言，新媒体企业在购买媒资版权之前大多依靠经验法则判断该内容的点击率和收视率高低。而大数据技术能够在此领域有所作为，收视率与点击率预测是新媒体大数据技术的应用方向之一，当预测越发准确，将越有助于新媒体企业在媒资版权市场上获得更大的收益。

4 结束语

总之，随着广播电视新媒体行业的迅猛发展，大数据时代媒资在新媒体发展中的价值与影响势必将引起更多人的关注，它对媒资内容的整合与分发，进行科学化的管理，包括媒资的采集、存储、编辑、查询、管理和应用，都起着非常重要的作用，必将成为媒体网络化的核心，相信在未来的几年内，大数据时代媒资在新媒体界中将会得到更广泛的发展与完善。

参考文献：

[1] 刘晓燕.数字媒体资产版权开发的重要性.青年记者，2013（32）.

[2] 余芯.大数据重在服务民生.

[3] 张柏.数据挖掘技术在媒资管理系统开发中的应用.电子科技大学，2013 年硕士论文.

[4] 高鹏.当新媒体遇到"大数据".广播电视技术，2012（10）.

化繁为简　轻装上阵

——论云计算、智能检索在媒资管理中的应用

唐兆琦（上海广播电视台版权资产中心，上海 200000）

摘　要： 近年来，云计算技术和智能检索技术迅猛发展，媒资系统建设如何有效运用这些新技术，简化工作流程和提供工作效率，是我们面临的紧迫问题。本文通过对媒资行业中的云媒资、智能检索技术的应用场景阐述，结合媒体内容管理系统的行业发展情况，分析了两种关键技术在未来媒资管理和发展的地位和作用，同时，用具体的案例说明技术实施的可行性，以期为各媒资管理机构提供一个可以比较和借鉴的可行方法，能够对各种新技术有一个充分的了解和认识，同时为行业中媒资管理发的发展提高提供一些思路。

关键词： 媒资技术；系统建设；媒资发展

1　云媒资技术在媒资管理中的应用

1.1 云媒资是建设全台网的基础

作为全球最值得期待的技术之一，云计算技术一直是国内广电媒资厂家重点发展的方向之一。目前市场上的"云媒资"有"计算云"和"服务云"两种形态。

"计算云"就是采用云计算技术，各业务部门获得所需的计算资源，云端存储服务器由台里统建，类似于使用水电资源的用户并不需要自建水厂和电站；"服务云"则是采用云的模式，中小用户通过网络获得所需的服务，类似于使用企业邮箱不用亲自架设邮件服务器。两者的区别在于：台或集团层面是否需要建设云端的存储和服务设备。

目前在国内广电媒资市场份额占有率最高的中科大洋公司，早在 2012 年就推出了自己的基于云技术的全媒体发展战略。据介绍，该战略将节目资源的制作、存储、管理、交换、发布等业务全面构建在云计算平台上，除了提供广电媒体内部

应用的"私有云"媒资解决方案，还为广电集团下属的各分支机构提供了"集团云"媒资服务。其中，"私有云"即广电媒体自行建设和拥有的"云计算"平台，用户使用台内的局域网即可访问；而"集团云"则是由相关厂商提供"云计算"服务，通常需要通过广域网访问。

构建云媒资平台，是指通过对资源的统一调配和合理的布置，实现机构巨量内容资产在互联网平台和内部工作系统上的"云应用"。"云应用"的功能将在媒资的存储、管理、发布、交易、推送等每一个生产环节中体现，使机构下属每一个单位都能通过云媒资平台享受到本单位内容资产再开发所带来的增值利益，而且可以根据不同权限随时随地调用集团的媒资资源，应用到节目的生产和开发环节，提高工作效率和降低制作成本。

云媒资平台是指通过对资源的统一调配和合理布置，实现机构巨量内容资产在互联网平台和内部工作系统上的云应用。通过与云计算平台的深度整合，系统扩展和调整具有很大的灵活性。云媒资平台建成后，将与机构下属各电视台的制作系统和播出系统相连，实现节目生产流程的媒资全数字化管理；未来，还可与机构的办公系统、财务系统、人力资源系统相连接，实现全机构的媒体资产全域式管理。

目前，云媒资的方案已经在一些电视台得到了应用。如南方广播影视传媒集团在建设媒资系统时，就在第一期媒资系统的基础上搭建了一个云媒体平台。计划利用云的概念，将集团所属的广东电视台、南方电视台和广东人民广播电台的所有制播系统、新媒体平台全部联通。在媒资系统建设之前，南方广播影视传媒集团下属各台中仅广东电台、广东电视台、南方电视台就有约 35 万小时的媒体资料。然而，这些媒体内容资料普遍存在管理分散、重复利用率低、共享水平差、版权不明晰等问题，尤其是版权方面的开发收益极少。为了改善这样的状况，媒资体系的建设成为必然的选择。

1.2　云媒资是实现消灭媒资数据孤岛的基础

自从广电总局《电视台数字化网络化建设白皮书》发布以来，电视台诸业务板块加基于双总线模式架构的互联互通平台构造全台互联互通网络，已经成为业内统一的思路。现实情况是，通过几年的技术升级，国内大部分电视台基本完成了各业务功能网的建设，但是由于技术、资金等原因，台内各功能网的互联互通还没有普遍实现。

节目生产型网络（新闻制作网络、综合制作网络、节目收录网络、广告制作网络等）、节目发布型网络（硬盘播出网络、新媒体发布网络等）、生产管理型网络（总编室播出计划、广告管理）基本构成了大多数电视台的网络现状。这种网络被称为"分立型业务网络"。

目前国内大部分电视台都已经完成了"分立型业务网络"的建设，其实已经为"全台一张网"打下了很好的基础。如何搭建合适的媒资系统，基本上是未来全台网发展的重点。

以上海广播电视台为例，上海广播电视台的媒资系统已经经历了三代的发展。2004年之前的第一代媒资系统，实际上应该叫"大型资料媒资系统"，主要目的是抢救历史资料。从2005年开始，随着上海广播电视台制播系统的相对成熟，新闻业务等率先实现了网络化，2006年为了在集团（SMG）内集中实现媒体素材的数字化，SMG对大型资料媒资进行了改扩建。一直到2009年，推出了"生产型媒资+资料型媒资"的存储架构，先后建设了新闻生产媒资、财经生产媒资、中心媒资系统。

从2010年开始，SMG的媒资规划开始全面向支持全局化服务发展转型。打通各基础媒资系统，打破之前媒资信息查询的壁垒，实现海量媒资素材能够被快速、便捷地查询、浏览及回调成为其目标。2011年上海广播电视台建立了媒资信息共享平台"媒资网"，实现跨平台一站式检索与应用，这是运用云媒资实现媒资数据聚合的典型案例。

2 智能搜索技术在媒资管理中的应用

2.1 基于智能编目的搜索

一套功能强大的媒体资产存储管理系统，包括节目的采集、制作、播出、储存、管理、数字电视等多种业务，其中精确储存和快速检索是评价一个媒资系统的重要标准。进入媒资的资料必须要经过有效的加工整理，而且在筛选时需要合理挑选。

为了让进入媒资系统的资料能够方便、快捷地被利用起来，不少媒资系统往往会结合新闻业务生产流程，对编目方式进行革新，"信息+镜头层"的整理方式目前是一种较为有效的处理方式。即便如此，随着媒资系统的应用逐渐成熟，电视台各个环节的用户对于系统中资料的使用需求也日渐增加，随之而来的矛盾也日趋明显。

在未来媒资系统建设时，为了能够更好地进行智能搜索，在编目环节增设自动编目模式的设计，并且明确要求采集进入媒资的资料是半成品的素材资料，并对资料进行半自动化的关联性汇总整理。比如可以通过建立人物库、地点库、事件库、业务库等方式，进行资料关联关系的建立。用户在查询和使用媒资时，不仅能够得到准确的资料信息，还能同时获取发散性的资料信息。

在资料进行汇总整理时，不单单是视音频资料，要考虑把图片、文稿、视音频等按照特定要素组成全媒体主题包，使得媒资系统的业务在为传统制作生产服务的同时，也能够为全媒体模式下的制作生产服务。

2.2　基于智能关联的搜索

利用关键字智能关联和递进搜索等技术优化搜索，用户除了可以按照主题、剧集、栏目、赛事等进行分类搜索之外，还可以利用关键词进行搜索。只要输入"关键字"搜索，就可以进入搜索结果界面。当搜索结果数量较多时，用户还可以根据所属中心、频道、编目层次、时长、相关人物以及相关地点作为条件进行筛选，进行递进搜索。递进搜索之间，是"与"的关系。

对于搜索结果的展示，也充分考虑到用户的需求，除了可以对"单个视频"和"全部视频"进行下载和收藏，还可以根据"相关度""创建时间""时长"等因素进行排序；此外"共享"和"限制"，"在线""近线"和"离线"的区分也非常明确。另外，点击"视频"或"视频标题"进入单个视频界面，就可以查看单个视频的详细信息，进行单个视频的播放、下载。

2.3　基于知识地图的搜索

针对互联网以指数级不断增长的数据量，如何提高搜索质量是近十年的热点研究问题。很多研究人员、互联网搜索引擎公司提出了基于语义、知识地图的信息检索技术。知识地图，也被称为科学知识图谱、知识域可视化或知识域映射地图，是显示科学知识的发展进程与结构关系的一系列各种不同的图形。它用可视化技术描述知识资源及其载体，挖掘、分析、构建、绘制和显示知识及它们之间的相互联系。知识地图旨在描述真实世界中存在的各种实体或概念。基于知识地图，可将搜索结果进行知识系统化。一个关键词搜索也能获得多维度的相关信息，为用户提供有完整知识体系的搜索结果。

近年来 Google、百度、搜狗等搜索引擎开始逐步引入这些最新研究成果，将仅包含网页和网页之间超链接的文档万维网，转变成包含描述各种实体和实体之间丰富关系的实体关系万维网，推出 Knowledge Graph、知心和知立方等多种知识地图，拉开语义搜索的序幕。

未来，可以考虑运用知识检索的先进思想和技术方法，为这些媒资素材建立语

义关联模型；利用媒资素材的编目和标引数据，自动寻找"媒资大数据"中的有效
关联，对媒体内容进行知识聚合，建立相应的知识地图和知识库；为用户提供基于
实体概念、实体关系的媒资检索并提供时间、地点、人物、事件、情境等多维度聚
合数据。

媒体内容是文化的一种重要表现形式，具有很高的保存和再利用价值。近些年
来，随着数字媒体的迅猛发展，在新闻、影视剧专题节目制作、企业文化建设、教
育等众多领域都产生了大量的媒体素材，也爆发出管理和使用这些素材的新需求。
基于知识地图的媒体内容聚合将为用户提供动态的、多维度的、以媒体内容为表现
方式的知识网，能在很大程度上满足此类需求，促进文化的传承和传播。基于知识
地图的媒资检索将综合应用信息科学、统计学、图形学等交叉学科技术，对媒资数
据源的本体结构、知识地图、知识库建立和检索应用进行研究，是科学技术与内容
文化的具体结合，对文化科技进步起到推进作用。

基于知识地图的媒体内容聚合还适用于除媒体内容之外的更广阔的应用场景。
比如群众文化方面，可以通过对各个群众活动的地域、时间、参与人员特点、活动
类别等各维度关系的深度分析，帮助我们更好地提供群众喜闻乐见的群众文化活
动；再比如版权管理方面，通过对基础版权数据的关系建模，帮助我们分析最容易
发生版权纠纷的环节或领域，指导我们进一步优化工作流程、增强工作效率。因此，
基于知识地图的媒体内容聚合具有广泛的推广意义和实用价值。

3　总结

媒资内容一定要有强有力的创新技术支撑，才能发展创新的业务形态。这是广
电下一步努力的方向。但技术并不意味着越先进就越好。技术和产业现状、发展环
境等都是相互联系的，一定是一个立体、系统的考量。技术的升级是一个立体化、
系统化的过程，这个过程一定要配合媒体自身的发展。同时，技术的升级一定要附
加其他的载体。云计算和智能检索技术是未来发展的重要方向，但是在进行系统建
设和技术升级时一定要谨慎对待，确保新技术能够与自身的发展环境相匹配。

参考文献：

刘牧：《新媒资》，《中国广播影视》2013 年第 6 期。

浅析新媒体时代的新闻媒资发展新方向

陈　莉（江苏音像资料馆，江苏南京 210000）

摘　要：新媒体时代的到来给广电行业提出了很多挑战，媒资管理工作也需要直面挑战在媒介融合的背景下改进工作模式和技术手段。新闻媒资管理作为媒资管理工作中很重要的一项工作，其发展直接决定着广电新闻行业在新媒体来袭时能否将"内容为王"的优势转化为胜势。本文结合江苏广电新闻中心的新闻媒资管理经验，介绍了新闻媒资的特点，针对这些特点提出了几个在新媒体时代新闻媒资管理的新方向。

关键词：新闻；媒资；新媒体；检索；数据挖掘

1　引言

随着通信技术、互联网、物联网等高新技术的发展，我国的媒体产业也在高速运转和变化。现如今中国媒体产业面临着一个新旧媒体的发展与抗衡问题。以网络、手机为主的新媒体对电视、报纸、广播等传统媒体带来巨大的冲击的同时也促进了传统媒体自身的改革。作为传统媒体工作中的重要环节，媒资管理在新媒体时代也要做到与时俱进，在媒介融合的大背景下，也应该制定相应的对策来应对新媒体的冲击。本文将结合自己的工作经验讨论新闻媒资管理在新媒体时代的发展新方向。

2　新闻媒资的特点

媒体资产管理系统，是为数字电视、移动电视、多媒体内容发布等业务需求而开发的内容管理平台，主要是对各种类型的视频资料、音频资料、文字、图片等媒体资料的数字化存储、编目管理、检索查询、非编素材转码、信息发布以及设备和固定资产等进行全面管理的系统。

　　根据媒资管理系统服务对象的不同，可将媒资管理系统分为生产型媒资系统、资料型媒资系统和混合型媒资系统三种，新闻媒资属于生产型媒资。

　　新闻媒资系统要与电视台新闻网络系统相结合，主要存储和管理新闻素材与成品节目，同时也提供临时素材管理、素材整理精选、重要素材深度编目等功能。由于新闻节目自身的重要性和对时效性的要求，新闻媒资系统有其独特的特点。

2.1　接口的多样性

　　新闻媒资系统应该具有与其他系统的多个交互接口，它应该可以便捷地与新闻生产网系统进行素材与主题的交互，与文稿系统进行文稿与串联单交互，与总台媒资以及其他相应模块（如新闻收录系统、多媒体发布系统等）进行交互。

2.2　媒资管理的主题性

　　新闻媒资是为新闻生产服务的，为了更好地为新闻工作者服务，新闻媒资应具有主题性。

　　新闻媒资必须是一个轻量级的新闻对象生命周期管理系统，主要配合新闻制作业务实现节目、素材、文稿、串联单，选题、线索等新闻对象的长期保存和高效调用，同时借助数据挖掘技术将新闻对象在发布、导入、加工的过程中，利用新闻主题的形式进行归一化管理。这里提到的新闻主题来源于以下几种新闻业务：由突发新闻事件而形成的重点选题、有计划的新闻专题、重大新闻事件的衍生内容以及系列专题报道等。

　　针对新闻媒资的不同主题需要制定密级策略，以江苏广电新闻媒资为例，航拍素材密级最高，国家领导人重要素材次之，省领导重要素材次之，专题素材次之，普通素材密级最低。

2.3　检索的全面性

　　新闻节目的高产高效决定了新闻媒资必须要提供更便捷全面的检索方式。媒资系统中媒资内容的检索需要支持多种检索方式，以便于快速得到相应的内容和主题。检索方式应该包括关键字检索、高级检索和全文检索三类。

　　关键字检索即是新闻媒资系统提供的最基本检索方式，其实现的功能应包括所有主题统一检索、不同主题分类检索、素材检索与预览、支持低码率流媒体播放、串联单检索与预览、节目文稿关联检索、检索结果排序、检索结果统计等。

高级检索是指在关键字检索的基础上进行检索条件的扩展，其主要特点是能根据不同主题类型提供不同的检索组合条件，能够缩小检索范围，使检索更加精确，其功能特点需要包括多条件组合检索、用户自定义检索条件、精确查找和模糊查找等等。

全文检索是主题库后期应用的主要检索手段，利用全文检索技术使得检索更加智能化和精确化，并且通过全文索引使得检索效率大提高。全文检索的功能应包括检索结果关键字高亮显示、搜索条件自动提示、分类导航、搜索结果统计以及标签云支持等等。

3 新媒体时代的新闻媒资发展方向

在现有的新媒体环境中，互联网企业主要生产内容，电信企业主要提供数据传输服务，而传统的广电是同时提供传输网络（有线无线等网络公司）和媒介内容（提供节目和播出的电视台）。因此，广电的新媒体发展同时面临两个对手：互联网企业和通信企业。在目前三网融合的大背景下，广电向新媒体领域的发展方向主要是两个：将内容拓展到互联网领域，将传输渠道拓展到电信企业的数据传输服务等领域。江苏广电新闻中心的新媒体发展就是从这两方面着手的。

首先是 IPTV。IPTV 业务即代表了广电与通信企业的融合，由广电提供内容，电信提供传输网络，电视内容增加了电信用户的黏着度，电信的渠道增强了电视的用户体验，二者实现双赢。

其次是网络合作。与门户网站的合作代表了广电与互联网企业的融合，江苏广电新闻中心将宣传推广平台拓展到各大门户网站上，这一融合起到了很好的效果。

在三网融合的大背景下，作为新闻生产中重要环节的新闻媒资管理也要有相应的对策来顺应传统媒体与新媒体融合的潮流，具体表现应表现在如下几个方面。

3.1 新闻媒资系统融合入全媒体平台

新媒体的融合给新闻节目的制作注入了新的活力，网站可以给节目提供素材，节目可以通过网站，例如微博微信客户端与观众进行互动，从而达到宣传的效果。在这种背景下，唯有摒弃传统的封闭式新闻制作模式，引入全媒体新闻制作模式才能够更高效地充分利用新媒体手段为新闻节目制作服务。以江苏广电新闻中心现有新闻制作模式为例，新媒体和节目制作可以说是完全分离在两个平台上进行的，若节目制作需要用到网络的内容需要非常繁琐的上载转码下载等工作，同样若新媒体平台上需要用到自制节目的相关内容亦要进行一系列操作，这极大地降低了新闻生产与新媒体平台发布的效率，特别是针对新闻这一时效性极高的节目来说是不可取的，因此引入全媒体新闻平台将两个平台进行融合势在必行。作为新闻制作系统的重要组成部分，新闻媒资系统也需要融入全媒体平台。这样，媒资归档就可以不止局限于自制节目，而着眼于整个互联网，保存互联网上有价值的素材，使新闻媒资的内容更加丰富，而在利用新媒体平台进行宣传推广时亦可方便地利用新闻媒资中的资源，从而实现真正意义的媒介融合。

3.2　编目工作应更多样化

新媒体的引入对媒资编目工作提出了更高的要求，素材的分类处理是媒资编目工作的关键，对于新媒体平台需要用到的时效性素材，例如网站上第一时间发布的视频素材以及 IPTV 上发布的素材，需要对其进行粗略编目，保证能及时发布使用，而对时效要求不是很高的素材，通常是需要再加工的素材，则需要对其进行精编。对于自生产素材和网络素材的编目方法也应该做到有所区分，自生产素材可以根据文稿进行编目，互联网素材则需要根据实际节目制作需要进行相应的编目。高质量的编目既可以保证素材及时发布供使用，又可以使各类素材得到充分利用。

3.3　检索技术的革新

媒资系统的检索技术的设计是整个媒资管理系统的设计关键，新媒体的引入使这一点更加明显，只有给用户提供更好的检索体验才能使媒资系统中的内容得到更充分的利用。现有的检索技术大多还是传统的基于文本的检索方式，而在大数据时代的今天，更多新的检索技术可以应用到媒资管理中。

3.3.1　数据挖掘技术在检索技术的应用

引入数据挖掘技术对检索进行优化可以给使用者提供更好的用户体验，例如，系统可以挖掘视频关键字之间的关联关系，当用户搜索某一条素材，系统可以挖掘出和此条素材相关联的其他素材供用户选择，再比如，当用户检索的内容有偏差时，系统可以对其进行关联纠正。大数据时代中每天都会生产大量的数据，对于媒资系统也是这样，因此对于系统后台检索词库的及时更新是很重要的，而检索技术正是建立在词库的基础上的。

3.3.2　图像检索的应用

应不仅将检索局限于文本关键字检索，引入图像识别技术可以丰富检索方式，用户可以根据图片进行检索，系统会分析图片，通过图像匹配算法搜索出包含所给图片上人物或与所给图片主题相同的素材。

这里仅罗列两个有代表性的技术革新方向，当然还有很多方向就不一一列举。只有在技术上做到与时俱进、不断革新，才能使新媒体时代下的广电新闻媒资管理保持生命力。

4　结语

新媒体来袭给广电行业带来了极大的冲击，新闻媒资管理作为其中重要的一个环节一定不能故步自封，要主动求变，积极地做出应对冲击的策略，为广电新闻行业在新媒体时代的发展最大限度地发挥自己的作用。

参考文献：

[1] 安德烈·毛特，彼得·托马斯.数字媒体资产管理系统.2008.

[2] 田智辉.新媒体传播：基于用户内容的研究.2008.

[3] 薛小勇.媒体资产管理系统的设计与应用 [M].北京：北京邮电大学，2011.

[4] 张增琦.媒体资产管理在中国，视听界，2006-08-25.

新媒体时代的媒资开发策略浅析

张建奎（中央电视台音像资料馆，北京 100000）

摘　要：技术是推动时代发展的原动力。随着互联网技术的发展，人们接受和传达信息的方法与手段层出不穷，新媒体时代已经不期而至，而新媒体的兴起总会对原有的媒体产生冲击。作为传统的电视台如何能够迎合技术的发展，满足人们对信息和服务的新需求？在新媒体时代，媒体积累的丰富内容资源必将成为新媒体时代各方争夺的价值洼地，也给原先处于封闭发展状态的媒资管理带来了发展契机，因此，做好新媒体时代的媒资开发将为传统电视台开辟新的生命通道。

关键词：新媒体；内容资源；媒资开发；开发策略

1　新媒体时代

1.1　新媒体的定义

1967 年美国哥伦比亚广播电视网（CBS）技术研究所所长戈尔德马克（P. Goldmark）率先提出了"新媒体"的概念。清华大学的熊澄宇教授认为，新媒体是一个相对的概念，是相对于报刊、广播、电视等传统媒体而言的，是利用数字技术、网络技术、移动技术，通过互联网、无线通信网、卫星等渠道以及电脑、手机、数字电视机等终端，向用户提供信息和娱乐服务的传播形态与媒体形态。

随着互联网技术的发展，移动终端也越来越普及，人们获取信息和资讯的途径和方式越来越便利，超越了报纸、电视这些传统媒体，一个全新的新媒体时代已经到来。

1.2　新媒体时代信息传播的特点

毋庸置疑，新媒体带给人们获取信息和服务手段的变化，人们不需要坐在客厅里就能看到想看的电视节目，也不必等待邮递员就能了解国内外的最新资讯。新媒体借助先进的数字技术、网络技术、移动技术等手段，形成了在技术、形式和理念上的革新，改变了人们和世界互联的方式。在新媒体时代，信息传播具有鲜明的时代特征：

多形式表达。新媒体在信息的呈现方式上是多媒体的形态，往往以声音、文字、图形、影像等复合形式呈现，具有很高的科技含量，可以进行宽媒体、跨时空的信息传播。信息的丰富程度和相关信息的关联获取（超文本链接）也变得越来越容易。

互动与共享。表达自己的观点和让更多的人认同自己的价值观是新媒体时代信息传播的一种更高层次的需求。新媒体给受众带来了将信息源经过自己的加工和处理以后再次进行传播的机会，也使得信息的共享变得更加容易。比如，一条微博信息经过名人发表观点和转发可以引起信息几何级的爆发式传播。

海量与即时。互联网技术的发展，让我们进入了海量信息时代，通过搜索引擎，我们能看到比我们期待更多的信息出现。与此同时，信息的及时发布和更新也突破了报纸、电视这些传播媒体的速度，因此也更加符合新媒体时代人们获取信息的习惯和方式。

新媒体的迅速发展，对信息和资讯的需求更加凸显，这也为积累了大量视音频节目资料的电视台带来了新的机遇，新媒体虽然与传统媒体有冲突，但并不以取得传统媒体为前提和条件，因此，通过对视音频节目资源进行整合、挖掘，进行深度开发，迎接新媒体时代是媒资开发事业的一个难得的发展机遇。

2　传统媒体的媒资应用模式

目前，大多数的省市电视台都已经建立或正在建立自己的媒资系统。由于有大量的历史资料需要进行数字化转储和编目加工，媒资系统的应用还处在比较初级的阶段。以中央电视台为例，自建台以来，存储的节目资料磁带超过200万盘，经过近十年的数字化转储和编目加工，目前已经完成的数据量近百万小时，初步形成了比较完备的媒资数据库。这个庞大的媒资数据库目前最主要的功能是支持台内节目制播，为台里节约了大量的制作经费，实现节目资料价值的再次体现，但一直以来媒资管理部门并没有有效的手段来核算使用节目资料产生的价值，主要原因在于一是缺乏管理手段，二是缺少价值评估的方法。

在传统媒体时代，媒资的开发应用具备以下的特点：

第一，为了保障播出安全，电视台内部的媒资管理系统一般都是封闭系统，只针对台内用户使用。

第二，在节目资料的内部使用中，容易忽略版权方面的因素。一般情况下，由于资料的开发利用是在台内二次利用，往往对版权方面的意识比较弱。再加上在节目的制作过程中，可能有些资料的来源、版权方等信息也不够完善，无法确认版权情况。

第三，在磁带播出时代，一般的节目都是播后入库，即节目首先保障播出，完成播出任务（含重播）之后，磁带才流转到媒资管理部门进行数字化上载，因此造成了时效性的缺失。

第四，内部使用时，对节目资料的价值核算比较粗放，由于缺乏相应的资产评估手段，节目资料的价值难以评估。

随着新媒体时代的到来，电视台积累的丰富的内容资产成为新媒体竞相争夺的价值宝藏，原先以资料存储和生产为主要目的的媒体管理系统面临着向开放提供服务为目的转型需求。只有建立完善的适合市场需求的媒资开发策略，电视台的媒资管理才能真正实现价值，实现从资料到资本的升华。

3　新媒体时代的媒资开发策略

3.1　新媒体时代对媒资开发的要求

与传统媒体时代相比，在新媒体时代人们获取信息的方式和手段也越来越多，电视不再是唯一手段，电脑、平板、手机等多种工具已经占据了受众的大量时间，人们可以随时随地获取信息，参与信息的传播，甚至制造新的信息。因此，在新媒体时代人们对信息的需求呈现出一些显著的特点。

首先，在新媒体时代，要求信息的时效性更强。在海量信息面前，如果不能在第一时间抓住受众的眼球，就会永远失去受众。这是传统电视台的媒资系统需要克服的一个重大问题。

其次，在新媒体时代信息不再是单一的线性传播方式，受众也不再是被动地接受信息。在传播过程中，受众不仅能够选择信息，而且还能够充分参与到信息的再制造过程中，受众参与程度高，传播方向也更加多元，受众不是单一的信息接收者，也是创作者和传播者。

最后，新媒体时代，受众无所不在，遍布全球各个角落，信息的来源也更加丰富和多样化，而且信息也是开放的，可以随时被调看和查阅。

3.2　新媒体时代的媒资开发策略

新媒体的核心是互动、社交、移动、细分和便利，因此必须用全新的互联网思维，从市场需求和产品研发开始，以适应新媒体时代的产品思维来取得作品思维来开发媒体内容资产，才能实现媒资内容的价值转化，才能实现传统媒体的内容制作播出中心向社会互动中心的转变。

作品思维的出发点是作者，需要作者的灵光乍现，核心关注在于作品本身的影响力，实现价值的方式主要靠作品本身；产品思维的出发点是目标市场的用户需求，需要精确的设计和计算，核心关注在于作品是否可以形成一个拥有续集潜力的内容品牌，实现价值的方式是跨媒体和价值链。因此，将传统媒体的媒资内容以市场和用户需求为导向进行产品化的改造和创新，使沉睡的宝藏能够焕发青春，迎合新媒体时代的要求。

开发策略之一：重点节目的重播

热播节目在观众中有强烈的回看需求，将重点热播节目在短时间内进行转码，适应视频网站、移动媒体等新媒体传播方式，将会获得比较高的版权收益。优酷土豆、爱奇艺、搜狐视频等视频网站对在传统媒体播出后引起受众关注的节目有着强烈的需求，在近些年也爆发了版权争夺战。例如，浙江卫视推出的《中国好声音》节目在电视领域创下超高收视率，也成为了人们议论的热点话题，因此搜狐视频斥资亿元独揽《中国好声音》第二季的网络独播权。《中国好声音》与搜狐视频的合作，不仅仅是把搜狐视频作为节目的一个重播平台，不是简单的重播和组合，而是一种传统媒体和新媒体的深度融合，这种融合是因为传统媒体和新媒体在融合中能够创造新的互动形态，在网民的评价中增加传播的广度和深度。这是新媒体时代媒体内容资产的开发策略之一。

开发策略之二：经典节目的升级改造

对原有节目进行重新的切分，将经典节目作为素材加以整合，再加上一些新的制作，可以形成一种新的产品。例如，央视纪录片频道推出的纪录片《春晚》，以2012年央视春晚为切入点，跟踪拍摄春晚的创作过程，同时穿插30年来春晚的变化成长，并融合有关的人物故事，从中折射时代的变迁和社会的发展。另一部纪录片《青歌赛》也是对已经陪伴无数电视观众走过了30年的历史进行了回顾，描绘出30年来中国社会发生的巨大变迁。

开发策略之三：主题资料包的开发——节目资料的新生

对存储的节目资料以主题的形式进行拆分打包，形成主题资料包，这种形式在支持电视台内部节目制作方面已经显现出充分的优势。比如央视音像资料馆制作的奥运会主题资料包、世界杯主题资料包、雷锋主题资料包等，对支持节目制播发挥了重要的作用。适应新媒体时代的需要，可以将这种方式进行扩展以形成新的主题资料库，对库存的媒资内容重新进行梳理和分类，为社会上的节目制作单位或者视频网站的自制节目提供素材，是深度开发媒资内容的策略之一。

紧扣新媒体的特点，利用情报检索和文本挖掘技术，挖掘当下流行或者受众关注的词频较高的"关键词"，对媒资内容进行整理，将这些内容以集群的形式展现在受众面前，特别是在 4G 时代，短视频的主题资料包可以让受众在短时间内对某一热点进行深入的了解，可以满足受众的需求，使节目能够重新发挥价值。

3.3　新媒体时代的媒资产业链

新媒体的异军突起给传统媒体的经营带来一定的压力，单靠广告收入作为核心经济来源的时代渐行渐远，因此打造新媒体时代的媒资开发产业链成为传统媒体脱困的一条必由之路。在国际上，像 INA、迪斯尼等机构已经有多年的媒资开发经营的经验，开发经营收益可以占到总收入的 20% 到 30%，而我国的开发收益不到 1%，这就需要寻找突破传统业务的新的增长点，打造新的媒资产业链。

作为产业链的上游，应该加强版权的管理和规范，为后续的开发提供保障。作为产业链中间部分的媒资管理机构，应该加强资源的梳理，开发出适合新媒体发展的新产品，为下游的广泛需求提供资源，实现媒资内容资源的价值最大化。

参考文献：

[1] "媒体"、"新媒体时代"摘自百度百科。

[2] 石磊：《新媒体概论》，北京：中国传媒大学出版社，2009。

[3] 唐兆琦：《基于新媒体的媒资内容产业化开发》，载《广播电视信息资料论文集（六）》，北京：中国广播电视出版社，2012。

浅谈全媒体内容资产开发

陈　爽（中央电视台音像资料馆，北京 100000）

摘要：媒体内容资产是电视媒体的核心资产，在全媒体环境下，面对来自互联网的挑战，传统电视媒体究竟该如何利用自身的内容优势创造新的价值，如何对库存内容资源进行有针对性的开发，通过创新适应全媒体环境下的版权交易需求，实现内容资产价值的最大化。

关键词：全媒体；内容资产开发；版权开发

人们认为，在视频行业冲击甚至颠覆电视行业的时候，电视台的优势在于强势的内容和强势的品牌，独播战略有利于激励整个行业对优质内容的生产力，可以让电视台把内容和品牌做到极致，在未来的竞争中占有一席之地；但也有人认为收紧版权是一种倒退，降低本来源于市场竞争带来的价值最大化，在移动互联网时代，让自己的内容在这一战略下失去了互联网的影响力。

不论改革面临的网络技术和视频生态挑战有多大，湖南广电明确地向着建立未来媒体生态、一云多屏打造全媒体集团的战略目标前进。在全媒体环境下，面对来自互联网的挑战，传统电视媒体究竟该如何利用自身的内容优势创造新的价值，是值得思考的命题。

1　什么是全媒体

全媒体是一个广泛的概念，是基于数字技术和传播技术的发展，带来的内容融合和产业融合。全媒体的概念可以从以下几方面进行诠释：

（1）在内容方面，全媒体涵盖了一切可能的媒体内容形式，包括视频、音频、图片、文字等等。

（2）在传播介质和传播方式方面，全媒体跨越一切技术承载能力范围允许的传播介质和终端设备，包括传统的纸质媒体和图书、电视机、网站、个人电脑，以及电子阅读器、手机、平板电脑等新型移动终端设备，"无处不在、无所不能"的终端集移动便携、多媒体和互动功能于一身，并使得同时搭载互联网、电信网和广电网的设想成为可能。

（3）在商业模式方面，全媒体环境衍生出复杂多样的全新商业模式，跨平台、跨行业的运营模式，使全媒体不再是一个空泛的概念，而是更加深入和广泛的影响的生活，使人们能够真切地感受到传播方式所带来的变化。在新的商业模式下，媒体的盈利模式不再是简单的"免费内容＋广告"的传统形式，内容资产本身将成为最有价值的商品。全媒体的大环境造就了整个消费模式的转变，多渠道、多入口的用户导入，使得基于开放互联网的购买行为不再是单一的"搜索—浏览—购买"，全媒体让观众在观看节目的同时引发购买欲望和行为成为可能。比如时尚的女观众在观看电视剧时觉得某个女星的连衣裙非常漂亮，就可以直接在观影界面点击衣服的链接，进入该商品页面，满足观众的购买欲望实现购买行为。全媒体环境可以让电视节目通过强大的互动分享功能和社交功能实现与用户的互动，比如湖南卫视的呼啦，就在这方面有不少创新和尝试。

2　全媒体环境下版权内容仍是电视媒体的核心资产

传媒业内容资源完整的产业链链条是从原创内容开始，涵盖了由图书出版、数字出版到影视作品创作、院线、电视、互联网传播以及海外版权授权、音像制品发行、衍生产品开发、各种演出及作品改编、游戏动漫开发、游乐园主题公园等等一系列的开发利用。内容资源完成了第一个生命周期后进入媒资库，之后再进行第二次版权开发，进入新的生命周期。这个链条越长，传播的方式越多，版权内容所产生的效益越高，越能实现版权价值的最大化，而内容则是整个链条的核心。

传统电视台所拥有的海量的内容资产正是新媒体企业所不具备的，一旦针对这些内容进行版权开发和利用，其价值将难以估量。以 BBC 为例，作为欧洲最大的电视节目出口商，BBC 不仅向全球出口自己的节目，还利用全球销售网络与渠道，代理出口其他电视台的节目，其出口量占英国电视节目出口的 50% 左右。2005 年，BBC 共销售 4 万多小时的电视节目内容，销售收入达 1.71 亿英镑，利润达 3170 万英镑。此外，BBC 家庭娱乐产品（含 DVD、录像带、有声读物等音像制品）的经营收入达 1.68 亿英镑，利润为 950 万英镑。

作为亚洲最大、世界一流的视音频内容资源库，中央电视台音像资料馆存储了中央电视台从 1958 年开播以来采制的所有新闻、晚会、赛事、直播、专题片、纪录片、影视剧以及各类栏目的节目内容和拍摄素材，目前已拥有 1 万小时胶片素材、150 万小时标清视频素材、9 万小时高清视频素材，此外还拥有 1.7 万小时的音频资料。坐拥庞大的内容资源，央视音像资料馆已经在社会化服务工作的探索中迈出了坚实的步伐。

3　全媒体环境下的媒体资产开发

数据显示，截至 2013 年 12 月，中国网民规模达 6.18 亿，全年共计新增网民 5358 万人。互联网普及率为 45.8%，较 2012 年底提升 3.7 个百分点。手机网民继续保持良好的增长态势，规模达到 5 亿，年增长率为 19.1%，手机继续保持第一大上网终端的地位。2013 年中国新增网民中使用手机上网的比例高达 73.3%，远高于其他设备上网的网民比例，手机依然是中国网民增长的主要驱动力。

随着移动新媒体在全球范围内的快速发展，在各大视频网站、移动端视频、互联网电视等的夹击下，传统电视媒体以销售广告时间为主要收入来源的商业模式面临残酷而现实的挑战。移动终端的普及、多屏的观看习惯造成的观众分流、新媒体的快速发展和各种玩儿法的推陈出新，让传统电视媒体认真思考什么才是能够创造价值的核心资产。如何盘活电视媒体拥有海量素材资料和版权内容，使其成为全媒体多屏时代的核心内容供应商呢？

3.1　版权管理信息化

中国电视节目版权市场经过多年的发展，形成了一定的规模，但也存在许多缺陷，这些缺陷主要表现为：国内版权意识普遍较为淡薄，电视节目的版权利用率较低；电视台和节目制作机构的大量内容资源造成囤积，节目内容价值被严重低估；版权内容的价值评价标准不统一，节目品质参差不齐；传统方式的节目交流往往与市场脱离。

如何解决媒资库存内容资源的版权使用问题，进而进行开发利用呢？首先就是要进行必要的版权确权清算。针对进行产业化开发的内容资源，进行版权回溯整理，明晰节目资料的版权状况，做到版权管理的系统化、信息化，保证版权内容开发利用的合法性。其次，要建立科学的版权价值评估体系，综合考量各种因素，结合版权市场交易情况制定内容产品的价格。

3.2　内容产品商品化、品牌化

自 2003 年建馆以来，中央电视台音像资料馆运用先进技术和管理理念，自主开发搭建了亚洲一流、世界领先的集节目资料数字化存储、加工、修复、管理和应用于一体的媒资管理系统，依托中央电视台强大的品牌知名度和影响力以及丰富的馆藏内容资源，推进节目资料社会化服务和产业开发，打造出了具有明显竞争优势的央视媒资管理服务品牌。

全媒体时代，版权内容资产本身就是最有价值的商品，媒资管理和版权管理是内容资产实现商品化的基础。版权内容不论是视频、音频还是图片、文字，通过数字化转储、上载、切分、编目等媒资生产和管理流程，实现了版权内容的数字化、碎片化，为其二次开发提供了可能。根据客户需求将碎片化内容打包并进行创新编辑加工，进而制作成为可供销售的内容产品，盘活"沉睡"媒资内容的同时，也将传统电视媒体售卖广告时间的单一盈利模式变为售卖品牌、产品和服务。

3.3　拓展媒资内容产品的市场运营空间

不论是"内容为王""服务为王"还是"客户为王"，能否提供多元化、高品质、符合客户需求的内容都是衡量一个媒体市场竞争力的重要标准。面对新媒体企业对优质、专业内容资源的迫切需求，加强与视频网站、手机视频等新媒体传播渠道的互动，积极促进与行业标志性企业的深度合作，在不断磨合优化社会化服务流程的同时，积累合作经验，深入了解客户需求，完善内容产品开发体系，与合作伙伴共同进行衍生产品开发、APP 合作、电子读物出版等多种形式的开发利用。

3.4　搭建开放的版权交易平台

过去的传统电视产业是由节目生产、内容运营、广告盈利三个环节构成的一个闭环，而今天，则变成了一个复杂的生态圈。想要做大版权市场，仅仅依靠别人的平台"借船出海"是远远不够的。产业化的本质是内容分发，互联网的开放性给版权交易方式的创新提供了无限可能，搭建一个开放的新型版权交易平台，既能作为展示平台和网络销售渠道直接面向全球用户提供产品和服务，又能够依托不断发展的互联网技术以低廉的成本开拓市场。

总之，媒体内容资产是电视媒体的核心资产，对库存内容资源进行有针对性的深度开发，通过创新适应全媒体环境下的版权交易需求，在与新媒体的竞争中发现新的价值增长点，就能够满足客户需求，实现内容资产价值的最大化。

参考文献：

[1] 罗霆．刍议媒体资产管理平台下的版权管理定位 [J]．现代出版，2011（4）．

[2] 李陵书．媒资内容产业化开发的前提：版权确权清算 [J]．中国广播电视学刊，274．

[3] 宋培义．基于数字媒体资产开发的电视内容产业价值链构建 [J]．电视研究，258．

互联网思维下媒资内容产业面临的问题及对策

孙佳玥（中央电视台音像资料馆，北京 100000）

摘　要： 在互联网时代，媒体内容行业面临着巨大的挑战，行业内部竞争愈演愈烈的同时，互联网视频业来势汹汹。如何认识互联网的本质，如何利用好互联网的特质，将帮助整个内容行业快速发展。本文以互联网的四大特性为切入点，结合媒资内容产业的现状，重点研究了内容产业在互联网大环境下面临的问题，并对其运作模式提出建议。

关键词： 媒资内容产业；互联网；视频；渠道；大数据

1　媒资产业运用互联网思维的背景解读

如今互联网科技风起云涌，所有人都深深体会到了科技革命给各方各面带来的巨大改变。无论愿不愿意，所有人、所有行业都已经被这场不可抑制的互联网思维浪潮影响着。换句话说，当互联网技术影响到传统商业层面的逻辑时，我们都必须学会运用互联网的方式去思考问题（互联网思维），才能在泛互联网的大环境下生存发展。

因此媒资内容产业也必须在互联网的背景下，就自身行业的市场、客户、产品等一一进行重新定位。毫不客气地说，现在中国很多媒资内容经营者错误地认为把资源放到网上去展示、去销售就是这个时代的生存法则，实际上这种方式不仅无法实现升级发展，甚至可能使企业整体受到新业务的拖累。笔者认为媒资内容产业必须要非常明了互联网思维的特点，利用好这些特点，才能在日趋激烈的竞争中脱颖而出。

2 互联网思维的重要特性

2.1 富饶经济学的兴盛时代——丰富

在互联网时代，富饶经济学正在取代稀缺经济学模式．富饶经济学假定世界拥有极大丰富的物资，产品需求各不相同，所以根据需求定制的小众产品达到一定规模后，其乘积将会变为可观利润。稀缺经济学在传统商业时代中适用是因为工业社会生产力的局限导致供应稀缺和需求同质化。而互联网的发展正将包括媒资内容产业在内的所有商业带入一个全新的富饶经济时代。"根据摩尔定律等理论，互联网的三大基础要素——带宽、存储、服务器都将无限指向免费"[1]。由于支撑系统的免费导向，使得内容产业供应丰富，传播途径宽广，加之筛选工具的出现，在互联网上的活动都将比传统商业模式更加节省成本。互联网让丰富的供应成为现实，我们可以预见，在互联网经济中，内容产品的垄断生产、销售以及传播将不再可能，成规模的小众产品占据半壁江山将成为内容产业的新业态。

2.2 去中心化的权重结构——平等

作为常识，大家都明晰互联网并不是层级结构，而是网状结构。从网络形态上来讲，跨越各种终端设备的形式界限越来越模糊；从商业类别上来说，电子商务、搜索引擎、电商零售业、娱乐业等都在互联网环境下发展迅速；从受众群体来讲，性别、地域、年龄、职业、受教育程度不同的所有人群都是互联网的一员。需要强调的是，发散性的蜘蛛网结构没有权威性的绝对中心，也不存在权重的不平均。互联网的结构决定了它的内在精神是去中心化，是分布式分散式的平等。这种去中心化的权重结构是互联网兴起的根本原因，也是互联网发展下去的原动力。然而，保持平等这项基本原则总会让初次运用互联网思维的强势媒资内容企业无所适从。内容产业的大佬们无法接受，传统媒体的强势信息源在浩瀚的网络中，变为与其他信息出口并列的一点，地位的巨大差异让传统强者阵痛连连。遵循合理法则才能在互联网时代扎稳根基已不容质疑，如何在中心化的平等模式下经营发展将是媒资行业的重要课题。

2.3 价值取向转变为"网络效应"——开放

在互联网社会，"个人"与"企业"的价值在某种意义上是可以相提并论的，因为整个互联网的价值取向产生了根本转变。连接点的广度和厚度决定了每个个体的价值。连接点越多越广，连接渠道越深入越厚实，这个点的个体价值越大。"这种情况在经济学中称为网络外部性（network externality），也就是所谓的网络效应"。人们生产和使用网络的目的就是为了更好地收集和交流信息，而需求的满足程度与网络的规模密切相关。少数人使用的工具是不能被称之为"网络"的，高昂的成本和有限的信息充满局限性。相反，拥有可观数量用户的"零门槛"互联网，提供了集合所有信息的可能性，即使每个个体只用到网络中的九牛一毛，但是所有资源"天然地"存在于网络中，更多的用户都将获取所需信息，从而形成良性循环，网络的价值将呈几何级数增长。对于媒资行业，开放就成为生存下去的必需手段，只有开放才能获得更多的连接，才有资格谈起"网络效应"[2]。寻求尽可能多的渠道，集合所有资源，不拘小节地占领市场网络中的每个连接点，才能赢得更多关注，获得更大利润。

2.4　人性化的互联网商业思维——个性

互联网时代的商业模式是建立在去中心化的网状结构基础上，因此互联网思维也强调平等、开放的理念。从这个层面上定义，互联网商业是真正的以人为本的商业。平等、开放意味着民主和人性化。互联网时代的商业思维是一种人性化的思维。冷冰冰的工业产品已被市场所淘汰，能满足用户个性化需求的产品，才能击中用户软肋，异军突起。通过广告营销，制造热门商品的套路只在产品初期有成效，接下来的时间里消费者本身的媒介角色将发挥巨大作用，让带着体温的用户体验传播得更广更深，消费者主权时代真正到来，大众将决定产品何去何从。也就是说，在互联网时代，媒资内容产业的根本是用户。只有满足用户需求，关注用户体验，才能获得发展机会，赢得进入盈利期的门票。

3　目前互联网环境下媒资产业发展存在的问题

3.1　产品类型不够丰富

一方面，2008 年底 SMG 旗下"影像志"频道在东方宽频上线启播。"影像志频道是国内音像资料馆首个通过互联网进行资料播映、展示与征集的宽频网站"[3]。然而当笔者点击进入频道页面后发现，全网站只有一档节目，匮乏的内容让笔者兴趣索然，随即退出网站。2014 年，当笔者再次搜索"影像志"频道时，只能在百度搜出寥寥几条"影像志"上线之初的新闻通稿，而频道已经整体下线，成为了历史。总结"影像志"溃败的原因，最重要的一点就是内容过少。美国视频网站 Youtube每分钟就要产生 48 小时的内容，与之相比，我们的影像志频道只能算得上是九牛一毛，而没有大量吸引人的内容，我们又怎能吸引用户。

另一方面，据美国互联网流量监测机构 ComScore 发布数据显示，"2014 年 1 月，独立访客数量排名前十的视频网站中谷歌网站（Youtube 为主）以 1.576 亿独立访客数量居榜首"[4]。其后依次为 Facebook、AOL、NDN 及雅虎网站。而被中国内容产业当作发展标杆的 Hulu（传统媒体作为出资方，所制节目将在电视台自己的网站以及 Hulu 上共同播出）却连前十都没有进入，其业绩已从创建之初一举夺得视频网站行业第二名，下滑到只能在广告视频网站排名中保有一定地位。分析视频网站排名，我们不难发现，排名靠前的 Youtube、Facebook 等全部是互动性极强，靠用户发布、传播视频的网站。依靠传统的电视剧、电影视频内容的网站例如 Hulu 等，近年业绩则在急剧下滑。Youtube 等网站通过用户制作，传播等一系列动作形成的循环系统正在发挥作用，内容越多用户越多，这种自循环体系让依靠传统内容资源的竞争对手一筹莫展。

每一个行业都需要不同类型、不同价位的各式商品来丰富市场，获得客户。国际一线大牌 Prada、LV 等，旗下都拥有几个品牌，开发全产业链，以满足不同年龄、不同需求、不同消费水平的消费群体。同样，如果内容产业只依靠现有产品，只做自己擅长的领域，那么，无论是线上还是线下，依靠手上的筹码都将无法获得用户的关注，更无从谈起占领市场。

3.2　渠道已被互联网视频行业占领

在 2010 年中期就有三家中国视频网站乘着视频行业火爆发展的东风，成为以独立访问人数为统计的世界网站前 50 名。"Google 旗下的 DoubleClick 公布榜单中披露，中国视频网站优酷网日均独立访问人数达到了 8900 万，日均访问量达到了 17 亿，已进入该榜单的前 20 名，成为 Google 榜单内中国视频网站排名最高的厂商。行业排名第二和第三的中国视频网站分别为土豆网（28 位）和 56 网（47 位），另有酷 6 网世界排名第 52 位，成为国内排名第四的视频网站"[5]。

通过上面的数据分析，我们不难发现，视频网站多年沉淀出来的平台优势和技术优势已经在国内形成规模，在今后很长一段时间之内，新生力量如果想通过现有模式获得成功几乎没有可能。其深层次原因主要是，国内一线视频网站都得到互联网大佬们的资金支持和技术支援。拥有国内线路传输和数据分析条件的百度、阿里、腾讯等公司为完整自己的产业链条，纷纷对优酷土豆、爱奇艺 PPS、腾讯视频进行"不差钱"投资。这对于以烧钱著称，且对技术有极高要求的视频行业起着至关重要的作用。经历过 2013 年的并购与投资合作的高潮，中国视频行业格局已基本确立，媒体内容行业即使拥有优质内容和传统媒体的支持，但技术上的落后和资金问题使得内容行业已经在基础条件上处于劣势，加之起步较晚，全行业要想突破重重包围，获取渠道，扮演平台的角色，在短时间内打破现有格局跻身前列，实属不易。

3.3　产业内优质资源较分散，无法形成合力

最近，湖南卫视在微博上转载了湖南广播电视台台长吕焕斌的一段发言："今后，湖南卫视拥有完整知识产权的自制节目，将由'芒果TV'独播，在互联网版权上一律不分销。"[6]这项举措的出台说明整个湖南广播电视台现在已经开始高度重视版权管理，一定要将所有节目版权都要掌握在自己手上，扶持芒果TV杀入视频网站激烈的竞争之中，意在以此打造自己的互联网视频平台。与此同时，2014年6月，秒鸽传媒交易网对外公布其内容库包含海内外众多4K视频素材。据报道，上海东方传媒集团公司与美国创意媒体集团签署了合作协议，这就是秒鸽传媒交易网上大部分4K视频的来源。

以上两个事例的主角看似前途一片光明，然而在笔者看来，无论是芒果TV还是秒鸽传媒都面临着内容匮乏的难题。湖南卫视收紧版权的策略虽然可以扶持芒果TV的业务在短期内成倍增长，然而只依靠自家卫视的内容想与国内大型视频网站抗衡仍然只是一种愿景，湖南卫视虽贵为国内娱乐界一哥，但拥有自主版权且社会影响巨大的节目仍是少数，无法在芒果TV上形成规模效应，况且主动放弃与新媒体合作的举措，也让节目在互联网领域的影响力减弱不少，对节目的营销推广产生一定影响。SMG旗下的秒鸽则想依靠版权代理打出一片天地，然而如果没有自己的特色产品，只依靠国外机构的授权，用户忠诚度就要经受巨大考验。换句话说，传统强势媒体如央视，湖南卫视，东方卫视等，各有各的利益诉求，各自为政最大的隐患就是优势内容无法集中，无法战胜摸爬滚打多年的互联网视频网站。

3.4　闭门自造，与市场需求脱节

传统媒体的拍摄过程包括前期的创作、定档期、选景、拍摄，以及后期的声音、字幕编辑等流程。而对于节目的定位及选题多是依靠前期的灵感及经验预判。而视频网站利用大数据创新自制节目的生产模式则有着很大的不同。关于Netflix的自制剧《纸牌屋》的事例已经被大家所熟悉，基于大数据分析出来的结论使该剧在美国和其他40多个国家引起了观剧热潮，获得巨大成功。中国的视频网站正是遵循这种成功模式开发自己的自制栏目。如果说几年前《青春期》等系列大多是以博眼球的方式获得用户关注，那么现在的视频网站则通过大数据分析，拍摄出不亚于广电

水准的自制节目，甚至返销至星级卫视。

大数据为网络内容生产与传播提供了新的工具与方法，成为行业重要标准。这已经成为视频网站相较于传统媒体内容行业绝对性的先天优势。"'大数据'对于分析观众心理、视频切换频率、节目播出时段选择、广告的收视、节目的'笑点'和'尿点'都具有重要的意义，也可以帮助内容生产者提高节目的质量"[7]。这样极具革命性的技术如果被视频网站等垄断应用，那么传统媒体内容产业将只有死路一条，只有走出固有模式，尝试将新技术和原本的制作优势相结合，内容产业才能生存下去，才能发展壮大。

4　互联网思维下媒资内容产业的运作对策

4.1　产品的多样化

媒资内容行业的发展和优化都离不开内容，因此高质量的内容不仅仅要求视音频具有可看性和原创性，也需要结合时事热点等，开发多种内容产品，除了最基本的资料交易，将素材加工成栏目、加工成素材包等，打造不同价位不同类型的产品都可以帮助行业占领更多市场，不光是自营视频交易网站，其他新媒体领域的视频公司以及传统媒体都将成为我们的客户。

4.2　渠道的多元化

随着"三网融合"的不断发展和4G时代的来临，媒资内容产业正在发生裂变。如果能够做到利用广电网络的直播优势和OTT业务的互动优势，结合通信行业的发展需求，增强用户体验，开发满足多行业大客户（电信、互联网等）需求的全新合作模式，整个内容产业才能够追赶上互联网时代的步伐。

4.3　平台的规模化

中国媒资内容行业在互联网时代发展初期，绝对不能造成三个和尚没水吃的局面，必须采取抱团策略，紧密联系，才能在视频行业已经形成规模的今天抢占市场。只有几大传统强势媒体全部加入，联合行业力量与新媒体领域的强者抗衡，才能共创收益，有赢得可能。假如未来多家内容机构强强联合，扮演大平台角色，汇集一些没能力自建网络平台的二、三线内容机构做区域性播放出口，对新媒体来说将是一次大地震，对媒体内容行业却是一个绝对的利好消息。

4.4　技术的应用化

利用大数据，以用户为中心，开发"称心"的产品已成为发展趋势。通过对大数据的分析，媒资内容机构可以掌握用户的搜索习惯、观看内容、观看视频的时间、地点等信息，从而对资料的"时间长度""内容倾向"等进行统计，对自身产品进行有针对性的调整，打造"边制作边上架"的生产模式，根据用户习惯的不断变换、实现内容的处理调整，真正成为"称心"内容和人性化产品的供应商。

参考文献：

[1] 尼克·比尔顿.翻转世界：互联网思维与新技术如何改变未来：32–47.

[2] 万同海.中国联通移动通信业务价格战略研究，2008.

[3] 骆俊澎.《上海故事》重温上海三十年变迁.东方早报，2008–12–21.

[4] 佚名.报告：2014 年 1 月美国在线视频网站排名.Ebrun 数据（2014 年 2 月 28 日）.

[5] 方堃.中国三家视频网站进入世界前 50 名.网易科技，2010–6–1.

[6] 崔西.湖南卫视扶持芒果 TV 杀入媒体：版权独播不分销.新浪科技.2014–05–09.

[7] 维克托·迈尔 – 舍恩伯格，肯尼思·库克耶.大数据时代：生活、工作与思维的大变革：78–85.

互联网时代的媒体资产产业化开发

王传珍（中央电视台音像资料馆，北京 100000）

摘　要： 当前媒体资产管理工作更多的是侧重于支持机构内部节目制播，处于节目生产服务型业务模式阶段。媒体资产管理市场价值的创造，必须逐步推进媒体资产的产业化。笔者以自身从事的中央电视台音像资料馆节目资料社会化服务工作为例，探索互联网时代媒体资产产业化开发的开放共赢策略。

关键词： 互联网；媒体资产；产业化开发

1　媒体资产管理发展概况

自 2000 年美国 IBM 公司将媒体资产管理系统理念引入中国后，我国媒体资产管理已有 10 余年的发展历史了。

国内电视台和影视机构自 2002 年起陆续建立内部媒体资产管理系统，如中国电影资料馆的捷成媒体资产管理系统、中央电视台音像资料馆的媒体资产管理系统、上海电视台音像资料媒体资产管理系统、辽宁电视台媒体资产管理系统等等。其中国内最大的中央电视台音像资料馆自 2003 年 9 月试运行至今已存储有 1 万小时胶片素材、140 万小时标清视频素材、9 万小时高清视频素材，此外还拥有 1.7 万小时的音频资料。目前，省市级电视台的媒体资产管理系统已在建立阶段，多家 IT 公司（如中科大洋、捷成世纪、索贝、方正、联想等）提供数字媒体资产管理解决方案及与之适配的集成系统。

随着电视台业务系统数字化、网络化发展，面向电视台音像节目资料的媒体资产管理系统从讨论到实践已在各个电视台的业务系统中建立起来。但不同机构媒体资产管理系统的架构各有特点，总体来看，这些已投入使用的或者正在规划中的媒体资产管理系统从应用模式上呈现出以下三种模式：

1.1　资料馆型系统

音像资料馆定位在资料的长期馆藏存储，并面向社会，因此馆藏节目类型较全且种类较多。此外，该类型媒体资产管理系统本职是承担电视台内部资料保存和再利用的业务。中央新影集团媒资项目管理平台、中央电视台音像资料馆以及上海音像资料馆属于该模式的媒体资产管理系统。

1.2　资源共享型系统

资源共享型媒体资产管理系统服务于电视台的各个业务系统，包括节目制作与播出。各系统间的数据交换，格式互转等要求相对较高，数据再利用以跨系统数据交换共享为主。广州电视台媒体资产管理系统、常州电视台媒体资产管理系统属于该模式。

1.3　嵌入式媒资管理系统

嵌入式媒体资产管理系统从系统上应该说是业务系统的一部分，大多与业务系统紧密融合，数据采用共享方式来减少数据传递所占用的时间和网络带宽，并且在数据类型上大多存储半成品或原始素材。这类系统一般是包含在某业务系统内部，直接为该业务系统提供内容存储管理服务的媒体资产管理系统，中央电视台新闻共享系统属于该模式。

2　互联网时代的媒体资产管理

基于内容的海量媒体资源，是推动媒体行业发展的原动力，任何形式的内容都是媒体的核心资产。数字化时代创建了以内容为核心的全新技术，即只需创建内容资产一次，然后就可以以不同的形式，在不同的市场环境下，利用不同渠道，重复对其进行再利用和销售，带来新的增长点和赢利机会。但国内媒体资产管理的应用在一定程度上过于静态和单一，已建成的系统主要是在进行媒体内容的数字化、高/低码率节目内容的海量存储、编目以及其他管理工作，还没有明显表现出巨大的经济开发潜力和社会影响力，离向社会提供内容服务商业化运作还有一段距离。

2.1　互联网时代的开放共赢

2014 年 5 月 1 日，歌华推出 4K 极清宽带电视。4K 极清宽带电视是歌华有线与 OTT 牌照方百视通公司联合推出的，由百视通提供内容支撑。2014 年 5 月 17 日，优酷土豆集团与陕西联通发布"优酷·沃行卡"。该卡是优酷土豆集团与陕西联通共同推出的国内第一款视频付费业务与通信运营商 3G/4G 一体化移动互联网产品。2014 年巴西世界杯狂欢在即，继世界杯特别版上线，推出"球星卡""懂球帝"等多档创意互动活动后，网易新闻客户端再推力作，全国三网范围内推"来网易新闻客户端看世界杯送流量"活动。世界杯期间，符合三大运营商地域要求的网友只需登录网易新闻客户端，输入手机号就可以获取 100M 手机流量。中国人民大学喻国明教授在 2014 第十届中国电视覆盖传播趋势高峰论坛上指出，关系是这个社会最为重要的战略性资源。与过去工业化时代"规模经济"不同，互联网经济最本质的形态是关联经济，分享经济。广电集团与有线电视运营商，在线视频、门户网站与通信运营商之间等各利益相关方之间的合作，都是互联网时代开放共赢的体现。

2.2　媒体资产管理的二次革命

上海音像资料馆的管怡瑾在其《从管理到经营——融和时代媒体内容市场化之探索》一文中提出了媒体资产管理二次革命的概念。媒体内容的数字化是媒体资产管理的第一次革命，它使媒体资产管理完成了从片库存档管理到媒体资产管理系统建设阶段的转变；当前媒资管理工作更多的是侧重于服务内部，要使媒资管理工作实现价值，必须逐步推进内容资产的产业化。基于数字媒体资产管理的价值链体系，以数字资产的流动获得资产使用率的提高；在数字媒体资产内容的重复使用中不断提升媒体资产价值；以新的开发模式再生产与销售新的节目产品来发挥媒体资产的潜在价值并获取经济收益，以社会化供给服务于社会化需求，加速资本流通和媒体交易，这才是媒体资产管理研究的经济意义所在。

2.3　国内媒体资产开发实践

中央新影集团在其"经营历史"发展战略下，从胶片转磁到数字化改造，从利用资料制作相关节目和栏目到开创老故事频道，再到国家影像工程的启动，中央新影集团对媒体资产进行着多层面、多渠道、多项目、多方式的开发经营。2008 年上海音像资料馆在东方宽频上线启播"影像志"频道。"影像志"频道以上海音像资料馆所辖有的上海电视 50 年积累的 60 多万盘的电视节目和 7 万多部珍贵历史影像资料为核心，以 Web 2.0 技术为手段，意在打造国内最大的"影像"视频门户。2013 年 11 月 18 日，中央电视台正式启动了节目资料社会化服务工作，向社会公众开放建台五十五年来积攒的超过 150 万小时珍贵节目资料。

2014 年上半年上海文广旗下秒鸽传媒交易网、长沙广播电视集团旗下节目购等电视节目内容交易平台"抢滩"上市，音像资料的使用和开发成为广电媒体新的经济增长点。"节目购"等网站平台借助"大数据"公司对其客户购买意向、内容、频度、金额等数据进行深度分析，系统研究县、市、省级电视台的内容需求方向和资金承受能力，借此分析和制定出大客户方案和市场定价规则，同时为开展精准营销提供强大的数据支持。创建之初的电视内容交易平台和内容提供商即与"大数据"公司捆绑经营、融合发展，已经成为业界发展的全新特征和趋势。

3　开放共赢的媒体资产开发策略

过去几十年互联网对整个世界带来巨大改变。曾几何时，大服务商想到的是如何黏合更多的用户在自己的田地里，而没有给合作伙伴，或者其他的经营者带来机会，而庞大的用户群在封闭的圈子里需求得不到满足，互联网发展走入囚笼困境。随着互联网开放模式的出现，它便加速渗透到现实经济中了。中国互联网络信息中心（CNNIC）发布的第33次《中国互联网络发展状况统计报告》报告显示，截至2013年12月，中国网民规模达6.18亿，其中，手机网民规模达5亿。移动互联网行业快速发展已成必然，在这场洪流中开放是一个永恒的主题，也是媒体资产产业化发展的一个机会。

回顾媒体资产管理在国内的发展历程，借鉴互联网时代的开放逻辑，现就媒体资产的产业化开发提出下述几点建议：

（1）关系是互联网时代最为重要的战略性资源，媒体资产管理机构应全方位寻求平台战略合作伙伴。

无论是风生水起的互联网电视卡位战、智能电视机顶盒之争还是发展前景无限风光的手机视频，互联网公司、通信运营商、视频网站、传统电视机生产商、手机视频运营商纷纷加入在线视频业务，媒体资产管理机构应在互联网的开放逻辑中逐渐开放内容资源，在全媒体平台上找准自己的位置。运用改变行业规则的不来自行业内而来自行业外的互联网思维，在行业外寻找利益相关者，整合相关资源开展诸如素材资料编辑共享、节目内容多平台分发等多样态的开放式集成业务。

（2）建设节目交易平台，培育节目资料有偿使用市场。

为有效保护电视人辛勤劳动的结晶，确保媒体资产保值增值，促进媒体资产管理工作的可持续发展，必须推进节目资料的有偿使用。媒资资产的产业化要求建立一个全国范围内的节目资料交易平台。新版总局发展研究中心信息所所长李岚认为，中央和地方广电媒体应通过合作打造全国性海量媒资存储、集成、分发和交易平台，重构内容生产、集成和交易体系，形成具备跨行业、跨文化、跨媒体性质的各种形态的信息和内容集合。以此整合电台电视台资源，加快业务流程再造和机构重组。

（3）媒体资产产业化开发不应局限于节目资料的有偿使用，媒体资产管理机构的节目资料数字化转储、视音频资料采集与修复、资料研究等业务应融合接入产业化进程中，实现媒体资产的多元化开发。上海文广旗下秒鸽传媒交易网在世界杯期间推出了"秒鸽世界杯，你的专属前线演播厅"专题，为影视制作机构提供即编素材、即播成片、新闻短视频和定制拍摄四大类服务产品。即编素材产品为客户提供电视播出、纪录片制作、网络视频制作、电影制作、广告制作及各种衍生视频开发等应用场景参考，创造用户需求。

（4）重新定义媒资产业，打造拥抱互联网的新型内容公司。正如贾跃亭用乐视电视颠覆传统电视那样，互联网时期的媒资管理机构应该用互联网产品思维代替作品思维，从电视机构的项目驱动转向用户需求驱动，用大数据技术引领媒资产品的创新，实现真正意义上的广电媒体全产业链的内容开发。

参考文献：

[1] 张增琦：《媒体资产管理在中国》，《视听界》2006年第4期。

[2]http://www.dayang.com.cn/Technologycorridor/technology/2009-01-15/111.html。

[3]http://news.21cn.com/hot/cn/a/2014/0116/20/26068434.shtml。

[4] 朱健：《媒资内容产业化的前提：资产评估》，《视听界》2011年第5期。

[5] 唐兆琦：《媒资内容的产业化开发初探》，载《广播电视信息论文集（七）》，北京：中国广播电视出版社，2013。

打造电视媒体内容资源产业链，
形成新的经济增长点
——以中央电视台音像资料馆为例

王　晶（中央电视台音像资料馆，北京 100000）

摘　要： 发展文化事业和文化产业，也是国家媒体的责任和使命，也是中华文化的传承和传播。大数据时代，电视媒体如何利用其自身的内容资源优势，在保持"内容为王"的前提下，进一步开发内容版权价值，实现产业和经营上的新突破，需要从加强战略规划、丰富馆藏资源、整合内部资源以及搭建内容发布平台等方面下功夫。

关键词： 内容资源；产业链；经济增长

1　背景及意义

2014 年 7 月初，清华大学国家文化产业研究中心发布《世界数字内容产业研究报告 2014》。2013 年全球数字内容产业的总体规模达 570 亿美元，同比增长 30%。其中，中国、巴西等金砖国家凭借用户市场优势成为全球增长点。本文将从政策层面、行业特点、媒体环境、技术发展等方面，对媒体内容产业背景进行分析。

1.1　政策背景：党的十八大深化文化体制改革，促进了文化大发展大繁荣

2014 年 2 月 28 日，习近平总书记主持召开中央全面深化改革领导小组第二次会议，审议通过了《深化文化体制改革实施方案》，新一轮文化体制改革开始进入全面实施阶段。中央文化体制改革和发展工作领导小组办公室主任、中宣部副部长孙志军表示，文化中的"魂"与"体"应该相结合，社会主义核心价值观是文化之魂，文化事业文化产业是文化之体，最终的目标就是"强魂健体"。

为响应党中央号召，中央电视台将以促进文化事业全面繁荣，推进文化产业快速发展，创作更多符合社会主义核心价值观的精品，满足人民群众日益增长的精神文化需求为指导方向。音像资料馆将基于丰富的音像素材，为节目制作播出服务，继续发挥党的喉舌功能，巩固马克思主义在意识形态领域的指导地位，巩固全党全国各族人民团结奋斗的共同思想基础，弘扬优秀文化和社会正能量。

1.2 行业特点：电视内容产业快速发展，节目成片和节目素材交易市场有待完善

电视内容产业是社会主义文化市场的重要组成部分，它的发展和完善对于文化市场和社会主义精神文明建设的发展具有重要意义和积极影响。但是目前我国电视节目的生产、交易、播出与管理，并没有完全按照文化产品的特点和规律运行，没有形成完整的电视内容产业链。因此，研究电视内容产业的规律，建立开放、竞争、有序的节目市场，打造完整的内容产业链条，是我国电视行业在互联网时代平稳过渡的迫切需要。

1.3 媒体环境：在线视频行业发展突飞猛进，为广电媒体带来冲击

随着互联网技术的发展和网络带宽的提升，网络视频数据量呈爆炸式增长。随着互联网的普及与三网融合的发展，互联网的内容越来越丰富，并且比传统电视灵活，人们的娱乐方式随之改变，越来越多的年轻人已经形成通过网络及其他新媒体平台观看在线视频的习惯。在线视频网站的表现日益突出，行业内竞争日趋激烈。大数据时代的在线视频网站，正在挑战广电媒体。

1.4 技术发展：视频行业发展势头强劲，移动视频成 4G 最大利好

4G 新技术为移动互联网及移动视频的发展提供了最有利的技术条件，互联网电视集成牌照商、电视机和机顶盒终端厂商、PC 视频服务商等纷纷涌入互联网电视产业，抢占移动网络入口。从移动视频行业来看，市场已经完成培育期，用户习惯从传统 PC 逐步迁移至移动设备。就现有的移动互联网应用来看，4G 首先利好的就是移动视频。因为在 3G 状态下，人们多是在 Wi-Fi 状态下看手机视频，而随着 4G 的到来，人们将可以真正在"移动"状态下观看手机视频。

1.5 自身条件：中央电视台音像资料馆馆藏海量内容资源，开发价值无限

中央电视台音像资料馆作为亚洲最大的媒体资产管理机构，也是世界一流的视音频内容资源库，目前拥有 1 万小时珍贵的胶片素材、160 万小时标清视频素材、

9万小时高清视频素材，此外还有1.7万小时的音频资料。经过10年的努力，音像资料馆依托中央电视台庞大的内容资源，自主搭建了集节目资料数字化、加工、修复、管理和应用于一体的媒体资产管理系统，通过大规模的数字化加工，已形成89万小时的节目资料数据。

如此丰富的馆存资料如果可以开发利用好，让这些文化瑰宝"活"起来、"动"起来，就能更好地为公众服务，使大众能够方便、快捷、全面地共享这些文化资源。为此，我们急需"激活"这些沉睡于仓库的文化藏品和作品，以更好地实现中华文化的传承和传播，提高全民族文化素质修养，弘扬中华文明。

2　现状及问题

一直以来，电视媒体受其传输技术特征的制约，盈利模式较为单一，形成了对广告收入的高度依赖，再加上新媒体营销价值的不断提升，电视媒体面临内忧外困的尴尬局面。

2.1　广电媒体囿于单向传输技术壁垒，不能满足媒体社交化发展的需求

社交媒体已经覆盖人们日常生活的各个方面，并正改变人们寻找和分享信息的方式和相互交往的手段。人手一部智能机，不仅只是增添了无数个收视终端，也因此多了无数个"自媒体"平台。伴随着新媒体的出现，人们的收视习惯和收视心理已然发生了变化，电视的"垄断霸主"地位也随之改变，人们不再是被动地受制于传统电视台的排播计划，可以根据自己的口味和喜好自主地选择，依靠"强制式""植入式"的传统电视媒体逐渐陷入了困境。

2.2　新媒体营销价值提升，电视台要逐渐摆脱对广告收入的高度依赖

新媒体的快速发展，严重影响传统媒体的广告收入增长。据艾瑞咨询公司统计，2006年中国网络广告总体收入是60.7亿元，到2013年已经达到了1873.2亿元。新媒体内容更富创意，互动性也强，广告投放更加精准，使得移动媒体营销价值不断提升。因此，新媒体抢夺了传统媒体的大量广告商。广告主逐渐消减了传统媒体的营销费用的投放。

在当前多媒体竞争时代，广电媒体单一依附广告收入的盈利模式已经不能应对新形势的挑战，对"广告收入"的高度依附势必增加媒体经营风险，限制了传媒产业的可持续稳固发展。从产业的角度看，电视内容产业要想盈利，在保持"内

容为王"理念的同时，就必须建立整体营销的理念，走多元化经营道路，努力实现"N次售卖"，以便缓解媒体经营的成本压力，扩大盈利空间。

2.3　内容产业快速发展，内容资源亟待深度开发

电视媒体的内容资源还没有被大规模产业开发，有关内容产业的发展自我认识严重不足。目前，在电视产业发展过程中，内容资源是传统媒体最重要的文化产业资源，但是，内容资源的产业开发尚未引起足够的重视。

要想推动中央电视台媒体市场的可持续发展，在做大的基础上还必须做强电视内容产业，构建完善的内容产业链。要逐渐培养把电视节目播后的衍生产品视作"内容产品"的思想意识，依托丰富的馆藏资源，建立适用于多终端、多平台的内容产品，在提升内容服务的同时开展市场化运作。要围绕电视内容产品的研发、生产、销售及配套服务，形成一条完整的电视内容产业链。

2.4　体制、机制尚未理顺，限制了媒体内容产业的发展

单从业务链条来看，媒体资产、版权运营、产品开发形成了一个完整的业务流。版权在媒体内容产业的运营过程中也发挥着重要的作用。但是，由于目前在很多电视台中，体制、机制还没有完全理顺，内部的部门之间尚未形成合力，在满足市场对内容产品需求的过程中，运营中的流程不够灵活，提供内容产品服务反应速度相对滞后，用户购买体验不佳，造成部分客户群的流失。

要实现快速灵活、能够充分满足市场的内容产业化运作流程，从业务管理机制上讲，就要对内容资源管理、版权管理和内容开发三个管理机构统一整合，集中管理，从而实现内容产品服务的高效运转。

3　打造内容资源产业链，形成新的经济增长点

中央电视台制定了建设国际一流媒体的发展战略，音像资料馆也始终坚持"支持制播、服务社会"两手抓两手硬，"两个轮子一起转"的原则，不断地提升媒体资产综合管理水平，做大做强媒体资产事业。如何打造和完善电视内容产业链，使其成为电视媒体新的增长点，是我们亟待解决的问题。

3.1　理清发展思路，加强战略规划

要将电视内容产业做起来，就必须围绕电视内容产品的研发、生产、销售及配

套服务建立一条完整的电视内容产业链。对于社会用户，音像资料馆定位于"电视内容提供商"，为其内容产品服务，内容产品的商业化运营能促进内容产业的规模化发展。

与此同时，在电视内容产业化过程中，必须处理好几个关系：放开经营与加强管理的关系、商业运营与行政整合的关系、短期效应与品牌战略的关系、内容垄断与市场竞争的关系、社会效益与经济效益的关系、电视内容与传输渠道的关系、内容原创与内容集成的关系以及规模经营与优化配置的关系。要考虑清楚电视内容产业发展的层次和要素，充分发掘节目资料的潜在价值，整合现有资源，发挥自身优势，做好技术适配，努力转变为支持制播的强大后盾，并成为央视事业产业发展新的增长点。

3.2　丰富馆藏视资源，推进内容的数字化工程

音像资料是中央电视台产业发展的核心资源之一，中央电视台自 1958 年成立，积累了大量的珍贵视频素材资料，这是中央电视台的资源宝库。音像资料馆采用先进技术和工艺流程，建立起大容量的数字化加工处理系统。通过几年来的大规模的磁带回收和清理工作，极大丰富了馆藏资源，使之成为亚洲最大、世界一流的媒体内容资源数据库。音像资料馆将继续开展电视内容数字化工程，扩充视频内容数据库，为了便于用户使用和检索查询，根据不同的内容类别，建立不同的主题数据库。

3.3　完善流程和标准，发挥指导和示范效应

经过 10 年的努力探索和实践，音像资料馆在诸多方面实现了媒体内容资源管理上的突破和创新，自主研发了视音频资料编目细则和媒体内容价值评估体系，这些规范兼具系统性、科学性、实用性，在行业内有指导和示范的效用，被很多地方电视台所效仿。

其中，《中央电视台音像资料编目细则 3.0》制订的编目标准，经受了五年编目生产实践的检验，具有极强的可操作性，具有"一套体系，普遍适用"的特点，是指导行业实际业务工作的标准性文件。内容资产价值评估，一直是业内的难点。音像资料馆经过多年的数据积累、数据分析和数据挖掘，在充分调查研究全行业分类案例的基础上，结合社会化服务实践的经验，构建了视听资料价值评估体系，填补了国内外视听资料价值难以标准化评估的空白。视听资料价值评估体系的构建，为广播电影电视行业视音频资料的价值评估提供了科学化、标准化的方法。

3.4　整合版权资源，搭建内容发布平台

在"十三五"期间，音像资料馆规划建立内容分发平台系统。内容分发平台以打造中国最大的网上数字版权交易平台为目标，为版权方和版权使用机构搭建起一座有效的交易桥梁。作为媒资版权交易平台，中央电视台拥有先进的技术保障，可以为版权方提供数字化储存、分类、版权确权、授权和维权的一系列配套服务。通过媒体内容分发平台，数字版权发行的效率也会比传统线下发行有很大的提升，同时解决了原先拷贝磁带、刻录光盘递送版权产品而带来的时间滞后难题。

内容分发平台基于强大的云技术，整合海量的信息资源，实现智能搜索和定制化推送，独创更高效高质的创收能力。汇聚全媒体音视频版权内容，全面覆盖电视台、视频网站、新媒体、制作机构、传媒公司、政府机关等上下游产业链，提供版权信息、咨询、服务和交易的一站式综合交易平台。

3.5　加强资源整合，促进机构整合

首先，整合地方电视台的资源。为了更好地服务党和国家的工作大局，要加强对地方电视台资源的整合，特别是地方的时政类新闻素材，把一些地方重要领导干部的资料进行回收，并进行数字化的处理，并建立专门的资料库。

其次，理顺电视内容产业化流程，整合相关的业务机构。2014 年，上海文广率先进行了内部机制调整，对内容资源管理、版权管理和内容开发三大业务板块的深度改革和统一整合，成立了 SMG 媒体内容资产与版权管理中心，通过统合业务链条和集中统一管理，将从根本上理顺媒资、版权和开发的业务流关系，从而实现内容资源服务社会的高效运转。

面对内容产业的快速发展，传统的电视媒体需要进一步发挥自身优势，利用新的技术手段，实现内容资源的效益最大化，以此摆脱对广告收入的长期依赖，实现新的产业上的突破，形成新的经济增长点。

参考文献：

[1] 宋建武：《媒介经济学》，北京：中国人民大学出版社，2006。

[2] 宋毅：《电视内容产业的全媒体转型及增值运营模式初探》，《中国广播电视学刊》2012 年第 11 期。

[3] 魏文彬：《值得一读的"电视内容产业研究三部曲"》，《湖南日报》，2011 年 7 月 12 日。

深耕细作 延伸价值

——浅析全媒体时代的媒资内容产业化开发

舒 凤（上海广播电视台版权资产中心，上海 200000）

摘 要：随着传媒行业的发展和全媒体时代的到来，广播电视台媒体资产管理的发展已经从节目数据量的扩张走向内容产业化的开发。在多种传播终端并存的全媒体环境下，广电传媒必须深入挖掘媒资内容更大的社会经济价值，实现节目版权资源的多媒体传播、多渠道营销和多层次开发，形成在全产业链上的内容资产价值最大化，使媒体内容资源回归到传媒发展的战略层面。本文通过具体案例，对全媒体生态下的媒资内容产业化开发如何破局做一些粗浅的思考，以期抛砖引玉，共同推进媒资内容产业化的发展。

关键词：全媒体时代；版权管理；版权运营；社会化服务

在全媒体时代，内容本身就是商品。作为文化产业链中的广播电视节目资源，正在由"库存产品"向"增值商品"转化。随着三网融合的不断推进，如何将巨大的媒体内容资源经过节目碎片化、素材再加工、内容挖掘等手段进行更加精细的划分与运作，使媒体内容资产在多种传播终端并存的全媒体环境下实现多维价值，为社会提供个性化、分众化、专精化的文化产品和服务，是我们需要思考的课题。

本文主要以上海广播电视台、上海广播影视集团有限公司（以下简称 SMG）的媒资内容产业化开发为实例，共同探讨全媒体环境下媒资内容的产业化开发。

1 兵马未动，粮草先行——做好版权管理，夯实全产业链的产业前端

近年来，SMG 非常重视版权工作。早在 2009 年 6 月，SMG 就成立了版权中心，

成为首家成立版权专门机构的国内地方媒体。SMG 版权中心构建了一整套长效、科学和系统化的版权管理机制，逐步实现从简单的节目信息使用向系统版权管理乃至市场化版权经营开发的转变，为企业发展注入了新的竞争力。2014 年初，SMG 将旗下的版权中心与媒体内容资产管理中心合并，成立新的版权媒资管理部门——版权资产中心。把节目版权信息管理系统与原媒体内容资产中心的节目信息系统加以结合改造，进一步让版权管理、版权经营规范化、合法化。

2014 年 7 月，SMG 正式颁布下发《SMG 版权资产管理办法》《实施细则》及《版权资产管理考核方案》，确定版权资产中心作为全台版权工作的归口管理，负责统筹、协调并处理涉及版权相关的各项事务，以及负责统一管理媒资生产全流程。在《办法》与《实施细则》中明确，版权管理实施归属权、管理权、经营权相对分离原则，版权的开发将贯彻"三次价值开发"的理念，深入挖掘版权价值。

环顾当今传媒产业的发展，版权毫无疑问已成为内容产业的一大突破口，广电传媒未来发展的关键在于创造真正有价值的核心版权。因此，只有不断加强和完善广播电视节目版权的管理，并利用版权保护来规范版权市场，拓展版权服务的举措，提升创造版权价值的能力，才能为释放广电传媒的版权价值奠定基础。

2　拓宽渠道，创新行销——建立版权运营模式，打造数字版权交易平台

传统媒体的主要收入来源是广告。2013 年，受网络视听业务快速增长、新媒体广告业务分流的影响，传统广播电视广告收入的增幅大幅下降。据统计，全国广播电视行业 2013 的广告收入约 1302 亿元，比 2012 年的 1270 亿元增加 32 亿元，增幅仅为 2.52%，较 2012 年 13% 的增幅降低了近 11%。传统媒体面临广告收入日益减少的现状，必须正视单一盈利模式带来的弊端，挖掘新的盈利增长点。

在全媒体时代下，版权资产将成为广电传媒新的经济增长点。广电传媒应积极践行变"资料"为"资源"、变"资源"为"资产"的理念，推进媒资内容的产业化开发，建立版权运营模式，搭建节目版权交易平台，促进媒资内容价值的最大化和可持续发展。

2014 年，SMG 推出了数字媒体版权内容综合交易的第三方电商平台——秒鸽传媒交易网。该网站依托云媒体技术，汇聚全媒体音视频版权内容，全面覆盖电视台、视频网站、新媒体、制作公司、传媒公司、政府机关等上下游产业链，为版权方和版权使用机构搭建起一座有效的交易桥梁。通过整合海量的信息资源，实现

智能搜索和定向、定制推送，为版权方提供数字化储存、分类、版权确权、授权和维权的一系列配套服务，最终实现版权交易的全媒体化与全球化。

自平台建立以来，SMG一直注重国内外上游版权方和下游用户的拓展，除SMG自有版权产品外，台湾的久升音乐、上海的路克文化都已经以旗舰店方式入驻。国内一些知名电视台的媒资及版权部门、制作公司等也已表示了合作意向。2014年3月，SMG与美国创意媒体集团（CMG）签署了战略合作框架协议，其中最大的亮点是，CMG旗下的版权经营平台Stockfootage和另外37家美国视音频和图片公司组成联合体，入驻秒鸽传媒交易网。这次合作，为秒鸽传媒交易网的版权仓库增加了1600多万条版权产品，其中还有大量目前国内稀缺的4K类短视频，加上秒鸽传媒交易网本身拥有的大约94.5万件SMG音视频产品、之前其他国内合作方进驻的产品，秒鸽网或拥有目前国内最大、版权清晰、可供交易的短视频产品仓库。

版权清晰的短视频交易在网络平台销售，海外已经十分成熟。一般来说，参加交易的短视频规格在8秒到30秒之间，大部分在拍摄时加入了技术创新元素，具有内容的独特性和稀缺性，在海外已广泛应用于影视剧生产、广告创意产品设计等。通过网上交易平台，数字版权发行的效率可以比传统线下发行有很大的提升，同时解决了拷贝磁带、刻录光盘递送版权产品而带来的时间滞后难题。广电传媒应加大海外拓展以及推广力度，借力优秀版权节目以及数字版权交易平台，进一步实现"文化走出去"。

3　深度互动，资源共享——创新社会化服务方式，推进媒资内容的多元开发

近年来，随着传播技术的革新，以网络为平台、多屏为终端的新媒体传播方式发展迅猛。在此背景下，广电媒资管理机构可借助多种媒体传播渠道发布馆藏信息、资料编研、特色活动等内容，积极探索对外服务模式和产业链拓展，对媒资内容进行社会化服务的多元开发，担负起为社会各界提供专业化的音像资料研究与服务的责任。

3.1　面向公众的多媒体传播平台

2009年7月，上海音像资料馆开通官方网站（www.sava.sh.cn），全面呈现珍贵馆藏和研发成果，对外提供库藏节目及素材目录的检索服务。2014年，为了更好地服务大众，我们对上海音像资料馆官方网站进行了改版。精心设计的"音像主题

展示""企事业音像库""专业音像服务""网上音像播映""我的音像资料"等
专栏，进一步凸显了上海音像资料馆的特色，全方位展示了特色馆藏，提升了上海
音像资料馆的社会服务能力。

2014年3月，上海音像资料馆推出微信公众平台和新浪官方微博，即时推送上
海音像资馆官网上的经典资料。用户通过添加微信公众号"SMG-SAVA"和关注新
浪微博"上海音像资料馆官网"即可在无线端和PC端与上海音像资料馆进行零距
离接触。除此之外，我们还组建了"资料搬迁队"网罗全媒体资料，定期推介独家
资料、新潮观点、历史记忆等主题内容，不定期还有广播电视主持人跟用户进行语
音互动。通过这两个平台，上海音像资料馆可以和用户实现文字、图片、语音、视
频的全方位沟通和互动。

3.2　对非物质文化遗产的传承

国家"十二五"规划中明确指出要推动文化大发展，加强文化遗产保护传承与
利用，其中重点指出了对非物质文化遗产的保护传承。

2014年5月，SMG版权资产中心的"2013年上海老科影人口述历史抢救工程"
项目入围了国际电视资料联合会（FIAT/IFTA）2014年最佳资料保存奖。该项目以
保护非物质文化遗产的高度，通过对一批老科教电影人的口述视频拍摄，在保存资
料的同时重现了上海科教电影60多年来的光辉岁月，也使老一辈科教电影人的精
神得到了发扬和传承。自2006年启动"口述历史"工程后，我们相继完成了"上
海老艺术家口述历史""上海老广播电视人口述历史""上海重大工程建设者口述
历史"等十余个专题，对600多位口述者的拍摄，初步形成了国内最大的人物口述
资源库。

"口述历史"被认为是当代人能够留给后代的最珍贵的礼物。伴随着广电传媒
的产业化变革，媒资内容管理者可将这些口述访谈与历史影像相结合，制作成全媒
体传播的系列节目，通过广播电视以及新媒体渠道进行播放，使非物质文化遗产以
一种全新的方式展现在大众面前。

3.3　以影像资料服务社会

依托丰富的音像档案资源，以影像资料服务社会，对馆藏资料进行深入挖掘和
梳理，积极开展面向社会的主题播映和文化宣传工作，是媒资管理机构承担的社会
服务职能。长期以来，SMG版权资产中心通过举办各种主题的播映活动，将"影
像的力量"传递给了更多的人。

比如，为纪念联合国教科文组织倡导的"世界音像遗产日"而举办的历史影像播映活动，通过播放从民间渠道采集的有关 20 世纪 30 年代上海石库门弄堂生活的私家电影胶片，仅 10 天播映视频点击量就近 5 万次，从而在会场内外、网络上下，乃至媒体与社会上掀起了一股"寻找老上海生活记忆"的热潮。播映会后，SMG 的编研人员还把经过编辑、压缩、加上字幕的低码流视频上传到微博、微信等网络平台上，通过共享来实现媒资的价值，更好地服务社会。

参考文献：

[1] 王旗：《电视媒体，转向何方——谈全媒体、全产业链的媒资与版权管理》，《青年记者》2014 年第 6 期，第 83-85 页。

[2] 王天霜：《内容资产版权的多重盈利空间》，《视听界》2014 年第 2 期，第 88-90 页。

[3] 陈峻、张佳：《打造以版权管理为核心的云媒资平台——探索版权资产精细化管理的思路》，《中国广播电视学刊》2012 年第 11 期，第 40-42 页。

[4] 朱健：《试论数字时代电视台媒资产业化开发》，《新世纪图书馆》2013 年第 11 期，第 76-78 页。

运筹数据之中，决胜千里之外

——浅析"大数据"时代媒体内容资源的开发与服务

段承敏（SMG版权资产中心，上海200000）

摘　要： 在三网融合的大背景下，传媒行业自身的产业化变革是必然的发展趋势。要在竞争激烈的市场中保持快速发展，信息数据资源的整合与优化配置、存储与数据共享越来越重要，信息数据处理效率和能力也直接影响未来媒体的生存与发展。面对"大数据时代"的到来，如何把握机遇促进媒体内容资源的开发与利用，盘活内容资产与促进产业化进程，成为了传媒业急需总结经验、凝聚共识和努力探索的前沿课题。

关键词： 大数据；内容资源管理；数据收集；数据分析；数据运用；媒资服务

近年来随着全球信息化的飞速发展，数据已经渗透到当今每一个行业和业务职能领域，成为现代企业组织的重要生产因素和战略性资源。人们对于海量数据的收集、挖掘、分析和运用的能力已成为现代企业提高其核心竞争力的重要手段，"大数据"的兴起成为信息化发展的新方向，将注定带来传媒业新的革命。与此同时，在三网融合的大背景下，传媒行业自身的产业化变革是必然的发展趋势。要在竞争激烈的市场中保持快速发展，信息数据资源的整合与优化配置、存储与数据共享越来越重要，信息数据处理效率与能力也直接影响未来媒体的生存与发展。面对"大数据"时代的到来，如何把握机遇促进媒体内容资源的开发与利用，盘活内容资产与促进产业化进程，成为了传媒业急需总结经验、凝聚共识和努力探索的前沿课题。

本文主要以上海文化广播影视集团有限公司（以下简称SMG）内容资源管理为实例，旨在对"大数据"时代环境下广电内容资源管理如何破局做一些粗浅的思考，以期抛砖引玉，共同推进媒体内容资源管理的发展。

1 海量真实数据的收集是"大数据"时代媒体内容资源开发的前提和基础

"大数据"时代的今天，数据已经成为一种新的资源类型，成为企业发展和经济增长的重要因素，谁拥有最丰富、最核心的资源，谁就能在未来市场上占据先机。相比互联网等其他行业，广电媒体所拥有的资源是几十年积累下来的具有可视性可听性的立体内容数据，更加形象，更具独特性。因此，如何发挥广电媒体在内容数据上的既有优势，加强对分散的音视频资源的凝聚力和整合力，将自身打造成为海量音视频数据的"大本营"和"把关人"，成为每个媒体内容资源管理者需要思考的问题。

1.1 汇聚精华——做媒体内容资源数据的"大本营"

"大数据"时代的媒体内容资源开发建立在海量元数据收集与汇总的基础之上，数据量的多少与可利用性高低直接影响节目制作和决策方向。如果数据收集不够全面、数据量不足，就很有可能造成分析结论的偏差甚至错误。因此，广电媒体在对内部资源整合开发的同时，也应努力拓宽媒资建设的内容来源渠道，引入外部全媒体内容资源，实现内容的有效补充与全面开发。这也要求广电媒体打破以往各自为战、闭门造车的局面，以海纳百川的胸襟广泛收集同行业、各类媒体乃至社会各领域内容数据资源，把这些优势资源整合起来，建设和完善专业化、规模化、现代化的内容数据库，不断夯实数据基础。

SMG 版权资产中心从 2011 年开始了世界范围内的"上海珍贵历史影像全球征集"活动，几年来不仅初步建构了覆盖全球的资料采集网络、丰富了内容数据，密切保持着与海内外专业影像机构的深入合作与共享。更为重要的是开拓了潜力巨大的民间采集渠道，深入蕴藏丰富的民间收藏领域，发现追踪上海珍贵历史影像的线索，许多纪录有参与集会、出外郊游、婚礼、寿诞等个人和家族日常活动相关的内容资源被发现和收集。梅兰芳、黄炎培、刘海粟等诸多知名人物都出现在民间影像中，有力的补充了内容数据资源，大大丰富了馆藏名人数据库。与此同时密切加强与政府、高等院校、科研机构的数据共享，先后开展与张家港建设局、苏州大学、嘉定档案馆等单位的数据交流与合作，实现了音视频资源的共享。中心还充分发挥自身媒资数据管理上的经验和优势，为相关机构量身订做了上海艺术研究所信息资源管理系统和上海非物质文化遗产中心资源管理系统等互联互通的内容数据库，加强彼此之间的联动与协作，努力打造上海媒资数据的"大本营"。

1.2　去伪存真——做媒体内容资源数据的"把关人"

"大数据"分析的前提是原始数据的准确性，但在自媒体时代，各种虚假、伪造的信息遍布网络、鱼目混珠，必然会影响数据分析的结果。随着信息量的猛增，对"大数据"进行处理时，一个能够提供甄误、鉴别、筛选各类数据的专业而可靠的"把关人"呼之欲出。

"把关人"是研究传播过程的一个核心概念，传播学认为"把关人"在传播者与受众之间，发挥着疏导或抑制的作用。传统广电媒体在信息采集核实、分析解读等方面，有着新兴媒体无法比拟的优势。经验丰富的内容资源管理者可以依托权威的信息渠道，核实真伪、规范流程、去粗取精、筛选过滤，做海量媒资数据的内容"把关人"，确保收集到的内容数据真实准确、全面客观。为专业化的媒资生产，优质的媒资产品和多档次、多功能的信息服务打下良好的基础。

2　数据挖掘与分析是"大数据"时代媒体内容资源开发的核心

"大数据"的战略意义不仅仅在于掌握庞大的数据信息，更为重要的是对含有意义的数据进行专业化分析，挖掘出内在的关联。可以说数据分析是"大数据"发挥作用过程中的决定性因素，也是"大数据"时代发挥数据价值的最关键环节。媒体内容资源产业化发展的关键在于提高对数据的分析能力，通过分析进行音视频数据的重组与聚合，实现数据的增值与服务。因此需要内容管理者深耕媒体内容、提炼关键数据，从纷繁复杂的数据中寻找灵感，去发现其中的意义。

2.1　数据分析揭示媒体内容资源的深层价值

数据分析可以延伸内容中单一事件、现时信息的意义，拓展内容的时空范围，深化对内容事实的认知，发现表面内容中不能体现的逻辑，从而挖掘内容的深层价值。比如 SMG 为纪念邓小平 1978 年扩大派遣留学生指示而制作的《"海归中国"大型媒体行动》，节目围绕中国留学状况、海归回国现状、创业就业情况等内容资源数据展开挖掘与分析，以海归视频案例"大数据"为基础，全面呈现海归发展报告。但它呈现的不只是炫目的可视化数据信息，而且还从"大数据"中找到与改革开放、经济腾飞、中国发展的内在联系，展开更深层次的探讨。

这些海归媒资数据是中国改革开放的证据之一，它也表明中国的经济发展带来的社会变迁：中国经济 30 多年来的飞速发展，已经造就了一个从走出去到走回来的历程，带动了全球人才流动，因此出现了海归的大幅增长，使得新闻又有了经济指向标的价值。从时代进步与发展的更深层次来分析，这些案例数据是一个独到的对建国 65 周年的解读，展现那些奋斗、奉献在迈向"中国梦"伟大进程中的当代海归风采，又可以成为建国专题片的组成部分。

2.2　数据分析指导媒体内容资源的合理建设

传统媒体内容资源开发建设的依据往往只是管理者视角单方面揣测内容重要性或随机采访、使用调查等形式的个体样本，而"大数据"则有能力获取"总体样本"，通过分析所有用户的需求和兴趣，从而得出内容价值的准确判断，能够有力的指导媒体内容资源的合理建设，满足用户个性化、差异化的内容需求。

表 1　世界杯观众性别分布

	小组赛	1/8 决赛	1/4 决赛	1/2 决赛	决赛
四岁以上所有人	100	100	100	100	100
男	148.3	148.4	148.3	145.1	143.2
女	49.3	49.4	49.4	52.8	54.7

通过历届世界杯观众分布的大数据分析图，我们会惊讶地发现，在传统印象中足球这一男人的游戏也吸引了相当数量的女性的关注。而且随着比赛赛程的深入，女性观众数量和比例也在不断增加。针对这一分析结论，SMG 媒资生产与聚合也立刻进行了相应的调整，推出了大量吸引女性关注的特色主题内容包，如《帅哥球星盘点》《参赛 32 国美食》《世界杯中的时尚元素》《女生世界杯须知》等，改变了以往纯足球的世界杯资源开发风格，在世界杯中这些主题内容包在电视上的展示帮助上海体育频道成功增加了大量的女性收视人群，并且引发了球迷的热烈讨论。同时为了让比较专业的球迷能有更直观深入的了解，还通过"大数据"对馆藏的上千场比赛及球员生活进行提炼，将各队核心球员的技术特点、惯用脚、标志动作、脾气性格、身体特征、服饰发型、家庭状况等细致入微的内容都一一呈现，用视频数据说话，让观众眼前一亮。

3　庖丁解牛、触类旁通——数据运用是"大数据"时代媒体内容资源服务的重要方式

伴随着"大数据"时代的蓬勃发展，媒体内容资源服务的领域已不再像从前仅仅局限于节目制作与宣传需要，而是拓展到了社会生活的方方面面。媒体内容资源

开发的重点从素材的开发转向潜在的数据运用，解读、运用数据成为媒资管理者所必需的技能。而如何发挥广电行业的内容数据优势，针对不同行业特点进行媒资服务产品的开发成为了函待解决的重要课题。

近年来，SMG 版权资产中心对包括教育、医疗、信息咨询等领域的媒资服务产品提供进行了有益的尝试，摸索出了一套从媒资数据收集、分析到运用的全流程服务模式。该模式利用媒资的内容数据优势，为各类咨询机构、党政机关等客户提供基于音视频资料的咨询报告和舆情监测，包括数据分析、事件分析、趋势分析等，同时结合专家智囊团的帮助制作视频化的教学课件、高端咨询报告乃至内参片，取得了良好的社会反响。

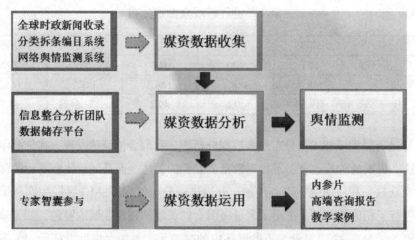

图 1   SMG 媒资数据运用模式图

以与浦东干部学院的媒资服务合作为例，城市地下管网规划是在干部培训中的重要课程，但是过往简单的数据列表书本表现往往过于枯燥，专题片却又很少涉及如此专业的领域。为了能够更加生动形象地诠释有关内容，配合多媒体模拟教学创新与开发的需要，SMG 版权资产中心灵活运用内容数据为其提供服务。首先通过自身媒资系统所包含的子系统全球时政新闻系统、分类拆条编目系统和网络舆情监测系统进行媒资数据的收集，将世界各国的城市地下管网规划优秀或失败的案例资源进行汇总，精选出其中具有代表性的案例。接着通过新成立的数据信息整合分析团队对于选出的案例排序、分类、比较、综合，结合数据储存平台的数据列表，将城市地下管网按照不同国家、不同年代、不同种类、不同状况进行分析。最后请来地下管网的有关专家学者，对内容数据的前因后果展开论证和调研，最终形成了严谨而具有视觉冲击力的《地下管网》专题教学片。此后，双方又先后合作制作了《智慧交通》《阿拉伯之春》《世界新闻发言人史》《社会公共服务》等十多部教学内参片，数据的合理运用有效地提升了媒资服务的质量和水准，为内容的二次利用乃至多次利用创造了条件。

"大数据"是当前具有代表性的新技术，它的发展和运用深刻影响着社会生产生活，为创新内容资源开发和服务开辟了广阔的空间。在媒体融合发展过程中，我们要重视和利用好"大数据"，优化媒体内容制作、存储、分发流程，提升数据处理能力，促进广电产业与相关产业的快速融合，构建多元化的盈利模式，形成健康良好的视听传媒生态环境。

"大数据"既是机遇也是挑战，"大数据"是一种资源，也是一种工具。它告知信息但不解释信息，它指导人们去分析和理解，但有时也会引起误解，这取决于是否被正确使用。在"大数据"时代，作为曾经深藏幕后的内容资源管理者，必须在未来发挥更为积极主动的作用，将自己定位为媒体内容解读者和舆情分析预测者，努力提升收集、分析和综合运用媒资数据的能力。只有做到充分挖掘大数据背后潜藏的内容价值，拓宽内容来源、丰富内容层次，为用户提供高质量的媒资服务产品，才能借助数据之利为媒资提供正确的决策和帮助，真正做到运筹数据之中，决胜千里之外。

参考文献：

[1] 维克托·迈尔-舍恩伯格：《大数据时代》，杭州：浙江人民出版社，2013。

[2] 陈昌凤、刘少华：《大数据时代如何做新闻》，http://blog.sina.com.cn/chenchangfengsjc，2013。

[3] 郭庆光：《传播学概论》，北京：中国人民大学出版社，2011。

[4] 程士安：《大数据时代，消费者从选择媒体变为选择信息》，2012。

[5] 张意轩、于洋：《大数据时代的大媒体》，《华人世界》2013年第2期。

[6] 刘奇葆：《加快推动传统媒体和新兴媒体融合发展》，人民网，2014年4月23日，http://theory.people.com.cn/n/2014/0423/c40531-2493。

[7] 郭全中、郭凤娟：《大数据时代下的媒体机遇》，人民网，2014年3月4日，http://media.people.com.cn/n/2014/0304/c192370-24525582.html。

[8] 赵晶、徐喆：《大数据时代：媒体的发展现状及其趋势》，《今传媒》2013年第9期。

全媒体时代的媒资运营新方向探索

——广东广播电视台"两会"新闻视频新媒体推送项目分析

赵　晖　陈　峻（广东广播电视台媒资中心，广东广州 510000）

　　摘　要：对于中国传统电视媒体来说，将要结束单兵作战的年代，迅速跨入"全媒体"时代，从"单屏传播"进化为"多屏联动传播"，媒体属性发生了变化，同时也意味着整个生产方式都将发生变化。在这个变革发生的关键点，这种变化也对媒体资产的管理和运营提出了全新的要求。媒资从业人员将如何应对呢？本文将从此角度出发，探讨广东广播电视台媒体资产运营的新方向。

　　关键词：全媒体；媒资试点；资源池；多屏融合传播平台

1　媒体变革

1.1　渠道

　　随着智能终端以及移动互联网的快速发展，"全媒体时代"的各种电视业务必将延伸至智能手机、平板电脑等"第二屏"。据调研机构 NPD 在 2013 年 4 月份对美国 3387 名电视观众的调查结果显示：观众人均每周花 35 小时观看电视，88% 的人看电视时会使用至少一个智能移动设备（如智能手机、平板电脑等），其中 47% 的观众会针对自己正在看的节目，使用手上的其他智能设备进行一些活动。由此可见，观看电视节目的同时通过其他设备参与电视节目已成为电视观众的实际需求和习惯。据有关预测数据显示，到 2015 年，全球近 2/3 的智能手机用户将利用手机观看视频；86% 的平板电脑用户将通过平板电脑观看视频。所以，传统电视媒体必须向兼容多渠道、适配多终端的全媒体业务方向发展。

1.2　受众

在"全媒体时代",体统电视媒体将推行"大屏 + 小屏"的多屏战略,覆盖更多的年轻受众,在原有的固定收视群体外,争取更多的移动新媒体使用者,尤其是智能手机用户。近年来,智能手机与平板电脑用户增长迅速。2013 年中国移动互联网市场规模达到 1059.8 亿元,同比增速 81.2%,预计 2014 年中国移动互联网市场规模 1857 亿元,到 2017 年,市场规模将增长约 4.5 倍,接近 6000 亿。移动互联正在深刻影响人们的日常生活,移动互联网市场进入高速发展通道。数据显示,2013 年中国智能手机的保有量为 5.8 亿台,移动网民的规模在 2013 年底达到 5 亿,增速为 19.5%。预计到 2017 年,移动网民将赶超 PC 网民,成为互联网的第一大用户群体。

1.3　传播方式

随着文化娱乐和信息消费的快速增长,人们思想文化活动的独立性、选择性、差异性不断增强,对视听节目需求日趋多元化和多样化,其中对"分享"和"参与"这些需求更为强烈。所以,在未来信息传播格局中,点对点、点对面的传播将会弱化,而应该借助像大家所熟悉的微信"朋友圈"、微博"粉丝群"的力量,让越来越多的信息沿着社交关系圈的通道流动。

在内容形态上,整合视听节目、社会服务、民生信息、医疗健康、互动游戏等多种业务形态;在传播形式上,涵盖固定和移动的应用场景,充分利用广电、电信和互联网等多种传输通道资源;在承载终端上,手机、平板电脑、多媒体游戏机和家庭媒体网关等,也与电视机、数字电视机顶盒一样,加入视听终端行列,在任何时间、任何地点、任何视听终端享受便捷服务成为现实。

2　媒资变革

2.1　业界现状

媒体变革已是势不可挡,电视传媒产业链的升级迫在眉睫。作为核心资产的管理者,媒资在整条产业链上的重要性不言而喻,媒资管理和运营手段也面临升级换代。目前,各大传媒机构纷纷在媒资建设上加大投入,以央视和上海文广集团为首的先行者们甚至已完成布局。

中央电视台作为国家级电视台的身份,以巨量投入购买大量有价值的版权内容,以及将自主版权内容系统地进行数字化和编目,包括一些珍贵的历史资料,打造"博物馆"式的大媒资,为旗下的中国网络电视台(CNTV)提供大量的内容支撑。

上海文化广播影视集团多年来已在业内摸索出一套节目营销经验和建立起覆盖全国的渠道体系，与国外的节目购销市场也已打通联系。2014年上海文广集团旗下的秒鸽传媒交易网上线，引入国外优质视频素材和打造版权交易的电商模式，希望将渠道优势和商业经验移植到互联网领域，以先行者的角色在全媒体时代再次确立媒资运营优势。

但对于广东广播电视台来说，以上两种模式都很难复制。既不可能像中央电视台那样不计回报地大规模投入，也无法快速拷贝像上海文广集团多年来在渠道开发上建立的经验优势。所以，我们必须要有新的思路来应对。

2.2　广东广播电视台的新思路

正如广电总局党组副书记、副局长聂辰席先生在2014年CCBN主题报告会上发言所指出："'融合'是当今时代传媒变革的一个重要关键词。近年来，受众对融合服务需求越来越强旺，广电传统媒体积极适应新的传播环境和受众需求，不断加快与新媒体的融合，而这一进程不是简单的物理连接与组合，正在以'化学反应'的方式加速深度融合。"

而我们的理解是：在全媒体时代的当下，传媒业的竞争已经从单一的内容、渠道、产品、服务的竞争演变为整个传播生态体系的竞争。对于传统电视台来说，必须因应形势的发展而改变思维方式，打破原有的框架束缚，以媒资大数据存储和管理为基础，进一步创新理念、创新手段、创新工作，实施大数据战略、运用云计算技术，以深度融合为着力点，构建新型媒体多屏传播生态系统，推动广电行业的战略转型和可持续发展。

对于新组建的广东广播电视台来说，要做到"融合传播"这一点，必须在传统业务模式上构建新的传播生态体系，我们认为在这个体系中媒资应该发挥关键作用。基于节目部门生产方式的改变需要长远规划，所以我们"融合传播"的突破点就要在于先从渠道和服务入手，围绕媒资打造多屏融合传播平台，倒逼内容生产部门进行改革，推动新传播生态体系的诞生。

3　新思路的实践——全国"两会"试点

3.1　试点内容

2014年两会期间，"融合传播"成为广播电视领域一大亮点。广东广播电视台媒资中心也借此东风作出了探索媒资运营新思路的实践。

　　为了更好地做好2014年全国"两会"和广东代表团各项活动的宣传报道，媒资中心将移动互联网与传统广电宣传业务相结合，利用微信、微博等最流行的社交渠道，在2014年"两会"期间，为代表、委员提供"两会新闻视频"新媒体服务，让代表、委员随时掌握"两会"最新动态。

　　这些新闻视频充分发挥了媒资工作的特长，收录新闻后，第一时间采用高清格式的分条播出，图像清晰，可以随时随地收看，易于保存、转发、共享，还可以查阅过往新闻内容，极大地丰富了传播渠道，增强了用户体验，成为广东广播电视台2014年"两会"报道的新亮点。

3.2　项目建设过程

　　该项目从2014年1月开始筹备，根据台领导"图像质量第一、传播速度第一、简约及用户体验至上"的总体要求，对广东卫视频道及南方卫视频道的新闻制播流程深入了解，同时比对国内其他移动互联网应用程序，分析其优劣之处，制定了融合"收录、制作、推送、分享"一体的多屏视频推送平台技术方案。

　　在建设过程中，不断针对项目工艺流程、工作内容及实施方案进行多次反复研究论证，完善技术方案和功能应用。最终，用不到三个月的时间完成了技术体系搭建和功能测试，全面打通了内容收录、制作、推送、转发的工作全流程，实现了微信、微博、短信等多渠道多功能的顺利上线。

3.3　试点工作流程

　　"两会新闻推送"服务工作流程主要包括：

　　（1）收录广东卫视《广东新闻联播》和南方卫视《620新闻直播间》高清新闻。

　　（2）边收录，边拆条：对新闻进行主题片段拆分，著录相应片段名称和导语，并生成高码高清视频文件。

　　（3）利用专业视频转码器对高码视频进行转码，并通过后台管理系统直接部署上微信公众号。

　　（4）通过手机短信、微信服务号及官方微博推送两会新闻视频链接。

3.4　试点运作模式

　　两会期间，在京的广东团代表、委员及其他用户每天都可以通过指定的微信服务号、新浪微博账号以及短信等多种方式，在手机、Pad等移动终端收看到广东广播电视台广东卫视频道《广东新闻联播》南方卫视频道《620新闻直播间》当天播出的两会新闻内容。

　　用户通过微信账号，发送"广东""南方"等文字或直接通过语音指令触发两会新闻视频推送，观看当日最新的全国两会新闻，所有新闻视频的推送在当天的19:30分左右完成。

3.5　试点相关数据

　　从3月1日至3月13日，媒资中心合计推送《广东新闻联播》新闻共127条，《620新闻直播间》新闻共83条；短信推送共598人次；微博推送26次，累计阅读次数2651次；两会新闻视频推送微信服务号累计关注人数442人，累计推送新闻2034次。

3.6　试点成效

3.6.1　获得中宣部肯定

　　媒资中心通过微信、微博和手机短信等推送方式，丰富了广东两会新闻的传播方式，扩大了新闻传播的影响力。这一做法，得到了中宣部新闻局的积极肯定。

　　在中宣部新闻局2014年3月14日第63期《新闻阅评》特别表扬了广东电视力推两会报道的新形式，文中指出："广东卫视的两会报道，也全部在微信平台推送，据第三方调查，两会传播指数在全国36家上星综合频道中列第一。充分运用全媒体和新技术，是2014年两会新闻宣传得一个显著特点。广东电视媒体在会上所作的一系列新尝试已收到明显成效，对于媒体融合发展具有标杆意义。"

3.6.2　助力广东卫视领跑"两会"传播全媒体指数

　　根据第三方机构"泽传媒全媒体收视系统"统计显示，截至2014年3月10日，在全国36家上星综合频道中，广东卫视以"两会"全媒体传播指数7.0580排名全国第一，遥遥领先其他卫视。

3.6.3　用户反响良好

　　该项目还得到了广东省人大办公厅和广东省政协办公厅的大力支持和协助，通过多个渠道向参加全国"两会"的广东代表、委员们进行了宣传推广，广东广播电视台全国"两会"报道组的记者也在采访现场向代表、委员们派发收看指引手册，受到了代表、委员们的广泛关注和积极响应。

4　媒资发展新思路

　　通过这次全国"两会"新闻视频推送的尝试，让我们看到了媒资突破传统模式走向宣传生产一线的新方向：打造一个以媒资运营为核心的多屏融合传播平台，是全媒体业务模式的关键一环。

这个平台以市场需求为导向，以媒资大数据管理为基础，向节目生产部门提供新媒体传播服务，将媒资运营的重心从单一的 B2B 节目销售向多屏融合 B2C 传播推移。总体而言，媒资应该具备"资源池"的概念：在海量的广电节目资产、清晰的版权确权的传统业务基础上，建立面向多渠道的、统一的技术分发平台，先蓄水，再放水，从而激活节目资产的资本属性。

多屏融合传播平台应该有以下特性：

（1）内容的共享。要建立全媒体业务模式首先必须强化内容共享管理，内容资源是广播影视转型发展的核心资源，必须进一步提升内容资源的共享利用水平，科学分析应用场景，打通关键环节，构建内容交换接口，形成取用便捷、资源共享的广播影视新型媒资体系，才能应付日益复杂的传播业大环境。

（2）渠道的整合。全媒体时代要求传统媒体在传播过程中，必须考虑不同媒体的特性，突破单一平台的枷锁，打造多屏传播生态圈。未来移动终端将成为传统媒体拓展的新战场，微信、微博等最时尚的移动互联社交工具都将成为我们传播的利器，可以让我们快速打通媒体与受众的联系，让节目的传播不再受时间与空间的限制，随时随地最大限度地扩大受众群体。

（3）管理的融合。要建立融合传播模式，旧的生产管理方式已无法适应，所以在传统节目生产链之外还应该建立多媒体传播管理体系。即是说在渠道革命的当今，面对着微信、QQ、微博等多种传播平台，必须建立一个统一技术管理、资源合理调配的后台管理系统，才能同时应付多种应用情景、多种传播方式的巨量级数据处理。同时，还需要有一套科学的管理流程来支撑整个系统的运作。

（4）数据的支撑。直接面对受众的新媒体传播特性，可以让我们利用客户终端搜集用户数据，并以此为基础建立大数据分析体系，分析的结果可以为节目的生产和运营提供方向指引。

（5）制作的碎片化。要适应"全媒体时代"，让节目内容更便于在互联网和移动互联网上作多屏多渠道传播，必须将原有节目形式作出改变，所以需要搭建涵盖采集、制作、加工、共享等环节的节目创作技术化、制作流程一体化、资源共享便捷化的碎片化内容制作平台。

全媒体传播的创新和突破已经在我们面前打开了一个发展的新天地，虽然其复杂性和开放性对传统媒体来说意味着运营的新难度，但只要继续保证内容生产能力的优势，同时加强渠道的整合与内容运营能力，传统媒体仍然可以在与新媒体的竞争中保持强势。而对媒资业者来说，这也许是我们新的机遇。

参考文献：

[1] 聂辰席：《加快广电传统媒体与新媒体融合发展》，飞翔网，2013年3月21日，http://www.cctime.com/html/2014-3-21/2014321133227100.htm。

[2] 陈建立：《全媒体运营策略浅析》，《新闻爱好者》2014年第1期。

[3] 艾瑞咨询：《2013年中国移动互联网核心数据发布》，艾瑞网，http://news.iresearch.cn/zt/225500.shtml。

探究大数据带来的媒资运营之变

崔振华（上海广播电视台版权资产中心暨上海音像资料馆，上海200000）

　　摘　要：近两年，"大数据"一词越来越多地被提及，人们用它来描述和定义信息爆炸时代产生的海量数据，并命名与之相关的技术发展与服务创新。本文从大数据的特点、应用价值切入，探究在拥有媒资内容大数据与用户行为大数据的媒资管理部门在利用大数据的挖掘和分析为媒资运营提供更多有益的改变。

　　关键词：大数据；媒资运营；数据分析

1　大数据概述

　　根据百度百科给出的定义，大数据或称巨量资料，指的是所涉及的资料量规模巨大到无法通过目前主流软件工具，在合理时间内达到撷取、管理、处理并整理成为帮助企业经营决策更积极目的的资讯。大数据的4V特点：volume（大容量）、velocity（高速度）、variety（多样性）、veracity（精确性）。"大数据"作为时下最火热的IT行业的词汇，随之而来的数据仓库、数据安全、数据分析、数据挖掘等等围绕大数据的商业价值的利用逐渐成为行业人士争相追捧的利润焦点。

　　"大数据"是"数据化"趋势下的必然产物。数据化最核心的理念是："一切都被记录，一切都被数字化"，它带来了两个重大的变化：一是数据量的爆炸性剧增；二是数据来源的极大丰富，形成了多源异构的数据形态，其中非结构化数据所占比重逐年增大。

2　大数据对于企业运营的作用

　　大数据对于企业运用的作用最经典的案例就是大数据在沃尔玛的应用。在2007年，沃尔玛建立了一个超大的数据中心，通过对数据中心里消费者的购物行为等非结构化数据进行分析，沃尔玛成为最了解顾客购物习惯的零售商，并且创造了"啤酒＋尿布"的经典商业案例。

在国内，2013 年 5 月，腾讯网络媒体事业群在线视频部总经理刘春宁在腾讯智慧峰会上指出，腾讯视频在 2013 年战略核心布局的主要围绕三个核心词：大数据、大平台和大资源。刘春宁还提到大数据可以使我们的平台更加智能化。基于大数据库，我们可以更了解用户，从而更好地进行个性化定制。

综上所述，企业对于挖据和分析大数据可为运营提供更多有价值性的改变。基于数据的竞争将提高企业的日常运营效率，找出可以完善与优化的内容；基于数据的分析结果提高决策速度和质量、增强预测能力，从而更好地理解用户和市场需要。存在的大数据在经过维护、管理、分析后，数据拥有者会从中得到更多有价值的内容，大数据的作用是巨大的。

3　媒资运营的大数据

《大数据时代》一书作者维克托描述了大数据价值链的三大构成，即三种类型的大数据公司。第一种是基于数据本身的公司。这些公司拥有大量数据或者至少可以收集到大量数据。第二种是基于技能的公司。它们通常掌握了专业技能，但是并不一定拥有数据，往往是技术供应商，分析公司或者咨询公司。第三种是基于思维的公司。

第一种公司在价值链中处于最核心的位置，我们会发现，无论是美国的谷歌、苹果、亚马逊，还是中国的腾讯、阿里巴巴、百度，都居于这样的位置。而他们也想方设法把自己打造成基础设施和平台，使得数据在自己的平台上发挥出最大的效用。作为各地广播电视台的媒资管理部门来说，也正属于该类型公司。

以上海广播电视台为例，在 2011 年 10 月上海广播电视台整合了内部各类包括广播、电视、文稿、图书、图片在内的内容资源系统共计 13 套，组建了节目信息应用平台（内部称为媒资网，以下都使用该名称），实现了 SMG 内容资源的统一共享以及节目资料的便捷使用，媒资网上线时共有 1000 万条内容资源数据，上线初期媒资网日均点击量超过 5000 次，而目前日均点击量已达 30000 余次。

在组建类似媒资网这样的节目信息应用平台后，媒资管理部门所拥有的大数据不再只是节目资料内容数据，用户在登录平台后产生的检索、浏览、回调等海量用户行为数据也将被系统收录。挖掘、分析这部分大数据将是媒资运营质量最客观、最重要的评价，同时，这也是运营方改变运营模式适应用户需求最实际、便捷的一种途径。

4　媒资运营之变

在 Web 3.0 时代，信息服务从内容为王、用户为王转变为平台为王、服务为王。大数据环境下，媒资管理部门既要帮助用户对海量数据有序可查、有据可溯，同时也要帮助用户以海量资源为基础进行创新分析、创新研究，提供全方位的服务支持。针对于此，媒资运营应有以下之变。

4.1　人才之变

人才一直都是企业的核心价值，以往对于媒资运营人才的要求着重在于媒资内容服务、研发方面，较少要求对于数据本身价值的分析。但进入大数据环境中，媒资管理部门要充分利用大数据掘金，需要具有大数据分类、聚类、分析的人才，能够专注监控运营数据，预测数据价值。

4.2　个性化之变

4.2.1　个性化编目

资料内容编目的核心价值就是让资料被更好地使用，判定编目质量好坏的标准应该是用户是否能快速、准确地找到自己需要的内容。媒资运营中用户检索数据的分析，将给编目标准带来个性化的改变。以 6 月开赛的 2014 年巴西世界杯赛事编目为例，对于进球画面描述的规范要求是写清球队、球员名字以及射门脚法。但如果在用户检索数据分析得出，用户对于球员使用哪只脚射门作为检索词的频率较高，这就要调整编目要求，将此作为个性化编目需求，加入规范中。同样，如果繁琐且作为检索词出现的频率几乎没有的编目要求，为了提高编目效率，甚至可以从编目规范中剔除。

4.2.2　优化检索

媒资内容检索一直都是媒资运营中用户感受众口难调的一个环节，媒资管理部门在最初设计检索系统时，对于数据库字段项信息的抓取重点是根据本部门长期资料服务经验得出的，能满足所有用户的一般需求。在注重个性化的今天，小而精的检索环境将给传媒领域不同专业用户带来更好的体验。况且在编目要求上，媒资管理部门已经在朝着个性化需求进行优化。

媒资管理部门可分析不同专业频道记者、编辑的检索习惯、常用的检索关键词以及重点编目字段，设计更适合某个类别编目信息的检索子平台，减少无价值字段项信息的抓取，提高检索效率。

在大事件报道期间，媒资管理部门还可针对事件发生前有关该事件的检索数据，分析的用户对于事件的关注角度、检索习惯，设计并创建特定主题检索库，该库中的媒资内容数据以及检索模式由分析用户行为数据得出。在事件进展中，媒资管理部门及时关注每日用户检索数据的需求变化，不断调整该特定主题检索库的媒资内容数据。仍以本届巴西世界杯为例，媒资管理部门就可一个建立世界杯主题检索库，方便体育专业频道以及其他频道用户对于该赛事资料的快捷检索。

4.3　服务模式之变

节目信息应用平台运营得越成功，用户就能越便捷地通过自助检索到所需的内容，这对媒资管理部门来说既是好事又是坏事。好的方面是，媒资管理部门可以将精力从基础的检索工作转变到对资料内容的挖据、研发中。而坏的方面却是，媒资管理部门的工作将变得越来越被动。往往只有在用户特别紧急或者自己无法独立完成的情况才找到媒资管理部门协助。这种形式的协助，使媒资管理部门对于了解用户是非常不利的。缺少了与用户的接触，对用户需求的了解变得越来越少，内容研发的成果也会变得纸上谈兵。

贴近用户、明白用户需求才能将媒资服务做得更好，将被动等待变为主动推送，这才是节目信息应用平台搭建后应强化的工作内容。主动推送不能大范围，应当是有极其明确的针对性，能成为用户在节目制作中的引路人。这样的主动推送服务就需要大数据的分析支撑。

媒资管理部门将用户根据所属专业频道的不同，建立用户信息库，并且根据用户检索数据的分析，掌握每个用户的需求方向以及近期需求重点，同时依托媒资内容大数据，进行有针对性的资料内容研发，以主动式的推送服务给予用户所关注内容的不同视角、观点和解读。凭借媒资管理者的丰富经验和对存储资料的掌握，更易明晰内容的背景，用独特的角度和视野丰富节目内容，拓展了节目外延，增添了节目特色。

4.4　采集之变

采集工作一直是媒资管理部门调整馆藏资料结构合理性、满足用户需求的最常用手段。以往采集工作主要是围绕年度宣传报道重点，补充、完善相关内容资料。这样的采集实用性较强，但对于专业的音像资料管理机构来说，保证馆藏资料的多样性也是一项重要任务。媒资管理部门可将拥有的媒资内容大数据按照年代、类别、重大事件等方面进行排查，分析馆藏资料结构，摸清家底，找出馆藏资料薄弱点，继而将其列为采集重点。同时，用户对于资料需求也是媒资管理部门必须要考虑的。关注用户行为大数据，以用户的角度看待采集需求，回调量较高的一类资料必然是采集重点，使用是资料价值最好的体现。另外，还应特别留意那些浏览量很高但回调量却很低的资料，出现这种情况说明用户对于该内容资料的需求量较高，但现有馆藏内容无法达到用户要求。因此，在大数据环境下，媒资采集工作将更具多样性，可以从不同角度分析采集重点。

5　结语

在这个大数据时代中，作为拥有大量媒体"资源"的媒资管理部门更应利用自身拥有的大数据，在用户要求不断提升的背景下，在媒资服务走向市场的趋势下，提前转换角色，学会挖掘、分析和应用大数据，改变并完善媒资运营方式，做到更加专业、更加高效。

参考文献：

[1] 王良鸣：《SMG 节目信息应用平台的设计与实现》,《电视工程》2013年第 3 期。

[2] 刘春宁:《腾讯视频战略布局立足大数据大平台大资源》,腾讯网,2013年5月29日,http://tech.qq.com/a/20130529/019097.htm。

媒体资产营销刍议

王栋弘（中央电视台音像资料馆，北京 100000）

摘　要：在媒资管理的范畴中，节目资料转化为媒体资产必须满足四个基本条件，即数字化生产和管理、版权界定明晰、符合市场规律的售卖体系和科学权威的价值评估体系与分级定价。但是，节目资料最终要转化为媒体资产，还必须要通过售卖、交易来实现，因此媒体资产的营销则是最终完成这一转换的必然途径。作者认为：由于营销主体的性质差异，决定了媒体资产的营销和一般意义的营销有着天然的差异性，而版权营销则是媒体资产营销的核心。同时，在任何国家和地区，媒体资产营销都必须遵循普遍的安全原则，不仅需要保证媒体资产的版权安全，还需要保证媒体资产的内容安全。

关键词：节目资料；媒体资产；产品；营销；版权；安全

从狭义上讲，媒体资产主要指内容资产，报社、广播电台、电视台、网站、通讯社等媒体单位，每天都要生产大量的文字、图片、音视频等新闻业务数据，这些数据和描述这些数据的元数据以及它们的版权信息等。而就广义而言，媒体资产除了包括内容资产外，还应包括媒体的品牌、政策优势、市场份额，它的人才群、受众群、客户群，它的信息流、物流、资金流等所有的有形和无形资产。

本文将主要从狭义的范围内，结合部分实践经验，就媒体资产中节目资料营销的产品特性、版权处理和内容安全等方面提出几点意见以供商榷。

1　媒体资产营销的类型

媒体资产从狭义上而言主要是指内容资产，就目前的营销现状而言，从实质上而言就是节目资料的营销，因此，按照节目资料的类型、营销的对象、购买者的使用途径三个方面的特点，可以将媒体资产营销划分为不同的类型：

1.1　按照媒体资产内容划分

节目资料主要由完整的节目和节目素材两大部分组成，因此，从节目资料类型的角度出发，媒体资产营销可以划分为节目营销、素材营销两种类型。即完整节目的各项权利（播映权、使用权、信息网络传播权等）销售和节目素材的权利（使用权等）销售。

1.2　按照营销对象划分

节目资料的营销对象，一般而言是指"谁来购买节目资料"。从目前中央电视台音像资料馆社会化有偿服务的实践来看，购买节目资料的主要是单位（团体、组织等）和个人。

单位（团体、组织）购买节目资料的用途较为复杂，既有制作新节目的需要，也有内部观摩、学习的需要；而个人购买节目资料主要是用于个人收藏或学习使用，其目标主要是针对完整的节目或者节目中的完整片段。

1.3　按照使用范围（途径）划分

节目资料的营销如果按照使用范围（途径）来划分，主要可以划分为两大类型，即公开使用和非公开使用。也就是说，购买节目资料后，在使用时是怎样的一种范围（途径）。

其中，公开使用，主要包括：剧场演出（含歌剧、舞剧、话剧、晚会等）、公众展览（展会）、广播电视播出的使用、新媒体类应用（手机电视、OTT等）、广告制作或电影制作、音像制品类的制作和销售等；而非公开使用的范围则明显要小一些，非公开使用主要包括：个人收藏、单位内部展览播出、内部存档等。同时，在《著作权法》中，对于大部分的非公开使用，基本上是划定到合理使用的范畴中的，因此，这种针对使用范围（途径）的营销，节目资料的所有者（不一定是版权所有者）受到版权方面的限制比较小。在营销时，可以作为节目资料的保存方来提供资料，营销所得（收入、价格组成）可以是节目资料的保存、管理、复制、下载的费用，其中不涉及版权许可的费用。

2　媒体资产营销和普通产品营销的差异

2.1　营销的基本定义

营销，是指根据市场需要组织生产产品，并通过销售手段把产品提供给需要的客户。营销是一个过程，其产生离不开市场的需要，即我们通常所说的有没有市场。从媒体资产营销的类型来看，媒体资产是具备市场需要的，因此也就具备营销的基本前提。

但是，在营销的基本概念中有一个限定：营销的产品是根据市场的需要来组织生产出来的。从媒体资产的开发现状来看，显然有一定的缺位，因为媒体资产的产生，其初期的目的是传播市场的需要，也就是说，媒体资产最初是传媒产生的大量数据以及其版权信息的集合，媒体资产的营销显然很大一部分是对媒体资产的开发再利用。这一过程，既包括对媒体资产重新组合成新产品的销售，也包括原有媒体资产产品（原有形态，不需要再次加工）的开发销售。从这一角度而言，媒体资产营销显然就具备了和传统产品营销的差异性。同时，媒体资产作为可以复制、改编、编辑、重组的产品，其从本质上也具备了与传统意义上所营销产品的天然差异。

2.2　媒体资产的特点决定了其与普通产品营销有天然的差异

普通的产品营销，既包括具体的工业产品，如鞋帽衣袜等日常用品、汽车、食品等等，也包括虚拟的服务、保险等等。这些产品具有明显的消耗性、一次性以及客户无法自行复制、改编、转让的特点。

而媒体资产与普通产品具备天然、根本的差异性。一段节目资料被购买之后，如果不对之使用进行一定的限制，购买者可以对之进行反复的编辑、反复的利用，即使转让或赠予他人，最初的购买者手中，仍然可以拥有其最初购买的节目资料。在知识产权保护不完善的时代，即使对其使用进行了限制，依然不能阻挡节目资料被大批量地复制、转让或重复利用。从某种意义上来说，一段节目资料或者一个节目，在一个人拥有之后，可以很快地被传播、发散，而不需要每一个拥有者都从最初的保存方处购买，其传播途径是呈几何状成倍发散的。

因此，基于这个天然的差异，对节目资料的营销需要特别慎重，一方面使用新技术手段对其进行防盗版限制；另一方面，充分利用知识产权的相关法律，在营销协议中，对其购买和使用进行详细的约定。最后，由于这一天然差异，营销方不可能通过大批量生产的重复营销形成规模来盈利，就需要通过媒体资产的价值评估和差异化的分级定价来实现媒体资产营销或者说节目资料销售的收益最大化。

3　媒体资产营销的版权问题

从媒体资产与普通产品的天然差异中我们不难看出，由于媒体资产在流通领域中具有可复制、可改编、可重组、可编辑的特点，运用知识产权的相关法律对其进行保护也就成了一种必要手段。因此，媒体资产营销的核心问题就是版权营销。

3.1　媒体资产营销的核心是版权营销

版权（copyright）即著作权，是指文学、艺术、科学作品的作者对其作品享有的权利（包括财产权、人身权）。版权是知识产权的一种类型，它是由自然科学、社会科学以及文学、音乐、戏剧、绘画、雕塑、摄影和电影摄影、影视等方面的作品组成。

媒体资产由节目资料组成，就版权的概念而言，节目资料属于文学、戏剧、电影、音乐、影视作品的范畴。当一个客户已经拥有一段节目资料时，无论他通过哪种途径所取得，如果需要公开使用这段节目资料，或者需要通过这段节目资料获取利益，那么这个客户必须取得这段节目资料版权所有者的相应授权，否则将受到法律的制裁。

从这个意义上说，客户可以通过各种途径获取节目资料，但是在公开使用（传播）节目资料，或者利用节目资料盈利时，授权是其消费、购买的必需品。因此，媒体资产的营销，其核心就是版权的营销。正如同电视剧、电影的买卖一样，发行方发行的不仅仅是电视剧、电影拷贝本身，更是电视剧、电影播映权利的售卖。在具体的售卖协议中，买卖双方约定电视剧、电影的播映范围、时间、次数，通过对不同客户的约定，形成差异化的营销，使得客户获取不同的权利，并在所获取的权利范围内使用电影、电视剧作品，以此再次盈利。

而正如前文所述，作为媒体资产主体构成的节目资料，既包括原始的素材、节目的片段，也包括完成播出的节目作品。因此其营销也同样如此，既包括与电影、电视剧的播映权的营销，也包括对原始素材、节目片段的使用权利的营销。其中同样包括授权使用的空间范围、时间范围、次数限制以及使用主体的限制（即用于编辑、制作、重组形成某种新的节目产品的使用），并且还包括知识产权范围内邻接权的界定和使用。所有的营销，其核心和主要交易形式都是建立在"授权许可"的基础上，并以"授权许可"作为一般交易主体的。

3.2　版权不明晰的媒体资产如何营销

既然媒体资产营销的核心是版权营销，那么媒体资产的保存方（或者说管理方），在未拥有所管理的节目资料的完全版权的情况下，或者说媒体资产的管理者所管理的媒体资产版权不清晰的情况下，这些媒体资产是否就不能进入商业领域进行营销了呢？也不尽然！

其一，在前文我们提到过，客户对于媒体资产的使用既包括公开使用，也包括非公开使用。两种使用方式（途径）都属于媒体资产营销的范畴。而非公开使用正属于《著作权法》中合理使用的范畴，一般而言，合理使用是不需要授权许可的。但在客户无法通过其他途径取得所需要的节目资料的情况下，节目资料的管理者在将其售卖给客户时，依然可以收取一定的费用，这个费用不同于版权授权许可的费用，而是媒体资产管理者多年来对媒体资产的管理成本以及将其复制给客户的复制费的叠加。

其二，同样的道理，如果媒体资产的管理者不拥有客户（购买者）需要购买的节目资料的版权，依然可以对其进行营销，而收取一定的管理成本和复制、下载费用，但在双方的交易协议中，应当特别注明，交易费用不包括授权许可，客户（购买者）如需公开使用或者以之盈利，应当得到版权所有者的授权许可。这一约定可以在一定程度上合理地避免版权纠纷。

其三，在知识产权保护的相关法律中规定，对于使用产生已经超过50年的作品，可以不需要取得相关授权许可。这部分节目资料通常被称为：已经进入公共领域的节目资料。因此，即使这部分节目资料的版权不明晰，甚至无法找到版权所有者，作为媒体资产的管理者，依旧可以营销这部分节目资料（原资料中有特别约定除外）。

最后，如果客户（购买者）需要购买的节目资料，媒体资产的管理者未对其拥有版权，但可以追溯这部分节目资料的版权所有者或版权共有方。在这种情况下，媒体资产的管理者还可以通过对其进行版权清算，获取相应授权的方式，在清算后再对其进行营销。当然，前提是需要计算其清算投入与营销收入的投入产出比，在可以盈利的情况下对其进行版权清算。

当然，无论是仅收取管理成本、复制费还是通过"特别注明"方式的免责，抑或是对于进入公共领域的节目资料，其开发的前提都应该建立在对版权不明晰节目资料的具体使用方式上，针对具体的使用方式和版权信息具体内容的掌握进行不同方式的处理，其处理的前提都是要保证版权的合理合法性，也就是版权安全。

4　媒体资产营销的安全原则

4.1　版权安全是媒体资产营销的基础

正因为"媒体资产的营销其核心是版权营销"，媒体资产的营销必须考虑版权因素。只有在对节目资料的版权信息进行确认后，方可对之进行相应的营销，否则，将会带来不必要的法律纠纷和索赔，这也正是所谓的版权安全，其核心正是建立在

"媒体资产的营销其核心是版权营销"基础上的。无论是对版权不明晰的节目资料进行营销，还是对拥有版权的节目资料的营销，都必须确认节目资料的版权信息和授权方式，在保证不违反相关法律法规的前提下，以盈利为基础对其进行营销。

4.2 内容安全是媒体资产营销的重中之重

以媒体资产管理的现状而言，无论是在我国还是其他国家和地区，通常作为媒体资产管理方的，都是媒体机构，基本没有个人。而90%以上的媒体机构都具备一定的政治背景或者阶级背景。因此，在媒体资产的营销中，在保障版权安全的前提下，内容安全更是重中之重。用通俗的话讲：不是所有拥有版权的节目资料都可以向公众开放的。

媒体作为具有阶级性的宣传机构，其拥有的资产（在此仅指节目资料），是多年累积而成的，这其中由于历史的原因、政治的因素以及国家安全的因素，一部分节目资料具有视听档案的功能。不仅仅在中国，一些西方国家对于视听档案也进行了一定时间、一定程度的加密处理，只有在一定的阶段或者满足了一定的年限后才能对之进行公开。这些未公开或者在某一阶段不能公开的视听档案（节目资料），就不能进入交易领域。

这部分节目资料一旦对外公开，或者流出，将对意识形态领域造成不良影响，或者造成公众的恐慌，或者造成国家科技、经济、军事方面的泄密从而威胁国家安全，轻则造成社会的不稳定，重则造成国家、社会的动荡甚至政权的颠覆。因此，从这个意义上而言，节目资料的内容安全是媒体资产营销的重中之重，换句话来说，节目资料的内容安全，既包括遵守国家、地区的保密法律，也包括符合一个阶段或一个时期的宣传口径、意识形态和宣传导向，无论是社会主义国家还是在资本主义国家均是如此。

因此，对于媒体资产的内容安全而言，把握正确的政治导向，加强保密意识是保障媒体资产营销内容安全的基本要求。

5 结语

当然，对于媒体资产的营销，不仅仅需要从"销"的方面来注重媒体资产的特点，以版权为核心进行安全的交易或授权，还需要注重"营"的开发。也就是说，对于媒资库中的节目资料，既可以以其本源的形态进行授权播映、使用，也可以将节目素材、片段直接销售，更可以根据市场的需要和节目资料的具体情况，对其进行整合、归类，形成主题化、系列化的产品，再进行销售。这个整合、归类的过程，就是"营"的范畴。比如：将电视台曾经播出的健康类节目资料，重新整合，拮取其中的核心的片段，形成新的系列。又如，可以将一些电视剧、电影进行声音化的处理，重新制作成听觉文件或者以广播剧的形式进行销售⋯⋯

　　总之，媒体资产的营销，是媒体资产开发的核心，是媒体资产管理的新课题，在新媒体技术不断更新、飞速发展的今天，媒体资产将成为新媒体的强大内容支撑，无论媒体资产以怎样的形式进行开发、进行营销，对媒体资产特性的把握、对版权安全和授权许可的处理以及内容安全的严格把控，都是不可回避的基础要素。只有在真正掌握媒体资产的特性，围绕版权这一核心，严格审核内容安全的前提下，适应媒体市场的需要，挖掘多种形式、生产各种节目资料产品，才能够真正将媒体资产的开发做大做强，更好地将媒体资产充分利用起来！

参考文献：

[1]《辞海》，上海：上海辞书出版社，2010。

[2][英]雪芙：《票房营销》，陈庆春等译，北京：中国人民大学出版社，2004。

[3][美]彭慕兰、史蒂夫·托皮克：《贸易打造的世界》，西安：陕西师范大学出版社，2008。

[4][美]阿姆斯特朗、科特勒：《市场营销学》，何志毅、赵占波译，北京：中国人民大学出版社，2007。

[5]世界知识产权组织：《知识产权指南——政策、法律及应用》，北京：知识产权出版社，2012。

[6]中央电视台总编室：《电视版权88问》，北京：新时代出版社，2013。

[7]吴丰军：《电视数字内容资产的价值评估研究》，北京：学习出版社，2011。

[8]国家知识产权局：《中华人民共和国著作权法》（2010年修正），http://www.sipo.gov.cn/zcfg/flfg/bq/fl/201509/t20150911_1174554.html。

论新媒体时代节目资料的管理

李文菁（SMG 版权资产中心，上海 200000）

摘　要：在新媒体时代，如果能对节目资料进行有效的拆条、聚合之后，可能会有巨大的即时利益，或者长尾效应。但新媒体的发展的特性，对资料管理会有怎样的影响，而如何去对媒体资料管理的发展方向做更多适应新媒体发展的调整，也是我们需要去解决的问题。

关键字：媒体资产管理；节目资料；新媒体

1　新媒体时代带来的挑战

新媒体的强大影响将使传统电视遭遇了前所未有的挑战和冲击，这至少体现在以下几个方面。

1.1　电视受众的关注度明显下降

目前，我们看到新媒体正在非常强力地瓜分传统电视的受众市场，2008 年中国网民已经达到 2.44 亿，成为世界上最大的网民区域，新一代年轻人主要的信息和娱乐通道是新媒体，电视的收视率整体明显下降。

1.2　电视的内容体系日显其封闭状态

电视不论是内容生产还是内容传播，在线性的时空状态下的呈现，远不及新媒体状态下的自由度和个性化。在信息资讯和娱乐等传统优势领域，电视对受众的吸引力已开始转向新媒体。

1.3   电视市场份额急剧减少

传统电视所占有的市场不论是广告还是付费，都正在被新媒体瓜分和占有，尤其是各种风险投资似乎更眷顾新媒体。受国家相关政策等因素的制约，许多资本难以进入新媒体，这也使电视的产业发展遭遇瓶颈。

1.4   电视体制机制趋于老化

在几十年的运行中，电视形成了成型的体制与机制，对庞大的电视从业者的管理以及电视生产运营、传播的管理，成本极高，内耗突出，负担沉重。由于新媒体没有传统媒体的积淀，轻装上阵，充满活力，电视与之相比较竞争力显然不足。

在这种情形下，我们是不是可以断言，新媒体将取代传统的电视？尽管我们可以预见新媒体广阔的前景，但在目前的情形下，我们必须看到，新媒体也有它相当的现实局限，表现在以下三个方面：

（1）概念大于平台。即围绕着新媒体探讨多、概念多、说法多，而相比较而言，概念是远远大于平台的，以 IPTV 和手机电视为例，从现实看，只有几家获得了执照资格。

（2）平台大于内容。即有限的平台基本上又是传统的内容，适合新媒体的内容还远远没有生产出来，也就是说平台存在，但是内容还比较陈旧，并没有完全适应新媒体的要求。

（3）内容大于需求。即有限的内容远远不能满足受众的需求，它并没有引发更广泛的群体对这些内容的强烈需求。

这些新媒体的现实局限，并非否定新媒体的价值，因为按照规律，任何媒体都有从弱到强的积累过程，目前新媒体只是处于一个初创阶段，存在的种种局限也是必然的。

2   长期以来节目资料管理演变的情况

节目资料管理是广电系统宣传管理的重要内容。对已经播出的广播电视节目及其衍生资源（节目制作计划、采访记录、录音素材、播出稿件等）的管理，在不同时期有不同的管理理念，管理的对象也不同。

2.1   管理对象的衍变

大致可分为三个阶段：

第一阶段（1949 年至改革开放初期），将其作为"宣传档案"保存。长期以来，节目及其衍生资源作为电台电视台的"宣传档案"收藏，其管理的对象主要是"实物载体"。无论是纸质稿件，还是录音录像磁带都需要不断增加库房来放置这些"宣传档案"，无形中对电台电视台造成了空间上的压力。致使漏收、收藏不全；或存放条件差，温度湿度不达标，造成损坏；或管理人员配备不够，不能及时整理，随意堆放等现象时有发生。

第二阶段（改革开放初期至2000年），将其作为"节目资料"利用。20世纪90年代改革开放后，市场经济对广播电视的冲击，让人们越来越体会到节目及其衍生资源重复利用的价值。人们开始认识到了节目作为资料的价值，于是资料部门、节目制作播出部门纷纷介入其中，处于重新理顺关系阶段。此时，管理的对象主要是一个个的节目及其衍生资源。

第三阶段（2000年至今），将其作为"媒体资产"开发。网络社会需要庞大的、有价值的数字内容来支撑，电台电视台的节目及其衍生资源极具开发价值。而现代技术使得节目及其衍生资源的数字化存储变为可能，为节目及其衍生资源的开发经营提供了广阔的平台。把分别属于不同部门、不同频率单位，甚至散落在编辑记者个人手中的节目、节目制作计划、采访记录、录音素材、播出稿件等等一系列与节目内容相关的信息数字化转储后，作为媒体资产全台统一规划、统一管理，才能保证将已播出的、分散的、零碎的节目及其衍生资源收全、收齐，将无序变为有序。

"媒体资产管理"是管理观念上的革命性转变。2000年由美国的IBM引入中国，是一个集音像资料的收集、整理、存储、编目、检索、交换和服务诸多功能于一体，采用国内外先进技术设备，支持和适应广播电视技术网络化、数字化发展进程并具有现代化管理手段和高智能化处理能力的管理系统，是内容存储与资源传播的中转站，是媒体内容产业的重要一环。媒体资产管理的实施不只是简单地把大量节目、素材以及各种内部信息资料上载到媒体资产数据库由模拟信号到数字信号的转换过程，更是通过这种转换把节目、素材以及各种内部信息资料深层次开发出来，实现由节目资料到资产资源的根本性转变，是媒体内容产业供给保障基地。

这一阶段管理的对象主要是数字化、碎片化以后的编目信息以及音视频内容，实质是信息与节目产品。

2.2 管理手段的演变

管理对象的变化对管理要求和管理手段提出了更高的要求。

2.2.1 载体时代以节目信息系统为主体

而在媒资概念形成的最早期，或者说雏形的时代，我们所要利用的媒体，往往是要利用其播出的价值，而载体本身，则成为了体现这些价值的载体。那么做好媒体资料服务的主要工作，就是像管理好书籍那样，管理好这些载体，以及记录这些对应载体信息的管理系统。由于目的简单，功能单一，所以使得这些以节目信息为管理对象的系统，在早期能完全满足人们对媒资管理的需求。

2.2.2　管节目内容的时代以节目编排系统加信息系统的全流程管理为主，同时开始注重版权

当节目编播开始实现系统化的时候，单一对原有管理载体的信息系统里的数据，进行接入的方法，却并不能完全节目内容时代的管理需求，因为这种接入无法记录播出信息，为今后的节目再利用提供服务。节目编播系统上叠加原有的节目信息系统的做法，则更加立体，更贴近节目内容管理的功能需求。而随着中国的越来越国际化，加入 WTO 之后，也使得我国对无形的知识产权的保护意识，越来越得以普及，而对版权意识加强和推广，从客观技术上，离不开系统的支持，而这一功能的提升，已经为媒资管理朝数字化时代的转变留下了接口。

2.2.3　数字化时代以媒资管理系统为主，重点在于信息、产品、服务

单纯的图书管理式的系统及管理模式，已经不再适应新时代的需求。因为在数字化时代中，受众消费媒体的形式，已经由被动接受滚播推送，变为自行选择喜欢的媒资内容，在自己方便的时间选择自己喜欢的方式进行消费，而且，信息时代，为了适应整个社会节奏的提速，媒资产品越来越碎片化，这显然与仓库里的那些媒资不同。新时代的媒资管理系统，在原先之前的几代系统的管理模式上发生了质变，由原先的"管"和"理"，变为了再生产，根据市场、需求应用、定制等各种需求，将原先管理的内容，拆条、聚合，产生新的媒资，准确地说，这一流程已完成了由信息到产品的转化。而同样，基于这样一套流程建立、转变的模式化服务，也成为了媒资管理的市场化应用的一种常规模式。

3　新媒体时代下节目资产管理的发展方向

随着《广播电台电视台法定许可播放录音制品支付报酬办法》的生效，著作权管理将成为电台电视台各部门的日常工作。电台电视台应借此契机，建立自己的媒体资产管理系统，为开发内容产业打下夯实的基础。

3.1　建立节目资料全流程、全生命周期的管理体系

统一规划，建章立制是各种内容收集渠道畅通的基本保证。建立合理的规章制度，才能保证将已播出的、分散的、零碎的节目、素材以及各种内部信息收全、收齐。

统一管理，将节目内容转变成为资产才具备开发内容产业的可能。电视台库存的节目磁带经过数字化加工储存，网络化传输应用，为媒体资产的交换和重新利用提供支持。而媒体资产的内容共享化，使得以往节目资料掌握在一个栏目或某一个人手中逐步扩展到所有的媒体人员，这样才能把节目资料的内容价值充分地体现。也就是说，媒体资产管理已与节目生产相融合，通过媒体资产管理系统和管理平台的建设，节目的生产理念有所改变，媒体资产的利用效益得到进一步提升，继而推出新的媒体产品。特别是随着媒体资产管理和三网融合的不断推进，手机电视、网络电视、移动电视等新媒体业务如雨后春笋般快速成长，而这些新媒体的发展都离不开内容的支持。

3.2　建立传统媒体、微信、OTT、IPTV、网络音视频渠道的联动机制，为新媒体度身定制符合其特点的节目和节目样式

新媒体一方面对传统媒体产生了极大冲击，改变着传媒的格局与生态；另一方面也对社会生活各个领域产生着极大冲击，创造着新的社会生活景观。有效的通信、传输、转换、存储、管理和利用，使得提升媒体资产管理工作变得更加紧迫。我们要按照媒体资产管理的规律和要求，精心整理加工并进一步挖掘其价值，借助媒体资产管理系统使这些资源增值，更好地发挥媒体资产管理在产业竞争中的作用。

3.3　以信息、产品、服务为出发点，构建节目资料服务的强大支撑

一切的生产最终莫不以满足市场需求的形式结尾，或是产品，或是服务，不一而足。随着时代步伐的不断前进，节目资料服务的形态，也从根本上发生着变化，而这一切也是围绕着市场需求，当市场需求转变为信息、信息产品以及与之相关的服务的同时，相应的节目资料管理已经成形。从简单的节目存储系统，到信息、信息类产品的再生产系统，甚至有些基于产品流程的服务，都已慢慢完成并确立。而在数字时代资料管理的自适应，也就算是初步完成了。

了解了数字时代，了解了在这一时代节目资料管理的现状，再用以经历过数代变迁的工具，历遍无数优化的流程，人们相信，在新的时代里，节目资料服务能闪现出更具有划时代影响力的作用。

参考文献：

[1] 黄瑚，《中国新闻事业发展史》，上海：复旦大学出版社，2001。

[2] 张海潮，《电视中国——电视媒体竞争优势》，北京：北京广播学院出版社，2001。

[3] 刘宏，《中国传媒的市场对策》，北京：北京广播学院出版社，2001。

[4] 韩轶，《数据广播在中国有市场吗》，《光明日报》，2001-05-14（B3）。

[5] 威尔伯·施拉母，《传播学概论》，北京：新华出版社，1984。

[6] 胡正荣，《传播学总论》，北京：北京广播学院出版社，1997。

[7] 陈韬文等，《大众传播与市场经济》，香港：香港卢峰学会，1997。

基于数据挖掘的媒体资产管理研究

莫晓斐（上海文化广播影视集团有限公司，上海 200000）

摘　要：大数据时代的来临给科学研究、移动互联网以及电子商务等领域带来了根本性的变革，媒体内容资产管理也面临着大数据信息的挑战与机遇。本文从数据挖掘的角度出发，分析媒资管理的几个大数据来源，并探讨数据挖掘在媒体资产管理中的应用前景，旨在以数据资源作为服务体系的创新驱动，推动媒资服务的个性化、网络化和智能化。

关键词：数据挖掘；大数据；媒体资产管理

1　数据挖掘与媒体内容资产管理

随着信息通信技术的飞速发展，大数据成为继物联网、云技术之后的又一热点。看似繁杂、无序的数据中蕴含着丰富的价值，学术界、政府机构都已经开始密切关注起数据挖掘技术。

在 2008 年，《Nature》推出了 Big Data 专刊。2011 年 2 月，《Science》推出 Dealing with Data 专刊，主要围绕着科学研究中大数据的问题展开讨论，说明了大数据对于科学研究的重要性。在 2012 年 1 月份的达沃斯世界经济论坛上，特别针对大数据发布了报告"Big data，big impact：New possibilities for international development"，探讨了如何更好地利用数据来产生良好的社会效益，并重点关注了个人产生的移动数据和其他数据的融合与利用。2012 年 5 月，联合国一个名为"全球脉动"（Global Pulse）的倡议项目发布了 Big Data for Development：Challenges& Opportunities 的报告，主要阐述了大数据带来的机遇、主要挑战和大数据应用。

一般意义上，大数据是指无法在一定时间内用常规机器和软硬件工具对其进行感知、获取、管理、处理和服务的数据集合。数据属于原始的产品，经过收集、整理、分析可提炼出有价值的信息和知识，作用于生产和革新中。大数据具有数据容量大、数据类型多样、流动速度快和价值密度低的四大特征。呈现出数据量在激增的同时，隐藏在庞大数据中的有用信息量并没有相应增长的现象。

数据挖掘是指从大量模糊随机的数据中提取出隐含在其中、事先不知道的，但又是潜在有用信息和知识的过程。其目的并不是用于分析现在，而是预测未来。在媒体资产管理系统数字化、网络化和智能化的建设中，SMG版权资产中心正在积极探索对外的服务模式和产业链的拓展。把握数据时代下的机遇和挑战，挖掘媒体资产管理系统中的数据价值，以数据为驱动，旨在能为媒资对产品和市场化转型提供更精准的依据。同时，将数据挖掘引入媒资建设中，前期投入会略高，但随着经验的累计和精准度的提升，随后的产出会逐步提高。

2　媒资管理的大数据来源

在网络技术和科技日益发展的今天，信息正在呈爆炸式的速度增长。在媒体资产管理系统中，大数据的来源主要包括以下几个方面。

2.1　RFID 数据

未来的发展趋势是将物联网技术应用到节目磁带管理中。物联网是指利用信息传感设备，将任何物品与互联网连接起来的一种网络。在片库管理中，磁带携带RFID（radio frequency identification）标签，将磁带与互联网相连接，进行磁带相关信息的交换和通信，从而实现自动识别、精确定位、实时跟踪的智能化管理。目前，该技术并未实现全面推广，但是具有改善片库管理模式、提高工作效率的优点。在未来应用过程中，磁带的入库、借还、移库等工作环节中积累的数据量也是非常巨大的。

2.2　社交平台数据

随着移动互联网技术的不断发展，微信、微博等社交平台不断改变着人们获取信息和休闲娱乐的方式。2014年，在微信平台上推出了上海音像资料馆和媒资网的订阅号，以群发文字、图片、视音频的形式打造一个提供内容资讯的公众平台。在尝试拓展对外发布渠道的同时，更是与潜在的用户进行互动交流。每一次内容的推送过程中所产生的数据是非常有价值的，如新关注人数，取消关注人数、阅读量和转发量，对这些数据进行分析，从而有助于帮助分析用户行为和需求。

2.3 检索数据

媒资管理系统对内为广电传媒提供资料服务，对外在探索面向市场的内容资料服务，积极拓展产业链。而检索系统是媒资中的重要组成部分，在检索、浏览和下载的过程中会存在大量由用户行为产生的数据。

法国国立视听研究院（INA）作为广播电视机构资料馆，建立了自己市场网络平台，向用户提供音视频资料检索和浏览服务，同时用户还可以进行线上交易。

SMG 的媒资网将广播、电视、文稿、图片资源进行数据整合，为集团各频道、频率提供资料一站式检索平台。除了全文检索以外，检索条件有播出节目，素材资料，中心媒资和财经媒资等。

在内容资料的检索过程中，输入关键词、检索节目、选择的操作环节中会产生一系列数据，检索条件更是细化了用户的需求。对用户检索日志加以分析和研究，从而去发现用户属性特征和检索行为特征。

3 数据挖掘在媒资管理系统中的应用前景

把握大数据时代下的机遇，探索数据挖掘在媒资管理系统中的应用前景。结合利用数据的关联性和预测性，拓展服务范围，提升媒资服务的社会效益和经济效益。

3.1 丰富内容资源

从目前媒资行业来看，内容资料多由专门人员确定。内容分类之间如何分配，节目类型如何均衡，影响着内容资料效益的发挥。作为媒体内容资产的管理者，对集团内容资源有着全面和详细的了解。在十多年的发展过程中，逐步由资料管理者转化为资料导演，角色的转变为数据挖掘的应用前景提供了机遇。引入数据挖掘技术，媒资服务的方式、途径、模式也将随之发生改变。在服务理念上转变为以数据为导向，从数据汇聚到信息加工，拓展到知识服务和智慧服务。根据对节目的回调记录、资料检索的数据进行分析和挖掘，借鉴数据价值，更好地理解用户的搜索意图，从而有针对性地补充和丰富内容资源。

3.2 提供个性化推荐服务

随着电子商务类网站的快速发展和用户分析技术的逐步成熟，个性化推荐在亚马逊、淘宝和携程等电子商务网站中都得到了实际应用，以满足用户个性化、多样化需求。

个性化推荐是一种新兴的信息过滤技术，目的是如何更好地将相关产品推荐给潜在的用户。打破由需求寻找产品的传统模式，将相关产品聚合成主题包的形式主动推送。个性化推荐是在用户的行为数据中挖掘用户关注的领域，将用户关注和相关的信息从海量的数据中筛选出来，采用主动推荐的方式推送给用户。将该技术应用于电子商务平台，有助于缓解平台中产品的马太效应（Matthew Effect，即热门产品将受到更高的关注度，冷门产品将受到更少的关注度），并充分发挥长尾优势。

由上海五岸传播有限公司与成都索贝数码科技股份有限公司联合组建的上海五翼文化传播有限公司，打造了秒鸽传媒交易网，为广大用户提供网上数字版权交易平台。该平台囊括版权信息、咨询、服务和交易，拥有音视频素材、成片节目等等。利用大数据技术，可通过累计用户的浏览、检索、互动的资源数据，从微观到宏观进行分析，对用户的消费行为、心理、能力、需求等做出比较客观的统计和正确的分析。以数据为依据，可以将用户会感兴趣的产品以邮件的方式进行主动推送。通过增加向用户销售的机会，盘活平台内容资源，并更好地满足用户多元化的需求。

4 存在的问题

数据挖掘技术应用于媒体资产管理有着广泛的发展前景，但是仍存在着诸多的问题。大数据技术的易用性和可靠性，专业人才队伍的建设、数据公开与用户隐私的矛盾、信息安全机制的缺乏都是需要考虑的问题。其次，数据挖掘只是一个工具，它对大量的数据进行分类、聚类、关联和预测，而辨别数据资源的价值仍需倚靠专业的人才。这需要媒资从业者发挥专业优势，从文化产业的角度，鉴别和认识数据的价值。正确利用数据，充分发挥媒资行业的独特优势，促进媒体资产管理系统的网络化和智能化。

5 结束语

更大的数据，更高的价值。大数据时代的到来给媒资的管理和服务带来了新的机遇与挑战。目前，数据挖掘技术在媒体资产管理中的应用仍处于探索阶段，还有一些问题有待解决和思考。

参考文献：

[1] 李国杰，程学旗. 大数据研究：未来科技及经济社会发展的重大战略领域——大数据的研究现状与科学思考 [J]. 中国科学院院刊，2012，27（6）:647-657.

[2] 孟小峰，慈祥. 大数据管理：概念、技术与挑战 [J]. 计算机研究与发展，2013，50（1）:146-169.

[3] 张冬青. 数据挖掘在电子商务中应用问题研究 [J]. 现代情报，2005，9（9）:21-23.

浅析现代媒资管理中的数字化影响

袁蓉蓉（中央人民广播电台，北京 100000）

摘要： 在新的媒体数字环境下，新媒体不断改变着人们生活的各个方面。新的技术革新总会带来新的机遇和挑战，也会带来新的发展。如何在新媒体数字化环境下以新的思维方式寻找能够符合时代需要的媒资管理思维模式，打开创新之路，把数字化环境下媒资资源整合并加以最合理地应用，创造最高的经济和人文价值，已经是每一个现代化进程中媒资管理人员的重要课题和任务。

关键词： 数字化；媒资管理；变革

1 数字化是大势所趋

现在，媒资管理系统中的数字化已经成为不可或缺的一部分，相对于传统的工作方式，数字化必将为媒资管理探索出新的价值和生命力。

1.1 数字化带来传统媒资管理变革

以前，由于缺少规范管理和统一的标准化信息平台，媒资资料和版权的使用几乎处于混乱的状态。在工作中笔者发现，因为没有版权意识和对媒资资料价值的认识不足，许多珍贵的资料散落在编辑手中，而工作人员的收集和整理更是非常困难。许多编辑在使用资料时，根本没有将材料的来源等明确的信息标明，而给以后的再利用带来了更大的困难。现在，随着数字信息技术的飞跃，不断地改变着整个世界，信息化几乎与人们的生活密不可分。人们几乎已经不能容忍没有信息的生活。而所有的信息几乎都已经以数据的形式所存在。信息数字化已经渗透到各行各业之中。目前，几乎所有的媒资媒体部门都已经建立了信息版权统一管理的部门，这些部门承担着规范统一版权经营授权等重要职责，为版权、资料等媒资产业的发展带来了新的生命力。

1.2　数据化环境下的媒资资料搜索方式

现在，数字化已经是全球普遍公认最好的媒资资料保存和管理利用的方法。相对于传统的使用、管理、保存等方式，数字化无疑是一场革命。我们可以看到，通过网络数据平台，我们需要的信息到处都是，数据信息数量越来越庞大，而且每分钟都在以几何的方式不断持续增长。人们在面对这样的信息平台时往往会感觉自己已经深陷，无力自拔，无所适从。当然，我们可以通过引擎来搜索我们想要的东西，但是新的问题又随之而来：对于传统的以文字为载体的资料来说，引擎搜索可以最大限度地发挥它检选和搜查的长处，但是媒资资料搜索的过程除了物理存储的载体变化之外，实际上是对数字化资料通过文字进行解读的过程。这样就非常容易出现失误，进而大大限制了引擎搜索的准确性。

1.3　数据化环境下的媒资资料价值深度

将存储在开盘带、磁带、MD 等传统声频文件转化为数字文件，是现代媒资资料管理的一大飞跃。至此，媒资资料的数据体量也进入了快速的增长期。随着网络的发展给人们的生活带来的巨大的转变，媒资资料的管理也进入了数字化时代。随着数据种类的日渐丰富，用户在数字资料的检索、下载、使用过程中，以及数字化资料的编辑过程中，都在不断地产生着新的数据。那些过去通过传统技术手段无法获得更大价值的资料，在数字化的进程中都成了可以进行深度挖掘开发利用的宝藏。虽然，数据量很大、数据更新的速度飞快，以及网络环境下数据的价值密度相对减弱。但是，无论是新兴媒资行业内部还是数字化信息资料管理人员出于对新型产品和盈利模式的时代追求，都会促使数字化越来越深入地影响现代媒资管理，并且带动媒资数字化价值的深度发展。

2　变革与发展的构建

有人认为，数字化会驱动第三次工业革命。这件事情是不是真的会发生，只有让时间来证明。技术的发展首先来自于人的思维的发展。只有想不到的，没有做不到的。如何跟上时代的脚步，思维模式上的改变显得尤为重要。

2.1　建立数字化的思维

目前，数字化的确正在改变着生活中的方方面面。从世界各国政府部门的管理，到公司企业的经营模式，甚至我们每个人的日常生活和思维方式。也许，在这样的时代背景之下，我们也需要以数字化的思维，重新审视媒资行业的发展之路。而资料管理具有保存文化遗产、开发信息资源、持续发展社会文明之路的力量。经过数代人的努力，工作人员创作、收集、整理了大量的珍贵资料。这些珍贵的资料是沉淀历史，记录社会发展和人民生活的认知和实践，并传承现代和未来，服务于社会各个阶层的宝贵财富。是社会发展过程中所形成的物质和精神成果的真实记录和反映。根据这些，我认为，以现有的数字化资源和专业的媒资资料管理平台，完全可以建立一个全国联网的数字化媒资资料平台，使各地媒资资料的数字化资源都可以在平台上发布，向公众展现珍贵资料和研发成果，并且通过检索平台，实现库藏资料、素材、成品的在线浏览等服务。

2.2　网络环境下的数字化资源整合

过去，各个资料馆的结构基本属于纵向结构，从中央到各级广电媒体都是独自管理所属的音像资料馆。数字化的发展为各个资料馆之间的横向联系提供了平台。一方面，各馆资源特色都可以在数字化平台上进行检索，浏览、互相沟通和了解资源。另一方面，还可以对资料的采集提供各种参考咨询，对资料的价值鉴别，避免重复等。

同时，高速发展的数字化技术还可以让传统资料走出资料馆，走上网络，更加便捷、全面地面向社会各界。数字化之后的媒资资料平台还可以有主题推介服务，有针对性地将资源进行整合、发布。数字化之后的资料馆媒资资源是异常丰富的，定期整理，发布一些优秀的节目、包括获奖的节目、经典的资料以及珍贵历史资料的主页面。此外，各个音像资料馆还可以组织开展一些媒资资料主题活动，并利用数字化的技术互相交流。

2.3　数字化发展中需要注意的一些问题

现在的社会已经是一个信息化、数字化的社会，但是高度的数字化也带来一些问题。首先是安全问题，作为面向公众的数字化平台，坚持正确的舆论导向是首要任务。工作人员对于发布的内容应该进行敏感内容检查，及时处理所遇到的问题。

还有一个经常遇到的版权问题。现在，随着我国对于知识产权的保护力度不断加大，为避免产生版权纠纷，我们在数字化平台上所使用的数据化资料必须是具有版权的。

此外，技术的支持也是非常重要的。虽然我们所拥有的数字化资料都会参照国家统一的编目规范进行最专业化的搜索程序，但还是会产生一些细微的差别。如何保证公众能够在数字化平台快速、有效地检索出最正确的结果，达到更加便捷、准确、全面的使用体验，这就需要强大的技术支持。

最后，在技术方面还需要注意的一个问题就是技术系统的维护，防止受到黑客的攻击，以及一些非法的入侵和使用问题等。

3　数字化媒资管理的可持续发展

时代是由人来创造的。技术人才推动着技术的发展。在数字化的今天，传统的管理、工作模式已经改变。如果想要可持续地发展，人才的优化、储备就显得相当的重要。

3.1　人才培养最重要

在日益激烈的市场竞争中，媒资管理也开始了新型的数字化进程。现在，这一行业除了涉及收集、归类、利用，也涉及了开发、存储、相关的硬件软件配置、系统维护等多个环节和方面，早已不同于传统的管理方式。在现代数字化的管理过程中，对从业人员的要求也有了新的标准。

首先，媒资管理是一个非常基础的岗位。这个岗位对工作人员最根本的要求是踏实，从事这份工作的人员要有严谨的工作态度和良好的耐性。媒资管理的核心是质量和服务的管理。现在，这一行业正在经历从传统管理到科学管理的转变，从经验管理向标准化管理的转变。但是，踏实、严谨的工作作风依然是不可或缺的。数字化的发展要求我们广纳人才，并且建立完善的培训体系。一方面，不断地补充新鲜血液，让优秀的年轻人补充进这一团队；另一方面，要满足老员工学习新知识、新技能的愿望，满足其自我提升的需求。从而提高媒资管理团队的整体素质，这样才能真正满足用户的需求。

3.2　新型媒资管理人员带来可持续发展

增强从业人员的专业技能与素质才能够真正让这一行业得到可持续的发展。这就需要培养出全媒体、复合型、应用型和创新性的跨媒介媒资管理人才。传统的音像资料管理员，或是一个依托于广播电视的资料采集员已经不再适应数字化的管理模式。互联网时代、媒体融合时代、信息爆炸时代，媒体技术的发展日新月异。数字化大背景之下，媒资管理人员要虚心地了解各种媒体形态的特点和优势，对于业界的动态也要有敏感度，能够从中外媒体、不同形态的媒体、新老媒体的比较中，在对数据化信息的整合中发现差异性，探寻共同性，提炼规律性，成为真正的新时代网络数字环境下的新型媒资人才。

4   结语

数字化的发展虽然是对传统模式的一种冲击和挑战，但是也给传统的媒资管理的发展带来了难得的新的机遇。通过不断地发展和变革，笔者相信，传统的媒资管理体系在新的数字化变革之下会更加发展繁荣，并带来更多的深度价值。只要解放思想，更新观念，用开放的心态和创新的精神去探索更加广阔的未来，路一定会越走越宽。

参考资料：

[1] 宋培义：《数字媒体资产管理》，北京：中国广播电视出版社，2009。

[2][日] 城田真琴：《大数据的冲击》，周自恒译，北京：人民邮电出版社，2013。

[3] 百度百科。

节目档案和节目资料在新媒体发展中的应用

徐　慧（江苏音像资料馆，江苏南京 210000）

摘　要：在新媒体时代，传统媒体面临激烈市场竞争环境，积极实现媒体资本数字化管理，本文探讨了新媒体时代节目资料和节目档案的开发利用，通过对节目资料评估和版权体系建立确定节目资料的市场价值，依托新媒体和移动媒体，为受众提供个性化服务。

关键词：节目资料；新媒体；版权；移动媒体

广播电视节目资料是伴随科学技术发展而产生的一种视听资料形式，相比于文字资料具有受众广泛的优势，拥有巨大的社会效益和经济效益。我国文化体制改革不断深化，各方面越来越重视文化产业的发展，这些节目资料也是社会文化的重要组成部分。随着新媒体的应用越来越普及，受众对以新媒体为平台的传统节目资料需求与日俱增，与此同时，广播电视节目的保存也逐渐进入数字化时代。

本文从节目资料版权开发、媒体资产评估体系建设、新媒体环境下节目资源的再利用、移动新媒体条件下节目资料的开发等方面分析了如何扩大节目资料的应用范围，实现节目资料的增值。

1　节目资料版权开发与评估系统建设

1.1　版权开发

媒体资产是珍贵的节目资料，具有巨大的价值，要想在新媒体环境下充分开发、利用这些资料，就必须加强节目版权管理。在这方面，欧美媒体尤其是国际传媒巨头都十分重视节目资料的版权管理。据粗略统计，节目资料的版权开发收益占其总收益的 20% ~ 30%。以英国 BBC 为例，公司将节目资料按照画面主题分门别类地放到网页上销售，价格在每分钟 2000 英镑左右，对珍贵的经典镜头售价高达每分钟 2 万英镑；法国国家档案馆对节目资料的销售价格在每分钟 2300 欧元左右，可见数字化节目资料具有相当高的价值。相比之下，我国广播电视节目资料版权开发建设还处于初级阶段，版权收益还不足媒体收益的 1%。

内容资产的版权是节目资料的核心价值，如果节目资料没有版权作为基础，就没有办法进行市场交易，无法实现其价值的深入开发。对内容资产的版权开发，实现节目资料的增值和深度开发，才能解决媒体资产产业化发展的困境。媒体机构建构媒体资产管理系统过程中，应当首先进行媒体资产版权建设，确保节目资料版权清楚、明晰，为市场交易奠定基础。

内容资产版权开发包括对历史节目资料的版权进行清理和实时播出节目的版权监控两部分，在打造媒体资产管理体系过程中进行版权管理开发已成为媒体转型的不可缺少的前提条件，媒体资产是媒体无形资产重要组成部分，是媒体最具开发潜质的财富。

随着我国三网融的推进，媒体产业化程度不断提高，越来越多的媒体已经认识到媒体资产版权开发的重要性。新媒体、移动新媒体的崛起，媒体市场竞争愈演愈烈，传统媒体为适应市场环境，相继进行行业调整和资本运作。这个时候，媒体必须认清自己的定位，发挥内容资产优势，从多角度实现自身利益和价值增值。

1.2　评估体系

媒体资产对媒体来说是珍贵的节目资料，但是要想在市场上作为商品销售出去，就必须对其使用价值做出正确评价，并制定出符合价值规律的商品价格。

根据价值规律，商品的价值量取决于社会必要劳动时间，商品按照价值相等的原则互相交换。因此只有在对节目资料进行鉴定、评估的基础上才能制定出合乎市场和内容的价格。传媒产业正在飞速发展，媒体内容资产只有转变成经营性资产，才能参与市场交易。虽然受体制限制，我国传统媒体目前仍然实施"双轨制"，但是随着市场化的发展，参与市场投资、交易和上市等资本运作手段已经开始在传统媒体内部进行研究讨论。对媒体资产进行价值评估才能了解媒体的资本优势，为媒体资本产业化发展奠定基础。

其次，媒体节目资料体现了媒体的特点，这些节目资料中既有新闻节目资料也有娱乐节目资料，既有音频资料也有视频资料，既有经典节目资料也有一般节目资料，既有独家节目资料也有节目素材资料，对这些节目资料进行分门别类的编目，并进行数字化存储，当然要对其内容进行坚定、评估，才能准确定位节目资料的类别。只有在此基础上，媒体之间、媒介之间才能进行合作，媒体定位才能准确、清晰。

2　新媒体平台下的开发利用

媒体生存和发展依赖于节目内容，它是媒体的一种资产，只有充分利用才能充分实现价值。信息时代，媒体竞争愈演愈烈，节目内容越来越受到重视。想要在竞争中立于优势地位，最重要的就是对已有媒体资产的有效管理。在"9·11"事件报道中，CNN 的报道脱颖而出，获得最高的收视率，最重要的原因就是 CNN 对电视节目素材的高效管理。

过去，节目资料都是记录在磁带上的，不仅查找不方便，而且作为素材再利用过程也很繁琐。现在，节目资料储存已经进入数字化时代，随着技术发展，媒体资产管理将进入画面查询阶段，即通过分析电视画面，扩展媒体资产的利用范围。同一组画面，放在不同的背景中就会产生不同的意义。例如，一组飞机起飞的画面，在广告里可能表达飞黄腾达的含义；而在一个伤感的电视剧中，可能代表着分离。这样的一组画面我们可以反复使用，而不需要每次都进行实地拍摄。电视节目资料的数字化储存、管理、检索给这种反复使用和剪辑提供了便利。尤其是进入画面分析阶段，用户可以通过画面搜索查找需要的镜头，提高检索效率。

媒体建设数字化媒体资料库，不仅提高检索效率，而且还给远距离搜索、上传、下载提供了渠道，如果一个节目组需要一段飞机起飞的镜头，而他们远在漫天黄沙的隔壁，节目组不需要回到电视台就能下载到需要的画面，大大提高了节目制作效率。

另外，媒体资料库的用户可以不只限于媒体内部，也可以在媒体之间以及普通受众之间进行共享。媒体之间共享节目资料能够提高媒体的资源优势，提高媒体竞争力。随着各种数字设备的普及，如摄像机、数码照相机，个人制作音频、视频节目越来越流行，例如在婚礼上播放新郎新娘的恋爱过程为主题的小电影，但是个人制作这样的节目往往缺少专业的背景资料，通过付费下载节目资料，重新剪辑、编辑，不仅满足个人定制的要求，而且能增加媒体收入。

3　移动新媒体平台下的开发利用

随着网络和智能手机的更新换代，每个人都感受着 screen 和 4G 网络的移动时代的影响。手机已经不仅仅是打电话的工具，还是一个多媒体移动平台。苹果公司的 iOS 系统和谷歌的 Android 系统是目前市场占有率最高的手机系统，这些操作系统还提供了各种应用软件和多媒体平台供用户选择下载。从前，受众必须坐在电视或者收音机前才能收听节目，虽然互联网兴起后，受众可以通过网络实时或延时收看、收听节目，但是电脑的体积和重量仍然把受众限制在固定的位置上。进入移动互联时代，受众以智能手机为终端能够在任何地点、任何时间收听、收看来自全球的数字化节目资源。

　　节目资料的移动互联应用已经是不可逆转的形势。根据工信部预测，到 2014 年底，我国手机用户数量将达到 11 亿，手机网民将超过 6 亿。由于便携性，使用手机和平板电脑等移动终端设备上网的受众将越来越多，因此对移动终端内容的需求必然会日益旺盛。将节目资料的利用空间延伸到移动新媒体市场，必将扩展媒体资产的增值空间。在数字化节目资料库建设过程中，媒体可以充分利用海量节目资料的优势，满足移动新媒体用户的需求，成为移动新媒体的内容提供方，为传统媒体转型提供更多渠道。

　　以广播电台节目为例，广播节目稍纵即逝，收听受到时间、地点的限制，但是制作精良的电台节目往往有一群忠实听众，电台节目一般以 S48 的格式播出，移动终端设备不能兼容这种格式就无法收听，节目资料数据化转化后，以 MP3 或 WAV 的格式存储，不仅占用空间更小，而且能够满足听众随时随地收听节目的需求，提高节目的收听率。

　　电子媒体还可以通过与新媒体、移动媒体合作的方式，将节目资源直接植入新媒体，开发节目点播、节目交换、基于互联网的节目上传下载等多种方式。在这方面，中国网络电视台已经开始着手建设手机应用，开发多平台移动终端音视频产品，为全球华人提供优质节目资源以及直播、点播等服务。

4　以受众为中心创新服务

　　传统媒体相比于新媒体最大的弱点就是缺少互动性，缺乏受众反馈渠道，随着广播、电视与新媒体的结合以及互联电视系统的建设，将为传统电子媒体提供更多与受众互动的渠道，这有利于传统电子媒体建立以用户为中心的理念，研究媒体受众的收视、收听习惯以及对实时播出的节目的反馈情况，并根据受众的需求提供有针对性的节目资料。通过这种个性化的新型服务模式，媒体能够有效提高受众的收听率、收视率，挖掘媒体资产的潜在价值，实现媒体资产的增值，为媒体的可持续发展提供生机。

以用户为中心的创新服务模式是建立在对节目资料的适当评价和有效管理的基础上的。只有对媒体资产进行了适当的评价才能为有偿服务基准，而对媒体资产的有效管理则保障对受众个性化需求的满足，为媒体在新媒体时代的发展提供了新的空间。

5　结语

在传统媒体时代，电台和电视台掌握着生产和传播节目的垄断资源，随着互联网、智能手机的出现和更新换代，不断产生新的发布渠道。数字化提高了发布效率，普及了原本稀缺的传播资源，弱化了传统媒体的垄断地位。

但是，原创内容和历史节目资料仍然是传统媒体的核心资源，即使是新媒体也要以传统媒体的内容为依托。在数字化时代，传统的电视、广播媒体由于受众需求的多样化以及传播渠道的丰富化而需要大量的节目资料，新媒体、移动新媒体等数字媒体也需要丰富的节目资料来满足受众的需求。缺少节目内容资料不仅阻碍传统媒体的发展，也威胁新媒体的进一步升级。因此，不断挖掘传统电子媒体节目资源、促进内容生产才能给各种媒介平台提供多样的内容，填补媒介平台的内容空间。

在这种情况下，传统媒体和新媒体既是争夺受众的竞争对手，又是需要互相融合发展的合作伙伴。不管是面对新媒体的竞争还是新媒体的合作，传统媒体节目资料都是重要的资源，传统媒体应当转向以内容生产和管理为核心的发展战略。建设数字化节目资料管理系统，评估节目资料的商业价值，积极进行节目资料版权建设，充分利用新媒体和移动媒体，为受众提供个性化服务。

参考文献：

[1] 周云倩，陈信凌．广电媒体网站评价的比较研究及启示——以 BBC、CNN 和央视国际网站为研究样本 [J]．情报科学，2010（7）:156-157.

[2] 刘笑盈，张聪．CNN 的新媒体战略 [J]．电视研究，2011（8）:254-255.

[3] 石村．电视节目版权管理的基本概念 [J]．电视研究，2007（3）:222-223.

[4] 周步恒．衡量广播媒体实力之杠杆——论节目评估体系 [C]．中国上海：2003 中国传播学论坛暨 CAC/CCA 中华传播学术研讨会，2004：450-451.

[5] 刘晓燕．数字媒体资产版权开发的重要性 [J]．青年记者，2012（3）:12.

第六部分

信息安全与人才建设

ngbeID 移动身份认证方法研究

吴　旭[1, 2, 3] 范　月[2, 3] 许　晋[2, 3] 张　熙[2, 3]

（1. 北京邮电大学 图书馆，北京 100876；

2. 北京邮电大学 计算机学院，北京 100876；3. 北京邮电大学

可信分布式计算与服务教育部重点实验室，北京 100876）

摘　要：大数据时代下，已有移动身份认证方式缺乏对用户个人信息的普适保护，导致用户隐私泄露问题时发。本研究提出一种基于网络电子身份证 eID（Electronic Identity）的移动身份认证方法，通过 NFC（Near Field Communication）技术将 eID 与应用系统认证过程相结合，设计并实现了 eID 移动身份认证流程。在移动端完成用户真实身份有效认证，保障用户身份安全可信的同时有效保护用户隐私。实验证明该解决方案普适高效。

关键词：移动身份认证；eID；NFC；个人信息隐私

1　引言

大数据时代下，用户在享受着个性化网络服务的同时，其隐私也在一定程度上受到威胁，陷于尴尬。2014 年 3 月，乌云漏洞平台披露了携程网两个技术漏洞，由于携程在手机无线产品开发中开启了用户支付服务接口的调试功能，导致日志文件可被任意读取，日志中包含持卡人姓名、身份证、银行卡类别、银行卡号、CVV 码等信息。2014 年 9 月，好莱坞众多明星隐私照片遭到黑客恶意泄露及贩卖，这是由于用户在使用 iCloud 服务时使用了弱密码，遭到黑客有针对性的暴力猜测攻击，掌握了 iCloud 账户密码便可访问用户上传的所有隐私信息。导致用户隐私泄露的原因，无论是移动产品开发中的漏洞、用户本身的疏漏还是黑客的攻击，归根结底在于缺乏一种安全有效的移动身份认证方式。网络电子身份证 eID（Electronic Identity）作

为用户身份远程验证的有效、唯一、权威证明，在确保了个人身份的真实性的同时，又可有效避免用户身份信息被保留在网络运营商时所存在的泄露风险。本文设计使用 NFC（Near Field Communication）技术实现 eID 信息的高效安全读取与传输，研究 eID 移动身份认证方法及流程，实现前端匿名、后端实名，从而有效地保护用户隐私。

2　国内外相关研究

目前，移动身份认证方式包含传统的用户名密码、动态短信验证码等，但都存在用户隐私泄露的问题。用户名密码方式易被破解和识记，并且用户密码在网络传输过程中，也易被网络监听设备截获[1]；动态口令采用一次一密的方法，可以有效地保证用户身份的安全性，可是，一旦用户的移动终端遗失，便无法保证身份认证的真实性和合法性，也意味着个人隐私信息的泄露。移动终端缺乏一种行之有效的用户身份认证方式。

为解决互联网时代用户身份的可信性认证，eID 应运而生。国外对 eID 的研究和发展相对较早，其中比利时在 2004 年 9 月在全国范围内推广 eID 的使用，是较早普及使用 eID 的国家之一，市民使用 eID 可以进行官方身份证明和电子签名[2]。德国在 2010 年 11 月发行新的电子身份证[3]，新的电子身份证内置 RFID 芯片[4]，用途主要包括：一是互联网身份证，可利用互联网验证持证人身份；二是电子签名功能；三是电子护照。同时，为公民免费提供 AusweisApp 和 MONA（Mobile usage of the new German identity card）两种 eID 客户端，用于实现必要的通信和加密协议，在 eID 载体和 eID 服务系统之间发挥着中间桥梁作用。其中，AusweisApp[5] 主要针对于桌面应用，而 MONA 则为移动终端使用 eID 而开发，进一步普及了 eID 的使用。美国白宫 2011 年 4 月正式发布《网络空间可信身份国家战略》（NSTIC National Strategy for Trusted Identities in Cyberspace），计划构建推动个人和组织在网络中使用安全、高效、易用的身份解决方案。法国目前已推行适用于整个国家的 eID，进入高度标准化阶段，主要功能是用来身份认证和电子签名，可以应用于电子商务和电子政务领域，且具有安全、可靠的优势。eID 在互联网社会用户身份认证方面发挥的作用越来越大，eID 应用领域也不断地扩展[6]，在移动认证领域的发展潜力更受到各个国家的广泛关注[7]。

国内现有 eID 终端载体使用 USB 端口与 PC 交互，但是移动终端设备却很少有支持 USB 端口的，其信息交互采用近距离无线通信方式，包括：红外、蓝牙、

RFID（Radio Frequency Identification）、NFC[8] 等。红外实现点对点之间的数据传输，成本较低但要求设备对准方向，并且中间不能有障碍物；蓝牙相对于红外具有传输距离远、传输速度快、安全性高等优势，缺点是功耗较大；RFID 通过无线电讯号识别特定目标并读写相关数据[9]，易于操控、识别速度快、数据容量大且使用寿命较长；NFC 由 RFID 演变而来，由于 NFC 采用独特的信号衰减技术[10]，相对于 RFID，NFC 具有距离近、带宽高、能耗低[11] 等特点；相对于蓝牙，NFC 提供一种连接更快、数据传输更安全、成本更低的通信方式[12]，更适于交换敏感信息。

　　总之，传统的移动用户身份认证方式无法有效地保护用户的隐私信息，也难以保证用户身份的真实可靠性[13]，使用 eID 身份认证方式，通过 NFC 技术，联网实现移动终端用户身份认证，将是一种新的思路。

3　移动身份认证方法框架

　　与传统居民身份证不同，eID 使用于网络，用于在网络中远程证实个人真实身份。eID 服务系统依托公安部覆盖 13 亿人口的全国公民身份信息库，生成一组唯一的网络标识符和数字证书。从设计原则上，eID 只是一串网络标识符，其本身不含任何用户身份信息；从管理思路上，eID 相关身份的建立和管理由统一的机构进行。eID 在确保了个人身份真实性的前提下，又可有效避免个人信息的泄露。本研究设计的 eID 移动身份认证方法主要包含五个部分：基于 NFC 技术的 eID 卡、eID 移动客户端、接口改造之后的应用系统前台、eID 统一认证服务系统，应用系统后台服务器。eID 移动身份认证方法整体框架如图 1 所示。

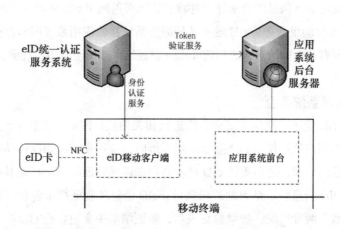

图 1　eID 移动身份认证方法整体框架

3.1　基于 NFC 技术的 eID 卡

传统 USB 端口的 eID 终端载体不适用于移动终端，本文设计了基于 NFC 技术的 eID 终端载体，使用非接触方式与移动终端交互。eID 卡主要包含 SIM 模块、使用特定密码算法的 CPU 加密芯片、NFC 芯片、NFC 天线以及其他必要的物理硬件。其中，SIM（Subscriber Identity Module 客户识别模块）存储的是个人唯一的 eID 证书、私钥以及 PIN 码，eID 设置 PIN 码保护，用户使用 eID 时需要输入 PIN 码，保证了 eID 卡的安全使用；CPU 加密芯片用于读卡信息前加密传输，保证信息交互过程中的安全可靠性；NFC 芯片用于 eID 卡与移动终端进行通信。eID 卡中各个组件协调工作，共同实现了 eID 卡的各项功能。eID 在使用时需要联网实时认证，有效保证了 eID 唯一性、隐私性和可信性。

3.2　eID 移动客户端

eID 移动客户端作为 eID 卡与移动终端、eID 统一认证服务器、应用系统前台的沟通桥梁，主要功能包括：接收应用系统前台发出的 eID 请求；通过移动终端 NFC 读取用户 eID 卡中的有效信息；通过与 eID 统一认证服务系统建立安全的会话通道，代理验证 eID 信息的可信性；接收 eID 统一认证服务系统返回的验证结果，之后将结果返回至应用系统前台。

3.3　eID 统一认证服务系统

eID 统一认证服务系统主要用来提供身份认证服务和网络操作令牌 Token 验证服务。

（1）身份认证服务。eID 统一认证服务系统接收 eID 移动客户端的 eID 身份认证请求，验证 eID 信息的合法性，并将验证结果返回至 eID 移动客户端。

（2）Token 验证服务。eID 统一认证服务系统接收应用系统服务器验证网络操作令牌 Token 有效性的请求，之后将 Token 验证结果返回至应用系统服务器。

3.4　应用系统前台

为支持 eID 应用，应用系统前台需进行相关的接口改造。在登录模块增加 eID 登录方式，当用户选择使用 eID 登录应用系统时，应用系统向 eID 移动客户端发出验证 eID 信息的请求，之后等待 eID 移动客户端返回验证结果。在此基础上，增加接收和判断 eID 信息验证结果的逻辑接口，eID 信息的验证结果包括"验证成功"和"验证失败"两种情况，如果验证成功，验证结果中会包含有 eID 统一认证服务系统返回的网络操作令牌 Token，之后由应用系统后台服务器代理验证 Token 的合法性；如果验证失败，将拒绝用户访问应用系统前台。

3.5　应用系统后台服务器

应用系统后台服务器处理应用系统前台的各项请求，并为其提供业务处理逻辑，同时需要提供代理验证 Token 合法性的接口，通过与 eID 统一认证服务系统交互，验证 Token 的合法性，并根据 Token 的验证结果执行相应的业务逻辑。

4　eID 移动身份认证流程设计

为了实现完整、可信、安全的 eID 移动身份认证，将 eID 移动身份认证的操作流程细化，如图 2 所示。

当用户通过移动互联网访问某个支持 eID 的应用系统前台时，需要以下十个步骤流程：

（1）用户选择 eID 方式登录应用系统，应用系统前台向应用系统后台服务器发起 eID 登录请求。

（2）应用系统后台服务器检测到用户的此次登录请求为 eID 登录请求，将用户的登录请求、eID 统一认证服务的访问路径以及应用系统唯一标识发给应用系统前台。其中，应用系统标识是标识应用系统的唯一序列号。应用系统前台根据登录请求类型跳转到 eID 移动客户端（图 2 中步骤 2.5 所示）。

（3）eID 移动客户端收到登录请求，提示用户将 eID 卡贴近移动终端，进行读取 eID 卡信息操作。在成功验证 eID 卡 PIN 码之后，eID 移动客户端通过移动终端的 NFC 功能与 eID 卡通信，获取 eID 卡中的有效信息。如果用户重复 5 次输入错误的 PIN 码，eID 移动客户端将锁定 eID 功能。

（4）eID 移动客户端向 eID 统一认证服务系统提交 eID 信息和应用系统标识。

（5）eID 统一认证服务系统验证 eID 信息的真实合法性，如果验证成功，则根据时间戳、eID 信息和应用系统标识计算出一个用户网络操作令牌 Token，返回给 eID 移动客户端；如果验证失败，则向 eID 移动客户端返回相应的错误代码。

（6）eID 移动客户端根据应用系统标识，将 eID 信息的验证结果返回给应用系统前台。

（7）应用系统前台根据 eID 信息的验证结果，执行下一步的逻辑操作。如果验证成功，应用系统后台服务器将获取验证结果中的 Token，执行步骤（9）的操作；如果验证失败，应用系统后台服务器拒绝用户访问应用系统前台，此次认证流程结束。

（8）应用系统后台服务器携带 Token 访问 eID 统一认证服务系统，验证 Token 的合法有效性。

（9）eID 统一认证服务系统在 Token 验证通过之后，向应用系统返回 eID 信息所绑定的用户名列表。如果 Token 验证失败，则返回验证失败结果。

（10）应用系统后台服务器根据 Token 的验证结果选择相应的业务逻辑。如果验证结果为成功，则以 eID 信息所绑定的用户名登录应用系统；如果验证结果为失败，则拒绝用户访问应用系统，要求用户重新验证 eID 信息。

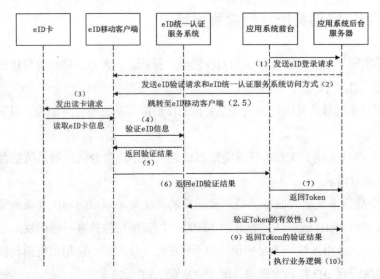

图 2　eID 移动身份认证的操作流程

5　eID 移动身份认证的技术实现

（1）应用系统前台接口改造。网络业务操作令牌 Token 申请接口：请求 eID 统一认证服务系统为用户发放 Token。应用系统前台界面增加"eID 登录"按钮，重定向于 eID 统一认证服务系统。当用户使用 eID 登录应用系统前台时，调用此接口。

（2）应用系统后台服务器接口改造。网络业务操作令牌 Token 解析接口：解析 eID 证书验证结果中包含的 Token 值。网络业务操作令牌 Token 验证接口：应用系统后台服务器将解析出来的 Token 提供给 eID 统一认证服务系统进行验证。若 Token 验证结果为合法有效，则执行用户登录成功的操作。若 Token 验证无效，应用系统后台服务器执行拒绝用户登录应用系统前台的操作，重新调用 Token 申请接口。

（3）eID 统一认证服务系统需要提供的接口。验证 eID 认证申请是否合法的接口：验证提交 eID 认证申请的应用系统前台是否在 eID 统一认证服务系统所支持的服务范围之内，若验证成功，eID 统一认证服务系统将提供相应的 Token。验证 Token 接口：eID 统一认证服务系统验证 token 的有效性，并返回验证结果。

（4）eID 移动客户端。eID 移动客户端通过以下 3 个模块来实现：

eID 信息读取模块。调用 android.nfc 和 android.nfc.tech 包中的 API，实现对 NFC 卡中信息的读写操作。

PIN 码验证和修改模块。在读取 eID 卡中证书信息之前，eID 客户端要求用户输入 PIN 码，验证 PIN 码的正确性，如果用户连续输入错误的 PIN 码次数达到 5，eID 移动客户端自动锁定 eID 卡的功能。此外，用户也可以通过 eID 客户端修改 PIN 码。

验证 eID 信息模块。eID 移动客户端通过 eID 信息读取模块，获取 eID 信息以后，访问 eID 统一认证服务系统，验证 eID 信息，并将验证结果反馈至应用系统前台。

6 实验与结果

eID 移动身份认证系统选取北京邮电大学的在线学习平台系统作为实验场景，该平台是提供专业课程学习和社区交流的应用系统，主要提供在线课程视频、试题练习、在线测评、成绩查询、交流社区等功能，用户除了可以学习网络视频课程、在线测评之外，还可以在学习交流社区进行互动。本研究通过对在线学习平台进行接口改造，实现以 eID 身份认证方式登录系统。

图 3 所示为在线学习平台登录界面，系统提供 eID 登录方式。

使用 eID 登录在线学习平台时，系统自动跳转移动客户端界面，eID 移动客户端收到验证 eID 的请求后，提示用户将 eID 卡贴近移动终端，如图 4（a）所示，在获取 eID 卡中信息之前，eID 移动客户端要求用户输入 PIN 码，PIN 码验证界面如图 4（b）所示。

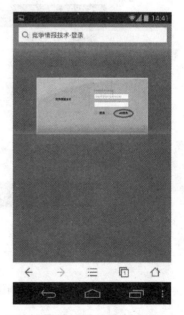

图 3　在线学习平台登录界面

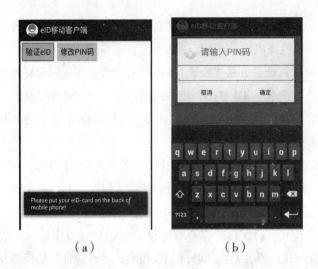

图4　eID 移动客户端验证 eID 卡主界面（a）和 PIN 码验证界面（b）

eID 移动客户端代理验证 eID 信息成功的界面如图5（a）所示，应用系统前台
自动跳转至用户登录成功的界面如图5（b）所示。

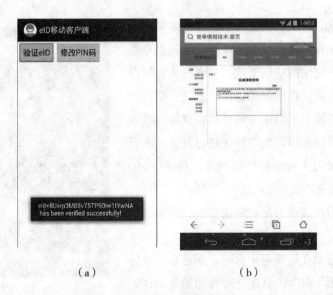

图5　eID 移动客户端验证 eID 通过界面（a）及登录成功界面（b）

上述实验展示了通过移动终端使用 eID 登录在线学习平台的过程，实现了前台
匿名，后台实名的身份认证机制，整个操作流程简单快捷，证明了 eID 移动身份认
证方法的有效性。

7　结语

为解决大数据时代用户隐私有效保护的问题，本文设计实现了一种 eID 移动身份认证方法，将 NFC 近场通信技术和 eID 巧妙结合，充分利用 NFC 技术耗能低、通信高效且安全的优势，利用 eID 的隐私保护、高度可信以及安全可靠等特点，设计实现了移动终端实时身份认证流程，在保证前台用户身份真实可信的前提下，又可以有效防止用户个人隐私信息泄露。实验证明，该方法为移动终端身份认证提供了一种普适高效的解决方案，同时也为 eID 在全国范围内的推广应用奠定了良好的基础。

参考文献：

[1] 郭晓彪，曾志，顾力平 . 电子身份认证技术应用研究 [J]. 信息网络安全，2011（3）：21-22.

[2]De Cock D，Wolf C，Preneel B.The Belgian Electronic Identity Card（Overview）[C]//Sicherheit.2006，77: 298-301.

[3]Poller A，Waldmann U，Vowé S，et al.Electronic identity cards for user authentication——promise and practice[J].IEEE Security & Privacy，2012，10（1）：46-54.

[4]Essbach J.An approach to a decentral mobile payment system using nfc and the german eid-card[C]//Wireless Systems （IDAACS-SWS），2012 IEEE 1st International Symposium on.IEEE，2012: 67-71.

[5]Horsch M，Stopczynski M.The German eCard-Strategy[R].Technical Report: TI-11/01，TUDarmstadt，http://www.cdc.informatik.tudarmstadt.de/reports/reports/the_german_ecard-strategy.pdf，2011.

[6] Zwattendorfer，B.；Tauber，A，Secure cloud authentication using eIDs，Cloud Computing and Intelligent Systems （CCIS），2012 IEEE 2nd International Conference on，vol.01，no.，pp.397，401，Oct.30 2012-Nov.1 2012.

[7] Bruegger B P，Hühnlein D，Kreutzer M.Towards global eID-interoperability[C]//BIOSIG.2007: 127-140.

[8] Kostakos V，O'Neill E.NFC on Mobile Phones: Issues，Lessons and Future Research[C]//PerCom Workshops.2007，8.

[9] Michahelles F，Thiesse F，Schmidt A，et al.Pervasive RFID and near field communication technology[J].Pervasive Computing，IEEE，2007，6（3）：94-96，c3.

[10]Curran K，Millar A，Mc Garvey C.Near field communication[J].International

Journal of Electrical and Computer Engineering（IJECE），2012，2（3）：371-382.

[11]Özdenizci B，Aydin M，Co·kun V，et al.NFC research framework: a literature review and future research directions[C]//Published in 14th IBIMA Conference.2010: 23-24.

[12]Matinmikko T，Ylisaukko-Oja A，Strommer E，et al.Physical browsing with NFC technology[M].VTT，2007.

[13]Lee，Kwangsu，Lee，Dong Hoon.Security analysis of an identity-based strongly unforgeable signature scheme.Information Sciences[J]，2014，286（12）：29-34.

社会网络形成机制研究

吴晨生　李梦辉（北京市科学技术情报研究所，北京 100044）

摘　要：复杂网络的微观机制是网络研究中的一个关键问题。在本文中，通过分析四种典型在线社会网络的演化数据，即 Flickr、Epinions、FriendFeed 和 aNobii，平衡连接在社会网络演化中起到了主要作用。此外，发现两者之间成为朋友的相对概率正比于两者间共同朋友数，进而猜想随机行走是社会网络演化的微观机制。

关键词：社会网络；平衡连接；偏好连接

1　引言

挖掘社会网络的形成机制是社会学[1, 2]和复杂网络研究[3-6]的核心问题。因为缺少实际网络数据，连接形成的微观过程未在大规模的实际社会网络中得到深入研究。幸运的是，在线社交网站（例如 Facebook、Twitter、MySpace、LinkedIn、Flickr 和 Orkut）的蓬勃发展为研究社会网络微观机制提供了大量数据。这些网络记录了参与者所有活动的痕迹，提供了一个研究大规模在线社会网络微观演化的机会。总的来说，用户之间的局部相互作用构成了社会网络的总体结构[7]。反过来说，网络邻居在一定程度上影响了用户的行为[8, 9]。因此，研究在线社会网络的演化方式将不仅增强我们对复杂网络和人类行为的了解[3-6]，还具有在多个领域内具有潜在应用价值[10, 11]。

实际复杂网络具有共同结构特征，例如幂律度分布、较小的平均最短路径长度，以及较高的集聚系数[3-6]，因此提出了许多理论模型来重现上述特征。一类模型是基于全局偏好连接的概念[12-14]，另一类模型则是基于局部信息的概念[15-17]。我们注意到两种可能互相冲突的模型都成功重现了幂律度分布特性，但是其中一种需要全局信息，而另一种仅需要局部信息。特别是基于形成三角形的概念的模型也可以重

现小世界现象 [15-17]。另外，大量工作来揭示网络演化的一般规律。通过分析实际网络演化过程，发现节点吸引新连接的概率与其度数成正比 [18-24]。一些工作显示大多数新连接跨越非常短的距离，通常建立在朋友的朋友之间，即闭合三元组 [19, 22-25]。而且，用户的种类也对新连接的形成具有显著影响 [19, 25-27]。这些结果仅为偏好连接的存在与否提供直接的定性支持。在现实系统中，尤其是在社会网络中，每个人都不可能去了解系统的全局信息，例如每个人的好友数量。因此，偏好依附仅仅是一种宏观现象，其背后可能存在不同的微观机制。偏好依附的动力来源是什么？迄今尚未对这个重要的问题进行过深入研究。

闭合三元组可以自然导致偏好连接的现象 [28]。形成三角形可能是线性偏好连接的微观机制，但是没有实际数据来直接支持这一论点。因此，为了揭示在线社会网络结构的形成机制，本文分析多个在线社会网络（Flickr、FriendFeed、Epinions 和 aNobii）的演化过程。

2　数据集

我们研究了四种在线社会网络，例如 Flickr，FriendFeed，Epinions 和 aNobii。这些网站允许用户上传、传播、共享和交换他们感兴趣的内容（例如照片、视频或音乐等），甚至可以互相交朋友来形成在线社区。在本文中，仅将重点放在社会网络的演化上。最著名的共享照片的网站 Flickr 拥有数百万活动用户和数以亿计的照片。用于我们的研究的数据集是通过从 2006 年 11 月 2 日到 2006 年 12 月 3 日，以及从 2007 年 2 月 3 日到 2007 年 5 月 18 日再次每天浏览 Flickr 网络 2300000 多名用户的资料来收集的。总共在时间窗口中有 104 天用于数据收集 [24]（http://socialnetworks.mpi-sws.org/）。在这段时间内，形成了 9700000 多个新社会连接，观察到了 950000 位新用户。FriendFeed 数据集是通过 2009 年 2 月 26 日到 5 月 6 日之间每五天浏览一次 FriendFeed 网络来收集的 [23]。有 14 张快照或者时间窗口内的 70 天。最后发现 200000 多名用户中有接近 4000000 个有向连接 [23]。Anobii 数据集通过浏览邻居（现实生活中的陌生人）和好友（现实生活中互相认识）网络来收集。最终从 2009 年 9 月 11 日起花 15 天收集了六张网络快照 [19]。在研究中，我们针对简单性将邻居和好友考虑为社会连接，包括 94238 名用户和 760171 个社会链路。Epinions 数据集由 Epinions 职员直接提供给 Paolo Massa [29]（http://www.trustlet.org/wiki/Extended Epinions dataset）。出于网络分析的目的，我们在这里仅考虑用户之间的信任关系，包括 114467 名用户和 717667 个信任关系。

3 偏好连接的微观机制

偏好连接假设声明度 k 的顶点获得新连接的相对概率 $\prod (k)$ 是 k 的单调增函数，即

$$\prod (k_i)= \frac{k_j^a}{\sum_j k_j^a}=C(t)k_j^a \qquad (1)$$

对于 $a=1$，这些模型简化为 BA 模型 [12]，度分布在这里遵循幂律。偏好连接实际上存在于许多实证网络 [18–24] 中，但是基于偏好连接的模型无法重现实证网络中观察到的更高的集聚系数。这表示偏好连接不是潜在的机制。那么偏好依附的微观机制是什么呢？

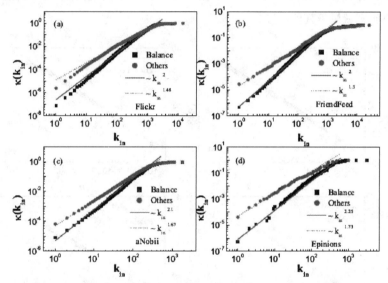

图 1 累积函数 κ（k）刻画新连接对目标节点入度的依赖性

3.1 测量方法

该方法的基本想法是监测连接到新节点的连接数与节点度数的函数关系。按照下面的方法计算节点建立新边的可能性 $\prod (k)$。首先，采用时间间隔为 δt 天的网络快照，分别被称为 t_0 和 t_1 网络。在 t_0 网络中，将度为 k 的节点标记为 t_0 节点，将它们的数量标记为 $C(k)$。在 t_1 网络中，计算获得新连接的度为 k 的 t_0 节点的数量，标记为 $A(k)$。相对概率定义为，

$$\prod (k)= \frac{\dfrac{A(k)}{C(k)}}{\sum_{k'} \dfrac{A(k')}{C(k')}} \qquad (2)$$

　　已经证明，如果存在偏好依附机制，条件概率能够服从幂律形式∏（k）～kᵃ。为了降低噪音的影响，在实证分析中采用累积函数 κ（k）

$$\kappa(k) = \int_0^k \prod(k')dk' \propto k^{\alpha+1} \qquad (3)$$

3.2　偏好检验

　　接下来我们关注网络的现有状态（例如两个节点之间的距离）如何影响新连接的形成。例如，如果偏好连接是基本机制，那么任何距离的用户间形成新连接相对概率应该遵循相同的规律。否则，表示偏好连接不是社会网络演化的微观机制。为了验证这一结论，在分析中特别将新连接划分为两种类型：平衡连接（balance links）和其他连接（others）。如果新连接在距离为 2 的节点间形成，则被视为平衡连接，否则就属于其他连接。

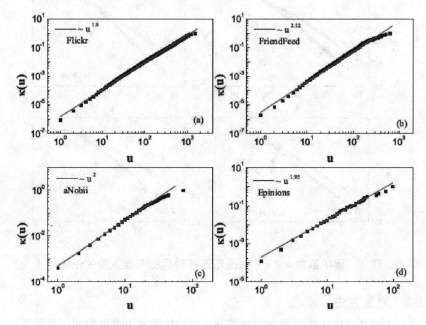

图 2　累积相对概率函数 κ（u）与节点间最短路径数的函数关系

(a) Flickr, (b) FriendFeed, (c) aNobii, (d) Epinions

　　本文所研究网络为有向网络，将用户分为两类：起点和目标点。然后计算了目标点（起点）上的入度（出度）上接收新连接的相对概率。对于目标点，可以从图 1 看到用户吸引新连接的相对概率与现有的入度成正比。特别的是，发现中等度数的 κ（k）在双对数坐标图上呈现为一条直线。但是，平衡连接的指数比其他连接的指数要大得多。对于平衡连接，吸引新连的相对概率线性依赖于入度，即

α ≈ 1，表明实证网络中平衡连接实际上会产生偏好依附现象，而对于其他链路的相对概率服从一个亚线性幂律，即 α < 0.6。较大的偏差显示在不同距离节点之间形成新连接的机制遵循不同的规律。这表明目的地节点不是依照公式（1）来选择的。此外，通过分析起点建立连接过程能得到类似结论，即建立新连接的相对概率正比于其出度，并且平衡连接的指数大于其他连接指数。因此，推测三角形闭合（平衡连接）是更基本的机制，而偏好依附只是一种宏观表现。例如，一个用户可以通过他的好友轻松地访问朋友的朋友，但是很难访问远距离的用户。

3.3 微观机制

以上结果显示，平衡连接是社会网络演化的基本机制，但起点是如何找到目标节点的仍不清楚。下面来关注用户间共同朋友数（路径数 u）对新连接的影响。如果相对概率线性依赖于路径的数量，则得出以下结论：两步随机行走是社会网络中寻找新朋友的主要机制。根据公式（2），可以获得形成平衡连接和最短路径数量之间的关系。图 2 显示针对四种社会网络的累积函数 κ（u）几乎是线性取决于最短路径的数量，例如 $α_u ≈ 1$。因此社会网络演变微观机制是通过两步随机行走建立新连接（形成闭合的三角形）是社会网络演化的微观机制。

4 结论

本文以四种实际网络为例来研究在线社会网络的演化机制。研究结果发现网络的演化受主要受平衡连接的控制，并且平衡连接对度的依赖性更强。因此，通过随机行走建立平衡连接可能是控制各类在线社会网络演化的微观机制。当然，由于在线社会网络的多样性，可能存在控制此类网络发展的其他演化机制。

参考文献：

[1]M.McPherson，L.Smith-Lovin，.J.M.Cook，Annu.Rev.Sociol，2001（27）：415-44.

[2]N.S.Contractor，S.Wasserman，K.Faust，Academy of Management Review，2006（31）：681-703.

[3]R.Albert and A.-L.Barabasi，Rev.Mod.Phys.74 47，2002.

[4]M.E.J.Newman，SIAM Rev.45 167，2003.

[5]S.Boccaletti，V.Latora，Y.Moreno，M.Chavez and D.-U.Hwang，Phys.Rep.424 175，2006.

[6]C.Castellano，S Fortunato，SLoreto，Rev.Mod.Phys，2009（81）：591-646.

[7]N.Mark，A.-L.Barabsi and D.J.Watts.Oxford: Princeton University Press，2006.

[8]D.Centola，Science 329，1194，2010.

[9]J.-Pekka Onnela and F.Reed-Tsochase，PNAS 107 18375-18380，2010.

[10]M.R.Auer，Policy Studies Journal，2011（39），709-736.

[11]L F Pitt，P.Berthon，Business Horizons，2011（54）：181-183.

[12]A-L Barabasi and R Albert，Science 286 509，1999.

[13]A.Barrat，M Barthelemy and A Vespignani，Phys.Rev.Lett.92 228701，2004.

[14]W Wang，et alPhys.Rev.Lett.94 188702，2005.

[15]M Li，et al，New.J.Phys.8 72，2006.

[16]JDavidsen，H Ebel and S Bornholdt，Phys.Rev.Lett.88 128701，2002.

[17]A Vazquez，Phys.Rev.E 67 056104，2003.

[18]H Jeong，Z Neda and A-L Barabasi，Europhys.Lett.61567，2003.

[19] L.M.Aiello，A.Barrat，C.Cattuto，G.Ruffo，and R.Schifanella，arXiv:1006.4966v1，2010.

[20] X.Zhao，et al，arXiv:1205.4013，2012.

[21] H.Hu，X.Wang，arXiv:1111.5417，2011.

[22]J.Leskovec，L.Backstrom，R.Kumar，A.Tomkins；.ACM KDD，Las Vegas，USA，2008.

[23] S.Garg，T.Gupta，N.Carlsson，A.Mahanti，In Proc.of IMC，2009.

[24] A.Mislove，H.S.Koppula，K.P.Gummadi，P.Druschel，B.Bhattacharjee，In Proc.of WOSN，2008.

[25] G Kossinets and D J Watts Science 311 88，2006.

[26] L.K.Gallos，et al，Phys.Rev.X 2，031014，2012.

[27] N.Z.Gong，et al，arXiv:1209.0835v1，2012.

[28]M.Li，L.Gao，Y.Fan，J.Wu and Z.Di，New Journal of Physics 12 043029，2010.

[29]P.Massa，P.Avesani，In Proceedings of ECAI 2006 Workshop on Recommender Systems（pp.29-33），2006.

社交网站个人信息安全问题与对策研究

章赫男（黑龙江大学信息管理学院，黑龙江哈尔滨 150080）

摘　要： 本文将个人信息安全的相关理论与具体的社交网络相结合，以探讨社交网络中存在的信息安全问题，主要研究的问题包括：在整理文献的基础上，结合社交网络特性来研究社交网络中存在的安全问题；分析在应用社交网络应用过程中影响个人信息安全的因素。根据对社交网络中个人信息不安全因素的分析，有针对性地提出了一些保护建议。

关键词： 社交网站；个人信息；安全

党的十八届三中全会最大的亮点之一就是设立国家安全委员会,确保国家安全,其中着重提到确保国家网络和信息安全。国家非常重视信息安全问题，但现状是我国金融、电信等重点领域的核心 IT 系统几乎被国外厂商垄断。因此，推行国产设备替代、建设完整的信息安全体系迫不及待。

1　社交网络的内涵及特点

对于社交网络个人信息安全问题的研究，是在已有的个人信息保护理论基础上结合社交网络的应用环境对个人信息安全问题进行的研究，这项研究可以为个人信息安全提供新的视野，有利于促进个人信息保护理论的发展。在实践上可以指导人们的行为，使其更加重视个人信息的安全，让社交网络平台更加明确自己的责任与义务，让用户更为积极、主动、有效地去保护自己的个人信息。因此，在理论和实践上都具有一定的现实意义。[1]

社交网络源自网络社交，网络社交的起点是电子邮件。互联网本质上就是计算机之间的联网，分析以 SNS 为主的社交网络的基本内容、结构和模式，与传统网络类型相比，它主要呈现出以下特点：

1.1 人际传播回归和社交网络关系化

从传播学视域来看，人际传播和网络社交传播息息相关。人际传播是指两个或两个以上的人之间借助语言和非语言符号互通信息、交流思想感情的活动。它既可以是面对面的信息传播，也可以是点对点的交流活动，每个人都是信息的发送者和接收者，既在影响别人的同时，也受到他人的影响。[2] 人际传播具有较强的私人性、亲密性、互动性、社会性和平等性特征。这些特性保证了人际传播良好的效果和影响力。正如"电话代替不了握手"一样，网络工具有时并不能带来人们内心的亲切感和信任感。为避免网络这种工具性特征带来的弊端，社交网络正在向人际传播回归，它以现实社会关系为基础，模拟或重建现实社会的人际关系网络，来提高社会交往的质量和效度。

1.2 以用户为中心

由于网络技术不断向用户渗透，那些过去被轻视、被忽略的"微内容""微价值"由于新的聚合力量而显得格外强大。社交网络的UGC（用户生成内容）力量是惊人的，在其中，你可以创建属于自己的网站，不需要懂得HTML或其他计算机专业技术；你可以创办自己的网络电台，你可以建立自己的商务网店，发布你想要发布的商品信息；你也可以创建一个私人的工作流社会网络，和你的同事一起网上开会、策划、交流工作心得等。像YouTube能成为现在网络视频的"领头羊"，与用户可以自由和主动地上传、分享、评价视频息息相关。而微博Twitter在一定程度上改变了媒体格局，就是把媒体的动力交给普通人，让每个人都可以创造自己的媒体。

1.3 虚拟社交与真实社交的融合

作为一种新型社会交往形式，社交网络是人的对象化活动的产物，它不可能脱离"人"这个主体。在很大程度上，网络社会就是一种"自由人的联合体"。因此，网络社交在"虚拟化生存"的同时，正在走向现实化、真实化和更人性化，人们已经不再满足于虚拟符号和虚拟社交方式，而希望让网络更多服务于个人发展和现实生活。今天，虚拟社交网络已经渗透进了人们的日常社交生活，融入到了他们的"工作流"和"生活流"中，人们的真实朋友圈与虚拟网络圈日益叠合。像开心网上的汽车、房子、果实等虚拟商品已成为淘宝网上的热卖商品，还有不少人受网上菜地影响，到近郊租地种菜。

社交网络已经弱化了早期网络社区那种娱乐和游戏功能，每个用户都只有一个身份识别，只有紧贴这个身份才能使用和拓展其他功能，它鼓励用户以真实身份、形象加入网络群体，保持在线上线下身份一致性，以此来构建社会化的关系服务网络。在 2005 年，在天际网发布的"中国 SNS2.0"的新概念标准认为，SNS 是一种利用网络实现的实名制社交平台，将现实生活中的人际交往通过互联网进行管理，降低社交成本，并"通过信赖的人找到需要的人"，最大限度地拓展有价值的人际资源。由此可知，每个在网络中的真实个体，不再孤立存在，而是借助互联网及数据检索出人际网络中的"点"，把"网"与"网"编织在一起，形成类似蜂窝状的网络结构，每个用户都可以从自身辐射出一个可信赖的人际圈。[4] 又如，校内网的目标用户主要集中于在校大学生群体，因而它是一个相对封闭的社交网络平台，为维系这种封闭性，保持成员身份的相对统一，校内网采用"实名"制度来管理网站，它鼓励成员使用真实身份、真实头像申请注册，由校内网专门的管理人员审核、评级，并通过"星级会员"的身份界定来保障其可靠性。这种制度营造了一种温馨而单纯的社交环境，每个成员来到这里有一种"回家的感觉"。

1.4　私人空间与公共空间的结合

现代人的生活方式和网络交往方式呈现出私人空间与公共空间界限越来越模糊的性征，或者说，是私人空间与公共空间的相互侵占和融合。以当前流行的"移动媒体"为例，传播学者 Kopomma（2000）发现，移动媒体对个人和社会的发展存在某种潜移默化的影响，尤其是在重新界定公共空间与私人空间的作用上。一方面，手机媒介使私人空间变得"公共化"。比如，使用移动媒体终端原本是一种私人行为，但当其在一定的公共领域中进行网络交往时，就不可避免地转变为一种公共行为。另一方面，手机媒介又是对公共空间的"私人化"。学者 Puro 认为，通过手机讨论个人关注的话题，人们把公共空间中的"空气都充满了私人话题的气息"，个人通过讨论私人话题并从原本的社会交流"撤退"到一个依靠移动媒体的人际传播。[5]

2　社交网站的个人信息安全问题——以人人网为例

2010 年，艾瑞网在新浪、网易、搜狐、腾讯、土豆网、优酷及人人网中发布了一项基于 20 万人家庭与办公用户参与的调查活动，调查数据显示，人人网的访问量是每人每月平均 32.5 次，网站每日的平均浏览页面达到近 4.8 亿页，用户每天在网页上的互动次数为 41 亿次，居所有网站之首。

在人人网首页的最右下角是网站关于隐私情况的相关说明，其隐私声明的内容包括使用说明、用户权利、保护隐私原则、免责条款、联系方式五个部分，但是在大多数用户中，只有少数的人阅读了人人网关于隐私声明的全部内容，而大多数仅仅是知道人人网关于隐私声明的存在，但是却从来没有阅读过其中的具体内容，更有人根本就不知道网站关于隐私声明的事情。可以说大部分人对于个人隐私根本没有自我保护意识，社交用户对于网站将采取何种方式对个人隐私信息进行保护基本持漠不关心的态度，这些都增加了 SNS 社交网站用户的个人隐私遭到泄露的风险。

2.1　从技术层面来说

人人网中 Cookies 文件的目的是追踪用户在社交网站的信息，记录社交网站一个真实用户的所有行为轨迹。SNS 网站往往利用类似 Cookies 功能的文件定位网页浏览者的个人信息，跟踪分析一个用户在社交网站的访问记录，然后在用户不知情的情况下将这些访问记录推送给一定的第三方网站，从而赚取一定利润。此技术的掌握者还可以通过 Cookies 文件，使自己成为任何一个人，将别人的个人主页或者博客变为自己的。另外，通过入侵用户个人信息网站，黑客和攻击者还可以发动进一步的攻击，例如向用户电脑注入病毒等程序，进一步盗取用户的个人隐私信息。

2.2　从非技术层面来说

首先，人人网自身倡导实名注册。在人人网实名注册这一倡导之下，大多数用户使用真实的头像、姓名及学校状况等个人真实信息。这与互联网的匿名性形成鲜明的对比，在 SNS 社交网站中，人人网这一社交媒体储存了大量的用户真实个人隐私信息，而这些都是用户自愿提供的，与其他被迫或被盗取的个人隐私显然不同。其次是人们之间的信任。美国学者阿特曼和泰勒认为，在面对面交流中，自我表露导致信任感的产生，而信任感反过来又增加了人们自我表露的勇气，形成一个循环，最终拉近两者之间的关系。在互联网中，网民之间的交流与互动大多是匿名性的，但在人人网这一社交媒体中，用户上传的头像，填写的姓名、学校等个人信息绝大部分是真实的，在这些透明度高的信息面前，用户之间的信任感自然得到加强，而信任感提升后又会使用户之间公开彼此更多的个人隐私信息。

2.3　用户为了享用网站提供的服务被迫分享或公开自己的个人隐私信息

一部分人是被动分享自己的个人信息资料的，特别是人人网用户在使用第三方网站或使用人人连接功能时，如果不同意第三方网站读取自己在人人网上的个人信息，用户就无法使用第三方网站，自然也就不能享受第三方网站提供的网站服务。

如人人网中"好友档案"这一应用，在用户使用这一游戏之前就必须同意《好友档案免责协议》，否则就无法使用此应用，而一旦同意这一免责协议使用该应用，人人网站将以多种方式收集该游戏用户在人人网中的个人信息和好友关系，读取用户的人人网状态、相册与日志。如此之多的个人隐私信息被网站收集起来，一旦网站被黑客侵入，将会给网站用户带来无法估量的后果。

3　社交网站个人信息安全问题应用对策

3.1　网络道德方面

网络是一种技术，更是一种文化，只要提高社交用户的信息素养，确立必要的网络道德，确立公平、正义的责任意识，对网络个人信息资料进行合理的使用，以及有节制地利用，不仅有利于网络事业的发展，而且还可以使网络隐私权人自身获利。[6]

3.2　技术手段方面

网站管理者和网络服务提供商在收集用户的个人信息时必须公开化，将收集行为及适用目的告知用户，即使是为了完善网站程序和网站应用功能所作的用户个人信息收集，也必须对其严格保密，不能在用户不知情的情况下以任何途径公开、转卖或用于其他非法目的。同时网站要不断更新保护技术，保障社交网站用户个人数据的安全。作为国家要加快互联网隐私保护方面的法律研究进程，制定出可操作性的法律法规。例如：2006 年 12 月 5 日，中国互联网协会提出了《实施博客实名制的若干建议》，实行"实名注册、匿名使用"，采取前、后台分开管理的模式，此举是为了建立严格的用户信息认证机制，增加了注册用户须对提供的个人信息承担真实性责任说明等内容。

3.3　用户个人方面

用户在注册 SNS 社交网站之前，要阅读社交网站的隐私声明，了解其中蕴含的风险，填写个人资料时尽量不要过于详细，尤其是不要随便填写自己的手机号码、收入水平、婚姻状况等个人隐私。不要随便添加陌生人为好友，因为一旦加入了陌生人，自己在社交网站上的所有动态，网站将自动推送到公共主页面前，使其他社交用户都能看到自己的最新情况，如果这些陌生人中潜藏着不怀好意的人，那自己的个人隐私风险将是不言而喻的。另外在链接第三方网站、点击好友发来的链接网站时,用户要慎重,不要轻易将自己的个人隐私信息分享给第三方,因为越多的链接,只会使更多的第三方网站获取自己的个人隐私信息,会有越多的个人隐私遭到暴露,隐私的空间将会变得越来越小。另外,家庭网络用户还可以在自己的电脑上安装一些杀毒软件,以此防止 SNS 社交网站中的病毒攻击。[7]

3.4　一个成熟理性的网络交往社区应该是私人空间和公共空间的有机结合

私人空间与公共空间共同构成人们的生活世界,缺一不可。社交网络打破了时空界限,缩短了人们之间的距离,节约了公共空间的人际交往成本,并为人际交往提供了公共场域,使公众能有效地参与公共空间或发起某种公共行为。像移动交往媒体不受时空限制,可在所有的公共空间使用,甚至在一个全然陌生人的环境,用户也可通过移动媒体与朋友联系或是自娱自乐——脱离当前公共空间的文本。如果说传统的 BBS 是一个公共场所,而博客又是一个相对单纯的私人空间,社交网络则是两者的有机结合,让用户对社区有归属感、认同感的同时又能够置身于社会公共网络中。简言之,社交网络媒介塑造了一种新的人际交往形态和传播情境,有助于个人空间与公共空间关系的重构,促使了个人空间与公共空间的有效融合。

参考文献:

[1]Bames S.A privacy paradox: Social networking in the United States[J].First Monday, 2006, 11（9）.

[2]Antheunis M L, Patti M V, Jochen P.Getting Acquainted Through Social Network Sites iTesting a Model of Online Uncertainty Reduction and Social Attraction[J]. Computers in Human Behavior, 2009（26）:100-109.

[3] 齐爱民 . 捍卫信息社会中的财产 [M]. 北京：北京大学出版社, 2009.

[4] 应飞虎 . 信息、权利与交易安全 [M]. 北京：北京大学出版社, 2008.

[5]《蒲秋如的文献综述——移动媒体对公共 / 私人空间的重构》, http://yanjiusheji.blogbus.com/logs/37970014.html.

[6] 田桂兰 . 网络环境下个人信息安全问题及其保护 [J]. 信息化建, 2007（6）; 42-44.

[7] 郑嘉楠 .Web 2.0 网站隐私权保护条款研究 [J]. 图书馆学研究, 2007（11）.

军事信息大数据面临的安全挑战与防护技术研究

李　龙（解放军南京政治学院上海校区军事信息管理系，上海 200433）

摘　要： 在信息化战场上，以侦察监视卫星为代表的各类战场传感器实时收集的各类军事情报组成了规模巨大的军事信息大数据，是否能安全有效地采集、传输、分析这些数据并指导作战决策将成为未来战争制胜的决定性因素。不同于一般商业大数据，军事信息大数据在数据的安全性方面有着更高的要求，本文从分析军事信息大数据面临的诸多安全挑战出发，阐述了军事信息大数据安全防护所需的关键技术以及现有研究的不足，并指出了下一步的研究重点。

关键词： 军事信息；大数据；大数据安全；信息安全

1　引言

2013 年，是全世界标志性的"大数据元年"[1]，而在军事领域，大数据时代早已开始。据美军调研数据[2]显示，90 年代初期，美军所有无人机拍摄的战争图像数据仅有几百个小时，GB 级，而现在，一架无人机拍摄的高清战争图像数据就可能达到 TB 级。因此，现代战争，战争空间急剧拓展，武器系统规模复杂庞大，数据生成周期不断缩短，数据量急剧增长，军事信息数据的规模将成爆发式增长的态势。

现代战争和军演中产生的军事信息大数据特征具备典型的"量（volume）大、类（variety）多、价（value）低、速（velocity）快"的 4V 特征[3]，是名副其实的大数据。主要表现在：①量大：现代战场上各类侦察监视卫星、有人与无人侦察机、战场侦查雷达等种类繁多的传感器每天采集大量语音和影像情报，战场之外，军队的作训、演习、装备维护、后勤保障以及众多其他来源的国家安全情报组成了规模浩瀚的军事信息大数据；②类多：现代军事信息数据类型多样，结构化的二维表形式的数据向半结构化和非结构化数据（文本、图像、音频、视频等）转变，据美军估计，未来十年，非结构化数据将占数据总量的 90% 以上；③价低：战场情报信息庞大、泛滥，其中蕴含的对作战决策具有核心价值的数据价值密度较低；④速快：以各类侦察监视卫星为代表的战场传感器全天 24 小时不间断地工作，实时给后方数据中心传来海量的情报数据，导致后方数据中心的数据更新速度极快。

军事信息大数据关乎战争全局、国家安全，因此对于军事信息来说，大数据安全是重中之重。军事信息大数据不同于现在研究较多的商业大数据，它在数据的可信性、机密性、访问控制方面都较商业大数据要求更高 [4]，且处于战场激烈的对抗环境中。本文从分析军事信息大数据面临的诸多安全挑战出发，梳理了军事信息大数据安全防护的若干关键技术，并逐一进行了阐述。

2　军事信息大数据面临的安全挑战

军事信息大数据面临的安全挑战主要体现在以下几个方面。

2.1　军事信息大数据的可信性挑战

大数据的可信性面临的威胁主要来自两个方面 [5]：一是存在伪造数据；二是数据在传输过程中的失真。

战场军事情报数据是各级指挥员战场决策的主要依据，因此敌我双方都有很强的动机去刻意制造一些虚假信息，或通过制造战场假象或利用信息技术直接篡改对方情报数据，诱导对方得出对己有利的错误决策。在大数据环境下，虚假信息往往隐藏在海量信息中，使得机器和决策人员都很难鉴别真伪，从而做出错误的战场决策。

大数据在传输过程中的逐步失真是大数据可信性的另一个主要威胁。由于军事信息大数据具有量大类多的特点，因此在数据采集的过程中很可能会引入误差，最终影响数据分析结果的准确性。数据失真还可能发生在数据传输的过程中，由于在战争条件下，敌我双方进行着激烈的电子对抗，数据传输面临着复杂、不稳定的电磁环境，因此很可能引入新的误差。

因此，战场情报指挥机构应该有能力基于数据来源的真实性、数据传输途径、数据加工处理过程等，了解各项数据的可信度，防止得出错误的分析结论，从而做出错误的战场决策。

传统密码学中的数字签名和消息鉴别码技术可以应用于验证数据的完整性，但应用于大数据的完整性验证时面临很大困难，主要原因在于数据粒度的差异。例如，数据发送方可以对整个待发送数据进行签名，但是当数据分解成若干部分时，该签名无法验证每个部分的完整性。由于军事信息大数据量大的特征，数据发送方是无法预先知道接收方将要利用哪部分数据的，因此无法有针对性地对该部分数据进行签名。

2.2　军事信息大数据的机密性挑战

以军事情报为代表的军事信息大数据对机密性的要求远高于通常的标准，尤其是在战争条件下，一次偶然的情报泄密就可能导致整个作战行动的失败。但军事信息大数据的机密性挑战主要来源于三个方面：数据量大、数据来源和数据类型多、数据采集、传输处于激烈的电子对抗环境下。

战场环境中，侦察监视卫星、有人与无人侦察机、战场侦查雷达等各类传感器每天采集大量语音和影像情报。由于军事行动对情报的及时性要求非常高，一方面，这些数据都需要以最快的速度通过安全可靠的传输手段传输到相应的战场指挥节点；另一方面，为了快速实现从数据到决策的战场需求，必须尽量缩小处理、分析大数据的时间周期与人力资源要求。面对上述客观限制，要求在比较短的时间内完成对海量情报数据的加密、解密处理，这必然会降低数据加密算法的时间复杂度。除此之外，由于战场情报数据的来源多、类型多（文本、图像、语音、影像），对如此多类型的情报数据进行加密解密必然也会增加算法的时间复杂度。因此，在保证战场情报大数据及时性的同时，如何保证它的机密性是一个很大的挑战。

数据采集、传输处于激烈的电子对抗环境是军事信息大数据的一个主要特征。在信息化条件的战场上，不管是有线通信还是无线通信，敌方都会采取针对性的技术手段对我方情报进行窃取、破坏或篡改。由于数据采集和传输设备可能长时间暴露在我方有效保护范围外，因此如何保证敌方无法对我方数据进行有效窃取、即使窃取之后也无法及时破译也是一个很大的挑战。

2.3　军事信息大数据的访问控制挑战

访问控制是实现军事信息大数据受控共享的有效手段。但由于军事信息大数据的应用场景非常多，有平时和战时的区别，战时不同的指挥编制又要求不同的访问控制手段，因此军事信息大数据的访问控制面临着很大的挑战。比较突出的特点和难点在于：

（1）难以预设数据访问角色。大数据本身并不限制应用场景，军事信息大数据的应用范围十分广泛，它通常要为来自不同组织机构、不同身份和应用目的的用户所访问，因此实施访问控制是基本的需求。但是，在军事信息大数据的大量应用场景下，有大量的用户需要实施权限控制，且难以对这些用户进行清晰的分类并赋予他们明确的访问权限。因此，军事信息大数据难以预设访问角色。

（2）难以预设每个角色的访问权限。战场环境动态性强，形势瞬息万变，由于战争损耗和战术调整等原因，战场指挥编制随时都可能发生变化，因此要求军事信息大数据的角色访问权限能够根据战场形势进行动态调整，而不能是固定的。

除此之外，不同类型的大数据可能存在不同的访问控制需求。例如，在地理空间数据中存在基于数据尺度和精度的访问控制需求；在流数据处理中存在基于数据时间区间的访问控制需求，等等。因此，如何合理地对不同类型的军事信息大数据访问控制需求进行描述和系统实现也是一个不小的挑战。

3　军事信息大数据的安全防护关键技术

针对前面所述的军事信息大数据面临的安全挑战，目前需要展开一系列安全防护技术的研究，本节选取其中关键的安全防护技术进行阐述。

3.1　数字水印技术

数字水印是指将标识信息以不易发现的方式嵌入到传递载体的内部，同时不影响载体使用的方法，常应用于多媒体类型信息的数据版权保护，在军事信息领域常用于数据的隐蔽通信、信息认证和拷贝控制等。①隐蔽通信：数字水印技术可以将军事信息大数据集中的核心指挥数据，例如作战命令、态势图、决策意图等信息嵌入到一些公开的宿主信息中，实现在不引起敌方注意的情况下，重要信息的安全传输；②信息认证：在军事信息大数据中嵌入脆弱型数字水印，可以预防敌方攻击者冒充和修改我方信息，因为加入水印的信息，即使经过再轻微的修改，水印也会失效，一旦水印失效，就可以确定信息被篡改。因此，数字水印技术在军事信息大数据领域具备广阔的应用前景。

目前，国内外数字水印技术存在多种方案，例如基于数据库中数值型数据存在误差容忍范围将水印信息嵌入随机选取的不重要位上，基于数据集合统计特征方案，基于文档结构微调的水印方案，基于文本内容的水印方案等。其中基于数据集合统计特征的方案比较适合军事信息大数据的特征，它将一比特水印信息嵌在一组属性数据中，可以有效防止战争中敌方对水印的破坏。另外，它将数据库指纹信息嵌入到水印中，可以有效识别数据的所有者以及分发过的对象，便于在战场分布式环境下追踪泄密者。

对于军事信息大数据中可信性验证的难题，在所有数字水印方案中，有些数字水印方案可以实现对部分数据的验证，只需残余的元组数量达到一定阀值即可。例如，脆弱水印类可用于军事信息大数据库的真实性证明，强健水印类可以应用于军事信息大数据的来源证明，但是目前，大多数数字水印方案存在的一个普遍问题是，现有方案多基于静态的军事信息，而军事信息大数据具有高速产生和更新的特征，这也是未来急需研究的方向之一。

3.2　数字溯源技术

数字溯源技术是一种用于帮助用户确定数据的可靠来源，并检验来源是否正确的一种技术。数据溯源技术在诸如数据仓库、考古、医学这些对数据真实性要求较高的行业应用广泛，而该技术在军事信息大数据领域应用价值和前景也极大，曾被美国国土安全部列为确保国家关键基础设施安全的三项核心支撑技术之一，当面临需要对一些核心部位、关键军事信息大数据追溯其来源，重现数据的演变过程，借此来确定敌方攻击者身份、位置等信息的时候，数字溯源技术成为首选。

数字溯源技术在军事信息大数据应用的关键点在于：

（1）对重要溯源数据的安全保护问题：因为该技术对大数据进行安全保护是通过分析获得大数据来源来实现的，那么这些数据来源很可能就涉及一些关键军事地点、设备、人员、身份认证等涉密信息，因此，数据溯源信息本身也是涉密数据，同样需要完善的安全机制来保护，溯源数据的安全问题是溯源技术未来研究和发展的重点之一。

（2）数据溯源技术自身的安全策略。从现有数据溯源技术方案来看，大多数方案都将应用作为重点，而忽略其算法的安全性，以标注法数据溯源技术为例，该方法采用标注元数据的方式来记录原始数据的重要背景信息，例如作者、时间、来源、形成等，并让这些元数据信息和数据本身一起传输，当用户使用数据的时候，可以通过查看元数据来掌握军事信息的原始来源，这种方法简单易行，但是并未充分考虑安全策略，例如元数据本身是否会被篡改，元数据信息和数据内容能否安全绑定等问题。因此，在军事信息大数据环境下，由于数据大规模、多样性的特点，会使该问题更加棘手，需要进一步研究和发展更灵活的安全和防护方法。

3.3　基于大数据的威胁检测技术

传统的威胁检测技术采取"保护—检测—响应—恢复"（PDRR）模式，威胁检测系统处于被动应付敌方攻击的位置，大数据分析技术的出现使得组织在威胁发生之前就能够主动地去发现潜在的安全威胁[5]。美国国安局的"棱镜"项目即是利用大数据方法进行安全分析的一个案例。通过对美国9家主要的互联网公司海量的即时通信和既存资料进行深度的监听和挖掘，这些数据包括电邮、即时消息、视频、照片、存储数据、语音聊天、文件传输、视频会议、登录时间和社交网络资料等，希望在危险局势发生之前就能够识别并采取有效措施。

与传统的威胁检测技术相比，基于大数据的威胁检测技术的特征在于它分析的内容范围更广。传统的威胁检测技术主要是针对威胁本身，而基于大数据的威胁检测技术能把更长的时间跨度内所有与威胁可能相关的数据关联起来进行分析。例如，为了弄清敌方是否有可能在某个区域对我方实施攻击行动，除了分析敌方在这个区域的活动情况外，还将敌方近期的人员变动、后勤物资采集、运输情报等关联起来进行分析。因此，基于大数据的威胁检测技术能够在攻击行为发生之前，提前发现潜在的威胁。

虽然基于大数据的威胁检测技术具有上述的优势，但它的难点有：一是如何大范围地收集数据，数据收集工作很难保证全面，而片面的数据又有可能导致错误的分析结果；二是如何保证分析结果的准确性，来源复杂、类型多样的海量数据很难进行有效的选取、综合并进行关联分析，机器分析结果和军事专家的经验如何有效结合也很难权衡。

3.4　基于大数据的身份认证技术

包括军事信息系统在内的传统信息系统的身份认证一直采取的都是密码、数字证书的方式，在战争状态下，一旦作战人员的密码发生泄露，整个作战计划数据和情报数据都陷入被敌方窃取的风险当中。引入基于大数据的身份认证技术[5]可以在密码认证之外提供多一层的防护，而且敌方很难模拟或通过其他手段突破这层防护。基于大数据的身份认证技术具体实现方法是系统通过收集用户行为和设备行为数据，并分析得出用户和设备的行为特征，当用户登录时就可以依据这些特征对操作人员和登录设备进行匹配以确定其身份。显然这种身份认证方式很难被敌方模拟，可以有效提升军事信息大数据的安全等级。但这种身份认证方式的不足之处在于初始阶段的认证问题。因为基于大数据的身份认证技术是建立在大量用户行为数据和设备行为数据的基础之上的，而在系统运用初期这些数据都不具备，无法分析出用户和设备的行为特征。

3.5　基于大数据的数据可信性验证技术

基于大数据的数据可信性验证已在商业领域得到成功的运用。例如，腾讯和网易利用邮件大数据来过滤垃圾邮件，淘宝利用商品评论大数据来识别恶意评论，新浪微博利用账户和微博大数据来识别僵尸账号等。基于大数据的数据可信性验证技术同样可以运用于军事领域。例如，为了验证我方获取的某份敌方作战意图情报是否为真，可以将敌方装备数据、后勤数据、作战地域地理数据、近期活动数据、历史作战数据等关联起来进行分析，看是否能与获取的情报得出一致的结果，多种数据源之间是否会有冲突，就可以对该情报信息的可信性进行一定程度的验证，难点是大数据分析模型的构建。

4　结语

不管是和平时期的国家安全形势分析还是战争时期的战场指挥决策，军事信息大数据都将发挥关键性作用，而军事信息大数据的安全防护则是保证其能够正确有效的为我所用的前提条件。本文从军事信息大数据面临的可信性、机密性、访问控制挑战出发，对军事信息大数据安全防护所涉及的关键技术以及基于大数据的若干新型安全技术进行了梳理和阐述。现阶段来看，大数据的应用技术和安全技术研究在商业领域已经取得了初步成果，其带来的商业收益也初见端倪，如何借鉴大数据技术在商业领域已得的成果并与军事领域的特征进行有效结合，将是下一阶段需要重点研究的课题。

参考文献：

[1][英] 维克托·迈尔 – 舍恩伯格，[英] 肯尼斯·库克耶 . 大数据时代：生活、工作与思维的大变革 [M]，杭州：浙江人民出版社，2013.

[2] 丁卫华，叶明胜 . 对美军大数据研发的冷思考 [J]. 外国军事学术，2012（11）：6-9.

[3] 王元卓，靳小龙，程学旗 . 网络大数据：现状与展望 [J]. 计算机学报，2013，36（6）：1125-1138.

[4] 马俊华，罗朝晖 . 影响军事信息安全的三大因素 [J]. 外国空军训练，2008（6）：35-37.

[5] 冯登国，张敏，李昊 . 大数据安全与隐私保护 [J]. 计算机学报，2014，37（1）：246-258.

大数据环境下图书情报人员信息素养研究

江　蓝　李　刚　张一博（湖北省科技信息研究院，湖北武汉 430071）

摘　要：随着巨量数据信息的涌出，云计算应运而生，一个崭新的大数据时代的到来已经成为全球发展不可避免的趋势。大数据给人类以探索全面、完整、系统数据的机会，然而，机遇与挑战并存，如何在海量数据中进行辨析、提炼、预测并挖掘和预测出价值，是当代人尤其是图书情报人员面临的素质挑战。基于对图书情报人员信息素养的重要性和组成以及图书情报人员信息素养现状的分析，形成提高图书情报人员信息素养的培养策略成为亟待探究的主题。

关键词：大数据；图书情报人员；信息素养

1　引言

互联网时代，尤其是社交网络、社会媒体、电子商务与移动通信把人类社会带入了一个以"PB"（1024TB）为单位的数据信息新时代。随着巨量数据信息的涌出，云计算应运而生，为大数据的挖掘、分析、预测、分享与存储提供了技术保障，一个崭新的大数据时代的到来已经成为全球发展不可避免的趋势。本文在探究大数据的概念和前景、大数据环境下信息素养新内容的基础上，进一步对图书情报人员信息素养的重要性和组成以及图书情报人员信息素养现状做出分析，并针对不足与问题提出培养建议，从而位组建出高水平、高素质的专业人才队伍，为更好地实现图书情报工作目标和宗旨做出贡献。

2　大数据环境探究

2.1　大数据概念解析

针对大数据的概念界定，专家学者们做出了不同描述。美国麦肯锡公司在其报告《Big data: The nextfrontier for innovation, competition, and productivity》中给出

的大数据定义是：大数据指的是大小超出常规的数据库工具获取、存储、管理和分析能力的数据集。国际数据公司（IDC）从大数据的四个特征来定义，即海量的数据规模（volume）、快速的数据流转和动态的数据体系（velocity）、多样的数据类型（variety）、巨大的数据价值（value）。亚马逊公司的大数据科学家 John Rauser 给出了一个简单的定义：大数据是任何超过了一台计算机处理能力的数据量。维基百科中指出：大数据，或称巨量数据、海量数据、大资料，指的是所涉及的数据量规模巨大到无法通过人工，在合理时间内达到截取、管理、处理、并整理成为人类所能解读的信息[①]。大数据是一个宽泛的概念，虽然对大数据的概念界定各有不同，但都突出大数据之"大"这一重要特征，并且统一认为大数据的关键是一种在种类繁多、数量庞大的多样数据中快速提取有用信息的能力。

2.2　大数据发展前景

早在 1980 年，著名未来学家阿尔文·托夫勒在其著作《第三次浪潮》中就将大数据热情地赞颂为"第三次浪潮的华彩乐章"。最早提出大数据时代到来的是全球知名管理咨询公司麦肯锡："数据，已经渗透到当今每一个行业和业务职能领域，成为重要的生产因素。人们对于海量数据的挖掘和运用，预示着新一波生产率增长和消费者盈余浪潮的到来。"大约从 2009 年开始，"大数据"成为互联网信息技术行业的流行词汇。2012 年 3 月美国更是拨款 2 亿美元推出了"大数据的研究和发展计划"，将大数据提升到了全球性战略发展的高度。

美国互联网数据中心指出，互联网上的数据每年将增长 50%，每两年将翻一番，目前世界上 90% 以上的数据是最近几年才产生的。各种迹象明显昭示大数据已经出现，人们比以往任何时候都与数据或信息更多地交互。大数据将逐渐成为现代社会基础设施的一部分，其价值却和物理化的基础设施不同，不会因为人们的使用而折旧和贬值；大数据很可能成为发达国家在下一轮全球化竞争中的利器，整个世界可能被割裂成为大数据时代、小数据时代和无数据时代[②]。

作为人们获得新认知、创造新价值的源泉，大数据使人类第一次有条件和机会能宽领域和深层次地获得和使用全面、完整和系统的数据。然而，机遇与挑战并存，如何在海量数据中进行辨析、提炼、预测并挖掘和预测出价值，是当代人尤其是图

---

① 维基百科，http://zh.wikipedia.org/wiki/ 大数据，2014-6-20。

② [英]维克托·迈尔－舍恩伯格，肯尼斯·库克耶著：《大数据时代》，盛杨燕、周涛译，浙江人民出版社 2012 年版，第 3-4 页。

书情报人员面临的素质挑战。

3　大数据环境下信息素养研究

3.1　信息素养的概念

信息素养是顺应信息社会发展的要求而出现的概念，起源应该是早期的图书馆检索，这时期的信息需求相对简单，检索是由人们手工完成的。进入 20 世纪 70 年代后，在计算机技术不断发展和信息需求日益膨胀的背景下，开启了借助计算机辅助来完成信息检索的时期。基于此，在 1974 年美国信息产业协会 Paul Zurkowski 第一次提出了信息素养的概念：利用大量的信息工具及主要信息源使问题得到解答的技术和技能；后来又被解释为"人们在解决问题时利用信息的技能"。而后关于信息素养的概念应用较广泛的是来自美国图书馆协会（American Library Association，ALA）1989 年的定义，即个人必须能够认识到何时需要信息，并且掌握检索、评价和有效利用所需信息的能力[①]。90 年代后，以知识经济为主导的信息时代随着网络技术的发展而到来，使信息素养的含义又有了新的解读。布拉格会议将信息素养定义为一种能力，它能够确定、查找、评估、组织和有效地生产、使用和交流信息，来解决一个问题[②]。

从以上信息素养的概念概述中可以发现，这和大数据所强调的"快速发现价值"的要求正相契合，因此，信息素养已经成为人们应对大数据挑战、在当今世界生存立足的决定性条件，良好的信息素养是与大数据信息紧密对接的人力需求。

3.2　信息素养的内涵

基于外部环境和人们自身需求的不断变化，世界各国的研究机构对信息素养的内涵展开了广泛的探索和深入的研究。目前，对于信息素养的内涵各界专家学者基本已有一个共识，即信息素养包含信息意识、信息能力、信息道德三大构成要素。

信息意识是信息素养的首要因素，是指人们对信息自觉的信息反应，是对信息在这个社会中的功能、价值等的认识。信息意识的强弱主要体现在对何时需要何种信息具有清晰的认识，这也决定了获取、判断和利用信息能力的自觉化程度。

---

① American Library Association, Presidential Committee on Information Literacy:FinaL Report[R/OL].[2014-06-25].http://www.ala.org/acrl/p--ublications/whitepapers/presidential.html.

② [加] 桑迪·坎贝尔：《21 世纪信息素质概念的界定》，肖永英、袁玉英译，大学图书馆学报 2005 年第 23 卷第 6 期。

　　信息能力既包括具有丰富的信息知识，同时也要求人们具有良好的信息技能。要求人们不仅具备现代社会所需要的文化，而且对信息理论和信息技术有所了解，同时具备发掘、获取、利用、评价、传播和再创造信息的技能。从很大程度上来说信息能力的大小决定着人的工作能力和社会活动能力。

　　信息道德是人们在利用信息从事各种各样活动时所表现出来的道德品质，随着信息活动日益频繁，更加需要信息道德来规范和约束人们的行为。信息道德主要体现在尊重他人知识产权、愿意承担利用信息的责任及义务、文明使用各种信息技术、对不良信息自觉抵制并能在海量的良莠不齐的信息中保持良好心态。信息道德的培养应当处于信息素养培养的首位。高尚的信息道德是正确信息行为的保证，信息道德关系到整个社会信息素养发展的方向。

3.3　大数据背景赋予信息素养新内容

　　信息素养的内涵是根据时代特征提出的对人的基本要求，它体现的是人作为社会主体对信息社会的适应性。随着社会环境、信息技术、创新行为、自主学习能力等因素的变化，信息素养的内涵不断地被赋予新的要求。在大数据背景下，根据其4V特征：数据体量巨大（volume）、数据类型繁多（variety）、价值密度低（value）、处理速度快（velocity），使得信息素养的内容在原有基础上得以延伸和细化，更强化对于信息意识和信息能力的要求。

　　大数据对于信息素养的要求更加细化。由信息素养的三个内涵构成要素继续推演出多个研究维度，主要包括信息意识、信息需求、信息学习、信息获取、信息评价、信息利用、信息组织与管理、信息创新和信息道德等。如图1笔者所构建的大数据环境下信息素养的内容框架模型。

　　其中，信息学习必须贯穿始终，这是大数据环境对参与信息交流的主体的基本要求；信息需求从信息意识衍生而来，人们根据自身的信息需求来决定获取何种信息从而专注化信息意识；信息获取、信息评价是对信息能力的进一步延伸，在体量巨大、类型繁多的数据中搜索、获取有用的信息，正确客观鉴别、评价已有信息正是信息素养的关键；信息协作是指通过信息主体的协作，交流信息思想，积极互动反馈，共享协作信息，优化资源配置，从而提高信息处理的速度，升级信息活动的水平和质量，以适应大数据处理"速度快"这一特点；由于数据信息的综合化和规模化发展，大数据环境下的数据信息带有价值密度低的特点，信息主体需要对高度交叉或高度分化的信息做好组织与管理，并最终挖掘出数据信息中的价值有效利用，通过自主加工在已有数据基础上创造出新信息进行贡献，同时信息创新的过程要遵循信息道德的规范，特别是注意隐私暴露、版权侵权、贡献内容真实准确性、群体心理等这些新问题。

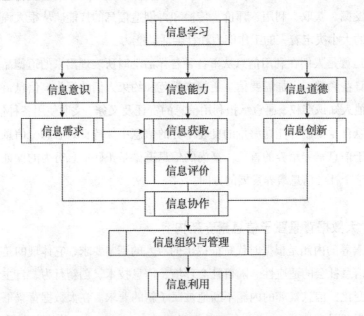

图1　大数据环境下信息素养的内容框架模型

4　图书情报人员信息素养问题分析

4.1　图书情报人员与信息素养

图书情报工作主要包含甄别信息、有序化组织管理信息及有效传递信息等内容，图书情报人员履行工作职责就是要开展大量的信息导航、信息检索、专题咨询、信息整理等深层次的信息服务。图书情报单位的各项工作职能和目标都是通过工作人员良好的职业素养尤其是信息素养来实现的。由此，图书情报人员实际上是信息素养人的缩影。

随着信息环境的变革，大数据给图书情报工作造成了前所未有的冲击。首先，广泛的信息源在一定程度上降低了人们对图书情报服务的依赖，用户获取信息的渠道不再止于图书情报机构，从而使图书情报部门的作用和地位受到严峻挑战；第二，大数据将改变图书情报传统的服务方式和工作内容；第三，多元领域专业化程度不断加深，识别和获取准确的信息将越来越困难，这对图书情报人员的综合素质提出了更高要求。在大数据环境下，为了更好地实现图书情报工作的主要目标和服务宗旨，各图书情报单位必须具备一支高水平、高素质的复合型信息专业人才队伍。

1992 年美国伯恩海姆（Burnheim）将信息素养人应具有的能力归纳为九种：系统提出和分析信息需求的能力；识别和评价信息源的能力；寻找信息源的能力；调查、选择和筛选信息源的能力；提取所需信息的能力；记录和储存信息的能力；解释、分析、综合、评价信息的能力；提供和交流研究成果的能力；评价全部信息过程的能力。大数据时代，随着图书情报资料的数字化、专业化、巨量化，对图书情报人员的知识结构、专业技能、信息素养等基本素质都提出了更高要求，在大数据环境中图书情报人员应具备以下基本信息素养：

（1）敏锐的信息意识。面对更加纷繁复杂的大数据信息，图书情报人员不仅要有自觉的信息发掘和探寻意识，更要有明确的信息需求和敏锐的洞察能力，从而能快速而准确地捕获具有参考价值的信息，并通过现代化信息技术传递给用户，为用户服务。

（2）较好的获取评价能力。在大数据环境下，图书情报人员不仅仅要能熟练掌握各种信息收集的方法，更要及时学习和掌握最新的现代信息技术，善于利用不断推陈出新的各种信息检索和利用平台。同时，要能批判性地处理大量参差不齐的数据信息，明确并查找确证信息的有效性，从而快捷、准确地获取高质量信息资源。

（3）专业的信息加工协作能力。具有海量存贮和超计算能力的云计算模式实现不同设备间数据的使用与共享，信息检索与开发的多平台化以及社会化特征要求图书情报人员能够对多样化信息进行组织与管理，并能参与到信息协作中，实现信息的交流、共享、反馈、协作等，从而优化智力资源，提供高效处理服务。

（4）创新性信息利用能力。多容量数据集合必然涉及信息交叉分化、信息价值密度低等问题，这就对图书情报人员的资源利用开发能力提出更高要求。信息利用不仅仅局限于利用信息解决问题，还要在组织整理、群体协作的基础上融入自身知识体系，挖掘并创造出新内容与价值，这也是信息创新的重要体现。

（5）良好的道德修养。由于信息的高度聚集、广泛公开、快速传播，随之而来的重复雷同、版权侵权、隐私暴露、贡献内容真实准确性等问题为信息道德增加了新内容。因此，与数据信息联系紧密的图书情报人员要特别注重合理、合法地利用信息。

4.2　图书情报人员信息素养现状

ACRL（美国大学与研究图书馆协会）2004 年发布并于 2006 年修订的《科技信息素养标准》，针对高等教育中科学和工程技术领域学生信息素养提出了五项标准：①有信息素养的学生明确所需信息的性质和范围；②有信息素养的学生能可以有效地获取所需的信息；③有信息素养的学生能批判性评估所得信息及其来源，进而决定是否更改最初的检索式或者寻求更多资源以及是否重新建立探究过程；④有信息素养的学生要能理解围绕信息使用和信息技术的经济、伦理、法律和社会观点，并且无论作为个体还是集体成员，都能有效地、合理合法地利用信息来实现特定的目标；⑤有信息素养的学生要知道信息素养是一个持续渐进的过程，也是终身学习的一个重要组成部分，并且能认识到对其所研究领域的最新发展及时跟进的必需性。

虽然这个信息素养标准主要是用来指导高等院校教学过程和评价学生的学习成果而制定的，但标准的制定也是根据科学技术教育和研究过程的特点而来，所以也同样适用于图书情报人员。作为信息管理专业工作者，图书情报人员的信息素养本身就应当比其他领域的人要求更高，在大数据环境下，面对工作压力、科技进步、知识更新等种种挑战因素，图书情报人员的信息素养明显已出现一些不足和问题：一是信息意识迟缓。随着大数据给图书情报工作带来的巨大变革，用户的需求更加多样和易变，图书情报人员在捕捉信息需求并转化为信息意识方面不够敏锐。二是信息技能落后。科技发展日新月异，各种新兴现代信息技术和信息检索与开发平台层出不穷，图书情报人员尤其是年长者仍然仅是使用原本已掌握的信息工具，明显不能满足大数据化的情报工作。三是信息综合能力不足。不能有效地对信息进行评价、组织、处理等综合分析，信息协作意识较为淡薄，从而影响到信息的创新性利用。四是知识更新被动。图书情报人员往往只是熟悉自己所从事的或者感兴趣的学科领域，但在实际工作中图书情报人员难免会参与涉及其他知识领域，并且图书情报工作本身就需要处理各种繁杂交叉的数据信息，所以必须要有合理完整的知识结构做支撑。

5　图书情报人员信息素养培养建议

基于对图书情报人员信息素养的重要性和组成以及图书情报人员信息素养现状的分析，形成提高图书情报人员信息素养的培养策略成为亟待探究的主题。

5.1　强化自身信息意识

首先，图书情报人员自身要认识到信息素养对于自己从事的情报工作、置身的图书情报机构乃至整个图书情报事业的发展都有至关重要的意义。大数据环境下，图书情报人员要清楚自己所要努力的方向是专业兼具全能、主动兼具快捷、扎实兼具时新的新型情报人才。即要树立不断强化自身信息素养的观念。其次，针对自己知识和能力的欠缺方面，采取相应的措施，有计划、有步骤地学习。包括积极学习信息理论、拓宽知识领域、掌握信息技术、创新信息服务方式等内容。第三，要理论联系实际，及时将学习到的新知识新技能运用到具体工作中，从而熟练掌握。同时，注重创新工作方法。例如通过分类分层调查样本捕捉用户多元信息需求，提高工作的细致化和专门化，以敏锐的信息意识提供更优质的信息服务工作。

5.2　多样复合培训教育

纵观国内外信息素养培养教育研究，信息素养的培养教育目标多集中在学校教育阶段，大部分工作岗位上的在职人员却因各种原因没有机会、没有精力和时间甚至没有兴趣去接受较为系统的信息素养学习训练。对于工作繁琐的图书情报人员，应当采用循序渐进的培养过程和灵活多样的培养方式来激发其学习兴趣、提高其信息素养。首先，可以采用短期培训、专题讲座、实践研讨班、学习交流等多种形式，开展培养教育。第二，制订翔实的培养计划。确定培养目的、培养对象、培养内容，在协调好不同培养对象工作的基础上确定培养时间，同期将课程课件、全程录音录像在机构内部提供学习下载。第三，在培养过程中，注重对图书情报人员相关信息技能、信息评价与组织处理等综合分析能力的培养。同时加强对信息道德、信息安全、法律等方面的教育，规范图书情报人员的信息行为。

5.3　建立配套评价体系

在加强培养教育的基础上，通过合理的导向与激励、反馈与交流、检查与监控、鉴定与选拔等评价环节设置，建立图书情报人员信息素质教育评价体系。对图书情报人员信息素养学习的情况，如参加专业性的培训班、讲座获得知识或能力的提高等，采取合理的评价体系予以承认；并在竞争上岗、评聘职称、晋级、年度考核时，作为一个重要的参考指标。图书情报人员在相应的评价体系激励下，会形成信息素养自我培养的良好意识，进而对提高机构整体工作效率和建设水平起到重要作用。

参考资料：

[1] 维克托•迈尔－舍恩伯格，肯尼斯•库克耶. 大数据时代 [M].盛杨燕等，译.浙江：浙江人民出版社，2012：1-20.

[2] American Library Association，Presidential Committee on Information Literacy：FinalReport[R/OL].[2014-06-25].http：//www.ala.org/acrl/publications/whitepapers/

presidential.html.

[3] 桑迪·坎贝尔.21 世纪信息素质概念的界定 [N]. 肖永英等，译. 北京：大学图书馆学报，2005，23（6）：82-86.

[4] 陈文勇，安秀敏，等. 国外关于信息素养与信息素养教育讨论评述 [J]. 上海：上海高校图书情报学刊，2001，11（1）：58-59.

[5] 柯平，高洁. 信息管理概论 [M]. 北京：科学出版社，2007：427-429.

[6] ALA/ACRL/STS.Information Literacy Standards for Science and Engineering/Technol--ogy [M/OL].[2014-06-25].http：//www.ala.org/acrl/standards/infolitscitech.html.

[7] 毛欣然. 论图书情报人员的标准和继续教育 [J]. 陕西: 情报杂志,2002,21(2):83-84.

[8] 朱蓓，王颖. 信息时代图书情报人员应具备的信息素养 [J]. 山西：科技情报开发与经济，2006，16（6）：55-56.

[9] 陈文勇，安秀敏等. 国外关于信息素养与信息素养教育讨论述评 [J]. 上海：上海高校图书情报学刊，2001，11（1）：58-59.

[10] 范哲. 社会化媒体情境中信息素养的内容框架研究 [J]. 陕西：情报杂志，2012，31（10）：170-174.

[11] 高一箴，朱天慧. 学习化社会中图书情报人员终身教育体系的构建 [J]. 哈尔滨：继续教育研究，2006（4）：44-45.

大数据环境下手机用户信息素质相关要素研究

戴　磊　孙　琳（吉林省科学技术信息研究所，吉林长春130033）

摘　要：移动智能时代，通过大数据的产生改变了营销方式，同时，也改变了人们的生活方式。本文重点论述了手机用户的信息素质的因素及各因素间的关系，最后列举了提升手机用户信息素质的途径。

关键词：大数据；手机；信息素质

随着大数据时代的来临，各种智能终端特别是手机的普及，人们的生活方式、消费行为、地理信息、社交网络等都成为可被记录和分析的数据，在运营商 BSS 的数据库里，每天不断增加着大量营销数据、受理数据、计费数据等，这些不断增加的数据逐渐被各类 APP 运营商有效利用，而作为数据的制造者——用户如何顺应形式，在大数据环境下，更好地生活的同时也有效保护自身利益成为普遍关心的问题，大数据环境下的手机用户信息素质培育也成为需要思考的新课题。

1　手机大数据的资源组成及对用户的作用

伴随智能手机的普及，每个这样的智能终端都包含或潜在包含了使用者的行为信息。当前记录用户使用信息的手机大数据资源主要由以下几个部分组成：

（1）核心信息——身份识别，以手机号码为依托的身份识别成为目前各类 APP 运营商确定用户信息的主要方式，而这种便捷而又不直接涉及隐私的方式也为用户广泛接受。

（2）个人存储信息——电话簿、地理位置，目前，几乎每个 APP 软件都可以获取手机用户的个人信息加以利用（合法或非法）。

（3）生活服务信息——网上银行、消费与消费关注，以网络支付为依托的各类生活习惯信息、购物消费信息、潜在行为趋向等信息。

（4）社交信息——日常交流信息的记录，部分手机 APP 软件可以监控、获取手机用户的即时或延时聊天工具的信息记录，进而获取更多手机用户个人行为特点的信息。

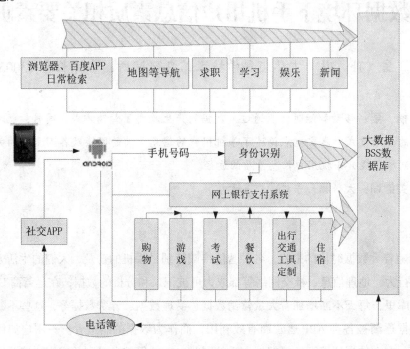

图 1　手机系统与大数据系统信息流通

如图 1 所示，手机大数据系统可以搜集手机用户的大部分的生活、交际信息，而部分营销者就应用这些数据展开各种针对性营销。其利用大数据的方式主要包括：

（1）用户行为分析，针对手机用户的检索行为，确定用户的职业特点及生活习惯，推送符合其人群特性的产品。如：一个北京的用户用较高的频率检索深圳的某种类 LED 灯具，大数据系统将在该用户最常用的 APP 中推送相同种类其他产地的 LED 灯具；又如：一个用户总是阅读某一个领域的新闻，大数据系统可以在其社交 APP 中提示其加入该领域的讨论群组。

（2）其他用户的信息共享，大数据系统可以搜集部分的用户对某一事物的评价，转而推送给其他首次接触该事物的用户。如：手机电话号码的智能检索，如果在大量用户中一个电话号码被标注同一个名字，大数据系统将可以在一个未存储该号码的手机上获得来电时显示该名字。

（3）相关 APP 的联动，针对结合较紧密的 APP，大数据系统可以实现跨平台的信息联动。如：某手机用户选择了异地某宾馆的预约，大数据系统可以联动提示用飞机购票系统购票，用餐饮系统选择该宾馆附近的饮食，推送该地的天气预报等多重服务。

2 大数据环境下手机用户信息素质组成

关于人的素质，一般是指个体进行工作活动、完成任务所具备的基本条件与潜在能力，其构成要素包括身体素质和心理素质两方面。在人的素质中，观念与意识是发展素质的动力，而取得的能力是发挥素质的重要体现。能力素质的表现要与教育的程度、知识、智商、技能、才能、情上、人格、思想道德品质、团队协作精神等有关。

信息素质是指鉴别、评价、获取、查询以及有效利用和创造信息的能力。如果我们将鉴别、评价信息归为信息选择能力，将获取、查询信息定为信息检索能力，把有效利用和创造信息作为信息创作能力，而信息选择能力、信息检索能力和信息创作能力构成信息素质的三大核心能力，大数据环境下的手机用户信息素质主要包括：

第一，信息意识。信息意识是一个人对信息需求的敏感度、洞察力、分析论证、判断等方面的自我意识。现实中常常见到人们拥有相同的手机，但处理自身事务的信息化程度远远不同，有人的万事靠手机，有人的手机仅仅用于通话。

第二，信息道德。信息道德是信息活动过程中，调节信息加工者、传递者和使用者之间相互关系的行为规范的总和。它既包括正确处理人与自然、人与社会、人与人之间的关系，也包括个人的理想、情感、意志等方面的问题。手机用户违背信息道德的表现包含不道德信息的公开、损害他人利益信息的获取两个方面。

第三，信息能力。信息能力是人们运用现代信息技术发掘和利用社会信息资源的能力。具体讲，它又包括三方面的能力：一是获取信息的能力，二是评价和加工信息的能力，三是利用信息的能力。

3 用户信息素质对手机利用及大数据的产生关系分析

手机用户的信息素质属于信息使用范畴，包含于信息的收集、加工、存储传输、分析利用、再造等的整个过程中。本文以信息的利用与创新为信息能力的最终表现，考察手机用户信息素质中与其相关的信息应用意识、信息选择与检索能力、信息应用工具（软件）的使用能力。

3.1   信息意识是手机用户信息素质发挥的源动力

信息意识是信息应用者对信息需求的自我意识，对信息的敏感、捕捉、分析、判断和吸收的自觉程度，主要包括：对创新信息特殊的感受力、持久的注意力及对信息价值的判断和洞察力。可以说，信息意识潜移默化地作用于创新信息运动的全过程。信息意识强，则创新者就能用信息眼光，从信息角度观察事物、思考问题，自觉地对客观存在的信息进行创造性思维，从而加速创新信息运动，形成"知识生产力"。本文主要考察信息的应用意识。

3.2   信息获取能力是手机用户信息素质的重要标志

对普通人来说，信息社会给我们带来的主要变化是信息传播媒介的多样信息传播总量的增加、信息传播条件的改善、信息传播权力的实现。但同时由于工业社会向信息社会过渡的思想准备、知识准备、技术准备等方面的不足信息社会又带给我们许多问题，其中最突出的莫过于在"信息爆炸"的社会环境中，人们由于把握不准信息传播的运行规律，掌握不了有效的信息识别、收集处理方法，结果受信息的支配和摆布，成为信息社会的奴隶。正如在工业社会中，人们成了机器的奴隶、金钱的奴隶和物质的奴隶一样。人们向往信息社会的到来，追求信息的拥有，最终应该是使自己获得更大的自由，获得对世界更加有效的认识和支配。而只有善于充当信息社会的主人、善于充当信息的主人我们的这一目标才有可能实现。正如有的研究者所说，"现代信息社会已从提供信息进入到选择信息的阶段。信息选择能力是决定人们创造性和应变能力的重要因素，也是衡量一个社会文明程度的重要标志之一。"

3.3   大数据技术是手机用户信息素质的新主题

大数据技术的发展已经潜移默化地改变了人们的物质世界和精神世界。自从大数据技术被广泛利用以来，其对于我们人文、社会的影响更加快速、更加深、加剧。可以说大数据技术的发展改变了手机用户信息素质的评价标准，它直接或间接地影响着手机用户信息素质的发展水平。总体来说，它给手机用户信息素质的表现状态带来了三个方面的改变。如图2所示，其中"＋"代表正向动力，"－"代表负向力。

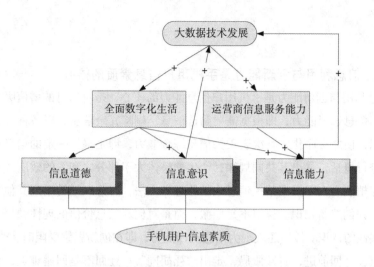

图2　大数据技术发展与手机用户信息素质之间的动力关系

3.3.1　信息技术的高速发展和用户掌握技术能力之间的差距，带来了"新文盲"的出现

在智能通信主宰数字化生活中，用户足不出户，就可通过手机完成大部分生活、学习、社交等活动；实现商品买卖等基本的日常生活处理，人们的生存将日益离不开手机等智能终端设备。因此，各种手机 APP 软件的使用能力、各系统的操作水平必将影响着用户的生存质量，信息素质已成为考察国民素质的重要标准。

3.3.2　大数据技术的发展大大提升了运营商的服务精度，将不断产生更多的新兴服务产业

随着运营商产品的推陈出新，用户的信息能力与信息意识都将随着提升到相应的高度，也会在用户中产生更多的信息需求，这些需求反馈给运营商，进而带来信息服务的更深度的变革。

3.3.3　大数据技术对人文、社会伦理产生了重大的冲击

黑客、木马病毒等的出现，给信息安全、个人隐私等带来了极大的威胁；电话和短信行销、群组中垃圾信息等将被广泛传播，使信息用户面临前所未有的"信息超载"；在信息产品极大丰富的同时，各运营商间的恶性竞争和互相倾轧将会导致用户的利益受损。

信息使用是否得当的基本症结，源于四个基本认识，即信息的所有权（property）、使用权（access）、适用程度（availability）和个人的隐私权（privacy），换句话说，许多不当的行为是源于对上述四种认识的偏差造成的。如果社会上对这四种认识已有共识，那么使用信息不当的行为就可大幅降低，而大数据时代的社会秩序将赖以

建立。

3.4　信息利用与创新能力是手机用户信息素质的核心

信息利用与创新能力是手机用户信息能力的核心，是对信息的增值吸收。它首先表现为信息选择能力，即根据需要筛选信息，剔除冗余信息，以各种方式对信息进行组织，使之有序化。其次表现为信息综合能力，即是根据一定的信息量，对信息的质进行概括，寻出其共同规律，产生"整体大于部分之和"的效应。再次表现为信息移植能力，即根据某一信息中的原理和方法，有意识地转用到其他事物的研究之中，并创造新知识。移植不是照搬，而是对创新信息价值的理性领悟，是对不同事物共性的认识。最后还表现为信息迂回能力，即在创新思维受阻时，改换方向，另置起点，迂回前进，打破僵局，走出"死胡同"。迂回不是回避难点，而是对难点的多角度探索，是以退为进。

4　大数据环境下用户信息素质培育内容与途径

在大数据时代，只有有了高信息素质的用户才有信息服务的健康发展，才有可能使我们的生活日益舒适、便捷。因此，培养手机用户信息素质是大数据技术发展的重要条件。那么，如何着手进行手机用户的信息素质教育呢？

第一，要加大宣传力度，提升用户信息意识，倡导手机微生活等理念的推广，使公众了解大数据，了解各APP的功能，形成有利的社会环境。大数据的应用其实质是基于用户的群体行为的特性展开的，只有强化手机用户"群"的特性，扩大"群"的范围，才能使大数据得到更为精准的应用，因此，要通过各种途径使更多的人参与到手机主导生活的各种应用中来，才能使大数据的作用得到淋漓尽致的发挥。

第二，以用户现已了解的APP平台为基础拓展其新APP平台，兼容性是手机用户顺畅使用APP的重要前提，要协调各类手机大数据型信息服务的兼容性发展，减少巨头垄断。目前，以腾讯QQ和微信为基础的各类手机信息服务发展得如火如荼，同时新浪以微博账号、网易以网易通行证等也占据着广泛的大数据中信息传播的渠道，很多APP软件在功能使用上要受到这些龙头媒介的多种限制，如：百度不可以检索淘宝的数据（淘宝关闭了百度的数据获取入口），同时"一淘"（淘宝建设的跨购物平台检索系统）也受到了大部分的购物网站的抵制。国家应通过立法等手段打破大平台对大数据资源的垄断，促进各APP平台的兼容性发展，提倡有序竞争。

第三，应用相关机构的职能对国民进行信息素质教育，提高用户的信息使用能力。鼓励图书馆等各种公益性信息服务机构展开对普通民众的手机信息素质的教育工作，普及手机导航、购物等功能的相关知识，倡导数字化城市的建设。

第四，开展手机用户的信息安全教育，由于手机大数据涵盖了个人基础信息、隐私信息、财务信息、银行卡交易信息等多方面内容，一旦被不法分子获取，将对手机用户造成巨大的伤害。需要立法严惩各类恶意获取用户信息的行为，加大对伪基站、虚假网站的打击力度，确保手机用户在享受大数据带来的便捷的同时，更受到安全的保护。

第五，开展手机用户的信息道德教育，倡导文明使用信息发布能力。随着手机拍照功能的普及，许多手机用户肆意散布他人的图片或影像，触犯了公民基本的隐私权利。更为普遍的现象是在讨论组、论坛等公开信息区域，对陌生人发表恶意的侮辱、攻击等语言，这些现象都违反了信息道德，应该予以及时的纠正，要在全社会广泛开展信息道德的教育，使文明礼貌地使用各类手机 APP 平台蔚然成风。

5　结论

在大数据时代，拥有数据并且能将数据转换为有价值的信息非常有益。但更为重要的是要加强手机用户的信息素质培育，其影响因素众多，包括信息意识、信息能力和信息道德等。只有让每个社会参与者拥有运用大数据带来的科技产品的能力，在大数据中"寻宝"，才能带来社会发展整体变革，而这一切才刚刚开始，著名的《大数据时代》作者维克托先生提出一个重要观点：数据价值不会随着它的使用而减少，不会褪色，也不会有损耗，而是可以不断被挖掘利用。因此，做好新时期用户的信息素质培育尤为重要。

参考文献：

[1] 涂聪. 大数据时代背景下的数据可视化应用研究 [J]. 电子制作, 2013（5）:118.

[2] 祝培培. 我国图书馆学情报学硕士研究生培养机制研究 [D]. 山东：山东理工大学，2008.

[3] 孙琳. 国民信息能力素质与基础素质评价研究 [D]. 吉林：吉林大学，2006.

浅析军队院校图书馆联机联合编目人才队伍的能力素质及其培养

王景侠（解放军南京政治学院上海校区军事信息管理系，上海 200433）

摘　要：网络环境下，联机联合编目是军队院校图书馆发展的必然趋势。而联合编目人才队伍的能力素质是确保全军院校图书馆联建共享整体水平和质量效益的关键。本文在分析目前军队院校图书馆编目员人才队伍存在的主要问题的基础上，重点分析了编目员队伍所需要的能力素质结构，并结合军队院校图书馆的实际及其未来发展提出了提升编目员人才队伍能力素质的培养途径。

关键词：联机联合编目；编目员；素质；培养

目前，世界各国的图书馆普遍从传统的手工编目过渡到了以联机联合编目为主的计算机编目上来。[1] 联机联合编目是指利用计算机和网络环境，由多个图书馆共同编目，合作建立具有统一标准的信息资源联合目录数据库，并在此基础上实现联机共享编目成果。即任何一个授权成员馆对采访（或组织）到的资源编目上载记录后，其他馆就可以从网上查询并下载其书目数据，从而大大减少编目中的重复劳动，提高信息加工的效率和书目数据的质量，实现书目资源的大范围共享以及加快书目信息的传递过程。[2]

图书馆施行联机联合编目的优势在于不仅可以降低编目成本，提高书目数据质量，还可以分享专业知识与技能，进而提高编目效率，缩短资源到用户之间的时间，提高图书馆保障的质量效益和满意率。在计算机技术、网络技术和数字化技术的强力推动下，联机联合编目不仅是军队院校图书馆发展的必然趋势，而且也是推进全军院校图书馆资源联建共享的有效途径。

在 2013 年召开的第十期馆长班集训会议上，总部明确提出了推进全军院校图书馆联建共享，实现"全军院校一个馆"的建设目标，并指出，为了确保全军院校图书馆联建共享任务的落实，关键在人才。[3] 所以，作为联机联合编目的主体——编目员人才队伍的能力素质直接决定了联合书目数据库建设的质量，最终影响到全军院校图书馆资源联建共享的整体水平和质量效益。因此，提高军队院校图书馆编目员人才队伍的能力素质对于推动全军院校图书馆联建共享具有非常重要而深远的意义。

1 目前军队院校图书馆编目员人才队伍存在的问题

经过军队院校编制体制的调整，军队院校图书馆人才队伍的结构发生了巨大变化，曾经在编目岗位的大部分军人已经离开图书馆，而由地方毕业的非现役文职人员（以下简称文员）接替。如今文员已经逐步成长为军队院校图书馆业务开展的主体，成为编目岗位上的业务骨干。从联合书目中心下载的书目数据信息以及参加南京政治学院上海校区军事信息管理系（以下简称上海校区信管系）岗前培训轮训班的十几期文员调研情况看，目前我军院校图书馆编目员人才队伍的确存在一些亟待解决的问题，主要体现在他们的能力素质与全军院校图书馆联建共享的目标要求不相适应。归纳起来，存在的主要问题如下。

1.1 编目员人才队伍的专业素质整体偏低

由于军队院校体制编制的调整，导致图书馆一大批编目专业人才的流失。目前，军队院校图书馆编目岗位上是以文员为主体、职员职工为辅助的现状。他们的专业素质整体上普遍较低。从历届文员培训班的问卷调查和需求座谈会上了解到，文员中间非图书情报、信息管理、计算机和外语专业毕业的文员比例高达50%以上。其中，图书情报专业人才更是少之又少，有的馆长出于对图书馆服务工作的重视，往往会把这些专业人才放在与用户直接打交道的参考咨询岗位。此外，由于文员采用的是合同聘任制，有些能力素质较高的文员会出现跳槽离开军校图书馆的情况，还有的文员会选择调整到图书馆其他岗位，因而编目岗位具有一定的人才流动性，这些因素都会对编目工作的连续性和一致性带来一些不利影响，从一定程度上限制了编目工作的整体水平。另外，有些馆由于受到编目外包的影响，很难保证外包书目数据与本馆书目数据的主题分类标引的一致性，对外包的过多依赖也会导致专业水平的下降。[4]

1.2 编目员人才队伍缺乏专业培训，编目水平不高

一般来说，军队院校图书馆的编目员数量较少，只有少数大馆才会有军人负责整个采编业务，大多数馆是由一名文员担任编目工作。除了文员之外，还有职工或非现役工勤人员负责或协助编目。他们很少有业务培训机会，即便是到上海校区信管系参加过一次岗前业务培训，由于这个培训班次不是针对分编岗位编目员的专门培训，而文献分类需要长时间的学习实践和经验积累，因而不是上几次课就能够解决的。而职工人员参加专业培训的机会则更少。还有的馆采用的是"师傅带徒弟"的培养模式，师傅的编目业务能力主要来自实践，理论水平往往偏低，由他们带出来的徒弟往往不知道《中国机读目录格式》（CNMARC）字段、子字段及其标识符的具体含义。再者说这种传统的培养模式已经不适应现代联机联合编目的需求。由于编目员缺乏系统的编目理论知识，缺乏对所编数据的质量控制，因此导致了编目数据的整体质量不高。

1.3 重著录轻标引，检索点的揭示不能满足用户的检索需求

由于新聘文员对编目工作的理解和认知不够，加上没有系统学习过文献编目规则和文献标引规则等理论知识，对于文献外在的形式特征基本能够做到会著录，而对内容的标引还存在一些问题，普遍反映文献标引比较困难。由于编目员的水平参差不齐，对于信息资源检索点的揭示还不够准确、充分，必备字段的著录也不完整，因而所编数据无法满足用户的检索需求。此外，由于不少馆缺乏资深编目员做数据审校工作，因而也无法保证书目数据信息标引的准确性、规范性和一致性。众所周知，书目数据的规范性和标准性是书目数据质量的生命。对上传的书目数据的质量必须高度负责，这是对联机联合编目员最基本的要求。

目前，军队院校图书馆的文献标引还只是停留在对整本文献或单篇文献内容的描述上，很少做到对文献的目次、知识单元等内容进行深度标引、精确标引，而这正是用户利用图书馆进行信息检索识别和判断选择所需要的。而军队院校图书馆要实现全面转型、创新发展，就要不断进行服务创新，为用户提供个性化、专业化、知识化服务，则离不开编目员对文献的知识单元进行精确分析和深度标引。

1.4 对数字资源编目重视不够，编目能力需要进一步拓展

目前，军队院校图书馆的编目对象还是以图书期刊为主，还没有对数字资源特别是网络资源实行编目。如今，《军事信息资源分类法》（简称《军分法》）已成为普遍用于军事网络资源知识组织的工具。但从实际使用效果看，由于许多编目员

特别是在文献标引时没有充分掌握其编制原理、编制规则和技术特点，文献标引质量还存在问题，如多数标引人员只是根据文献主题内容，赋予了主要分类号，凡涉及国家、地区和军兵种内容的文献，多数没有使用世界地区复分表和军兵种复分表进行组配复分，这将直接影响到信息检索的专指性，进而影响文献信息的检索效率。[5]

随着大数据时代的到来，信息资源载体类型日益丰富，传统的印刷型文献资源已经不能满足用户多元化的信息需求，这就需要对非书资料、多媒体、电子出版物及优质网络资源等进行统一揭示，为用户提供深度整合的一站式检索服务。因为现在的用户需要的是具有资源发现甚至是知识发现功能的检索系统，需要良好的信息体验。而这些都离不开高素质的编目员平时就做好各类型资源书目信息的编目和组织工作。

2　军队院校图书馆联合编目员能力素质结构分析

大数据时代资源类型的多样化和用户需求的多元化都对编目员人才队伍的能力素质提出了更高的要求。作为军队院校图书馆编目员，特别是能够胜任联机联合编目工作的编目员，应该做一个具备多种能力结构的、素质过硬的复合型编目员。

2.1　过硬的思想政治素质

作为军队院校图书馆工作人员，过硬的思想政治素质是首要条件，也是开展好业务工作的基本保证。因此，必须政治立场坚定，政治敏感性强，必须本着对国家和军队高度负责的精神组织好、管理好相关信息资源。需要强调的是，军队院校图书馆作为院校的文献信息中心，集中了军队大量的文献信息资源，有些会存在涉密信息，做好安全保密工作尤为重要，要坚决落实军队各项保密规定，确保信息安全和自身政治安全。

2.2　扎实过硬的业务素质

编目工作历来是图书馆的一项实践性很强的技术性工作，也是一项基础性工作，要求编目员做到细心、耐心、严谨。具有过硬的图书情报专业素质是做好联机联合编目工作的前提。

作为编目员，还应具有不同于其他专业的核心知识与技能：对于中文资源编目，需要熟练掌握《中国文献编目规则》（第二版）、《中国机读目录格式》（CNMARC）、

《中国图书馆分类法》（最新版是第五版）、《中国分类主题词表》及其使用手册等。需要学习和掌握主题分析理论与现代化文献标引技术、信息组织理论与检索技巧等。对于外文资源编目，还需要掌握国外相关编目标准如美国机读目录格式（MARC21 格式）；《英美编目规则》（第二版）（AACR2）及其最新版 RDA（《资源描述与检索》）的知识内容等。

作为军队院校图书馆的联机联合编目员，还需要熟练掌握联合编目系统的各项操作和维护，掌握《联合编目手册》《军事信息资源分类法》《军用主题词表》以及计算机辅助标引技术方法，需要掌握《军队院校数字资源元数据方案》（MDC）等编目工作标准规范体系，努力做到编制的数据符合联合书目中心的标准化和规范化要求。这些都是做好编目工作，提高编目数据质量的基础和保障。换句话说，如果离开了这些基础保障，不仅数据质量无法保证，联建共享的效益也将会大打折扣。

需要强调指出的是，利用各种知识组织工具对信息资源的知识内容进行分析和组织的能力正是编目员的专业优势所在，是其核心竞争力最重要的体现。而这种核心能力的培养和提高则是需要不断学习和大量实践，需要参加更有针对性的培训班和研讨会。

2.3　过硬的信息能力素质

信息能力已经成为现代图书馆员的必备能力，是现代图书馆编目员的核心能力之一。它主要包括信息获取能力、信息分析组织能力、信息管理能力、信息创造能力、信息知识服务能力等。编目员应具有过硬的信息能力，可以多渠道获取有价值的编目信息源和网络上的编目数据及其工具，了解军内外可供下载数据的书目中心，能够对联机下载下来的数据进行甄别、选择和修改，并且能够把本馆的数据及时上传到联合书目中心，这样不仅可以确保编目数据的质量，而且可以大大提高联机联合编目的效率。

2.4　过硬的外语水平和运用能力

如今，信息交流日益国际化，军队院校图书馆为了满足开放式、拓展式教学和科研的需求，购买大量的外文信息资源已成为一种趋势。若没有一定的外语水平，要想对外文资源的形式特征及内容特征的著录和揭示是非常困难的。如果资源的特征不能有效揭示和组织，势必给用户带来使用上的困难，资源的价值将会大打折扣，必然会造成这些资源的极大浪费。此外，对于利用国外编目数据的图书馆来讲，掌握外语是必不可少的语言工具。多语种信息资源也要求编目员具有多语种编目的能力，还要掌握用户需求的新特点，能够把多语种资源编目整合到联合目录数据库中去。

2.5　与用户进行良好沟通的能力

编目工作是面向用户的服务性工作，编目员要与不同类型、不同需求的用户打交道，同时为用户提供信息知识服务，需要牢固树立"用户为中心"的思想，要准确把握不同类型用户的需求特点和检索习惯，具有良好的人际沟通能力。此外，图书馆之间开展联机联合编目等协作活动，也需要和其他馆编目员建立良好的协作和交流关系，这将大大推动编目业务工作的顺利开展。

2.6　其他方面的能力素质

要胜任联机联合编目工作，编目员应保持良好的身心素质，这是做好联合编目工作的必要前提。要具有强烈的事业心和责任感，同时还应具有较强的独立思考和创新能力。作为军队院校图书馆的编目员，还需要具备本院校某些军事专业及其相关学科专业知识，进一步拓宽军事知识，具备优良的军事素质。因为具备这些能力素质不仅能为军事信息资源的编目奠定良好基础，同时也为院校教学科研和部队教育训练提供优质的信息知识服务奠定基础。此外，在做好编目工作的同时，还要善于发现编目中出现的问题，及时总结经验，积极撰写总结性或研究性学术论文，积极参与军队院校图书馆的相关课题研究，这将非常有利于编目员的未来职业发展。

3　提升军队院校图书馆联合编目员能力素质的途径

同其他类型的专业人才培养一样，高素质复合型联机联合编目员人才队伍的培养也是一个长期的、复杂的、综合性的系统工程。结合军队院校图书馆当前的实际及其未来的发展，可以从以下几个方面加强培养。

3.1　选送编目员参加专业培训，进一步加大培训力度

首先，图书馆要科学配置编目人员，尽可能把具有图书情报和信息管理专业的文员优先安排在编目岗位。同时也要考虑把既具有一定专业知识，又耐心、细心的人员安排在编目岗位。其次，重视编目员的业务培训，全面提高编目员的工作能力和水平。除了本馆进行岗位培训外，最好选派新招聘的文员参加全军院校图书馆文职人员轮训班，截至目前，上海校区信管系已经成功举办了17期。经过为期一个

半月的综合性培训，编目员可以基本掌握图书馆编目业务工作流程、编目理论和技术方法，而要真正提高编目水平，今后还需要参加专门针对分类编目岗位的培训班。再次，总部和图书馆应出台相关政策措施，进一步加大联合编目专业技术人才的培训力度。鼓励文员参加地方行业学会或者 CALIS 举办的编目员业务培训，使其通过编目认证考试，获得编目员上传数据资格证书。为此，上级主管部门和图书馆应考虑出台相关政策措施，多为他们创造一些参加军内外专业培训的机会。

3.2 积极搭建继续教育及其学习交流的平台，进一步拓宽培养渠道

首先，积极搭建编目人才继续教育和交流的平台。除了参加军队院校教育培训外，进一步拓宽培养渠道，走军地联合培养的道路。其次，还要创造条件，鼓励文员参加军内外组织的各类学术研讨会，如军队院校图书情报协作联席会（简称联席会）定期（两年一届）举办一次学术研讨会，为文员互相学习和交流搭建了一个很好的平台。此外，地方图书情报学会等机构也有很多的协作交流平台，鼓励编目员积极参会，以文会友。在这些交流平台上，编目员不仅可以开阔视野，进一步提高业务能力，还可以进一步激发他们工作的积极性、主动性和创造性。

3.3 立足编目岗位，在实践中学习成才

俗话说"实践出真知"。编目员还要立足编目岗位，在实践活动中锻炼成长，积累经验，提高能力素质。比如利用参观学习、部队代职、社会调研等机会，虚心学习求教，丰富编目人员的经历阅历，激发他们的成才动力。此外，利用网络访问联合书目中心成员馆的书目数据，可以多种方式联系该馆编目员，互相学习讨论编制数据的经验做法，并灵活应用到本馆的编目工作中去。

信息时代，终身学习成为每个社会成员发展的内在需求。作为图书馆工作人员，更要做终身学习的倡导者和实践者。要发挥主观能动性，充分利用图书馆的优质资源，学习和追踪学科领域的前沿进展和实践经验，坚持自我充电，自我提高，不断提升自身的综合素质。

3.4 建立健全长效的人才激励机制，提高业务综合素质

哈佛大学威廉·詹姆斯教授通过对教职员工激励的研究发现，正确而充分的激励会使人的能力发挥提高 3～4 倍。所以，军队院校图书馆联合书目中心和各成员馆协作，共同建立健全人才激励制度，出台相关政策措施。学习借鉴 CALIS 联合编目中心的经验，比如对成员馆上传数据都有具体的奖励规定，目的是激发编目员

能够编制并及时上传符合业务规范的书目数据。图书馆要制定并逐步完善人才激励机制，将精神激励和物质奖励相结合，短期激励和长期激励相结合[6]，充分调动编目员工作的积极性、主动性和创造性，从而真正提高全军院校图书馆联建共享的质量效益。

3.5 升级联机联合编目系统模块功能，提高上传数据的质量

构建具有联机联合编目功能的一体化服务平台是实现联建共享的技术保障。目前，联合书目中心的联合编目服务模块主要为成员馆用户提供 MARC 记录的检索和下载（包括单条的和按年度的 MARC 记录下载）等功能。但该系统目前尚不具备数据上传及数据质量控制等功能。如今，全军军事训练信息网已经过升级改造，已经具备了联机联合编目的网络条件。总部应以《军队院校图书馆信息管理系统》（MALIS）平台研发为契机，对联合编目模块功能进行升级改造，以适应信息资源共建共享的需求，将联机联合编目工作落到实处，真正实现全军院校图书馆资源联建共享，充分发挥一体化服务平台的整体效益。同时，联合书目中心要升级业务规范，要强制推行各种规范措施，以保证书目数据的规范化和标准化，同时要进一步加强编目员和系统维护人员的技术培训，以提高成员馆上传数据的质量。

4　结语

大数据时代已经到来，军队院校图书馆正面临着工作重心的转移，即图书馆的业务重心从后台转向前台服务。编目工作不再是在一个封闭的环境里单一地进行传统文献的加工，而是在一个相对开放的数字网络环境下要对多种资源类型信息进行迅速揭示、整理、组织并有效地提供服务。同时，编目员要做好业务拓展的知识能力储备。比如，参与参考咨询服务工作。在图书馆全面转型的过程中，编目员必须要把握机会，自觉深化学科专业知识，提高信息能力，使自身的职能范围进一步拓展为信息资源开发者、书目指导者、信息管理者、数据库维护者、学科导航者[7]，即成为一专多能的复合型专家人才。总之，机会总是留给那些有准备头脑的人。作为军队院校图书馆的联机联合编目员，要善于学习和总结工作经验，虚心学习求教，不断积累编目知识，积极参加军内外学术研讨会，在努力做好本职工作的同时为全军院校图书馆联建共享作出自己应有的贡献。

参考文献：

[1] 王松林主编.中文编目与 RDA[M].北京：海洋出版社，2014：1-7.

[2] 王松林.信息资源编目（修订版）[M].北京：北京图书馆出版社，2005：443.

[3] 军队院校图书情报协作联席会秘书处.第十期全军院校图书馆馆长集训情况概述 [J].信息管理，2014（1）：1-6.

[4] 李莉.新形势下军队院校图书馆编目工作转型探讨 [J].信息管理，2007（4）：50-54.

[5] 李莉.略论军队院校图书馆智慧型文献标引人员的素质与培养 [C]// 张琪玉情报语言学思想研讨会论文集（预印本）.南京政治学院军事信息管理系印刷，2014：199-205.

[6] 李文嘉.新形势下军校图书馆馆员素质建设思考 [C]// 军队院校图书馆第十二届学术研讨会优秀论文集.北京：国防大学出版社，2010：625-631.

[7] 李莉.新形势下军队院校图书馆编目工作转型探讨 [J].信息管理，2007（4）：50-54.

大数据时代图书馆员专业阅读素养的提升

翟淑君（中共陕西省委党校，陕西西安 710061）

摘　要：图书馆员的阅读素养对专业能力构建起着决定性的作用。阅读能力促进了图书馆员专业能力的构建和提高，推动图书馆工作的开展。尤其在大数据时代，由于泛在的广泛使用使得图书馆的服务方式发生了深刻的变化。因此，大数据环境下图书馆员的专业阅读素养的提升，值得我们深入研究。

关键词：大数据时代；图书馆员；专业阅读；专业能力

当今时代，由于科技和信息的高速发展，图书馆的功能也发生了很大的变化，由原先的只具备"借还"功能，到现在的朝着数字化方向发展，尤其在大数据时代，泛在的知识环境与虚拟研究环境使用，要求图书馆员要从读者的个性化需求出发，围绕用户的研究平台、研究场所、研究习惯和研究过程，紧密对接，推出专题性和个性化的嵌入式服务。这样对图书馆员的专业能力和综合素质就提出了更高的要求，图书馆员已不再是外行人眼里轻松的职业了。那么，图书馆员除了完成每天自己固定的工作外，是否在工作时间或业余时间进行专业阅读，阅读是否能提升图书馆的专业能力？如果图书馆员基本上不阅读，不懂得阅读，如何能为读者提供高层次的服务？这些问题都值得我们思考。

1　大数据环境下阅读行为的变化

所谓"大数据"，又称巨量资料（big data）、海量资料，是由数量巨大、结构复杂、类型众多数据构成的数据集合，通过数据的整合共享、交叉复用，形成的智力资源和知识服务能力，是一种在多样、海量的数据中快速收集、分析数据的能力，预测可视作大数据的核心力量[1]。大数据在许多行业中的一个主要诉求就是洞悉、预测进而开发消费者需求。阅读作为一种社会行为，每一次传播技术的革新和媒体语境的变迁都会造成其对象、形式、性质的变化，大数据环境下的数字化阅读更是如此。新兴的数字阅读设备和阅读平台，使"阅读"这一人类获取知识信息、发展智力的最根本途径获得了新的介质，并通过引入音频、视频等多种技术带来全新的阅读体验，让阅读变得多媒体化。现阶段的数字化阅读主要包括网络在线阅读、手机阅读、电子阅读器阅读等多种方式。

大数据环境下阅读行为的变化主要体现在四个方面：一是新媒体的开放性和包容性导致的读者阅读身份变化；二是新媒体的个性化和移动化导致的读者阅读习惯和阅读时空变化；三是新媒体的超时空性和超媒体性导致的读者阅读兴趣、阅读方式、阅读质量变化；四是新媒体的交互性和消费性导致的读者阅读能力和阅读效率变化。

作为重要学习能力之一的阅读，由于新媒体环境下阅读时间和空间的随意性、阅读的消费性，而在客观上出现了浅阅读、泛阅读、非导向性阅读、"缺乏主流"阅读、伪阅读、超阅读、功利性阅读、娱乐性阅读、重图轻文等问题。无论读者选择何种媒体阅读，都面临着一个阅读内容选择的问题——阅读什么、阅读重点、阅读时间分配等都需要进行甄别和思考。

对于图书馆员来说，由于阅读是提高图书馆员服务水平和综合能力的重要途径，因此，在大数据环境下，阅读方式发生了变化，图书馆员如何和怎样通过阅读提高其自身的能力值得我们关注。

2　当前有关图书馆员阅读的研究成果

我国图书馆界的学人一直都倡议要通过专业阅读来提高图书馆员的专业服务能力，为此也撰写了大量的理论文章。如李志明的《图书馆员提高素质的有效途径——阅读与写作》[2]，陈群的《图书馆员阅读探要》[3]，颜泽玲的《阅读素养：高校图书馆员亟待提高的职业品质》[4]，陈杏的《关于图书馆员阅读能力之思考》[5]，贠玉珍《阅读——图书馆员提高文化底蕴做好服务工作的基石》[6]等，这些研究成果大多数都集中讨论了图书馆员通过阅读既能提高学识修养、又能提高为读者服务的专业水平。2009年以后，这一问题引起更多学人的关注，一些优秀的研究成果陆续在重要期刊上发表，如那艳的《关于建立地市级图书馆员职业阅读机制的几点思考——以绍兴图书馆为例》[7]，文章从地市级图书馆员职业阅读的意义、现状着手对公共图书馆员职业阅读机制的建立完善问题加以探究。刘雯等人在《高校图书馆员专业阅读调查报告》中，通过调查研究，从阅读种数、内容、习惯、目的等多个方面反映了高校图书馆员的专业阅读现状 [8]。崇静在《关于图书馆员职业阅读问题的新思考》中指出职业阅读是一种复合型阅读，可分成兴趣阅读、专业阅读和应用阅读三个层面，而职业阅读是复合阅读的最深层面，是兴趣阅读与专业阅读结合形成的应用阅读 [9]。杨曼还撰写了《面向图书馆需求的图书馆员阅读制度研究》[10] 的学位论文。魏书娟在《图书馆员职业性与专业性阅读研究》中指出了阅读对于社会、个人和图书馆都有很重要的意义。这些研究进一步揭示了图书馆员阅读的现状及存在的问题 [11]。关于图书馆员的专业阅读与专业能力的关联在国内尚未形成成熟的模式。

3　大数据时代，图书馆员专业阅读与专业能力的关联

纵观这些研究成果，对图书馆员进行专业阅读能力的训练对其专业服务能力的提升有着非常密切的关系。在大数据时代，图书馆员大致可分为知识嵌入馆员、资源采访馆员、资源流通馆员和参考咨询馆员。各类型的馆员分别需要具备不同的知识服务能力。大数据时代，图书馆员原有的知识储备已不能胜任新的任务。因此，有必要探讨不同类型的馆员的阅读类型、阅读内容和方法。

3.1　知识嵌入馆员

知识服务要求以用户解决问题为中心，用户融入解决问题的过程，支持对问题解决方案的探索、构建和测试等的服务。嵌入式知识服务对图书馆员的专业能力有很高的要求，图书馆员原有的知识储备如果不通过专业阅读进行持续、有效的更新，那么根本谈不上专业能力与服务目标的匹配。专业阅读内容必须是与解决题相关的各种类型的宏知识，包括论文、图书、博客、微网页等涵盖链接和评论的知识集合；不能仅仅局限于图书馆学、情报学的基础理论，而是在此基础上衍生的 Web 2.0 环境下的"大数据"和"大知识"。

3.2　资源采访馆员

资源采访既包括纸本图书、期刊的采访，也包括电子资源的采访。国内图书馆目前采用的是招标采购和读者推荐相结合的方式。但是，图书馆采购资源并不是"藏为所用"，而是在经费批复后，仅揣测读者需要，便对书单目录勾选或现场采选这种根据书商提供的大量书单的突击采购，导致少量读者的推荐采购行为可以忽略不计。而国外的"用户驱动采购"项目在电子书采购中已经开始尝试取代原有的采访

模式。采访人员针对这神用户驱动的 Web 2.0 采访服务需要建立预设书目文档，并实时跟踪新购入的资源情况且对其加以调整。这种新的服务模式要求资源采访馆员不断更新自己的采访知识储备，跟上国际发展前沿，通过阅读国外同行和机构发布的论文以获得实践经验。

3.3　现实和虚拟资源流通馆员

大数据时代的图书馆流通馆员，其常规任务已经不再是借还图书那么简单。而基于现实和虚拟资源的知识导读服务更吸引人，更符合大数据时代知识服务的要求。知识导读服务是指资源流通馆员根据读者解决问题或专业学习的要求，将各种知识层面（不仅包括基础知识，还包括应用知识）、各种载体和媒介的相关知识进行聚合，分析、归纳和预测未来的研究前沿，并将之整合成资料包，提供给读者。这种包罗万象的知识导读服务要求图书馆员具有更高的对 Web 2.0 环境下资源收集、整理、归纳、分析的知识导读能力。知识导读馆员要有交叉学科背景，要在已有学科知识的基础上，补充相关学科的背景知识、社交网络工具知识、学术社交网络的知识传播、分享技能等。知识导读馆员首先要扩充自己的知识储备，发挥在跨学科领域的学术社交网络中知识聚合与推荐的优势。

3.4　参考咨询馆员

大数据时代，要想保持这种核心竞争能力，数据挖掘、转换、关联、分析与可视化将成为参考咨询馆员的专业阅读内容。参考咨询馆员的任务是促进研究共同体中的科技创新或知识创造。参考咨询馆员需要进一步挖掘知识结构中的冲突，分析知识内容的发展路径和趋势，激发新的科技创新点和研究思路。因此，参考咨询馆员要在信息检索和专业知识分析的基础上，进一步补充知识挖掘、数据转换、可视化软件和对新的知识增长点的预测等专业知识。

4　大数据时代，图书馆应该通过专业阅读不断提升专业服务能力

4.1　作为图书馆员本身，要注重针对性和系统性地阅读

大数据时代的图书馆员，有必要不断提升自身的专业服务水平，以满足各学科文献横向交叉、纵向深入，适应信息日益多元化和复杂化的现实。阅读是提高专业知识的基石。因图书馆学为一冷门学科，所以各种导读类工具书并不多见。就笔者

所知，吴慰慈先生主编的《图书馆学书目举要》将图书馆学各分支学科的重要著作都网罗其中，馆员可结合工作岗位，从中择要阅读。对于那些由其他专业、其他行业进入图书馆工作领域的馆员来说，按照书目系统阅读，可弥补专业教育的不足，打下初步的专业根基，建立起新的知识结构。阅读要学以致用，在干中学，在学中干，先读工作必需的紧要书籍，再扩大阅读面，阅读相关专业书籍。阅读时要由浅入深，循序渐进，由教材到期刊，再到网络，获悉学术动态，为提高工作、科研能力打下基础。

4.2　图书馆要采取积极措施促进馆员阅读

馆员实现专业阅读并学以致用，不仅需要个人努力，还有赖于图书馆组织的鼓励和培养。

4.2.1　营造专业阅读的环境

从专业阅读中受益的不仅是馆员自身，它将对图书馆事业产生不可估量的影响，因此馆领导应认识到专业阅读对培养新时期馆员的紧迫性，应有目的、有计划地安排专业阅读规划，使其专业阅读由被动变主动，由分散变集中，尤其要保障其阅读时间。

4.2.2　建立专业阅读的考核评估体系

确立考核评估体系有利于专业阅读的质量。设立专业阅读的档案，应记载其内容、学时、业绩，并将专业阅读与其晋级奖励相结合。还要及时收集专业阅读反馈信息，总结经验，将阅读引向深入。组织培养直接关系着专业阅读的质量与应用。只有图书馆积极营造浓厚的学术气氛，才能让馆员缺有所补、学有所用，从而使其自身的发展与图书馆发展一致。

4.3　建立开放的图书馆员专业阅读执行机制

面向知识服务的图书馆员专业阅读执行机制主要包括图书馆员阅读成果应用机制和图书馆员专业阅读激励机制。其中，图书馆员阅读成果不仅包括书评、博文、微博、记等形式，还包括应用专业阅读成果开展的图书馆创新服务的间接应用成果。图书馆员在专业阅读中增加了专业知识储备，提升了服务效率；通过阅读积累，还会将专业阅读成果转化为自身的专业潜能，在图书馆等学习型组织中分享和传递。因此，图书馆管理人员需要对图书馆员的专业阅读进行合理规划、监督、评价与激励。

专业阅读，对于图书馆员来说也是对自身的投资，是图书馆员专业能力提升的源泉，在大数据环境下，图书馆员要应付未来科技创新的发展，图书馆员要建立自己的知识共享空间，用专业阅读成果指导科研和实践，更好地为用户服务。

参考文献：

[1] 吴赟.产业重构时代的出版与阅读[J].出版广角，2013（23）.

[2] 李志明.图书馆员提高素质的有效途径——阅读与写作[J].高校图书馆工作，1995（9）.

[3] 陈群.图书馆员阅读探要[J].河南图书馆学刊，2006（2）.

[4] 颜泽玲.阅读素养：高校图书馆员亟待提高的职业品质[J].高校图书馆工作，2008（3）.

[5] 陈杏.关于图书馆员阅读能力之思考[J].阅读信息，2008（5）.

[6] 負玉珍.阅读——图书馆员提高文化底蕴做好服务工作的基石[J].职业，2009（8）.

[7] 那艳.关于建立地市级图书馆员职业阅读机制的几点思考——以绍兴图书馆为例[J].图书馆工作与研究[J].2012（6）.

[8] 刘雯，赵爱青，张智燕，等.高校图书馆员专业阅读调查报告[J].图书馆杂志，2012（6）.

[9] 崇静.关于图书馆员职业阅读问题的新思考[J].图书馆杂志，2012（1）.

[10] 杨曼.面向图书馆职业需求的图书馆员阅读制度研究[D].云南大学公共管理学院，2011.

[11] 魏书娟.图书馆员职业性与专业性阅读研究[J].图书馆工作与研究，2009（12）.

[12] 李开复.可持续的技能[EB/OL].[2013-04-20].http:www.360doc.com/content/12/0517/22/6777684-211776806.shtml.

社会化媒体环境下信息生命周期的
解构及信息素养刍议

鲍雪莹　赵宇翔　朱庆华

（南京大学信息管理学院，江苏南京 210046）

摘　要：社会化媒体环境下，传统的以图书馆为中心的信息生命周期和用户信息素养产生了巨大的变化，本文以传统的信息生命周期划分为基础，结合社会化媒体的特点，主要从用户使用的角度构建了社会化媒体环境下的信息生命周期模型，并解析该模型不同阶段的用户信息行为的新特征、信息服务的新方式，以及其对用户信息素养的新要求。

关键词：信息生命周期；信息素养；社会化媒体

1　引言

社会化媒体是 Web 2.0 时代的产物，以互动性为其主要特点，鼓励用户参与内容的创造、发布、传播和交流。用户参与互动的特点使得人们在信息的生成、标引、组织、存储、检索、评价和使用等信息生命周期各个环节中的行为方式发生改变，不再是以图书馆的信息资源使用为中心，传统的基于图书馆的信息技能以及用户信息素养的培养内容和模式已经不能适应新的技术和服务的发展。因此，本文对现有技术环境中的信息生命周期重新进行了思考，分析社会化媒体背景下信息生命周期各个阶段的信息表现形式、用户行为特点以及对用户信息素养的要求。

2　相关研究综述

2.1　信息生命周期研究

信息生命周期的概念在 20 世纪 80 年代就已经提出，Levitan 于 1981 年指出信息或信息资源是具有生命周期特征的"特殊商品"，其生命周期特征具体包括了信息的生产、组织、维护、增长和分配几个阶段[1]。在《信息资源管理》一书中，Horton 从两个角度定义了信息生命周期，并对其进行了阶段划分：一是信息利用和管理的角度；二是信息载体和信息交流的角度[2]。一般认为，信息生命周期研究的理论基础是文献增长与老化理论，信息生命周期的研究成果对信息资源的管理实践有着重要的指导意义。

　　近些年，国内的学者重新对信息生命周期理论的研究与发展进行了回顾与审视。索传军将信息生命周期的概念认识划分为基于信息运动、基于信息管理和信息存储服务商提出的信息生命周期三种类型，并提出了信息生命周期研究的三个内容[3]。万里鹏认为，现有的信息生命周期研究已形成两种典型的范式：霍顿范式和EMC 范式，并且指出这两种研究范式在解释系统、概念系统和基石范畴、核心理论和理论框架、方法论研究上的缺失，提出未来的研究应构建信息生命周期的"复杂范式"[4]。马费成教授从价值和管理两个视角对信息生命周期的研究进行了述评[5, 6]，他认为，在价值视角下，信息生命周期的研究目的主要是通过定量的方式研究信息的本质规律，并基于此实现有效的信息生命周期管理，而当前信息生命周期的阶段划分多是从管理视角出发，是对信息生命周期的简化处理。

2.2　信息素养研究

　　信息素养概念的提出至今已有 40 年的历史，最早是美国信息产业协会主席Paul Zurkowski 在 1974 年提出并使用，他将信息素养定义为"利用丰富的信息工具和信息源解决问题的技能"[7]。国内外对信息素养的定义大都着眼于技能的角度，认为信息素养是解决问题的能力，如美国图书馆协会 ALA 认为信息素养主要包括六个方面的内涵：意识到信息需求、将信息需求转化为问题、查找到信息、对信息进行评价、组织信息、用信息解决问题。一直以来，信息素养的研究主要集中在图书情报和教育这两个领域，信息素养教育是由早期图书馆的用户教育（user education）逐渐发展起来的，是图书馆员对用户检索和使用馆藏资源的技能培训与指导，信息素养教育也一直是基于图书馆资源进行的。Zorana 曾对 21 世纪的信息素养教育进行了展望，他将信息生命周期划分为五个阶段，阐述在各个阶段用户需要具备的细化的信息素养[8]。在该文的阐述中，主要还是基于当时的信息环境，较大程度上局限于对传统图书馆信息资源的使用，每个阶段中所提到的信息素养或信息技能已经不能满足现在的信息环境。

　　我国在信息素养领域的研究主要集中在信息素养教育、信息素养标准及其与国外标准的比较分析上 [9-11]，这一点在张立《近十年来我国信息素养教育研究论文现状分析》一文中也有所体现。张立还指出，与信息素养教育共现次数最多的关键词主要是"高校图书馆""大学生""文献检索课程"，高校图书馆馆员的服务模式及文献检索课程的教学模式仍是信息素养教育关注的重点 [12]。

3　社会化媒体环境下信息生命周期

21 世纪以来，信息技术的迅速发展尤其是 Web 2.0 技术和社会化媒体的出现，改变了传统的信息生产、交流和用户信息行为方式，给信息管理领域的研究带来了巨大的变革，这也是学者重新探讨信息生命周期概念和内容的外在动因。虽然一直以来信息生命周期的阶段划分是众说纷纭，但管理视角的信息生命周期阶段划分一直处于 Horton 经典的六阶段模型的框架中，即信息的"创建、采集、组织、开发、利用和清理"。本文认为，在社会化媒体环境下，信息资源的管理不再是少数机构的责任，而逐渐形成了以普通用户为主体、以网络用户信息行为为中心的格局，这是由 Web 2.0 和社会化媒体的互动性决定的。在新的信息环境下，信息生命周期的阶段划分和各个阶段的主要内容及表现形式已经发生了显著的变化。因此，本文结合 Horton 经典模型与社会化媒体环境中用户信息行为的特点将信息生命周期划分为六个阶段，分别是信息生成、信息标引、信息组织和存储、信息检索和获取、信息评价和甄别以及信息的适应性使用，并对各个阶段的具体特征进行阐述。

3.1　信息生成

社会化媒体和 Web 2.0 技术改变了信息自上而下的生产和发布方式，用户成为生产和创造信息的最大主体，用户生成内容（user-generated content）及协作成为国内外重要的研究对象。在国内的研究中，朱庆华等在社科基金重点项目"互联网用户群体协作行为模式的理论与应用研究"和教育部人文社科规划项目"Web 2.0 环境下用户生成内容激励机制与评价机制的设计及其协同研究"中对用户生成内容和互联网用户群体协作进行了详细而系统的研究，包括用户生成内容的动因 [13]、用户生成内容的特征和机理 [14]、共享意愿的实证研究 [15]、视频网站的用户生成内容特性分析 [16] 和质量评测框架 [17]、协作生产内容的可信度评估 [18] 等方方面面。社交网站是用户生成内容的最大平台，每天产生了难以计算的数据量，在社交网站上发布信息成为最常见的信息生成方式，社交网站的应用已经渗透到了人们生活、工作、学习的各个方面，信息生成变得更加生活化、个性化和多元化。

3.2 信息标引

在图书馆环境下，信息的标引有着严格的规范，是少数专业人员的责任。随着社会技术的发展，人们生活在信息过载的环境中，用户个体对信息标引的需求也越来越迫切。标签（tag）和社会化标注技术应运而生，成为用户常用的信息标引方式。

标签是新技术环境下对信息进行揭示的应用，用来描述信息资源尤其是网络信息资源的特征，以达到分类、检索和信息资源共享的目的。标签由用户自主创建，反映了用户对该信息资源的认知。社会化标注是多个用户对多个对象添加标签的行为模式，建立了用户、标签和资源之间的关系网络[19]。社会化标注可以运用自然语言，从多个维度对信息资源进行描述，具有社区聚合功能，能够促进基于共同兴趣的社区的形成和发展[20]。同时，社会化标注还能直接反映用户的词汇、需求及其变化[21]，甚至可能让用户发现新的或者潜在的感兴趣的信息资源[22]。标签在商业领域已经得到了广泛的应用，如 Delicious、Flickr、豆瓣等。图书馆也将标签技术引入图书馆的服务中，如南京大学图书馆将馆藏资源辐射到豆瓣上实现服务的延伸。除此以外，基于社会标注的信息检索研究[23-26]和个性化推荐[27]一直是国内外研究的重点。

3.3 信息组织与存储

在现有的信息存储方式中，云存储已经成为信息存储的主要模式。云存储是伴随云计算产生的新兴的存储技术，是以数据存储和数据管理为中心的云计算系统，可扩展性好，更易于管理，成本更低廉，并且数据安全和数据服务不受单一硬件或存储服务器限制[28]，在数字资源的长期保存中有着显著的优势[29]。云存储在公共服务领域的应用已经得到了广泛的讨论。廖思琴等探讨了基于云存储的政府网络信息资源的保存型元数据框架[30]。黄新荣等对云存储环境下档案异地备份的方案进行了研究[31]。云存储在图书馆领域的应用也得到了较多的讨论，如图书馆随书光盘的云存储模式和架构[32, 33]，数字图书馆的应用系统及实现[34]等。

除此之外，基于云存储的用户软件服务早已占据了大块的市场份额，最常见的是网盘和云笔记。网盘是一种基于网络的在线存储服务，向用户提供文件的存储、共享、备份等管理功能，如新浪微盘、百度云盘、金山快盘等。云笔记是一款跨平台的简单快速的个人记事备忘工具，并且能够实现 PC，移动设备和云端之间的信息同步[35]，为用户提供了一站式的信息管理服务，常见的云笔记产品主要是有道云笔记、印象笔记、为知笔记等。网盘和云笔记为用户进行多终端、多平台、异地的工作和学习提供了极大的便利。

3.4 信息检索和获取

随着互联网技术的发展，信息检索早已超越了文献检索的概念，互联网信息检索成为人们信息行为的重要组成部分。虽然信息资源数量的增长，全文检索、语义检索等技术的发展和实现，降低了对人们检索语言的要求，但是复杂的网络环境对人们定位信息源、实现个性化、跨媒体、跨平台的检索提出了新的要求，协同检索、社会化搜索的概念随之提出。值得一提的是，虽然新的检索模式层出不穷，但大多是技术实现需要解决的问题，对用户的使用而言，传统的检索技巧和方式基本上可以适用。

3.5 信息评价和甄别

社会化媒体环境下，信息的评价可以分为两种，一是以信息分享为目的，二是以个人使用为目的。前者强调的是用户参与表达自身的观点，具体实现方式包括评论、等级评价、投票等。用户的评价是对产品和服务进行质量评估的依据，也是机构改善服务方式和服务水平的指导，评价机制在商业应用中极为常见。后者则主要指用户基于自身信息使用的目的，对网络信息的质量、可信度进行判断的行为，判断的依据包括信息资源的外部特征、自身的知识积累和经验、与他人交流讨论的结果等。

3.6 信息的适应性使用

人们对信息的使用一般是三种方式：不使用、直接使用和加工后使用。使用方式的选择一方面与信息质量有关，另一方面还受到用户对信息理解和加工能力的影响。信息的适应性使用主要强调的是用户针对个人需求，采用合适的方式解决信息问题，是非常个人化的行为。

4 社会化媒体环境下的用户信息素养

随着互联网技术对信息环境的改变，信息素养的内涵也急需扩展和完善，现阶段，信息素养 2.0（information literacy2.0）、跨媒体素养（transliteracy）等概念的提出使得国内外的学者对信息素养的内涵进行了反思。Kimmo T[36]、Sonja S[37] 等都从当前的技术特点和信息环境出发，对信息素养 2.0 的产生进行了详细的阐述。Sonja S 认为，是社会技术的发展导致了传统信息素养范式的异常，从而出现信息素养 2.0。信息素养 2.0 需要人们运用多元智能，具有视觉素养、跨文化素养、空间设计素养、听觉素养等多种能力[38]，实现对信息资源，尤其是网络信息资源进行综合使用。对国外信息素养研究进行分析发现近些年信息素养研究更加注重个人信息行为、技能的考量，注重信息素养的实证研究[39]，信息素养研究在医学领域的应用较多，健康素养的理念和研究逐渐兴起，信息素养研究向着专业纵深的方向发展[40]。

从上述研究中可以发现，信息素养在新的技术环境下已经发生了改变，更加个人化、技术化和专业化。虽然国内外学者已经对信息素养的内涵进行了新的探讨，如范哲构建了社会化媒体情境下的信息素养内容框架[41]，但大多还处于概念化的阶段，没有结合社会化媒体环境下具体的技术特征、产品服务阐释信息素养的内涵和要求。因此，本文基于社会化媒体环境下信息生命周期和各阶段中用户信息行为特点进行研究，认为在社会化媒体环境下，用户应具有如下的信息素养：

（1）能够合理准确地表达信息。以用户生成内容为主要特点的信息生成对用户的信息素养提出了新的要求。作为信息生产和创造的主体，用户需要具备更高的信息表达能力和知识水平，才能使得其创造的信息具有可读性和价值性。对于把微博等社交媒体作为信息发布、知识分享和公关平台的企业与个人来说，信息表达能力尤其重要。

（2）能够对个人信息进行有效的管理。在新的技术环境下，为资源添加标签、使用云存储工具都是实现个人信息管理的方式。用户在网络环境下进行个人信息管理主要需具备两个方面的能力：一是对技术和软件的应用能力，二是基本的信息组织和管理能力。前者是用户对标签、网盘、云笔记等技术和软件的接受与使用能力，主要是指用户愿意使用这些工具并且对其功能的使用没有障碍或能够通过学习消除障碍。后者是指用户在进行个人信息管理时一般应具有基本的信息组织意识，在进行标引、存储和管理时能够做到条理清晰，存储后的信息能够易于查找和共享，否则，随意的标引和存储分类会导致信息的混乱，违背了个人信息管理的初衷。

（3）掌握基本的检索技能，能够进行准确有效的信息检索。虽然用户在信息检索中需要具备的能力因信息需求和社会角色的不同产生差别，总的来说分为四种：首先，能够根据信息需求选择信息源，而不是一味地依赖搜索引擎，如查找书评、影评使用豆瓣网，查找餐厅的评价可以使用大众点评，查找人的信息可以通过微博、人人等社交网站等；其次，树立跨媒体、跨平台检索的意识，在信息检索时不局限于文本信息，图片、视频等多媒体资源都可能对信息问题的解决有所帮助，同时在检索时不局限于网络信息的检索，专业的知识通过图书馆、数据库查找或是向有关专业人员询问更有效率，准确度也更高；然后，在一般的信息检索中能够运用简单的检索技巧，如布尔逻辑，link、site功能提高检索效率；最后，对学术研究人员和提供咨询服务的专职人员而言，高级检索语言的使用是必备技能，包括检索字段、布尔逻辑、通配符等，查全和查准是编辑检索式的两大要求。

（4）能够甄别信息的可信度，合理使用信息。网络中的信息良莠不齐，真假混杂，用户对信息进行评价与甄别的能力显得尤为重要。在信息评价中，信息的外部特征是重要的判断依据，如信息发布者的信用或等级、信息发布者身份、信息来源等，一般而言，发布者信用等级高、信息来源于政府或企业官方的发布和声明的信息可信度更高。社会化媒体环境下，对信息的评价可以延伸出多种方式，如通过知识社区寻找该领域的专家进行交流，对发布在不同平台的信息进行交叉验证等。信息使用的方式主要是不使用、直接使用和加工后使用，使用方式的选择一方面与信息质量有关，另一方面还受到用户对信息理解和加工能力的影响，在使用中能够将信息内化为自身的知识是最高要求。

5　结语

本文在总结了信息生命周期和信息素养相关研究的基础上，结合社会化媒体互动性的特点，从普通用户的信息行为角度对社会化媒体环境下的信息生命周期进行了划分，分析各个阶段的主要特点。在研究中，本文一改传统信息素养都是以解决问题为导向的特点，采取了在信息生命周期的各个阶段对素养的不同需求的角度对现在的信息环境下用户需要具备的信息素养进行了阐述，提出了社会化媒体环境下信息素养的内容和具体表现。

参考文献：

[1]Levitan KB.Information resources as goods in the life cycle of information production. Journal of the American Society for Information Science，1981，33（1）：44- 45.

[2]Horton FW.Information resources management.London: Prentice- Hall 1985.

[3] 索传军. 试论信息生命周期的概念及研究内容 [J]. 图书情报工作，2010，54（13）：5-9.

[4] 万里鹏. 信息生命周期研究范式及理论缺失 [J]. 中国图书馆学报，2009（5）：36-41.

[5] 马费成，望俊成. 信息生命周期研究述评（Ⅰ）——价值视角 [J]. 情报学报，2010（5）：939-947.

[6] 马费成，望俊成. 信息生命周期研究述评（Ⅱ）——管理视角 [J]. 情报学报，2010（6）：1080-1086.

[7]Paul GZ.The Information Service Environment Relationships and Riorities（S）.Washington D C：National Commission on Libraries and Information Science，1974.

[8]Ercegovac Z.Information literacy：teaching now for year 2000[J].Reference Services Review，1998，26（3/4）：139-142.

[9]赖茂生，孙鹏飞.高校信息素养评价标准发展研究[J].情报科学，2009（8）：1133-1138.

[10]邱璇，丁韧.高校学生信息素养评价指标体系构建及启示[J].图书情报知识，2009，6：75-80.

[11]杨鹤林.英国高校信息素养标准的改进与启示——信息素养七要素新标准解读[J].图书情报工作，2013，57（2）：143-148.

[12]张立.近十年来我国信息素养教育研究论文现状分析[J].图书馆工作与研究，2014（1）：63-66.

[13]赵宇翔，朱庆华.Web2.0环境下影响用户生成内容的主要动因研究[J].中国图书馆学报，2009（5）：107-116.

[14]赵宇翔，吴克文，朱庆华.基于IPP视角的用户生成内容特征与机理的实证研究[J].情报学报，2011，30（3）：299-309.

[15]肖强,朱庆华.用户生成内容共享意愿的影响因素实证性研究[J].情报杂志，2012，31（4）：138-142.

[16]陈欣，朱庆华，赵宇翔.基于YouTube的视频网站用户生成内容的特性分析[J].图书馆杂志，2009（9）：51-56.

[17]赵宇翔，朱庆华.Web2.0环境下用户生成视频内容质量测评框架研究[J].图书馆杂志，2010，29（4）：51-57.

[18]张薇薇,朱庆华.开放式协作生产内容的可信性评估研究[J].情报资料工作，2011，6：21-26.

[19]魏建良，朱庆华.社会化标注理论研究综述[J].中国图书馆学报，2009（6）：88-96.

[20]Hayman S.Folksonomies and tagging：new developments in social bookmarking[C] .Ark Group Conference：Developing and Improving Classification Schemes.Rydges World Square，Sydney，June 2007.

[21]Mathes A.Folk sonomies Cooperative Classification and Communication through Shared Metadata[OL].[2008-10-02].http：//www.adammathes.com/academic/computer-mediated-communication / folk sonomies.html.

[22]Nicolas A.Folk sonomy：the new way to serendipity［J］.International Journal of Digital Economics，2007，65，67−88.

[23] 窦永香，何继媛，刘东苏．大众标注系统中基于本体的语义检索模型研究［J］.情报学报，2012，31（4）：381−389.

[24]Hak LK，Suk HH，Hong GK.FCA-based Approach for Mining Context ualized Folksonomy［C］// Proceedings of the ACM Symposium on Applied Computing（SAC2007）.New York：ACM，2007：1340−1345.

[25]Gruber T.Ontology of Folksonomy：A Mash-up of Apples and Oranges［J］.International Journal on Semantic Web and Information Systems 2007，3（1）：1−11.

[26]Khalifa A，Hugh C.Folks Annotation：A Semantic Metadata Tool for Annotating Learning Resources Using Folksonomies and Domain Ontologies［C］// Innovations in Information Technology .Dubai：IEEE，2006：1−5.

[27] 田莹颖．基于社会化标签系统的个性化信息推荐探讨［J］.图书情报工作，2010（1）：50−53.

[28] 张龙立．云存储技术探讨［J］.电信科学，2010（8）：71−74.

[29] 高建秀，吴振新，孙硕．云存储在数字资源长期保存中的应用探讨［J］.现代图书情报技术，2010，26（6）：1−6.

[30] 廖思琴，周宇，胡翠红．基于云存储的政府网络信息资源保存型元数据研究［J］.情报杂志，2012，31（4）：143−147.

[31] 黄新荣,谢光锋.云存储环境下的档案异地备份［J］.档案学通讯,2011（6）：69−72.

[32] 汤伟．高校图书馆随书光盘云存储服务模式研究［J］.图书情报工作，2013，（S2）：95−97，117.

[33] 于秀芬，张曾昱．基于云存储架构的随书光盘镜像服务器构建探讨［J］.图书馆杂志，2011，30（2）：72−76.

[34] 马晓亭，陈臣．数字图书馆云存储应用系统研究与实现［J］.图书馆理论与实践，2012（5）：8−13.

[35] 刘赛君，刘曋辛，胡晓雯．试论云存储（FLV-on-P2P）在图书馆联盟视频服务中的应用［J］.图书馆工作与研究，2013（7）：43−45.

[36] Tuominen K.Information literacy 2.0［J］.Signum，2007，35（5）.

[37]Špiranec S，Zorica M B.Information Literacy 2.0：hype or discourse refinement？［J］.Journal of Documentation，2010，66（1）：140−153.

[38] Penrod D.Web 2.0, Meet Literacy 2.0[J].Educational Technology, 2008, 48(1): 50-52.

[39] 吴鸣, 张杰龙, 王丽等. 信息素养研究领域全景分析 [J].2011, 55(13): 5-9.

[40] 周志超, 张士靖. 国外信息素养领域研究热点分析——从信息素养到健康素养 [J]. 情报杂志, 2012, 31（9）: 147-151.

[41] 范哲. 社会化媒体情境中信息素养的内容框架研究 [J]. 情报杂志, 2012, 31（10）: 170-174.

信息素养的培育取向及其启示

宋晓琴（甘肃省社会科学院图书馆，甘肃兰州 730070）

摘　要：大数据时代背景下，信息素养是每个信息社会成员终生追求的目标和基本生存能力。不同的培训者对信息素养培育有不同的理解，可以分为五类：学术理性主义、认知过程、人文主义、社会重建、技术中心等信息素养培育取向。信息素养培育取向的划分对理论工作者、培训者及学习者理解、分析信息素养有重要的借鉴意义。

关键词：信息素养；培育取向

1　引言

在当今大数据时代背景下，信息素养的培育已成为人才培养的一项核心要求，是每个信息社会成员终生追求的目标和基本生存能力[1]。信息技术教育也因此被列入各级各类教育培训目标体系之中，并成为人才培养评价体系中的一项重要指标。然而，不同的培训者对于信息素养培育的理解必然不会完全一致。例如，有些培训者认为信息素养培育重在让学习者掌握搜索、存贮、加工、分析、传播信息的各种操作技能；也有培训者认为信息素养培育主要是让学习者掌握信息知识的基本原理；还有一些培训者会更加在意学习者的需求，整个培训活动以学习者的需求为中心；或者有的培训者更加喜欢选择一些与社会工作、生活密切相关的信息内容进行培训；另外，部分培训者在培训中更加强调学习者掌握提升信息素养的途径与方法。不同的培训者对信息素养的培育会有不同的理解，如何选用一个比较适宜的框架来刻画这些信息技术培训者培育观的差异，便是本文所要解决的问题。

2　核心概念的界定

2.1　信息素养

"信息素养"这一概念最早是1974年由时任美国信息产业协会主席的车可斯基（Paul Zurkowski）提出来的。他认为，信息素养是"人们在解决问题时利用信息的技术和技能"。在2003年国际信息素养专家会议发表的布拉格宣言中，对信息素养的内涵作了更为明确、具体的阐释，认为"信息素养包括对信息重要性和需要的认识，为解决面临的问题确定、查寻、评价、组织和有效性生产、使用与交流信息的能力"。[2]

可见，信息素养既有技术层面的内容，也有人文层面的内容。而且，个人的信息素养又与其他方面的素养密切相关。从这个意义上说，信息素养也是个人素养的综合反映。此外，由于个人的职业及其对信息素养的要求不同，因而信息素养往往又显示出一定的层次结构。

2.2　培育取向

培育取向是信息技术培训者所持有的培育观。其体现了信息素养培育的最终目的，是信息技术培训者设计、实施信息技术课程时的思想、价值和行动体系，是对信息技术培训和学习的基本立场，也是信息技术教学对话的起点，可以作为认识、分析和批评信息技术课程的框架。

3　信息素养培育取向的类型

3.1　学术理性主义信息素养培育取向

学术理性主义信息素养培育取向主张以学科结构作为培训内容组织的基础，通过选取信息技术的知识精华来促进学习者的理性发展，强调培训内容的获得和知识结构的掌握。学术理性主义信息素养培育取向是一种传统的但到目前为止却最具有普遍适用性的信息素养培育取向。学术理性主义信息素养培育取向认为信息素养培育的目的在于传递信息技术文化遗产，特别是传递代表传统信息技术精粹的学科知识，应当把最具学术性的信息技术知识作为课程内容。信息技术培训者的主要任务是复制与粘贴，即忠实地复制信息技术学科专家规划的课程内容，并将其精准地粘贴给学生。这种信息素养培育取向把培训者置于课程之外，把培训者当成学科专家所设计的学科课程的机械执行者，忽视教与学的交流[3]，这与现在所倡导的培训者是信息技术课程的开发者、设计者与创造者的角色定位格格不入。

3.2　认知过程信息素养培育取向

认知过程信息素养培育取向是基于认知心理学提出来的，强调认知技能的发展，认为信息技术课程应当集中于培养学习者的观察、分析、综合和评价判断等智力技能。相较学术理性主义培育取向，认知过程培育取向较少依赖特定的内容，它认为学习内容在某种意义上不如学习过程本身重要，因此，认知过程可以从一个学科领域迁移到另一个学科领域，认知过程培育取向就被认为是内容中立的信息素养培育取向。认知过程信息素养培育取向的目的是要发展学习者的个人学习技巧，使之更有效率，问题解决是其最主要的表现形式。认知过程信息素养培育取向认为最重要的学习内容应该是那些能够使学习者理性地面对世界和解决问题的信息技术处理能力。培训者常常扮演引导者的角色，他们运用各种技巧，协助学习者分析信息技术学习任务，鼓励学习者解决问题，以达到预定目标。学习者往往被期望能够发展出独立学习信息技术课程内容所需的技巧，而学习评价更加强调学习者学习过程的重要性。

3.3　人文主义信息素养培育取向

人文主义信息素养培育取向是以人文主义哲学思想为基础，以凸显信息技术课程中人的地位为基本立足点所形成的对信息素养培育的基本看法。人文主义信息素养培育取向认为，应根据学习者的兴趣和需要去选择及组织信息技术课程内容，重视课程的综合化和学习者的情感、态度、价值观等情意品质的发展，强调学习环境的创设和学习者的自我学习活动，强调学习者在面对泛滥的信息时，不应该是一种焦虑、恐惧、抵触的反应，而应该用积极的心态，在兴趣的指引下，通过信息获取过程获取乐趣[4]。人文主义信息素养培育取向始终以人性的充分发展为终极的价值诉求，因而使信息技术课程在本质上成为孕育人性的一种途径。该取向认为信息技术课程的功能是为每一位学习者提供有助于其自由和发展的经验；培训者不再作为知识权威的代言人全面控制信息技术课程的组织与开展，而更多地以协助者、支持者的身份出现；学习者不再是信息技术知识的被动接受者，而成为信息技术课程建设的积极参与者。

3.4　社会重建信息素养培育取向

社会重建信息素养培育取向强调信息技术教育与社会的关联，认为信息技术课程目标应着眼于回应整体社会的需求。该种培育取向认为，信息技术课程是为学习者能够适应或改进社会情景做准备，信息技术课程内容应源于社会或整个世界的状况和情景。社会重建信息素养培育取向视信息技术课程为促进社会变革的工具，以社会的需求和社会问题的解决作为组织信息技术课程内容的中心，主张让学习者参与社会事务，了解、分析和批判各种社会问题，帮助学习者在社会方面得到发展，即学会如何参与制定社会规划并把它们付诸行动。

3.5 技术中心信息素养培育取向

技术中心信息素养培育取向崇尚教学效率和体系化的信息技术课程设计理念，认为信息技术课程应致力于寻找有效的技术手段来达成预定的学习目标，注重信息技术课程设计的程序化，注重培养学习者运用信息技术的能力。在内容的选择和组织上常常运用其他培育取向的观点，寻找有效的技术手段来达到预设的学习目标是技术中心培育取向永恒的话题。该种取向比较强调学习者与信息来源之间的联系，认为可以通过更有效的刺激来实现更好的学习效果。

4 五类信息素养培育取向的关系

五大信息素养培育取向之中，学术理性主义培育取向属于学科中心，人文主义培育取向基本上是以学习者为中心，认知过程培育取向强调学科内容和认知能力的发展，也考虑到学习者的因素，兼有学科中心和学习者中心两个方面，社会重建培育取向属于社会中心，技术中心培育取向自成一派。五种培育取向之间的关系如图1所示。

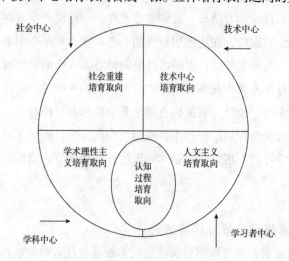

图 1   五类培育取向之间的关系

　　然而，如此将培育取向独立地划分为五类，主要是为了在理论上不发生混同。而实际中的信息素养培育价值往往相互交织，各取向之间只存在着相对的差别，并没有泾渭分明的界限。但不能否认这样的划分为我们提供了一个认识信息技术教育的出发点，或看待具体问题的着眼点。

5　启示

5.1　对信息素养理论工作者的启示

　　作为信息素养理论工作者，除了进行有关信息素养培育取向的内涵、特征、分类、影响因素等方面的理论研究外，急需开展对信息素养培育取向的实证研究，引导信息技术培训者形成更加适宜的培育取向，以对教学实践起到积极的指导作用[5]。需要特别说明的是，要建构具有实际指导意义的、可行的、有效的信息素养培育取向理论，必须紧密联系实际，摸清信息素养培育取向在实际中存在的问题，才能"对症下药"，形成具有实际指导意义的、可行的、科学的、有效的信息素养培育取向理论新体系。

5.2　对信息技术培训者的启示

　　作为一名信息技术培训者，应当深刻理解有关信息素养培育取向的一些基本观点，充分认识不同信息素养培育取向的特征和进行信息技术课程设计与实施时的具体做法，进而形成自身的比较适宜的信息素养培育取向。这对于有意识地处理信息技术课程设计与实施过程中的一些原则性问题和具体问题，都是十分有益的。这样就能更加主动地掌控信息技术课程的设计与实施，减少在课程设计与实施过程中的盲目性。一位信息技术培训者如果能了解自身的培育取向和他人的培育取向，就能够在处理具体的问题时具有一定的自觉性与主动性，比较深入地理解信息技术课程的结构体系和具体内容，也就能指出课程编排过程中一些不符合实际的地方，或者能够主动地、有意识地调整课程编排者在一些具体问题上的偏差，进而避免复制粘贴式地教"教材"，做到因时、因地、因人地用"教材"教。所以，培育取向的问题不单是一个理论上的问题，也是一个颇具实际意义的问题，应当引起广大信息技术培训者的充分重视。

5.3　对信息技术学习者的启示

　　不同的信息技术学习者对信息技术持有不同的看法，目前信息技术课程的设置主要表现为对信息技术基础知识的重视，而忽视对学习者信息技术观的塑造，导致其对信息技术的价值、意义、应用等的认识不够全面，客观上造成了学习的盲目性。因此，信息技术学习者信息技术观的塑造是今后信息素养培育有待加强的方面。

参考文献：

[1]许运华,张洪星.探析高职大学生信息素养的培养[J].教育与职业,2007(3):162.

[2]李扬.高校研究生信息素养教育的目标与路径探析[J].现代情报,2007(11):219.

[3]姚毓武.高校图书馆信息技术教育教学的再认识——兼谈大学生信息素质和信息素养的培养与提高[J].图书馆工作与研究,2004(3):79.

[4]吴钢.阿拉斯加《图书馆/信息素养标准》评析[J].图书馆杂志,2006(8):62-63.

[5]杜安平.澳大利亚高校信息素养教育剖析[J].情报理论与实践,2008(4):640.

当前信息伦理与信息素养问题

王立军　（河北省沧州市生产力促进中心，河北沧州 061000）

摘　要：随着计算机网络和信息技术的不断发展，人类已经进入了信息化社会。当前社会信息伦理的高低影响了国家的社会精神文明进程。信息伦理研究具有重要的现实意义。信息技术的发展与进步给人们生活带来很大变化，同时也带来了一些问题，如何构建和谐信息社会，做了简单叙述。对当前的信息素养存在的问题，提出对策。应把培养学生信息素养作为教育的首要课题。

关键词：信息伦理；信息素养；和谐信息社会

随着计算机和互联网的不断发展，使人类社会逐步从工业化社会向信息化社会迈进。进入以计算机高新技术应用为核心的信息网络时代，将世界各地的计算机连接起来，构成高速运行的全球计算机信息网络系统，形成强大的计算机网络信息资源，对社会的政治、经济、文化、科技、教育等方面发展起着重要的推动作用。计算机信息与网络技术正在飞速发展，以前所未有的规模改变着人类的生产和生活方式，成为人们工作和生活中不可缺少的重要部分，不但扩大了生活领域，还丰富了社会生活，跨过地域与时间限制，将人类连接成一个紧密的整体。

1　信息伦理概述

信息伦理是指涉及信息开发、信息传播、信息的管理和利用等方面的伦理要求、伦理准则、伦理规约，以及在此基础上形成的新型的伦理关系。信息伦理又称信息道德，它是调整人们之间以及个人和社会之间信息关系的行为规范的总和。信息伦理不是由国家强行制定和强行执行的，是在信息活动中以善恶为标准，依靠人们的内心信念和特殊社会手段维系的。

2　信息伦理的本质和特点

信息伦理本质可从起源、应用、目的三方面着手。从起源上看，信息伦理是人类交往活动的现实需要和规律反映；从应用上看，信息伦理调节着人们在信息交往活动中的功利实现；从目的看，信息伦理追求人类社会在信息时代的和谐与进步。

其特点是信息伦理作为新兴事物，与现实伦理相比较有一些自己独特的品性。一是自主性。与现实社会伦理相比，信息伦理呈现出一种更多的自主性、更少的依赖性的特点。互联网本来就是人们根据自己的需要自觉地互联起来的，在网络联系起来的虚拟空间里，人们不但是参与者，而且还是组织者。二是开放性。信息时代的到来，使人类交往的时空障碍消除了，在相互沟通交流之中，人们理解和宽容"异己文化"，互联网把信息伦理的开放性有可能变为现实。三是多元化。信息伦理呈现出多元化、多层次的特点。四是辩证性。信息伦理作为人类对信息交往客观规律的正确认识，始终处于辩证发展之中，信息道德作为个体对社会信息交往结构的主观反映，始终处于矛盾运动之中。五是实践性。在对信息交往规律认识的基础上，形成科学的理论原则，用于指导人们的信息实践活动。六是普遍性。在信息理论的基础价值与原则上求同存异、达成全球性的共识，是对信息的无国界传播有利的，并且有利于信息资源的全球性共享。

3　信息伦理研究的现实意义

信息环境对于信息伦理具有积极作用，而当代的社会信息伦理水准的高低直接影响了国家的社会精神文明进程，在当今社会的背景下，信息伦理研究具有重要的现实意义，并且在我国的社会发展中发挥着不可忽视的作用。

如今计算机网络已经成为人类新的生存空间，不仅发达国家，而且越来越多的发展中国家，网络用户日益增多，众多的网民通过互联网建立起网络社会，这种虚拟的社会已经担负起对现实社会的补充与延伸的重任，其作用与效果越来越显著。通过上网，人们不仅拓宽了空间与视野，而且还解决了许多现实生活中难以解决的问题。1998 年联合国新闻委员会年会上，互联网正式被定为继报纸、广播、电视之后的第四媒体，短短的几十年，网络已经逐渐成为人们现实生活中重要部分，但是随着人们对网络认识的不断提高其利弊也慢慢体现了出来，一方面，随着信息技术、网络技术在生产中的应用，科学技术正真正成为第一生产力；另一方面，网络自由也是一把双刃剑，网民在享受了宽松自由的同时，也要承受他人过度自由侵蚀带来的损害。

　　为了规范网络行为，使网络的发展能朝着正确的轨道运行，信息伦理这一学说便由此产生。由于网络的慢慢普及，信息社会也随之成形，也慢慢演化出了一些伦理问题甚至伦理危机，主要有侵犯个人隐私权、侵犯知识产权、非法存取信息、信息责任归属、信息技术的非法使用、信息的授权等。

　　这些危害的防止不仅要靠法律的约束，也需要信息伦理的合作，这正是信息伦理研究的现实意义。首先信息伦理作为一种伦理，主要强调社会个体的自律，借助于信息伦理标准提供的行为指导，人们才能比较容易地为自己所实施的各种信息社会行为做出伦理道德判断，在伦理标准的氛围下和自身反复实践的过程中，人们才可能将这种外在的准则自律为自己的道德意识，如果更多的个体将基本的伦理准则化为自己自觉的道德意识，则可以推而广之，推断出信息社会的行为是非标准，这同时也能加强信息素养。除此之外，信息伦理无形中使得网络技术研制者明确了方向，从根本上保证了网络与社会发展的一致性，使外在的道德规范和要求转化为信息社会公民的内在道德品质，从而保证了网络社会的有序和正常运行，而构建和谐网络社会正是构建社会主义和谐社会的重要切入点。

4　信息伦理与构建和谐信息社会

　　信息技术的发展与进步在带给人们的生活方式、交往方式巨大变化与便利的同时，也带来了各种意想不到的信息伦理问题。构建信息伦理规范体系、加强信息伦理学研究，对于提高信息处理活动主体道德自律精神和法律意识，对于构建和谐信息社会与构建社会主义和谐社会具有重要的意义。

　　和谐信息社会的建构需要有信息伦理的调节与引领。因为在信息社会，人们的信息化存在方式与以往的信息形态在形式上有很大的殊异性，它是以声、光、电、磁、代码等形态存在。这种信息化存在方式的信息容易被修改、窃取或非法传播和使用。信息伦理不仅从信息道德观念对信息活动主体进行引领，调节信息活动主体之间的伦理关系，而且通过信息伦理规范和信息活动主体的内心信念引导和约束其信息活动行为。

　　在信息网络时代，人与人之间的直接交往大大减少，取而代之的是间接的、非面对面的、非直接接触的以信息处理为特征的形式多样的交往。信息活动主体享有比以往更充分、更广泛的信息处理活动的自由，因而更需要信息伦理规范的调节和引领，这样，才更能促进信息活动主体自由自觉的全面发展，进而进一步推进和谐信息社会的建构。

和谐信息社会的建构不仅需要有信息伦理的调节与引领，而且需要建立健全相应的信息法律法规体系。信息法律法规体系既是建构和谐信息社会的法律保障，也是信息伦理的保障机制。在信息社会，只要有信息的交流和传递，只要有信息的获取和发布，都存在信息伦理问题。如上所述，这些信息伦理问题主要包括侵犯个人隐私权、侵犯知识产权、非法存取信息、信息责任归属、信息技术的非法使用、信息的授权等。要解决这些信息伦理问题，不仅要通过信息伦理规范的调节与引领，更需要通过由国家制定、认可、颁布并强制贯彻实施的相关的信息法律法规的制度对扰乱信息社会秩序的示范行为和违法行为进行制裁和制约，实现法律规范和法律特有的他律手段的制约、控制、调节功能。这不仅能够保障信息社会的有序运作，制约信息活动主体的示范行为，也有助于强化信息活动主体的信息法制观念，与此同时，还能进一步深化其对信息伦理规范的理解，提高其对于维护信息社会和谐、自觉遵守信息伦理规范的道德责任感。

只有通过信息道德与个人信息保护的有关法律的共同作用，才能有效地提高信息活动主体的信息道德认知、信息道德情感与意志，自觉以信息道德规范引领其行为与信息道德评价；与此同时，也能增强信息活动主体在处理信息活动的过程中遵纪守法的自觉性，自觉履行信息法赋予的权利与相应的信息义务，在构建和谐信息社会的同时，进一步推进我国社会主义和谐社会的构建。

5 信息素养概念及四要素

信息素养是一个内容丰富的概念。它不仅包括利用信息工具和信息资源的能力，还包括选择获取识别信息、加工、处理、传递信息并创造信息的能力。信息素养的本质是全球信息化需要人们具备的一种基本能力。信息素养是一种综合能力信息素养涉及各方面的知识，是一个特殊的、涵盖面很宽的能力，它包含人文的、技术的、经济的、法律的诸多因素，和许多学科有着紧密的联系。信息技术支持信息素养，通晓信息技术强调对技术的理解、认识和使用技能。信息素养是一种信息能力，信息技术是它的一种工具。

信息素养四要素：一是信息意识。即人的信息敏感程度，是人们对自然界和社会的各种现象、行为、理论观点等，从信息角度的理解、感受和评价。通俗地讲，面对不懂的东西，能积极主动地去寻找答案，并知道到哪里、用什么方法去寻求答案，这就是信息意识。二是信息知识。既是信息科学技术的理论基础，又是学习信息技术的基本要求。通过掌握信息技术的知识，才能更好地理解与应用它。三是信息能力。包括信息系统的基本操作能力，信息的采集、传输、加工处理和应用的能力，以及对信息系统与信息进行评价的能力等。这也是信息时代重要的生存能力。身处信息时代，如果只是具有强烈的信息意识和丰富的信息常识，而不具备较高的信息能力，还是无法有效地利用各种信息工具去收集、获取、传递、加工、处理有价值的信息不能提高学习效率和质量，无法适应信息时代对未来的要求。四是信息道德。培养正确的信息伦理道德修养，要让人们学会对媒体信息进行判断和选择，自觉地选择对学习、生活有用的内容，自觉抵制不健康的内容，不组织和参与非法活动，不利用计算机网络从事危害他人信息系统和网络安全、侵犯他人合法权益的活动。

信息意识是先导，信息知识是基础，信息能力是核心，信息道德是保证。信息素养的四要素构成了一个不可分割的统一整体。

6　当今信息素养存在的问题及对策

随着计算机网络的普及，当前的社会已经步入信息化时代，对于生活在这个时代的人们，离开信息将寸步难行，信息资源的获取、开发和利用的好坏，取决于人们的信息素养。信息素养的高低，直接影响着事业的发展和科技的创新，是需要重点关注的问题。

6.1　信息意识淡薄

我国国民整体信息意识与发达国家差距较大，人均信息资源开发利用的程度比信息发达国家要低。现代社会巨大的信息生产量以及高速的信息流动，往往使人们对信息不能正确地加以科学分析，无从识别真假信息，或者对一般的普通信息也给予高度的关注，或者对隐含的重大信息漠然视之，甚至于放弃对正确信息的利用，而在接受伪信息的基础上导致决策失误。这些都是缺乏正确评价信息价值的能力，缺乏信息意识的表现。

对策：大力加强人们的信息意识，培养人们良好的信息意识。使大家在学习过程中，根据社会的要求和自身发展的需要，不断地调整知识结构，及时获取新的有用知识。培养人们形成"信息就是资源""信息就是效益""信息就是生存权"的信息价值观，随时对信息给予高度的关注，对各种信息具有高度的敏感性，时刻意识到并积极利用信息帮助解决自己和生活中所遇到的问题。信息意识的提高需要长期的培养教育，通过培养教育使信息使用者具有敏锐的观察力，能从大量繁杂的信息中发现有价值的信息。使人们养成良好的信息意识将终身受益。

6.2 学习主动性差

对于信息技术的学习，许多人既不愿意自己去钻研，又不愿向专业人员请教，学习主动性差，利用信息工具的能力不足。

对策：让学习者从被动地接受式学习转变为主动地获取知识。专业技术人员做学习者的引路人，鼓励学习者创新思维，引导自己去探索、去钻研，让学习者成为学习的真正主人，充分发挥他们在学习过程中的主动性、积极性和创造性。让学习者试着自己去解决问题，在自身实践中体会和提高。运用现代信息工具，来提高学习者自身的能力水平。

6.3 实践能力欠缺

分析当前信息素养问题，对信息素养培养的针对性不强，实践性偏少，致使学习者实践能力欠缺。学习者虽然学过一些信息技术知识，拥有基本的信息技术理论知识，但是在实践中仍感到茫然，不能很好地运用信息技术知识来解决学习中的实际问题以及充分发挥信息技术和信息资源的作用。

对策：提高信息实践能力，信息实践能力是进行信息检索、处理、交流的能力，是信息素养的重要体现。在普及计算机和网络的基础上，让学习者进一步学习信息检索知识，是信息素养培养的重要内容之一。通过信息实践，增强学习者对信息的感受力和敏感性，使其能够根据检索课题制定策略，熟悉各数据库系统的检索途径、方法和步骤，熟练使用互联网所提供的各种信息服务功能，诸如电子邮件、文件传播、电子公告牌等。

6.4 信息道德失范

当前，人们普遍缺乏信息安全意识和信息免疫能力，缺乏网络信息传播的伦理道德意识。对信息法规内容的认识和了解不够全面，对知识产权和个人隐私权的侵犯以及网络上的人为恶习等行为视而不见。有些人不清楚或不遵守信息安全规章，以致网络欺诈、网络成瘾、诱发犯罪以及陷入网恋误区等情况屡屡出现。

对策：首先个人应自我培养及提高自身信息道德教育，培养对信息的筛选能力、对网络信息传播及网络信息行为的辨别能力、对有效利用信息的能力、对自己的思想及行为负责，对于不道德的行为应予以正义的情感去制止或抵制的能力，强化自己的正义感和强烈的道德责任感，这些都是当代人们应具备的最基础素质。

其次，大多数人群都受过高等教育，应具有较高的思想觉悟，能够尊重他人的观念与生活方式，尊重他人的劳动成果，正确认识自己的思想及行为并养成良好的行为习惯。无论在日常生活当中还是在网络交流中都能自觉地要求自己，良好习惯的养成有助于个人品行的培养。在信息繁杂的社会里，人们要规范个人的品行、约束自己的行为、抵制不良信息、锻炼自己的独立性与果断性。在履行信息道德义务中，表现出坚定的决心与毅力，这对于人们的信息道德教育具有重要意义。

7　培养学生信息素养成为首要课题

21 世纪是信息化社会，未来的一切都是基于网络发生的，信息来自四面八方，信息量最大、最全、传播速度最快、覆盖面最广的信息载体当属信息高速公路。熟练地从网络中获取信息、使用信息，就必须熟练掌握相关的信息科学技术，就必须成为一个具有较高信息素养的人。培养学生信息素养也就成为教育的首要课题。

信息素养已经成为渗透素质教育的核心要素。这就要对教师提出新的要求，即在开设信息技术课程的同时，要积极努力地探索信息技术和其他课程整合的思路与方法，在课堂上应用现代信息技术，把信息技术教育课程真正融入到其他课程中去，通过学校教育渠道培养学生的信息素养。

坚持以学生的发展为本。不要过分注重学科知识的学习，而应关心如何引导学生应用信息技术工具来解决问题，特别是通过把信息技术的学习与学科教学相结合，让学生把技术作为获取知识和加工信息、为解决问题而服务的工具。同时，教师还要关心学生的情感发展，不能因为信息技术的介入而忽略了与学生的直接对话和沟通。

信息素养教育要以培养学生的创新精神和实践能力为核心。因此，在信息技术课程中，必须是在基于自主学习和协作学习的环境中，学生自主探究、主动学习，教师成为课程的设计者和学生学习的指导者，让学生真正成为学习的主体。教师可以利用网络和多媒体技术，构建信息丰富的、反思性的、有利于学生自主学习、协作学习和研究性学习的学习环境与工具，开发学生自主学习的策略，允许学生进行自由探索，极大地促进他们的批判性、创造性思维的养成和发展。

参考文献：

[1] 钟瑛：《网络信息传播中的道德失范及其制约》，《信息网络安全》2006年第4期。

[2] 蔡连玉：《信息伦理：概念内涵与特征》，《情报杂志》2007年第7期。

[3] 严丽：《信息伦理析义》，《情报科学》2006年第6期。

[4] 曾雪莲：《信息伦理建设探析》，《辽宁行政学院学报》2007年第12期。

[5] 孟凡伦、董海燕：《浅议中小学信息素养的培养》，《中国电化教育》2001年第9期。

数据素养教育：大数据时代图书馆的新责任

王春生（解放军西安政治学院图书馆，陕西西安 710068）

摘　要： 在这个数据无处不在的时代，数据素养是人必须具备的素养。它包括意识、知识、能力三个层面的内容。数据素养教育是图书馆为确保与数据相关的服务活动富有成效而必须进行的一项基础性工作。图书馆用户数据素养教育必须与相关课程相结合、与图书馆相关服务活动相结合，才能快速取得效果。能力层面的数据素养培养是数据素养教育的重点。

关键词： 数据素养；数据素养教育；大数据；图书馆

大数据是当今的热门话题，也是图书馆服务中无法回避的问题。大数据的盛行，以及由此带来的人们对数据关注度的迅速提升和数据用途的不断拓展，必然会对人的素养提出新的要求，以便有效发掘各种数据的价值。这种素养新要求就是数据素养（data literacy）。它是人们有效且正当地发现、评估和使用信息和数据的一种意识和能力[1]。数据素养问题值得图书馆给予高度关注。数据素养教育是大数据时代图书馆的新责任。

1　无处不在的数据与数据素养

1.1　数据无处不在，数据素养教育显得十分紧迫

数据（data）是我们几乎每天都会使用的一个词汇，但对"数据"的理解并不完全一致。一般认为，数据是进行各种统计、计算、科学研究或技术设计等所依据的数值。但随着信息技术的普及和信息社会的到来，数据又被赋予更广泛的含义。在信息化的语境下，数据"是指收集、测度到并保存起来可管理可利用的信息"[2]。由于理解不一，"数据"一词在使用时的实际指向也是不一的。本文所指的数据是

在信息化语境下所说的数据。

现在是一个数据无处不在的时代。摊开报纸，点击网站，我们会注意到各种各样的数据，如各种指数、统计数据等。在学术研究环境中，各种各样的数据同样是扑面而来。在科技领域的学术研究环境中，既有研究者自己获得的各种实验数据、观察数据，也有他人以各种形式发布数据。E-science 的兴起更是强化了各种科研数据的交流与共享。在人文社科领域，数据的产生和交流情况也大致相同。

现在还是一个数据驱动的时代，做决策、搞研究，数据都是必不可少的支撑。所谓科学决策、绩效考核、循证研究都离不开数据的支持。即使是普通民众，也常常需要根据对相关数据（如菜价）作出即时决策，或者通过对有关数据（如 CPI）的理解和解读，来感受和了解所处社会环境和外部的状况。用数据说话在很多时候已经成为社会习惯。但现在还是一个经常出现数据打架现象的时代，并不是我们看到、收集到的全部数据都可以用来作为决策和论点依据。如 2014 年央广网报道了南京房地产统计数据打架的新闻：对于 2014 年 4 月份南京的房价是涨是跌，中国指数研究院和南京当地的研究机构给出了相反的结论[3]。在其他领域也同样有数据打架的现象。

数据无处不在，且时时刻刻都在以这样或那样的方式影响着人们的生活、工作、学习。面对无处不在的数据，要想恰当地在生活、工作、学习中加以应用，就有一个如何认识、评价、管理和利用各种数据的问题。数据素养作为对数据进行认识、评价、管理和合理利用过程中所必须具备的与数据相关的一系列意识、知识和能力，是人们正确认识、评价、管理和利用数据的保证。数据素养的培养在当今这个数据驱动时代显得十分必要。

1.2　数据素养概念的发展历程

"数据素养"这个词汇虽然听起来比较新，但数据素养作为人的一种素养并不能完全算是新生事物。现在所说的数据素养是在统计素养和信息素养概念的基础上，经过外延的扩展或内容的精炼而形成的关于人的素养的新概念。

统计素养"就是人们掌握统计基本知识的程度、统计理论方法水平及运用统计方法解决现实问题的能力和所具有的统计世界观。也就是说，统计素养由统计知识、统计方法和统计观念这三个维度构成"[4]。也有人认为，统计素养是"研究如何将统计数据作为辩论的证据"[5]。简单地说，统计素养是理解统计数据的能力。从素养培养的角度看，关于各种统计数据的分析、评价等方面的知识和技能一直是数学教学的重要内容，概率统计的教学不仅是目前高中数学教学的内容，也是小学和初中数学的教学内容。通过数学教学，受教育者获得了分析、评价数据的基本知识和技能。在信息化语境下，数据的范围已经大大扩展，不再局限于数值型数据。对于扩大了外延的数据，统计素养已经难以完全适应需求。数据素养是适应数据外延扩大的时代背景而提出的。数据素养就是统计素养的扩展版。正是由于统计素养与数据素养的这种渊源关系，所以现在关注、研究数据素养的人群中有一部分是来自中小学数学教学或统计学教学领域的研究人员。他们更多地是从数值型数据的分析、评价的角度探讨数据素养及其培养问题。

信息素养的概念是 20 世纪 70 年代提出的，也是人在信息社会所应具备的一种元素养[6]。信息素养是人们在获取、评价、利用和创造信息时所应具备的一系列意识、知识和能力的统称。信息的范围十分广泛，数据只是信息的一部分。在数据越来越受到关注的今天，关注与数据相关的信息素养是很自然的事情。从内容上看，数据素养是信息素养的细化，关注的是一类特殊的信息——数据。从这个意义上讲，数据素养实际上是信息素养的一种，是一种关于特殊信息的信息素养。正是由于这一点，数据素养有时也被称为数据信息素养。关注信息素养的人群中有一部分就是一直对信息素养给予关注的图书馆员和图书情报学科教学人员。他们更多的是从数据的收集、管理、评价、交流的角度研究数据素养。

关于数据素养的概念现在并没有统一的认识。有的研究者认为数据素养就是统计素养、数字素养（quantitative literacy 或 numeracy）的同义词；有的认为它只是信息素养的同义词[7]。但更多的研究者还是认为数据素养是不同于统计素养和信息素养的素养概念。

2　数据素养的基本内容

数据素养是人在使用和处理数据时所应具备的素养。对于数据素养的内容，由于研究者观察问题的角度不同，看法并不相同。金兼斌认为[1]，数据素养该包括以下五个维度，即数据意识、数据获取能力、分析和理解数据的能力、运用数据进行决策的能力、批判和反思精神。陈娜萍认为[8]，数据素养包括数据意识、数据收集、数据整理、数据表征、数据分析、数据交流七个方面。普拉多（Prado）和马拉尔（Marzal）认为[9]，数据素养的核心能力包括理解数据（understanding data）、发现和获取数据（finding and/or obtaining data）、阅读、理解和评价数据（reading, interpreting and evaluating data）、管理数据（managing data）、使用数据（using data）等五个方面。卡尔松（Carlson）基于科研数据管理等背景，认为数据素养的核心能力包括以下几个方面：了解数据库和数据格式（introduction to databases and data formats）、发现和收集数据（discovery and acquisition of data）、数据管理与组织（data management and organization）、数据转换和互操作能力（data conversion and interoperability）、质量保证（quality assurance）、元数据（metadata）、数据综合处理和再利用（data curation and re-use）、实践文化（cultures of practice）、数据保存（data preservation）、数据分析（data analysis）、数据可视化（data visualization）、伦理（含数据引用）（ethics, including citation of data）[10]。归纳国内外对数据素养内容的看法，总的看有两种类型：一种是由统计素养演化而来，强调的是数据的辩证使用。另一种是和数据管理密切相关的，强调的是与科研数据管理相关的素养。对于数据素养内容的这两种不同的观察思路，也是造成同样讨论数据素养的文献在讨论内容上却大相径庭的原因。

综合各种观点，数据素养大致体现在三个层面，即意识层面的数据素养、知识层面的数据素养、能力层面的数据素养。每个层面下又可以细分为若干具体的内容。

2.1　意识层面的数据素养

意识是无形存在但又时刻在发挥作用的东西。意识层面的数据素养可以分为三个方面。

2.1.1　数据意识

数据意识是"对各种可能与自己的学习或工作、生活相关的数据敏感，具有关注和发现相关数据的意识和兴趣"。[1]数据意识体现在生活中就是能够积极利用各种数据来提高自己的生活质量，进行日常生活决策等；体现在工作中就是具有收集工作中产生或与工作相关的数据的意识，以方便进行各种决策，或支持自己的科学研究。

2.1.2　辩证思维

所谓辩证思维，就是在观念上对所接收的数据不盲目崇拜，认识到数据并不能总是完全真实地反映客观现实，知道数据在收集和传播过程中因为会各种原因产生失真或扭曲的现象，可能会存在对数据使用人造成误导的问题。

2.1.3　数据伦理意识

一是对数据采集和运用于特定（工作、生活）决策中可能产生的社会后果有比较清醒的认识。二是对数据的采集、使用、共享中所可能涉及的伦理问题（如数据使用上的限制等）有足够的认识，并能以此约束自己收集、使用、共享数据的行为。

2.2　知识层面的数据素养

知识是意识培养的基础。丰富的数据素养知识必然会提升意识层面的数据素养。数据素养知识也是能力层面数据素养的源泉。知识层面数据素养可以分为四个方面：

2.2.1　数据获取知识

其主要包括：一是有关数据源的知识，也就知道从哪里通过什么途径能够获得所需要的数据，知道各种数据源的特点等。二是作为数据生产者所应有的观察、记录、汇总数据的知识，也就是知道如何通过观察、实验获得数据、如何记录、汇总所获得的数据。

2.2.2　数据分析和处理知识

一是数据生成与呈现方面的知识，就是了解各种数据产生的背景、生成过程特点、数据表现方式等，如 CPI 是如何组成的、如何生成的。二是数据分析方法的原理和适用方面的知识。三是各种数据处理工具知识。

2.2.3　数据管理知识

其主要包括数据管理方法、元数据、数据的生命周期、保存等方面的知识，如知道可以使用哪些方法管理所获得的数据、各种数据管理方法的特点等。

2.2.4　数据交流知识

其主要包括数据交流与共享的方法、渠道、范围、伦理等方面的知识，如某类数据共享的特点、渠道等方面的知识。

2.3　能力层面的数据素养

能力层面的数据素养是意识层面和知识层面数据素养的最终体现，是数据素养的外在表现。能力层面的数据素养主要有以下五个方面：

2.3.1　数据获取能力

作为数据的使用者，能够从适当的渠道获取所需要的数据。作为数据的生产者，能够通过观察、实验等实践活动，记录观察、实验等实践中所产生的各种数据。

2.3.2　数据分析和处理能力

能够理解所获得的数据的含义及其产生背景，能够辩证地看待所遇到的数据；能够根据需要使用数据分析和处理工具对数据进行必要的分析处理，并能够把处理结果以需要或最适当的方式加以呈现；能够根据需要对数据进行不同表现形式间的转换，会使用各种数据分析工具等。

2.3.3　数据利用能力

在利用数据时能对数据的价值、真实性等进行科学的评估，能熟练运用适当数据评估的方法，通过适当的数据评估工具对数据进行评估。以数据作为生活、工作决策的依据时，能够根据已有的数据得出合理的结论，排除数据的干扰和误导，增强决策的合理性。当用数据作为佐证手段时，能够将数据与佐证对象（论证内容）有机结合起来，以恰当的方式对数据进行呈现和展示，并为受众所理解和接受，增强需要佐证的对象的合理性。

2.3.4　数据管理能力

能够使用适当的数据管理工具对通过各种途径获得的数据进行全生命周期的科学管理，能够在必要时提供使用。熟悉各种数据的元数据格式，并能为数据制作规范的元数据。能够根据数据的不同特点以适当的格式对数据进行保存。能够根据工作需要制定必要的数据管理计划和方案。

2.3.5　数据交流能力

能够以恰当的方式发布自己获得的数据，能够根据不同的受众采取相应的数据交流方式。能够熟练掌控数据发布后可能引发的伦理和法律问题，遵守社会伦理和法律的约束。能够对他人发布的数据进行比较恰当的评估和处理，提出自己的见解或进行数据的再利用。

3　数据素养教育：图书馆的新责任

虽然说由于对数据素养的认识不同，或者说数据素养教育的目的存在差异，数据素养的培养是由不同机构共同完成的，但从国外已有的情况看，公民数据素养的培养，图书馆无疑承担着重要的责任。

3.1　国外图书馆进行数据素养教育的情况

从已经收集到的文献看，国外图书馆参与的数据素养教育工作主要是科学研究领域数据素养教育。其原因是人们对公开数据、数据计划管理和"大数据"研究的重视[11]。如国外一些期刊现在也要求作者为读者提供论文中涉及的基本数据。再如数据美国科学基金会（National Science Foundation，NSF）在 2007 年提出一项规定，要求申请项目资助时申请者必须提交一份科研项目数据管理计划作为项目申请书的一部分。该规定出台后，科学研究中的数据管理问题受到重视，相应地也就引发了美国的很多研究性大学图书馆对于数据管理技能培训和咨询的高度重视。华裔学者秦健在 2007 年 5 月—2009 年 5 月在美国科学基金会的支持下实施了一项科学数据素养（science data literacy，SDL）计划，旨在收集科学、技术、工程和数学学科教师对科学数据素养的态度，然后根据教师的态度和实践来设计研究生的科学数据管理课程[11]。2011 年，在美国博物馆和图书馆服务协会（the Institute of Museum and Library Services，IMLS）的资助下，来自普渡大学（Purdue University）、康奈尔大学（Cornell University）、明尼苏达大学（University of Minnesota）、俄勒冈大学（University of Oregon）的五个图书馆团队（普渡大学有两个团队）实施了一项为期两年的数据素养计划。每个团队包括一名数据馆员、一名学科馆员和一名院系教师。这个计划旨在发展特定学科领域的研究生数据素养教学，共有三个核心目标，即在图书馆社区搭建数据素养技能的基础结构；让学生学会与他们的学科专业背景相匹配的的数据素养技能；形成严谨的程序以方便图书馆员在研究社区中清楚讲述数据素养课程内容[12]。康奈尔大学图书馆等通过对科研数据管理项目的开发或参与，发挥图书馆员在数据管理服务的作用，对参与科学研究的师生进行数据素养教育，开设了很多数据素养方面的讲座。

3.2　对我国图书馆进行数据素养教育的思考

随着时代的发展，数据管理及相关服务被纳入我国图书馆服务的内容将成为必然趋势，图书馆用户数据素养教育工作将成为图书馆的一项重要工作。我国图书馆开展数据素养教育，应该从以下几个方面来努力：

3.2.1　对数据素养教育要有足够的意识

应该说我们对数据素养的认识还是比较粗浅的，探讨数据素养的国内研究文献寥寥就说明这一点。图书馆要做好数据管理和服务工作，必然要对用户数据素养教育给予相应的重视。这就像当初图书馆为做好信息时代的图书馆服务工作，图书馆下力气对用户进行信息素养教育一样。图书馆服务活动的顺利实施，必然需要具有与服务内容相适应的素养的读者的密切配合，否则图书馆服务将难以达到预期效果。比如图书馆如果向不会使用计算机的用户提供网络文献检索服务，服务的效果可想而知。因此，图书馆对用户的数据素养教育要有足够的意识，从思想上重视这项工作，认清数据素养教育工作是为图书馆服务，特别是涉及"数据"的服务，培养用户的工作。

3.2.2　区分读者人群，有侧重地进行数据素养教育

图书馆的服务对象是有差异的，所以图书馆应该根据用户特点。有针对性地进行数据素养教育工作。从内容看，公共图书馆应根据用户中社会普通民众多的现象，将教育的内容集中在经济、社会、生活数据分析、利用方面；而高校和科研图书馆则应以科研数据相关的内容作为数据素养教育的内容。从形式上看，公共图书馆可

以根据社会热点（如人们关心房价）和民众的日常生活需求开设一些专门的讲座，如如何读懂体检数据、如何看懂各种房价数据讲座，以此提升用户的数据素养。高校和科研院所图书馆则可采用课程、讲座或嵌入式教育等形式开展数据素养教育工作。

3.2.3　数据素养教育要与相关课程相结合

对于院校图书馆或有教学活动的科研院所的图书馆来说，用户的数据素养教育课程或讲座可以与相关的课程或讲座，如信息素养教育课程或讲座结合起来。图书馆可以对现有的信息素养教育内容加以适当的拓展，增加相应的数据素养教育内容。这样做可以利用现有的教学模式和渠道快速开展数据素养教育活动，避免单独进行数据素养教育所需要进行的课程论证、申请、准备等诸多环节，尽快取得教育效果。数据素养教育与其他学科课程相结合，可以针对具体学科有针对性地设计教学内容，提升教育效果。

3.2.4　结合图书馆服务项目进行数据素养的培养

结合图书馆开展的服务活动进行数据素养教育，是能够确保取得较好教育效果的数据素养教育形式。前述秦健博士主持的科学数据素养计划中，有一项重要工作是探讨如何提升从事科研工作的教师对数据素养的意识[11]。我国图书馆用户数据素养意识低的现象也是普遍存在的。结合图书馆具体服务项目开展数据素养教育，有助于通过具体的事例让用户认识到数据素养对自己的重要性，进而能够开展针对性的教育。由于是在用户意识到需要数据素养的情况下进行教育，教育效果通常也会比较好。信息素养教育中提倡开展嵌入式信息素养教育，其实就是这个道理。

3.2.5　以提高能力素养为重点

对用户进行数据素养教育的最终目的是为了提升用户获取、分析、管理、使用、交流数据的能力，以提升工作、生活决策水平，或促进科学研究中对各种数据的有效利用和科学管理。因此，能力层面数据素养的提高是图书馆进行数据素养教育的重点。应以能力是否得以真实的提升作为评判数据素养教育效果的最终尺度。

参考文献：

[1] 金兼斌 . 财经记者与数据素养 [J]. 新闻与写作，2013，10:5-9.

[2] 缪其浩 . 了解大数据，具备起码的数据素养 [J]. 世界科学，2013（2）:14.

[3] 央广网 . 统计数据打架南京 5 月房价是涨是跌？ [OL].[2014-7-2].http://finance.cnr.cn/txcj/201406/t20140602_515610193.shtml.

[4] 李金昌 . 论统计素养 [J]. 浙江统计，2006（1）:4-6.

[5]Schield M.Information literacy, statistical literacy and data literacy[J/OL].IASSIST Quarterly, 2004（Summer/Fall）.[2014-7-1].http://www.iassistdata.org/downloads/iqvol282_3shields.pdf.

[6] 王春生. 元素养：信息素养的新定位 [J]. 图书馆学研究，2013（21）:17-21.

[7]Hunt K.The challenges of integrating data literacy into the curriculum in an undergraduate institution[J/OL].IASSIST Quarterly, 2004（Summer/Fall）.[2014-7-1].http://www.iassistdata.org/downloads/iqvol282_3hunt.pdf.

[8] 陈娜萍. 数据素养研究评述 [J]. 高中数学教与学，2013，16:13-15.

[9]Prado J, Marzal M.Incorporating data literacy into information literacy programs: Core competencies and contents[J].Libri, 2013（2）: 123134.

[10] Carlson J R, et al.Determining data information literacy needs: A study of students and research faculty[OL].[2014-7-1].http://docs.lib.purdue.edu/lib_fsdocs/23.

[11] Association of College & Research Libraries.Top trends in academic libraries:A review of the trends and issues affecting academic libraries in higher education[J].College and Research Libraries News, 2014（6）:294-302.

[12] Qin Jian & D'Ignazio J.Lessons learned from a two-year experience in science data literacy education[OL].[2014-7-1].http://works.bepress.com/jian_qin/1.

[13] Carlson J R, et al.Developing an approach for data management education: A report from the data information literacy project[J].International Journal of Digital Curation, 2013（1）:204-217.

图书在版编目（CIP）数据

图书馆、情报与文献学研究的新视野.8，中国社会
科学情报学会、中国科学技术情报学会2014/2015年学术
年会论文集 / 中国社会科学情报学会，中国科学技术情
报学会编. — 北京：中国书籍出版社，2016.10
ISBN 978-7-5068-5873-1

Ⅰ.①图… Ⅱ.①中… ②中… Ⅲ.①图书馆学—文
集②情报学—文集③文献学—文集 Ⅳ.①G250-53
②G350-53

中国版本图书馆CIP数据核字（2016）第248919号

图书馆、情报与文献学研究的新视野（8）：中国社会科学情报
学会、中国科学技术情报学会2014/2015年学术年会论文集

中国社会科学情报学会　中国科学技术情报学会　编

策划编辑	李建红
责任编辑	宋　然
责任印制	孙马飞　马　芝
封面设计	北京中尚图文化传播有限公司
出版发行	中国书籍出版社
地　　址	北京市丰台区三路居路97号（邮编：100073）
电　　话	（010）52257143（总编室）　（010）52257140（发行部）
电子邮箱	eo@chinabp.com.cn
经　　销	全国新华书店
印　　刷	河北省三河市顺兴印务有限公司
开　　本	787毫米×1092毫米　1/16
字　　数	926
印　　张	50.5
版　　次	2017年1月第1版　2017年1月第1次印刷
书　　号	ISBN 978-7-5068-5873-1
定　　价	178.00元